Gunter Hofmann
Marion Dönhoff

Gunter Hofmann

Marion Dönhoff

Die Gräfin,
ihre Freunde
und das
andere Deutschland

Eine Biographie

C.H.Beck

1. Auflage. 2019
2., durchgesehene Auflage. 2019

Mit 29 Abbildungen

© Verlag C.H.Beck oHG, München 2019
Satz: Janß GmbH, Pfungstadt
Druck und Bindung: CPI – Ebner & Spiegel, Ulm
Umschlaggestaltung: Kunst oder Reklame, München
Umschlagabbildung: Portrait 1979, © ullstein bild, Berlin
Gedruckt auf säurefreiem, alterungsbeständigem Papier
(hergestellt aus chlorfrei gebleichtem Zellstoff)
Printed in Germany
ISBN 978 3 406 72592 0

www.chbeck.de

Für Adam Krzemiński

«*Ich war in meinen Gefühlen sehr hin- und hergerissen: einerseits trauerte ich den alten Bräuchen nach, in anderer Beziehung konnte mir die Veränderung der Welt gar nicht rasch genug gehen.*»

«*Freundschaft war für mich neben Freiheit immer das Wichtigste.*»

Marion Dönhoff

Inhalt

«Mit Kant war man sich einig, dass es unsere Pflicht ist, nicht Bücher, sondern einen Charakter zu entwerfen, und nicht Schlachten und Provinzen, sondern Ordnung und Ruhe in unserem Verhalten zu gewinnen»
Eine Annäherung

Die Frau, Jahrgang 1909, die wir «Gräfin» nannten, kam nicht als Liberale und nicht als Journalistin zur Welt. Nichts war prädestiniert. Sie musste sich erobern, was sie wurde. Sie kam aus einer unvorstellbar anderen Welt. Je näher ich hinsah auf ihren Lernprozess, umso klarer wurde mir: Ein Buch über das Leben in so vielen Zeitzonen, das politische Erwachen, den intellektuellen Werdegang von Marion Dönhoff würde auch eines darüber sein, wie die Bundesrepublik wurde, was sie ist. Beides schien auf eigentümliche Weise eng miteinander verflochten.

Nichts verlief nach Plan. Ohne Hitler hätte sie wohl das Leben einer Gutsverwalterin auf Schloss Friedrichstein oder Quittainen (das rund 120 Kilometer westlich vom ehemaligen Königsberg liegt) im äußersten Winkel des Reiches weitergelebt. Hitlers Überfall auf Polen, der Einmarsch der Deutschen in die Sowjetunion, der Verlust der Heimat änderten alles. Sie musste sich nach 1945 selbst neu erschaffen. Aber im kargen Gepäck beim Ritt in den Westen brachte sie dazu mehr mit, als es auf den ersten Blick scheinen mochte. Von dem, was sie mitbrachte und was sie daraus machte, möchte ich berichten. Aber auch davon, dass die Bundesrepublik, Jahrgang 1949, gleichfalls nicht fertig war und nicht liberal. Ein großes Selbstverständigungsgespräch ging dem voraus, an dem sie sich auf ihre Weise beteiligte. Früh hörte man dabei ihre Stimme heraus. Solche Stimmen machten die Republik zu dem, was sie wurde.

Kennengelernt habe ich sie, als sie längst schon die Reputation der großen Dame des Journalismus genoss, als publizistisch-moralische Instanz der Bundesrepublik. Sechzig Jahre alt war sie damals. Es gab ein öffentliches Bild von ihr, das sie zweifellos mitgeprägt hatte. Auffallend schien mir, dass sie keinen Unterschied zwischen öffentlich und privat machte. Sie gab nur den Blick auf diese *eine* Marion Dönhoff frei. Selbstbewusst und uneitel zugleich wirkte sie. Brennend interessiert war sie an allem Politischen. Auch Männer, die Macht hatten, konnten sie anziehen: Henry Kissinger, Michail Gorbatschow, Helmut Schmidt ... Von solchen Gesprächen konnte sie lange erzählen und schwärmen. Zwischen Washington, Moskau, Warschau oder Johannisburg bewegte sie sich wie zu Hause, die intelligenten Köpfe hinter den Kulissen – Walt Rostow, Valentin Falin, Egon Bahr, George Kennan, Zbigniew Brzeziński – schienen sie jedoch oft mehr zu interessieren als diejenigen an der Spitze und im Rampenlicht. Zur Welt der Politik, in der es vorwiegend um Image, Inszenierung, Taktik und Wirkung ging, hielt sie Distanz. Ohne sie konnte ich mir die ZEIT bald schon schwerlich vorstellen. Ich wusste nicht, warum.

Sie kam die paar Schritte aus ihrem Arbeitszimmer im sechsten Stock herüber, nahm im kleinen Konferenzraum Platz auf dem Stuhl, der immer für sie freigehalten wurde, man spürte, sie war hier zu Hause. Sie verkündigte nichts *ex cathedra*, sie redete einfach mit, sparsam, leise, unüberhörbar. Sie war von hoher Präsenz. Gute dreißig Jahre habe ich sie so erlebt. Es war nicht zu übersehen: Niemand sonst stand ihr *on the job* ähnlich nahe wie Theo Sommer, ihr Nachfolger als Chefredakteur, der sie «Marion» nannte und ihr an Weltläufigkeit nicht nachstand, sowie Haug von Kuenheim, sein Stellvertreter, der auf privilegierte Weise ihr Vertrauen genoss. Beim sonntäglichen Spaziergang an der Elbe, zu dem sie ihn regelmäßig einlud, tauschten sie sich gern aus – über die politischen Weltläufte und vor allem über die ZEIT, allzu Privates blieb ausgespart. Sie brauchte das dennoch. Vielleicht, weil er als einziger im Kollegium eine Brücke bildete zur Welt, aus der sie kam. Helmut Schmidt, den sie schätzte, als Politiker wie als Herausgeber an ihrer Seite, war ein Fall für sich; es blieb auf beiden Seiten respektvolle Distanz. Vor Augen habe ich sie, als sie nach ihrem 90. Geburtstag einer Einladung Gerhard Schröders ins neue Kanzleramt in Berlin folgte.

Sie ließ sich – neugierig wie gewohnt – vieles zeigen, den Kabinettssaal, die Kanzlerportraits in der Lobby, sein Arbeitszimmer mit den erlesenen Bildern befreundeter Künstler, die breite Veranda mit Blick zum Tiergarten, schließlich die Privaträume, die ihr doch arg klein vorkamen für einen deutschen Regierungschef. Zum Mittagessen hinterher saß sie ihm dann, unauffällig elegant und strahlender Laune, am Tisch im Restaurant des Hotels Adlon gegenüber. Ich entsinne mich, wie sie ihm einfache, vielleicht sollte man besser sagen: naive politische Fragen stellte. Direkt, immer gleich zum Punkt. Hat er eine Idee, wie das Verhältnis zu Russland verbessert werden kann? Lässt sich im Nahen Osten vielleicht doch einmal ein dauerhafter Frieden erreichen? Welche Folgen wird die militärische Intervention des Westens am Kosovo haben? Und Präsident Clinton, wie schätzt er ihn ein? Was man so wissen möchte von einem verantwortlichen Politiker, aber meist doch nicht fragt.

Tapfer, galant und ungewohnt geduldig versuchte der Gastgeber beim Essen, der Blick ging auf den Pariser Platz und auf das Brandenburger Tor, der alten Dame nach bestem Gewissen Rede und Antwort zu stehen. In ihren Augen bestand er. Überrascht übrigens war sie nicht von dieser Einladung, wie mir schien. Seit Jahrzehnten war sie es gewohnt, dass ihr die Türen in aller Welt offenstanden, sie musste erst gar nicht anklopfen. Soweit handelte es sich um einen normalen Tag im Leben der Journalistin Marion Dönhoff. Natürlich freute sie sich und wusste die Ehre zu schätzen, zudem wünschte sie gerade Schröder und seiner rot-grünen Koalition mit Joschka Fischer ohnehin viel Glück. Die Kohl-Ära war vorbei, endlich. Sie atmete auf, unter einer guten Regierung hatte sie sich etwas anderes vorgestellt, so glücklich sie auch über seinen entschiedenen Kurs nach dem Mauerfall in Richtung Einheit und seine europäische Grundhaltung war.

Kohl selber hatte als Kanzler früh öffentlich abschätzige Bemerkungen über sie gemacht, er zählte sie zur Weizsäcker-Republik, von der er sich nicht akzeptiert fühlte. Sie hingegen erhoffte sich jetzt, 1998, von den Nachfolgern etwas Neues, obwohl sie sich mit den grünen Blumenkindern nur sehr langsam hatte anfreunden können, Angst vor Experimenten aber hatte sie nicht, wie sich einmal mehr zeigen sollte – sie liebte solche Anfänge, noch mit neunzig. Konservativ war sie als junge Frau, nicht jetzt.

Welche Einheit es werden solle, darüber allerdings hätte sie wohl gestritten – sie sympathisierte mit Richard von Weizsäckers Wort vom «Innehalten», das darauf abzielte, über etwas gemeinsam Neues nachzudenken und den Osten nicht mit Westhochmut und Westdominanz einfach zu überrumpeln. Vielleicht könnte man so einem anderen, dritten Deutschland nahe kommen? Sie wünschte es sich sehr. Noch 1995, in der «Mittwochgesellschaft», die sie ins Leben rief, verfolgte sie mit ihrem Freund Richard diese Spur. Alles vergebens, nicht nur Kohl stand dem entgegen, die deutschen Verhältnisse insgesamt ließen einen derart grundsätzlichen Anfang nicht zu.

Vor Augen habe ich sie, wie sie hereinschneite ins Hauptstadtbüro und sich erkundigte, ob ein Zimmer frei wäre für sie, sie müsse noch rasch einen Artikel schreiben. Sie verschwand, schrieb konzentriert mit der Hand in zierlichen Lettern, diktierte den Text dann ohne Hektik in die Olivetti, und erschien nach spätestens einer Stunde strahlend mit einer fertigen Fassung, die wir gern lesen könnten. Ich wunderte mich, weil sie nichts daran korrigierte, kein Komma.

Sie besaß die Gabe, über die auch talentierte Politiker verfügen, komplexe Sachverhalte traumwandlerisch sicher auf ihren Kern zu reduzieren. Sie war eine Stimmensammlerin, nicht nur in den Konferenzen, Stimmen ernst zu nehmen war eine Lebenshaltung. Stimmen ließ sie zu Worte kommen in ihren Reportagen, Stimmen amerikanischer Farmer, arabischer Scheichs, indischer Abenteurer, Stimmen von Zukurzgekommenen, von Intellektuellen, von unbekannten Politikern, von führenden Staatsmännern. Möglichst im Wortlaut gab sie gern wieder, was sie gehört hatte, wenn sie ihr Vis-à-vis ernst nahm. Das blieb ihr journalistischer Ansatz bis zuletzt. Sie wollte lernen, fair rapportieren, aber dann auch klar Stellung nehmen, wenn nötig. Als private Marion Dönhoff, die es zweifellos gab, bekam unsereins sie gar nicht zu sehen. Die Frau also, die auf die Frage, was sie in ihrer Freizeit mache, einmal antwortete, «ich wurschtele so vor mich hin»; die sich stets unter Kontrolle hatte, aber ihrem Hund Basra schier alles erlaubte; oder die, wie gern kolportiert wurde, morgens in ihrem Porsche in einem Tempo ins Büro fuhr, als gelten keinerlei Regeln für sie. Vor Augen habe ich, wie sie immer gleich zur Sache kam im Gespräch, direkt, freundlich, uneitel, von Kopf bis Fuß auf Politik eingestellt. Neugierig fragte sie bis ins hohe Alter, wenn sie nach Bonn kam, wen sie denn kennenlernen müsse, wen zu sprechen sich lohne, wer interessant sei unter den Grünen, oder welche jungen Abgeordneten, die wirklich etwas zu sagen haben ... Auf autonome Urteile war sie begierig, nicht auf die konventionellen Meinungen, kennenlernen wollte sie gerade auch die bunten Vögel, die Exzentriker, die sich den Schablonen entziehen.

Ungeduldig, ungnädig und streng bleibt sie aber auch in Erinnerung, wenn sie Maßstäbe bedroht sah, oder Freundschaften in Frage gestellt wurden, an denen ihr Herz hing. Vorbehaltlos konnte sie dann plötzlich Partei ergreifen. In der Regel jedoch verstand sie sich als Moderatorin. Jeder sollte sich sein eigenes Urteil bilden können. Am Ende allerdings musste sich die Zeitung in großen Kontroversen natürlich auch selbst positionieren. Bloß keine billigen Kompromissformeln, keine Anbiederei! Marketingjournalismus blieb ihr ein Horror, eigentlich erkannte sie das gar nicht als Journalismus an. Ihre Zeitung sollte natürlich erfolgreich sein, aber den Erfolg durfte sie sich nicht kaufen, indem sie auf Auflage schielte, auf Popularität als Selbstzweck. Eisern war sie davon überzeugt, Eigensinnigkeit sei die wahre Erfolgsgarantie für ein anspruchsvolles Blatt.

Geduldig und lebhaft nahm sie noch im hohen Alter regelmäßig über ein ganzes Wochenende teil am Müggelsee-Kreis mit ost- und westdeutschen Journalisten, Theologen, Schriftstellern, unter der behutsamen Regie Horst-Eberhard Richters, des unvergessenen

Im Cabrio durchquerte sie Mitte der dreißiger Jahre zusammen mit ihrer älteren Schwester Yvonne halb Europa – von Friedrichstein nach Albanien. Auf Reisen blieb sie ihr Leben lang.

Psychoanalytikers, der als Mitscherlich-Nachfolger zu den herausragenden Intellektuellen der Republik gehörte. Christa Wolf, Christoph Hein, Antje Vollmer, Oskar Lafontaine, Friedrich Schorlemmer saßen in der Runde. Am liebsten intervenierte sie mit klaren Fragen. Vor Augen habe ich, wie sie neben Richard von Weizsäcker Platz nahm, wie sich die beiden Bälle zuwarfen in den Debatten; eine Andeutung, ein Wort genügte, und sie wussten, worauf der andere jeweils hinauswollte. Hinterher verabredeten sie sich dann noch gutgelaunt auf einen Tee unter vier Augen im Kempinski am Kurfürstendamm.

Vor Augen habe ich, wie wir sie zu einem Gespräch anlässlich ihres 80. Geburtstages in ihrem Büro heimsuchten, prall gefüllt mit Büchern, Gemälden, Fotos. Eine Flasche ausgesuchten Rotweins brachten wir mit zum Gespräch über ihre Lebensgeschichte. Aber sie selber holte bereits einen Champagner hinter dem Vorhang hervor mit den Worten, es sei doch ein schöner Anlass, gemeinsam anzustoßen. Viel gelacht wurde bei dieser Gelegenheit. Das Bild einer heiteren, alterslos neugierigen Journalistin blieb mir haften. Schreiben und Leben, so behalte ich sie ohnedies in Erinnerung, flossen auf ungewöhnliche Art ineinander bei ihr. Der Stil, in dem sie schrieb, ähnelte ihrer Art zu fotografieren; sie hatte einen Blick für das Wesentliche, ohne Schnörkel, das Bild sollte für sich sprechen. Schwarz-weiß. Nur wenn sie über Seen, Wälder, den Himmel in Masuren, über das Reiten und Jagen schrieb, damals, glitt sie davon und selbst die Sprache verfärbte sich. Ihre Liebe zur Leica, nebenbei, teilte sie mit namhaften Avantgarde-Fotografen wie László Moholy-Nagy, Dora Maar, André Kertész; sie alle benutzten diese innovative Kleinbildkamera im 24 mal 36 Millimeter-Format. Diesen wertvollen Apparat erhielt sie 1928 als Geschenk zum Abitur.

Sie liebte es, zu schreiben. Auffallend locker ging ihr das von der Hand. Oder sie diktierte, und nutzte dabei ein paar Notizen, die sie sich mit dem Bleistift gemacht hatte. Sie war, was ihr bei der Geburt 1909 in Friedrichstein niemand vorausgesagt hätte, eine leidenschaftliche Journalistin geworden, bei der «einzig lesbaren Zeitung Deutschlands», wie sie einmal überschwänglich ihrem Freund Carl Jacob Burckhardt gestand.

«Aus einer anderen Welt» komme die Gräfin, notierte Gustav Seibt (Jahrgang 1959) einfühlsam nach einem TV-Gespräch zwischen Joachim Fuchsberger und ihr. Siebenhundert Jahre Familientradition, fügte er hinzu, habe sie bei ihrem Ritt in den Westen mitgebracht, ein «Ethos der Pflicht». Sie habe – seit 1946 bei der ZEIT – «ein anständiges Deutschland aufbauen, eine gute Zeitung machen» wollen, Worte, die heute kaum jemand über die Lippen brächte, weil sie zu pathetisch klingen, wie er hinzusetzte. «Völlig wurscht» sei ihr, dass sie die «rote Gräfin» genannt wurde, hatte sie dem Interviewer zudem auch noch ins Gesicht gesagt. Es lief nicht gut zwischen den beiden. Als Fuchsberger ihr etwas zu aufdringlich das Glas Wein auf dem Tisch empfahl, erwiderte sie kühl: «Ich trinke nur ohne Befehl.» Und was bedeutet Adel für sie? Treuhänder seines

Besitzes sei man, antwortete sie, «man ist eingespannt in eine Kontinuität». «Man», sagte sie, nicht «ich».[1] Eingespannt in eine Kontinuität, das klang so, als käme sie von einem fernen Planeten und schwebe über der Realität. Aber zugleich, das war Seibt nicht entgangen, stand sie mit beiden Füßen auf dem Boden. In seinem kurzen empathischen Text hatte er mehr erahnt als viele, die das Phänomen Dönhoff zu erklären versuchten.

Ein «Spiegelsystem» habe sie erfunden, so Ralf Dahrendorf (Jahrgang 1929), und innerhalb dieses Systems habe sie alles Mögliche machen können, sie bewegte sich frei, blieb sich treu und behielt ihr Geheimnis für sich. Man hatte sie vor Augen und sah sie dennoch nicht unmittelbar. Die erste Hälfte ihres Lebens habe sie in einem Grauschleier gelassen, «oder Nebel, oder Dunst, und das auch durchgehalten». Auf den Einwand, sie habe doch ein Buch über ihre Kindheit geschrieben, gab Dahrendorf zu bedenken: «Das ist ja fabelhaft. Es gibt ja nichts Besseres, die Leute abzulenken von der eigenen Geschichte, als über die Kindheit zu schreiben.»[2]

Hatte sie sich nicht in einem Gespräch mit Punks gelegentlich darüber gewundert, dass diese immer von «Selbstverwirklichung» sprachen? Sie interessiere das überhaupt nicht, warf sie zu deren Verblüffung ein, sie wisse doch nicht einmal, «was ich selbst bin».[3] Haug von Kuenheim bewahrte sich einen Zettel auf, auf dem sie handschriftlich festgehalten hatte: «Ich bin nie, weder als junger Mensch noch als Erwachsene je darauf gekommen, über Selbstverwirklichung nachzudenken. Es gab immer Aufgaben und die mußte man machen!»

Ihr Großneffe Friedrich übrigens zögerte nicht in Sachen Heirat und Familie. Auf seine Frage, warum sie nie einen der Männer ehelichte, die sie doch offenkundig verehrten, erwiderte sie fröhlich: «Einer hat über lange Zeit immer wieder gesagt, ich müsse ihn heiraten. Dann hat es mir irgendwann gereicht, und ich habe zu ihm gesagt: ‹Gut, wir ziehen Streichhölzer.› Und ich habe das Richtige gezogen! Dabei lachte sie. ‹Wenn ich geheiratet hätte, hätte ich mein Leben so nicht führen können.›»[4] Einer? Den Namen des Pechvogels nannte sie nicht (der «Pechvogel» war ein entfernter, sehr wohlhabender Verwandter in der Schweiz, Thiele-Winckler). Gerne möchte man wissen, was sie gemacht hätte, hätte sie das «falsche» Streichholz gezogen. Europäisch und transatlantisch organisiert war das Gesellschaftssystem, dem sie angehörte, schon vor dem Krieg. Mit diesem Hinweis suchte der Osteuropa-Historiker Karl Schlögel (Jahrgang 1948) anlässlich ihres 90. Geburtstages an der Viadrina (Frankfurt/Oder) eine andere Annäherung. Anfangs war Friedrichstein ihre Basis, aber sie war auch früh zu Hause in Basel, Frankfurt am Main, sie traf in Kapstadt Familienfreunde ebenso wie in New York oder Brunkensen, später erweiterte sich dieser große Aktionsraum noch, aus Südafrika kamen Nelson Mandela und Bischof Tutu hinzu, Neville Alexander, Helmut Bleks, aus Amerika Hamilton Fish Armstrong und Fritz Stern, aus Polen Mieczysław Rakowski und Bronisław Geremek, aus der Sowjetunion Lew Kopelew. «Wenn das eine weg war», staunte Karl Schlögel über diese Art der Welteroberung, «blieb eben noch das andere». Wahrscheinlich, spitzte Schlögel den Gedanken zu, könne diese Art von «Weltbürger» einen Verlust wie den Friedrichsteins «leichter wegstecken». Das Rad der Geschichte wollte sie nie zurückdrehen.[5]

Als Boris Birger, der russische Künstler, Dissident und Kopelew-Freund, ihr in Moskau das Bild zeigte, das er von ihr gemalt hatte, eine junge, elegante, gutaussehende Frau, mit sehr strenger Miene, reagierte sie verblüfft: «Aber ich bin keine Frau des 19. Jahrhunderts.»[6] Als was sah sie sich?

Das imposante Schloss Friedrichstein gehörte zur tiefen Provinz, nahe der Grenze zu Polen. Der Danziger Korridor trennte Ostpreußen gemäß dem Versailler Friedensvertrag vom deutschen Kernland ab. Kein Landsitz im Osten war größer, kaum eine Familie wohlhabender als die Dönhoffs. Von diesem Winkel aus erkundete Marion systematisch die Welt, jederzeit reiselustig. Nie sollte sich das ändern, seit sie als junge Frau im eigenen Sportwagen aufbrach in den Balkan und nach Persien, seit sie erstmals in die Vereinigten Staaten reiste oder nach Moskau.

«Sechshundert Jahre Familiengeschichte» seien der Grund für ihre Autorität, erwiderte Nina Grunenberg lakonisch auf eine entsprechende Frage. Am Redaktionstisch der ZEIT hatte sie die

«Gräfin» viele Jahre erlebt. Sie wusste, dass sie gehört wurde völlig unabhängig davon, ob sie Politikchefin, Chefredakteurin, Herausgeberin war, nur als Marion Dönhoff.

Nicht nur ihr ostpolitisches Engagement blieb Egon Bahr in Erinnerung: «Ich kenne in unserem Land keine andere Frau, aber auch keine Person männlichen Geschlechts – mit Ausnahme von Rudolf Augstein –, mit solch einer Unabhängigkeit. Augsteins Unabhängigkeit war auf die Macht des ‹Spiegel› und auf Geld gestützt, die Unabhängigkeit der Gräfin auf den Kopf und ihre ethische Unantastbarkeit. Niemand hätte es, sage ich jetzt einfach mal ungeschützt, Augstein abgenommen, wenn er gesagt hätte, man müsse den Kapitalismus bändigen. Bei Marion Dönhoff war das glaubhaft … Das ist keine linke Position, das ist eine historische Position gewesen. Insofern war sie immer, wenn Sie so wollen, ein Gradmesser, an dem man sich messen musste, um zu sagen: Nein, wir akzeptieren diese Sicht nicht, oder: Wir können sie akzeptieren. Man konnte sie nicht vereinnahmen.»[7]

Von allen Annäherungen imponiert mir besonders die Katharina Fockes, eine sozialdemokratische Politikerin, die Brandt besonders nahe stand. Dank ihres Vaters, des Journalisten Ernst Friedlaender, hatte sie die Gräfin näher kennengelernt. Ihre besondere Autorität erkläre sie sich damit, dass sie ein sehr deutsches Schicksal verkörpert habe, mit Flucht und Verlust, aber gleichzeitig an neuen Perspektiven arbeitete. Sie kam aus einer Welt, die noch von der Natur und sehr ausgeprägten ethischen Werten dominiert war, einer ostpreußischen und zugleich europäischen Lebensform, die ihr Orientierung bot, «ihr aber auch möglich gemacht hat, für andere Orientierung zu bieten». Katharina Focke ging dann aber einen Schritt weiter: Marion Dönhoff, argumentierte sie, habe es mit dem Königsberger Immanuel Kant gehalten, der Charakter als «die eigene Schöpfung» beschrieb. «Man war sich einig, dass es unsere Pflicht ist, nicht Bücher, sondern einen Charakter zu entwerfen, und nicht Schlachten und Provinzen, sondern Ordnung und Ruhe in unserem Verhalten zu gewinnen. Unser großes und ruhmreiches Meisterwerk besteht darin, angemessen zu leben.» Ihre Lebensleistung sei «die Entfaltung einer Persönlichkeit mit hoher

Autorität». In dem Geist habe sie sagen können, so Katharina Focke, es gehe ihr darum, zu «lieben, ohne zu besitzen», ein Wort von einer «gewissen Unsterblichkeit».[8]

Freunde und Kollegen gewöhnten sich an, von ihrem ersten und zweiten Leben zu sprechen, eine Formel, die auf sie selber zurückging und die ja auch einleuchtete. Über 36 Jahre erstreckte sich dieses «erste Leben», wie sie es gern nannte: Vom Aufwachsen im Schloss, wo sie geboren wurde, dem Studium in Frankfurt und Basel, bis zum Attentat vom 20. Juli 1944 und dem Tod der Freunde, der tiefsten Zäsur, die dem endgültigen Verlust der Heimat vorausging. Das, was sie ihr «zweites Leben» nannte, umfasste gut 56 Jahre im Westen, ihr Leben als Journalistin in Hamburg, wohin es sie 1946 fast zufällig verschlug und wo sie bis zuletzt bleiben sollte.

Sie führte, einmal im Westen, tatsächlich ein *anderes* Leben, eines ohne Privilegien, ohne Schloss, ohne überlieferten Besitz, sie verwaltete keine Güter, sie genoss nicht mehr das Partyleben in Berlin, sie ritt nicht länger durch Masurens Wälder. Ein kleines Zimmer als Untermieterin bei Freunden in Hamburg musste genügen, jahrelang. So sehr sie den Verlust der Heimat bedauerte, den materiellen Besitz, die Güter und Ländereien, nie verlangte sie etwas davon zurück. Sie reiste durch die Welt, aber spartanisch. Wenn sie ins Engandin fuhr, nach Sils Maria, das sie so liebte, quartierte sie sich nicht im «Waldhaus» ein, dem renommiertesten Haus mit seinem gediegenem Ambiente, Klaviermusik zum Tee und Kerzenscheindinner. Sie zog ein bescheideneres Hotel in der Nähe unten im Ort vor, immer noch exquisit genug. Zu sehr erinnerten sie das Exklusive, der Luxus, das Zeremonielle und leicht Morbide an das Leben, mit dem sie abgeschlossen hatte, an die Welt von Gestern. Das «Nicht-Besitzen», legte sie dem jungen Friedrich Dönhoff (Jahrgang 1967) oben am Silsersee ans Herz, sei doch «ein Wert an sich».

1936, ein Jahr nach der Promotion in Basel, flackerte bei ihr noch einmal ein Funken Hoffnung auf, das Leben könne in Ostpreußen weitergehen, ja die Geschichte Friedrichsteins ließe sich nach Jahrhunderten harten Existenzkampfes vielleicht doch noch in

Auf der Terrasse von Friedrichstein – die Mutter Ria (rechts) mit Marions Bruder Heini, der Schwester Christa (zweite von links) sowie der Kronprinzessin Cecilie von Preußen (Mitte).

sichere Bahnen lenken. In solchen Momenten konnte sie schwärmen gegenüber ihrem Doktorvater: «Manchmal überlegen wir, was wir alles tun würden, wenn wir sehr viel verdient haben, was für Anlagen wir bauen werden, was für Maschinen einstellen, riesen Meliorationen, Wegebauten & Züchtungen anlegen, dann denke ich gewöhnlich, dass, wenn ich ‹wahnsinnig› viel Geld hätte, ich der Erzeugungsschlacht ‹ein Schnippchen schlagen› möchte, einen ganz großen Sumpf oder einen Bruch mit etwas Heide, Moos & Wald kaufen würde und kein Mensch dort je etwas anbauen oder pflanzen dürfte. Dann würde ich mir ein paar Schafe halten und Pferde, auf die Jagd gehen und eine herrliche Bibliothek haben. Wäre das nicht schön?»[9] Sie klammerte sich, man spürt es, nur noch an einen Strohhalm.

Zehn Jahre später – 60 Millionen Menschen waren dem Krieg

zum Opfer gefallen –, Ostpreußen war polnisch, Königsberg hieß jetzt Kaliningrad, vertraute sie Salin an: «Lieber Freund, ich bin, für mich selber überraschender Weise, plötzlich in Hamburg gelandet und arbeite an einer sehr anständigen Wochenzeitung. Es macht mir Freude, weil die Leute sehr nett sind und wir im Großen und Ganzen alle etwa einer Meinungsrichtung sind – da im übrigen die nicht gelernten Zeitungsleute überwiegen, ist der ganze Ton auch netter, wie das sonst nicht zu sein pflegt. Ich muss gestehen, dass bei meinem Horror vor allem Journalismus, es erst allerlei Überwindung gekostet hat, dem ehrenvollen Ruf zu folgen, aber ich glaube es wird von den möglichen Dingen doch wohl das Richtigste für mich sein.»[10]

Je mehr ich las in ihrer Korrespondenz, umso plausibler erschien mir eine Bemerkung Fritz Sterns im Gespräch über seine Freundin Marion. Er sei davon überzeugt, so der New Yorker Historiker mit den Breslauer Wurzeln, sie habe «ihr erstes Leben heimlich weitergelebt». Dieser Satz hallte mir nach beim Spurensuchen und Schreiben.

I
«Und dann begann der Auszug aus dem gelobten Land»
Eine Art Stunde Null

Eine junge Frau, 36 Jahre alt, schwang sich aufs Pferd und kehrte im Januar 1945 Ostpreußen den Rücken, das eigene Schloss musste sie der Roten Armee überlassen, der Abschied war endgültig, wie sie wusste. Sie gelangte nach mehreren Wochen glücklich in den Westen, hunderte von Gutsangehörigen schafften die Flucht nicht, blieben mit ihrem Treck stecken und kehrten nach zwei Tagen verzweifelt um.

Sollte sie auch umkehren? An diesen Moment des Selbstzweifels dachte sie später noch oft zurück. War es verkehrt, sich in den großen Zug der Flüchtenden in den Westen einzureihen, und wäre es nicht konsequenter, zurückzureiten, dann aber nicht nur nach Quittainen, dem Familiengut, das sie verwaltete und von wo sie aufgebrochen war, sondern an den Wohnort der Eltern und der Vorfahren, Friedrichstein, noch 120 Kilometer tiefer in Ostpreußen und längst von der Roten Armee überrollt? Sie zögerte, entschloss sich weiterzureiten – und schwieg in der Regel über diesen dramatischen Augenblick.

Am 21. März 1946 veröffentlichte Marion Dönhoff unter dem Titel «Ritt gen Westen» einen knappen Text, mit dem sie sich den Lesern der neuen Wochenzeitung vorstellte. Auf der ersten Seite dachte sie unter dem Titel «Totengedenken» darüber nach, was der

25

«Tod auf dem Schlachtfeld» bedeute, dem Sterben der Soldaten verlieh sie darin ganz allgemein inbrünstig einen höheren Sinn. Gerade vier Wochen zuvor, am 21. Februar, war die Nr. 1 der ZEIT mit Sitz in Hamburg erschienen – in Lizenz der britischen Besatzungsbehörden.

Der Endloszug der Geschlagenen, Überlebenden, Hungernden, die Reiterin auf ihrem Fuchs, das alles verschmolz bei ihr in dem Bericht über ihre Flucht zu Pferde unwillkürlich zu einem einzigen fast mythischen Bild, das man als Leser schwerlich vergessen kann. An eine existenzielle Notgemeinschaft erinnerte sie, schnörkellos, weder melancholisch noch bitter oder kalt, kein Satz, kein Wort schien überflüssig. Sie sprach nicht von Opfern oder Tätern, sie klagte nicht an, sie erklärte nicht.

Zwölf verheerende Jahre raffte sie darin schließlich in wenigen Sätzen zusammen, mit denen ihre Erinnerung endete: «Ist das noch Deutschland, dieses Fleckchen Erde, auf dem sich Ost und West begegnen, ratlos, ohne Heimat und Ziel, zusammengetrieben wie flüchtendes Wild in einem Kessel? Ist dies das ‹tausendjährige Reich›: ein Bergeskamm mit ein paar zerlumpten Bettlern darauf? Ist das alles, was übrigblieb von einem Volk, das auszog, die Fleischtöpfe Europas zu erobern? Wie klar und deutlich ist die Antwort zu lesen: ‹Denn wir haben hier keine bleibende Statt, aber die zukünftige suchen wir.›»

«Ankunft in V.», hatte sie sich am 20. März 1945 in ihr Notizbuch eingetragen, gemeint war Vinsebeck, ein kleiner Ort in Westfalen, den sie zielstrebig ansteuerte. Losgeritten war sie am 21. Januar. Erst in letzter Sekunde, viel zu spät war in Ostpreußen ein Räumungsbefehl erfolgt. Zuvor war es streng verboten, Trecks für die Flucht zusammenzustellen oder gar unerlaubt aufzubrechen. So weit möglich, hatten allerdings auch ihre Leute sich heimlich auf diesen Tag X vorbereitet.

Schon war Gefechtslärm zu hören. In Eile machten die Bewohner nun die Wagen fertig, die Scheunentore wurden geöffnet, das Vieh losgebunden, alles geschah wie im Traum und in wenigen Stunden, hieß es in ihrem Beitrag weiter. «Und dann begann der große Auszug aus dem gelobten Land der Heimat, nicht wie zu Abrahams Zeiten mit der Verheißung ‹in ein Land, das ich dir zeigen werde›, sondern ohne Ziel und ohne Führung hinaus in die Nacht. Aus allen Dörfern, von allen Straßen kommen sie zusammen: Wagen, Pferde, Fußgänger mit Handwagen, Hunderte, Tausende; unablässig strömen sie von Nord und Süd zur großen Ost-West-Straße und kriechen langsam dahin, Tag für Tag, so als sei der Schritt des Pferdes das Maß der Stunde und aller Zeiten. Fremd sind die Flieger am Himmel, fremd ist das Donnern der Geschütze und fremd das Lärmen der Panzerketten, die an uns vorüberrasseln. Schritt für Schritt geht es weiter durch die eisigen Schneestürme des Ostens … Ist es der Auszug der Kinder Israel, ist es ein Stück Völkerwanderung, oder ist es ein lebendiger Fluss, der gen Westen strömt, gewaltig anwachsend – ‹Bruder, nimm die Brüder mit›?» Noch heute verschlägt die Intensität der Worte beim Lesen den Atem.

«Ganz allein mit dem braven Fuchs» ritt sie bei Rinteln über die Weserbrücke, so die Autorin, vorbei an Barntrup, dem Ziel der Reise endlich nahe an einem schönen Vorfrühlingstag. Plötzlich sah sie in der letzten Kurve der Straße, auf dem Kamm, «eine einsame Gestalt, wie ein Monument vor dem hellen Himmel». Ein alter Mann, grau, verhungert, abgerissen in seiner Kleidung, auf dem Rücken ein Sack, der die letzte Habe birgt, in der Hand ein Stab – «so steht er wie einer jener Hirten, die zu Homers Zeiten ihre Schafe weideten, und sieht mit weltverlorenem, zeitlosem Blick in die blaue Weite des Tals.» Sie wagte nicht, ihn zu stören, und grüßte ihn, «wie man ein Kreuz grüßt, das am Wege steht, voller Ehrfurcht und nicht Antwort heischend.»

Diesem fast biblischen Bild schickte sie nur noch ein paar Sätze hinterher. Sie hatte Glück, berichtete sie nüchtern, sie schaffte es: Im tiefsten Winter war sie zu Hause aufgebrochen, Frühling war es, als sie bei den Verwandten in Vinsebeck eintraf, im Schloss des Grafen Metternich. «Alles rüstete sich zu neuem Beginnen», notierte sie lakonisch, «sollte das Leben wirklich weitergehen – so, als sei nichts passiert?»

Über Nacht wurde sie den Lesern damit zu einem Begriff. Das Drama des Kriegsendes, der Niederlage nach all dem Durchhaltepathos, des tiefsten denkbaren Sturzes hatte sie in zeitlose Bilder gekleidet. Eine Reiterin im Elendszug der Geschlagenen: Sie sprach nicht unmittelbar von sich, sie berichtete nicht als Journalistin, sondern als eine von vielen, die einfach beim großen Abschiednehmen von der Heimat und dem Exodus dabei war, die nicht klagte über das ungerechte Schicksal und den Verlust, nicht als Opfer um Mitleid bat – zwölf fatale Jahre mündeten wohl aber in einem gewaltigen Trauerspiel.

Zeitsprung. Erst viele Jahre später, längst hatte sie sich schon einen Namen als journalistische Instanz mit moralischem Anspruch gemacht, meldeten sich kritische Stimmen. Sie kreisten vor allem um die Frage, ob sie den Treck hätte alleine lassen und weiter reiten dürfen. Hätte sie ihre Leute, wenn ein Weiterkommen nicht möglich war, nicht auch zurück geleiten und ihr Schicksal solidarisch teilen müssen?

Am weitesten ging dabei Paul Stauffer, der Schweizer Diplomat und Historiker, der zwei kritische Bücher über ihren Freund Carl Jacob Burckhardt verfasste.[1] Unter der Überschrift «Preußens große Soloreiterin» veröffentlichte die FAZ[2] eine Rezension aus seiner Feder über die Biographie Klaus Harpprechts zum «ersten Leben» Marion Dönhoffs («Die Gräfin»). Nur zu gern griff Stauffer – über seine Kritik an Burckhardt wird noch zu reden sein – eine Fundsache aus der Biographie auf, einen Brief der Gräfin an einen alten Vertrauten, Walter F. Otto. Sie hing sehr an dem großen Gelehrten, der in Königsberg Geschichte unterrichtete. Vom 1. November 1944 datiert ein Brief, in dem Marion Dönhoff ihm berichtete, sie rechne nicht mehr damit, dass auch nur eine leidlich geregelte Flucht der Bevölkerung möglich sein werde. Hoffnungslos sei es, «wenn die ganze Provinz erst einmal unterwegs ist, überhaupt noch vorwärts, geschweige denn über eine der Brücken zu kommen». Sie überlege, sich «mit dem Reitpferd zu verselbständigen und allmählich gen Westen zu reiten.» Stauffer monierte herablassend und ungläubig, sie habe diese Episode in ihrem Buch anders geschildert, danach hätten die Quittainer «alle miteinander» beschlossen, sie solle alleine weiterreiten und versuchen, durchzukommen, während die Gutsleute «nun eben in Zukunft für die Russen die Kühe melken» würden.

Aber was wollte Stauffer damit sagen? Die Deutschen waren geschlagen, der Krieg neigte sich dem Ende zu, nichts verlief nach Plan. Sie war skeptisch, dass ein Treck Chancen haben würde, durchzukommen – mit guten Gründen. Dennoch musste sie als Verantwortliche abwarten. Tatsächlich blieb dann der lange Zug mit Wagen aus Quittainen sehr bald stecken auf dem eisigen Weg. Lediglich ein einziger dieser Großtrecks – aus Dohna-Schlobitten –, der besser ausgerüstet war, erreichte wohlbehalten den Westen. Hätten die Leute vom Gut ihr tatsächlich raten sollen, mit ihnen zurückzukehren? Man wird den Eindruck nicht ganz los, als wollte Stauffer mit Burckhardt zugleich auch dessen einflussreiche Journalistenfreundin demontieren.

Dass sie versucht war, zurück nach Hause zu reiten, gab sie getreulich zu Protokoll. Aber es entsprach nicht ihrem Naturell, zu resignieren. Mutmaßen lässt sich, dass dennoch so etwas wie ein Schuldgefühl blieb bei ihr. Schuld, überlebt zu haben. Denn überlebt hatte sie zweifellos diejenigen Quittainer, die nach der Rückkehr tatsächlich der Roten Armee zum Opfer fielen, und das waren nicht wenige. Erst ein halbes Jahr zuvor war das Attentat auf Hitler gescheitert, und einige ihrer Freunde büßten es mit dem Leben. Es muss ein existenzieller Moment für sie gewesen sein im Januar 1945. Ich denke, nur mit ihrem Leben konnte sie beweisen, weshalb sie sich entschloss, nicht aufzugeben auf dem einmal eingeschlagenen Weg.

Die sechshundertjährige Geschichte Friedrichsteins war für sie wohl schon drei Jahre zuvor zu Ende gegangen. Damals, im Kriegsjahr 1942, kam ihr Bruder Heinrich bei einem Flugzeugabsturz ums Leben, der Älteste unter den Dönhoff-Geschwistern, der bereits als Siebzehnjähriger freiwillig in den Ersten Weltkrieg gezogen war. Schon seit sechs Generationen hatten die männlichen Vorfahren es so gehalten, sie betrachteten es als ihre patriotische Pflicht, sich in jungen Jahren zum Kriegsdienst zu melden. Für sie aber handelte es sich wohl um eine Lebenszäsur besonderer Art.[3] Dieser älteste Bruder, den sie noch mehr bewunderte als den Vater, hatte Jura in Bonn studiert und gehörte dort, wie unter Seinesgleichen üblich, dem aktiven Corps als «erster Chargierter» an. Keiner verkörperte für sie die Tragödie der letzten Generation dermaßen sinnbildlich wie Heinrich. Denn diese Generation war zugleich die erste, die das Ererbte nach Jahrhunderten endlich zukunftsfest hätte machen können, wie sie glaubte, woran sie sich jedenfalls klammerte. Als Heinrich die Verwaltung als Erstgeborener übernahm, ließ er das Schloss gründlich restaurieren. So karg seine persönliche Lebensführung auch war, erinnerte sie sich, bei der Restaurierung sparte er nicht. Kunstgegenstände aus der Sammlung des Vaters verkaufte er, um den erfahrensten Restaurator der königlichen Schlösser und Museen in Berlin für ein paar Wochen nach Friedrichstein holen zu können, damit das imponierende Gebäude unter sachkundiger Anleitung «noch einmal zu fast nicht mehr geahnter Vollendung erstünde». «Ende Januar 1945 ging Friedrichstein mit allen Sammlungen, Bildern, Teppichen und dem Archiv in Flammen auf.»[4]

Der Gedanke liegt nahe, dass bei ihrer Entscheidung, weiterzureiten, als der Treck steckenblieb, die Überlegung durchaus eine Rolle spielte, das Kapitel Friedrichstein sei ohnehin abgeschlossen. Bereits mit dem Tod Heinrichs war die Heimat verloren, es war ein Abschied vor dem Abschied, wohl aber lebten seine Kinder. Schon hinter dieses fatale Jahr 1942 gab es kein Zurück mehr.

Wenigstens eine Ahnung davon erhält man, wenn man ihre Erinnerungen, «Namen, die keiner mehr nennt», durchblättert. Von einem «Buch des Abschieds» sprach sie im Vorwort, 1961; als sie mit dem Schreiben begann, lag die Trennung von der Heimat und der Schmerz, den dies bedeutete, weit genug zurück, um sich nüchtern Rechenschaft abzulegen. Andererseits lag alles noch nah genug, sodass jede Einzelheit deutlich vor Augen stand. Abschied von den Bildern ihrer Jugend, fügte sie hinzu, dem großen Himmel, der sich über weiten Feldern wölbt, bescheidene Dörfer, Kopfsteinpflaster, Abschied von einer «versunkenen Welt, in der die Jahreszeiten den Rhythmus des Lebens noch ganz unmittelbar bestimmten.» «Abschied auch von der Welt der vorindustriellen Gesellschaft, in der die Beziehungen der Menschen zueinander noch nicht so vielfältig versachlicht waren wie dies heute der Fall ist, in der Sinn und Wert des Lebens sich nicht allein nach Tüchtigkeit und Leistung bemessen haben und der materielle Erfolg noch nicht zum Maßstab aller Dinge geworden war. Dort und damals zählten noch Imponderabilien.» Im 14. Jahrhundert waren ihre Vorfahren, wie sie schrieb, «gen Osten in die große Wildnis gezogen». Sechshundert Jahre später legten sie den selben Weg wieder zurück, zusammen mit Millionen anderen. «Wir waren mit hineingerissen worden in jenes große Chaos, in dem freche Anmaßung, bedenkenlose Brutalität verbrämt mit phantastischen Illusionen zu schlichter Kopflosigkeit und entwaffnender Unfähigkeit geworden waren.» «Sechs Jahrhunderte ausgelöscht. In den ersten Jahren konnte ich es nicht glauben, wollte es nicht wahrhaben, hoffte gegen alle Vernunft immer noch auf ein Wunder. Das ist nun lange her. Inzwischen weiß ich: diesmal gibt es kein Zurück. Was jener Wahnsinnige verspielt hat, läßt sich nicht zurückgewinnen.» Das Buch, schrieb sie im Vorwort zur 28. Auflage 1997, halte wohl nicht nur Erinnerungen an Ostpreußen fest, sondern ungewollt sei es zu einem «‹in memoriam› für die alte Welt, für eine bestimmte europäische Lebensform» geworden. Diese Welt sei noch von der «Natur bestimmt» worden und von einer «gewissen Ehrfurcht, die inzwischen der gedankenlosen und unbarmherzigen Hybris des Menschen zum Opfer gefallen ist».[5]

In der Tat, damit traf sie vermutlich den Kern für das anhaltende Echo, das sie damit fand. Diese 132 Seiten gewannen ihre ungewöhnliche Überzeugungskraft, weil ihre Autorin die Geschichte ihrer Herkunft erzählte, aber gleichwohl in einem eigentümlich überzeitlichen Licht. Sie fasste in Worte, was der Verlust der Heimat konkret bedeutete, gab dem zugleich aber etwas Grundsätzliches, Schicksalhaftes, Unabwendbares.

Ausführlicher als in jenem ersten, gerafften Text für die ZEIT schilderte sie noch einmal den legendären «Ritt».[6] Noch bis vor wenigen Monaten, hieß es darin, sei immer von neuem versichert worden, kein Fußbreit deutschen Landes werde je dem Feind preisgegeben werden. Als die Russen die ostpreußische Grenze überschritten hatten, Mitte Januar 1945, sei verkündet worden, der Endsieg sei nur eine Frage des Willens. Das war alles Betrug. In der Führung habe es niemanden gegeben, «nicht einen einzigen der doch in hundert Schlachten bewährten Generale, der den Mut gehabt hätte, Hitlers dilettantische Strategie vom Tisch zu fegen und die Führung selbst in die Hand zu nehmen, um wenigstens dieses sinnlose Sterben zu verhindern.»[7]

Worauf sie auch jetzt verzichtete: Sie nahm nicht Stellung dazu, wo die Ursachen – aus ihrer Sicht – für diesen Krieg und für sein Ende lagen, sie erzählte nicht, wie die Dönhoff-Geschwister darüber dachten und sprachen, sie vermied es zu sagen, ob sie die Niederlage für verdient und unvermeidlich hielt, sie dachte nicht laut nach über einen politischen Neuanfang bei Null. Der Krieg, Ostpreußen und der Heimatverlust, dem allen gab sie eine unvergessliche Dimension, aber sie entrückte die Ereignisse auch. Das Bild einer viel größeren Zeitenwende jedoch, das sie zeichnete, ließ die NS-Verantwortlichen fast als Randfiguren des Epochenbruchs erscheinen, den in Wahrheit Hybris, die neue Gottlosigkeit, Materialismus und Erfolgsstreben, der Abschied von «Metaphysik» und «Ehrfurcht» bewirkten.

Konsequenter, als ihr selber vielleicht bewusst war, machte sie sich – und ihre Leser – zugleich aber mit dem Gedanken vertraut, nichts von dem Verlorenen komme zurück. Darin steckte nun doch eine eminent politische Botschaft. Nein, sie sprach nicht von einer Stunde Null. Das Leben ging irgendwie weiter. Aber keine Zeile in ihrem «Ritt gen Westen», mit dem sie sich dem Publikum vorstellte, oder in ihren ersten Erinnerungen an Ostpreußen klang revisionistisch. Sie hatte sich fürs Weiterreiten in den Westen entschieden, bevor der Exodus ihrer eigenen Leute scheiterte. Erstmals verlegte sie sich selber den Rückweg. Es sollte sich als Grundmuster ihres Lebens erweisen.

Am 2. Dezember 1909 kam Marion Hedda Huberta Ilse Gräfin Dönhoff auf Schloss Friedrichstein zur Welt, das jüngste von acht Kindern. Die Dönhoffs[8] hatten schon im Mittelalter ihre alte westfälische Heimat verlassen, den Dunehof an der Ruhr, um nach Osten zu ziehen, zuerst ließen sie sich in Livland nieder. Erst spät, schrieb sie, nämlich bei den Recherchen für ihre Doktorarbeit über die Wurzeln der Familie, sei ihr klar geworden, dass die Genealogie «nicht nur Weihrauch spendete». Geschichte war nicht nur interessant als Nationengeschichte, und in diesem Fall beispielsweise sei es auch gar nicht so sehr darauf angekommen, wer gerade die Oberherrschaft ausübte, der Deutschritterorden, die Kirche, die Polen, Schweden, Russen oder Preußen, plötzlich habe sie entdeckt, dass auch im Alltag, vielleicht gerade dann, Geschichte gemacht werde, und dass sich «sehr wohl am Schicksal der einzelnen Familie die großen Linien der historischen Strömungen feststellen lassen».[9] 1630 näherten sich die Dönhoffs nach einer verwirrenden Siedlergeschichte, einem ständigen Kampf ums Leben und Überleben, unter dem Patronat des Ordens und später Polens Preußen an, das als Herzogtum Preußen polnisches Lehen war. Ein Vorfahr, Friedrich Dönhoff, ließ sich verlocken und kaufte 1666 die Herrschaft Friedrichstein. Der Besitz – nur eine Tagesreise entfernt von Königsberg – blieb seitdem in Händen der Familie. Bis 1945. Knapp dreihundert Jahre.

«Meine vier ältesten Geschwister – zwei Brüder und zwei Schwestern – waren acht bis zehn Jahre älter als ich. Mein ältester Bruder hatte als siebzehnjähriger Freiwilliger noch einen Teil des Ersten Weltkrieges mitgemacht. Von den drei jüngeren war ich die jüngste: vor mir ein drei Jahre älterer Bruder, Christoph, sowie eine kranke Schwester, für die es eine eigene Pflegerin gab. Meine eigene Erinnerung an den Ersten Weltkrieg beschränkt sich auf einen Besuch Hindenburgs, der 1916 eine Woche Urlaub in Friedrichstein machte. Als die Russen zu Beginn des Krieges, gleich im August 1914, in Ostpreußen eingefallen waren, hatte man uns Kinder zur Schwester meiner Mutter geschickt, die in Sachsen mit einem Herrn von Helldorff verheiratet war. Wir wurden erst zurückgeholt, nachdem Hindenburg in der Schlacht bei Tannenberg die Russen wieder aus Ostpreußen vertrieben hatte.»[10]

Was sie hier nur kurz streifte, bedarf eines näheren Blickes: Marion wurde als Kind mit dieser mongoloiden Schwester zusammengespannt. Die Eltern wollten die Behinderung nicht wirklich wahrhaben. Ihr Bruder Heinrich sorgte dann dafür, dass sie ihren eigenen Freiraum erhielt. Der unbeirrbare Wille, ein unabhängiges und geistiges Leben zu führen, könnte mit dieser frühen Erfahrung zusammenhängen. Aber über solche Fragen sprach sie nicht.

Marion und ihre Brüder Heinrich und Christoph im Jahr 1936 vor Schloss Friedrichstein.

Ihren Vater, August Karl Dönhoff, erzählte sie in den Kindheitserinnerungen weiter, habe sie kaum gekannt. Als er mit fünfundsiebzig starb, war sie noch nicht zehn Jahre alt. Eingeprägt habe sich ihr besonders ein Bild, das sich an winterlichen Abenden bot. Sein Arbeitszimmer war das letzte einer langen Flucht von Räumen, die die gesamte Länge der zum Park hingewandten Seite des etwa neunzig Meter langen Schlosses einnahm. «Da die Türen von einem Raum zum anderen stets offen standen, konnte man ihn dort, in großer Entfernung, von seiner Lampe beschienen am Schreibtisch sitzen sehen. Es war, als sähe man einen lichten Punkt am Ende eines langen, dunklen Tunnels.» Zunächst war er Offizier, später Diplomat in Paris, Petersburg, Wien, London und Washington, vor allem aber ein Weltenbummler, der sich mehr auf Urlaub als im

Dienst befand («beruhigenderweise stets auf ‹unbezahltem Urlaub›»), auf Kuba, in Mexiko, Japan, China oder Kairo. Ruhiger lebte er erst, als er schließlich Abgeordneter des Reichstages und erbliches Mitglied des Preußischen Herrenhauses wurde.[11] Der neugierige Weltreisende, der gar nicht genug herumkommen konnte, sowie der Politiker, der den Zusammenprall zweier Zeiten erlebte – es sind unübersehbar genau diese Fußstapfen des Vaters, in die sie später tritt. Zuallerst fiel das natürlich ihr selber auf, aus ihrer Bewunderung für diesen «lichten Punkt» am Ende des langen Flurs machte sie keinen Hehl: «Vieles hätte ich von meinem Vater lernen können, der ein unvoreingenommener, aufmerksamer und neugieriger Beobachter war – Freunde nannten ihn, wie einer von ihnen mir erzählte, ‹den Mann, der alles wissen will›. Auf einem langen, schmalen Tisch in seinem Arbeitszimmer lagen täglich, neben den deutschen Zeitungen, deren Spanne von der Kreuz-Zeitung bis zur Frankfurter reichte, *The Times*, *Le Temps* und der *Figaro*.»[12] Unvoreingenommen: das Wort wollte sie sogar noch einmal hervorheben, weil sie fand, es tauge am besten dazu, den Vater zu charakterisieren.

Solche Eigenschaften zeichnen die Mutter, Ria von Lepel, «Palastdame» der Kaiserin Auguste Viktoria, zwanzig Jahre jünger, offenbar weniger aus. Der Hof des Monarchen – um den sich der Vater nicht sonderlich kümmerte, Etikette und Rituale waren lästige Pflicht – sei für sie eine «Richtschnur für viele Anschauungen» gewesen, gewisse Sitten habe sie von dort übernommen, so mussten die Mädchen in Friedrichstein sie morgens mit «untertänigst, guten Morgen, Exzellenz» begrüßen, ihre eigene Mutter, eine geborene Gräfin Schlippenbach, redete sie selbstverständlich mit «Frau Mutter» und «Sie» an. Einen Teil ihrer Jugend habe sie bei den Großeltern verbracht, den ungarischen Grafen Sermage, die in Kroatien lebten. Einmal im Jahr fuhren ihre Eltern per Pferdewagen von Mecklenburg dorthin. Einen Höhepunkt bildete es für die Mutter, wenn der Kronprinz oder die Kronprinzessin zu Besuch nach Friedrichstein kamen, was auch noch zwischen den Kriegen häufiger vorkam.[13] Ja, sie war «im Konventionellen verhaftet», aber das habe sie «durch eine tiefe Frömmigkeit kompensiert». Diese Seite der Mutter allerdings, das gestand sie offen, war ihr durchaus nahe in einer Zeit, in der «weniger über Gott und mehr über Sigmund Freud» nachgedacht worden sei, wie sie mit einem kleinen kulturkritischen Seitenhieb anmerkte.[14]

Der Korridor, der Ostpreußen vom Reich trennte, merkte sie bei der Gelegenheit an, sei ein jedermann beängstigendes Ergebnis des «Schandfriedens von Versailles» gewesen – und ließ keinen Zweifel, dass das auch ihrer Sicht entsprach. Wenn sie von Ostpreußen nach Berlin reiste, hieß es, «wir fahren ins Reich». Sie selber lebten «in der Provinz». «Durch den polnischen Korridor zu reisen war in den Jahren nach 1918 ein abenteuerliches Unternehmen. Die Vorhänge aller Abteile mussten zugezogen werden, niemand durfte hinausschauen, und man war auf alles gefasst.»[15] Zur Welt von einigem Einfluss, im Übergang vom Kaiserreich zur Weimarer Republik und zu Hitler, daran ließ sie keinen Zweifel, gehörten die Eltern, die Geschwister, aber selbstverständlich auch sie.

Seine feste Ordnung hatte das alles, gab sie zu verstehen, das Leben spielte sich in einem strikt geregelten, hierarchischen, konservativen, christlichen Rahmen ab. Als aufmüpfig schilderte sie sich zwar, aber keineswegs so, als hätte sie solche Spielregeln und diese Weltordnung sabotiert. Jeden Morgen wurde zur Andacht geläutet in Friedrichstein; wer zu Hause war, musste teilnehmen, auch der Kirchgang am Sonntag war Pflicht. Marion Dönhoff: «Alle gingen die lange, alte Lindenallee bis Löwenhagen zu Fuß, auch die Eltern, denn natürlich durfte am Sonntag der Kutscher nicht bemüht werden … Der Pfarrer, der in Löwenhagen wohnte und an dessen Haus man vorbeikam, wenn zum Bahnhof gefahren wurde, musste ehrerbietig gegrüßt werden. Oft saß er am Fenster und machte seine Predigt; dann verneigten wir uns, egal ob er aufblickte oder nicht. An Werktagen konnte er meist gar nicht umhin, den herrschaftlichen Wagen wahrzunehmen, denn auf dem Kopfsteinpflaster hörte sich ein gefederter, rasch dahineilender Wagen ganz anders an als die Bauerngefährte. Dieser Ton, in der Kindheit so oft vernommen, hat sich mir fürs Leben eingeprägt. Genauso wie jenes andere Geräusch: wenn Grenda beim Vorfahren vor dem Schloss die Pferde zur Eile antrieb und dann mit großem Schwung die Kurve nahm, so dass der Kies mit hellem Klang gegen die Speichen spritzte ... «[16]

Es galt ein Oben und Unten, und das erkannten auch alle an. Aber hinter dieser Struktur verbarg sich etwas ganz anderes, sie entdeckten als Kinder bereits die «Relativität von Autorität», die «eigentlichen Lehrmeister» waren – völlig unhierarchisch – die Gärtner, Förster, Chauffeure, die Tischler und Klempner. So wurde das «Exzellenzchen» praktisch erzogen, lernte Hand anzulegen, fühlte sich frei, lernte mit Schwestern und Brüdern aber auch Verantwortung zu übernehmen, sie führten ein privilegiertes, zugleich auch einfaches, karges, bescheidenes Leben. Unterrichtet wurden sie meistens zu Hause.

Schlagartig beendete ein tragisches Unglück, wie sie sich erinnerte, das unbekümmerte Dasein. Sie war gerade fünfzehn. Heini und Sissi, die beiden Lehndorff-Kinder, mit denen sie bis dahin frei unterrichtet worden war, wurden ins Internat geschickt. Sie sollte fortan gemeinsam mit einer Cousine (Huberta Kanitz) Unterricht erhalten, die erst ein paar Monate bei ihr in Friedrichstein lebte. Anfang September brachen sie mit zwei Autos zu einem Ausflug an die Ostsee nach Cranz auf. Marions ältester Bruder, Heinrich, lud dazu ein. Von dort kam die Cousine nicht lebend zurück. Erwachsene und Kinder fuhren auf der Heimfahrt über Königsberg in getrennten Limousinen, mit Chauffeuren am Steuer. Das Auto mit den fünf Kindern stürzte nach einem Gewitter und bei starkem Regen wegen schlechter Sicht plötzlich in die Pregel. Sie erinnerte sich an letzte Gedanken in Todesangst. In das Auto mit Verdeck aus Segeltuch drang Wasser ein. Plötzlich habe sie daran gedacht, dass es einen Spalt zwischen Karosserie und Verdeck gebe – «ich tastete, suchte, schob mich durch und wurde nach oben gerissen». Jetzt sah sie die Scheinwerfer einer Limousine, die an den Kai geschoben worden war und hörte ihren Namen rufen. Es war die Stimme ihres Bruders. An der Kaimauer ließ er lange Mäntel herunter, mit letzter Kraft habe sie sich festgeklammert, die Männer oben zogen sie die drei Meter bis zur Straße als letzte lebend heraus. Die beiden schwächsten, ihre Cousine und der zwölfjährige Franz Coudenhove, konnten nur noch tot geborgen

In ihrer Abiturklasse in Potsdam 1928 war Marion Dönhoff das einzige Mädchen.

werden. Zwei Särge standen am nächsten Tag im Gartensal des Schlosses.[17] Dass es gerade ihr Bruder war, Heinrich, der rasch reagierte und sie aus dem Pregel zurück ins Leben holte, dürfte in ihrem Leben keine Nebensache gewesen sein. Es war eine Zäsur. Ohne ihn hätte sie es nicht geschafft, er hat ihr Leben gerettet, nachdem sie sich selber befreit hatte. Heinrich blieb seitdem eine Ausnahmefigur für sie. Erstmals hier zeigte sich wohl ein unbedingter Lebenswille (wie später, im Januar 1945, bei ihrer Entscheidung weiterzureiten, als der Treck nicht mehr vorankam), der ihr in Grenzsituationen half.

Von nun an musste sie in ein Mädchenpensionat in Berlin ziehen, «wo alles vorgeschrieben und nichts erlaubt war», zwei Jahre hielt sie durch, in einer Art Super-Strafanstalt, wie sie es empfand. Die nächsten drei Jahre bis zum Abitur absolvierte sie in Potsdam, «dort war ich ein freier Mensch».[18] Sie brauchte das, Freiheit. Sie brauchte sie wie Luft zum Atmen. Das war ihr Lebenselixier. Dem «Rhythmus der Jahreszeiten», das herrschte in ihrer Erinnerung vor, passte sich alles an. Beinahe andächtig beschrieb sie diese Idylle, die bukolische Landschaft, die enge Verflechtung mit der Natur, als nähere sie sich etwas Sakralem: «Erst wenn es Stoppelfelder gibt, Kilometer von Stoppelfeldern, über die man galoppieren kann, dann beginnt die große Zeit des Jahres. Dann muss man einen Trakehner haben, und im Herbst muss es ein Schwarzbrauner sein. Niemand hat die wirklichen Höhepunkte des Lebens je erlebt, der das nicht kennt, dieses Hochgefühl vollkommener Freiheit und Schwerelosigkeit im Sattel. Die Welt liegt einem zu Füßen, und sie ist schön und jung wie am ersten Tag, mit tausend Farben angetan und von unendlichen Gerüchen erfüllt. Man hört nur das regelmäßige Schnauben und den Hufschlag des Pferdes, das leise Geräusch des Lederzeugs und spürt dann und wann eine kühle Luftströmung, die der Schatten einer alten Eiche am Wegrand verursacht. Knallrot stehen die Beeren der Ebereschen gegen den lichtblauen Herbsthimmel. Die Birken werden von Tag zu Tag leuchtender in ihrem Goldgelb, und die kurzgefressenen Wiesen sehen aus wie ein alter, fleckig gewordener Samt. Das ist die Zeit, wenn die Elche im Bruch noch heimlicher werden und der große Vogelzug beginnt ... Es ist, als nähmen sie alles Leben und alle Freuden mit, denn jetzt beginnen schwermütige, regenreiche, dunkle Wochen ... Dann beginnt die Zeit der Bücher. Mit fünfzehn Jahren habe ich alles verschlungen, was in den Bücherschränken stand. Thomas Mann, Knut Hamsun, Stefan Zweig, Franz Werfel, Leonhard Frank, Hans Fallada und natürlich Hugo von Hofmannsthal und Rainer Maria Rilke und viele Bände Dostojewski. Aber kein Autor, auch kein Lyriker, kann poetischer sein als jene herbstlichen Morgen, an denen man noch im Dunkeln zum Pirschen aufbricht ... Unnachahmlich so ein Morgen: Niemand weit und breit, die ersten Hummeln wachen auf, dann und wann springt ein Reh ab, fliegt ein Vogel auf; aber das Gewehr ist nur ein Vorwand: nur ja kein Schuss jetzt, der die heilige Stille stören könnte. Alle Wahrnehmungen verdichten sich zur Inspiration, plötzlich versteht man alles, das

Leben, das Sein, die Welt. Und es gibt nur noch ein Gefühl: tiefe Dankbarkeit dafür, dass dies meine Heimat ist».[19]

Gerne möchte man einfach weiter lesen. Wie sie Natur und Landschaft und Lebensgefühl in Worte fasste, das machte ihr keiner nach. Ihr Bericht mündete übrigens darin, wie Friedrichstein ein Fideikommiss wurde. Tradition war, dass die nachgeborenen Kinder keine Erbansprüche stellten. Da nicht sicher gewesen sei, ob das so bleiben werde, habe ihr Großvater beschlossen, nachdem er und sein Vater durch äußerste, geradezu asketische Sparsamkeit alle Schulden abbezahlt hatten, den Besitz zum Fideikommiss zu machen. Wie der Name sagt (fidei commissum – zu treuen Händen überlassen), sei damit der «jeweilige Inhaber des Fideikommisses nicht Besitzer, sondern Treuhänder.»[20] Wenn sie heute darüber nachdenke, schrieb sie, erscheine ihr das Verhältnis zu Friedrichstein als eine schwer zu definierende Mischung von grenzenloser Liebe und seltsam abstrakter Besitzerfreude.[21] Die Heimat gehörte ihr, und sie gehörte ihr nicht.

Auf die besondere Geschichte der Siedlungen im Osten führte sie es zurück, dass es innerhalb der gleichen sozialen Schicht doch große Unterschiede in der Lebensart und den Traditionen gegeben habe. Der Besitzer eines landwirtschaftlichen Großbetriebes wirtschaftete im Osten (Gutsherrschaft) selber, war also Unternehmer, während im Westen die großen Besitze an bürgerliche Kleinbetriebe verpachtet waren, der Besitzer fungierte lediglich als Zinseinnehmer (Grundherrschaft) – und pflegte, wie sie schrieb, ritterliche Traditionen. Das Verhältnis von Besitzer zu Untergebenen sei daher auch völlig unterschiedlich gewesen – «im Osten paternalistischer, wenn man so will, serviler, aber auch enger und herzlicher als im Westen». «Man war eben stärker aufeinander angewiesen, überdies kannten sich Oben und Unten ziemlich genau in jeder Generation, was eine merkwürdige Mischung von institutioneller Distanz und persönlicher Vertrautheit ergab.»[22] Aufwendige Repräsentation und spartanische Lebensweise im Alltag gehörten zusammen.[23]

Die Frage, weshalb sie nicht Hamburg, sondern Ostpreußen unverändert als Heimat empfinde, nach über vierzig Jahren, und obwohl sie doch gerne an der Elbe lebe, beantwortete sie folgendermaßen: «Mir fehlen die Landschaft, die Natur, die Tiere jener untergegangenen Welt. Und auch die Geräusche, diese tausendfältigen Geräusche, die sich unverlierbar für immer ins Gedächtnis eingegraben haben. Wie viele Laute vernahm man, wenn wir in der Dämmerung auf den großen Steinen vor dem Haus saßen. Da strichen die Mauersegler mit pfeifendem Ton in unglaublichem Tempo um das Schloss, bald darauf führten die Fledermäuse ihren Zickzacktanz auf, und wenig später erklang der Ruf der Käuzchen durch die Nacht. Oft wanderten wir noch ganz spät hinauf zum Waschteich, wo hunderte von Fröschen ein phantastisches Konzert veranstalteten – so laut, dass man in der Unterhaltung die Stimme heben musste, um sich verständlich zu machen. In Hamburg gibt es ganz nah von Blankenese eine fast ostpreußische Landschaft, darum wohne ich so gerne in jener Gegend, aber einen Frosch habe ich dort in den Wiesen noch nie bemerkt. Manchmal wird es Sommer, ehe ich den ersten Schmetterling sehe, und nachts höre ich nur das Geräusch vorüberfahrender Autos oder das Klappern ihrer Türen, wenn jemand ein- oder aussteigt. Es ist eine armselige Welt. Sicher neigt man dazu, die Kindheit zu idealisieren, und es ist nicht leicht, sich darüber klar zu werden, warum sie denn – wahrscheinlich für die meisten Menschen – so einzigartig gewesen ist. Bei mir hat das Leben in der Gemeinschaft mit den Geschwistern viel dazu beigetragen. Ein so enger Zusammenhalt ist gewiss selten. Unser Ideal – im Scherz formuliert, aber doch irgendwie ernst gemeint – lautete: Wenn wir mal alt sind, stoßen wir die Angeheirateten ab und ziehen alle wieder zusammen ... Am beliebtesten waren die Schilderungen meines ältesten Bruders, der die goldenen zwanziger Jahre in Berlin erlebte. Wenn er von den großen Aufführungen bei Max Reinhardt berichtete, von den dramatischen oder poetischen, immer subtilen Inszenierungen, dann lauschten wir gespannt und hatten das Gefühl, alles selbst erlebt zu haben, ja, eigentlich war es fast schöner, als selbst dort gewesen zu sein.»[24]

II

«Der Versuch, das 19. Jahrhundert geistig zu überwinden»

In memoriam 20. Juli 1944

Ein mehrseitiges «Memorandum» über die Widerständler vom 20. Juli ebnete ihr unerwartet den Weg zur ZEIT. Die Gründer und Lizenzträger der neuen Wochenzeitung, Ewald Schmidt (später Schmidt di Simoni), Richard Tüngel, Lovis H. Lorenz und Gerd Bucerius, hatten den Wortlaut ihrer historischen Würdigung der Attentäter in die Hände bekommen und beeilten sich daraufhin, mit der Verfasserin Kontakt aufzunehmen.

Zur Vorgeschichte gehört, dass ein Bekannter Ewald Schmidts Marion Dönhoff auf dem Gut eines Freundes zwischen Göttingen und Hannover kennengelernt hatte. Er wusste, dass sie bei den Besatzungstruppen als politisch nicht belastet galt, mehr noch, dass sie gerade die Aufmerksamkeit der britischen Offiziere mit diesem bemerkenswerten Text über die militärische Opposition gegen Hitler ausgelöst hatte. Er bat sie daher gleichfalls um eine Kopie. Von der Lektüre muss er so beeindruckt gewesen sein, dass er das Memorandum eilig an Ewald Schmidt nach Hamburg sowie die übrigen Lizenzträger sandte. Umgehend erhielt sie daraufhin das Telegramm der Zeitungsgründer, sie möge sich «baldmöglichst» vorstellen.

Bei dem Memorandum handelte es sich um das erste Zeugnis, das versuchte, den geistigen und politischen Hintergrund des Wi-

43

derstands festzuhalten. Daraus ging eine kleinere Schrift zum ersten Jahrestag des Attentats 1945 hervor unter dem Titel «In Memoriam 20. Juli 1944», die 31 Schreibmaschinenseiten umfasste und «den Freunden zum Gedächtnis» gewidmet war. Der Text erschien ein Jahr darauf, 1946, als Privatdruck in einer Auflage von 300 Exemplaren. Die Autorin hatte noch keinerlei konkrete Berufsvorstellungen, aber etwas lag ihr am Herzen: Endlich bekam sie die Chance, gegen die verbreiteten Ressentiments in Deutschland und bei den Siegermächten die Widerständler so zu beschreiben, wie sie sie sah.

«Zum ersten Mal jährt sich der Tag, an dem Deutschland mit einem Schlage seine besten, seine letzten wirklichen Patrioten verloren hat», lautete schon der erste Satz ihres Memorandums. Ohne es direkt auszusprechen, wollte Marion Dönhoff den Briten ins Gewissen reden, sie hätten sich jahrelang in einen Irrtum verrannt: Keineswegs habe es sich bei der Opposition nur um ein paar einzelne mutige Offiziere gehandelt (für die Briten auch noch dazu «Verräter», die ihrer eigenen Führung in den Rücken fielen), sondern tatsächlich um den Kern eines «anderen Deutschland», hinter dem sogar eine «breite Bewegung» stand. Ein einziger Tag, der 20. Juli 1944, habe alle Hoffnungen zunichte gemacht und alle Menschen, die sich an der geistigen Erneuerung und dem Wiederaufbau beteiligen wollten, mit einem «tödlichen Schlag ausgelöscht». Dieser Tag allerdings gehörte den Offizieren. Nur wenige wüssten selbst heute noch, was diese Männer anstrebten und was sie «als festes, unverrückbares Bild vom geheimen Deutschland und dem neuen Menschen» im Herzen trugen.

Schwer zu sagen, wann und weshalb sie sich dazu entschloss – lange hatte Marion Dönhoff jedenfalls nicht gebraucht, um sich als Erbin zu begreifen, die unbedingt die Erinnerung an den Aufstand wachhalten müsse. Sie selber gab darüber keine Auskunft. Applaus jedenfalls konnte sie kaum dafür erwarten im eigenen Land. Die wenigen, die eine Ahnung von den Idealen der Männer hatten, so Marion Dönhoff, müssten dieses Erbe hüten, es aber auch zugleich «fruchtbar machen für die, denen es nicht vergönnt war, dem Freundeskreis nahezustehen».

Das endgültige Chaos, der letzte Akt blieb den Deutschen wohl nicht erspart, damit ihnen die Augen geöffnet und die Seele aufgetan werde. Und worin bestand für sie dieses Vermächtnis? Marion Dönhoff: «Denn das war es, was die unerbittliche Forderung jener Männer war: die geistige Wandlung des Menschen, die Absage an den Materialismus und die Überwindung des Nihilismus als Lebensform. Der Mensch sollte wieder hineingestellt werden in eine Welt christlicher Ordnung, die im Metaphysischen ihre Wurzeln hat.» Die Revolutionäre – auch das Etikett verlieh sie ihnen ohne zu zögern – hätten sich nicht nur als «die Antipoden von Hitler und seinem unseligen System» verstanden. Auf einer höheren Stufe war es auch der Versuch, «das 19. Jahrhundert geistig zu überwinden.»

Sie war nicht die einzige, die damit das Attentat zu einem unpolitischen, überpolitischen Akt erhob, zum Ausdruck einer moralischen Intuition, manche der Beteiligten sahen es wohl auch selber so. Die Tat der Offiziere wollte sie damit ja auch nicht jedem Streit um die wahren Motive und also jeder Kritik entziehen, sondern exakt da verlief für sie die Konfliktlinie: Gut gegen Böse, Metaphysik gegen Materialismus.

In ihrer Interpretation des 20. Juli ging sie so weit zu sagen, der deutsche Raum in der geographischen Mitte Europas habe als «Weltbühne» fungieren sollen, um ein Stück aufzuführen, «das alle angeht». Sah sie Deutschland wirklich als auserwähltes Volk? Deutschland im Bösen wie im Guten als Lehrstück? Ja, etwas davon schwang mit. Heute liest es sich befremdlich, aber 1946 drückte es etwas von einer verbreiteten Mentalität aus, verbreitet mindestens in jenem Milieu, dem sie entstammte. Nicht einmal vor dem Wort vom «Schicksalhaften der Zeiten» scheute die Autorin zurück und träumte, vielleicht würden aus diesem blutgetränkten Boden irgend wann einmal wieder die wirklichen Kräfte erwachsen, die eine «neue Welt und ein neues Leben» möglich machen.

Ein anderes Sein, eine andere, praktische Lebensform, eine exzeptionelle Rolle der Deutschen? Gegen alle naheliegenden Einwände vertraute sie darauf, dass Dokumente gefunden würden, die Auskunft geben, wie die Männer des 20. Juli wirklich über ein künftiges Deutschland dachten. Nein, eine einfache Handlungsanleitung gab es nicht zum richtigen Regieren und ein System, «das zur bürgerlichen Vollkommenheit führt», keine sozialen oder verfassungsmäßigen Patentlösungen. Sie träumten sich nicht hinein in ein Utopia, wollte sie sagen, obwohl sie ein «geheimes Deutschland» und einen «neuen Menschen» herbeisehnten;[1] zugleich waren sie durchaus von dieser Welt, standen also mit beiden Füßen auf dem Boden. Das hieß in grobem Raster, einen Rechtsstaat auf christlicher Basis strebten sie an, europäisch, föderal und parlamentarisch. Die Schlüsselunternehmen sollten sozialisiert werden, freier Wirtschaftswettbewerb musste herrschen, mit aktiven Gewerkschaften oder einer dezentralen Verwaltung. Der Staat Preußen schließlich, das war ihr klar, wäre aufgelöst.

Sie selber nahm den Einwand vorweg, warum sich diese Ideen nicht früher herumgesprochen haben: Kaum einer der wenigen Eingeweihten, die alles überschauten, sei der Inquisition durch den Volksgerichtshof entgangen, erwiderte sie auf solche Zweifel gerade unter den britischen und amerikanischen «Siegern».

Bereits in dem Memorandum führte sie im Kern alle ihre Argumente an, auf die sie später noch häufig zurückkommen sollte. Geradezu zornig machte sie vom ersten Tag an vor allem der Einwand, die Opposition sei zu spät aufgewacht. An der «planmäßigen Gegenbewegung» seit 1938 – wie sie es nannte – beteiligten sich neben Ludwig Beck herausragende Männer wie der Leipziger Oberbürgermeister Carl Friedrich Goerdeler sowie der neue Chef des Generalstabs, Franz Halder. Im Heer standen Admiral Canaris und Oberst Oster bereit. Goerdeler, dem klar war, dass gegen die mächtige Partei nur die Armee ein Gegengewicht bilden könne, hatte in London Rückendeckung gesucht. General von Brauchitsch allerdings, der anfangs mitmachen wollte, verlor die Nerven und zog seine Unterstützung zurück. Auf lange Sicht, folgerte die Autorin, sei damit jeder Versuch zunichte geworden, das Regime endgültig zu beseitigen. Das Münchner Abkommen entzog kurzfristig den Warnern vor Hitlers Angriffsplänen den Boden. Dann, mit der Besetzung der Tschechoslowakei und endgültig mit dem Einfall in Polen, wurde Krieg geführt, der oberste Kriegsherr aber «brauchte keine Legitimation mehr», bereitwillig würde das Volk ihm folgen.

Für die begeisterte Zustimmung zum Regime gerade aus Ostpreußen hielt sie eine Erklärung bereit: Der Apell an die patriotischen Gefühle, das Versprechen einer Wiedervereinigung Ostpreußens mit dem Reich und die Ankündigung, zunächst den polnischen Korridor zurückzuerobern, das alles war überaus populär und wirkungsvoll. Vorbereitet wurde damit aber insgeheim bereits der Krieg gegen Polen. So formierte sich ein «Volk in Waffen», wie sie nüchtern erklärte, «das willig seine Gegenwart und Zukunft opferte – ohne sich dessen bewusst zu werden.» Nicht zu vergessen war noch ein anderer Faktor: Jahrhundertelang war das Offizierskorps zum Glauben an eine integre Führung erzogen und richtete sich darauf aus, Befehle auszuführen, «ohne zu realisieren, dass die moralische Berechtigung des Befehlenden geschwunden war.»

Nach dem Polenfeldzug änderte sich die Stimmung erneut: Für einen «wirklichen Patrioten» gebe es nur die Pflicht, Hitler zu beseitigen, damit er Europa nicht in Brand stecken könne, beschrieb sie ihre damalige Haltung. Ihre Kreise dachten auch so, kleinste Kreise waren das allerdings, wie sie einräumte. Das Dilemma für die Opposition lautete schon damals: Ein rascher Umsturz ohne breites Verständnis und Resonanz in der Öffentlichkeit, oder Abwarten, bis auch dem «letzten Blinden» die Augen aufgingen? Erst die Katastrophe von Stalingrad 1942/43 änderte daran etwas, wie sie im Zeitraffer skizzierte. An der Front blieb die Stimmung gespalten. Trotzdem entschlossen sich die Widerständler, zu handeln.

Weshalb gab die Verfasserin des Memorandums das alles, gerade auch die Schwierigkeiten, die sich für die Verschwörer auftürmten, derart detailliert zu Protokoll? Zeigen wollte sie wohl nicht nur, dass es – ganz gegen die offizielle britische Einschätzung – einen ernsthaften Widerstand gab, der sich auf eine breite Oppositionsbasis stützen konnte, der aber auch nicht früher handeln konnte, da dieser Rückhalt erst gesichert sein musste. Zudem wollte sie auch dazu beitragen, den Deutschen wenigstens einen gewissen Handlungsspielraum trotz der Niederlage zu verschaffen. Dazu brauchten sie ein Minimum an Vertrauen bei den Besatzungsmächten. Und dieses Minimum, davon war sie überzeugt, würden sie nur gewinnen, wenn anerkannt wurde, dass etwas «Anderes» –

trotz Hitler – in diesem Land schlummerte, als es das pauschale Bild vom Volk im Rausch geschlossen hinter dem Führer und ohne nennenswerte Opposition vorspiegelte.

Fast flehentlich warb sie noch nachträglich um Verständnis, als sie auf das Jahr 1944 zu sprechen kam. In jenen dramatischen Sommermonaten, während die Rote Armee schon sehr nahe rückte, habe wohl mancher daran gezweifelt, ob ein Erfolg der Aktion überhaupt noch denkbar sei. Aber es ging um eine «Wiederherstellung der Ehre und Würde» des Volkes, argumentierte auch Marion Dönhoff im Rückblick: Nicht so sehr auf den Erfolg, auf den Geist kam es jetzt an, aus dem heraus gehandelt würde. Dafür stand der Name Claus Stauffenberg. Noch Ende Juni bemühten die Offiziere sich um Kontakte mit dem Zentralkomitee, der Vertretung der Kommunisten. Über die Abwehr erreichte am 19. Juli die Verschwörer die Nachricht, bei der Gestapo würden für Goerdeler und Beck Haftbefehle vorbereitet. Stauffenberg in der Doppelrolle – «die ihm zum Verhängnis wurde» – musste handeln.

Marin Dönhoff: «Vielleicht wird die Geschichte die Vorgänge um den 20. Juli, wenn sie dem Blick der Zeitgenossen und ihren Tagesinteressen entrückt sind, einmal ganz anders sehen. Wir wollen hoffen, daß diese Männer und ihr Sein den Deutschen Mahnung und Wegweiser zugleich sein mögen. Wir wollen hoffen, daß ihr Geist weiterlebt, auch wenn ihr Tun keinen neuen sichtbaren Anfang gesetzt hat, sondern nur den Schlussstrich unter ein Kapitel, das zu Ende gegangen ist im Geiste der Worte des 9. Makkabäer Kapitels:

Ist unsere Zeit gekommen,
so wollen wir ritterlich sterben
um unserer Brüder willen
und unsere Ehre
nicht lassen zu Schanden werden.»

Damit endete das Memorandum, das am Anfang ihrer Karriere als Journalistin stand. Selbst ein gescheitertes Attentat, hieß ihre Botschaft von 1946, verlor für das Nachkriegsdeutschland nicht seinen Sinn.

III
«Auf den Barrikaden sehen wir uns wieder»
Der erste Kreis der Freunde

Erst 1994, fünfzig Jahre nach dem Versuch, sich aus eigener Kraft Hitlers zu entledigen und den Krieg zu beenden, veröffentlichte Marion Dönhoff bei Wolf Jobst Siedler in Berlin ein schmales Bändchen, das anknüpfte an «In Memoriam». Sie gab ihm den Titel: «‹Um der Ehre willen›. Erinnerungen an die Freunde vom 20. Juli». Nach «Namen, die keiner mehr nennt» (1962) sowie «Kindheit in Ostpreußen» (1988) handelte es sich praktisch um den dritten Teil ihrer Lebenserinnerungen. Wieder hatte der Verleger, Siedler, sie lange in Briefen beschworen, endlich genauer aufzuschreiben, was sie mit den Männern des Widerstands verband. Sie zögerte, die Ruhe zum Verfassen umfänglicher Manuskripte fehlte ihr ohnehin, vor allem aber wollte sie sich nicht nachsagen lassen, sich mit den Freunden zu schmücken. Aber ein persönliches, kleines Denkmal in Buchform zum 50. Jahrestag des Attentats, das leuchtete ihr dann schließlich ein. Siedler hatte den richtigen Instinkt, über Nacht wurde der schmale Band wie die beiden Ostpreußenbücher zum Best- und Longseller, bis heute.

Nicht als Wissenschaftlerin oder Fachhistorikerin verstand sie sich in diesem Disput über den Widerstand, sie behauptete erst gar nicht, neutral und distanziert zu berichten, in jeder Zeile klang an, dass es sich um einen Teil ihres Lebens handelte, in den sie Einblick gewährte. Sie reflektierte nicht darüber, was sie machte oder warum, sie hielt einfach die Erinnerung wach, wann immer sich das anbot. Das hieß: Kein Zeithistoriker, der sich mit dem Widerstand befasste, dem sie nicht zur Seite gesprungen wäre, wenn ihr das geboten erschien. Mit Hans Rothfels begann das, der vor dem Krieg schon in Königsberg gelehrt hatte. Den Vorbehalten gegenüber den Offizieren des 20. Juli in der jungen Bundesrepublik setzte er bereits 1949 sein Buch «Die deutsche Opposition gegen Hitler» entgegen, «eine Würdigung», wie es im Untertitel ausdrücklich hieß. Zu Rothfels' Schülern wiederum zählte (neben Heinrich August Winkler) Hans Mommsen, der allerdings kritischer auf den Offizierswiderstand sah. Und um der Zeit vorauszueilen – auch Theo Sommer, später langjähriger Chefredakteur, hatte bei Rothfels studiert, bevor er Ende 1957 beim kleinen ZEIT-Team andockte.

Ihre eigene Haltung und ihre Rolle in den vierziger Jahren ordnete Marion Dönhoff in dem autobiographischen Büchlein folgendermaßen ein: Sie sei «nicht direkt an den Planungen» der Gruppe um Carl Friedrich Goerdeler und des Kreises um Helmuth James Graf von Moltke beteiligt gewesen, habe aber beispielsweise die Verbindung gehalten zwischen den Verschwörern in der Reichshauptstadt und in Ostpreußen, da sie zu den wenigen gehörte, «die ohne Verdacht zu erregen reisen und Kontakte pflegen konnte.»

Entschieden versuchte sie, aus eigener Erfahrung die Vorstellung zu korrigieren, «dass es einen Kreis von Verschwörern gab, der häufig zusammenkam, alle Fäden in der Hand hatte, gemeinsam beriet und die Aktivitäten dirigierte». Hans Oster und Henning Tresckow beispielsweise, zwei der wichtigsten Köpfe, haben sich niemals gesehen oder getroffen. Marion Dönhoff vermutete, dass auch Axel von dem Bussche – der selbst ein Attentat auf Hitler plante und sein Leben dabei zu opfern bereit war – die beiden Kreisauer Schlüsselfiguren, Helmuth James Moltke und seinen Freund Peter Graf Yorck von Wartenburg, nicht persönlich kannte. Sie selbst traf zwar häufiger Ulrich von Hassell, den befreundeten Botschafter, sie seien politisch der gleichen Meinung gewesen und korrspondierten auch gern miteinander, «jedoch ohne zu wissen, dass wir beide in der gemeinsamen Sache auch tätig waren».[1] Nicht Verschwörer fanden sich zusammen, suchte sie ihren Lesern das Milieu klar zu machen, in das sie hineinwuchs, sondern «junge Menschen gleicher Geisteshaltung, die früh die heraufziehenden Gefahren spürten und eine gesunde Skepsis gegen die bramarbasierenden Reden der Nazis entwickelten und gegen deren übertriebenen Nationalismus.»[2]

In einem «Postskriptum» stellte sie klar, die Freunde, über die sie berichtete, repräsentierten nur einen Ausschnitt der Gruppe, die als «Kreisauer Kreis» bezeichnet wurde. Ausgewählt habe sie diejenigen, die ihr am nächsten standen. Da sich daran viel Kritik knüpfte, wird das im Detail noch zu beleuchten sein. Ähnliches gilt für den immer wieder von Fachhistorikern erhobenen Einwand, sie habe fast ausschließlich auf den preußischen «Offizierswiderstand» geblickt. – Unter der Lupe betrachtet, trifft die Formel ohnehin nicht genau zu. Adam Trott, in ihren Augen ganz überragend, stammte aus Hessen. Bernstorff, Moltke und Plettenberg, die gleichfalls eine eminente Rolle für sie spielten, waren zwar Preußen, nicht aber berufsmäßige Militärs. Auf den Aspekt übrigens, weshalb so viele der Offiziersfreunde (und auch ihr Bruder Heinrich) sich oft so lange, allzu lange an ihren Eid auf Hitler gebunden fühlten, in preußischer Pflichttreue, gingen weder ihre Kritiker noch sie selber gründlicher ein. Bei ihr überwog ganz offenkundig die Erleichterung, dass sich die Männer, die sie verehrte, am Ende jedenfalls entschlossen, ihrem Gewissen zu folgen (ohne jenen einen Vorwurf zu machen, die dem «Eid» bis zuletzt Vorrang gaben). – Manche ihrer Kritiker, voran der Historiker Eckart Conze, führten das auf eine geschichtspolitische Absicht zurück, sie habe dem negativen Preußenbild die wahren Ideale wie Toleranz, Pflicht- und Verantwortungsbewusstsein, Ehrgefühl und Zivilcourage entgegenstellen wollen, mehr noch, tatsächlich habe sie so die Idee von einem «anderen Deutschland» ohne weitere Reflexion zu einem «anderen Preußen-Deutschland» umgeformt.[3] Da in ihren Augen die meisten der Offiziere des 20. Juli dieses «Preußen-Deutschland» verkörperten, verkürzte sich – so Conzes Vorbehalt – ihre Wahrnehmung auf diesen spezifischen Ausschnitt. Solche differenzierten Einwände, hier zunächst nur angedeutet, waren oft durchaus respektvoll gemeint. Sie musste lernen, dass sogar unter ihren Freunden die Auffassungen über den Widerstand weit auseinanderklafften. Sowohl Fritz Sterns als auch Ralf Dahrendorfs Urteile insbesondere über die politischen Motive des Widerstands wichen – bei aller grundsätzlichen Bewunderung – stark von ihrer Einschätzung ab. Besonders Dahrendorf bezog eine Position, die ihr nicht behagen konnte. In seiner Untersuchung über «Gesellschaft und Demokratie in Deutschland» (1965) – die ihn über Nacht berühmt machte – kam er zu dem Schluss: «Die Perversionen der deutschen Geschichte wollen es, dass hier noch der Liberale das alte Regime loben muss, weil die Revolution in so teuflischer Weise über es hereinbrach und sein Widerstand so humane Formen annahm. Der deutsche Widerstand ist ein Ruhmesblatt der Geschichte, aber er ist kein Schritt auf dem Weg der deutschen Gesellschaft zur Verfassung der Freiheit». Moralität und Liberalität seien damals auseinandergetreten. Den Widerstand bezeichnete er daher als «gegenrevolutionär», ja als «Aufstand der Tradition, damit auch der Illiberalität und des Autoritarismus einer nachwirkenden Vergangenheit».[4] Gemeinsam sei den diversen Widerstandsgruppen die Implikation gewesen, viele jener Werte und Institutionen wiederherzustellen, die die Weimarer Zeit geprägt hatten. Dahrendorf weiter: «Der 20. Juli 1944 bezeichnet den tragischen Endpunkt der sozialen Revolution, die das nationalsozialistische Regime in Deutschland mit sich brachte. Erst nach dem 20. Juli 1944 war der deutschen Gesellschaft die Rückkehr zum Kaiserreich endgültig versperrt.» Er markiere das Ende einer deutschen politischen Elite. Mit ihr sei zumindest die Realität jenes Gedankens dahingegangen, «der sich vielen im Namen Preußens symbolisiert.»[5] Das Urteil schloss, ohne dass sie genannt wurde, Marion Dönhoff mit ein. Dass sie das anders sah, liegt auf der Hand. Allerdings spricht manches für die Annahme, dass Dahrendorf ihr als erster auch eine Brücke baute, die es ihr erleichterte, anderen Deutungen des 20. Juli zuzuhören. Seiner Meinung nach steuerten die Nationalsozialisten auf eine «reaktionäre Moderne» zu, worauf notwendigerweise Gegenrevolutionäre antraten. Den moralischen Kredit für ihre Tat enthielt er ihnen also keineswegs vor, so wie er auch «nicht einmal im Unterton» ihr Scheitern begrüßte. Auch wenn sie sich mit Dahrendorfs Deutung des 20. Juli nicht ausdrücklich befasste, so glaube ich doch, dass sie sich damit durchaus versöhnen konnte. Um die Mitarbeit des *rising star* am Intellektuellenhimmel für ihre Zeitung jedenfalls war sie auffallend bemüht.

Eckart Conze knüpfte an seine These vom idealisierten Preußenbild bei Marion Dönhoff eine ähnliche Frage wie Dahrendorf, nur spitzte er sie provozierender zu: Verkörperten die Widerständler vielleicht jenes antidemokratische Deutschland, das auf dem Weg der Bundesrepublik zur endgültigen Westorientierung überwunden werden musste? Er schwankte zunächst bei seinem Antwortversuch. War es nicht sogar besser, so Conze, dass sie Repräsentanten des «alten» Deutschland waren? Einen «Referenzhorizont», wog er sorgsam ab, hätten die Zukunftsentwürfe der Widerständler geboten für die Demokratiegründung in Westdeutschland und für eine beginnende europäische Integration. Aber der Widerstand habe nicht vermocht, orientierend zu wirken. Den Faden Dahrendorfs aufgreifend, argumentierte er, diese prinzipielle Anerkennung der Legitimität und Moralität des Widerstands «war eine nicht nur geschichtspolitische Tat, sondern eine Leistung, die für die weitere innere und gesellschaftliche Entwicklung der Bundesrepublik in Richtung Verwestlichung und Liberalisierung in ihrer Bedeutung kaum zu überschätzen ist».[6] Die Gratwanderung habe darin bestanden, das Verhalten der Männer als exzeptionell herauszustellen, ohne die überwältigende Mehrheit der Deutschen damit zu verurteilen, weil sie einer solchen Messlatte nicht entsprachen. Die «moralische Strahlkraft» – so lautete endlich Conzes Fazit – insbesondere des 20. Juli sei erhalten geblieben, ja sie trat immer stärker hervor. «Nirgendwo ist das in der deutschen Medienlandschaft besser nachzuvollziehen als in der ZEIT, der damit gewissermaßen die Versöhnung von ‹Moralität› und westlicher ‹Liberalität› – im Dahrendorfschen Sinne – gelang, die im Widerstand selbst angelegt war.»[7] Moralität und Liberalität versöhnt? Ja, das trifft exakt den Punkt. Von Conzes ursprünglicher Kritik an der wahren geschichtspolitischen Absicht der ostpreußischen Gräfin war damit allerdings wenig geblieben.

Conzes Spur folgte nach ihrem Tod erneut der Historiker Christian Tilitzki,[8] der argumentierte, die Distanz zwischen der alteingesessenen ‹junkerlichen› Führungsschicht Ostpreußens und der NS-Partei sei doch nicht so groß gewesen, «wie Dönhoff dies zumindest für sich und den Kreis ihrer Familie und Freunde im nachhinein reklamierte.» Sie habe sich ein «linkes» Image zugelegt, während sie doch einem «rechten» Milieu entstammte. So habe sie Kontakt zu einem engen Mitarbeiter Erich Kochs unterhalten, dem ostpreußischen NS-Gauleiter, nämlich zu Otto Weber-Krohse, dem sie vertrauensvoll das Familienarchiv des Schlosses Friedrichstein geöffnet habe und auf dessen Vorarbeit sie sich dann in ihrer Dissertation bezog. Zum Vorwurf macht er ihr auch, dass sie sich mit Fritz-Dietlof Graf von der Schulenburg angefreundet habe, einem Jungkonservativen, der sich bereits 1933 der NSDAP anschloss. Dass sie auf diese Freundschaft stolz war und seine politische Vergangenheit keineswegs leugnete, lässt Tilitzki unerwähnt. Der freundschaftliche Umgang mit ihm sei typischer gewesen als ihr «Frankfurter Studentenambiente». Ihr Studium schließlich habe konventionell im heimischen Königsberg begonnen, erst im Wintersemester 1931/32 ging sie ins liberale Frankfurt. Vorgeworfen wird ihr schließlich, dass sie intensive Beziehungen mit Männern der politischen Rechten unterhalten habe – Ernst Kantorowicz, Walter F. Otto, Max Kommerell, von ihrem Doktorvater Salin ganz zu schweigen, der im linken Spektrum Basels als Mussolini-Anhänger gegolten habe und sich 1932 überzeugt zeigte, mit dem «Kult des Verstandes» würden auch «Demokratie, Liberalismus, Parlamentarismus von innen her» ihre Rechtfertigung verlieren. Schließlich hieß es, sie habe die nationalkonservative Königsberger Kantgesellschaft unterstützt.

Was bei alledem erstaunt, ist der Gestus, nun sei sie endlich ertappt worden, sich eine «Legende» erschrieben zu haben. Ambivalenzen und Vielschichtigkeiten interessierten den Kritiker offenbar nicht. Sie hingegen bekannte sich ausdrücklich dazu. Ja, sie war fest verwurzelt in jenem Milieu, in dem es frühe Nazibegeisterung und Antisemitismus gab, aber umso bemerkenswerter, dass bei ihr jedenfalls zugleich auch früh Aversionen und tiefe Vorbehalte wuchsen. Das stand unverbunden nebeneinander.

Richtig, eine gewisse «Preußenmystik» findet sich bei ihr auch. Es war keine rückwärtsgewandte Utopie, sondern «primär Ort der inneren Emigration», ein Schutzraum. Christian Tilitzki, der ihre Affilliation mit Altpreußen – nicht: mit dem NS-System – nachweisen wollte, entdeckte nicht einen einzigen Satz, mit dem sie sich verdächtig nahe an das neue Denken im Dritten Reich heranmanövriert hätte. An der entschiedenen Ablehnung des NS-Systems könne es keinen Zweifel geben, konzedierte er, auf antijüdische Ressentiments reagierte sie mit der Empfehlung, Heinrich Heines «Geschichte der Religion und Philosophie in Deutschland» (!) und Ernst Kantorowicz zu lesen, oder auch Schriften von Hugo von Hofmannsthal, dem «Halbjuden», wie es im Nazijargon hieß. Sogar in ihrer Dissertation kritisierte sie für alle, die lesen konnten, die Judenpolitik des Regimes.

Dass das Schicksal der europäischen Juden für sie nicht das ausschlaggebende Motiv war, sich an die Seite der Verschwörer zu stellen, sondern die materialistische Moderne, das steht auf einem anderen Blatt und ist ganz unbestreitbar. Das teilte sie mit einigen der Verschwörer. Sie idealisierte das, was sie hatte, die Trutzburg Friedrichstein mit seiner 600-Jahres-Geschichte, das «gelebte» Preußen. Bewusst legte sie damit die Messlatte sehr hoch.

Sorgfältig auseinanderhalten musste sie dazu allerdings, welche der Traditionen bewahrenswert waren und welche das Unheil gar noch befördert hatten. Hitler hielt sie für einen Unheilsbringer, der sich auch konservatives Gedankengut aneignete und es pervertierte. Für sie konnte das gleichwohl nicht heißen, sich von «konservativen» Freunden zu trennen.

Um so viel vorwegzunehmen: Es waren nicht nur die liberalen Freunde, die sie zur liberalen Journalistin erzogen, gerade auch in der Auseinandersetzung mit konservativen Gesprächspartnern und Vertrauten eroberte sie sich ihren eigenen Standpunkt. Das machte sie schwer greifbar, und das ließ ihren Kritikern keine Ruhe.

«Sieben Freunden» also widmete sie sich in gesonderten Kapiteln in ihrem Buch. Dieser Spur möchte ich ein paar Augenblicke lang folgen, um nachvollziehbar zu machen, wer zu ihrer Erfahrungs- und

Denkwelt, in gewissem Sinne vielleicht gar zur «Familie» zählte, oder jedenfalls zum Kreis jener, ohne die sie sich ein «anderes Deutschland» nicht vorstellen wollte.

Albrecht Graf Bernstorff Mit einem ihrer Freunde aus der zweiten Reihe begann sie, einem der Unauffälligen. Albrecht Graf Bernstorff gehörte nicht zum Kreis der Verschwörer oder zu den politisch aktiven Oppositionellen, aber die Nazis verachtete und bekämpfte er nicht weniger leidenschaftlich als sie. Bernstorff (1890 bis 1945) entstammte einer mecklenburgischen Aristokratenfamilie. Wie viele seiner Vorfahren ging er nach dem Studium in Oxford in den Diplomatischen Dienst. Nach Stationen in Wien und Berlin wechselte er 1923 als Legationssekretär an die Botschaft in London. Er stand im Ruf eines liberalen Diplomaten, in seinen Kreisen genoss er ungewöhnlich viel Sympathien. Sofort nach der Machtergreifung 1933 wurde Bernstorff aus London zurückbeordert: Überraschend kann es für ihn nicht gewesen sein, vom ersten Tag an hatte er sich vorbehaltlos als Gegner des Systems offenbart. In der Hinsicht bildete er eine seltene Ausnahme im Diplomatischen Corps. Auf seinem Gut, Stintenburg, gewährte er Ernst Kantorowicz Unterkunft, bis er 1939 in die USA entkam. Kritische Bemerkungen über das Regime führten vermutlich dazu, dass er im Jahr 1940 festgenommen und ins KZ Dachau eingeliefert wurde, über die Gründe seiner Verhaftung verlautbarte offiziell nichts. Sechs Monate später, nach seiner überraschenden Entlassung, besuchte er seine langjährige Vertraute, Marion Dönhoff, in Ostpreußen. Über seine Erlebnisse in der Haft schwieg er. 1943, genau an dem Tag, an dem Joseph Goebbels den totalen Krieg ausrief, wurde er zum zweiten Mal verhaftet, Ende April, kurz vor dem Einmarsch der Russen in Berlin, wurde er im Gefängnis in der Lehrter Straße von der Gestapo erschossen. Roland Freisler hatte Bernstorff persönlich vernehmen wollen, aber dazu kam es nicht mehr: Nach einem Bombenangriff erschlug ein Balken des einstürzenden Hauses den gefürchteten Präsidenten des Volksgerichtshofs, Marion

*Bei Albrecht Graf von Bernstorff (vor der Freitreppe Bildmitte) auf
Schloss Stintenburg, auf einer Halbinsel im Schaalsee, trafen sich gern
Freunde. Marion Dönhoff (rechts neben Bernstorff) fühlte sich dort zu
Hause wie Ernst Kantorowicz (rechts stehend). Bernstorff war ein freier
und kritischer Geist, auch wenn er nicht zum Widerstand zählte. Er half
Kantorowicz bei der Flucht aus Nazi-Deutschland im letzten Moment.*

Dönhoff vergaß nicht zu erwähnen, dass er dabei die Akte von
Fabian von Schlabrendorff in der Hand hielt, einem der wenigen
Überlebenden aus dem Umkreis der Verschwörer (später Richter
beim Verfassungsgericht).

Auf dem Weg in die Semesterferien von Basel nach Ostpreußen
dinierte sie im Sommer 1934 mit einem jungen Bankier (Schwa-
bach) in einem Berliner Restaurant am Kurfürstendamm. Laut und
ungeniert unterhielten sich Gäste am Nebentisch über den Röhm-
Putsch vom Juni.[9] Durch den Schleier von Furcht und Gerüchten,
Legende und propagandistischer Entrüstung hätten damals die
wenigsten geblickt – hier aber analysierte einer glasklar, in einer

«merkwürdigen Mischung von Gelassenheit und Entrüstung, Trauer und Zynismus», den Untergang Deutschlands vor Augen, über das Geschehen: Graf Bernstorff, wie sie erfuhr.[10]

Noch im gleichen Jahr besuchte sie diesen ungewöhnlichen Tischnachbarn mit gleichgesinnten Freunden aus Frankfurt, Ernst Kantorowicz und Kurt Riezler darunter, am Sitz der Familie Bernstorff mitten im mecklenburgischen Schaalsee. Das Zeitlose an diesem Ort imponierte ihr ganz besonders. Sehr fern schien der Krieg – und geisterte doch durch alle Gespräche. Buchstäblich ein «Inseldasein» habe man geführt in einem unabsehbaren Ozean, eines Tages würde auch diese Insel verschlungen, erinnerte sie sich an ihre Empfindungen. Aber dieses Bild der Stintenburginsel im Herzogtum Lauenburg sollte ihr unversehrt vor Augen bleiben. Eine Pfingstidylle, für immer. Zur Kirche des nächsten Dorfes begleitete sie ihn, durch Wälder, in denen der leutselige Bernstorff seiner jungen Begleiterin die Lärchen zeigte, die er gepflanzt hatte, bevor er als Attaché nach Wien ging und die letzte Phase des kaiserlichen Österreich erlebte, oder in denen er japanischen Samen aussähte, bevor nach London weiterzog. Er zeigte ihr auch den Hochwald, in dem er seinen ersten Hirsch erlegte. Jahrhunderte hindurch, geriet sie ins Schwärmen, war das die Welt, «in der jene unabhängigen Persönlichkeiten heranwuchsen, die dann später in Krieg und Frieden die Geschicke ihres Landes lenkten», in England, in Deutschland, in der habsburgischen Monarchie, im zaristischen Russland.

Ohne Scheu, heute klingt es fast kitschig, zeichnete Marion Dönhoff ein Bild, in dem alles ineinander aufging, das Leben im Schloss mit anspruchsvollem Stil und die freie Natur, Heimat und Fremde. Plötzlich habe sie verstanden, was es bedeute, dass es solche Inseln gebe, «Angelpunkte der Beharrung, deren einziger Rhythmus der Wechsel der Jahreszeiten und der Generationen ist».[11]

Sie müssen aneinander Gefallen gefunden haben: Mit Bernstorff ging sie bald darauf auf Jagd auch in den herbstlichen Wäldern von Quittainen, mit ihm traf sie sich zu langen Gesprächen am Kamin in seiner Berliner Wohnung. Ihrem Idealbild von Tradition und Realitätsnähe entsprach er wohl mehr als alle, nie verbarg sie das, ihre

58

Freunde maß sie gern daran – für sie war er der «weltläufige Gentleman aus einer längst vergangenen Epoche».[12]

Wenn etwas Schriftliches im Gedächtnis bleiben wird von Marion Dönhoff, notierte ich mir beim ersten Lesen, dann solche gemeißelten Sätze, mehr noch als alles, was sie in Leitartikeln zum aktuellen Geschehen festhielt. Eine zeitlose Mentalität zeichnete sie nach, einen Ort von einer gewissen Unwirklichkeit, in dem sie sich ganz zu Hause fühlte; mit dem funkensprühenden, geradlinigen Albrecht Bernstorff beschrieb sie mehr als einen Freund, sie sah in den Spiegel und entdeckte sich, die Brüder, den Vater, Heinrich, die Vorfahren. Das uralte Stintenburg war in dem Augenblick für sie Friedrichstein, Quittainen, Steinort, alles in einem. Eine untergegangene Insel, die sie nie aus dem Sinn verlor.

Axel von dem Bussche   In Quittainen lernte sie den auffallend selbstsicheren, strahlenden jungen Offizier kennen, der Hitler hatte in die Luft sprengen wollen und der als einer der wenigen aus dem Verschwörerkreis den 20. Juli 1944 überlebte. Bussche, der eine dänische Mutter hatte, stammte aus niedersächsischem Uradel. Auch er genoss das Privileg, zusammen mit seinem Freund Karl Konrad Groeben von Marion Dönhoff auf den Familienbesitz in Ostpreußen eingeladen zu werden. Ohnehin gingen manche der Offiziere bei ihr ein und aus, die sich später zum Widerstand entschlossen.

Zusammen mit Joachim Kuhn – als Major bis zum März 1944 Stauffenberg unterstellt – besuchte Bussche später noch einmal Quittainen. Kuhn sollte ihn auch bei seinem eigenen Attentatsversuch unterstützen. Nur um zu zeigen, wie eng alle miteinander verwoben waren: Am dramatischen 21. Juli 1944 befand er sich dann an der Seite seines damaligen Chefs, Henning von Tresckow, als dieser die Konsequenzen aus dem Scheitern des Attentats vom Vortag zog. Tresckow täuschte im Frontbereich einen Partisanenangriff vor und sprengte sich in die Luft, damit er nicht in Gefahr geriete, in den Händen der Gestapo gequält zu werden und dann mög-

Einer ihrer Helden: Axel von dem Bussche. Im Infanterieregiment 9 lernte er Richard von Weizsäcker kennen, gemeinsam kämpften sie an der Ostfront. 1942 entschloss er sich, Hitler in einem Selbstmordattentat umzubringen, was aber fehlschlug. Bussche machte 1945 seine Freundin Marion mit Weizsäcker bekannt. Dessen Vater, den Diplomaten Ernst von Weizsäcker, hatte sie bereits 1933 in Basel bei Carl J. Burckhardt kennengelernt.

licherweise Geheimnisse über Freunde auszuplaudern; Kuhn entkam und lief ein paar Tage später zu den Russen über.

Aus Überzeugung war Axel von dem Bussche Soldat geworden, einen anderen Beruf konnte er sich nicht vorstellen. Vom ersten Tag des Überfalls auf Polen im September 1939 an war er dabei, gerade zwanzig Jahre alt. Am Tag darauf fiel vor seinen Augen sein engster Freund, Heinrich von Weizsäcker, ein Bruder Richards, wenige Stunden später starb in seinen Armen der junge Quandt. Beide Regimentskameraden, Axel von dem Bussche und Richard Weizsäcker, beerdigten die Gefallenen und – sie marschierten weiter. Ob sie damals noch gläubige, vielleicht gar glühende Anhänger des Regimes waren, ob sie nur ihrer Pflicht nachkamen, ob sie den Einmarsch bei den Nachbarn für rechtens hielten, zu alledem schwieg Marion Dönhoff – dazu schwiegen auch sie. Der Sommer 1942 wurde für Bussche – wie für viele seiner Freunde – zur Zäsur. Zufällig wurde er Zeuge einer Massenerschießung in der Ukraine: «SS-Leute führten die Juden an eine Grube, dort mussten sie sich entkleiden, danach in die Grube steigen, in der schon eine Schicht manchmal noch zuckender Leiber lag; mit dem Gesicht nach unten mussten sie sich, dem Befehl gehorchend, auf die Ermordeten legen und wurden dann durch Schüsse in den Hinterkopf getötet.» Darauf hatte er den Eid nicht geschworen, das war Bussche klar.

Versäumt habe er seinerzeit, warf er sich später einmal vor, sich zu den Opfern zu legen. Innerlich jedenfalls hatte er für sich bereits entschieden, was geschehen solle, als sein Freund Schulenburg zu ihm kam und ein Gespräch mit Claus Schenk Graf von Stauffenberg arrangierte. Ohne zu zögern erklärte er sich bereit, sich eine Sprengladung um den Leib zu binden, um sich im günstigen Moment auf Hitler zu werfen, die Bombe zu zünden und dafür sein Leben zu opfern. Der 23. November 1943 war als Termin vorgesehen.

Weil die Uniformen bei einem Fliegerangriff verbrannten, wurde die Vorführung kurzfristig abgesagt. Ein zweiter Attentatsversuch misslang, weil Busches Kommandeur ihm eine Abordnung von der Truppe – von dem Vorhaben wusste er nichts – untersagte. Sprengstoff hatte Bussche sich bereits mit Hilfe von Freunden besorgt, Joachim Kuhn darunter. Bussche blieb an der Front, wenige Wochen später, am 30. Januar 1944, wurde er erneut verwundet, diesmal so schwer, dass ihm ein Bein amputiert werden musste. Das wiederum bedeutete, dass er als Rekonvaleszent an den Vorbereitungen des 20. Juli nicht weiter beteiligt war und auch als Mitverschwörer nicht enttarnt wurde. Das Bombenmaterial, mit dem er Hitler hatte in die Luft sprengen wollen, wurde ihm allerdings mit seinem Gepäck in das Lazarett nachgesandt, in dem er lag, erst ein Freund (Werner von Haeften, Adjutant Stauffenbergs, und mit ihm nach dem 20. Juli erschossen), der ihn besuchte, konnte es unentdeckt entsorgen.

Ein ungewöhnliches Trio, Axel von dem Bussche, Richard von Weizsäcker und Marion Dönhoff, reiste 1946 im Auto zu den Prozessen nach Nürnberg. Ihre Vorbehalte gegenüber dem Tribunal formulierte Marion Dönhoff folgendermaßen: «Wir wollen und wir müssen mit zu Gericht sitzen über diese Verbrecher; die haben sich auch an uns versündigt, und darum müssten sie sich auch vor uns verantworten.»[13]

Geradezu innig muss das Verhältnis zwischen Axel von dem Bussche und Marion Dönhoff gewesen sein, einmal weil er ihr moralisch, intellektuell und mit seiner inneren Haltung schon früh imponierte. Ihr war aber auch nicht entgangen, dass der Freund nie mehr recht ankam in der neuen Welt nach dem Krieg. Heimgesucht wurde er fortan häufig nicht nur von physischen Schmerzen (die ihm Amputation und diverse Verwundungen bereitete), sondern auch von seinen Melancholien, ganz anders als die erfolgsumsonnte Freundin. Mehr und mehr geriet sie in eine fürsorgliche, fast mütterliche Rolle, ihr gegenüber überwand er seinen Stolz und wagte, sein Herz auszuschütten, wann immer er sich überflüssig, marginalisiert, heimatlos fühlte. Als einen vielfach Gescheiterten muss er sich gesehen haben, wie seine Korrespondenz mit Marion Dönhoff offenbart. Axel Bussche nutzte die Briefe, um ihr seine Sorgen zu gestehen, Marion Dönhoff erwiderte ihm herzlich, aber auch nüchtern und trocken. Sie war eine ideale Zuhörerin. Sie verstand auch, was ihn politisch plagte nach dem Krieg, wenn er ihr über die neuen Ambitionen der ehemaligen Heeresdivision Großdeutschland berichtete, die unter den Nazis als Antithese des Heeres gegen die SS aufgestellt wurde, im Offizierskorps nicht verwurzelt war und nach nordischen Ausleseprinzipien ihre Rekrutierung vornahm. Offen alarmierte er seine Freundin, die Unbelehrbaren schmuggelten sich wieder an die Macht.[14]

Elegisch, melancholisch, manchmal niedergedrückt klingen die meisten der Briefe, die dieser Mann ihr sandte, der Hitler hatte umbringen wollen. Ein Hüne, mutig und klarsichtig wie wenige. Über seine Verletzungen – psychische und physische – kam er dennoch nicht hinweg, sie diente ihm dann als Halt und Klagemauer. Marion saß im Sattel.

Verborgen blieb ihm nicht, wie sehr sie sich hinter den Kulissen um Hilfe bemühte. «Sie, Marion», schrieb er ihr 1979 voller Nachtgedanken, «haben, dessen bin ich auch ohne Beweise fast sicher, immer wieder gewirkt, mich ‹nach oben› zu bringen; in einem Hotelzimmer in Bonn bot mir Birrenbach die Leitung der Thyssenstiftung an – wofür ich weder geeignet war noch den Mut hatte. Leider ...» Am Ende seines Gesprächs mit Kurt Birrenbach[15] aber sei herausgekommen, dass die Thyssenstiftung nicht ganz unabhängig von Adenauer ist. Als er bedachte, dass sie der «praktischen Dienstaufsicht des Herrn Globke unterstellt» sei, berichtete er ihr offenherzig, habe er «fröhlich abgelehnt und zwei Sympathisanten verloren». Auch den Entwicklungsdienst, erläuterte er noch, verdanke er ihr, aber während er dort arbeitete, habe Hans Globke ihn als Mitglied des Rotary-Clubs in Bonn abgelehnt – mit dem Argument, er wolle und könne nicht in einem Club mit jemandem leben, der für den amerikanischen Geheimdienst arbeite. (Bussche: «Was nicht wahr ist und war.») Falsche Werte habe dieser Globke unter Adenauer wiederbelebt und zementiert, unter dem Etikett des «preußischen Staatsdieners», bis heute sei das noch «peinlich wirksam». Zu einer solchen Crew, sei ihm durch den Kopf gegangen, habe er nicht gehören wollen ... «Mich hat es aus der Regatta geworfen ... ich habe mich dem Rennen entzogen ... Ich denke gelegentlich an unseren ersten Abend in Friedrichstein, mit Kuhn. Dann, immer hart am Wind, an die Stationen danach, der Abend neulich in der Weizsäckerei war hoffentlich nicht der letzte.» Dann unvermittelt: «Nach Deutschland will und kann ich jetzt nicht.» «Der Brief ist lang geworden, zu lang – hängt aber innerlich zusammen – man glaubt es kaum. Auf Wiedersehen, Dank, Ihr Axel» Zum Schluss folgte eine Entschuldigung: «Handschrift, wie immer, vom Schreibkrampf im Daumen, der nicht da ist, verzerrt. Tut mir leid.»[16]

Ab Herbst, gestand er der Freundin vertrauensvoll im Oktober 1980, möchte er wieder in Arbeit sein, aber das sei schwer, und das hat «mit meinen Hemmungen zu tun, mich selbst auszutrompeten».

In Klammern fügte er hinzu: «Oje, Oje, Oje. Männlicher Stolz = Eitelkeit, man schämt sich.»

In keinem der Briefe nach Hamburg übrigens erwähnte er die Zäsur seines Lebens – den Tag im Jahr 1942, als ihm die Augen aufgingen über den wahren Charakter des Regimes. Was sie in ihrem Portrait im Freundesbuch nicht erwähnte: Er zählte zu den kritischen Geistern, die mit der Adenauer-Republik haderten, weil sie gar zu viele Kontinuitäten durchzogen. Darüber sah sie großzügiger hinweg: Die Machtverhältnisse waren nun mal so, wie sie waren, und sie lernte, sich darauf einzustellen. Versöhnt mit der neuen Welt allerdings hat nur sie sich, nicht Axel von dem Bussche. Sie war es, die ihn hinwegtröstete über all den Verlust.

Fritz-Dietlof von der Schulenburg Von der ersten Stunde an bekannte er sich begeistert zu den Nationalsozialisten. Bereits im Februar 1932 trat er mit dreißig Jahren in die Partei ein. Kein anderer ihrer Freunde, das war ihr bewusst, schloss sich so rasch und überzeugt Hitler und seinen Gefolgsleuten an. Da in Preußen die Mitgliedschaft in der NSDAP für Beamte verboten war, nahm er dafür sogar seine Entlassung in Kauf.

Schulenburg (1902 bis 1944), dessen Familie aus Mecklenburg kam, mit Schloss Tressow als familieneigenem Stammsitz, hatte sich für eine Beamtenlaufbahn als Jurist entschieden. Er zählte sich ausdrücklich zur nationalen Elite, sein Weltbild war äußerst patriarchalisch geprägt. Sein Freund, Hans-Bernd Gisevius, nannte ihn zwar einen «sozialistischen Grafen», weil er ernsthaft eine Idee von sozialer Gerechtigkeit verfolgte; beeinflusst war er tatsächlich auch von dem «linken» nationalsozialistischen Brüderpaar, Gregor und Otto Strasser. Am leidenschaftlichen antibolschewistischen Grundimpuls änderte das freilich nichts.

Eilig schickte Marion Dönhoff diese Bemerkung ihrem Freundesportrait Fritz-Dietlof von der Schulenburgs[17] vorweg, gleichsam um von vornherein klar zu machen, dass sie keineswegs vom moralischen

Hochsitz herab glühende Anhänger des Regimes aburteilte. Frühe Irrtümer, politische Blindheit, die Parteimitgliedschaft alleine, das alles zählte nicht endgültig als Kriterium. Wichtig war ihr, ob einer dazulernte und am Ende Haltung bewies. Auch Fritz Schulenburg gehörte, wie schon erwähnt, zu den engen Freunden Axel von dem Bussches.

Geradezu demonstrativ listete sie danach alle seine «Qualitäten» auf. Er war Parteigenosse – und stand ihr nahe. Unanständig wäre sie sich vorgekommen, hätte sie das geleugnet. Als leidenschaftlichen und tapferen Draufgänger schilderte sie «Fritzi», der zunächst hoffte, die neue Bewegung, die sich so vital und revolutionär gab, werde endlich neue Wege aus der «kläglichen Resignation» weisen. So werde die Regierung des armen, von Reparationen gequälten, von Arbeitslosigkeit zerrütteten Landes auf Trab gebracht. Vielleicht habe er auch provozieren wollen, da er wusste, dass seine Freunde die Nase rümpften über den vulgären Gefreiten.

Sogar Sympathie ließ sie für manche Züge Schulenburgs erkennen. Dass sein Ideal, für ihn als Verwaltungsfachmann, ein revolutionärer preußischer Staatsbeamter war, fand sie nicht degoutant. Er schätzte ein offenes Wort und verachtete Unterwürfigkeit – wie sie, möchte man hinzufügen. An Geld hatte er kein Interesse, Pathos und äußeren Glanz verspottete er – auch darin ähnelte ihm die Autorin. Schon gar nicht fremd konnte es ihr sein, dass seine «geistige Grundhaltung» im Preußischen wurzelte. Alles musste man von sich fordern, hart gegenüber sich selber sein! Eine Partei wünschte er sich wie einen Orden, «eine Gemeinschaft der Besten zur Auslese und Erziehung der führenden Schicht».

Sozial und sozialistisch sei sein Weltbild gefärbt gewesen, erinnerte sie sich, das Buch von Oswald Spengler über «Preußentum und Sozialismus» aus den zwanziger Jahren beschäftigte ihn – nebenher gestand sie freimütig, Spenglers Ideen hätten auch sie «in Bann geschlagen».

Zum Persönlichen Referenten des Gauleiters Erich Koch avancierte der Regierungsrat in Ostpreußen nach der Machtergreifung. Nüchtern und kommentarlos, wie sie das schilderte, wollte sie zweifellos klarmachen, wie «normal» solche Lebenswege gewesen sind.

Sie alle bewunderten Gregor Strasser, den «Rivalen» Hitlers, der beim «Röhm-Putsch» am 30. Juni 1934 ermordet wurde.

Als Schulenburg es 1935 wagte, Kochs Weg in den Byzantinismus, sein Luxusleben und seine Machtsucht zu attackieren und ihn an die Ideale aus besseren Zeiten erinnerte, rächte der sich und ließ ihn zunächst in die Provinz versetzen, bald darauf wurde er als Landrat in Ostpreußen amtsenthoben. In Berlin – auf dem Posten des stellvertretenden Polizeipräsidenten – wuchs er in die Widerstandskreise hinein.

1940 wurde er – inzwischen mit Peter Yorck befreundet – als «politisch untragbar» aus der Partei ausgeschlossen. Daraufhin meldete er sich als Soldat an die Front, weil das die «einzige Lebensform ist, in der man noch mit einigem Anstand existieren kann». Manches band ihn auch weiterhin ans Regime, den Überfall auf die Sowjetunion machte er «in vollen Einverständnis» mit. Den «parasitären Kapitalismus» aber verurteilte er ebenso scharf, an seine Stelle sollte eine neue Gesellschaftsordnung stehen.

Graf Heinrich Dohnas Namen nannte sie ihm, als Schulenburg fragte, wer der beste Mann im Freundeskreis in Ostpreußen sei, dem man die Rolle des Landesverwesers zutrauen könne. Dohna, Generalmajor a. D., Vorstand der Bekennenden Kirche Ostpreußens, hatte sich aus dem Militär zurückgezogen auf seine Besitztümer.

Schulenburg berichtete zunächst Claus von Stauffenberg darüber, dann erhielt Marion Dönhoff – so schilderte sie es aus der Erinnerung – den Auftrag, Heinrich Dohna für die Verschwörer «anzuwerben». Spontan sagte er zu. Auch er starb am Galgen in Plötzensee. Lange quälte sie sich mit dem Vorwurf, seinen Namen überhaupt genannt und ihn dadurch gefährdet zu haben, weil er sich damit auf einer Liste der Verschwörer fand.

Gleichsam en passant kam Marion Dönhoff an der Stelle auch noch auf eine andere Rolle zu sprechen, die sie seinerzeit übernahm: Sie sollte Carl Jacob Burckhardt, damals Präsident des Internationalen Roten Kreuzes, in der Schweiz aufsuchen und informieren über die Pläne der deutschen Opposition. Nach dem Attentat, so die Idee, sollte er die Engländer und Amerikaner ins Bild setzen. Anvertraut wurde ihr diese Botschaft deshalb, weil die Verschwörer wussten, wie eng sie mit Burckhardt befreundet war. Aber es begann die Serie von Fehlschlägen. Zum letzten Mal sah sie «Fritzi», als er sie Anfang Juni 1944 auf Quittainen besuchte. Eine lange Nacht unterhielten sie sich am Kamin. Der Haupteindruck, der ihr blieb, war Schulenburgs Verzweiflung über die Zerstörung Deutschlands, die Pervertierung des Rechtsstaates, die Korrumpierung der Bürger.

Ein genaues Datum für den Tag X nannte Schulenburg der Freundin nicht. Aber sie spürte, dass der entscheidende Moment gekommen sei. «Ich sollte ihn wissen lassen, wann ich in Berlin sein könnte.» Am 19. Juli schickte sie ein Telegramm an ihn ab: «Bin ceteris paribus am 20. in Berlin, wohne bei Peter (gemeint war Peter Yorck). Unterschrift: Marion.» Da Schulenburg am 19. und 20. Juli nicht mehr in seine Wohnung kam, fürchtete sie zunächst, das Telegramm sei der Gestapo in die Hände gefallen. Aber es geschah nichts. Der Mann, der früh zum gläubigen Nationalsozialisten geworden war, wankte nicht vor Freisler: «Wir haben diese Tat auf uns genommen, um Deutschland vor namenlosem Elend zu bewahren. Ich bin mir klar, dass ich daraufhin gehenkt werde, bereue meine Tat aber nicht und hoffe, dass sie ein anderer in einem glücklicheren Augenblick durchführen wird.»

Bald nach der Tragödie vom 20. Juli drängte es Marion Dönhoff nach Berlin. Hier suchte sie den Offizialverteidiger auf, der Schulenburg im Gefängnis besucht hatte. Er berichtete ihr, sein Schützling habe ständig mit einer überlangen Pfeife gespielt, von der er sich offenbar nicht trennen konnte, einer eleganten Dunhill. Es war die Pfeife, die Marion Dönhoff dem Weggefährten und Geistesverwandten und Freund bei seinem letzten Besuch als Talisman mitgegeben hatte nach Berlin.

Helmuth James von Moltke Es war keine persönliche Freundschaft, die sie mit ihm verband. Mehrfach gesehen hat sie ihn zwar, «aber gekannt habe ich ihn nicht», hielt Marion Dönhoff akribisch fest. Da er aber für sie wie für viele ihrer Freunde das entscheidende intellektuelle, moralische, politische Zentrum der Kreisauer darstellte, sollte er einen besonderen Platz einnehmen in ihrer kleinen Ehrengalerie. Von ihm zitierte sie zahlreiche Briefe. Früh und unbeirrbar plädierte er für einen Staatsstreich, aber dezidiert wandte er sich gegen ein Attentat – wohl weil er der Christian Science Sekte angehörte, wie sie mutmaßte. Der Tyrannenmord blieb Tabu, zumindest für ihn persönlich.

Helmuth Moltke (1907 bis 1945), der führende Kopf des Kreisauer Kreises, war von Haus aus Jurist. Um nicht in die NSDAP eintreten zu müssen, entschied er sich 1935 gegen den Staatsdienst als Richter und ließ sich als Anwalt nieder.

Gerade die politischen Vorstellungen Moltkes waren es offenbar, die sie – neben seiner persönlichen Unabhängigkeit, seinem unbestechlichen Urteil, seiner Weltoffenheit – bewunderte und in denen sie sich wiederfand, mehr noch als bei Schulenburg. Seine Stimme bei Wahlen hätte er am liebsten Ernst Thälmann gegeben, weil Hindenburg keine Alternative zu Hitler biete, bloß wäre dann in Kreisau rasch klar geworden, von wem sie kam.[18] Das strenge Diktat von Versailles hielt er für die Ursache von Hitlers Aufstieg. Jetzt aber wollte er die Briten davon überzeugen – England war für ihn der wichtigste Mitspieler auf der europäischen Bühne, am liebsten hätte er ganz dort gelebt –, dass sie mit Entgegenkommen Hitlers aggressive Politik nur ermutigen würden. Hingegen warb er um Verständnis für die Opposition.[19]

Freya von Moltke und Marion Dönhoff lernten sich nach dem Krieg kennen. Respekt verband sie, mehr vermutlich nicht. Gut möglich, dass sogar eine stille Konkurrenz das Verhältnis zwischen der Witwe Moltkes und der Journalistin überschattete, zwei Frauen, die im gleichen Milieu aufwuchsen und deren Netz von Freunden und Bekannten sich vielfach überlappte. Nur musste Marion Dönhoff, anders als Freya, nicht fertig werden mit der Ermordung des eigenen Mannes.

Dass ihr amerikanischer Freund, George Kennan, Helmuth Moltke schon vor Kriegseintritt der USA in Berlin kennengelernt hatte, erwähnte Marion Dönhoff seltsamerweise nicht. Zur besonderen Vertrautheit zwischen Kennan und Marion Dönhoff – dies nur vorweg – dürfte es gerade beigetragen haben, dass sie Personen wie Moltke nicht nur kannten, sondern gleichermaßen als Schlüsselfiguren im Kampf gegen Hitler betrachteten. John Lukacs, Freund und Biograph Kennans, erinnerte an einen Satz Kennans aus dem Jahr 1940 – damals kannte er Moltke bereits –, in dem dessen Sicht auf die Welt und auch auf die Vereinigten Staaten zusammenfloss. Er lautete: «No people is great enough to establish world hegemony».[20]

Früher als viele seiner Adelsfreunde, im September und Oktober 1941, grübelte Moltke, ob er bei all den grauenhaften Nachrichten über Morde, über Hingerichtete in Serbien, Griechenland, Polen, Frankreich, über Gefallene in Polen und Russland, in seiner «geheizten Wohnung am Tisch sitzen und Tee trinken» dürfe, ohne sich mitschuldig zu machen. «Was sage ich, wenn man mich fragt: Und was hast Du während dieser Zeit getan?»

Bereits im Januar 1944 wurde Moltke verhaftet, ein Gestapo-Agent hatte ihn verraten. Hingerichtet wurde er am 23. Januar 1945, später als die meisten der Offiziere vom 20. Juli. Nie habe er seine Freiheit verloren, ja in der Haft habe er sie eher noch gefunden, berichtete Freya anlässlich der Edition der Briefe ihres Mannes. Darin jedenfalls, in ihrem Respekt vor der geistigen Kraft Helmuth Moltkes und seiner Unbeugsamkeit, stimmten die beiden so unterschiedlichen Frauen mit ihren disparaten Lebensgeschichten gewiss überein.

Peter Graf Yorck von Wartenburg Wenn sie aus Ostpreußen anreiste, was häufig geschah, wohnte sie gern bei ihm und seiner Frau Marion in Berlins Hortensienstraße am Botanischen Garten. Sonntags, nach dem Frühstück, nahm der tiefreligiöse Yorck regelmäßig eine pergamentgebundene Bibel zur Hand und las daraus einen Abschnitt vor. In Erinnerung behielt sie ihn als einen Mann, der strikt auf Distanz achtete, bloß keine Anbiederei, der aber gleichwohl über eine große «Begabung zur Freundschaft» gebot. Beste Voraussetzungen waren das, die ihn zum idealen Mittler zwischen derart unterschiedlichen Köpfen und Temperamenten – zudem aus verschiedenen Generationen – wie Claus Stauffenberg, Ludwig Beck, Julius Leber, Adam Trott und Helmuth Moltke machten.

Peter Graf Yorck von Wartenburg (stehend vor dem Volksgerichtshof, der ihn am 8. August 1944 zum Tode verurteilte und noch am selben Tag hinrichten ließ), Jurist aus einer schlesischen Familie, Offizier, Mitglied der Bekennenden Kirche. Bei ihm in der Berliner Hortensienstraße trafen sich seit 1938 regelmäßig gleichgesinnte Freunde, bei den Yorcks wohnte auch Marion Dönhoff, wenn sie «aus Ostpreußen herüberkam». Er hatte «ein seismographisches Gefühl für Recht und Gerechtigkeit, ohne Moralist zu sein». 1940 befreundete er sich mit Helmuth von Moltke. Beide gehörten sie zum Kern des Widerstands.

Yorck von Wartenburg (1904 bis 1944) stammte aus einer schlesischen Familie in Klein-Oels (nahe Breslau). In Bonn und Breslau studierte er Rechts- und Staatswissenschaften. Auf die Weimarer Republik sah er anfangs wie viele seiner Adelsgenossen misstrauisch, wenn nicht verächtlich herab. Er arbeitete als Richter und Anwalt in Berlin.

Marion Dönhoff erinnerte sich an ihre erste Begegnung folgendermaßen: «Alle Freundschaften politisch engagierter Menschen fingen damals so an. Zuallererst wurde abgetastet, wes Geistes Kind der andere sei. So stark war das Bedürfnis, Gesinnungsfreunde zu finden, dass man mit der Zeit einen sechsten Sinn für diese Kunst entwickelte und natürlich auch für die Gefahren, die damit verbunden waren.»[21] An einem einzigen Wort, manchmal nur an einem Attribut während eines kurzen Gesprächs in einer Behörde habe man erkennen können, ob man sich auf den Betreffenden verlassen und ihm trauen kann. «Da drüben in der Ecke steht einer, der denkt wie du», man habe das plötzlich gespürt. Die engeren Beziehungen zum Militär, insbesondere zu Beck und Stauffenberg, hatte der Konservativere der beiden, Yorck, er war verwandt mit «Fritzi» Schulenburg und Caesar Hofacker; sein kleines Haus in der Hortensienstraße wurde zum geheimen Treffpunkt für alle kritischen Geister. Sie müssen von Anfang an gespürt haben, dass sie sich trauen können. Für Yorck wäre es, «genau wie für mich, schwer gewesen, sich auf ein Leben einzustellen, in dem es vor allem um Karriere, Lebensstandard und persönliche Sicherheit ging und nicht mehr darum, Treuhänder oder Sachwalter für eine dem Persönlichen übergeordnete Sache zu sein.»[22] Sie formulierte es zwar nicht direkt, aber mit ihm identifizierte sie sich spürbar mehr als mit anderen.

Besonders wichtig erschien der Freundin im Rückblick: Das Morden der Nationalsozialisten und perfide Verbrechen gerade in Polen, die Yorck hautnah erlebt hatte, bildete eines der Hauptmotive für ihn, sich an den Attentatsplänen zu beteiligen. Der Entschluss reifte schon, wollte sie sagen, als noch die Sondermeldungen über deutsche Siege täglich die Rundfunksendungen beherrschten. Zum definitiven Beleg führte sie den damaligen Leiter der Gruppe III in der Operationsabteilung des Generalstabs, Generalmajor Hellmuth Stieff an, der gleichfalls nach dem 20. Juli dem Henker zum Opfer fiel. In Polen, notierte er am 21. November 1939, bewege man sich «nicht als Sieger, sondern als Schuldbewusster». Angesichts der Verbrechen der SS, einer «organisierten Mörder-, Räuber- und

Plünderbande», schäme er sich, ein Deutscher zu sein. Wie Hellmuth Stieff dachte auch ihr Freund Peter Yorck. Und wie Yorck dachte sie.

Heinrich Lehndorff Er war im gleichen Jahr geboren wie Marion Dönhoff, 1909. «Heini» und seine Schwester sowie Marion wuchsen auf wie Geschwister, enger konnte das Verhältnis kaum sein. Zunächst lebten die beiden in Preyl, Heinrich übernahm dann in jungen Jahren Steinort, weil der Onkel, dem das Gut gehörte, kinderlos blieb.[23] Viele Stunden täglich verbrachten die Dönhoff- und Lehndorffkinder beim Spielen, später auf dem Rücken der Pferde, einige Jahre beim gemeinsamen Unterricht, sogar noch während des Studiums. Heinrich Lehndorffs Schwester Sissi heiratete 1933 Dieter Dönhoff. (Marion übernahm während des Krieges die Verwaltung, Dieter wurde Nachfolger seines Bruders Heinrich als Eigentümer und Sachwalter.)

Von 1420 bis zur Hinrichtung Heinrich Lehndorffs, 1944, also über fünfhundert Jahre, befand Steinort sich im Besitz der Familie. Nach dem 20. Juli beschlagnahmte das NS-Regime das Schloss. Hineingewoben waren sie, so empfand Marion Dönhoff es, «in eine vom Praktischen bestimmte Gemeinschaft». Mehr als Eltern und Erzieher habe sie dieses Gemeinschaftsleben geprägt. Ein eindeutiges Oben und Unten existierte in diesem Mikrokosmos nicht, alle erzogen die Kinder mit, der Oberkutscher ebenso wie der Stellmacher, die Köchin oder der Diener, so wie in Friedrichstein. Klar war allerdings, zur großen Freiheit gehörte auch, dass sie Verantwortung für alle übernehmen mussten, wenn etwas passierte.

Mit einfachen Worten wollte sie damit erklären, warum Heinrich Lehndorff «in einer Zeit, da niemand geradestand für das, was in Deutschland geschah, weil jeder sich durch ‹höheren Befehl› exkulpiert meinte, die volle Verantwortung in die eigenen Hände nahm und sein Leben einsetzte». 35 Jahre alt war er am 20. Juli, genau wie sie. Diesem Freund und Vetter, «Heini», mit dem sie wohl mehr verband als mit allen anderen Offizieren vom 20. Juli, widmete sie erstaunlicherweise den kürzesten, zugleich den dichtesten Text.

Mit Heinrich von Lehndorff wuchs Marion Dönhoff auf, mit seiner Schwester Sissi war sie eng befreundet. Seit 1936 leitete er das Familiengut, Schloss Steinort am Mauersee in Masuren. Sie liebte es, mit ihm durch Ostpreußens Wälder zu reiten. Beide studierten sie in Frankfurt/Main. Als einer der Offiziere des 20. Juli wurde er im September 1944 in Plötzensee ermordet.

Schon vor Ausbruch des Krieges, im September 1939, kam Heinrich Lehndorffs jüngerer Bruder mit der Widerstandsbewegung in Verbindung, ganz erfüllt von der Aufgabe, «Deutschland von der Geißel Hitler zu befreien». Heinrich selber hingegen trat am 1. Mai 1937 als Mitglied 5 286 568 in die NSDAP ein (was Marion Dönhoff nicht erwähnte). Antje Vollmer gibt in ihrer einfühlsamen Biographie über Heinrich und Gottliebe von Lehndorff zu bedenken, das füge sich nicht geradlinig ein «in diese Geschichte einer heilen, versunkenen Welt». Zu einfach wäre es, vermutet sie, sich damit herauszureden, dass es sich in diesem Fall wie in ähnlichen anderen Fällen um eine «Aufnahme wider Willen und ohne Wissen» gehandelt habe. Es sei auch nicht anzunehmen, dass es sich – aus Gründen einer schon bestehenden politischen Gegnerschaft gegen das NS-Regime – um einen Aufnahmeantrag aus Tarnungsgründen gehandelt habe, wie bei Adam von Trott und Arvid Harnack. Sie geht davon aus, dass er zwischen 1933 und 1937[24] einen entsprechenden Antrag unterschrieb, weil er – wie viele ostpreußische Adlige in der Nähe der revolutionären Sowjetunion Stalins – vor allem antikommunistisch eingestellt war. Aber auch «jugendliche Unbedarftheit» könne eine Rolle gespielt haben, wie seine Schwester Karin («Sissi») im Rückblick einmal erwog. In einer gewissen Jugendbegeisterung habe er sogar Plakate für die Nationalsozialisten geklebt. Auch Opportunismus oder wirtschaftliches Kalkül sei nicht auszuschließen.[25]

Auszuschließen ist sicher, es könne Marion Dönhoff nicht weiter interessiert haben, wie Heinrich und sein Bruder Hitler und dessen Gefolgschaft einschätzten. Brigitte Bernard-Salin, die als Vierzehnjährige vier Monate auf Friedrichstein verbrachte, erinnerte sich daran, wie wachsam Marion Dönhoff registrierte, ob einer im Hause gegen das Regime sei oder den Nazis nahe stehe, und wie man sich besonders den Hitlerfreunden gegenüber verhalten solle. Die junge Gräfin nahm sie einmal mit nach Königsberg, setzte sie in der berühmten Buchhandlung Gräfe&Unzer ab und gab ihr einen drängenden Rat: «Wenn Du auf dem Trottoir gehst und es kommt SA oder sonst ein Nazi vorbei, musst du die Hand zum Gruss heben. Das wird sonst gefährlich, nicht nur für dich, sondern auch für uns. Nur wenn da gerade eine Nebengasse ist, kannst du dich dahinein flüchten.» Auf Friedrichstein habe es sich schon mal ergeben, dass jemand zu Besuch kam, der die Hacken zusammenschlug, «aber eigentlich waren keine Nazis auf dem Schloss.»[26]

Sowohl über Ahasverus Lehndorffs Distanz als auch Heinrichs Nähe zum NS-Regime dürfte sie angesichts solcher Wachsamkeit genau Bescheid gewusst haben. Hinzu kam, dass die Lehndorffs und Dönhoffs keine Geheimnisse voreinander hatten. Famlienloyalität überwog alle möglichen Differenzen. Wichtiger war ihr, dass es einen grundsätzlichen Konsens gab, den sie mit einer kleinen Episode auch andeutete: Im August 1939, so Marion Dönhoff, erfasste die Freunde aus Friedrichstein, Quittainen oder Steinort bei einem Treffen in Königsberg die düstere Vorahnung, nie mehr würden sie wieder unter den Bedingungen zusammenkommen, die gegenwärtig noch herrschten. Gespürt hätten sie alle damals, Hitler wolle «nichts anderes als den Krieg». Nach Kriegsbegeisterung unter den jungen ostpreußischen Adligen klang das jedenfalls nicht. Vor dem Hotel «Berliner Hof» verabschiedete sich der 23-jährige Ahasverus, ein «großgewachsener, ernster, fast klassisch schöner Jüngling», Leutnant im 1. Infanterieregiment, mit «leuchtenden Augen, wie ich es seit Kindertagen an ihm nicht mehr erlebt hatte: ‹Auf den Barrikaden sehen wir uns wieder›.»

Aber nein, Ahasverus täuschte sich, sie sahen sich nicht wieder. Zwei Monate nach dem Einmarsch in Russland im Juni 1941 fiel er als Kompanieführer in Estland. Heinrich trat seine Nachfolge an. Hinzu kam, dass er bei Borissow Massaker der SS an Juden beobachtete. Für Heinrich, «der eigentlich ein unpolitischer Mensch war», bildete das den letzten Anstoß, sich ganz auf die Seite der Widerstandsbewegung zu stellen.

Jahrelang diente er als Kurier, der Nachrichten übermittelte zwischen Stauffenberg und dem Hauptquartier im Mauerwald sowie zwischen der Front und der militärischen Zentrale des Widerstands. Zeitweise freigestellt vom Militärdienst, um seine Güter zu verwalten, hielt Heinrich Lehndorff sich Anfang Juli 1944 auf Schloss Steinort auf. Den Hauptteil des Gebäudes hatte Joachim von Ribbentrop als Feldquartier requiriert. Einer der führenden Widerständler und einer der Hauptverantwortlichen des Regimes, der Außenminister, lebten mithin unter einem Dach, eine beispiellose historische Koinzidenz, der Antje Vollmer in ihrer Biographie über das «Doppelleben» Heinrichs und Gottliebes einfühlsam nachspürte.[27] Am 19. Juli erfuhr Lehndorff, das Attentat solle am nächsten Tag erfolgen, endlich. Wenige Stunden vor dem geplanten Sprengstoffanschlag verließ Lehndorff das Haus und zog sich im Wald eine Uniform an – Ribbentrops Polizei durfte nicht sehen, dass er Uniform trug, aber er sollte in Königsberg die Machtübernahme organisieren. Er wartete vergebens. Dann kam das Gerücht auf, ein Attentat sei fehlgeschlagen. Verzweifelt sei Lehndorff mit dem Wagen die einhundertfünfzig Kilometer zurückgefahren, ließ das Auto in der Nähe stehen und ritt zu Pferd auf den Hof, als käme er vom Feld. Sollte er bleiben oder fliehen? Als die Gestapo am nächsten Tag vorfuhr, sprang er durchs Fenster aus dem ersten Stock, verschwand im weitläufigen Park und rettete sich vor den Wolfshunden, die ihn hetzten, in den Wald und die Gewässer. Stunden später stellte er sich allerdings aus Sorge um die Folgen für seine Familie.

«Funkstille» habe geherrscht zwischen ihrer Mutter Gottliebe (geborene Gräfin von Kalnein) und Marion, berichtete Vera Lehndorff in ihrer Autobiographie mit dem Titel «Veruschka». Vera deutete zumindest an, dass die beiden Frauen bis zum Tod ihrer Mutter, 1993, nie mehr miteinander gesprochen hätten. Sie habe ihre Patentante um ein Gespräch gebeten, weil sie «spürte, dass da noch etwas offen war, worüber meine Mutter nie gesprochen hatte». «Wann immer sie etwas sehr verletzte, hat sie ihren Schmerz nicht zeigen wollen und geschwiegen. Da musste etwas vorgefallen sein, und das beschäftigte mich.» Ihrer Darstellung zufolge ist das Gespräch ziemlich unfreundlich verlaufen, es fielen auch böse Worte, und ihre Vermutung hat es demzufolge bestätigt, sie habe sehr von oben herab auf ihre Mutter geblickt. Veras Version ließ jedoch vieles offen. Sie relativierte ihre Kritik zugleich auch selbst mit der Bemerkung, Marion sei eine hochgeachtete Persönlichkeit gewesen, die schon nicht vom Sockel fallen werde, wenn sie kurz an deren Denkmal rüttele. Dann wörtlich: «Aber Marion war auch tief in ihrer Zeit und Tradition verhaftet, nicht frei von Vorurteilen. Darum sollte man sie – ebenso wie meinen Vater – als Mensch und nicht als Übermenschen sehen.»[28]

Das waren zwar bittere Worte. Man liest sie aber mit einer gewissen Ratlosigkeit, denn Vera schwankte spürbar selber. Ihre Tante und ihren Vater nannte sie daher auch in einem Atemzug, ja sie vermutete, dass Marion ihren Vater, Heinrich, wirklich geliebt habe. Präzise Erinnerungen daran allerdings kann Vera Lehndorff nicht mehr gehabt haben. Weder hielt sie in ihrer Autobiographie fest, ob sie ihre Patentante wirklich direkt nach diesem Verhältnis zum Vater befragte, noch ob diese von sich aus etwas dazu anmerkte. Folgern lässt sich daraus nur, dass Marion Dönhoff zu alledem schwieg. Ihren Vater schilderte Vera zwar als Mann, der die Frauen liebte (das Ehepaar Gottliebe und Heinrich, von Pastor Niemöller 1937 getraut, habe auf Berlins Parkett als das schönste Paar gegolten, erinnerte sie sich schwärmerisch), zugleich aber als sehr gütig, weichherzig, rücksichtsvoll bis zur Stunde der Hinrichtung – während sie Marion als Musterpreußin skizzierte, im Verhalten das genaue Gegenteil. «Vorbild kann nur sein, wer zuerst von sich fordert und sich härtester Zucht unterwirft». Deshalb habe ihre Mutter es besonders schwer gehabt, mit Marion warm zu werden. Sie wurde in gewisser Weise «abgetan», habe darunter sehr gelitten, aber darüber «nie gesprochen». Als Heini 1937 heiratete (weil Gottliebe ein Kind erwartete, eilte es), war Marion Dönhoff 28 Jahre alt. Die Vermutung Vera Lehndorffs lief am Ende darauf hinaus, Marion habe Rivalitätsgefühle gegenüber ihrer Mutter entwickelt.[29]

Aber ist das die einzig mögliche Erklärung? Wie die meisten Witwen und Hinterbliebenen der Männer des 20. Juli fühlte Gottliebe sich ganz offensichtlich ausgegrenzt, selbst adlige Verwandte im Westen ächteten sie, jedenfalls empfand sie es so, sie blieb verletzt, traurig, depressiv und fand nie mehr wirklich Boden unter den Füßen. Ganz anders Marion, die als Journalistin ja tatsächlich bald über die Grenzen der Republik hinaus Anerkennung erntete.[30]

Mütterliche Verantwortung muss die Tante immerhin gegenüber den Kindern empfunden haben, schließlich stammten die Großmutter und die Schwägerin aus der Familie Lehndorff. Zuerst musste sie herausfinden, wo die Kinder kaserniert waren, kein leichtes Unterfangen, da ihre Namen geändert worden waren. Dann holte sie also die drei, die nach Borntal bei Bad Sachsa in ein SS-Kinderheim deportiert worden waren, von dort ab und brachte sie zu ihrer leiblichen Mutter. Gottliebe wurde die traumatischen Erfahrungen nicht los, die sich mit dem Schicksal ihres Mannes verbanden, sie blieb (anders als die meisten Frauen der Widerständler) nicht Witwe, sondern liierte sich mit einem Schausteller und setzte sich gern auch selbst öffentlich in Szene. In den Augen Marion Dönhoffs hieß das alles, wie Vera wohl zu Recht vermutet, dass sie sich zu sehr gehen ließ. Eitelkeit störte sie nicht, aber Kontrolle musste man über sich haben. Wenn Gottliebe sich nicht als Erbwalterin des Vermächtnisses von Heinrich betrachtete, dann musste umso mehr sie selbst es schultern. Nicht die Witwenrolle maßte sie sich damit an, wohl aber wollte sie sich als loyale Freundin erweisen, die sich verpflichtet fühlt, die Fackel zu übernehmen.

Juli 1944: Noch einmal, in Berlin, unternahm Heinrich einen Fluchtversuch, vier Tage Freiheit verschaffte er sich so, am Ende verriet ein Förster den Flüchtling, der sich bei ihm hatte verbergen wollen. Anfang September reiste Marion Dönhoff nach Berlin, um Lehndorff zu suchen. Ihr Vorwand: Sie müsse sich um sein Anwesen, Steinort, kümmern und wolle ihn deshalb sprechen. Sie habe den Volksgerichtshof in Charlottenburg mit einigem Bangen betreten, erinnerte sie sich, zumal Gestapo-Beamte sie auch schon in Masuren besucht und befragt hatten. Der leitende Staatsanwalt blätterte in seinen Akten, während er murmelte, Stauffenberg sei ein Dämon gewesen, auf den sich alle bezogen, und dann – «ah, hier ist Lehndorff … Ja, den können Sie nicht mehr sehen, der ist vor zwei Tagen hingerichtet worden». Auf eine nähere Beschreibung seines Denkens, seiner Weltsicht, seines Vorstellung von Deutschland nach dem Tag X verzichtete sie in ihrem Portrait dieses Freundes. Weil er ein naiver, «unpolitischer Mensch» war? Vielleicht, aber eher wohl, weil er ihr zu nahe stand. Zu nahe, um ihn einzuordnen oder zu historisieren, auch noch fünfzig Jahre nach seinem Tod.[31]

Adam von Trott zu Solz Persönlich gekannt hat Marion Dönhoff Adam von Trott zu Solz nicht, widmete ihm aber dennoch das historisch und journalistisch genaueste, gelegentlich fast schwärmerische Portrait, denn für sie gehörte er offenkundig zum mentalen Kern des Widerstands. Indirekt aber kreuzten sich ihre Wege vielfach – und natürlich wussten sie auch voneinander.

Adam Trott (1909 bis 1944) entstammte einem alten hessischen Adelsgeschlecht mit Sitz in Solz und Imshausen. Sein Vater wurde 1909 zum preußischen Kultusminister berufen. Auch Trott studierte Rechtswissenschaften. Ein längerer Aufenthalt in Genf hatte ihm die Augen für internationale Organisationen geöffnet, das Studium in Oxford weitete noch einmal seinen Blick. Seitdem, könnte man sagen, war der anglophile Trott gegen den Nationalsozialismus immun. Er gehörte neben Moltke und Yorck (Marion Dönhoff sprach stets von «Yorck», nicht von «Wartenburg») zum Kern des Kreisauer Kreises.

Adam und Marion hatten nicht nur gemeinsame Freunde, vor allem verband ihn eine ungewöhnlich enge Beziehung mit David Astor, den Marion Dönhoff nach dem Krieg kennenlernen sollte.

Adam von Trott zu Solz und David Astor. Sie befreundeten sich in Oxforder Studienzeiten. Astor, aus einer reichen Adelsfamilie in Cliveden, liberaler Kopf und Herausgeber des «Observer», unterstützte den Freund bei dem Versuch, in London Verständnis für die Opposition in Deutschland zu gewinnen. Leidenschaftlich verteidigte er Trott auch nach dessen Tod gegen alle Anfeindungen, «Diener zweier Herren» gewesen zu sein. Nicht nur in der Frage verstand sich Marion Dönhoff mit dem britischen Freund, nicht zuletzt stand er für das journalistische Selbstverständnis der Hamburgerin Modell.

Über Trotts wirkliche Bedeutung für die deutsche Opposition und seine Bemühungen um Resonanz in England und Amerika hat Marion Dönhoff im Nachhinein vermutlich viel von Astor gelernt.

Ein «Liebling der Götter» wäre er wohl in einer Novelle von E. T. A. Hoffmann gewesen, damit eröffnete sie ihre kleine Erinnerung an Adam Trott. Ihr Faible für begabte, intelligente, gutaussehende, großgewachsene, charmante, liebenswürdige Männer – all diese Attribute benutzte sie – fand in der Gestalt Trott geradezu seine Erfüllung.[32]

Abitur mit siebzehn, promoviert mit einundzwanzig als Jurist über «Hegels Staatsphilosophie und das internationale Recht», natürlich mit *summa cum laude*. Auch Adam von Trott zu Solz, 1909 geboren (also im gleichen Jahr wie Marion Dönhoff) wurde mit fünfunddreißig in Plötzensee hingerichtet. Er zählte zu den Wenigen, die das Regime von Anbeginn an hassten. Als einziger Rechtsreferendar weigerte er sich, in die NSDAP einzutreten. Ununterschrieben schickte er die Antragsformulare zurück.

Sehr weit links stand er als junger Mensch in seinen politischen Ansichten, so skizzierte sie ihn. Zwischen den Werken von Marx und Gedichten von Hölderlin wogten die nächtelangen Diskussionen mit «sozialistischen und kommunistischen Arbeitern». Glück hatte er, weil er sich nach der Dissertation nicht gleich zwischen Karriere und Prinzipientreue entscheiden musste – ein Stipendium als «Rhodes Scholar» für Oxford, eine prestigeträchtige Auszeichnung, enthob ihn solcher Sorgen.

Trotts Autonomie, seine Rastlosigkeit, der ungewöhnliche Karriereweg und seine diplomatischen Bemühungen hinter den Kulissen – zwei Jahre reiste er zwischen 1942 und 1944 privat nach Fernost und in die USA – nährten selbst bei einigen Freunden den Verdacht, er sei nicht nur inkonsequent, sondern er stehe insgeheim auf Seiten des Hitler-Regimes. Noch kritischer fiel das Urteil über ihn aus, als er sogar offiziell in den Diplomatischen Dienst eintrat: Warum bekannte einer wie er, der Hitler offen attackierte, dass er bald aus London zurückkehren wolle nach Deutschland? Wie konnte ein «anständiger Deutscher seinem Vaterland dienen, ohne moralisch vor Hitler zu kapitulieren»?

Adam liebte sein Land, so suchte Marion Dönhoff das Rätsel aufzulösen, er sei ein «wirklicher Patriot» gewesen. Überdies «wusste er, dass eine Befreiung von der Herrschaft des Nationalsozialismus nicht von außen erfolgen konnte, sondern nur von innen».

Ausgerechnet im Sommer 1933, ein halbes Jahr nach der Machtübernahme der Nazis, machte er erstmals seine Ankündigung wahr und kehrte tatsächlich zurück. Zu den wenigen, die ihn im Laufe der Jahre auf der Insel konsequent gegen alle Verdächtigungen verteidigten, gehörte David Astor. Aber die Spekulationen über seinen inneren Standort verfolgten ihn bis zum Tod.

Das Schloss der Astors, Cliveden, galt in den dreißiger Jahren bereits als geistiger Hort derjenigen Briten, die «appeasement» gegenüber Hitler befürworteten. Historiker sprachen später daher vom «Cliveden Set». Im Juni 1939 sollte Trott, inzwischen endgültig zum Diplomaten der Wilhelmstrasse avanciert, in Clivenden ein verdecktes Kompromissangebot seiner Berliner Vorgesetzten – Ernst von Weizsäcker voran – zur Debatte stellen. Londons Politiker sollten es akzeptieren, wenn Böhmen und Mähren eine gewisse Unabhängigkeit zugestanden werde, dafür aber sollte das Deutsche Reich im Polnischen Korridor eine Kompensation erhalten. Vom «Cliveden Set» erhoffte sich diese Fraktion des Auswärtigen Amtes in Berlin am ehesten ein Einlenken, um in letzter Sekunde einen Krieg zu verhindern. Immerhin wussten die Deutschen, dass einige der britischen Gesprächspartner Adam Trotts durchaus Verständnis für den Wunsch der Nationalsozialisten aufbrachten, freie Hand im Osten Europas zu bekommen. Die Deutschen dürften Zentral- und Osteuropa führen, aber nicht dominieren, lautete die Formel dafür.

Aber selbst in diesem Kreis der Deutschlandfreunde stieß Trott bei seinen diversen Anläufen auf große Skepsis. So moderat er auch auftrat, in den Augen seiner Gesprächspartner handelte es sich immer noch um «extrem nationalistische Ideen» – was sich aus heutiger Sicht auch kaum leugnen lässt, «unakzeptabel für die wachsende Anti-Appeasement-Haltung in Britannien, einschließlich der meisten Clivedenites.» Auf diesen Kompromiss – in Wahrheit ein Köder – einzugehen, hätte aus ihrer Sicht bedeutet, den Deutschen zu erlauben, Polen zu plündern, nachdem sie sich schon die Tschechoslowakei einverleibt hatten. Selbst Freunde waren entgeistert darüber, dass Trott solche Vorschläge ernsthaft ausbreitete, weil er um jeden Preis einen Krieg vermeiden wollte.[33] Er habe «die Rolle des ‹appeasers›» gespielt in der Hoffnung, Zeit zu kaufen für die Opposition, «die ihren Coup gegen Hitler vorbereitete», konzediert ihm Astor-Biograph Jeremy Lewis.[34]

In Deutschland war es keinesfalls nur Ernst von Weizsäcker, der sich auf ihn verließ. Von Claus Stauffenberg ist bekannt, dass er Adam Trott schätzte und keinerlei Misstrauen hegte. Eine ähnlich enge Freundschaft wie mit David Astor verband ihn mit Peter Bielenberg und dessen Frau Christabel, die Bielenbergs halfen immer, wenn er in Not war.

Der Streit zwischen Trott-Freunden und Trott-Kritikern tobte weit in die fünfziger und sechziger Jahre hinein, ganz beigelegt wurde er nie. Margret Boveri, eine nationalkonservative Publizistin, die Marion Dönhoff kannte, hat in ihrer großen Untersuchung über den «Verrat im 20. Jahrhundert» Trott ausdrücklich zu den demokratiefernen, konservativen «Revolutionären» gezählt. Sie verehrte Trott, löste aber das Rätsel nicht auf, ob er in Wahrheit dem Regime habe dienen oder den Widerständlern helfen wollen. Ihrem tragischen Begriff von Verrat zufolge gab es für «Verräter» *per definitionem* keine Alternative zu ihrem Verhalten. Moralische Kritik an Kompromissen hielt sie für «Pharisäertum». Gerechtfertigt war Trott damit in jedem Fall.

Ob ihre Hamburger Freundin das auch so sah, mag man bezweifeln. Worin sie jedoch in jedem Fall übereinstimmten: Die beiden Journalistinnen verlangten nicht Eindeutigkeit im Verhalten unter extremen Bedingungen, solche unbeirrbare Geradlinigkeit, mit dem Kopf durch die Wand, konnte nur jemand zum Maßstab machen, der die Verhältnisse unter Hitler nicht wirklich verstand.

Am 3. Juli 1944 kehrte Adam Trott ein letztes Mal nach Berlin zurück, am 25. Juli wurde er verhaftet, am 26. August hingerichtet. Damit beendete sie den Bericht über die sieben Freunde. Diese letzten Zeilen enthielten auch ihre Antwort auf die Zweifler. Sie maß ihre Helden daran, was sie zum «anderen Deutschland» beizutragen hätten und wie sie zum NS-Regime standen. Bei keinem der Sieben hatte sie Zweifel, auch nicht bei Trott, den die Freunde «verkannten und verdächtigten». Sie litt unter den Zweifeln an ihm, als träfe es sie mit.

Kurt Freiherr von Plettenberg Er war der achte Freund. In keinem ihrer Bücher fand er Platz, weder in den Erinnerungen an Kindheit und Heimat, noch in dem Gedenkbuch für die Freunde des 20. Juli. Und doch gehört Kurt Freiherr von Plettenberg in diese Ahnengalerie, wie ich meine.

Er kam 1891 zur Welt, im März 1945 stürzte er sich aus einem Fenster des Gestapo-Gefängnisses in den Tod, um unter der Folter seine Freunde nicht zu verraten. Anders als die meisten Widerständler war er Forstmeister, nicht Jurist und nicht Offizier. Zeitweise verwaltete er auch die Wälder um Friedrichstein, danach machte er eine steile Karriere in der Schaumburg-Lippe-Verwaltung und anschließend als Generalbevollmächtigter des Hauses Preußen. Zwar war er befreundet mit Hassell, Beck oder auch Stauffenberg, aber er blieb stets im Hintergrund.

«Bei Plettenberg handelte es sich um die erste enge Beziehung zu einem fremden Mann außerhalb der Familie», glaubt Herman Hatzfeldt, der Neffe, dem sie privat mehr anvertraute als jedermann sonst. Bleistiftmarkierungen fanden sich in einigen Lyrikbänden ihres Vaters, «Spuren seiner Gefühle für sie», erinnerte sich seine Tochter, Dorothea von Plettenberg. Plettenbergs Frau, Arianne, hatte Marion Dönhoff Briefe ihres Mannes mit der Bitte zugesandt, ob sie zu seinem Andenken nicht etwas aufschreiben könne über ihn. Am 7. Juli 1982 antwortete sie, sie habe «ein bisschen schlechtes Gewissen», aus dem Material über «Kurdel» (wie die Dönhoff-Geschwister ihn nannten) nichts machen zu können, «es war einfach zu schwierig». Bei anderer Gelegenheit hatte Arianne ihr eine «kleine, vergilbte Rose» zugesandt, die fünfzig Jahre überstanden hatte, «den Zusammenbruch des Reiches, den Verlust ihrer ostpreußischen Heimat, den Tod aller Freunde». Bei dieser Rose lag ein Zettel Kurt von Plettenbergs, auf dem zu lesen war: «Von Marion beim Abschied von Friedrichstein August 1924». «Unendlich viel» habe er ihr bedeutet, beteuerte Marion Dönhoff in ihrer Antwort, sie glaube, dass «die Liebe und Freundschaft zu ihm mich spürbar geformt haben». Arianne habe Recht, er hätte gut in ihr Buch gepasst.[35]

Aber was hätte sie schreiben können? Er kannte sie sogar schon, als sich das Drama ihrer jungen Jahre ereignete, von dem bereits die Rede war, der Sturz des Autos mit den Kindern in die Pregel, den sie nur knapp überlebte. Grenzenlos verliebte Kurt von Plettenberg sich in dieses Mädchen, knapp fünfzehn Jahre war sie erst alt. In wohlgefassten Worten ließ er, zwanzig Jahre früher geboren und Forstbeamter in Friedrichstein, in seinen Tagebucheintragungen und den

wenigen Briefen an sie, die sich in Archiven fanden, seinen Empfindungen freien Lauf. Kind und Frau sah er in ihr zugleich, er wird
geahnt haben, dass seine Liebe – am Ende auch ein förmlicher Hei-
ratsantrag – nicht erfüllt werden würde. In einem Abschiedsbrief
1928 erklärte sie ihm freundlich und nüchtern, weshalb das undenkbar sei. Über ihn hätte sie nicht schreiben können, ohne all das
auszuplaudern, viel zu privat erschien ihr schon der bloße Gedanke.
Schon damals argumentierte sie, sie habe sich nicht früh verehe-
lichen wollen, sie wollte sich emanzipieren. Als einziges Mädchen
unter den Jungen in der Potsdamer Abiturklasse, das war auf sie
zugeschnitten. Und warum nahm sie ihn nicht auf in das Buch ihrer
Helden? 1994, in einem Brief an seinen Sohn Karl-Wilhelm, gab sie
darauf eine überzeugende Antwort: «Du wunderst Dich, warum
Dein Vater, der mir näher stand als alle Freunde, die ich in meinem
Buch beschrieb, warum sein Portrait fehlt. Dieses Buch sollte den
Deutschen die Akteure des 20. Juli näherbringen, die im Hinblick
auf das Attentat eine aktive Rolle gespielt haben, also nicht nur
überzeugte Gegner waren, sondern sozusagen selbst Hand angelegt
haben».[36] Eingraviert allerdings auf der Erinnerungstafel für die
Freunde vom 20. Juli auf Schloss Crottorf ist auch der Name Plettenberg.

Am 14. Mai 1944 sprach Plettenberg – «Mein liebstes Mariön-
chen» – in seltsam ahnungsvollem Tonfall von der «grauenvollen
Gegenwart», über welcher ein «großer, göttlicher Wille» wache.
«Wer weiß», fügte er in seinem Brief hinzu, «welche Aufgaben uns
das Leben noch stellt». Plettenberg weiter: «Und kommt es anders,
haben wir keine Zukunft mehr, so wollen wir dankbar sein für das,
was wir hatten u. versuchen so zu leben, dass der Abschluss ein
würdiger wird.» Nicht minder geplagt von düsteren Ahnungen erwiderte Marion Dönhoff am 11. Juni 1944 «Opupa» (den Kose-
namen für Kurt), dem sehr Geliebten, allzeit Getreuen: Nie habe es
den Schatten einer Trübung in ihrem Herzen gegeben, wenn sie an
ihn gedacht habe. Und: «Sieh mal, seit der Zeit, da mein Kinderherz
mit 14 Jahren seine ersten rascheren Schläge tat, war es für lange,
lange Zeit Dein Bild das darin wohnte, zuerst verehrt und bewundert, dann geliebt mit der ganzen Intensität und Bereitschaft der

Jugend – immer aber, auch späterhin, war es Maßstab und Richtschnur zugleich und damit eigentlich bestimmend für mein ganzes Leben, weil es in mir das Bild, das ich vom Menschsein in mir trage, entscheidend mitbestimmt hat.» Nie habe sie verstanden, dass die Menschen allein in der Tatsache, überhaupt Kinder zu haben, schon Genüge finden – «dabei bringt das ja schließlich jeder Troddel zuwege, die Narren sogar meist viel zahlreicher und bedenkenloser als andere Leute».[37]

Anfang 1945 bildeten die Plettenbergs in Bückeburg die Anlaufstelle für den großen Kreis der flüchtenden Freunde und Angehörigen. Inhaftiert wurde Kurt Plettenberg am 3. März, verhört von Kriminalkommissar Valentin von der Sonderkommission am 20. Juli im 4. Stock des Gestapo-Gefängnisses in der Prinz-Albrecht-Straße. Dem Häftling wurde eine «verschärfte Vernehmung» angedroht, um Namen von Verschwörern und Oppositionellen preiszugeben. Sie hatten genau den Richtigen, den Mann aus dem Hintergrund, schrieben Hermann Hatzfeldt und Dorothea-Marion von Plettenberg, «denn er kannte die noch Lebenden des konservativen Widerstands – und es durfte auf keinen Fall gelingen.»[38]

Es gelang nicht. Die letzten Stunden Plettenbergs schilderte Fabian von Schlabrendorff in seinem Buch «Offiziere gegen Hitler»: «Unter den Gefangenen befand sich damals auch Kurt von Plettenberg. Als er gezwungen werden sollte, die ihm bekannten Mitglieder der Verschwörung zu nennen, weigerte er sich. Man gab ihm noch 24 Stunden Bedenkzeit. Am nächsten Morgen hatte ich Gelegenheit, ihn noch einmal zu sprechen. Er schilderte mir seine Situation und sagte mit einem Lächeln auf den Lippen: Ich werde mir selbst das Leben nehmen, ehe ich einen Namen nenne. Als er dann um die Mittagszeit in das im vierten Stock gelegene Vernehmungszimmer hinaufgeführt wurde, versetzte er dem vernehmenden Beamten einen Kinnhaken und sprang mit einem Satz aus dem Fenster hinaus, um eine Sekunde später auf dem Pflaster des Gefängnishofes zu zerschmettern.»[39] Kurt Plettenberg war bereits tot, als Mitte März 1945 Marion Dönhoff in Bückeburg eintraf.

Den einzigen Text, den Marion Dönhoff über ihn zu Papier brachte, ließ sie unveröffentlicht. Zum letzten Mal habe sie ihn etwa eine Woche nach dem gescheiterten Attentat gesehen, erinnerte sie sich darin (1985), als sie von Ostpreußen nach Berlin gereist war, um zu hören, wer von den Freunden noch lebte. Im Park von Cecilienhof trafen sie sich. Jedoch reichte ihre Erinnerung weiter zurück, bis zu seiner Ankunft in Friedrichstein (1923/24) als junger Forstmeister. Wie eine «Gestalt aus der Geschichte» erschien er ihr im Nachhinein.[40] Das kleine Denkmal, das sie ihm setzte, lässt keinen Zweifel: Klar war ihr, dass Plettenberg sie liebte und verehrte, für sie aber blieb der «Baron» eine große Ausnahmefigur, sehr nah und sehr entrückt zugleich. Publiziert hat sie ihr Portrait über ihn wohl deshalb nicht, weil ihr das Verhältnis gar zu persönlich, zu intim erschien, zu viel hätte sie erklären müssen von seiner Seelenlage und ihrem Freiheitswunsch, und auch postum wollte sie ihn nicht verletzen, um keinen Preis.

Das metaphysische Band Ihr Nachwort zum Freundesbuch begann sie folgendermaßen: «Nie wieder ist bei uns so existenziell gelebt worden wie damals. So bewusst und so lange Zeit auf dem schmalen Grat zwischen Tod und Leben.» Wenig Zweifel ließ sie, dass sie die damalige Einstellung der Freunde grundsätzlich teilte. Von sich selber behauptete Marion Dönhoff nie, sie habe nach dem 8. Mai 1945, als 36-jährige, genaue Vorstellungen davon gehabt, wie dieses neue, andere Deutschland denn aussehen solle. Eher dachte sie wohl in Kontinuitätslinien. Geschichte kennt keine totalen Brüche.[41] Vage verschmolzen konservative und sozialistische Gedanken zu etwas undefiniert Neuem – für uns heute stark idealistisch getönt. Aber Idealismusverdacht hätte sie nie gestört.

Mehr bedeutete ihr – auch noch Jahrzehnte danach – die religiöse Geisteshaltung, die sie vor allem bei den Kreisauern erkannte. Vielleicht, vermutete sie, sei diese «bewusste Einstellung auf das Metaphysische auch herausgefordert worden durch die anti-christliche Agitation der Nazis und ihren Kreuzzug gegen die Bekennende Kirche.»[42] Diesem Zusammenschluss der Protestanten – gegen die NS-nahen Deutschen Christen – hatte sie sich überzeugt angeschlossen, obgleich sie – Religion ist Privatsache – nicht viel darüber sprach.[43] Sie war fromm, aber auf eine naive Weise, in Kirchen konnte sie erschöpft Zuflucht suchen, Gedanken sammeln und Atem holen. Aber zweifellos zählte sie zu den «Kulturprotestanten», die Kirche als Institution interessierte sie nicht sonderlich – auch nicht im Nachhinein die vielfach bedrückende Rolle der Kirche im Dritten Reich.

Ich entsinne mich an ein Gespräch darüber mit Rudolf von Thadden, dem Göttinger Historiker, nicht lange vor seinem Tod. Seine Familie stammte aus dem pommerschen Trieglaff und harrte dort auch nach dem Einmarsch der sowjetischen Truppen bis Dezember 1948 aus.[44] Sein Vater, Reinhold von Thadden-Trieglaff, zählte zu den Mitbegründern der Bekennenden Kirche und wurde zum ersten Kirchentagspräsident nach dem Krieg berufen. Marion Dönhoff schätzte den Sohn, Rudolf von Thadden, als europäischen Historiker (mit besonderer Empathie für Frankreich und Polen) mit einem nuancierten Urteil über die preußische Geschichte, ja, ähnlich wie für sie behielt Preußen auch bei ihm einen nicht pervertierbaren Kern. Anders als sein Vater, so Thadden, hätte sie 1945 allerdings nicht resümieren können, der Krieg sei «verdient verloren». Die Rote Armee wäre nicht nach Pommern oder Berlin vorgestoßen, das war Reinhold Thaddens feste Überzeugung, wenn die Deutschen die Sowjetunion nicht überfallen hätten. Für ihn war die Schuldfrage damit eindeutig beantwortet. Für Marion Dönhoff habe sich das anders dargestellt, Hitler und der schreckliche Spuk – so Thadden – waren vorüber, der Diktator an der Spitze war verantwortlich, ja. Aber – so versetzt er sich hinein in ihr Denken – kein Alexis de Tocqueville erklärte jetzt das *ancien régime* für beendet, es fand keine «Revolution» statt, die Welt von damals existierte irgendwie weiter ... Mit dem Kalten Krieg schlug bald darauf die Stimmung um. Wir haben schon gegen die Russen gekämpft, hieß es nun, als die Amerikaner noch nicht dabei waren! Zu diesem geistigen Milieu – in dem Sinne «deutschnational», so Rudolf von Thadden – zählten für ihn jedenfalls Marion Dönhoff und Richard von Weizsäcker in den Anfangsjahren der Republik. Er konstatierte das ohne Ressentiment. Beide, Weizsäcker und

Dönhoff, waren Kinder ihrer Zeit und ihrer Verhältnisse – der eine mit dem Vater, der Staatssekretär bei Ribbentrop war, die andere, die fürchten musste, sechshundert Jahre Familiengeschichte würden von Russland jäh untergepflügt … Umso mehr Respekt, so Thadden, verdiente es, wie sie sich beide zäh davon freikämpften und durchrangen zu einer engagierten Ostpolitik, die sich selbstkritisch gegenüber der eigenen Geschichte verhielt.

Mit ihrem Verweis auf die «metaphysischen», religiösen Motive der Hitler-Gegner umschiffte Marion Dönhoff all diese politischen Fragen. Ob sie es selber wie manche ihrer Freunde auch für gerechtfertigt hielt, in Russland einzumarschieren, um Ostpreußen vor dem drohenden Kommunismus zu retten? Dazu sagte sie nichts. Thaddens Fazit jedoch, die Welt sei 1945 für sie wie für ihren Freund Weizsäcker «irgendwie weitergegangen» – trotz aller Verluste –, leuchtete mir spontan ein.

Weil ihr oft die sehr spezielle Auswahl der Freunde vorgehalten wurde, auf die sie sich konzentrierte, fügte sie dem Freundschaftsbuch ein «Postskriptum» von knapp fünf Seiten an. Sie habe nur über diejenigen schreiben wollen, erläuterte sie plausibel, die ihr am nächsten standen. Ihr Resümee – und darum geht es mir hier – beendete sie mit zwei Sätzen, deren Stellenwert man nicht hoch genug einschätzen kann: «Lange Zeit wünschte ich, ich hätte auf irgendeiner Liste für ‹Hilfskräfte› gestanden: Nichts konnte schlimmer sein, als alle Freunde zu verlieren und allein übrigzubleiben.»[45] Die langen Linien, die ihr Leben seit 1945 durchziehen, gehen letztlich alle auf dieses melancholische Bekenntnis zurück.

IV

«Ich habe einen Sack Carotten mitgebracht,
und an denen nage ich zwischendurch»
Lehr- und Wanderjahre

Sie weigerte sich nicht, auf das Leben «einst» zurückzublicken, sie
verdrängte es nicht, aber sie ging sparsam mit solchen Rückblicken
um. Es war also eher eine Ausnahme, als sie sich beispielsweise
1983 von ihrer Redaktion dazu drängen ließ, aus ihrer Sicht zu
schildern, wie sie den Aufstieg Hitlers erlebt hatte. Viele vergleich-
bare Texte von ihr finden sich dazu nicht. Noch ungewöhnlicher
war, dass sie von sich selber erzählte: «Ich studierte damals in
Frankfurt am Main Volkswirtschaft, weil ich begreifen wollte, welche Fehler ‹die da oben› eigentlich machten. Es konnte doch nicht
unabänderbar sein, daß die graue Schlange der Arbeitslosen, die ich
in Ostpreußen vor dem Arbeitsamt in Königsberg sah, wenn ich zu
den Ferien nach Hause kam, jedes Jahr länger wurde – als sei dies
ein normaler Wachstumsprozeß. Und wieso konnte man zulassen,
daß sich die Zahl der Bauern und Landwirte, die überschuldet zu-
sammenbrachen, von Jahr zu Jahr erhöhte, obgleich jedermann die
Gründe unschwer erkennen konnte? Verglichen mit der Vorkriegszeit waren die Löhne um 25 Prozent gestiegen, die Preise für landwirtschaftliche Erzeugnisse aber um 25 Prozent gefallen.» Und
dann erinnerte sie sich daran, wie sie am Abend des 30. Januar das
Herannahen der Marschkolonnen hörte, «steinerne Gesichter, zu

allem entschlossen». «In diesem Augenblick», so Marion Dönhoff 1983, «stand das Kommende plötzlich ganz deutlich vor mir: Mit diesen Stiefeln würde alles, was Deutschland liebenswert machte, zertreten werden.»

Am nächsten Tag bereits wehte die Hakenkreuzfahne über der Universität. Sie war empört, die Fahne musste herunter. Da die Kommunisten damals als einzige aktiv gegen die Nazis auftraten, hatte sie sich daran gewöhnt, «zusammen mit ihnen an Diskussionsabenden und bei Argumentationsschlachten gegen die braunen Studenten teilzunehmen». Jetzt suchte sie vergeblich nach ihnen, die meisten waren untergetaucht. Endlich fand sich ein Kommilitone, der mit ihr aufs Dach klettern wollte. An der letzten Dachluke scheiterten sie, sie war fest verriegelt. Nur die Genugtuung blieb ihr, dass sie anderntags das antisemitische Plakat «Wider den jüdischen Geist» in der Haupthalle entfernen konnte.

Aber sie plusterte sich keineswegs als Heldin der ersten Stunde auf. Im Gegenteil: Schwierig sei es geworden, bekannte sie offen, sich ein «klares Urteil» zu bewahren. Die Mehrheit war begeistert, Ordnung kehrte wieder ein, die Straßenschlachten hörten auf, allmählich bekamen die Leute wieder Arbeit ... «In Notwehr gegen solch bestechende Anfechtungen», schrieb sie, «beschloß ich, mich mit der simplen Frage zu wappnen: Kann der einzelne sein Recht noch erwirken oder nicht?» Mit dieser Faustregel, empfand sie rückblickend, sei sie nicht schlecht gefahren.

90 Professoren und Dozenten mussten zwangsweise die Universität in der ersten Woche verlassen, weil sie Juden oder Sozialisten oder beides waren. Gerade noch rechtzeitig glückte es ihrem Lehrer, Adolph Loewe, einen Tag bevor den Juden unter den Hochschullehrern die Pässe abgenommen wurden, sich in die Schweiz abzusetzen. Am 30. Januar 1933 legte Hitler den Eid darauf ab, die Verfassung und die Gesetze des Reiches zu wahren. Nur fünf Tage später, am 4. Februar, erlaubte eine Verordnung, unliebsame Zeitungen und Versammlungen zu verbieten. Am 28. Februar, einen Tag nach dem Reichstagsbrand, setzte eine weitere Verordnung Grundrechte außer Kraft – viertausend kommunistische Funktionäre wurden verhaftet. Nach weiteren drei Wochen legalisierte das Ermächti-

gungsgesetz die Diktatur. So konnte Goebbels im März erklären: «Heute sind wir die Herren Deutschlands, und an dieser Tatsache wird sich auch nichts mehr ändern.» Noch im selben Jahr wurden 30 Konzentrationslager eingerichtet. Den Glauben, die «Braunen» – sie blieb bei diesem Etikett – bald wieder loszuwerden, teilte sie nicht. Vielleicht spielten solche trüben Erfahrungen an der Hochschule eine Rolle dabei, dass sie 1935, nach der Promotion, ihren Plan aufgab, eine akademische Laufbahn einzuschlagen.[1]

Das war zwar keine fundierte historische Analyse, aber dichter und klarer als in dieser Rückblende auf ihre subjektiven Erfahrungen als Studentin in Frankfurt hat sie ihre frühe Haltung zum heraufziehenden Unheil – einschließlich der eigenen Unsicherheiten – nie mehr erklärt.

Ihren Entschluss, Ende 1933 den Studienort Frankfurt mit Basel einzutauschen, begründete sie unter anderem auch damit, die Studenten der Linken, mit denen sie zusammengearbeitet hatte – nämlich Sozialisten und Kommunisten, «weil sie die einzigen waren, die den Kampf gegen die Nazis ernst nahmen» – seien zu dem Zeitpunkt bereits geflüchtet oder relegiert worden. Entscheidend allerdings dürfte gewesen sein, dass dort inzwischen Edgar Salin unterrichtete. Zudem kannte sie die Schweiz, auf Geheiß ihrer Mutter hatte sie bereits nach dem Abitur einige Wochen lang eine Haushaltsschule in Saanen (Kanton Bern) besucht, sie sollte kochen und stricken lernen, einfach weil sich das so gehörte. Marion fügte sich – und litt. Kochen und stricken! Um Himmels willen, sie wollte doch nicht in die Fußstapfen der Mutter treten! Von ihr, Ria Dönhoff, wird berichtet, sie habe sich – streng und komplexbeladen (nicht zuletzt, weil sie aus niederem Adel stammte?) – mit 18 Jahren ein Tattoo auf den Oberarm gravieren lassen. Als Palastdame der Kaiserin musste sie es bei offiziellen Anlässen mit einem Schal verdecken. Für sie war es wohl ein Symbol, wie sehr sie sich nach etwas mehr Freiheit sehnte. Mit einem Tattoo, das stand von vornherein fest, würde die Tochter, Marion, sich nicht zufrieden geben.

Ob sie damals schon auf Edgar Salin traf, lässt sich nur mutmaßen. Ihr Bruder Dieter lebte als junger Mann – mit einem Bugatti! –

*Die Studentin in Basel. Edgar Salin, Nationalökonom, Universal-
gelehrter und glühender Verehrer Stefan Georges, musste sie nicht
lange überreden, statt über Karl Marx über die Geschichte Friedrichsteins zu promovieren.*

um 1930 für längere Zeit in Basel, wo er das Kapitalvermögen der
immens reichen Familie Tiele-Winckler (Rias Schwager) verwaltete.
Wahrscheinlich lernte er Salin bereits vor Marion kennen und hat
ihn ihr als Lehrer ans Herz gelegt. Wie es sich seinerzeit gehörte –
noch bevor Marion sich bei Salin hatte vorstellen können – waren
ihre Mutter, Gräfin Ria, sowie ihr ältester Bruder, Heinrich, nach
Basel geeilt, um sich den Professor persönlich «anzugucken», zu
dem es sie derart zog.[2]

Salin, ein Nationalökonom und klassischer Universalgelehrter,
hatte seit 1927 einen Lehrstuhl in Basel. Anfangs kokettierte sie
noch mit dem Gedanken an eine Dissertation über Karl Marx. Der
konsultierte Professor redete ihr das im Handumdrehen aus und
riet ihr hellsichtig, einfach die 600-Jahres-Geschichte von Friedrichstein aufzuschreiben – sie folgte brav seinem Rat. Schließlich, er

war eine Autorität über seine Zunft hinaus. Dass ihr das gespreizte Gehabe des Professors behagt hätte, ist zwar kaum anzunehmen, aber er beeindruckte sie zweifellos mit seiner umfassenden Bildung. Über Platon hatte er sich habilitiert, Nationalökonomie verknüpfte er gern mit kultur- und sozialwissenschaftlichen Fragen. Dieser Lehrer mit seinen breiten Interessen und weitem Horizont beeindruckte sie, zudem war er eine imposante Erscheinung. Seine riesige Bibliothek, seine perfekten Griechisch- und Lateinkenntnisse, seine Gelehrsamkeit, die er als Buchautor (über das Mittelalter, über die griechischen Philosophen, über die Grundlagen der Nationalökonomie) demonstrierte – ein solcher Mann von Welt, ein solcher Esprit fesselten sie. Zu ihm blickte sie auf. Während seiner Heidelberger Studienzeit hatte er einen großen Freundeskreis gewonnen, er promovierte bei Alfred Weber, einer seiner Lehrer, Friedrich Gundolf, machte ihn mit Stefan George bekannt, in dessen Umfeld er sich fortan bewegte. Der Dichterfürst selber allerdings verweigerte Salin die Gunst, ihn in seinen Jüngerkreis aufzunehmen (was die Tragik des Lebens für den Gelehrten aus Basel blieb), ihn hinderte es aber nicht an seiner fortdauernd tiefen Bewunderung. Nach dessen Tod widmete er dem Unerreichbaren, George, ein eigenes, selbstredend verehrungsvolles Erinnerungsbuch.

Edgar Salin stammte aus einem jüdischen Elternhaus in Frankfurt, bekannte sich aber nicht gerade gerne zu seiner Religion. 1914 hatte er als Freiwilliger – hoch zu Ross – am Ersten Weltkrieg teilgenommen. Dass er zu einer recht konservativen Weltsicht neigte, störte sie ganz offensichtlich nicht weiter. Man darf sich die «rote Gräfin», wie sie später genannt wurde, trotz ihres Interesses für Marx nicht wirklich als radikale Linke vorstellen, sie war keine Rosa Luxemburg.

Nach dem Krieg änderte sich langsam ihre Beziehung zu Salin, es entwickelte sich ein Verhältnis auf Augenhöhe daraus. Er respektierte die junge Journalistin, die einst seine Studentin war, und sie blieb ihm gegenüber stets loyal. Schließlich ragte auch er aus der Vorkriegszeit in ihr neues Leben hinein, und diese Wurzeln wollte sie ja keinesfalls kappen, auch wenn er nicht den Stellenwert für sie gewann wie Burckhardt oder Kennan. Über seine Allüren, die Georgesche Handschrift, sein herrscherliches Auftreten in Kontrast zu seiner dienenden Rolle gegenüber George-Jüngern wie Böhringer, haben sie oft gelacht, erinnert sich Hermann Hatzfeldt. So ernst sie ihn als Gelehrten nahm, er war auch ein Schauspieler, der eine Rolle spielte, die er seinem Wunschbild (George) nachempfand. Er war – aus ihrer Warte – nicht er selbst. Gerade das, für Marion Dönhoffs Urteil über andere Menschen entscheidend, machte am Ende die unüberbrückbare Kluft zu seiner ehemaligen Schülerin aus, trotz aller Bewunderung und Zuneigung, die sie für ihn aufbrachte.

In der eigenen Zeitung ließ sie nur selten eine Ahnung von dem frühen Leben aufblitzen. Mitte 1947 erlaubte sie sich eine der wenigen Ausnahmen: «Ein Brief aus Ostpreußen», stand spröde über einem Beitrag aus ihrer Feder. Es sei der einzige Brief, der sie von «dort oben» erreichte, schrieb sie, und zugleich «die letzte Nachricht aus dem verlorenen Paradies».

Wie es kam, dass der Brief trotz der Nachkriegswirren endlich seine Adressatin gefunden hatte, darüber rätselte sie nicht lange. Sie zitierte aus dem Bericht aus der Heimat: «Damals, als die Russen kamen, es war ein Dienstag, brannte es an vielen Stellen im Dorf. Als erste wurden die beiden Gespannführer, der alte Gärtner und Otto erschossen und auch Frau Markus von der Klingel. Frau Markus, die Brave, sie wohnte neben der ‹Klingel› … Ein paar Tage später wurden dann Magda Berlain, Lotte Plitt mit Kind und die Oma Platt erschossen … fünf Arbeiter vom Gut … im Februar gingen dann die Abtransporte in den Ural los …»[3]

Wäre sie damals, Anfang 1945, zurückgeritten, wie der Gärtner, Frau Markus oder die Magd, hätte auch sie nicht überlebt. Schon gar nicht als Gutsherrin. Aber diesen Gedanken zu Ende zu denken, das überließ sie lieber ihren Lesern.

Vergessen allerdings, das vor allem wollte sie mitteilen, hatte sie dieses Leben im Paradies, auch wenn es so bitter endete, nicht einen Moment. Schweigen heißt nicht, die Vergangenheit sei vergangen.

In Brunkensen startete sie mit vielen Familienangehörigen und Verwandten ins neue Leben. Was künftig aus ihr werden sollte, stand zunächst einmal in den Sternen. Vorstellen konnte sie sich offenbar, das Diplomatenhandwerk zu erlernen, in den Spuren ihres Vaters, besonders Indien lockte sie. Aber zunächst existierte kein Auswärtiges Amt mehr, noch galt der Viermächtestatus. Geliebäugelt hat sie wohl auch zeitweise, irgendwo eine Farm aufzumachen – wie ihre Brüder, die in Südafrika und in Irland ihr Glück versuchten. Für die drei Kinder des Bruders, Heinrich, hatte sie als Vormund das Sorgerecht übernommen. Besonders ans Herz wuchs ihr Hermann (Hatzfeldt), der ihr später zum engsten Weg- und Gedankengefährten über Jahrzehnte werden sollte. Hinreichend dicht gesponnen war das Netz aus Familie, adligen Freunden, engen Vertrauten, sodass sie sich – anders als Millionen Flüchtlinge und Vertriebene damals – nie wirklich davor fürchten musste, in eine existenzielle Notlage zu geraten, auch jetzt nach dem Krieg nicht. Friedrichstein war verloren. Aber sie hatte ein Auffangnetz. Blind für die wahren Verlierer der Geschichte zeigte sie sich zeitlebens nicht. Hier, in Brunkensen, muss sie trotz der Nachkriegsturbulenzen wieder Boden unter den Füßen gespürt haben, hier verfasste sie das Memorandum.

Trotz aller Weltläufigkeit: Das Elternhaus dachte konservativ, einen funktionierenden Parlamentarismus hatte sie nicht wirklich erlebt, einen demokratischen Rechtsstaat kannte sie allenfalls in Ansätzen aus der Weimarer Zeit. Was eine liberale Gesellschaft ausmacht, mag sie kaum erahnt haben. Die USA hatte sie zwar schon früh besucht, eine Transatlantikerin aber war sie deshalb noch lange nicht, nicht einmal den Begriff gab es zu jener Zeit. Vieles, sehr vieles musste sie also in dem Beruf, in den sie scheinbar zufällig hineinrutschte, von der Pike auf lernen.

Beseelt war das Gründerquartett der ZEIT – Ewald Schmidt, Richard Tüngel, Lovis H. Lorenz und Gerd Bucerius – von der Idee, man müsse die Geschicke im eigenen Land selbst in die Hand nehmen. Eine Vorstellung davon hatten die Besatzer durchaus, wie die Deutschen zur Demokratie zu erziehen seien, lizenzierte, aber unabhängige Medien wurden dazu dringend gebraucht, Zeitungsmacher und Journalisten, die möglichst einen «clear record» vorzuweisen hätten und nicht verstrickt waren in das NS-System. In Fragebögen mussten die Lizenzbewerber daher Auskunft geben über ihre Tätigkeiten zwischen 1933 und 1945.

Auf eine mehr oder minder reine Weste konnten sich alle vier künftigen ZEIT-Herausgeber berufen, wie Karl-Heinz Janßen in seiner «Geschichte einer Wochenzeitung» anlässlich des 50. Geburtstages der ZEIT rekapitulierte. Ewald Schmidt absolvierte Lehrjahre bei den Verlagshäusern Mosse und Ullstein, war Hauptvertriebsleiter bei liberalen Blättern, wegen seiner jüdischen Frau erteilten die Nationalsozialisten ihm Berufsverbot. Freiwillig meldete er sich zu Beginn des Krieges zur Kriegsmarine und rückte zum Korvettenkapitän, schließlich zum Flottillenkommandant auf; ihm wurde die Idee zugeschrieben, eine Zeitung zu gründen, die sich am britischen und französischen Vorbild, «The Times» und «Le Temps», orientieren sollte, daher schließlich der endgültige Name DIE ZEIT.

Im Jahr 1933, nach der Machtübernahme, hatten die Nationalsozialisten Richard Tüngel, von Beruf Stadtbaurat, als Beamten entlassen, weil er kein Parteimitglied war. Ihm eilte ein Ruf als Bohemien voraus, der sich durchschlug im Berliner Künstlermilieu, als Schriftsteller immerhin praktische Schreiberfahrung sammelte und aus Angst vor den Russen in seine Heimatstadt Hamburg ausgewichen war. Schon während des Krieges hatte er dort Gerd Bucerius kennengelernt, den promovierten Juristen, der ihn ausdrücklich als «Gegner des Systems» schätzte.

Eine Ausnahme bildete Lovis H. Lorenz insofern, als er als einziger journalistische Erfahrungen mitbrachte. Der Kunsthistoriker leitete von 1933 bis 1944 als Chefredakteur die «Woche», eine namhafte und einflussreiche Illustrierte. Ein Parteibuch besaß er nicht, aber wie alle Zeitungen war auch die «Woche» gleichgeschaltet, das Propagandaministerium führte Regie. Als Kriegsberichterstatter hatte er die letzten Kriegsmonate bei der Marine verbracht. Aber Journalisten waren Mangelware, trotz Bedenken schaffte er es dank seiner Berufserfahrung sogar, zum Hauptlizenzträger der ZEIT zu avancieren.

Keinerlei Bedenken bestanden gegenüber Gerd Bucerius. In Ungnade war er während des Krieges gefallen, weil er auch jüdische Angeklagte verteidigte, zudem hatte er eine jüdische Kaufmannstochter geheiratet (die glücklicherweise ahnungsvoll schon vor Kriegsbeginn nach Großbritannien auswanderte) und sich geweigert, sich von ihr scheiden zu lassen. Das machte ihn «wehrunwürdig», im NS-Jargon. Auch wenn Bucerius sich später keineswegs brüstete – wir, bekannte er einmal, «waren nicht mit der Fahne durchs Land gezogen, sondern haben uns ganz schön gebückt, um durch das Gewitter zu kommen» –, seine politische Einstellung galt als unzweideutig, er wurde schon 1945 in einen Entnazifizierungsausschuss berufen. Diesen jungen Anwalt machten die Briten zum Treuhänder für das Pressehaus am Speersort, immerhin hatte die neue Zeitung damit Redaktionsräume, jedenfalls in dem nicht bombenbeschädigten Teil des Gebäudekomplexes im Herzen Hamburgs.

Die vier konnten sich nun auf die Suche nach Journalisten begeben. Zu den ersten, die angestellt wurden, gehörte Professor Ernst Samhaber, ein Deutschchilene, der von 1941 bis 1944 für die *Deutsche Allgemeine Zeitung* sowie *Das Reich* aus Südamerika berichtete; dann der Nationalkonservative Hans Zehrer (*Die Tat*), ein Antiparlamentarier und Antiliberaler; Oberst a. D. Erwin Topf als Wirtschaftsjournalist; schließlich Josef Müller-Marein, von Haus aus Musiker (Cembalist), der sich aber im Krieg bereits als Reporter einen Namen gemacht hatte, allerdings auch einen unrühmlichen. In regimetreuen Gazetten schwärmte er von dem legendären Stuka-Piloten Rudel, dem «Flieger-As»,[4] der in der jungen Bundesrepublik zum Idol von Rechtsradikalen werden sollte. Müller-Marein, selbst Pilot, war mehrfach abgeschossen worden. Nur zu gern zog er das Hemd hoch, um die Spuren seiner Verwundungen zu zeigen, wenn er darauf angesprochen wurde. Seine publizistische Karriere habe er «abgelegt wie einen alten Smoking», spöttelt Michael Naumann in seinen Erinnerungen, «und wandelte sich zum liberalen Publizisten von heiterer Lebensart». Weiterhin habe er das gute Leben geschätzt, «egal unter welcher Flagge».[5] Um eine seltsame Villa Kunterbunt handelte es sich also insgesamt, freundlich gesagt, in diesem kriegsversehrten Pressehaus.

Zu diesem Team im Aufbau, aber doch mit einem kleinen gemeinsamen Nenner, stieß Marion Dönhoff hinzu, junge und unbescholtene Journalistinnen oder Journalisten waren dringend gesucht.

Die vier Lizenzträger müssen von der Lektüre ihres Memorandums begeistert gewesen sein, denn eilig sandten sie ihr nach Brunkensen, dem Basislager der Familie, ein Telegramm: «Bitte baldmöglichst nach Hamburg kommen.» Noch schwebte ihnen vor, neben einer Wochenzeitung auch eine Tageszeitung herauszugeben. Spontan folgte sie der Einladung, Tüngel, Lorenz und Samhaber zeigten sich enthusiasmiert und stellten sie gleich an – ohne Vertrag, wie das später für lange Jahrzehnte für ZEIT-Journalisten üblich wurde. Handschlag genügte. Eine Kleinigkeit, aber nicht unbedeutend: Man fühlte sich frei und dennoch in der Pflicht.

Den vier Lizenzbewerbern gestanden die Engländer schließlich nur eine neue, unabhängige Wochenzeitung zu, Tageszeitungen gab es nach Meinung der britischen Presseoffiziere genügend. Am 15. Februar 1946 wurde dem Quartett die Lizenz für die ZEIT (Zulassung Nr. 6 der Militärregierung) übergeben. Sonderlich begeistert zeigte sich Bucerius nicht darüber, dass es nur eine Wochenzeitung war, die einzuführen ihm bewilligt worden war. Dennoch, bereits am 21. Februar 1946 erschien die Nr. 1, mit nur acht Seiten, 25 000 Exemplare insgesamt wurden gedruckt, mehr Papier wurde nicht bewilligt. Mit dem pathetischen Versprechen an ihre Leser, neben den Trümmern in den Straßen der zerbombten Städte die «geistigen Belastungen einer untergegangenen Epoche» wegzuräumen, was nur geschehen könne, wenn «wir den Mut haben, die Wahrheit zu sagen». Beim Lesen heute springt es ins Auge – auf die zwölf Hitlerjahre, die Nationalsozialisten und das Geschehene blickten die Autoren in dieser Ausgabe nicht weiter zurück, dafür immerhin versprachen sie, niemandem nach dem Munde zu reden und fremde Ansichten zu respektieren. Allerdings unterlag das Blatt wie alle anderen einer Militärzensur. Unabhängig sollte die Neugründung sein, wie die britischen Presseoffiziere es wünschten.

«Wir beschlossen, als wir die ZEIT gründeten, deutsch zu sein», zitierte Karl-Heinz Janßen ein bemerkenswertes Bekenntnis der Redaktion zur Grundhaltung des Blattes. Man stolpert noch heute, wenn man es liest. Deutsch sein? «Deutsch» hatte keinen guten Klang, jeglicher Nationalismus hatte sich diskreditiert, fast trotzig klingt daher die Selbsteinordnung.

Vor allem unter Richard Tüngel als Herausgeber und Feuilleton-chef erwarb sich die Neugründung bald «Ruhm als nationales Kampfblatt gegen neues Unrecht».[6] Mit ihm an der Spitze machte das Blatt die Auseinandersetzung mit den zwölf Jahren des Nazi-Regimes und den Umgang mit den ehemaligen Nationalsozialisten zum großen Thema. Deutsch? National? Kampf gegen neues Un-recht? Das Bild der liberalen Journalistin späterer Jahre vor Augen, fragt man sich unwillkürlich, wie sie, unerfahren in dem Beruf, zu einem derart unverhohlenen Nationalpathos passte. Aber nichts spricht dafür, dass sich die Novizin unwohl gefühlt oder gar abge-grenzt hätte. Sie war es nicht gewohnt, stillezuhalten und sich anzu-passen, dazu war sie viel zu autonom aufgewachsen. Gewiss brachte sie ihre Prinzipien, ihre Haltung, ihre Maßstäbe mit – aber man wird sie sich als jemanden vorstellen müssen, der erst werden musste, was sie war. Gerade mit Richard Tüngel und Josef Müller-Marein verstand sie sich anfangs blendend, oft genug hat sie es so beteuert.

Reibungslos fügte sie sich daher anfangs offenbar ein in die kleine Zeitungs-Familie mit Ernst Samhaber als Chefredakteur, einige der Redakteure wohnten sogar im Pressehaus, weil im na-hezu völlig zerstörten Hamburg Wohnungen kaum zu haben wa-ren. Sie quartierte sich nicht bei den Kollegen im fünften Stock ein – mit dem Blick über ausgebrannte Dächer und Trümmerberge –, der einflussreiche Hamburger Kaufmann Erik Blumenfeld hatte ihr ein Zimmer in seinem Haus zur Verfügung gestellt. Blumenfeld, der im Dritten Reich als «Halbjude» gebrandmarkt worden war, hatte sich schon während des Krieges mit Bucerius befreundet, zählte zu den Mitbegründern der CDU in der Stadt, gehörte einige Jahre dem Bundestag an und widmete sich vor allem den deutsch-amerikani-schen und deutsch-israelischen Beziehungen. Mit ihm verstand sich Marion Dönhoff blendend, sieben Jahre blieb sie bei ihm als Unter-mieterin wohnen.

Sämtliche ihrer Kollegen verfügten bereits über journalistische Erfahrung. Verständlich, dass sie sich zunächst, wie es aussieht, beim Schreiben recht zurückhielt. Sie wollte zuhören, mitreden, lernen. Allerdings, was sie an Pluspunkten mitbrachte, ging den meisten Redakteuren im vergleichbaren Alter ab: Sie kannte mehr von der Welt als viele, sprach elegant Englisch und Französisch, dank ihrer Familienherkunft war sie damals bereits eng vernetzt mit einflussreichen Leuten aus dem Auswärtigen Amt, mit Hochschullehrern, Bankiers, Militärs, Kaufleuten, Journalisten, Künstlern. Sie achtete auch in dieser kleinen Kollegenrunde auf Distanz, redete also gerne pauschal und mit ironischem Unterton die anderen als «ihr Journalisten» an – es lebe der kleine Unterschied. Dem Alltag des Zeitungsmachens entzog sie sich keineswegs, trat auch nicht unnahbar auf, genoss die unorthodoxe und unhierarchische Atmosphäre unter den Presseleuten, ließ es zugleich aber gerne so stehen, wenn sie als «Gräfin» angeredet wurde. Keiner hätte gewagt, sie nach Hamburger Art – wie beim Blatt üblich – mit Vornamen als «Marion» anzusprechen und zu siezen. Sie war «die Gräfin». Von wenigen Ausnahmen abgesehen, sollte das über Jahrzehnte so bleiben.

Wie sich bald zeigen sollte, waren es oft Länder im Übergang, auf dem Weg vom Kolonialzeitalter in die Selbständigkeit, die sie besonders neugierig machten. Eine Oase im algerischen Biskra am Rande der Sahara, ein kleines Dorf in Indien, Amman, Bagdad, Tunis, Accra, Saigon, Moskau, immer wieder Südafrika gehörten bald zu ihren bevorzugten Reisezielen. Das unterschied sich gar nicht so sehr von den abenteuerlichen Exkursionen in ihrer Jugend, Afrika, Amerika, Persien, die Sowjetunion, den Balkan hatte sie bereist, privilegiert genug war sie aufgewachsen, um viele Weltgegenden mit eigenen Augen kennenzulernen. Es half, dass die Dönhoff-Familie in alle Welt verstreut war oder doch überall Freunde hatte, die sie besuchen konnte. Später hatte sie ihr eigenes Netzwerk, und die Türen standen ihr überall offen, von Nehru bis Kissinger, von Helen Suzmann, de Klerk und Nelson Mandela bis zu Mochtar Lubin oder Satyanarayan Sinha, den sie so liebte. Drei Wochen verbrachten sie mit dem exzentrischen Freund aus Indien immerhin gemeinsam auf einer Treckingtour durch den Himalaja. Sie reiste mit leichtem Gepäck und stieg in möglichst einfachen Quartieren ab – so selbstverständlich erschien ihr das, dass sie es kaum je erwähnte –, glorifizierte zwar nicht das Elend, das sie erlebte, bezeugte aber unverhohlenen Respekt für diejenigen, die sich in aller Bescheidenheit selbstgenügsam durchs Leben schlagen. Das sollte ihr Leitmotiv bleiben.

Einige Monate nach ihr stieß noch ein weiterer Amateur-Journalist zur ZEIT, Ernst Friedlaender, der rasch zu einem der einflussreichsten, landesweit renommierten Leitartikler aufstieg. Friedlaender galt als geradliniger, konservativer Autor. Provoziert fühlte er sich gleichwohl rasch von dem «zunehmend rigiden Rechten», Richard Tüngel,[7] der ungeniert immer mehr alte Kumpane aus der Nazizeit zum Blatt lockte und Kompromisse mit ihnen schloss. Auf eine solche Abgrenzung legte er offenbar in dieser Frühphase mehr Wert als die Kollegin aus Ostpreußen. Er wollte als erster klarmachen, dass es einen anständigen Konservativismus gab, dem er Stimme verleihen und Platz einzuräumen wünschte.

Marion Dönhoff redete, wenn ich es richtig sehe, über den Kurs und Selbstreinigungsversuche anfangs allerdings nicht nachdrücklich mit; anders der welterfahrene Friedlaender, Sohn eines jüdischen Arztes aus Breslau und einer adligen Mutter aus Ostpreußen, der im Ersten Weltkrieg an der Westfront vier Jahre als Freiwilliger gedient, Philosophie und Volkswirtschaft studiert und seit 1929 als Agfa-Direktor in den USA gelebt hatte. In seine Heimat, Hamburg, kehrte er erst nach dem Krieg wieder zurück.

Schon im Exil hatte er grundlegende philosophische Werke verfasst[8] und sich über die Jahre danach, nach der NS-Zeit, ausführliche Gedanken gemacht. Marion Dönhoff brachte ihn mit Richard Tüngel zusammen, der gerade dringend Ersatz für Ernst Samhaber suchte, den Leitartikler, dem der Entnazifizierungsausschuss wegen frisch bekannt gewordener Details aus seiner Vita eine weitere Mitarbeit bei dem Wochenblatt verboten hatte.

Tatsächlich erwies sich sehr bald Friedlaender als der führende journalistische Kopf, der mit seinen Artikeln Menschen aus der ganzen Republik anlockte, die Rat, Orientierung, Hilfe suchten. Seine Leitartikel, erinnerte sie sich bewundernd anlässlich seines Todes, ragten heraus und «wanderten von Hand zu Hand, denn von ihnen ging damals eine seltsam magische Kraft aus. Sie hatten eine Dimension mehr als alles, was sonst geschrieben wurde.»[9]

Ob Tüngel wusste, was er sich eingehandelt hatte? Wohl kaum.

Keinen Zweifel gab es jedenfalls für Ernst Friedlaender, dass die NS-Vergangenheit vorbehaltlos aufgearbeitet werden müsse – eine Haltung, die im deutlichen Widerspruch zur großen Mehrheit in der Öffentlichkeit stand und die gewiss auch in der ZEIT nicht unumstritten war. Über eine «drohende Volkskrankheit der vergessenen Nazijahre» machte der Kommentator sich bereits im Sommer 1947 Gedanken, klagte über die «verdrängte Geschichte», forschte den Ursachen der Verdrängung nach und plädierte gegen den Zeitgeist für die «Errichtung eines deutschen Instituts zur Erforschung des Nationalsozialismus». Zwischen «ehrenhaftem Soldatentum» und «Militarismus und Verbrechen gegen die Menschlichkeit» müsse man differenzieren.

Der Autor wollte nicht «vor allem deutsch», er wollte europäisch sein. Das war eine entscheidende Wende. Friedlaender: «Seit der Traum ausgeträumt ist, dass die Welt ‹am deutschen Wesen genesen› werde, ist bei uns eine beträchtliche innere Unsicherheit zu beobachten. An der deutschen Form nationaler Überheblichkeit war immer ein überkompensiertes Minderwertigkeitsgefühl stark beteiligt, ein krampfhaftes und lautes ‹Nun erst recht!› Jetzt, da deutsche politische Weltmissionen völlig unwirklich geworden sind, da jedes ‹Wir werden es ihnen schon zeigen›, jedes ‹Viel› Feind, viel ‹Ehr› nur noch albern wäre, sind die Inferioritätskomplexe bewusster und dadurch nicht weniger peinlich geworden … In alledem offenbart sich ein Mangel an Maß und Würde. Man fällt von einem Extrem ins andere …». «Wir haben nämlich ganz schlicht zu schweigen. Der zeitliche und der seelische Abstand zu dem Furchtbaren, das von Deutschland aus den Juden ganz Europas geschehen ist, ist noch längst nicht groß genug, um uns zu Kritik und Belehrung zu berechtigen, wenn irgend ein anderes Land irgendwelche Maßnahmen in Bezug auf Juden ergreift … Der Antisemitismus kann und soll sogar bei uns diskutiert werden. Aber bevor Deutschland nicht ganz und gar von dieser Krankheit genesen ist, haben wir genug vor der eigenen Tür zu kehren, mehr als genug.» «Der Rechtsstaat hat seine eigene Würde. Wir haben ihn so lange entbehrt, dass jeder von uns verpflichtet ist, ihm bei seiner Wiederkehr Achtung und Loyalität zu bezeugen. Die Würde liegt jeweils im Amte und nicht in der Per-

Zweierlei Liebhabereien: Der Porsche, mit dem sie täglich von ihrem Haus in Blankenese ins Pressehaus fuhr, sowie ihr Boxer Basra. Ein Pferd sattelte sie nach dem «Ritt gen Westen» Anfang 1945 nie mehr. Nur ein Foto von Alarich behielt sie im Portemonnaie.

son. Der Staat des Rechts kennt keinen Personenkultus, er beginnt nicht mit ‹Helden und Heldenverehrung›.»

Gemeißelte Sätze, wie man sie heute gerne wieder lesen würde, die Zeiten sind danach. Es wurde um Grundregeln der Demokratie und des Zusammenlebens gestritten. Friedlaender brachte auf den Begriff, was zu den *basics* gehört. Er war der Erfahrene, sie die Lernende. Noch öfter in ihrem Leben sollte das so sein, dass sie Leuten begegnete, denen sie großen Respekt zollte und von denen sie gerne lernte. Seine Leitartikel mit dem eigentümlichen Sound haben ihr offensichtlich imponiert, sie aber auch geprägt. Nicht nur für die vielen jungen Gäste, die in seinem Zimmer hockten und ihm lauschten, auch für sie war der Mann, der mit 61 Jahren seinen ersten Leitartikel verfasste, spürbar ein «Erzieher». Undogmatisch und selbstsicher ohne Eitelkeit, exerzierte er vor, wie man für Trennschärfe und Klarheit sorgen, zugleich aber konsensuell denken kann. Ein moderater Konservativer, der die NS-Jahre nicht relativierte, den demokratischen Neuanfang auf den Begriff brachte und vor allem Europa couragiert vorausdachte – was für eine ungewöhnliche Mischung. Ihr Nachruf (1973) zu Ernst Friedlaenders Tod verriet, weshalb er für sie gerade damit zum ersten journalistischen Vorbild avancierte.

An die Stelle ihrer Geschwister, Christoph, Heinrich, Dieter, der Reitfreunde wie Heini und Sissi Lehndorff, der Verehrer wie Plettenberg waren nun Richard Tüngel, Joseph Müller-Marein, Gerd Bucerius, das kleine Redaktionskollegium im Pressehaus getreten. Nicht die masurischen Eichenwälder, die ihr den Rhythmus von Jahrhunderten verkündeten, sondern Alster und Elbe hatte sie vor der Tür. Langsam gewöhnte sie sich daran, dass alles auf Tempo drängte in ihrem neuen Beruf, auch wenn es ihrem ostpreußischen Lebensgefühl widersprach. Kein Pferd wartete im Stall, dafür stand bald ein Porsche vor der Tür, die Morgenandachten entfielen, Bedienstete gab es nicht. Was sie machte, machte sie ganz, sei es in Friedrichstein, sei es in Hamburg.

«In meiner neuen Tätigkeit habe ich mich noch nicht festgelegt auf ein bestimmtes Ressort, sondern arbeite überall ein wenig mit, um mich erst einmal zu informieren, werde aber wohl auf die Dauer im wissenschaftl. Teil enden. Sachlichkeit ist bei einer Zeitung auf lange Sicht wohl noch das erträglichste. – Äusserlich gesehen geht es mir ganz gut. Ich wohne bei netten Leuten, habe ein geheiztes Zimmer, was unendlich viel bedeutet, zumal wenn man tags über mit Hut und Mantel im Büro friert. Essensmässig ist es natürlich sehr dünn, seit die Brotrationen auf 3 Scheiben tägl. gesetzt sind und es Kartoffeln ohnehin nicht gibt. Aber ich habe einen Sack Carotten mitgebracht, und an denen nage ich zwischendurch, wenn das Gefühl der Leere allzu absorbierend wirkt.»[10]

«Totengedenken» stand lapidar über einem kleinen Text, unterzeichnet mit «M. D.». Ihren ersten Auftritt hatte sie damit in der ZEIT Nr. 5, Ende März. Erinnern wollte sie in dem kleinen Stück an den Volkstrauertag und die Gefallenen des Krieges, ohne das

Wort vom «Heldengedenktag» aufzugreifen, das die Nationalsozialisten benutzten. Tod – das sei eben «nicht nur die Summe aller sterbenden Krieger und ihres individuellen Todes». «Wenn wir ihn wirklich zu Ende mitdenken, so führt er uns heraus aus den Irrtümern dieser Welt mit all ihren so menschlichen Vorurteilen von Nation und Nationalitäten, von Freund, Feind und Gegnern, hinein in jene höhere Welt, in der es nur noch Brüder gibt, die einander alle gleich nah sind». «Wir Spätgeborenen, die wir in den Trümmern einer zusammenstürzenden Kulturepoche aufgewachsen sind, in der sich die alten Ordnungen auflösen und alle überlieferten Werte in Frage gestellt werden, wir stehen mit leeren Händen in einer entzauberten Welt. Opferbereitschaft, Heldentum, Ehre, Treue, das alles ist fragwürdig geworden, leer und schal, weil ein materialistisches Zeitalter diese Begriffe aus dem metaphysischen Zusammenhang, in dem allein ihnen Sinn zukommt, herausgelöst hat.» Noch im Nachhinein wollte sie am liebsten dem Hitlerregime jedes Recht absprechen, den «Heldengedenktag» für sich zu okkupieren. Pervertiert hatten die Nazis etwas prinzipiell Gutes.

Protest löste dieser knappe Text bei dem britischen Presseoffizier aus, der die ZEIT betreute. In dieser Form, wurde ihr mitgeteilt, dürfe er nicht erscheinen: Sie hatte die Toten zu Helden stilisiert, die jenseits von Gut und Böse standen und die nicht umsonst gestorben seien – auf den ersten Blick las sich das doch kaum anders als die Gedenktagsprosa der Nationalsozialisten. Allerdings fügte der empörte Pressezensor noch hinzu, unmöglich könne dieses junge Mädchen einen solchen Text verfasst haben. Eilig und wider besseres Wissen schützte Richard Tüngel vor, der Artikel sei schon gedruckt, die Zeitung durfte erscheinen.

Sie liebte die Rolle als Reporterin, das verschaffte ihr Gelegenheit, zu reisen, wohin sie wollte. Über «Menschen im Abteil» erzählte sie dann ihren Lesern Episoden, wie sie jeder in Trümmerdeutschland damals erleben konnte: etwa eine Zugfahrt nach Bayern im Herbst 1947, die sie ohnehin traurig stimmte, wie immer, schrieb sie, wenn das, «was eigentlich das Leben ist», als flüchtiges Bild nur vorbeigleite und man selber zum Fremdling werde. Eine alte Frau vis-à-vis klagte über die Ungastlichkeit dieses Landes, in das sie aus dem Ruhrgebiet verschlagen worden war, bei Bombenangriffen war ihr Haus in Schutt gelegt worden, dreißig Jahre hatte sie darin gelebt. Niemand hörte ihr zu. Ein junger Pole fragte sie plötzlich: «Du auch Heimweh?» «Bei uns die Wälder jetzt auch schön», setzte er noch hinzu, dann wieder Schweigen. Eine ältere Wienerin schließlich, die mehr zu sich selbst sprach, erinnerte sie ein wenig an eine Figur von Rilke; aus einem tschechischen Lager kam sie, ohne – zur Erleichterung der Umsitzenden – darüber zu erzählen, aber nun nach zwei Jahren fuhr sie zu ihrem Mann und sah dem nach so langer Trennung bang entgegen. Weltfremd kam ihr vor, wie sie sich dieses Wiedersehen ausmalte. Aber dann habe sie sich gefragt, was eigentlich «Weltfremdheit» heißt und ob die merkwürdige Nachbarin, «die mit der sogenannten Realität so wenig vertraut ist, der Wirklichkeit nicht viel näher als die andern ist, die sich ‹mitten im Leben› meinen.»[11]

Leicht ist es nicht, sich zurückzuversetzen in diese Zeiten, um das Besondere des Anfangs zu begreifen. Lichtjahre trennen uns davon. Im Großen und Ganzen seien alle in der Redaktion zum Glück «einer Meinungsrichtung», urteilte Marion Dönhoff zwar im Rückblick, aber das stimmte allenfalls grob. Unterschiedliche «Meinungsrichtungen» gab es zuhauf. So viele Lebensläufe wiesen Brüche auf, auch unter den Journalisten am Redaktionstisch.[12] Nur die Flucht nach vorne hielt offenbar zusammen.

Friedlaender gab nicht alleine den Ton an. Selbstmitleid klang bei manchen Kommentatoren durch, Deutschland als Opfer. England, hofften die einen inständig, werde sich verbunden zeigen mit dem europäischen Festland, seine *splendid isolation* beenden und als einzig intakte europäische Großmacht, die ihre Strukturen seit 1914 bewahrte, den Deutschen helfen, aus dem «moralischen» Zusammenbruch Konsequenzen zu ziehen. Andere verbaten sich verblüffend selbstgewiss – deutsch wollten sie sein – jede Einmischung. Das Bekenntnis zu grundsätzlicher Einkehr und Umkehr verband sich mit stupender Selbstgerechtigkeit, besonders wenn der Chefredakteur zur Feder griff. Seltsam töne es herüber aus Emigrantenkreisen, zürnte er, «es wäre besser, die Herren schwiegen». Sehr magistral redeten sie von der Schuld des deutschen Volkes, «von ihrer eigenen sprechen sie nicht». Tüngel herablassend: «Die Herrn draußen glauben immer, sie seien die wahren Vertreter des deutschen Geistes. Sie täuschen sich: Deutschland sind wir. Wir wissen, dass wir zu unserem Ruhm das Volk Goethes, zu unserer Schande das Volk Hitlers sind, und daher sind wir reicher: weil wir der Wahrheit nicht ausweichen ...»[13] 1946! Marion Dönhoff war gerade eingetroffen im Pressehaus. Was hat sie davon gehalten, was dazu gesagt?

Vielleicht machte sie seinerzeit aber auch einen Bogen um solche Unverfrorenheiten? Es gibt Wichtigeres, schien sie sich manchmal zu sagen, Wichtigeres als das Nürnberger Tribunal, Wichtigeres als Politik, beispielsweise die Frage, weshalb die Landwirtschaft nicht in Gang kommt. Die Leute müssen von etwas leben, deklamierte sie dann, hier «liegt die Entscheidung über Sein und Nichtsein des deutschen Volkes». Auf diesem Boden, man spürt es, fühlte sie sich sicher, eine Bäuerin aus Friedrichstein. Sechzig Prozent der landwirtschaftlichen Nutzfläche des Deutschen Reiches, klagte sie dann kundig, liegen jenseits der Demarkationslinie in den «russisch-polnisch besetzten Ostgebieten». Auf die Kalorienzahl je Fläche aber komme es an, der verbliebene Westen werde die Bevölkerung – nun auch um das Flüchtlingsheer gewachsen – nicht ernähren können.[14]

Beiläufig berichtete die ZEIT eine Woche später in einer kleinen Notiz,[15] 100 000 ehemalige Angehörige der Waffen-SS würden bis 1. Juni 1946 aus amerikanischer Kriegsgefangenschaft entlassen. In der britischen Zone erscheine eine neue Zeitung unter dem Namen: *Die Welt*. Ab 6. Mai, auch das konnte man in der ZEIT lesen, fährt wieder der Nachtexpress Ostende, Brüssel, Köln, Berlin, ab 1. April dreimal wöchentlich Prag, Eger, Nürnberg, Straßburg, Paris.

Palästina, Indonesien, Kapstadt, die Unruheherde der Welt schlugen sie zunehmend in Bann. Als Dreh- und Angelpunkt ihres Interesses jedoch kristallisierte sich langsam anderes heraus: Dem Land, diagnostizierte Marion Dönhoff, fehle geistige Orientierung. Das war die Elle, mit der sie am liebsten maß – und mit der sie sich auch zunehmend abhob vom Gros der Journalistenkollegen. Der Nationalsozialismus hatte ein Vakuum hinterlassen, eine metaphysische Leere. Das wollte sie füllen, sobald sie sich in dem neuen Metier sattelfest fühlte. Ganz gewiss sah sie es zustimmend, dass die Zeitung aus Novalis' Opus «Die Christenheit und Europa» zitierte, wenn es nicht gar ihre Idee war: «Nur die Religion kann Europa wiederaufwecken und die Völker sichern und die Christenheit mit neuer Herrlichkeit sichtbar auf Erden in ihr altes friedensstiftendes Amt installieren. – Haben die Nationen alles von Menschen – nur nicht sein Herz? – sein heiliges Organ? Werden sie nicht Freunde, wie diese – an den Särgen ihrer Lieben –, vergessen sie nicht alles Feindliche, wenn das göttliche Mitleid zu ihnen spricht. Und ein Unglück, ein Jammer, ein Gefühl ihre Augen mit Tränen füllt?»

Rehabilitiert wurde in dem Blatt, in dem Marion Dönhoff rasch Boden unter die Füße bekam, neben Ernst Jünger[16] immerhin auch Martin Heidegger, nicht aber Carl Schmitt. Von diesem feinen Unterschied – warum Carl Schmitt alleine? – muss noch gesprochen werden. Auf das Podest hob Egon Vietta den Seinsphilosophen in der gleichen Ausgabe, in der Tüngel über das «Nürnberger Recht» in sarkastischen Worten höhnte und emphatisch rief, «jetzt können wir nicht länger schweigen». Gemessen wurde Heidegger nicht an seinem tatsächlichen Verhalten, an seiner frühen Unterstützung der neuen Machthaber oder an den Wirkungen seiner Philosophie – Vietta legte seine Apologetik eher grundsätzlich an: «Es gibt ein Denken, das in großen geistigen Höhen ausgefochten wird. Und man sollte solch philosophisches Bemühen nicht am Pegel der politischen Tagesfragen messen. Denn hier muss oft der zeitliche Richterspruch versagen … Wir aber sollten einen Denker wie Martin Heidegger, weil er in bitteren Tageswirklichkeiten irrte, aus unserem geistigen Gespräch ausschalten? Die primitive Berghütte, in der Heidegger völlig seiner Arbeit lebt, bezeugt, dass die wahren geistigen Entscheidungen fern von der Sphäre des Ehrgeizes getroffen werden.» Zu ihrem Lieblingsphilosophen machte sie Heidegger deshalb gewiss nicht, und sie äußerte sich auch nicht zu ihm; aber sein hoher Ton und der kulturpessimistische Blick dürften auch sie eher für ihn eingenommen haben. Sie fühlte sich aufgehoben in diesem Zeitgeist, in den auch die ZEIT einstimmte und an dem sie mitzuwirken begann.

Gestritten wurde in der jungen Bundesrepublik lange und heftig darum, wie konsequent der Bruch mit der Vergangenheit und den Eliten ausfallen solle, die Hitler groß gemacht hatten. Bereits 1948 (!), aus heutiger Sicht unfassbar, erschienen in fast sämtlichen wichtigen Blättern der West-Sektoren die ersten Leitartikel, die meinten, die Deutschen hätten nun lange genug gebüßt und sollten aus dem Schatten der Geschichte heraustreten. Die ZEIT bildete keine Ausnahme in diesem nationalen Reigen. Dazu passte nur zu genau auch Martin Heideggers früher und unverhohlener Kampf um Rehabilitierung und Anerkennung, er brauchte dazu dringend mediale Bündnisgenossen. Dem Philosophen wurde unter Tüngels Regie ein Freispruch erster Klasse zuteil. Auch daran war Marion Dönhoff nicht direkt beteiligt, es stand aber im Blatt. Eine derartige Exkulpation, ja Generalabsolution konnte Heidegger sich golden einrahmen. Erst in den fünfziger Jahren revidierte die ZEIT allmählich ihre apologetische Haltung, es folgte eine kritische Revision seines Werkes, am Ende bestätigten die «Schwarzen Hefte» und die Briefe an seinen Bruder (2015 und 2016) die bittersten Vorbehalte wegen seines Antisemitismus und seiner Ergebenheit vor dem NS-Regime. Aber das ist eine andere Geschichte.

Heidegger habe die Unschlüssigkeit der Zeit – und der ZEIT – durchschaut, resümiert Lutz Hachmeister in seinem Buch über «Heideggers Testament». Jahre später, 1956, sollte der Seinsphilosoph – auch daran erinnert Hachmeister – zum zehnjährigen Geburtstag der ZEIT dann auch eine Lobpreisung beisteuern, weil diese ihn im Streit um die Wiederveröffentlichung seiner Vorlesung «Einführung in die Metaphysik» unterstützt hatte. Ihm konnte zu dem Zeitpunkt gewiss nicht entgangen sein, wie eindeutig sich die Zeitung hingegen vom «Kronjuristen» der Nationalsozialisten, Carl Schmitt, distanziert hatte. Heidegger wusste mithin, warum er schmeichelte: «Was ist die ZEIT? – Man könnte meinen, der Verfasser von ‹Sein und Zeit› müsste dies wissen. Er weiß es aber nicht, so dass er heute noch fragt. Fragen heißt: hören auf das, was sich einem zuspricht. Solches Hören durch das bloß Aktuelle hindurch auf das, was den Geschichtsgang unseres Zeitalters fernher und weithinaus bewegt, scheint mir die mutige, umsichtige und fruchtbare Haltung Ihrer Wochenzeitung *Die Zeit* zu sein. Ich freue mich der Gelegenheit, mit diesen Zeilen für manche verdienstvolle und klärende Stellungnahme, für zuversichtliche Wegweisung danken zu dürfen.»[17] In welche Kontinuität sich die Bundesrepublik stellen wollte und wie konsequent der Bruch mit mentalen Traditionen ausfallen sollte – das alles war prinzipiell ungeklärt.

Dazu passt, wie Johann Albrecht von Rantzau glühend die «Marmorklippen» Ernst Jüngers verteidigte. Auch an ihm schieden sich die Geister. Seine Prosakunst stand nicht zur Debatte, wohl aber, ob er mit Büchern wie «Stahlgewitter» nicht den Krieg glorifiziert und den Zeitgeist der zwölf Hitlerjahre mit vorbereitet habe.

Als eine Tat pries auch dieser Rezensent nun sein Buch, «die hoch emporragt über die Unzahl der geistlosen und sophistischen Machwerke, welche die Untaten unserer jüngsten Vergangenheit harmlos oder bösartig begleiteten.» Zwar seien auch den «Marmorklippen» die Zeichen der Zeit tief eingemeißelt, räumte er ein; fast auf jeder Seite gebe Jünger zu erkennen, dass er sich einstmals der intoleranten, inhumanen und nihilistischen Gesinnung, die zur Einrichtung des totalitären Staates führen sollte, mit der ihm eigenen Entschiedenheit verschrieben hatte. Aber besser, so Rantzau im Überschwang seines Rettungsversuchs, jemand stecke tief in diesem Dilemma, als jene Schriftsteller, die sich heraushalten und nur deswegen gelobt werden. Respektabel mögen sie sein, aber im Grunde seien es «epigonenhafte Hüter der idealistischen Tradition». Glaubwürdig war für ihn nur, wer sein «Weltbild gegen die Versuchungen des Zeitgeistes erkämpfen musste». «Nur, was im höllischen Feuer der aktuellen Problematik gehärtet ist, kann heute in Deutschland, auch außerhalb Deutschlands, bestehen.» Das war nicht nur eine Kapitulation vor der Größe, geadelt wurde Jünger obendrein noch mit der Bemerkung, im Frieden wie im Kriege dem Widerstand nahegestanden zu haben. Rantzau bescheinigte ihm die «felsenfeste Gewissheit, das wahre Deutschland zu sein». Ausdrücklich eingereiht wurde er also unter die Schar der Männer, «aus der an jenem tragischen 20. Juli der letzte Versuch geboren ist, Deutschland aus eigener Kraft in den Kreis der europäischen Kulturnationen zurückzuführen.»[18] Jünger als Widerstandsheld? Wie gerne würde man sich darüber austauschen mit Marion Dönhoff. Zum Widerstand hat sie Jünger gewiss nicht gerechnet. Aber bekanntlich störte sie es nun einmal nicht, wenn jemand begeisterter Offizier war; Offiziere waren schließlich auch ihre Brüder und einige Freunde, sogar solche, die in der Opposition oder im Widerstand landeten. Zudem: Jünger zielte, wie vage auch immer, ein anderes Deutschland an – ja, in diese Richtung dachte sie doch auch. Also: Ernst Jünger war nicht Carl Schmitt.

So weit gingen damals wenige Journalisten in ihrer Apologie Jüngers, es war starker Tobak. Vermutlich artikulierte auch das den heimlichen Zeitgeist. Aber von ihr kam kein Einspruch. Ich vermute, sie hätte Rantzaus Eloge auf Jünger vielleicht für ein bisschen hochgegriffen gehalten, aber den Verfasser dennoch gelobt.[19] Das Gespräch mit ihm habe sie nicht gesucht, weil sie «zu scheu» gewesen sei, gestand sie im Gespräch später einmal einem polnischen Freund.

Heidegger blieb ihr gewiss fremder als Jünger, schon wegen seiner mystifizierenden Sprache. Aber über den Philosophen vom Todtnauberg oder den eleganten Offizier aus dem besetzten Paris sollten andere schreiben. Sie konzentrierte sich weiter auf das, was sie umtrieb. Das «Recht auf Essen» beispielsweise, der grassierende Hunger in Nachkriegsdeutschland; «die Zukunft», resümierte Marion Dönhoff, «liegt im Brot».[20]

Gefallen haben wird ihr, was in ihrer Zeitung seinerzeit über Stefan George zu lesen war. Derart umstritten wie Heidegger, Jünger oder Schmitt war er nicht, aber auch unter seinen Jüngern befanden sich Hitlerfreunde. Voller Respekt berichtete Alex Natan (Worcester) von einem Besuch am Grabe des Dichters in einem kurzen Feuilleton bereits 1948. Schon als Student in Heidelberg hatte der Autor den Dichterfürsten erlebt und bewundert, im Jahr 1933 begegnete er ihm zufällig wieder am Lago Maggiore, kurz vor dessen Tod. «Was für ein merkwürdiges Volk doch die Deutschen sind! Wie seltsam spröde um das Andenken an ihre besten Geister! Da gibt es eine Westminister Abtei, eine St.-Pauls-Kathedrale in London, Nationalschrein der Großen der englischen Geistesgeschichte. Da steht in Paris das Pantheon. Beide Zeugnisse für die ausgleichende Allmacht des Todes, der religiöse, politische, geistige Zwietracht überwand. Auch am Grabe Stefan Georges fand ich nicht Antwort, wo der tiefe Grund dieses deutschen Verhängnisses liegt, das ein Volk daran hindert, den Lorbeer der Nachwelt am Altar seiner eigenen Geistesheroen niederzulegen.»

Zwar erinnerte der Autor noch daran, dass Goebbels den Dichter zum Hohepriester einer neuen Kultur habe erheben wollen – als Regimegegner galt er ja offenkundig nicht. Aber gerade damit, so hieß es weiter, habe er den Dichter veranlasst, bei Nacht und Nebel zu fliehen, eine «innere Emigration» sei für George undenkbar gewesen, und auch in der Heimaterde habe der tote Dichter nicht begraben werden wollen. Sein bedingungsloser Verehrer rückte auch George damit nahe an den «Widerstand» heran.

Folgt man Thomas Karlaufs Biographie, war das zumindest eine gelinde Überzeichnung: George schwankte, ob er sich zur «Ahnherrschaft der neuen nationalen Bewegung» nicht ausdrücklich bekennen solle, einige seiner Schüler und Freunde bedrängten ihn zu diesem Schritt, andere suchten mit aller Macht, ihn davon abzuhalten. Dass er dort, wo er starb, beerdigt wurde und nicht in Berlin, München, Heidelberg oder Bingen, entschieden seine Schwester und sein Adlatus Robert Boehringer nach eher pragmatischen Gesichtspunkten.[21] In Minusio besuchte Natan den Friedhof.

Die Pointe, weshalb ich ihn zitiere, liegt in der Bewertung Georges zum Schluss seines Textes: Stefan George sei ein «deutscher Dichter» gewesen, der gerade deswegen von jenen, die das Monopol geistigen Deutschtums gepachtet zu haben glaubten – den Nationalsozialisten –, missverstanden worden sei.[22] Darum ging es, wie mir scheint, auch Marion Dönhoff. Sie wollte – auch nach dem Ende der Ära Hitler – ein «geistiges Deutschtum» verteidigen und in Besitz nehmen, das die Nationalsozialisten geraubt und für sich reklamiert hatten. Ihre Verehrung des Widerstands hing eng damit zusammen. Manchmal überließ sie es der Zeitung wie im Falle Georges, manchmal griff sie selber zur Feder, um dieses «Missverständnis» aufzuklären, ihr «geistiges» oder «heimliches» Deutschland habe mit dem der Herrenmenschen etwas gemein. Zurückerobern wollte sie aber das Wort – und was sich dahinter verbarg – wieder für sich.

Von einem «geistigen Deutschtum» hatten auch viele Dönhoff-Freunde geträumt. Hitlers willige Helfer waren sie deshalb nicht. Ihr Deutschland und seines hatten wenig miteinander zu tun. Ihr Leben lang würde sie um diesen kleinen großen Unterschied kämpfen.

Zumindest fern dürfte ihr schon jener George der Jahre nach dem Ersten Weltkrieg gewesen sein, dessen dichterisches Wort zunehmend «für völkische und nationale Zwecke in Anspruch genommen» wurde.[23] Manchen seiner Jünger fiel es schwer, die Texte Georges zu lesen und *nicht* zu glauben, was in Deutschland jetzt geschehe, entspreche dem Geist Georges. Am Anfang, resümierte Thomas Karlauf, stand Georges folgenschwerer Irrtum, dass der Geist die eigentliche Macht repräsentiere und alle politischen, gesellschaftlichen Entwicklungen ihn nichts angingen. Es war der «letzte rauschhafte Höhenflug des deutschen Geistes vor der Katastrophe». Nicht einmal 1933 habe er von dieser Hybris gelassen. Zu einer «unzweideutigen» Antwort kam es erst gut zehn Jahre später, am 20. Juli 1944, als Claus von Stauffenberg, der glühende George-Verehrer, die Aktentasche mit der Bombe unter dem Kartentisch im Führerhauptquartier platzierte.[24] Ambivalenter hätte sein Dichterbild kaum ausfallen können.

Schon eine Woche nach der Eloge auf Heidegger, 1948, verteidigte «HGST» (Hans Georg von Studnitz) die Angeklagten aus dem Auswärtigen Amt, die in Nürnberg vor Gericht kamen, voran Ernst von Weizsäcker. Ob er indirekt an Judendeportationen oder Geiselerschießungen beteiligt war, wie behauptet, schrieb der Prozessbeobachter, werde sich zeigen müssen – offenbar war das für ihn eine kleinere Sünde. Aber auf die Außenpolitik generell, befand der Autor schon vorweg, hätten Weizsäcker und sein Amt gewiss keinen Einfluss gehabt. Studnitz: Einer «ministeriell verwaisten, einflusslosen Behörde» stand er vor, die «reine Routinearbeit erledigt».[25] Was die Leser damals nicht wussten – Studnitz gehörte immerhin der Informationsabteilung des Auswärtigen Amtes an. Ursprünglich ein preußisch-konservativer Monarchist, mutierte er 1933 zum Parteigenossen. Als Berichterstatter aus Nürnberg führte er regelrecht Krieg, weil nun Industrie, Banken, Militär und Auswärtigem Amt der Prozess gemacht wurde. Karl-Heinz Janßen schonte die eigene Zeitung nicht, als er zu den Attacken gegen die Nürnberger Richter anmerkte: «Die Kritik verstellte freilich den Blick auf den idealistischen Antrieb, der die liberaldemokratisch geprägten Männer der Anklagebehörde beseelte ... Aber die meisten Deutschen interessierten sich gar nicht mehr für die Folgeprozesse – der Kampf ums tägliche Überleben hatte Vorrang. Es werden noch zwanzig Jahre ins Land gehen, bis eine jüngere Generation von Historikern die Teilidentität in den Zielen der deutschen Eliten und der Nationalsozialisten enthüllt und Gesellschaftswissenschaftler den ‹Sonderweg› nachzeichnen, der Deutschland dem Westen entfremdet hatte.»[26]

Von dieser «Teilidentität» wollten die Verantwortlichen im Pressehaus seinerzeit freilich nichts wissen. Im Gegenteil: Mit all seiner Empörung hätte Hans Georg von Studtnitz wohl kaum zum Hauptberichterstatter avancieren können, wenn nicht Richard Tüngel und auch Marion Dönhoff zumal die Folgeprozesse ähnlich beurteilt – und wenn sie den Autor nicht geschätzt hätten. Wie Studnitz durfte auch Paul Karl Schmidt, der ehemalige Leiter der Presseabteilung und Gesandter 1. Klasse des Auswärtigen Amtes, in der ZEIT publizieren. Schmidt benutzte dabei das Pseudonym P. C. Holm, populär wurde er als Paul Carell mit Büchern und Bildbänden vor allem zum Rußlandfeldzug und Elogen über die «saubere» Wehrmacht.[27] Besonders die ZEIT machte die Verteidigung Ernst von Weizsäckers zu ihrem großen Thema. Der Diplomat spielte eine prominentere Rolle als Heidegger oder Jünger, nicht zufällig galt er als die Schlüsselfigur in Nürnberg, und sein Name stand mehr oder minder bewusst stellvertretend für einen Großteil der deutschen zivilen Eliten. Sein Schicksal lag aber auch Marion Dönhoff persönlich am Herzen, da sie ihn schon lange kannte und ihm zutiefst vertraute.

Bekannt war, dass Marion Dönhoff befreundet war mit Offizieren des Widerstands. Bucerius hatte als Rechtsanwalt Verfolgten geholfen. Friedlaender stand ohnehin für ein anderes Deutschland, das der Emigration. Mit dem öffentlichen Kredit, den sie genossen, boten sie nun überraschend der Mehrheit – die wahrlich nicht auf Seiten der Verschwörer oder der Opposition gestanden hatte – unverhofft moralische Entlastung.

In einem ZEIT-Artikel[28] bestätigte Hans Georg von Studnitz, der Angeklagte habe nicht geleugnet, kraft seiner amtlichen Stellung Einblick in viele geheime Vorgänge gehabt zu haben. Der Kommentator der ZEIT endete: «Wer die Luft einer Diktatur nicht geatmet hat, wem das Klima des totalen Staates kein Begriff ist, der wird all dies schwer begreifen können. Und doch gab es dieses Klima, es gibt es noch heute: jenseits des Eisernen Vorhangs, nur wenige Kilometer östlich von Nürnberg.»

Zunächst erhielt der Angeklagte, Ernst von Weizsäcker, eine Strafe von sieben Jahren, aber der Vorwurf des Verbrechens gegen den Frieden wurde bald darauf aufgehoben, die Strafe auf zwei Jahre reduziert. Vor allem seine Verteidiger, Hellmut Becker und Carl Friedrich von Weizsäcker, konnten sich das auf die Fahne schreiben.

In dieser Angelegenheit fühlte Marion Dönhoff sich sicher. Joseph Goebbels, führte sie zugunsten des Angeklagten ins Feld, habe einmal drohend von den «Zeitzündern» gesprochen, die er mit der Nazi-Doktrin gelegt habe. Anfangs sei ihr diese Drohung unsinnig und grotesk erschienen. Inzwischen aber frage sie sich, ob es nicht zutreffe. Denn mit dem Wilhelmstraßen-Prozess solle das deutsche Auswärtige Amt «moralisch liquidiert werden». Nicht gegen einen Verantwortlichen werde verhandelt – der sei ja bereits verurteilt: Ribbentrop –, sondern gegen die Beamten als «Schicht». Und auch nicht, weil sie Verbrechen begangen hätten, «sondern deshalb, weil sie Kenntnis besaßen von Verbrechen, die vorgingen, ohne sie zu verhindern». Die deutsche Außenpolitik wäre «um kein Haar sinnvoller, vernünftiger oder rechtsbewusster gewesen» ohne Weizsäcker, im Gegenteil, der Ablauf der Ereignisse «wäre durch das Fehlen jeglichen Widerstandes sehr viel rasanter gewesen». Ihre zornige Frage: «Ist er ein Verbrecher, weil er keinen Erfolg hatte, weil es ihm nicht gelang, den Frieden zu retten?» Um des Fernziels willen, hieß das jedoch, musste man vieles hinnehmen und machte sich vielleicht sogar «durch Unterschriften formal mitschuldig». Als wirklichkeitsfremd kritisierte sie empört die Haltung der Ankläger, nicht viel besser sei ein solches Verfahren als die Methoden der Nationalsozialisten, die an Stelle des Rechts dann das «nationalsozialistische Volksempfinden» setzten.[29] Damit ging sie sehr weit.

Auf die Einmaligkeit der Verbrechen, auf die Gründe, weshalb juristisches Neuland betreten werden musste, auf die Ernsthaftigkeit der Anklageseite ließ sie sich gar nicht erst ein.

Von dieser Haltung aber wich sie nie mehr ab. Sie sorgte dafür, dass die ZEIT noch nachlegte und Protokollauszüge aus Nürnberg von Axel von dem Bussche, Rudolf-Christoph von Gersdorff, Fabian von Schlabrendorff publizierte, die alle zur Opposition gehörten, alle überlebt hatten – und alle Ernst von Weizsäcker verteidigten. Glaubwürdigere Kronzeugen konnte sich der prominente Diplomat kaum wünschen. Wann immer später die Kontroverse neu aufflackerte, warf sie sich für Weizsäcker in die Bresche.

Natürlich muss man fragen, was sie antrieb. Überzeugung? Ein faires Urteil traute sie sich zu. Wem auch immer sie aber einmal ihr Vertrauen bekundet hatte, er konnte sich eine verlässlichere, loyalere Freundin als Marion Dönhoff nicht wünschen.

Zwar war es in erster Linie der Chefredakteur, Tüngel, der dem amerikanischen Ankläger Robert Kempner hochmütig vorwarf, er habe Ernst von Weizsäcker ins Gefängnis und in den Tod gehetzt. Er genierte sich nicht einmal, den amerikanischen Hohen Kommissar, John McCloy, schroff aufzufordern, Kempner – der aus Deutschland emigriert und als Soldat zurückgekehrt war – in die USA zurückzubeordern. Aber auch Marion Dönhoff attackierte Kempner persönlich. Seinerseits wahrte er auch in seinen Repliken stets souverän die Form. Seiner Kritikerin ließ er häufig Grüße bestellen, oder er schrieb ihr zuvorkommende Briefe. Schon möglich, dass er die Anerkennung gerade dieser harten Widersacherin aus Hamburg suchte. Etwas an ihrer Person, ihrer Haltung, ihrer Leidenschaft lockte selbst ihn an, den vielgescholtenen, klugen Ankläger.

Zum Ende der Prozesse in Nürnberg mühte die ZEIT sich in Leitartikeln, eine Revision der Urteile, womöglich gar eine Aufhebung zu erreichen. Den Schutzzaun um Ernst von Weizsäcker baute sie zweifellos gemeinsam mit Tüngel, dem Chefredakteur. Aber mit dem Wunsch, die jüngste Vergangenheit zu relativieren und einen Schlussstrich zu ziehen – worauf Richard Tüngel bald zielte –, hatte das bei Marion Dönhoff nichts zu tun. Sie redete das Geschehene nicht klein und die Vergangenheit nicht weg.

Um etwas vorauszueilen: Als Journalistin sollte sie später schließlich nicht nur den Wilhelmstraßen-Prozess verfolgen. Sieben Jahre nach Kriegsende, im Februar 1953, folgte sie im engen Gerichtssaal von Bordeaux dem Oradour-Verfahren, «eine Armlänge von den Angeklagten entfernt, und schaute in ihre starren, abwesenden Gesichter». 642 Anwohner des Dorfes Oradour-sur-Glane, nahe Limoges, wurden am 10. Juni 1944, in zwei Stunden von einem SS-Bataillon getrennt, die Frauen und Kinder in die Kirche, die Männer in Scheunen, die Kirche wurde in Brand gesetzt, die Männer reihum erschossen, nur sechs Menschen überlebten. Das Massaker ging als eines der schlimmsten im Zweiten Weltkrieg in die Geschichte ein, Oradour wurde zum Inbegriff für das Vorgehen der SS. Viele der Zeugenaussagen vor Gericht gab die Reporterin im Wortlaut wider. Alle im Saal, Anwälte, Journalisten und Gendarmen, die gewiss schon manches erlebt hatten, waren am Ende «vollständig erstarrt». Besonders widerlich verhielten sich aus ihrer Sicht die verantwortlichen Offiziere, die sich aber drückten und zu ihren Taten nicht standen. Auch wenn das Allerschlimmste, das Massaker in der Kirche, nicht von den in Bordeaux anwesenden Angeklagten ausgeführt worden sei (sondern von den im Ostfeldzug abgebrühten Unteroffizieren), klar wurde, dass sie dennoch alle zusammengewirkt haben, um das Endergebnis, 642 Tote und etwa 50 verbrannnte Häuser, zustande zu bringen, daß sie also alle mitschuldig sind, wie sie schrieb. Marion Dönhoff weiter: «Mit jeder Regung des Herzens spürt man, sie sind mitschuldig ...» Deutsche Täter, elsässische Täter ... Sie folgte den Argumenten der Ankläger, der Verteidiger, auch des Richters ... Zu konkret, zu entsetzlich war der Fall Oradour, um sich jetzt noch anzulegen mit einem Justizsystem, das nicht befugt war, zu urteilen. Gewiss waren die Verurteilten *des lampistes*, wie jemand sagte, kleine Leute also, die die Lampen an der Bahnstrecke putzen, das heißt, noch nicht einmal Weichensteller. Aber dennoch, fügte sie bitter hinzu, *des lampistes,* «an deren Händen Blut klebte».

Nein, es gab nichts zu relativieren. Sie beobachtete nicht als neutrale Journalistin, sie schrieb auf, was sie dachte. Existenzielle Fragen wurden verhandelt in Bordeaux, und so, ungefiltert, musste sie damit umgehen. Derart grauenvoll fand sie die Zeugenaussagen über das Verhalten 18-jähriger SS-Soldaten, die zu gnadenlosen Massenmördern wurden, dass sie daraus folgerte, solche Verbrechen gingen «über jegliches Verstehen hinaus».

Sie schwankte. Das Schwarz-Weiß-Klischee von Nürnberg war nicht anwendbar in diesem Verfahren, lautete ihre Bilanz, weil die eigenen Landsleute der Franzosen, die SS-Angehörigen aus dem Elsaß, mit angeklagt waren. Andererseits verbiete das Ausmaß des Verbrechens den Deutschen, «die Schuld in der alliierten Rechtsprechung zu suchen». Wurde Oradour auch für sie ein Wendepunkt? «Das Verbrechen von Oradour geht über jedes mögliche Verstehen hinaus und entzieht sich damit der Gerechtigkeit. Sollte man da nicht den zum Tode Verurteilten das erweisen, was ebenfalls über die Vernunft geht: Gnade?»[30]

Unsicher jedenfalls war Marion Dönhoff geworden, unsicher, wie solche Verbrechen zu ahnden sind, unsicher, ob nicht auch die *lampistes*, die kleinen Leute Verantwortung tragen und sich rechtfertigen müssen, unsicher, weil die Dimension des Geschehenen auf keinen Fall erlaubte, stille zu halten und einen Schlussstrich zu ziehen. Nur gegen die Rechtsprechung der Alliierten zu protestieren, das verstand sie nun, war auch keine Lösung.

Zutiefst aufgewühlt hatte sie diese Erfahrung in Frankreich. Und dabei waren die Prozesse gegen die Verantwortlichen für die Judenmorde, für die KZs, für Auschwitz oder Buchenwald oder Theresienstadt noch gar nicht in Sicht.

Im Jahr 1956, zehn Jahre nach Erscheinen der ersten ZEIT-Ausgabe, bilanzierte Marion Dönhoff – inzwischen zur Politikchefin des Blattes avanciert – zufrieden, die Zeitung habe sich nicht gescheut, die Besatzungsmächte anzugreifen, weil es ein Sonderrecht für Deutsche nicht geben dürfe. «Und wir haben gleichzeitig *mit* den Besatzungsmächten *gegen* unverbesserliche Nazis gekämpft».[31]

Heidegger und Weizsäcker blieben nicht die einzigen Zweifelsfälle, in denen das Blatt sich nachdrücklich exponierte. General Alexander von Falkenhausen, dessen Karriere zwischen Militär und Diplomatie schon im Ersten Weltkrieg begann, verteidigten die Hamburger Journalisten emphatisch als anständigen Repräsentanten der militärischen Eliten. Auch Falkenhausens Rolle als Kommandeur in Belgien und Nordfrankreich von 1940 bis 1944 war alles andere als unumstritten. Einerseits zeichnete er verantwortlich für die Judendeportationen in den besetzten Ländern, andererseits sollte er vielen Bedrängten geholfen haben. Einer seiner Brüder war beim Röhm-Putsch ermordet worden. Wegen seiner Freundschaft zu Moltke und Hassell wurde er nach dem 20. Juli verhaftet, überlebte aber. Für ihn ergriff anfangs Ernst Friedlaender Partei, Marion Dönhoff folgte. Für solche Grenzgänger hatte sie Empathie, und allein schon die Verbindung zu ihrem Freund Hassell war ihr Beweis genug. Sie betrachtete ihn ausdrücklich als Widerständler wie Weizsäcker auch, dieses Urteil traute sie sich zu. Nicht auf das *Label* komme es an, man müsse in jedem einzelnen Fall genau hinsehen und sich selber ein Urteil bilden, lautete stets ihr Rat. Bis zum Fall Manfred Stolpe – dem späteren brandenburgischen Ministerpräsidenten, der eine Kirchenkarriere in der DDR absolviert hatte und dem übergroße Nähe zum SED-Regime nachgesagt wurde – sollte sie bei dieser Maxime bleiben.

Trotz solcher heiklen Gratwanderungen: Die ZEIT sei gegen alle nationalistischen Versuchungen auch am rechten Rand des Parteienspektrums (von der SRP bis zum Vertriebenenbund BHE) in der Nachkriegsrepublik schon deshalb gefeit gewesen, bescheinigte ihr Karl-Heinz Janßen, «weil sie in Deutschland *die* Zeitung ist, die das Vermächtnis des 20. Juli bewahrt – in der Person der Zeitzeugin Gräfin Dönhoff.»[32] Tatsächlich überstrahlte das allmählich die vielen Widersprüche und Ungereimtheiten der Anfangsjahre. Den Ruf, nicht im *mainstream* einer Republik mitzuschwimmen, die sich nach kollektiver Entlastung sehnte und dafür geistige Kronzeugen brauchte, hatte sie nur dem Umgang mit dem Widerstandserbe zu verdanken.

Begierig stürzten sich die Feuilletonredakteure in den Gründerjahren auf neue Literatur, Theater, Malerei, in die Kulturdebatten redeten die Presseoffiziere ihnen nicht derart unverblümt hinein wie in die Politik. Ob Jünger oder Heidegger rehabilitiert wurden, interessierte sie nicht gerade brennend. Als sei es ein weniger vermintes Gelände, fühlten sich die Blattmacher auf dem Kulturterrain offenbar ohnehin freier. Hier – «unter dem Strich» – konnten sie die Gedanken schweifen lassen, ohne direkt an die zwölf Nazijahre zu rühren. Pablo Picasso löste wahre Begeisterungsstürme aus, Paul Klee, vor kurzem noch als «entartet» verboten, oder die «Welt des Malers Max Beckmann»,[33] dessen Bilder zuletzt 1937 in Deutschland zu sehen waren, sie alle wurden wiederentdeckt, studiert und leidenschaftlich gedeutet.

Enthusiastisch spendete das Feuilleton Applaus für eine Antigone-Inszenierung, mit welcher in Hamburg Sophokles wortgetreu in Szene gesetzt wurde. Stuttgart wartete mit Georg Büchners «Woyzeck» auf, der Rezensent zitierte ausführlich den Dialog zwischen Hauptmann und Soldat (Hauptmann: «Woyzeck, er ist ein guter Mensch – aber Woyzeck, er hat keine Moral.» Soldat: «Sehen Sie, wir gemeine Leut, das hat keine Tugend ... Es muss was schönes sein um die Tugend, Herr Hauptmann. Aber ich bin ein armer Kerl.»), als sollten die Zuschauer zuallererst im Theater moralisch begreifen, was Deutsche angerichtet hatten. Die Städte lagen in Trümmern, Parteien formierten sich erst, kein Mensch wusste, ob das besetzte Land jemals wieder souverän werden würde – umso begeisterter konnte man William Shakespeares «Sommernachtstraum» applaudieren,[34] als ließen sich damit alle Selbstzweifel ersticken. Es gab nichts Wichtigeres auf der Welt für den Rezensenten, konnte man meinen. Ähnlich Jean Paul Sartres «Fliegen»: Die Aufführung löste ein Beben aus, ähnlich wie Thomas Manns «Lotte in Weimar»[35] oder neue Stücke von Eugene O'Neill, Jean Anouilh, Albert Camus (Die Pest); die Bühne verwandelte sich zur Lehranstalt, und die Kritiker versuchten, eine Ahnung davon zu vermitteln.

Oder Gedichte! Die Zeiten verlangten nach Lyrik. Marie Luise Kaschnitz zum Beispiel («Maß der Liebe»), Novalis' Sappho,[36] Paul Valéry. Alle suchten Orientierung, die Journalisten suchten mit. Der Politikteil – liest man ihn heute – mochte noch so nationalkonservativ klingen, das Feuilleton druckte schlicht alles, Konservatives, Unpolitisches, Sozialistisches, Kommunistisches, Anarchistisches. Alles, einschließlich Jünger und Heidegger, außer Carl Schmitt. Es herrschte intellektueller Nachholbedarf. Eine Revolution, eine «Stunde Null» hatte es nicht gegeben, aber möglichst viel Neuanfang sollte unbedingt sein, nur eine Winzigkeit war unklar – die Richtung stand nicht fest. National, liberal, rechtsstaatlich, transatlantisch, europäisch – alles wurde beschworen, aber noch handelte es sich um Worthülsen, nichts davon hatte sich die Republik, nichts hatten sich Zeitungen wirklich erstritten, und sie hatten sich auch nicht von allem Ballast aus vergangenen Tagen getrennt. Nach «rechts» allerdings sollte die Zeitung sich nicht wenden, das stand für die Journalistin jedenfalls fest. Konservativ war nicht rechts.

Ich stelle mir vor, Marion Dönhoff fühlte sich wohl inmitten dieser Suchbewegungen. Manches, über das sie schrieb, sollte als Leitlinie vom ersten bis zum letzten Tag ihr Leben durchziehen, wie man im Rückblick genauer erkennt, die «Erziehung zum Menschen» beispielsweise.[37]

Irgendwie trotzig, ja zunehmend grimmiger klangen wiederum die Verteidigungsreden Tüngels – als Leitartikel verkleidet – zugunsten der Mehrheitsdeutschen. Eine kleine «Clique an der Spitze» habe sich verantwortungslos verhalten und die Deutschen verführt, griff er ein beliebtes Rechtfertigungsmotiv auf. Der Chefredakteur pathetisch: «Die Welt verlangt von uns: Bekenne. Wir sagen: Nein.» Begeistert stürzte der Autor sich auf eine Erklärung des unorthodoxen britischen Philosophen Bertrand Russell, wonach der Widerstand des deutschen Volkes im Kampf zwischen den Diktaturgelüsten von rechts und links zerrieben worden sei, «bis die Macht im Staat einer kleinen Gruppe ruchloser Verbrecher in die Hände fiel.» Dann, nach 1933, sei es nicht mehr möglich gewesen, diese Herren an der Spitze zu beseitigen. «Schuld» sah Tüngel lediglich darin, «dass wir unsere Freiheit nicht genug verteidigt haben.»[38] Was die Erklärungsmuster für den Aufstieg Hitlers angeht, lagen selbst zwischen Tüngel und Samhaber Welten. In der Zeitung standen ihre Texte gleichwohl nebeneinander.

Die Zeitung, die deutsch sein wollte: Zweifellos wollte Richard Tüngel das in die Tat umsetzen. Nicht einmal vor einem Rachefeldzug gegen Rückkehrer schreckte er zurück. Gerade viele ihrer Freunde aber wie Edgar Salin, Ernst Kantorowicz, Kurt Riezler,

Hans Rothfels, der junge Fritz Stern oder Klemens von Klemperer, hatten während der Hitlerjahre das Land verlassen müssen, manche überwanden ihre Bedenken und suchten, doch wieder Fuß zu fassen in Deutschland. Es muss ihr aufgefallen sein, wie Tüngel diese Heimkehrer verächtlich machte. Widersprach sie ihm? Es ist davon nichts bekannt.

Der deutsche Engländer, Michael Thomas, gehörte zu der kleinen, auserwählten Schar von Vertrauten, die sie am Wochenende bei ihren Spaziergängen an der Elbe in Blankenese begleiten durften – wie Eric Warburg und, später, Haug von Kuenheim. Überliefert ist, dass sie mit ihrem sonntäglichen Begleiter häufig Leitartikel vorab diskutierte. Nicht immer ging es harmonisch zu zwischen ihnen. Als britischer Verbindungsoffizier war Thomas zuständig für den Aufbau der deutschen Presse in Norddeutschland, besonders für den *Spiegel* (mit Augstein) in Hannover, den *Stern* (mit Henri Nannen) und die ZEIT (mit Tüngel, Dönhoff, Bucerius) in Hamburg. Michael Thomas, nach NS-Gesetzen ein «Halbjude», war 1939 nach England ausgewichen. Er schloss sich – als Deutscher – der britischen Armee an. Sein Vater, Felix Hollaender, war Direktor am Theater von Max Reinhardt, Regisseur, Kritiker, Romancier, ein assimilierter Berliner Jude; sein Vetter, Friedrich Hollaender, hatte sich als Komponist einen Namen gemacht («Ich bin von Kopf bis Fuß auf Liebe eingestellt»). Zahlreiche Mitglieder der Familie wurden von den Nazis ermordet.

Aus der Warte von Michael Thomas überragte Stefan George alle Geistesgrößen der damaligen Zeit.[39] Aber auch Ernst Jünger zählte zu seinen auserwählten Heldenfiguren, «geistig» habe er zum Widerstand gehört,[40] davon zeigte er sich fest überzeugt. Thomas' Kanon deckte sich also weitgehend mit dem vieler Freunde von Marion Dönhoff. Es lag nahe, dass er sie spontan als Gesinnungsgenossin betrachtete, seit er sie in seiner Funktion als Lizenzoffizier kennengelernt hatte.[41]

Der Titel seiner Autobiographie «Deutschland, England über alles» (1984) dürfte ihr gefallen haben. Das Vorwort, das sie für sein Buch verfasste, verrät tiefe Bewunderung für den Mann, der sich als deutscher Patriot verstand und sich dennoch als «Privatverbündeter» im Kampf gegen die Nazis bei der britischen Armee gemeldet hatte. Diese Verehrung war wechselseitig. Ganz selbstverständlich gehörte auch sie für Thomas zu den «Angehörigen des Widerstands», wie er schrieb.

Seinen Namen, Ulrich Hollaender, hatte er aus Vorsicht geändert, um seine Mutter in Berlin zu schützen, falls er in deutsche Kriegsgefangenschaft geriete. Das intellektuelle Berlin war bei den Hollaenders zu Hause, schrieb Marion Dönhoff, alle, die damals geistig bewegte Menschen anzogen, voran natürlich George und Jünger, aber auch Elisabeth Bergner, Emil Jannings, Fritzi Massary, Käthe Dorsch, Gerhart Hauptmann, Max Reinhardt, Theodor Wolff, Carl Zuckmayer, Ernst Toller, Georg Kaiser, Janny Fischer, Walther Rathenau … Gleichsam durchs Schlüsselloch bekam er einen Hauch der goldenen zwanziger Jahre in Berlin mit.[42]

Zwar oblag es ihm, auch der Redaktion der ZEIT klar zu machen, dass sie in manchen Beiträgen mit den Alliierten zu scharf ins Gericht ging. Aber oft, das ließ Michael Thomas in seiner Autobiographie durchblicken, stand er innerlich auf Seiten der Hamburger Redakteure. Hitzig seien die Diskussionen manchmal geworden, erinnerte er sich, Attacke folgte auf Gegenattacke, wiederholt sei er in die Enge getrieben worden – «am unangenehmsten waren nicht die formal zwar brillanten, aber doch sehr emotionalen Angriffe Tüngels, sondern die leisen, hintergründigen Fragen der Gräfin Dönhoff.» Unter den Redaktionsmitgliedern habe diese «herbe, glänzend aussehende preußische Dame» sichtlich herausgeragt.[43] Ein Dauergespräch entwickelte sich daraus mit Tüngel und Friedlaender, vor allem aber mit Marion Dönhoff.

Auch Thomas zählte zu jenen von Haus aus konservativeren Freunden, mit denen sie sich blendend verstand, zunehmend aber auch stritt, je stärker sie selber ihren eigenen politischen Weg einschlug. Für Konfliktstoff zwischen ihnen beiden sorgte vor allem die Ostpolitik, aber auch die Linke generell, die seit 1967/68 zunehmend die Diskussionen prägte und für die er keinerlei Sympathie hegte. Seinen Respekt für sie allerdings minderten derlei Kontroversen nicht – und auch nicht ihren Respekt für ihn. Als «die eigentliche Gestalterin des Blattes» beschrieb er sie in seinen Memoiren.[44]

Beim Lesen seiner Autobiographie drängt sich oft das Gefühl auf, gar so unterschiedlich seien die Mileus gar nicht gewesen, in denen sie beide aufwuchsen – sie in Ostpreußen, er in Berlin. Deutschland, erinnerte Thomas sich, habe er seit Kindertagen ungebrochen als Vaterland bezeichnet, als Kind sei er von der aufkommenden Woge des Patriotismus erfasst worden. Allerdings räumte er bereitwillig ein, dass er zur nationalkonservativen Rechten neigte und – ganz anders als Marion Dönhoff – fasziniert war vom Begriff der konservativen Revolution. Thomas: «1933 war alles aus: Deutschland, das ich so liebte, wollte mich nicht mehr!»[45] Nicht einmal den Wehrdienst durfte er als «Halbjude» leisten.

Natürlich war Marion Dönhoff bekannt, dass Thomas in England – auch als Offizier während des Krieges – strikt darauf beharrt hatte, zwischen Deutschen und Nazis zu unterscheiden. In der Logik hatte er auch dafür plädiert, die Opposition gegen Hitler zu unterstützen. Offen bekannte er sich zu der auf der Insel höchst unpopulären Ansicht, die Deutschen sollten nach der Niederlage nicht etwa am Boden gehalten werden, man werde sie vielmehr dringend als Bündnispartner brauchen. Skeptisch beobachtete er die Nürnberger Prozesse. Mehr noch: Seine besondere Bewunderung galt Carlo Schmid, den auch sie hoch schätzte. Der Tübinger Professor, von Haus aus Staatsrechtler und befreundet mit dem jungen Kollegen Theodor Eschenburg, hatte eine französische Mutter, dachte europäisch, war bestens vertraut mit Baudelaire, Tocqueville, Malraux und Macchiavelli, kurzum, er verkörperte etwas vom gesuchten, erträumten «geistigen» Deutschland. Eine enge Freundschaft entwickelte sich daraus, alle drei trafen sich in späteren Jahren häufig gemeinsam.

1950 bereits verständigten sich Michael Thomas und Marion Dönhoff darüber, die Deutschen könnten nicht ewig entmilitarisiert bleiben, bald werde ein eigener deutscher Verteidigungsbeitrag notwendig. Der Kalte Krieg dämmerte herauf. Seitdem machte die ZEIT sich stark für den Aufbau einer Armee und redete insbesondere den Sozialdemokraten ins Gewissen, die mit breiter Mehrheit vor einer «Remilitarisierung» warnten. 1954 stimmte der Bundestag mehrheitlich der Einrichtung der Bundeswehr zu, einer Parlamentsarmee, unter der Patronage der Alliierten. Marion Dönhoff zeigte sich hochzufrieden.

Aber wie findet man geeignete Personen, die militärisch qualifiziert und politisch unbelastet sind? Das war eine Frage recht nach ihrem Geschmack. Sie wollte nicht nur schreiben, sondern auch konkret mit anpacken in der politischen Arena. Die Grenze zwischen Journalismus und Politik war für sie immer fließend. Gut genug vernetzt in diversen Eliten, häufig untereinander verflochten, war sie ohnehin. Zu ihren Bekannten zählte der ehemalige Panzergeneral Gerhard Graf von Schwerin, dessen zweite Frau aus Allenstein (unweit Friedrichstein) stammte. An seinem Namen entzündeten sich lebhafte Kontroversen über seine Karriere im Dritten Reich. Viele seiner Freunde zählten auch zu ihrem Freundeskreis. Familiäre Querverbindungen des Adligen aus Pommern führten bis nach Steinort, Schwerin galt in dem Sinne als «Familie». In der Frühphase des geplanten Wiederaufbaues einer deutschen Armee spielte er wiederum eine Schüsselrolle.

Und wie sie es bei Freunden so hielt – 1979 veröffentlichte sie auch über Schwerin eine Eloge, in der sie ihn endgültig ins Pantheon der Widerständler beförderte. Schon mit ihrem ersten Satz wies sie ihm seinen prominenten Platz zu: «Es gibt vermutlich kaum einen zweiten deutschen Offizier, der in Krieg und Frieden, vor und während des Zweiten Weltkrieges so viel Zivilcourage bewiesen hat wie Gerhard Graf Schwerin. Man könnte ihn abenteuerlich nennen, wenn er nicht einem Draufgänger so wenig ähnlich wäre. Er spricht leise und nachdenklich, ist scheu, überaus liebenswürdig und wirkt auf manche Leser fast naiv.» Dann listete sie seinen Werdegang auf, voller Respekt. Im Herbst 1938 kam er in den Generalstab des Heeres und leitete die Gruppe England/Amerika in der Abteilung Fremde Heere West.[46] In London lernte er David Astor sowie Christabel und Peter Bielenberg kennen. Auch hier überlappten sich also die Kreise. Er ging dann auf eigenen Wunsch zur kämpfenden Truppe, da er in Berlin mit seinen Reisen nach London Misstrauen erregt hatte. In den Kreisen des Widerstands hörte man erst im September 1944 wieder von ihm. Hitler hatte die totale Evakuierung Aachens angeordnet, die Stadt sollte bis zum letzten Mann verteidigt werden, Schwerin – auf dem Rückzug aus Belgien – nahm es auf seine Kappe, die Evakuierung abzublasen und die Stadt kampflos den Amerikanern zu übergeben – unter Berufung auf sein Gewissen. Für seine Truppe beendete er schließlich den Krieg in Italien wenige Tage vor dem 8. Mai mit einer Kapitulation aus eigener Verantwortung, genug Blut war geflossen. Damit schloss Marion Dönhoff ihr Portrait, bei dem sie sich offenkundig auf Schwerins Auskünfte stützte.

Was war er wirklich, Held oder Schurke? Hatte sie überzogen aus Freundschaft? Offenbar war es schwierig, ein klares Bild von ihm zu gewinnen. Ähnlich wie Adam Trott wurde Gerhard Schwerin den Verdacht nie los, «vielleicht ein raffiniert getarnter Spion und Desinformationsagent der Nazis» in Großbritannien gewesen zu sein.[47] Vorgeworfen wurde ihm auch, seine Rolle beim Widerstand überzeichnet zu haben. Aus Dankbarkeit ernannte die Stadt Aachen ihn zwar 1963 zum Ehrenbürger, eine Auszeichnung, die aber 2007 – fünf Jahre nach dem Tod Marion Dönhoffs – wieder rückgängig gemacht wurde. Unter anderem war publik geworden, dass am 13. September 1944 auf Grund eines Divisionsbefehls zwei Aachener Jungen im Alter von 14 Jahren als Plünderer vom deutschen Militär erschossen worden waren.[48]

Unbestritten ist, dass Schwerin – wie einige Diplomaten aus dem Auswärtigen Amt – den Kriegskurs Hitlers früh kritisch verfolgte. Nach dem Krieg bestätigten das seine früheren Gesprächspartner, womit sie ihn im Entnazifizierungsverfahren entlasteten. Andere warfen ihm «Landesverrat» vor, weil er die Briten vor Hitlers Kriegsplänen gewarnt habe. Schwerins sorgfältiger Biograph Peter M. Quadflieg geht davon aus, er habe seine Vita mehrfach neu konstruiert. Erst nach dem Untergang des Nationalsozialismus sei von aktivem Widerstandshandeln Schwerins die Rede gewesen.

Nicht alle Details seines Lebens konnte seine Fürsprecherin Marion Dönhoff kennen, aber darum geht es hier auch nicht. Sie wusste jedoch sicher, dass seine Karriere in der Wehrmacht und seine wirkliche Haltung zum Regime auch skeptisch beurteilt wurden. Wenn sie ihn dennoch für geeignet hielt, beim Aufbau der Bundeswehr mitzuhelfen und ihn auch publizistisch kräftig unterstützte, dann nicht, weil ihr das egal war oder sie Freunde blind protegierte; nein, es hing damit zusammen, dass sie überzeugt war, ihn besser zu kennen, sie vertraute ihm einfach und verließ sich auf ihre eigene Erfahrung. Bestärkt wurde sie darin von unerwarteter Seite, nämlich von Michael Thomas, der Schwerin gleichfalls schon aus Kriegszeiten kannte. Das «Büro Schwerin» leitete dann tatsächlich unter dem Decknamen «Zentrale für Heimatdienst» im Kanzleramt die geheimen Vorarbeiten für den Aufbau einer neuen deutschen Armee. Im Stab Schwerins arbeitete anfangs auch Axel von dem Bussche.[49] Adenauer sorgte aber bald dafür, dass dieses «Büro Schwerin» geschlossen und dem General eine neue Karriere in der Bundesrepublik verwehrt wurde.[50] Seit das klar war, hat Schwerin – wie Quadflieg akribisch rekonstruiert – begonnen, «einen Nimbus um seine Person aufzubauen, der ihn nicht nur als Oppositionellen, sondern auch als verhinderten Widerstandskämpfer darstellte».[51] Bei Dönhoff bedankte Schwerin sich für das «journalistische Wunderwerk», sie habe der Historie, der Geschichte der Deutschen «ein neues und ganz besonderes Blatt hinzugefügt». Er selbst sei über Nacht zu einer berühmten Persönlichkeit geworden, schrieb er ihr dankbar.[52]

Die Geschichte dieser kleinen Freundschaft am Rande ist damit aber noch nicht zu Ende erzählt. Immerhin stellte die ZEIT 1969 David Astor die prominente Seite 3 zur Verfügung.[53] Anlass war der 60. Geburtstag von Adam Trott, für Marion Dönhoff ein besonders heiliges Datum. Astor nutzte die Gelegenheit, um die These zu begründen, die Verschwörung des 20. Juli habe scheitern müssen, «weil die Alliierten die Signale nicht verstanden.» Schwerin, so Astor, sei neben Trott der wichtigste Warner gewesen.[54]

Kritiker sahen sich in dem Verdacht bestätigt, sie schreibe die Geschichte um und spreche Freunde wider besseres Wissen moralisch frei. In einer Rezension der Biographie griff Eckart Conze – immer interessiert am Leben Marion Dönhoffs – den Faden auf. Schwerin, spitzte er die Vermutungen Quadfliegs noch zu, sei beim Aufpolieren seiner eigenen Rolle von Marion Dönhoff unterstützt worden, er passte «in das von der Gräfin gepflegte, zum Teil sogar geschaffene Bild des Widerstands». Besonders unverständlich sei es, dass Marion Dönhoff Schwerin sogar in ihr Erinnerungsbuch über die Widerstandsfreunde aufgenommen habe. Allerdings täuschte sich Conze damit. Ihr Text findet sich nicht, wie er unterstellt, in «Um der Ehre willen», stattdessen widmete Marion Dönhoff ihm ein Kapitel in ihrem weit umfänglicheren Portraitbuch, in dem sie sich nicht nur auf die Widerstandsfreunde beschränkte.[55]

Was Conze zudem komplett ignorierte: Marion Dönhoff wollte die Widerständler nicht zu Heiligen stilisieren. Eine weiße Weste verlangte sie nicht. Die Pointe liegt anderswo: Dem Fazit Quadfliegs, bei Schwerin habe es sich um eine Karriere «zwischen Anpassung und Eigensinn» gehandelt,[56] hätte sie vermutlich zugestimmt, bloß hätte das an ihrer Wertschätzung nichts geändert. So waren die Zeiten, so ist das Leben. Unter dem Strich, fand sie, verdiene Schwerin ungeschmälert Respekt.

Seit dem Frühjahr 1950, noch bevor Konrad Adenauer davon sprach, machte Marion Dönhoff die Leser vorsichtig mit dem Gedanken vertraut, das Land müsse Streitkräfte aufbauen, die im Westen verankert werden. Fahrt nahm die Debatte über die Wiederbewaffnung erst auf im Gefolge des Korea-Krieges und der wachsenden Angst in der Bundesrepublik, der Konflikt könne sich zu einem atomaren Schlagabtausch zwischen den Großmächten ausweiten.

Journalisten müssten im Zweifel den Politikern vorauseilen und ihnen Mut machen, in die richtige Richtung zu denken, glaubte sie. Offiziell war dem Land eine Wiederbewaffnung ohnehin nicht erlaubt. Die Volksparteien – insbesondere die SPD unter Kurt Schumacher – hielten sich zurück. Nur einige ehemalige Offiziere warben – oft im Ton von Unbelehrbaren – lautstark dafür. Marion Dönhoff, offensiv in der Sprache der Zeit: «Wir müssen wissen, was wir wollen ... Wollen wir uns angesichts der drohenden Kriegsgefahr kampflos dem Schicksal ergeben, das die Ostzone 1945 fand: Verschleppungen, Vergewaltigungen, Zwangsorganisationen und Konzentrationslager, oder sind wir bereit, wenn es nötig wird, mit der Waffe in der Hand für unsere Freiheit zu kämpfen?»[57] Sie trieb damit eine Diskussion voran, die zwischen «nie wieder Kommiß», dem Plädoyer für eine reformierte, demokratische Armee («Staatsbürger in Uniform») und Begeisterung für ein kämpferisches Soldatentum oszillierte.

Unumstritten unter den europäischen Nachbarn allerdings war das keineswegs, besonders die Labour-Regierung in London befürchtete, eine neue deutsche Armee werde wieder versuchen, sich Auflagen zu entziehen und zu verselbständigen. Ähnlich argwöhnten Frankreichs Gaullisten, wiederbewaffnet wüchsen die Deutschen den Nachbarn in Europa erneut über den Kopf.

Auf diesem Terrain fühlte sich die Journalistin längst zu Hause. Militär gehörte für sie zum Alltag und zur Normalität, ja zur eigenen Familiengeschichte, zum «gelebten Preußen». Erstmals griff sie auf ihr verzweigtes Netzwerk zurück, das bis in die USA reichte. Über Christa von Tippelskirch, ihre alte Freundin (seit 1933), die 1948 in die USA gegangen war, hatte sie Hamilton Fish Armstrong kennengelernt, der die einflussreiche Fachzeitschrift «Foreign Affairs» herausgab, das publizistische Organ des Council on Foreign Relations. Armstrong (der bald darauf Christa heiratete) brachte sie mit seinem engen Freund Allen Dulles, Chef der CIA, und anderen Sicherheitspolitikern in Kontakt. John McCloy, den sie hoch achtete, kannte sie schon. Wenn vermieden werden sollte, dass eine Debatte über «Remilitarisierung» ausbricht, dann müsste die neue Armee in Westdeutschland zur Allianz gehören. Marion Dönhoff – halb Journalistin, halb Politikerin – beteiligte sich daher nicht nur an den Debatten über die «innere Führung», wie seit 1951 das Schlagwort hieß, sie unterstützte auch im «Amt Blank» die Reformer, um das Feld nicht einfach linientreuen ehemaligen Offizieren und überzeugten Militaristen zu überlassen.

«Kasernen, die der Freiheit dienen ...», überschrieb sie einen ihrer leidenschaftlichen Kommentare, mit dem sie sich im linken und liberalen Milieu nicht nur Freunde machte. Ihr war das herzlich egal. In die Tradition jener preußischen Generäle sollte die Armee gestellt werden, die sie für Vertreter des «wahren» Preußen hielt. Vor fünf Jahren, rief sie in Erinnerung, am 20. August 1946, erließen die Alliierten das Gesetz Nr. 34, mit welchem die deutsche

Wehrmacht für alle Zeiten, vielleicht für die nächsten tausend Jahre, «aufgelöst, völlig liquidiert und für ungesetzlich erklärt» wurde. Man hoffte, fuhr die Autorin fort, auf diese Weise den «typisch deutschen Geist» auszurotten. Jenes typisch deutsch aber hieß: Die letzten 200 Jahre deutscher Historie. «Denn die Erzieher waren der Meinung, daß von Friedrich dem Großen über Bismarck zu Hitler die deutsche Geschichte eine einzige Folge von Barbarentum, Terror, Blut und Eisen gewesen sei. Nur eine Figur kannten wir wirklich, Hitler.»[58]

Aber die Bundesrepublik, davon war sie überzeugt, müsse in einen multilateralen Westen integriert werden. So entsprach es Adenauers Linie. Sie wollte helfen dabei und organisierte systematisch Netzwerke. Früh schloss sie sich der Deutsch-Englischen Gesellschaft an, die 1949 gegründet und später in Königswinterer Konferenz umbenannt wurde, und sie verschwisterte sich mit dem Aspen-Institut und dem German Marshall-Fund.[59] Sie sympathisierte schließlich auch mit dem Kongress für Kulturelle Freiheit (CCF), der 1950 in Berlin gegründet wurde und davon ausging, der Kalte Krieg könne nicht allein dadurch gewonnen werde, dass der Westen sich militärisch wappne, hinzukommen müsse eine offensive kulturelle Auseinandersetzung mit dem Osten. Das kam George Kennan entgegen. «Ohne mich» hieß die Parole, mit der 1951 Wiederbewaffnungsgegner Front machten gegen die Aufrüstungspläne der Alliierten, Marion Dönhoff hielt davon herzlich wenig.[60] Zu hoch schlugen die Wellen des Kalten Krieges.

Als Antwort auf die Kritiker gründete sie mit Eric Warburg, Erik Blumenfeld, Albert Schäfer, Gotthard von Falkenhausen, Hans-Karl von Borries und ihrem Kollegen Ernst Friedlaender sowie anderen Freunden 1952 die Atlantik-Brücke, die das wechselseitige Verständnis zwischen den USA, Kanada und der Bundesrepublik befördern sollte. Zu den Initiatoren gehörte John J. McCloy, der Vorsitzende des amerikanischen *Council on Foreign Relations* (CFR). Diese private Denkfabrik sowie ihr britisches Pendant *Chatham House* dienten der «Atlantik-Brücke» als Vorbild. Die «Deutsche Gesellschaft für Auswärtige Politik» (DGAP), an deren Gründung (1955) sie sich gleichfalls beteiligte, wollte vor allem Politik, Wissenschaft, Wirtschaft und Medien zusammenführen und der Politik beratend zur Seite stehen. Auch hierbei diente der amerikanische *Council on Foreign Relations* als Modell. Gelegentlich sind zwar kritische Fragen gestellt worden, ob «Demokratiepuristen» (FAZ) nicht einwenden könnten, da werde in intransparenten Zirkeln eine Art Nebenaußenpolitik gemacht – aber Marion Dönhoff erschienen solche Einwände schlicht weltfremd. Erst das demokratische Engagement und die Partizipation vieler, auch der verantwortlichen Eliten, meinte sie, verschaffen der Politik die nötige Legitimität und verankern die Demokratie in der Gesellschaft.

In die hitzige Grundsatzdebatte über die Wiederbewaffnung platzte im März 1952 die Stalin-Note: Moskau schlug darin vor, sämtliche Besatzungstruppen abzuziehen und die Wiedervereinigung zu erlauben, wenn Westdeutschland sich zu einer – bewaffneten – Neutralität verpflichte. Die junge Bundesrepublik riss es hin und her, die ZEIT natürlich auch.

Im Streit um eine neue deutsche Armee zogen Marion Dönhoff und Michael Thomas noch an einem Strick. Je spürbarer die ZEIT aber abrückte von Adenauer, umso häufiger gingen die Meinungen auseinander. Er wollte mitreden bei dem Blatt, für das er sich schon als britischer Offizier stark gemacht hatte, aber sie wollte sich emanzipieren. Gelegentlich bat er brieflich, «nicht immer gleich ärgerlich zu werden, wenn man die Dinge verschieden sieht und nicht zu den Mächtigen der Welt gehört». Toleranz und Liberalität seien doch zwei Seiten derselben Münze, und sicher nähme sie beides für sich in Anspruch. «Wir sind ja übereingekommen, uns nicht gegenseitig überzeugen zu wollen, aber man kann ja schliesslich auch nicht eine umfassende Beziehung um die Politik kastrieren. Wo kämen wir denn hin, wenn ein Meinungsaustausch, ein Gespräch nicht mehr möglich wäre?»[61]

Wenn man nicht zu den Mächtigen der Welt gehört? Auf diese spitze Bemerkung von Michael Thomas erwiderte sie nicht. Aber zugegeben, gern hätte man gewusst, was sie dazu sagte.

Nach Großbritannien kehrte Michael Thomas auch nach Ende des Besatzungsregimes nicht zurück, er ließ sich in Hamburg als

Kaufmann nieder. So sehr er sich über Brandts Vertragspolitik, über die «opportunistische Anpassung» der ZEIT an den Zeitgeist oder – Gipfel des Unerlaubten – über Kritik am verehrten Stefan George empörte – als Journalistin emanzipierte sie sich. Wichtiger war ihr: Wie kaum jemand sonst verkörperte er die deutsch-britische Symbiose, von der sie träumte, das blieb ihr unaufhebbarer Grundkonsens. Nie hätte sie mit ihm gebrochen, auch wenn sie verärgert über die Schimpfkanonaden am Kurs des Blattes manchmal wochenlang seine Briefe ungeöffnet liegen liess. Marion Dönhoff und Michael Thomas gingen also weiter, von einigen Unterbrechungen abgesehen, regelmäßig gemeinsam sonntags an der Elbe spazieren.

Nach dem Zweiten Weltkrieg zeigte England schon gar kein Interesse an einer politischen Allianz mit dem früheren Feind. Bewusst blieb London auch 1951 auf Distanz, als sich auf deutsche und französische Initiative hin die Europäische Gemeinschaft für Kohle und Stahl gründete. Marion Dönhoff unterstützte eine Initiative von Lilo Milchsack und sechs anderen Düsseldorfer Privatleuten, die seit 1949 eine besonders enge Kooperation Englands und der Bundesrepublik anstrebten. Seit 1950 traf sich jährlich ein hochkarätig besetzter Gesprächskreis in Königswinter, dem gleichfalls eine solche deutsch-britische Koalition vorschwebte. Aber London blieb reserviert, 1957 lehnte die Regierung in Westminster eine Einladung ab, sich an der Gründung einer Europäischen Wirtschaftsgemeinschaft (an Stelle der Gemeinschaft für Kohle und Stahl) zu beteiligen. 1961 war es dann die EWG, die ein hilfesuchendes England draußen vor der Tür stehen ließ. Am 29. Januar 1963 scheiterten die Beitrittsverhandlungen der Europäischen Gemeinschaft mit Großbritannien. Ein «schwarzer Tag», kommentierte Marion Dönhoff entgeistert, fast wie der 30. Januar 1933, der 17. Juni 1953 oder der 13. August 1961, sie war aufgewühlt wie selten.[62] Soll heißen, die Bedeutung der «englischen Frage» bei ihr, der Rolle Englands für Deutschland speziell und für Europa, kann man gar nicht hoch genug einschätzen.

«Woher wir kommen», überschrieb sie das fünfte und letzte Kapitel ihres ersten Buches über die Bundesrepublik, in dem sie ihre Zeitungsbeiträge zusammenstellte. Als Durchbruch feierte sie am 17. Juli 1959 den Tagesbefehl des Generalinspekteurs der Bundeswehr, Heusinger, zum 15. Jahrestag der Erhebung gegen Hitler. Zum ersten Mal, atmete sie auf, bezeichne die Führung der neuen Bundeswehr die Rebellen vom 20. Juli als Vorbild. Zur allgemeinen Unsicherheit über «Gehorsam, Verantwortung und Gewissen» habe beigetragen, dass die Ankläger und Richter in Nürnberg den aktiven Widerstand gegen Hitler zur «moralischen Norm» erhoben. Sie verurteilten alle, die nicht desertierten, und als moralische Feiglinge wurden diejenigen abgestempelt, die ihren Kriegsdienst leisteten. Unbegreiflich für alle diejenigen, klagte sie, die aushielten und meinten, nur ihre Pflicht getan zu haben.

Ihr Geschichtsbild sah anders aus: Danach trug eine Minderheit Hitler, sklavenhaft ergeben, die Mehrheit glaubte an eine «unfallsichere Patentkonstruktion», sie hielt fest an Pflicht und Eid, und eine verschwindende Opposition auf der anderen Seite entzog sich all dem und widerstand dem Mann an der Spitze. Nach ihrer Vorstellung gab es letztlich nur wenige wirklich Verantwortliche, sie waren schuld, weil sie das Volk verführten. So erklärt sich, dass sie auch Ärzte aus KZs verteidigte, die dorthin gegen ihren Wunsch versetzt worden seien, einen Büroschreiber der Euthanasieanstalt Hadamar, oder General Wilhelm Speidel, der seit 1941 Militärbefehlshaber in Griechenland war, aber 1944 abberufen worden sei, «weil er nicht scharf genug durchgegriffen hätte».[63] Schuldige, klagte sie, werden mit Unschuldigen zusammen angeklagt, verbrecherische Elemente als Märtyrer bewundert – sie verurteilen Repräsentanten, Stellvertreter, nicht Individuen, sie kennen Deutschland nicht, empörte sie sich. Kategorien werden verurteilt, nicht Menschen! Rechtsprechung verlangt aber Kategorien. Sah sie das nicht?

Ja, Marion Dönhoff klammerte sich an den Gedanken, es sei eben nicht die Mehrheit gewesen, die Hitler trug, er habe sich die Macht erschlichen und mit Hilfe der «sklavenhaft Ergebenen» verteidigt. Und so hielt sie auch wider alle Einwände von Historikern fest an der Idee, die Mehrheit hätte die Widerständler schon unterstützt, wenn sie Aussicht auf Erfolg – und Unterstützung aus Großbritannien sowie Amerika – gehabt hätten.

Fast liebevoll, mit uneingeschränkter Anerkennung erinnert sich Theo Sommer an Marion Dönhoff, und keineswegs nur aus Courtoisie, oder weil sie ihn als Politikchefin 1958 mit sicherem Instinkt für Talente zu ihrem kleinen Team holte. Sie konnte den politischen Teil weitgehend nach ihren Wünschen gestalten, nachdem die Konflikte zwischen den Mitherausgebern bereinigt waren und Josef Müller-Marein Richard Tüngel an der Spitze der Redaktion abgelöst hatte (von 1956 an, er blieb bis 1968). Getrost kann man sagen, dass Dönhoff und Sommer bald und für lange Zeit *das* Erfolgsduo in der bundesrepublikanischen Medienlandschaft bildeten. Dass damit eine Frau an die Spitze kam – für damalige Verhältnisse eine Rarität –, beeinträchtigte sie in ihrer Rolle nicht. Im Pressehaus war es kein Thema, so selbstverständlich wurde sie anerkannt.

Glossen waren ihre Stärke, erinnert sich Sommer, der sie zuerst als Leiter des Politikressorts, von 1973 an (bis 1992) auch als ihr Nachfolger in der Chefredaktion ablöste. Auch in den zwanzig Jahren, in denen er an der Spitze der ZEIT stand, neidete er Marion Dönhoff ihre fortdauernde Autorität nicht. Schlicht habe sie geschrieben, urteilt er im Rückblick auf die lange gemeinsame Zeit, gerade so, als wolle sie «ihrer Tante in Leitartikeln die Weltläufte erklären». Aber sie erfand auch die «Seite 3», diese klassische Seite, ein Markenzeichen der ZEIT, frei von Anzeigen und einem großen Thema gewidmet. Am liebsten lud sie dort dazu ein, mit ihr alles Provinzielle abzustreifen und in die Welt zu blicken.

Wenn sie nicht reiste, verbrachte sie die Arbeitstage im Pressehaus. Leise trat sie auf und zurückgenommen. Liebend gern hörte sie zu. Hinter dieser Zuhörerin, so ihre engsten Kollegen Theo Sommer und Haug von Kuenheim unisono, verbarg sich eine komplexe, ungewöhnlich politische Frau, die vor allem «furchtlos, entschieden und klar» gewesen sei.

Spiegel-Chef Rudolf Augstein verehrte, ja bewunderte sie. Seit sein Magazin von Hannover nach Hamburg umgezogen war, konnten sich die Redakteure vom Pressehaus und von der Brandswiete fast in die Fenster sehen. Ohnehin rückten die drei Hamburger Wochenpublikationen, *Spiegel*, *Stern* und ZEIT, bei allem, was sie unterschied, bald nahe aneinander. Für Augstein wurde die ZEIT insgeheim auch eine Bezugsgröße – und das wiederum hing stark mit Marion Dönhoff zusammen. Zu Axel Springer und seiner – anfangs durchaus liberalen – *Welt* hielten sie allesamt Distanz.

Ihr Respekt für Rudolf Augstein hinderte Marion Dönhoff allerdings nicht daran, deutlich auch Unvereinbarkeiten beim Namen zu nennen. Zu viel Journalismus durchs Schlüsselloch, gar zu sensationslüstern, lautete ihr Verdikt über den *Spiegel*. In seiner schillernden Intellektualität, seinem historischen Denken, seiner Furchtlosigkeit auch gegenüber Adenauer anerkannte sie Rudolf Augstein hingegen als ebenbürtig und – beneidenswert wirkungsmächtig.

Theo Sommers lakonische Antwort auf die Frage, woher sie ihr Prestige als Journalistin bezog: «Vierzig Prozent hatten mit ihrem ersten Leben, mit dem Widerstand zu tun, sechzig Prozent kommen aus ihrem journalistischen Wirken.» Mit dem Bleistift, oft nur mit drei Zentimeter großen Stummeln, kritzelte sie auf Papier, was sie zu sagen hatte, «ohne dass sie ihr Gesicht in Fernsehkameras hielt». «Marion» verfügte einfach – Sommer grübelt einen Moment – über ein «moralisches Geländer». Woher das kam, worauf das beruhte, er wisse es nicht, denkt er laut nach. Ja, fromm war sie gewiss, auf kindliche Weise. Gott, mutmaßt er, stellte sie sich wohl vor als Geist, der alles durchwaltet. Aber manchmal denke er, «sie brauchte das garnicht, weil sie so sehr in sich selbst ruhte.»

Hielt er sie für «links», wie das Klischee lautete? Die «rote Gräfin»? Sommer, lachend: «Morgens ritt sie im Park mit dem Sohn der Grafen Montgelas aus, und abends verteilte sie an der Frankfurter Uni Flugblätter gegen Hitler. Sie fuhr einen roten Porsche.»[64] Und wie sah die Rollenverteilung zwischen ihm und «Marion» aus? «Ich war der Blattmacher», wägt Sommer ab im Gespräch, ohne sein Licht unter den Scheffel zu stellen, «sie war die große Journalistin.» «Vierzig Jahre lang», fügt er noch hinzu, «war sie die Seelenachse des Blattes.» Im Ernstfall, und das habe jeder gewusst, sagt er dann noch, war sie «die letzte Instanz».

V
«Wenn Carl Schmitt jemals in der ZEIT schreibt, bin ich nicht länger da»
Spreu und Weizen

«Im Vorraum der Macht»: Harmloser hätte die Überschrift kaum lauten können über einem Text aus der Feder Carl Schmitts, der am 29. Juli 1954 auf Seite 3 der ZEIT erschien. Die Unterzeile unter Schmitts Artikel: «Aus einem Gespräch über den Einfluss der Machthaber.»

Dass dies kein Aufsatz wie jeder andere war, machte ein kurzer Vorspann von «R. T.» (Richard Tüngel) klar, in dem es hieß, der «große deutsche Staatsrechtslehrer» Carl Schmitt sei in der Bundesrepublik eine umstrittene Erscheinung. Doch auch seine Gegner sollten zuhören, denn er habe scharfsinnig «Durchdachtes und Einmaliges» zu sagen. Wer in Zukunft über das Problem der Macht schreiben wolle, fuhr Tüngel fort, solle dies nicht tun, ohne die Abhandlung von Carl Schmitt, die als Buch erscheinen sollte, gelesen zu haben.

Marion Dönhoff hielt sich gerade bei ihrem Bruder Dieter in Irland auf, als sie vom inkriminierten Text auf Seite 3 ihrer Zeitung erfuhr. Redaktionsintern hatte sie ausdrücklich deponiert, sie werde die ZEIT verlassen, wenn auch nur ein Artikel von Carl Schmitt im Blatt gedruckt werde. Jetzt war es soweit, eilig flog sie zurück, schrieb Gerd Bucerius einen markigen Brief, räumte den Schreibtisch und kehrte noch am selben Tag dem Pressehaus den Rücken. So weit die Kurzfassung der Geschichte, die zum Mythos des Blattes gehört. Der Konflikt, der wegen Carl Schmitt entbrannte, war aber wider allen Anschein alles andere als eine Episode am Rande.

Wie viel Kontinuität die neue Westrepublik verkörperte oder wie radikal sie mit der Vergangenheit brach, war nicht wirklich klar. Wie obrigkeitlich oder liberal, wie parlamentarisch grundiert, wie konfliktfähig würde sie sein? Geteilt war das Land. Beide deutsche Staaten behaupteten, den wahren Neuanfang zu verkörpern.

Mir scheint, es ist nicht zu viel gesagt, wenn man den «kleinen» Konflikt in der Wochenzeitung als einen der Klärungsversuche in diesem frühen Moment über den weiteren Weg der Bundesrepublik begreift. Die geistige Lage der Zeit – Kraut und Rüben. In den Redaktionen spiegelte sich das wider, die Hamburger Redaktion bildete keine Ausnahme, wie schon geschildert: Links oder rechts, deutsch oder europäisch, demokratisch oder illiberal, Vertreter aller Fraktionen saßen scheinbar einträchtig nebeneinander. Auch für die damalige Bundesrepublik, noch verlarvt, lässt sich sagen: Nationalkonservative Töne prägten viele der politischen Debatten, Einheitsrhetorik und Antikommunismus gingen Hand in Hand, restaurative Tendenzen überdeckten häufig die Ansätze von Liberalität, Weltoffenheit, Moderne. Im kleinen Bonn schien sich eine eher rückwärtsgewandte, auch ängstliche Republik zu verschanzen.

So gesehen ist es bemerkenswert, dass Dönhoff immerhin 1952 bereits ihrem Brieffreund Carl Jacob Burckhardt klagte, sie sei «nicht ganz im Reinen mit meiner Zeitung», sie habe Aussprachen ungern, «aber vielleicht sollte man bald die Cabinett-Frage stellen – und das ist ein schwieriges Problem, zumal ich sie alle so gerne habe und hier ja auch eigentlich zu Haus bin jetzt.»[1] In einem Brief zum neuen Jahr, 1953, kam sie darauf erneut zurück: Der Konflikt sei nicht vom Zaun gebrochen, sondern es sei ein «seit Monaten schwelender Gram … eine gesinnungsmäßige und sachliche Divergenz, die immer nur vom Charme der persönlichen Freundschaft und Heiterkeit innerhalb dieses Teams liebenswürdig überdeckt wird … Ich kann es einfach nicht mehr ertragen, diese dilettantische Form –

auf Grund von Einfällen und nicht entsprechend einer bestimmten Linie Politik zu machen». Noch ein paar Monate wolle sie es versuchen, aber «ich glaube nicht, dass es geht».[2] Offen klagte sie jetzt, der Einfluss der alten Nazis wachse, Tüngel werde zunehmend von Walter Petwaidic (der meist als Fredericia in der ZEIT publizierte) indoktriniert, dem Verehrer Schmitts. Noch vertraute sie nur Burckhardt solche Interna an, es sollte unter der Decke bleiben, was sich bei ihr aufstaute.

Als der Text über den «Vorraum der Macht» erschien, regierte Konrad Adenauer noch unangefochten. Die CDU befand sich auf dem schier unaufhaltsamen Weg zur Staatspartei. Unklar war, ob die Sozialdemokraten ewig die Vertreter der Deklassierten, also in der Minderheit bleiben würden. Nicht nur das Grundgesetz war ein Provisorium, die ganze westdeutsche Demokratie war noch in der Mache, als Carl Schmitt dem «Hessischen Rundfunk» ein Gespräch gewährte über Macht und diejenigen, die sie im Vorraum beeinflussen, prägen, an ihr zerren, sie vielleicht sogar heimlich ausüben. Was nicht dazu gesagt wurde: Auch er kämpfte seinerzeit um ein Comeback, er wollte sich reinwaschen von dem Vorwurf, Kronjurist und intellektueller Steigbügelhalter, ja sogar ein früher Vordenker der deutschen Herrenideologie gewesen zu sein.

Mitdenken muss man also: Im Vorraum der Macht hatte der Jurist Schmitt sich einst gewissermaßen selber bewegt. Er verfügte durchaus über Einfluss auf die Machthaber, die 1933 das Heft in die Hand nahmen. Es liegt daher nahe, seinen Text als verschleierte Wortmeldung in eigener Sache zu lesen.

Ob sie seinen neuen Aufsatz über die Macht, den ihre Zeitung publizierte, genau gelesen hat oder nicht – bekannt war Marion Dönhoff jedenfalls, welche Rolle Schmitt im Dritten Reich tatsächlich gespielt hatte. Entgangen kann ihr nicht sein, wie sehr er sich bemühte, in der jungen Bundesrepublik eine publizistische Plattform zu gewinnen, von der er meinte, sie stehe ihm zu. Bei seinen öffentlichen Auftritten zeigte er keinerlei schlechtes Gewissen. Rudolf Augstein im *Spiegel* half kräftig dabei, er buhlte um Interviews mit den Geistesgrößen, gerade auch den Geistesgrößen aus den Hitlerjahren. Im Übrigen: Das Gros der Staatsdiener – so wollte es Adenauer – durfte ja seit 1950 zurückkehren in den öffentlichen Dienst, als wäre nichts geschehen. Warum sollten dann nicht auch die Meisterdenker Martin Heidegger, Ernst Jünger oder eben Carl Schmitt rehabilitiert werden?

Kühl dachte Carl Schmitt in seinem Text nach darüber, wie Machthaber im «Vorraum» beeinflusst würden. Er kenne sich aus in diesen Zonen, wollte er gleich klar machen. Individuen, in deren Hand die großen politischen Entscheidungen liegen, auch der absolute Fürst, argumentierte er, seien auf Informationen und Berichte angewiesen und daher von Beratern abhängig.

Kalif Harun al Raschid verkleidete sich als Mann aus dem Volke, um nachts auszuschwärmen, sich umzuhören und dabei in Bagdad «die reine Wahrheit» zu erfahren. Friedrich der Große sei im Alter so misstrauisch geworden, dass er nur noch mit seinem Kammerdiener offen sprach. Dadurch aber wurde der Kammerdiener zum einflussreichen Mann. Schmitt: «Mit anderen Worten: Vor jedem Raum direkter Macht bildet sich ein Vorraum indirekter Einflüsse und Gewalten, ein Zugang zum Ohr, ein Korridor zur Seele des Machthabers. Es gibt keine menschliche Macht ohne diesen Vorraum und ohne diesen Korridor. Und keine noch so weise Institution, keine noch so ausgeklügelte Organisation kann den Vorraum selbst ganz ausrotten; kein Wutanfall gegen die Kamarilla oder die Antichambre kann ihn restlos beseitigen. Den Vorraum selber kann man nicht umgehen.» Dieser Vorraum aber ist bitter umkämpft, hier, im Kampf um Zugang zur Spitze, spielt sich die innere Dialektik von menschlicher Macht und Ohnmacht ab.

Dauerhaft etabliert im «Vorraum» hatte sich der Staatsrechtslehrer nicht. Aber seine vieldeutige Botschaft hieß ja auch, wer überhaupt so weit vordringe zur Spitze, laufe große Gefahr. Reichskanzler Bismarck kostete es das Amt, weil er nicht einlenken wollte und auf seinen Privilegien bestand, den Machthaber also kontrollieren wollte, Marquis Posa zahlte mit seinem Leben. Und er?

War Schmitts versteckte Botschaft, auch er sei der Macht zu nahe gekommen? Tatsächlich wurde er nach einigen NS-Jahren kaltgestellt. Schmitt neigte allerdings nicht zu Selbstkritik, eher zu

Selbstmitleid, der Kronjurist als Opfer. Nicht einmal die Stärksten seien vor dem jähen Absturz gefeit. Als Analytiker, der die Distanz des intellektuellen Beobachters wahrt, so konnte man seine versteckte Botschaft verstehen, habe er die Macht wenigstens durchschaut.

Nur Freund Burckhardt weihte sie vorbehaltlos ein in alles, was sie bewegte. Seit zwei Jahren war er vorgewarnt. Elegisch, müde ließ sie ihn am 11. Juli 1954 wissen, sie bereite gerade eine Irland-Reise vor, nach Kylebeg House, Borris in Ossory, denn sie lebe «so ein bisschen am Rande meiner Kapazität». «Jeden Tag 10 Stunden in der Redaktion und am Sonntag schreiben, das ist auf die Dauer doch sehr viel. Es liegt daran, dass so viele auf Urlaub sind und ich jetzt auch noch das Ressort Wirtschaft aufgehalst bekommen habe, wegen Unfähigkeit des Leiters. Und dann lebe ich zur Zeit eigentlich nirgendwo, habe nie ein Buch zur Hand. In zwei Tagen ziehe ich ins Hotel. So wichtig wie mir Unabhängigkeit von koordinierten Lebewesen ist, so nötig habe ich eine Amme, die für mich sorgt, mich liebt und zum Essen nötigt ...» Den «letzten Rest», gestand sie ihm, habe ihr gerade die ausführliche Beschäftigung mit dem KZ Stutthof gegeben, «aber das schreibt halt niemand, wenn ich es nicht tue, und dieses Volk muss es von Zeit zu Zeit hören». Bei der Lektüre von «Das Gewissen steht auf»[3] und der «Abschiedsbriefe»[4] «musste ich denken, dass sie doch die Auserwählten waren und es hart ist übrigzubleiben». Nicht, dass es ihr an Freunden fehle oder an Resonanz, sogar «weit über Verdienst» sei das der Fall, «aber zu Haus und geborgen fühlt man sich doch nur mit den auf den gleichen Ton Gestimmten und in der Welt seiner eigenen Phantasie, und die hat letzthin einen argen Stoß bekommen».[5] Etwas rumorte in ihr.

Wenige Monate später, am 7. September 1954, schickte sie Burckhardt einen Brief, der klar macht, woher ihre melancholische Stimmung vom Sommer des Jahres rührte. Die Veröffentlichung von Schmitts Text hatte das Fass zum Überlaufen gebracht, sie hatte sich von der Zeitung getrennt. Ein bisschen Angst habe sie, gestand sie rasch, denn er habe sie gemahnt, kompromissbereit und verbindlich zu sein. Aber sie wisse doch, er an ihrer Stelle hätte nicht anders gehandelt. «I choose freedom», zitierte sie dann Viktor Kravchenko. Ein komisches Gefühl sei das, ohne Büro und Hektik. «In einer Weise bin ich ganz erleichtert, auf der anderen Seite sage ich mir, dass ich eigentlich ganz schön gescheitert bin: acht Jahre der Aufgabe nachzujagen, die aftermath der Nazis zu beseitigen, und dann am Schluss, wenn sich die Alternative stellt, wollen wir Marion Dönhoff in der Redaktion oder *die Nazis im Blatt* haben, den Laufpass zu bekommen». Nun wolle sie «in aller Ruhe überdenken, was zu tun ist».[6]

Eine erste Ahnung, etwas laufe in die falsche Richtung, muss Marion Dönhoff bereits im Jahr 1949 erfasst haben, als sie erlebte, wie Richard Tüngel fasziniert mit einem Fremden plauderte, der hinreißend jüdische Witze erzählen konnte. Instinktsicher warf sie ihm hinterher an den Kopf, er habe offensichtlich einen unheilbaren Nazi angeschleppt. Tatsächlich hatte der Unbekannte, wie sie bald erfuhr, bereits für die Informationsabteilung des Auswärtigen Amtes unter Ribbentrop gearbeitet. Hindern konnte sie ihren Chefredakteur jedoch nicht, ihn als Redakteur anzustellen. Der Name des neuen Kollegen: Walter Petwaidic (neben dem Pseudonym Walter Fredericia schrieb er auch unter «Pet»). Mit Petwaidic hatte die ZEIT ihren ersten offenen Fall eines Journalisten, der bewusst eingestellt wurde, obwohl er schon vor dem Krieg angefangen hatte, für nationalsozialistische Zeitungen zu arbeiten, zuletzt sogar in verantwortlicher Position.[7]

Intellektuelle Leitfigur für Petwaidic, und darum geht es hier, war eindeutig Carl Schmitt. Befreundet war er mit Hans-Georg von Studnitz, der – wie schon erwähnt – gleichfalls in der Presseabteilung des Auswärtigen Amtes Karriere machte und den Marion Dönhoff kannte.[8] «Fredericia» regte seinen Mentor Tüngel zu gelegentlichen Pilgerreisen nach Plettenberg an, wo ein kaltgestellter Carl Schmitt vergangenen Zeiten nachtrauerte. Schon am 4. Dezember 1952 hatte Richard Tüngel sich in einem Leitartikel darüber erregt, im Bundestag werde Adolf Arndt als sozialdemokratischer Kronjurist hoch verehrt, derselbe Arndt verhindere aber erfolgreich, dass Juristen sich auf Schmitt beziehen, obwohl sie wissen sollten, dass dieser «zur Theorie des Staatsrechts erheblich mehr beigetragen hat als Herr Arndt». Schon damals legte Marion Dönhoff bei Tüngel Protest ein. Der wiederum erwiderte ungeniert, die Nazijahre seien vorbei, geradezu unmenschlich sei es, Denker wie Schmitt für ewig zu diskriminieren. Damals bereits hatte sie sich spontan und klar festgelegt: «Wenn Carl Schmitt jemals in der ZEIT schreibt, bin ich nicht länger da.»

1954 sollte sich als politisches Schlüsseljahr erweisen. Erst kurz vorher war der Korea-Krieg mit der Teilung des Landes zu Ende gegangen. Mit Moskau verbrüderte sich die Nordhälfte, mit Washington der Süden. Der Kalte Krieg dauerte an. Verstärkte diese Atmosphäre die Neigung in der Bundesrepublik, man solle die Vergangenheit endlich ruhen lassen? Als P. C. Holm durfte nun sogar der ehemalige Leiter der Presseabteilung des Auswärtigen Amtes, Paul Karl Schmidt, immerhin SS-Obersturmbannführer, in der ZEIT publizieren. In einem zornigen Brief an Tüngel legte Marion Dönhoff dar, wie dieser Autor bis zum Zusammenbruch «jeden Tag die Lügen von Hitler und die Propaganda von Ribbentrop im Auswärtigen Amt zu einer Sprachregelung koordiniert den ausländischen Korrespondenten verzapft» habe.[9] Ihr Unmut traf wahrlich nicht den Falschen – als Paul Carrell verfasste er nach seiner kurzen Karriere bei der ZEIT populäre Kriegsbücher, in denen er unbeirrt die Legende von der sauberen Wehrmacht verbreitete. Erwin Ettel, der vierte aus dem Haus Ribbentrop, SS-Brigadeführer (Generalmajor), gläubiger Nationalsozialist, brachte es bis zum Gesandten in Teheran. Für die ZEIT verfasste er seit 1950 sechs Jahre lang viele Dutzend Artikel unter dem Pseudonym Ernst Krüger, wobei er das Wort «Kriegsverbrecher» grundsätzlich in Anführungszeichen setzte.

Im Jahr 2006 enthüllte Frank Bajohr Krügers Identität und vermutete, Marion Dönhoff, die ihm «in herzlicher Abneigung verbunden» gewesen sei, hätte ihn vielleicht noch skeptischer gesehen, wenn sie seine wahre Identität gekannt hätte. Mit «ausgesprochen deutschnationalen Tönen» (Bajohr) habe sich Ettel in ein «Milieu Ehemaliger» glatt eingefügt.[10]

Ob die ZEIT eine Erfolgsstory würde, erschien noch 1950 eher zweifelhaft. Die Auflage, die im zweigeteilten, geistig ausgehungerten Nachkriegsdeutschland zunächst rasant anstieg, sank schier unaufhaltsam – 70 000 Exemplare garantierten keine sichere Zukunft. Nun erwies sich als Vorteil, dass Gerd Bucerius sich nach anfänglichem Liebäugeln mit den Sozialdemokraten für die CDU entschieden hatte. Der einflussreiche Bankier Robert Pferdmenges, Parteifreund Adenauers, der auf ihn große Stücke hielt, verhalf ihm zu einem Kredit von 450 000 Mark, um das Blatt zu retten. Im Jahr 1950 hatte insbesondere Ernst Friedlaender nach erbitterten Querelen in der Redaktion einen Anlauf unternommen, um den Rechtsruck endgültig zu stoppen. Vorbelastete Journalisten dürften nicht länger beschäftigt werden, drängte er offen. Inzwischen hatte er zwar auch einen Fünf-Prozent-Anteil an der Zeitung erworben, aber er zog den Kürzeren. Tüngel, dem wie den übrigen Herausgebern 22 Prozent gehörten, setzte sich durch und drängte den renommierten Leitartikler heraus. «Die Not- und Schicksalsgemeinschaft der ersten Nachkriegszeit,» – so Karl-Heinz Janßen –, «in der noch das aus dem Widerstand gegen Hitler entstandene Bündnis von Konservativen, Liberalen und Sozialisten Bestand hatte, zerbröckelte.»[11] Als Journalist machte Friedlaender weiter Karriere, er brillierte in den fünfziger Jahren als freier Kolumnist.

Als Marion Dönhoff 1952 das politische Ressort übernahm, trat sie endgültig in seine Fußstapfen. Sie erbte damit auch diesen Konflikt. Nichts war geklärt. Wiederum zwei Jahre später, 1954, wagte sie einen ähnlichen Anlauf wie Friedlaender, ganz offensichtlich war auch für sie jetzt eine Grenze des Zumutbaren erreicht. Sie wollte eine Richtungsentscheidung erzwingen. Und tatsächlich zog auch sie zunächst den Kürzeren. Verärgert schied sie aus.

Wenige Monate später bot ihr Hans Zehrer, der Chefredakteur der *Welt*, die Leitung des politischen Ressorts an, für ein ansehnliches Gehalt von 2000 Mark. Aber endgültig geschlagen wollte sie sich allerdings auch nach der Trennung noch nicht geben: Von London aus sandte sie im November 1954 Gerd Bucerius einen Brief, in dem sie ihm von der Erfolgsgeschichte des «Observer» – wo sie zeitweise untergeschlüpft war – vorschwärmte. In leuchtenden Farben schilderte sie dessen journalistische Prinzipien – Außenpolitik ernst nehmen, keine parteipolitische Einseitigkeit, die Leser nicht von oben herab gängeln, sondern als ebenbürtig respektieren. Was für ein Vorbild! Unverhohlen ließ sie Bucerius wissen, solange Tüngel an der Spitze der Redaktion bleibe, kehre sie aber nicht zurück. Zwar beklagte sie nicht ausdrücklich den Rechtskurs wie in dem Brief an Burckhardt, machte aber durch die Blume klar, was sie meinte: «Wenn man zurückdenkt, ist bei uns halt alles sehr unglücklich gelaufen. Die überzeugendsten und amüsanten Schreiber wie Friedlaender und Jacobi haben wir eingebüßt, und geblieben sind ausgerechnet Ernst Krüger und drei magenkranke, krätzebefallene und immer giftiger werdende alte Männer.»[12] Geradeheraus und durchaus machtbewusst in der Männerwelt legte sie Bucerius ans Herz, «Jupp» (Joseph Müller-Marein) und sie könnten als «Con-Dominis» den Platz Tüngels einnehmen, die FAZ habe auch nicht nur einen einzigen Chefredakteur, und sogar Moskau «soll nach leninistischer Tradition wieder von einem Kollegium regiert werden».[13]

An Richard Tüngel richtete sie einen Brief, in dem es kategorisch hieß: «Wer den Geist des Nationalsozialismus gepredigt hat oder die Sprachregelung der Presse gelenkt hat, der soll für alle Zeiten von einer Mitarbeit an einer politischen Zeitung ausgeschlossen werden … Ich weigere mich zuzugeben, daß wir Deutschland einen Dienst erweisen, wenn wir den Verrätern am Geist und Nihilisten mit Bügelfalten wieder die Möglichkeit geben, politische Betrachtungen anzustellen.» Dass dies eine «rückwärts projizierte Wunschvorstellung» war,[14] ist schwerlich zu leugnen. Lange Jahre hatte sie stillgehalten und eine abenteuerlich gemixte Koalition unterschiedlichster Lebensläufe am Redaktionstisch akzeptiert. Jetzt muss sie den Eindruck gewonnen haben, soviel Zurückhaltung reiche nicht mehr, die Nationalfraktion wachse ihr sonst endgültig über den Kopf. Die Kompromissjahre gingen zu Ende, auf dem Weg zur «liberalen» Journalistin war das ihr erster großer Schritt.

Unermüdlich bemühte sich Marion Dönhoff in diesen Krisenmonaten um mehr Trennschärfe. In einem zornigen Brief schrieb sie an den «lieben Pet» (Petvaidic), den sie offenbar als *spiritus rector* des Rechtsrucks und der Renationalisierung ausgemacht hatte, sein Herzenswunsch, Carl Schmitt einmal in der ZEIT abzudrucken, sei nun wohl in Erfüllung gegangen. Gewissermaßen zur Verifizierung der Theorie vom «Vorraum der Macht» – «der bei uns ja die Kneipe ist», vergaß sie nicht anzumerken – habe er die Gelegenheit benutzt, Tüngel jenen Aufsatz einzureden, dessen Vorspruch zur Entlastung seiner Urheberschaft er sogar mit RT zeichnete – «obgleich derselbe RT mir vor zwei Jahren, bevor Sie zusammen nach Plettenberg fuhren, sagte: es ist interessant, den Mann mal zu hören, aber Sie können sich darauf verlassen, ich werde ihn nicht abdrucken.» Erbärmlich finde sie es, dass er den Text ins Blatt schmuggelte, als sie verreist war und Joseph Müller-Marein noch nicht wieder am Schreibtisch saß. Das Argument, Schmitt sei der große Theoretiker der Macht, leuchte ihr nicht ein. Dann könne man auch «Otto John über Verrat schreiben lassen oder Arno Breker über Monumental-Plastiken», fügte sie sarkastisch hinzu. Wenn er sich mitleidig frage, weshalb sie sich so aufrege, erwidere sie: Weil sie es für Verrat halte – «daran geht zwar nicht die Welt (nicht einmal die ZEIT) zu Grunde, aber jede Arbeitsgemeinschaft, von der menschlichen ganz zu schweigen.»[15]

Verleumdet und beleidigt fühle er sich von ihrer Reaktion, erwiderte empört Richard Tüngel. Als Krönung des «unkameradschaftlichen Verhaltens» betrachte er ihren Brief, seit vielen Monaten zeige sie sich von dieser Seite. Anders als bislang pochte er nun sogar darauf, er sei Chefredakteur, Gesellschafter und Geschäftsführer des Verlags, er entscheide im Streitfall.[16]

Sogar der energiegeladene Bucerius, inzwischen mit einem Minderheitsanteil beim *Stern* ausgerüstet, schwankte zu der Zeit, ob er fünf Jahre nach der Gründung aufgeben oder das Blatt alleine in die Hand nehmen solle. Tief deprimiert sei er, gestand er seiner Frau Ebelin in der Schweiz, er fürchte, die aktuelle Krise – auch der Fortgang Marion Dönhoffs – münde im «Ende der ZEIT».[17] Zielstrebig allerdings konnte er bald seine Anteile beim *Stern* von 50 auf 87,5 Prozent erweitern, was ihn rasch zum überaus wohlhabenden Mann machte – und ihn bewog, lieber doch in die Zukunft der ZEIT zu investieren, statt sie zu begraben.

Rudolf Augstein witterte Morgenluft. Schon seit einiger Zeit wollte er das *Spiegel*-Korsett sprengen, er lechzte nach mehr Seriösität. Im Sommer 1955 – der Konflikt war noch nicht gelöst – ergriff er in Briefen an Bucerius klar Tüngels (und di Simonis) Partei, benotete den Chefredakteur mit «gutartig» und weigerte sich zu glauben, «dass Herr Tüngel die Nazis begünstige». Marion Dönhoff habe selbst gekündigt, warum bloß solle Tüngel sie zurückrufen? Auf Carl Schmitt, den Stein des Anstoßes, und die Kursfrage ging er vorsichtshalber nicht direkt ein. Aber er legte einen Köder aus: Mit Tüngel war er sich einig geworden, den rechtsnationalen Walter Petwaidic zurückzurufen, von dem sich die ZEIT getrennt hatte. Sogar die Anwaltskosten für Tüngel und Schmidt di Simoni zahlte der *Spiegel*-Verlag auf Augsteins Geheiß, um Bucerius aus dem Verlag zu drängen, den beiden Bucerius-Widersachern gewährte er zinslose Darlehen, um den Streit durchzuhalten. Im Gegenzug sicherten sie Augstein zu, den *Spiegel*-Inhabern die Hälfte ihrer Anteile abzutreten, falls sie im Rechtsstreit obsiegen. Von der Freundschaft zu Marion Dönhoff, von der Augstein später sprach, habe man seinerzeit nichts gespürt, berichtet Augstein-Biograph Peter Merseburger.[18]

Angekündigt wurde ihr Ausscheiden im Blatt nicht, der Name der Politikchefin wurde einfach aus dem Impressum gestrichen. Ein Zürcher Bankier, Felix Somary, 74 Jahre, rief gleichwohl bei Carl Jacob Burckhardt an. Da die Journalistin, die er bewundere, aus Gründen des moralischen Anstandes auf ihr Einkommen verzichtet habe, ließ Somary Burckhardt wissen, wolle er in die Bresche springen und bis zum 31. Dezember 1955 alle Lebenskosten begleichen, ein Konto für sie bei der Bank Blankart in Zürich sei bereits eröffnet.[19]

Was in der ZEIT geschah, ging nicht nur das Blatt an, und auch Marion Dönhoff hatte sich längst einen Namen erworben. Die großen Printmedien spielten eine andere Rolle als heute. Weder standen sie unter Verdacht, vor allem nach Quote oder Auflage zu schielen, also Marketing-Journalismus zu betreiben, noch zerfiel die Öffentlichkeit in tausend online-Angebote, *social media* oder *blogs*. Bis in die USA reichte die Resonanz auf diese Zuspitzung des «siebenjährigen Krieges»[20]. Vertraute von Dönhoff und Bucerius wie Eric Warburg protestierten bei Tüngel gegen ihr Ausscheiden.[21]

Anfang Oktober meldete sich das Präsidialamt bei ihr telefonisch, sie möge bitte am kommenden Freitag um 17 Uhr in die Villa Hammerschmidt kommen. Theodor Heuss hatte am Vortag Gerd Bucerius (seit 1949 Bundestagsabgeordneter in Bonn) zu sich gebeten und gefragt, «was eigentlich im Einzelnen in der ‹Zeit› vorgefallen sei.» Dabei berief der Präsident sich wiederum auf eine Information seines Freundes Burckhardt; in einem Brief hatte der ihm berichtet, die Stimme von Marion Dönhoff in der Hamburger Zeitung solle einfach entfallen.[22]

Auch der Chefredakteur wandte sich an den Präsidenten in einem Brief (am 1. Oktober), mit dem er sich über Intrigen von Marion Dönhoff und Müller-Marein gegen ihn beschwerte.[23] Verbindlich im Ton, aber eindeutig in der Sache, reagierte Heuss am 6. Oktober 1954 auf diesen Brief Tüngels. Ein «totales Missverständnis» sei es, wenn er glaube, Burckhardt habe den Präsidenten um eine Intervention gebeten. Über seine Rede zum 20. Juli unterhielten sie sich bei einem Abendessen. Bei dieser Gelegenheit sei die Rede auf den Konflikt Marion Dönhoffs mit der ZEIT gekommen, ihr Name sei nicht einmal gefallen. Heuss weiter: «Diese Geschichte, die Sie mir schreiben von langen Intrigen der Gräfin Dönhoff wegen des Herrn Müller-Marein, den ich auch nicht kenne, interessiert mich, wie Sie sich denken können, nicht allzusehr, und ich habe keineswegs den Ehrgeiz noch auch die innere Mission, mich in Personalreibereien einer Redaktion hereinzudrängen.» Nach dieser gewitzten Ouvertüre wischte er dann aber Zweifel an seinem Standpunkt vom Tisch: «Ich habe nur Dr. Bucerius mit aller Eindeutigkeit zum Ausdruck gebracht, dass ich es für verhängnisvoll halten würde, wenn in der ‹Zeit› Herr Professor Carl Schmitt moralisch eine Plattform angeboten erhielte. Der Vorspann, den Sie dem Abdruck seines Aufsatzes gaben, musste etwas beängstigend wirken. Die geistreiche Intelligenz dieses wendigen Mannes wird wohl von niemand bestritten werden können. Ich selber bin, verzeihen Sie, spießig oder altmodisch genug, ihn für eine von der moralischen Seite her (auch dieses

Wort ganz spießig genommen) verhängnisvolle Erscheinung zu halten. Das, was Sie von ihm abgedruckt haben, ist ein reizvoller feuilletonistischer Einfall, gut geschrieben wie meist bei ihm, aber doch nach meiner Meinung nicht mehr. Ich will Ihnen nicht breiter meine Meinung über Schmitt vortragen, den ich ja Anfang der zwanziger Jahre kennenlernte und dem ich öfters im Hause des jüdischen Kurators der Handelshochschule Berlin, Geheimrat Demuth, begegnete, von dem ich die sehr einfühlsame Apologie der Erscheinung von Hugo Preuß in der Aula hörte; ich habe in der historischen Perspektive Snobs nicht ungern. Sie sind anregend, aber ich sage Ihnen das sehr offen: In einem Blatt wie der ‹Zeit›, die doch der Bildungsschicht gegenüber sich einer moralischen Mitverantwortung bewusst ist, möchte ich diese Erscheinungen als die Lehrmeister unserer erst schwer und langsam werdenden Staatsgesinnungen nicht auftreten sehen … Mit freundlichen Grüssen Ihr Th. Heuss.»[24]

Zu dem Gespräch zwischen Heuss und ihr kam es wenige Tage darauf. Heuss zeigte sich reizend und unpräsidentiell, berichtete sie Burckhardt, «von einer Art demokratischer Souveränität, die man in meiner Heimat nicht kannte». Sie fand es nicht anbiedernd, dass er fragte, was eigentlich los sei «bei euch», und hatte «ein bisschen das Gefühl, dass er ganz gern wieder einmal bei einer Flasche Rotwein am Vormittag in einem Verlag sitzen und Intellektuellen-Stammtisch spielen würde».[25]

Tüngel hielt es nicht für nötig, dem Präsidenten auf dessen Brief zu antworten. Er reiste auch nicht zu einer Aussprache nach Bonn, um die Heuss ihn ersucht hatte. Marion Dönhoff aber begab sich ernsthaft auf Jobsuche: Sollte sie ins Auswärtige Amt gehen oder ein vage geplantes Asienbuch (für den Diederichs Verlag) schreiben? Sollte sie doch als Stellvertretende Chefredakteurin bei der *Welt* anheuern oder «für meine Großindustriellen», wie sie etwas kryptisch formulierte, vier Monate durch die Staaten reisen? Mit einer dieser Tätigkeiten wollte sie jedenfalls am 1. Januar 1955 beginnen. Er müsse ihr raten, fügte sie an – «einstweilen – Waidmannsheil! Marion».[26]

Wegen Tüngel kam es zwischen dem Freundesduo sogar zu Spannungen, was selten vorkam. Der Schweizer Freund wollte offenbar makeln. Im Ohr hallte ihr aber offenkundig eine Bemerkung nach, die Burckhardt gegenüber Tüngel über sie gemacht haben musste. Was immer ihm aus diesem Gespräch in den Mund gelegt worden sei: Tüngel habe von ihr geschwärmt, und geradezu väterlich habe er dann auch von ihren heftigen Reaktionen im Carl-Schmitt-Streit gesprochen. Er habe Tüngel geantwortet, «vielleicht hättest Du, aus begreiflichen Gründen, die Erinnerung an den Widerstand, Dein eigenstes Erlebnis, zur Dominante und zum Maßstab Deines Urteils werden lassen». «Ich sagte auch, du kämest nicht vom Métier her, das sei Deine grosse Stärke». Dringend riet er ihr bei der Gelegenheit ab vom Diplomatischen Dienst. «Form und Geist, d.h. dein ganzes Talent, sind bei diplomatischen Berichten nicht erwünscht … Als Journalist hast Du Macht, Einfluss, Wirkung. Als diplomatischer Beamter bist Du völlig machtlos, jeder Kritik ausgesetzt, von Vorgesetzten, Kollegen und deren Frauen abhängig, eine Nummer.» «Carrière-Konkurrenten» würden gegen sie antichambrieren, «kurz und gut, einmal musste ich Dir doch all das sagen und Dich an Deine Freiheit erinnern, Freiheit vom Leder zu ziehen, wobei Du sicher immer, was ich glaube, Tüngel auch gesagt zu haben, sehr weiblich sein wirst (Gott sei dank!), genauso wie ich immer sehr kindlich sein werde.»[27]

Immer sehr weiblich? Wie immer er das gemeint hatte, auf solche Bemerkungen reagierte sie nie. Der nächste (erhaltene) Brief erreichte ihn dann schon Mitte Februar 1955 aus Chicago. Wenn sie verärgert war über den Plausch zwischen Burckhardt und Tüngel, dann ließ sie es sich nicht anmerken. Ihm gegenüber schon gar nicht, die Freundschaft war ihr zu wertvoll. Stattdessen reportierte sie. Eine «Art Königsberg» sei die Stadt mit ihren sechs Millionen Einwohnern und Wolkenkratzern, Provinzstadt mit agrarischem Hintergrund, die Menschen sind laut und robust, alle Frauen haben dicke Überschuhe, die Männer wetterfeste Kleidung … Und weiter: «Die Leute sind selbstbewusst und ohne Raffinement. Ich war 8 Tg. hier, habe viele Menschen gesehen. Im ganzen ein sehr einheitlicher Typ: argwöhnisch und kritisch allen Intellektuellen gegenüber. Von Natur antisemitisch. Der Manager zählt weit mehr als der Dichter und das Tun mehr als das Sein. New York und Washington sind ihnen als Renommeé und Anfechtung das, was dem pommerschen Landjunker Berlin in den 20er Jahren war: ein Sündenpfuhl, in dem die jüdischen Familien die von Gott eingesetzten einheimischen Gesellschaftsräume zersetzt haben und die jungen Leute es amüsanter finden, bei Gutmann zu dinieren als bei Exzellenz Dirksen eingeladen zu werden. Und wo es chicer war, Max Reinhardt zu kennen und Felix Holländer, als bei Prinz Oskar in Potsdam vorgestellt zu werden ... Und noch eins: man hat hier ganz andere Kriegserfahrungen als in Europa – hier hat der Krieg immer nur Prosperität gebracht. Die Toten? Die sprechen nicht mehr ... ».[28]

Düsterer Stimmung schrieb Schmitt 1955 seinem Schüler Armin Mohler, eine längere biographische Bemerkung in der geplanten Edition ihres Briefwechsels könne er getrost kürzen. Schließlich genüge: «C. S. geboren 1888, weißer Rabe, der auf keiner schwarzen Liste fehlt. Mir ist das ganz egal.»[29] Egal war es ihm natürlich nicht. Seit August 1954 «streicht die ‹Zeit› meinen Namen», registrierte er sorgfältig, die dortigen Interna seien ihm «undurchdringlich». «Ob die Döhnhoff (er schreibt ihren Namen ausnahmslos mit «h») gesiegt hat?»[30]

Man muss dazu wissen: Bei diesem Schüler Schmitts, Mohler, handelte es sich um einen nicht ganz unbekannten Journalisten aus der Schweiz. Als Student noch auf der Linken, wollte er sich nach seinem Gesinnungswandel 1942 der Waffen-SS anschließen, nach dem Krieg promovierte er über die «Konservative Revolution», also die intellektuelle Rechte aus Weimar, bei der er sich auch zu Hause fühlte. Ein paar Jahre arbeitete er als Privatsekretär Ernst Jüngers in Wilfingen, bis er sich 1953 mit ihm überwarf. Der Grund: Jünger «entschärfte» frühere politische Texte und wollte sich – zum Ärger seines Sekretärs – nicht mehr unter die konservativen Revolutionäre rechnen lassen. Als Journalist berichtete Mohler bis 1960 einige Jahre als Korrespondent auch für die ZEIT aus Paris, mit Marion Dönhoff als Chefin der Politik. Zu seinem neuen Führeridol erkor er Charles de Gaulle, in der Bundesrepublik projizierte er seine politischen Hoffnungen lange auf Franz Josef Strauß. Wer ihn Marion

Dönhoff ans Herz gelegt hatte, ist schwer zu eruieren. Vielleicht war er ein Relikt aus jener Phase, in der die ZEIT deutsch sein, in der Tüngel seine Zeitung nach rechts rücken und die Vergangenheit ruhen lassen wollte? Jedenfalls schrieb der erklärte Schmitt-Apologet für Marion Dönhoffs Zeitung trotz des Konflikts, den sie wegen Carl Schmitt austrug. Wusste sie nicht von seiner engen Geistesverwandtschaft zu ihm?

Am 2. Juni 1955, mit wachsender Wut, schrieb Schmitt an Mohler: «Mit der ‹Zeit› habe ich keine Verbindung mehr. Die Gräfin Dönhoff ist im August unter großem Krach ausgeschieden und hat Tüngels Hinweis auf mein Macht-Gespräch als Vorwand benutzt; sie verschickt Material gegen mich. Da werden Gräfinnen zu Hyänen.» Über die internen Machtkämpfe um die Anteile an der ZEIT sei er nicht unterrichtet, fügte er hinzu – verfolgte aber weiterhin unter dem Mikroskop, was in Hamburg geschah und vor allem, was dort geschrieben wurde.

Höhnische Bemerkungen riefen sich die beiden zu über Widersacher wie Thomas Mann, den Schriftsteller «mit dem Wackel-Schalter», besonders jedoch über Theodor Heuss. Dem Ermächtigungsgesetz habe der zugestimmt am 24. März 1933, sei aber dennoch zum Bundespräsidenten gewählt worden. Heuss habe ihn «denunziert» wegen seiner Untersuchung über den «Begriff des Politischen», wütete Schmitt. Eine «Verschwörung des Schweigens»[31] bejammerten sie 1960 gemeinsam. Warum veröffentlicht niemand «die Liste der Namen der Ermächtiger Hitlers, die heute in der Öffentlichkeit stehen?» Auch der Vorsitzende der CDU-Fraktion im Bundestag, Heinrich Krone, zähle dazu, oder der «lautlose Widerstandskämpfer Reinhold Maier», sie alle stünden unter «Denkmalschutz».[32] Alle, nur er nicht, Schmitt!

Sorgfältig verfolgten sie gemeinsam die Karrieren der geistigen Weggefährten: Johannes Gross und Giselher Wirsing als Publizisten, Hans Huber, Ernst Forsthoff und Werner Weber als Rechtsgelehrte, Marcel Hepp als persönlicher Referent von Franz Josef Strauß. Rüdiger Altmann glückte sogar das Kunststück, zum Geschäftsführer des DIHT aufzurücken, er beriet Ludwig Erhard und zählte, wie Schmitt und Mohler nicht ohne Neid registrierten, als geschätzter FAZ-Autor bald zum «Establishment» der Republik. Lesen aber wollte Schmitt nicht einmal mehr das Frankfurter Blatt, überall sah er Wendehälse, Opportunisten, Angepasste, die nicht zu dem stehen, was sie bis 1945 gesagt und geschrieben hatten.[33]

Erst 1960 trennte sich die ZEIT von Mohler. Welchen Anteil Marion Dönhoff daran hatte, ist nicht mehr zu rekonstruieren, aber junge Journalisten wie Sommer und Gresmann, die sie geholt hatte, setzten sich nun spürbar durch und gaben fortan den Ton an. Mit dem deutschtümelnden Mohler konnten sie herzlich wenig anfangen. Für Carl Schmitt aber stand die Hauptschuldige fest: Marion Dönhoff. Gerd Bucerius firmierte bei ihm als «Wäscherei-besitzer», in der Großwäscherei dieses Handelsmannes aber sei sie die «rüstigste der Wäscherinnen»,[34] höhnte er. Fast zu Jubel ließ er sich hinreißen, als sich die ZEIT von Mohler trennte – eine «wahre Befreiung» sei der Gedanke, dass er nicht mehr «in dem hässlichen Müll-Eimer der ‹Zeit›» stecke,[35] tröstete er brieflich den treuen Schüler. Ob der das auch so sah, steht dahin. Aber Mohler rückte seitdem vollends an den nationalkonservativen Rand.

«SEIN und ZEIT» überschrieb Carl Schmitt einen «Gesang zu zweit», unter Anspielung auf Martin Heideggers Hauptwerk, der aus ein paar Liedstrophen bestand. Auch diesen Text hat Mohler in seinem Buch «Carl Schmitt – Briefwechsel mit einem seiner Schü-ler» publiziert. Unter der fortlaufenden Nummer 276, Ortsangabe Plettenberg-San Casciano, Datum 15. Juli 1962, bedankte Schmitt sich bei seinem «lieben Arminius» für einen Geburtstagsbrief, plau-derte mehr oder weniger freundlich über nähere und entferntere Freunde, über Schüler und Anhänger wie Ernst Wolfgang Böcken-förde, Hans Zehrer, Jacob Taubes, rühmte Heinrich von Kleist als «Partisanen» (seine gedankliche Lieblingsfigur), ließ Respekt vor dem katholisch-reaktionären Opus Dei anklingen, um dann schließ-lich mit einem herzlichen Gruss an Frau und Jungens sowie einem «viel Glück in der anti-gnostischen Kampffront!» zu enden. Als An-hang veröffentlichte Mohler sodann den maschinengeschriebenen SEIN-und-ZEIT-Text, den ihm Schmitt offenbar kommentarlos in dem Brief übersandte:

«betreffend   1) Charlie Chaplin, Ehrendoktor Oxford Univer-
                sity (SEIN)
                2) Marion Gräfin Dönhoff, Ehrendoktor Smith
                College (ZEIT)

Gesang: Bass und Sopran

    Strophe A

Bass: Die Jräfin dröhnt in alter Weise
                Mit neu-atlantischem Jefiehl,
                und praktiziert auf jeder Reise
                denselben hoch-scharmanten Stil.

Sopran: Ihr Anblick gibt dem Westen Stärke
                Und dem Atlantik-Großraum Mut;
                Der Lohn für ihre hohen Werke
                Ist jetzt ein Ehren-Doktor-Hut.

    Strophe B

Bass: Natürlich kann die so Jeehrte
                Nicht Doktor gleich von Oxford sein;
                so hoch stuft man im Reich der Werte
                nur einen Charlie Chaplin ein.

Sopran: Doch ist es immerhin ein Hütchen,
                ein Sozial-Prestige-Pfand,
                ein kleines Geistes-Rittergütchen –

Beide: für eine Gräfin allerhand.»

Fast hätte ich darüber hinweggelesen. Denn die Verse sind kein besonderer Geistesblitz, eher schon ein Abiturientenscherz. Wirklich
stutzig hat mich erst die Fußnote gemacht, die der Herausgeber –
Armin Mohler – anfügte: «Marion Gräfin Dönhoff: der Haß gegen
sie wird bei C. S. zu einer Obsession, die nur verständlich ist aus
den Hoffnungen, welche Schmitt in eine von Tüngel geführte natio-

nalliberale ‹Zeit› gesetzt hatte – er wollte wenigstens eine der großen Zeitungen nicht gegen sich haben.»[36]

Hass wird zur Obsession? Acht Jahre waren doch immerhin vergangen, seit Marion Dönhoff im Ärger über den Schmitt-Text ihre Zeitung verlassen hatte. Ein Jahr darauf war sie zu ihren Bedingungen zurückgekehrt. Schon damals muss es um eine Art letztes Gefecht für Schmitt gegangen sein, weil er glaubte, ohne eine starke Zeitung im Hintergrund werde er keine wirkliche Anerkennung mehr finden und nie mehr rehabilitiert. Ernst Jünger – mit dem er privat freundlichsten Gedankenaustausch pflegte – neidete er insgeheim sein Comeback, wie er nur Mohler gegenüber freimütig gestand. Jünger hatte die FAZ, den *Spiegel*, auch die ZEIT auf seiner Seite, was hatte der ihm bloß voraus, wieso fand der «Stahlgewitter»-Verfasser in der jungen Republik solche intellektuelle Resonanz, während der Bann gegen ihn partout nicht aufgehoben wurde? Wenigstens die ZEIT wollte er «nicht gegen sich» haben.

Darum aber war es im Konflikt mit Marion Dönhoff letztlich gegangen, das muss sie intuitiv gespürt haben, als sie das Blatt demonstrativ verließ. Mitreden wollte er, wenn es um Maßstäbe, Normen, Haltungen der jungen Bundesrepublik ging, um ihr kulturelles, mentales Selbstverständnis mithin. Das aber betrachtete sie als ihre eigene Sache – und in der Hinsicht konnte ihr kaum jemand fremder sein als jemand, der zweifelsfrei zum geistigen Selbstverständnis des NS-Regimes so viel beigetragen hatte wie Schmitt. An seinem Fall muss ihr klar geworden sein, dass auch die ZEIT – wie die Republik insgesamt – einen Klärungsprozess schuldig geblieben war. Schmitt sah es ja durchaus auch so.

War es die stupende Selbstsicherheit Marion Dönhoffs, die ihn so wütend machte? War es die moralische Autorität, die sie sich erworben hatte? Hing es damit zusammen, dass ausgerechnet sie, die viel Verständnis auch für verschlungene Lebensläufe zeigte, gerade ihn derart eindeutig als geistig Mitverantwortlichen einstufte?

Mir scheint, Carl Schmitt trug ungewollt zu ihrer Selbstfindung bei. Dass er sich nach 1945 auf seine Freundschaft zu Angehörigen des nationalkonservativen Widerstands berief, stellte für sie den

Gipfel der Chuzpe dar. An seiner ideologischen Nähe zu den Nationalsozialisten zweifelte sie nie, er war ein geistiger Wegbereiter, der nicht dazu stehen wollte. Zu allem Überfluss stützte er sich auch noch auf Preußen. Dabei war er es doch, der federführend im Prozess «Preußen contra Reich» die Seite der Nationalsozialisten vertrat (1932). Er suchte Anschluss an die neuen Herren,[37] die Absetzung der preußischen Regierung und die Übertragung der Rechte an den Reichspräsidenten waren auch sein Werk. Die «Dignität» des Staates Preußen sei bei Hindenburg besser aufgehoben, argumentierte Schmitt, als bei den preußischen Ministern, die von den Parteien beherrscht werden. Damit verurteilte er gerade jenes Preußen, von dem sie meinte, es hätte Hitler Paroli bieten können – wäre ihm nicht das Rückgrat zertrümmert worden. Was sie verehrte, hatte Carl Schmitt demontiert. Gut möglich, dass ihr das vollends erst im Moment der Kontroverse mit Tüngel bewusst geworden war. Für sie wurde er damit jedenfalls mehr als andere zwangsläufig zum Antipoden, von dem sich die junge Bundesrepublik ausdrücklich abheben müsse – ganz ähnlich übrigens wie für Dolf Sternberger oder Jürgen Habermas. Wenn also Carl Schmitt Mitte der fünfziger Jahre zum Maßstab, ja zum Lackmustest für intellektuellen Verrat, für geistige Mittäterschaft unter dem NS-Regime geworden war, dann hatte sie ihren Anteil daran. Noch lange wütete er weiter über «die Jräfin», sie ging schweigend darüber hinweg, falls es ihr überhaupt zu Ohren kam.

Ungewohnt kritisch befasste sich im Januar 1955 Josef Müller-Marein mit Joseph McCarthys Jagd auf Kommunisten und *fellow travellers* in den Vereinigten Staaten. Seit über fünf Jahren dauerte dessen Säuberungskampagne bereits an. Noch einmal verschärfte das den Richtungskonflikt im Hamburger Pressehaus. Als hätte es den erbitterten Streit um Carl Schmitt nicht gegeben, beurlaubte Richard Tüngel eilig den Autor. «Marion» und «Jupp», die im Kalten Krieg als Journalisten durchaus Partei waren, sagten sich unmissverständlich von den Methoden des US-Senators los, die zu einem Klima der Denunziation und des Dauerverdachts gegen «Linke» und Intellektuelle geführt hatten. McCarthy schärfte die

Sinne – so illiberal wünschten sie sich die Bundesrepublik wiederum nicht, und schon gar nicht ihre Zeitung. Immerhin hatten sich viele amerikanische Freunde Marion Dönhoffs offen mit McCarthy angelegt, manche Vertraute aus jungen Jahren – voran Ernst Kantorowicz – wurden gar zu dessen Opfern.

In der bundesrepublikanischen Öffentlichkeit gingen die Meinungen durchaus auseinander. Die deutsche Teilung und das rigide SED-Regime in Ostberlin beförderten den Antikommunismus, auf den Adenauer ohnehin baute. In der ZEIT-Redaktion schwelte die Kontroverse schon länger. Bereits am 2. Juli 1953, zum Höhepunkt der McCarthy-Ära, kommentierte Marion Dönhoff den amerikanischen Weg unter der Überschrift «Bücher auf dem Scheiterhaufen»: «Wieder werden Bibliotheken gesäubert, Bücher aus den Regalen gerissen und verbrannt oder ihre Autoren, Verbrechern gleich, hinter Schloss und Riegel gebracht. 20 Jahre nachdem Dr. Goebbels am 10. Mai 1933 im Beisein der Berliner Studentenschaft die ‹undeutsche, volksfremde, zersetzende Fäulnis-Literatur› den Flammen eines Scheiterhaufens übergab (Werke von Arnold und Stefan Zweig, Jakob Wassermann, Thomas Mann, Tucholsky waren dabei), werden heute in den 285 Bibliotheken, die es außerhalb der Vereinigten Staaten in der Welt gibt, entsprechend den Wünschen McCarthys, Bücher ausgemerzt: eingestampft, verbrannt, weggeschlossen …»[38] Alles Material von «Kommunisten, fellow travellers etc.» sollte konfisziert werden? Im Ernst? Was heißt, bitte, «etcetera»? So zurückhaltend sie in politischen Fragen bis dahin meist war, entschieden stellte sie jetzt die Stacheln auf. Bemerkenswert war es schon deshalb, weil die Erregung über den Aufstand vom 17. Juni in Ostberlin und das drakonische Vorgehen gegen die Protestierenden noch keineswegs abgeflaut war. Marion Dönhoff nahm aber kein Blatt vor den Mund. Ebenso scharf hielt sie nun dagegen, dass ausgerechnet in den USA – bei den politischen Freunden und Lehrmeistern – selbst vorsichtige Kritik an der amerikanischen Ostasien-Politik (also in Korea) denunziert wurde, als seien die Kritiker selbst Kommunisten. Darf künftig jeder seinen «geistigen Erbfeind» aus den Bibliotheken ziehen und zur Verbrennung freigeben? Einen antikommunistischen Führer der nationalen Vereinigung der Farbigen traf der Bannstrahl, die vorzügliche Stalin-Biographie von Isaac Deutscher wurde weggeschlossen, selbst berühmte Autorinnen und Autoren wie Pearl S. Buck und Dashiell Hammett gerieten unter Kommunismusverdacht. Upton Sinclair, Gunnar Myrdal als Fälle für die Inquisition? Sie traute ihren Augen nicht. Nur mit «einer Art Kollektivpanik» vermochte sie sich zu erklären, dass McCarthy mit seinen Methoden auch noch Erfolg hatte, obgleich die Mehrheit doch hinter Eisenhower stand.[39]

Tüngel zuerst auf der Seite Carl Schmitts, nun auf der Seite McCarthys, das brachte das Fass zum Überlaufen: Mitte 1955 entschloss Bucerius sich, reinen Tisch zu machen und dem Chefredakteur Hausverbot zu erteilen. Kein leichtes Unterfangen, da er natürlich noch immer seinen Anteil an der ZEIT hielt und dagegen sofort klagte. Im Grund ging es nun nicht mehr um Dönhoff oder Carl Schmitt, sondern um eine Klärung der Besitz- und Machtverhältnisse in dem Blatt selbst. Marion Dönhoff, inzwischen wieder zurück beim Blatt, hatte erreicht, was sie wollte. Fast.

Während des folgenden Rechtsstreites blieb die ZEIT ohne Chef, das heißt, Marion Dönhoff und Josef Müller-Marein führten de facto Regie. Zwei Jahre später gaben die Richter Bucerius Recht, er avancierte dank ihrer Hilfe zum alleinigen Inhaber der Zeitung und zahlte Tüngel sowie Schmidt di Simoni aus. Eine ungeplante Nebenfolge: Seit diesem Konflikt waren Marion Dönhoff und Gerd Bucerius fest aneinander gebunden.

Noch 1957 – Axel Schildt spricht vom «zweiten Gründungsjahr»[40] – berief Bucerius Josef Müller-Marein zum Chefredakteur, bis 1968 sollte er an der Spitze bleiben. Unter der politischen Obhut Marion Dönhoffs gaben neue Redakteure dem Wochenblatt ein anderes, klareres, nun schon unverwechselbar liberales Profil. Schritt für Schritt, aber die Grundrichtung stand nun fest. Mit der Liberalisierung der Bundesrepublik verhielt es sich ja ähnlich, auch sie kam nicht über Nacht.

Besonders Haug von Kuenheim, der später ein einfühlsames Buch über sie schrieb, nahm im Team der Jüngeren rasch den Platz eines Vertrauten ein. Früh entwickelte er ein untrügliches Gefühl für das Innenleben, aber auch für das, was auf die Agenda eines liberalen Blattes gehöre. Sie verlangte viel von jedem, so Kuenheim, mehr als einmal musste auch er sich anhören, nicht genug internationale – vor allem britische – Blätter zu lesen, sie hielt das bei ihren Redakteuren für Pflicht. Über guten Journalismus dachten sie ähnlich, so Kuenheim, sie stimmten darin überein, was «liberal» meine; und schließlich waren sie beide adelig – keine Hauptsache, aber doch erwähnenswert für sie, wenn sie unter vier Augen waren. In kleinen Nebenbemerkungen blitzte gelegentlich auf, dass sie das nicht vergaß. Eine «Arbeitspartnerschaft» sei daraus allmählich entstanden, sagt er im Rückblick. Das Wort ist nicht zufällig gewählt. Nie habe sie gefragt, wie es seiner Mutter, seinem Vater, der Familie gehe, «sie war immer im Job.»

Ein «konservatives Rechtsblatt» sei die ZEIT zwischen 1946 und 1957 gewesen, «rechts und schrill», fasst Theo Sommer gewohnt geradeheraus im Rückblick die lange Entstehungsgeschichte zusammen[41] – «gegen Entnazifizierung, gegen die Nürnberger Kriegsverbrecherprozesse, vehement gegen die Anerkennung der Oder-Neiße-Grenze». Sie trug das alles mit. Was sie zunehmend an Tüngel gestört habe, so Sommer, war, dass sie «klare Linien» vermisste. Ja, 1957, nach der Trennung von Tüngel, war die Luft bereinigt, «die alten Konservativen waren plötzlich weg», erinnert er sich an die Stimmung, die keimte, als er in Hamburg zur Redaktion stieß. Aber nein, es gab nicht einen einzigen Akt, mit dem die ZEIT auf «liberal» geschaltet hat, denkt er laut vor sich hin. So sei sie auch nicht «mit einem Urknall, ab 10.35 Uhr, 28. September 1969, sozialliberal geworden». Entwickelt habe sich das im Laufe der Zeit, ohne Plan, ohne Programm. «Liberalität war eine Haltung». Schon der Gedanke, man könne in einer seriösen, anspruchsvollen Zeitung Richtungen vorgeben und sich ein Etikett verpassen, verstößt gegen einen inneren Kodex, es wäre illiberal gewesen, wägt er sorgfältig ab.

In jeder Konferenz, für jede Ausgabe neu musste demnach erstritten werden, wohin die Zeitung will. «Herausgemendelt», so sehen es Sommer und Kuenheim unisono, hat sich auf der Basis dann aber beispielsweise, dass die ZEIT den Machtwechsel 1969 von Kiesinger zu Brandt und der sozialliberalen Koalition offen befürwortete. Liberal zu sein, schloss dezidierte Meinungen gerade nicht aus, bei ihnen jedenfalls nicht.

Nicht ein politischer Kurs wurde vorgegeben, nein, die «Nase» musste hereinpassen, umschrieb Marion Dönhoff gern die Kriterien, wenn es um neue Redakteure für das eigene Blatt ging. Sie Ende der fünfziger Jahre aufzuspüren, war ihr Verdienst. «Unsere Nasen haben gepasst, Meinungen hat sie nicht oktroyiert.» Sommer: «Als ich schrieb, ‹Deutschland ist ein Einwanderungsland›, war sie anderer Meinung, ließ es aber so zu. Sie akzeptierte, wenn andere es anders sehen und auch schrieben. So verstand sie Journalismus, so Liberalität.» Nicht um Linien ging es, erinnert Theo Sommer sich, alles sei «vom Journalistischen her gemacht und gedacht worden, nach dem alten Rezept, wir erklären uns die Welt, wir holen uns die Welt ins Blatt.»

Zwischen dem Journalismus von damals und von heute jedenfalls, denkt man beim Zuhören, liegen Welten. Hat sie den Druck der Nachdrängenden, Jüngeren gespürt? Das tägliche Blattmachen habe sie ihm bald gern überlassen, so erinnert sich Sommer. Sie habe sich nicht als «Zeitungsmacherin» verstanden, fährt er fort, sie sei einfach eine «große Journalistin gewesen, auf die keine Schablone passte». Nach nur vier Jahren zog sie sich – in seiner Schilderung – daher aus der Chefredaktion zurück und machte ihm Platz. Diese Rolle sei auf ihn zugeschnitten, fand sie, und es war Zeit. Ob sie künftig den Konferenzen fernbleiben solle, wollte sie seinerzeit von Vertrauten wissen, die ihr rieten, ihre Besuche sorgsam zu dosieren. Soviel Vorsicht erwies sich als überflüssig: Bald pendelte es sich wieder ein, dass sie in Konferenzen als Herausgeberin regelmäßig neben dem Chefredakteur saß. Er akzeptierte, dass sie es blieb, die für das innere Koordinatensystem des Blattes stand.

Erfolgreich sollte die Zeitung sein, nur dürfe Erfolg nicht der einzige Maßstab werden, liebte Marion Dönhoff zu mahnen. Der Chefredakteur hatte alle Hände voll damit zu tun, neben dem wöchentlichen Blattmachen die Beschwerden des Verlegers über den Kurs, über die «Unlesbarkeit» der Zeitung oder über die Linkstendenzen abzuwettern, von solchen Pflichten war Marion Dönhoff nun wieder befreit.

Damit ergänzten sie sich ideal. Private Momente aber, bleibt auch Sommer haften, gab es zwischen «Marion» und ihm bei aller Nähe höchst selten. Einen «Fünf-Uhr-Whisky» tranken sie gelegentlich miteinander, das war es dann auch. (Den Whisky schlug eher Sommer vor, sie bevorzugte um diese Tageszeit Campari mit Orangensaft). Ein einziges Mal habe er sie gefragt, ob sie es nie bedauerte, nicht geheiratet zu haben. Jeder stellte irgendwann diese Frage. Freundlich erwiderte sie ihm, darüber zu reden, habe keinen Sinn, es sei so gelaufen, sonst wäre sie nicht Chefredakteurin der ZEIT geworden und Teil einer «großen Familie». Er erhielt exakt die Antwort, die er hätte erwarten können, Neugierige speiste sie eigentlich immer damit ab.[42]

Die Rolle, die Theodor Eschenburg für Marion Dönhoff spielte, kann man kaum überschätzen, bereitwillig orientierte sie sich an dem Tübinger Professor, der nur fünf Jahre älter war als sie. Respektvoll und ironisch bezeichnete der Zeithistoriker Hans-Peter Schwarz seinen Kollegen Eschenburg als «Leitfossil der frühen Bundesrepublik», und das war er ja auch.[43] Mit einer Kolumne in der ZEIT, in der er seine Themen frei wählen sollte, erhielt er neben der Professur für Politikwissenschaft in Tübingen tatsächlich, wie Schwarz mit einem Hauch von Neid anmerkt, «noch eine Art zweiten Lehrstuhl mit bundesweiter Ausstrahlung».[44] Seinerzeit war nicht bekannt, dass er während der NS-Jahre in Diensten von Industrieunternehmen an antisemitischen Säuberungen beteiligt war. Erst lange nach seinem Tod wurden diese Vorwürfe publik. Auch im Nachhinein weigert Theo Sommer sich, den Stab zu brechen über den geschätzten Autor von damals.

«Meister» nannte ihn Marion Dönhoff, wenn er sich am Telefon meldete. Oft saß er bei Redaktionskonferenzen mit am Tisch. Er imponierte ihr, weil er eine Stimme für sich war, ebenso unabhängig wie in der politischen Arena Carlo Schmid. Seinen Rat nahm sie ernst. Wenn Eschenburg für das Mehrheitswahlrecht plädierte, weil ihm Stabilität über alles ging, folgte Marion Dönhoff ihm ohne zu zögern. Sie musste nicht lange darüber nachdenken, so Theo Sommer, «dafür hatte sie ja gerade Eschenburg». «Verstandesdemokraten», so Sommer, waren sie beide. Ohne Scheu kritisierte er sogar Konrad Adenauer, wenn er es für richtig hielt, nur wenige nahmen sich das heraus.

Er erklärte und verteidigte die demokratischen Prozesse, den Staat, die neue Ordnung. Institutionen waren wichtiger als Personen aus seiner Sicht. Ihr kam das entgegen, so war sie das aus Preußen, aus dem frühen Leben gewohnt. Eschenburg erinnerte sie spürbar an die geordnete Welt von einst.

Mit Eschenburg hatte Marion Dönhoff einen Lehrer neben sich sitzen, dessen Autorität sie anerkannte, und der sie umgekehrt ebenso respektierte als moralische Instanz. Nicht nur den Lesern des Wochenblattes vermittelte er die Mechanismen der neuen Demokratie, sondern auch ihr. Auf seine Maßstäbe verließ sie sich. Es störte sie auch nicht, wenn sie anderer Meinung waren, im Zweifel ließ sie Differenzen einfach stehen.

Eschenburgs «geistiger Bezugspunkt» blieb letztlich die Vorkriegszeit und die Weimarer Republik, als junger Doktorand kam er damals in engen Kontakt mit Gustav Stresemann.[45] Demokratie musste er lernen, ähnlich wie sie. Eschenburg verteidigte nicht nur die Elitenkontinuität in Deutschland, er verkörperte sie auch. Aus seiner Sicht hatte das politische, wirtschaftliche, wissenschaftliche Milieu, zu dem er sich in Weimar bereits zugehörig fühlte, keineswegs pauschal versagt, es bildete eine Basis, auf der sich die Bundesrepublik neu aufbauen ließe. Sie befremdete das nicht, im Gegenteil, es hat sie wohl beruhigt, dass ein seriöser Verfassungsstaatler wie Eschenburg jene Welt im Zweifel verteidigte, der sie selber entstammte.

Marion Dönhoff war es, die 1954 nach einem Podiumsgespräch bei den Recklinghausener Festspielen Eschenburg ansprach. Bis dahin kannte er die junge Dame nicht direkt. Aufgefallen war ihr der jugendliche Professor wegen seiner temperamentvollen Auseinandersetzung mit Victor Agartz, einem renommierten linken Wirtschaftswissenschaftler, sowie dem Heidelberger Kulturphilosophen Alfred Weber, dem Bruder des Soziologenpatriarchen Max Weber. Agartz pries – gegen Ludwig Erhard – das jugoslawische Wirtschaftsmodell, Weber rechtfertigte den Streik als politische Waffe.

Damit trieb Weber Eschenburg auf die Barrikaden. Marion Dönhoff gefiel dieser selbstbewusste Auftritt, spontan bat sie ihn, sich zu melden, wenn er wieder mal nach Hamburg komme. Grandseigneur Eschenburg war nicht nur als Person eindrucksvoll, sie fand auch seine Meinung zur jungen deutschen Demokratie seit 1949 überzeugend: Er leugnete nicht, konservativ zu sein, aber sie zählte ihn nicht zur politischen «Rechten». Dieser Unterschied war bedeutsam. Ein neuer Ernst Friedlaender war er vielleicht nicht, mag sie gedacht haben, aber mit seinem Staatsverständnis würde er gut zur ZEIT passen.

Er wolle sich doch ein Haus bauen in Tübingen, lockte sie ihn, da könne es nützlich sein, wenn er als Kolumnist anheuere. Themen nach seiner Wahl, ein oder zwei Mal im Monat drei bis vier Schreibmaschinenseiten, er werde schließlich nicht schlecht bezahlt, sagen wir regelmäßig 600 bis 800 Mark? Theodor Eschenburg vergaß Richard Tüngel und alles, was er über den Schmitt-Streit gehört hatte, und ging ohne viel Federlesens auf die Offerte ein. Bis in die frühen neunziger Jahre sandte er seine Kolumnen nach Hamburg.[46]

Fortan beteiligte sich Eschenburg an der Runderneuerung der ZEIT, die Marion Dönhoff forcierte. Besonders die Entdeckung Theo Sommers war ihm zu verdanken. Marion Dönhoff suchte einen jungen, außenpolitischen Redakteur, Eschenburg musste nicht lange nachdenken. Er empfahl Theo Sommer, «27 Jahre, verheiratet, ein Kind», zwei Jahre Austauschstudent in den USA (bei Henry Kissinger in Harvard), dreieinhalb Jahre Redakteur der «Rems-Zeitung», er arbeite gerade bei Rothfels an einer Dissertation über «Deutschland und Japan zwischen den Mächten 1936–1941». Rothfels lobe ihn sehr, vor allem seinen Stil, auch er selbst kenne ihn aus Seminaren, geistesgegenwärtig, schlagfertig, bescheiden, recherchiert gründlich, spricht druckreif, testen Sie ihn ...[47] Kurze Zeit später verabredete sie sich mit Sommer in Stuttgart, die beiden verstanden sich spontan. Nur seine Dissertation sollte er noch rasch zu Ende bringen. Das war die Generation, auf die sie – nach dem Konflikt mit Tüngel – gewartet hatte.

Nach innen prägte Eschenburg in den fünfziger und sechziger Jahren das Staatsverständnis der Redaktion, nach außen trug er viel zu dem Ruf der Zeitung bei, seriös, argumentativ, ohne Neigung zum Exzentrischen. Häufig monierte er, so stark redigiert zu werden, dass er seinen eigenen Stil nicht wiedererkenne. Freundschaftlich widersprach sie dann und gab zu bedenken, ob er sich nicht verzettele, wenn er zuviel andere Aufträge übernehme, während bisher doch, wenn Theodor Eschenburg an der Sache mitwirkte, «dies den gekreuzten Linien auf dem Portweinfass gleichkam, man also wusste, exquisiter geht es nicht».[48]

Als «überragende, beeindruckende» Gestalt beschrieb er Marion Dönhoff in seinen «Erinnerungen». «Sie war klug, gescheit, charmant, von einer bemerkenswerten, ganz in der Person begründeten Würde, aber niemals darauf pochend. Sie war eine hochqualifizierte politische Reporterin, und dieser Fähigkeit verdankte sie auch ihren Ruf. Aber eigentlich war sie, so fand ich, als Redakteurin noch bedeutender. Beim Schreiben machte sie es sich, nach meinem Eindruck, manchmal zu einfach. Aber als Chefredakteurin war sie einfach großartig. Ich erlebte sie in dieser Rolle jahrelang und bewunderte, wie sie alles verteilte – die Arbeit, den Raum und die Gewichte ... Außerdem konnte sie phantastisch fragen. Bei ihr habe ich erst gelernt, was ein Interview wert sein kann, wenn richtig gefragt wird.»[49]

Mit der Verabschiedung des Grundgesetzes und der Gründung der Bundesrepublik, schrieb Marion Dönhoff in einer kleinen Würdigung Eschenburgs 1989, sei keineswegs «das meiste getan gewesen». Vieles habe in den fünfziger Jahren im Dunkeln gelegen, «denn wir hatten wenig Erfahrung mit der Demokratie und ihren Erfordernissen». Wir? Sie auch, sollte das freimütig heißen. Lange hätten sie nicht überlegen müssen, so Marion Dönhoff, wer als freier Mitarbeiter Nachhilfeunterricht in Verfassungsdingen erteilen könne: «Es gab nur einen Professor, der das, was die *res publica* ausmacht, in alltäglichen Ereignissen aufspürt und dies als Fallstudie zu durchleuchten vermag; nur einen, der darauf verzichtet, seinen Ehrgeiz auf die Proklamierung neuer Theorien zu richten ... Wir haben unendlich viel von ihm gelernt und sehr viel mit ihm gelacht.»[50] Es störte nicht, ja es passte ihr sogar, dass dieser «freie Mitarbeiter» aus Tübingen ein konservativer Geist blieb, den selbst

Bucerius immer wieder mal daran erinnern musste, «dass wir ein liberales Blatt sind».[51]

Würde sie über Theodor Eschenburg anders denken, seit Claus Offe seine Rolle als Geschäftsführer in der Industrie bei der Arisierung von «jüdischen» Betrieben publik gemacht hat? Nein, vorstellen kann ich mir das nicht. Das war kein neuer Fall Schmitt. Vielleicht hätte sie gesagt, er sei naiv oder opportunistisch gewesen. Kompromisse machten viele damals, hätte sie wahrscheinlich hinzugefügt.

So einfühlsam wie erhellend hat Ralf Dahrendorf das Verhältnis zwischen Marion Dönhoff und Gerd Bucerius skizziert. Unter seiner Ägide sei sie von der «noch scheuen Amateur-Journalistin zur bestimmenden politischen Redakteurin, zur Chefredakteurin und schließlich zur Herausgeberin avanciert.» Dabei sei die «eigentümliche Mehrdeutigkeit» der Beziehung zwischen zwei in nahezu allen Dingen verschiedenen, ja unvereinbaren Menschen deutlich geworden, die doch der wachsende Respekt füreinander und das gemeinsame Werk verband. Ein persönliches Element sei von Anfang an dabei gewesen, resümierte er, «wenn man auch gleich hinzufügen muss, dass für die Gräfin alles allzu Persönliche von einer Glashaut vornehmer Distanz geschützt blieb und Bucerius auf seine Weise persönliche Empfindungen durch Sachbesessenheit zu erschlagen neigte.»[52]

Geradezu hymnische Briefe tauschten sie sich besonders Anfang der sechziger Jahre aus. Allerdings – Bucerius blieb immer der Verleger und Eigentümer, der auf Erfolg getrimmte Geschäftsmann, und sie erkannte diese andere Rolle vorbehaltlos an. Klein machte sie sich keineswegs, aber sie blieb die «Angestellte». Eine Angestellte freilich, die sich ihres Marktwertes bewusst war. Ihr Selbstbewusstsein rührte daher, dass sich Stimmen mit Autorität durchsetzen konnten, und sie gehörte dazu.[53] Im Journalismus glückte es noch hie und da, sich dem ökonomischen Druck sowie dem reinen Marketingdenken zu entziehen.

Jede Menge Differenzen in Tagesfragen schloss das nicht aus. Während Bucerius in der Spätphase Adenauers Heinrich Krone als

Nachfolger im Palais Schaumburg empfahl, drohte sie ihm an, dann den politischen Journalismus endgültig an den Nagel zu hängen – was ernst zu nehmen war, wie sie schon einmal bewiesen hatte. Mit Krone, Brentano und Lübke, diesem «Triumvirat braver Mittelmäßigkeit», wolle sie nicht ihre Arbeitszeit verplempern. Auch Ludwig Erhards verwaschenes Profil missfiel ihr, während Bucerius ihn für Kanzler-tauglich hielt. Emphatisch redete er der Marktwirtschaft das Wort, für sie war das nur akzeptabel, wenn man das Attribut «sozial» zufügte.[54] Er hegte Verständnis für Franz Josef Strauß, während sie auf die Barrikaden gegen den rechtlastigen Bayern ging. Fritz J. Raddatz wollte er wieder loswerden, kaum dass er als Feuilletonchef begonnen hatte, während sie ihn lange verteidigte. Er nahm Amerika gern in Schutz, während sie Washington häufig streng an die eigenen Maßstäbe zu erinnern pflegte … Vor allem aber: Immer mal wieder prophezeite er den Untergang der Zeitung, in der er ohnehin nichts mehr zu sagen habe, während sie ihn jedes Mal abblitzen ließ und dem Verleger mit Neigung zum Drama und zur Apokalypse kühl Kurs zu halten empfahl.

Im Jahr 1962 hatte Bucerius, schon lange im Zwist mit Adenauer, sein Bundestagsmandat niedergelegt. Der Kanzler erwartete eine gefügige Presse, während der Verleger sich im Zweifel für die Pressefreiheit entschied. Konkreten Anlass bot ein Artikel im *Stern* unter dem Titel «Brennt in der Hölle wirklich ein Feuer?» Als ketzerisch empfand der fast durchweg katholische CDU-Bundesvorstand den Text, aber Bucerius zeigte sich nicht bereit, Besserung zu geloben und die Illustrierte an die Kandare zu legen. Ebenso weigerte er sich, die ZEIT nach Adenauers Wohlgefallen auszurichten. Da er aber dennoch ständig intervenierte, musste Marion Dönhoff einen Weg finden, ihn auf ihre Seite zu ziehen oder doch eine Art Stillhalteabkommen zu erreichen.

Einer der schwierigsten Kurskonflikte bahnte sich 1965 an, im September sollte ein neuer Bundestag gewählt werden. Inzwischen teilte Marion Dönhoff in außenpolitischer Hinsicht weitgehend die Position ihrer (protestantischen) Freunde, die meinten, Adenauer habe sich im Status quo des Kalten Krieges verheddert, die CDU sei auch unter Kanzler Erhard im Antikommunismus erstarrt und verweigere sich jeder alternativen Suche nach Entspannung. «Die Uhr der CDU ist stehengeblieben», überschrieb sie ihren Beitrag zu einer außenpolitischen Serie. Zugleich publizierte sie gesammelte Reportagen unter dem Titel «Welt in Bewegung – Berichte aus vier Erdteilen» als Buch. Die Botschaft war klar: Die Republik atmet provinziellen Geist, sie muss die Fenster weit öffnen.

Aus Forio, dem Haus auf Ischia, das die Schwestern Yvonne und Marion kurz zuvor gekauft hatten, sandte sie am 27. Mai 1965 an Bucerius einen Brief, der umfänglicher ausfiel als gewöhnlich. Beim Verleger warb sie um Verständnis dafür, dass ihr der Kurs der Sozialdemokraten unter Willy Brandts Federführung plausibel und zeitgemäß erscheine. Entscheidend für ihre Argumentation sei, schrieb sie ihm, dass die CDU die außenpolitischen Grundlagen gelegt habe zu einer Zeit, da die SPD unrealistische Vorstellungen hatte und alles ablehnte – «inzwischen hat sich die SPD von ihrem Dogma gelöst und ihre Anschauungen reformiert (zu Staat, Armee, Kirche), während die CDU dem Bann ihres Dogmas (Antikommunismus) vollständig verfallen ist und aus dem Immobilismus nicht herauskommt». «Darum hält für die neue Phase nur die SPD eine adäquate Politik in petto, nämlich ‹Wandel durch Annäherung›, ‹Kleine Schritte› etc.»[55]

Bucerius nahm in seinem Antwortbrief vom 1. Juni 1965 zwar seine Partei in Schutz gegen den Vorwurf, auf «dogmatischen Antikommunismus» festgelegt zu sein, leugnete aber nicht, die ehemaligen Gaullisten in der CDU/CSU-Fraktion bereiteten dem Außenminister, Schröder, gehörige Schwierigkeiten. Im übrigen zog er sich auf die Formel zurück, die Parteien unterschieden sich heutzutage ohnehin nicht so sehr nach Programmen, deshalb empfehle es sich, sie danach zu bewerten, «ob sie gute Leute haben».[56] Damit hatte er sich de facto dem Kurswechsel gefügt, ohne es auszusprechen.

In der Logik lag es, dass Marion Dönhoff drei Jahre später, am 1. Juli 1968, den sechzigjährigen Josef Müller-Marein an der Spitze der Redaktion ablöste. Als sie 1957 die Redaktionsleitung übernahm, belief sich die Auflage auf 48 000 Exemplare, 1968 war sie bereits auf 250 000 geschnellt. Reibungslos vollzog sich der Wechsel nicht, überraschend meldete bereits die nächste Journalistengeneration ihren Machtanspruch an. Fünf leitende Redakteure, alles Männer, wandten sich in einem Brief an den Verleger sowie die frisch installierte Chefredakteurin, in dem es hieß: «Voll Vertrauen sehen wir der Übernahme der Redaktionsgeschäfte durch Sie, liebe Gräfin Marion, entgegen. Aber wir sind stärker als Sie, lieber Verleger, davon überzeugt, dass ein einzelner so ein Blatt wie die ZEIT eigentlich nicht mehr führen kann, jedenfalls nicht in der Zukunft.» Nach der Amtsperiode der Gräfin, hieß es unverblümt, solle der Verleger dem Blatt eine solide und so leicht nicht zu erschütternde kollektive Führung geben, «wie sie diesem unserem Blatt wohl angemessen wäre». Sie dächten an ein funktionsfähiges Gremium derjenigen, «die das Bild der ZEIT am stärksten mitgeprägt haben oder mitprägen sollen.» Inspiriert hatte den Brief der damalige Feuilletonchef Rudolf Walter Leonhardt.[57]

Mit dem Brief legten sie zwar kein Veto ein. Unumstritten, hieß das aber übersetzt, war nicht einmal Marion Dönhoff. Für die *wild bunch* zählte die große Dame des Journalismus zur alten Welt.

Schockiert reagierte Bucerius, seinen Antwortbrief stimmte er bis ins Detail mit Marion Dönhoff ab. «Donnerwetter», gab er am 2. Juni 1968 in einem langen Telegramm (z. Zt. Brione s/M., seiner Schweizer Residenz) zurück, das sei die «eiligste Machtergreifung», die er je erlebt habe. Marion Dönhoff empfahl Bucerius, in den Briefentwurf, den er ihr zugeleitet hatte, den Satz einzufügen: «Wenn von der Generation, die den legendären Ruf der ZEIT geschaffen hat, niemand mehr da ist, wird es schwer sein, jemanden zu finden, der von den anderen Kollegen als Chefredakteur acceptiert wird.» Bucerius übernahm ihn wörtlich.[58]

Zunächst blieb der höflich drapierte Aufstand zwar folgenlos. Als Theo Sommer ihr 1972 an der Redaktionsspitze nachfolgte, richtete Bucerius an sie einen Brief,[59] der viel von dem ausdrückte, was zu dem ungewöhnlichen Komplementärverhältnis zwischen Verleger und Journalistin geführt hat.

Nach Hamburger Brauch redete Bucerius «Marion» mit Vornamen an und siezte sie zugleich. Zunächst erinnerte er an den 10. April 1957, damals hätten Freunde, «die politisch andere Wege gehen wollten», sie beide aus der ZEIT herausdrängen wollen. Nach gewonne-

Verleger Gerd Bucerius: Er gehörte 1946 zu den Mitbegründern der Wochenzeitung, damals bereits lernte er Marion Dönhoff kennen. Journalismus hatte sie nicht gelernt und nicht als Beruf für das Leben erträumt. Trotz leidenschaftlicher Kontroversen über den Kurs und auch wenn sie ihm gelegentlich vorwarf, er entscheide «nach Art der Schlotbarone», sie respektierten und schätzten sich in ihren jeweiligen Rollen wechselseitig. Als einzige liberale Vetomacht erkannte der Verleger sie über Jahrzehnte an.

nem Prozess habe er an diesem Tag die Zeitung «Ihnen und Müller-Marein zurückgegeben». Keinen Zweifel ließ Bucerius aufkommen, dass er diesem Doppel den Aufstieg der Zeitung zuschreibe. Versöhnlich kam er darauf zu sprechen, wie sie sich in diesen dreizehn Jahren politisch zusammenrauften. «Liberal, das sind wir wohl beide. Aber was heisst das? Vielleicht, dass wir jederzeit bereit waren, das eben erreichte auf seine Tauglichkeit für morgen zu prüfen». Keineswegs seien sie sich immer einig gewesen. Oft sogar war es für ihn ein schwarzer Tag, gestand er, wenn mittwochs, spät abends, die ZEIT aus der Rotationsmaschine kam. Bucerius weiter: «Wie haben wir das überstanden? Nun: Sie sind großherzig, frei von jedem Egoismus. Gibt es das: der den größten deutschen Besitz im Osten verliert und nie ein Klagewort sagt? Nur Ihr Blick wird ein wenig fester, wenn Sie von der Heimat sprechen. Sehr geholfen hat mir, dass Sie Entscheidungen, wenn sie dann getroffen werden mussten, so folgten, als seien es die Ihren gewesen. Ein bisschen preußisch, nicht wahr?» «Gekracht» haben sie sich auch, wie er es formulierte, «und Briefe geschrieben über die lächerlichsten Sachen». So groß seien oft die politischen Spannungen gewesen, dass er darüber nicht habe sprechen können. Mal bot sie ihm, mal er ihr den Rücktritt an. «Nach dem letzten Streit fielen wir uns in die Arme und wussten gar nicht, was da eigentlich passiert war. Immer Ihr Gerd Bucerius».[60]

Sie küssten und sie schlugen sich. Seine Entscheidungen wolle er «nach Art der Schlotbarone» durchsetzen, die Nichtachtung der Redaktion sei «einfach schändlich», empörte sie sich. Nicht weniger schnörkellos, stellte er sich als Opfer dar, der für die ZEIT alles tue, und keilte zurück, «warum hassen Sie mich?» Nur, sie hassten sich nicht, sie ergänzten sich kongenial.

Mit «Herausgeberin» ist die Rolle, die sie seit 1972 innehatte, nicht wirklich beschrieben. Am Einfluss änderte sich nichts, sie hatte ihn dank ihrer persönlichen Autorität. Das Haus am Pumpenkamp 4, in dem sie bisher zur Miete wohnte, schenkte Bucerius ihr bei dieser Gelegenheit. Der Austausch solcher Herzlichkeiten, der ernst gemeint war – Marion Dönhoff fand auch seinen Brief «unbeschreiblich nett» –, änderte nichts daran, dass Gerd Bucerius ein scharfer, scharfzüngiger Kritiker des eigenen Blattes blieb, eine Kritik, die nach dem Machtwechsel 1969 und der Kurskorrektur der Zeitung sogar an Schärfe noch zunahm. Sie hoffte politisch auf Brandt, er nicht. Auszuhalten hatte solche Gewitter aber nicht mehr Marion Dönhoff, sondern ihr Nachfolger, Theo Sommer.

In die Rolle der heimlichen Appellationsinstanz allerdings wuchs sie umso wirkungsvoller hinein. Ihr huldigte er – nicht ohne Berechnung, gewiss – noch in seinen zahlreichen Alarmbriefen über *Spiegel* und FAZ, zwischen denen die ZEIT bald «zerrieben» werden könnte, noch habe sie allerdings eine «Schlüsselrolle» behalten. Gewinnen wollte er sie damit natürlich als Bündnispartnerin gegen den Chefredakteur (natürlich vergebens). Für Jahre habe er «einiges von dem Glanz abbekommen, den Sie (und fast nur Sie) geschaffen haben». Gerne wäre er damit in den Ruhestand gegangen, «aber so etwas Schönes muß ja nicht ein Leben lang dauern. Immer Ihr Buc.»[61]

In der zweiten Hälfte der siebziger Jahre versuchte der ruhelose Verleger erneut, die Spitze der Zeitung auszutauschen. Er sprach von Erweiterung – gemeint war kaum verschleiert eine Entmachtung Sommers und eine politische Neuorientierung. Diesmal ging der Vorstoß nicht von der Redaktion aus, sondern von Bucerius. Fünf Herausgeber sollten künftig das Blatt leiten, ähnlich wie in der FAZ. Der Leiter des Wirtschaftsressorts, Diether Stolze, begeisterte sich dafür, weil er hoffte, mehr Einfluss zu gewinnen, Sommer – zermürbt von der Dauerkritik – zeigte sich gesprächsbereit mit dem Argument, neue Federn und große Namen sorgten für frischen Wind. Gedacht war aber an ein unvereinbares Konglomerat von Autoren wie Johannes Gross, Wolf Jobst Siedler und Ralf Dahrendorf, eventuell garniert mit Günter Grass und Günter Gaus. Sogar den Namen Joachim Fests ließ Bucerius in einem Brief fallen: Die fünf Herausgeber, Dönhoff, Sommer, Gross, Stolze «könnten sich dann immer noch darüber schlüssig werden, ob sie auch noch Fest berufen wollen, oder einen anderen».[62]

Wieder war es Marion Dönhoff, die mit all ihrer Autorität bremste, sie wollte kein Blatt mit «Superstars». Was sie nicht sagte: Sie hielt viel von Pluralität, aber Vielstimmigkeit, die in Beliebigkeit mündet, war ihre Sache nicht. Sie setzte sich durch, und wohl nicht nur, «weil die Kandidaten nicht zu gewinnen sind», wie behauptet wurde.[63] Die Redaktion stellte sich ohnehin quer. Den Liberalen unter den neuen Namen, voran Ralf Dahrendorf, war nicht entgangen, dass sie einen politischen Kurswechsel des Blattes am Ende nur kaschieren sollten. Das diplomatisch formulierte, aber klare Veto Marion Dönhoffs konnten sie kaum überhören. Dahrendorf zuckte zurück. Die ZEIT allerdings blieb sein Traum.

Was aber hatte Bucerius bewogen, eine solche Kursänderung zu erwägen? Immerhin hatte er den Ruf eines liberalen Konservativen zu verlieren, dem es geglückt war, Marion Dönhoff mit ihrem großen Namen fest anzubinden. Ging es ihm nur um die Marktposition als Verleger? Allein schon der Name Johannes Gross verriet, dass er an eine grundsätzliche Neuausrichtung dachte. Gross galt als erklärter Carl-Schmitt-Jünger, scharfzüngig und zutiefst konservativ, den man sich bei der FAZ gut vorstellen konnte (bei der er Anfang der achtziger Jahre tatsächlich als Leitartikler und Kolumnist landete). Den liberalen Rahmen hätte allein schon sein Name in der Herausgeberleiste gesprengt. Die politischen Demarkationslinien zwischen den großen Blättern der Republik waren seinerzeit noch ungleich schärfer gezogen als heute. Carl Schmitts wegen, das wusste keiner besser als Bucerius, war Marion Dönhoff 1954 bei der ZEIT ausgeschieden, und jetzt sollte sie die Kröte schlucken? Es war überhaupt nicht daran zu denken. Die überwältigende Mehrheit der Redaktion wusste sie dabei hinter sich. Bucerius zuckte vor dem großen Konflikt schließlich zurück – Marion Dönhoff hatte sich noch einmal durchgesetzt, wie 1955. Ein letztes Mal, um es vorwegzunehmen.[64]

Das dreiköpfige Herausgebergremium, das Anfang November 1978 eingerichtet wurde, hatte mit der ursprünglichen Umbauidee nichts mehr zu tun, denn alle drei – Dönhoff, Sommer und Stolze – gehörten bereits zu den führenden Köpfen des Blattes. Der konservative Stolze, ein Freund von Franz Josef Strauß, sowie Sommer teilten sich drei Jahre de facto die Macht. 1980 erfolgte der letzte Anlauf, diesmal von Stolze angestoßen, um eine neue Herausgeberlösung durchzusetzen. Die Namensliste, die diesmal kursierte, Ludolf Hermann, Thomas Kielinger, Johannes Gross, löste Entrüstung in der Redaktion aus. Jeder von ihnen hatte gewiss seine eigene Handschrift, aber zusammen stellten sie aus Sicht des Kollegiums eindeutig den liberalen Grundkurs zur Disposition. In der Bundesrepublik brodelte es seinerzeit. Mühsam suchte Helmut Schmidt im Kanzleramt den Deckel darauf zu halten, die Friedensbewegung lief Sturm gegen seine Nachrüstungspolitik und gegen die Kernkraftwerke der Republik, mit den Grünen formierte sich eine neue Partei, aber auch die Fürsprecher einer konservativen Tendenzwende machten mobil und suchten die große Abrechnung mit «1968». Auf der politischen Bühne geschah das Undenkbare, Franz Josef Strauß setzte sich in den Unionsparteien als Kanzlerkandidat durch und zwang Helmut Kohl auf die Reservebank. Bei den Wahlen gegen den populären Kanzler 1980 sollte der CSU-Chef dann knapp unterliegen. Und ausgerechnet jetzt sollte eine liberale Stimme wie die ZEIT sich an die Spitze der Gegenbewegung stellen und sich an der Demontage Schmidts beteiligen? In der Kanzler-Frage klafften die Meinungen unter den Chefredakteuren auseinander, pro Schmidt oder pro Strauß. Für Marion Dönhoff gab es keine Sekunde lang einen Zweifel: Strauß zu unterstützen, wäre aus ihrer Sicht auf einen Tabubruch und ein Ende der Liberalität ihres Blattes hinausgelaufen.

Torpediert habe sie die Kolumnisten-Idee, räumte sie später in einem ihrer Briefe an Gerd Bucerius fröhlich ein – fröhlich, weil ihr das wenigstens geglückt war. Erst spät habe sie erkannt, dass der Gedanke, Johannes Gross und Ludolf Hermann «durch einen Seiteneingang in die ZEIT einzuschleusen», von ihm stammte. Wenn er auf ihre Mitarbeit Wert legen sollte, dann sei diese «nur gewährleistet, wenn die politische Linie nicht langsam der FAZ angeglichen wird. Denn das, so fürchte ich nach der Lektüre Ihres Briefes, scheint ihr eigentliches Ziel zu sein.»[65]

Die FAZ-Frage ließ Bucerius keine Ruhe. Am 11. Juni 1981 flatterte Marion Dönhoff, Theo Sommer und Diether Stolze die nächste Hausmitteilung auf den Tisch, diesmal mit Zahlen über die Leserschaft. Seine Sorge über den «unaufhaltsamen Aufstieg» der FAZ auf Kosten der ZEIT habe sich «grausam bestätigt», ließ er die drei Verantwortlichen wissen. Aus der Position der Mitte wandere die Nation ab, ein bisschen nach links, mehr nach rechts, die ZEIT befinde sich in der «*Observer*-Situation, also schlimm dran». Lange habe das Blatt das «Flair des Außerordentlichen» gehabt, das habe sich «verständlich – etwas abgenutzt». «Die FAZ ist einfach ‹in›. Das bauscht die Zahlen auf. Die Konservativen haben halt Aufwind.» Dass er die Schlacht um die konservativen Kolumnisten verloren hatte, war Bucerius klar («Über Kolumnisten kann man verschiedener Meinung sein; weiß Gott. Mir scheinen sie nach wie vor gut. Kann das ein ernsthafter Streitpunkt sein?»). Er wolle auch keine «Kurskorrektur». Gleichwohl wünschte er sich die Zeitung anders.

Fast vierzig Jahre habe diese «kühle und zugleich intensive Partnerschaft» trotz aller Spannungen gehalten, bilanzieren Sommer und Kuenheim, sie sei «der Schlüssel zum Erfolg der ZEIT» geworden.

«Altes Medium» betitelte Hans Magnus Enzensberger seine Reminiszenz an das Zeitungsgewerbe in Versform, die ihr seinerzeit gut gefiel. Wie Enzensberger in seinem Gedicht blickte sie zuletzt auch auf dieses Metier, in das sie 1946 beinahe per Zufall geriet. Enzensberger:

«Was Sie vor Augen haben,
meine Damen und Herren,
dieses Gewimmel,
das sind Buchstaben.
Entschuldigen Sie.
Entschuldigen Sie.
Schwer zu entziffern,
ich weiss, ich weiss.
Eine Zumutung.
Sie hätten es lieber audiovisuell,
digital und in Farbe.
    Aber wem es wirklich ernst ist
Mit *virtual reality*
Sagen wir mal:
Füllest wieder Busch und Tal,
oder: Einsamer nie
als im August, oder auch:
Die Nacht schwingt ihre Fahn,
der kommt mit wenig aus.
    Sechsundzwanzig dieser schwarz-weissen Tänzer,
ganz ohne Graphik-Display
und CD-ROM,
als Hardware ein Bleistiftstummel –
das ist alles.
Entschuldigen Sie.
Entschuldigen Sie bitte.

Ich wollte Ihnen nicht zu nahe treten.
Aber Sie wissen ja, wie das ist:
Manche verlernen es nie.»

Man muss dazu wissen: Ihre Standardantwort auf die Frage nach dem journalistischen Leitmotiv, an dem sie sich orientiere, lautete kurz: «Wir machen das Blatt, das uns gefällt.»

VI
«Wer je die Flamme umschritt»
Der zweite Kreis der Freunde

*«... Sie wieder auf dem Fensterbrett der Carmer-Veranda gefährlich
balancieren zu sehen ...»*
Ernst Kantorowicz

Ernst Kantorowicz (1895 bis 1963), der als Mediävist berühmt
wurde, galt als einer der auserwählten Schüler des «Meisters». Stefan
George, der im Dezember 1933 starb, hatte sich ihn gewünscht als
Autor der Biographie über den Stauferkaiser Friedrich den Zweiten
(1927), schon das war ein Ritterschlag. Der genialische Wurf, den
Kantorowicz zu Papier brachte, machte ihn über Nacht berühmt.
Nach Georges Tod emanzipierte sich Kantorowicz langsam von diesem Bann. Er entstammte einer wohlhabenden jüdischen Familie
aus Posen, meldete sich im Ersten Weltkrieg als Freiwilliger und
erlebte Verdun hautnah mit; seine Professur in Frankfurt/Main
konnte er, obwohl konservativ und ein glühender Nationalist, nach
1933 nicht mehr ausüben, nach mehreren Umwegen emigrierte er
1939 in die Vereinigten Staaten. Lange sträubte er sich gegen eine
amerikanische Edition – oder eine neue deutsche Ausgabe – seines
Friedrich-Opus, weil es von den Nazis verehrt und, wie er fand,
vollkommen missverstanden wurde. Andere Kreismitglieder, darunter ausgerechnet sein enger Freund und – wie kolportiert wurde –
Liebhaber Woldemar Graf Uxkull-Gyllenband, schlugen sich begeistert auf die Seite des neuen NS-Regimes.

Ernst Kantorowicz war fünfzehn Jahre älter als Marion Dönhoff. Liebevoll nannte er sie «Stüdchen».[1] Friedrich der Zweite als Repräsentant eines großen germanischen Reiches, das Europa umfasste, bildete die historische Schlüsselfigur im Denken des Kreises, ähnlich wie Cäsar, Napoleon, Goethe, Nietzsche, die anderen Ikonen, denen führende George-Schüler große Monographien widmeten. Gerade in der Person Friedrichs II. jedoch floss die Idee der wahren deutschen Nation, eines noch uneingelösten «Reiches» auf geradezu mythische Weise zusammen. Das war es auch, worauf die Machthaber des «tausendjährigen Reiches» gewartet hatten und weshalb sie seine Studie auf ihren Nachttisch legten. Es war ihre Bibel.

George hatte Kantorowicz zu Beginn der zwanziger Jahre kennengelernt. Er liebte es, sich monatelang in dessen komfortabler Wohnung hoch über dem Heidelberger Schloss einzuquartieren. Penibel begleitete der Dichterpatron das Entstehen des Werkes über den Mittelalterkaiser, sorgte für einen Verlag, anfangs hielt er es sogar offen, ob es nicht unter einem Pseudonym erscheinen solle, denn es ging doch in Wahrheit um *sein* Werk. Für das Manuskript wurde intern das Kürzel verwandt: Friedrich, George. Dass George ihm das Friedrich-Projekt zutraute, empfand Kantorowicz verständlicherweise als höchste denkbare Auszeichnung.

Von allen Freundschaften Marion Dönhoffs gibt sicher die zu «Eka», wie er genannt wurde, die meisten Rätsel auf. Schon insofern ist sie aber auch die faszinierendste.

Der junge Freiwillige war im Ersten Weltkrieg mehrfach verwundet worden. Es hieß, später habe er in Freikorpsverbänden den kommunistischen Spartakus bekämpft (und die Polen in seiner Heimatstadt Posen). Auch wenn die Studentin vermutlich keine gründliche Leserin seines *opus magnum* war, neben allem Persönlichem muss sie auch etwas an «Ekas» Gedankenwelt gefesselt haben. Der frühe Kantorowicz war fasziniert von dem Gedanken an verborgene Kontinuitäten, die im Mythos weiterleben, und von einer großen deutschen Nation, die noch nicht zu sich gekommen sei. Die Briefe, die sie sich damals schrieben, legen zumindest den Eindruck nahe, die Seelen- und Geistesverwandtschaft sei ungewöhnlich weit gegangen, auch wenn sie sich nicht brieflich über das Reich Friedrichs oder seine Rekonstruktion der mittelalterlichen Denk- und Glaubenswelt austauschten. Ich denke allerdings, dass ihre Vorstellung von einer «metaphysischen» Wirklichkeit in seiner Reichsidee eine geheime Erfüllung fand.

Kennengelernt hatte sie ihn während eines Abendessens bei Kurt Riezler, dem Kurator der Universität (seit 1928). Ein Banker, in dessen Haus in Frankfurt die Studentin wohnte, hatte Riezler auf die junge Gräfin aufmerksam gemacht, auf diesem Wege war es zu der Einladung gekommen.[2] Durchgesetzt hatte Riezler seine Berufung gegen den Rat von Fachhistorikern, die ihn heftig befehdeten, weil er sich den Zwängen und Regeln ihrer Zunft entziehe. Kantorowicz zeichnete sich als glänzender Stilist aus, der vom üblichen Geschichtspositivismus nichts hielt und auch als Autor die Leidenschaft für sein Sujet «Friedrich» in keiner Zeile verbarg. Auf Quellenangaben hatte er in seiner Studie bewusst verzichtet.[3]

Nicht alles aus seiner Vita wird «Stüdchen» gekannt haben. Aber es hätte sie auch nicht gestört, im Gegenteil, ein Faible für Exzentriker hatte sie ohnehin, warum sollte sie Einwände haben gegen einen Professor, der zunächst ohne Bezüge vom eigenen Vermögen lebte, der elegante, maßgeschneiderte Anzüge trägt, etwas von guten Weinen versteht, sich in Ruhepausen an der Front mit Champagner erholt, vorzüglich selber kocht und der zudem ironisch und geistreich parliert?

Der Abendgesellschaft bei Riezlers muss die junge Dame aus Ostpreußen mit dem klangvollen Namen gefallen haben, sie erhielt fortan regelmäßig Einladungen des Ehepaars in den Freundeskreis, meist gemeinsam mit Albert Hahn, Bankier und Professor an der Universität, sowie Ernst Kantorowicz. Ohne Vorbehalte sei sie akzeptiert worden, erinnerte sie sich nicht ohne Selbstbewusstsein später einmal bei einem Vortrag in Princeton, die gelehrten Herren habe es wohl amüsiert, «einen Menschen vom Land – frisch aus Ostpreußen importiert, durch Herkunft in mancher Weise welterfahren, gleichzeitig aber naiv – in ihren Kreis aufzunehmen.» Auch in dieser kleinen Runde hieß sie «der Stud». Für sie, gestand sie ihren Zuhörern, habe es sich um «aufregend interessante Professoren» gehandelt, um ungewöhnlich liebenswerte, lustige, ungezwungene Men-

Den Mittelalter-Historiker Ernst Kantorowicz (das Foto zeigt ihn mit seinem Hund 1927) lernte Marion Dönhoff als Studentin in Frankfurt kennen. Er stammte aus einer großbürgerlichen Familie in Posen (Jahrgang 1895) und galt als bevorzugter Jünger Stefan Georges. Der Freiwillige im Ersten Weltkrieg beteiligte sich später daran, den Spartakus-Aufstand niederzuschlagen. 1933 ging er auf Distanz zu den neuen Herren, er träumte von einem anderen «Reich» als sie. Aus dem Konservativen wurde in Berkeley und Princeton ein liberaler und unabhängiger Kopf. Immer blieb er ein Bonvivant und ein Dandy, elegant und extravagant. Für den wunderbaren Briefeschreiber blieb sie stets «Stud», und sie verkörperte das «andere Deutschland».

schen. Es traf sich, dass der Gastgeber ein «Meister des Gesprächs» gewesen sei, brennend interessiert an der «Weltpolitik» – wie sie auch.[4] Was sie in Princeton natürlich nicht erwähnte: Eingeweihte sollen damals bald überzeugt gewesen sein, dass Kantorowicz «sehr interessiert an der Gräfin war, obwohl sie zu jung für ihn war». Umgekehrt sei auch Marion in den blendend aussehenden Kantorowicz «verschossen» gewesen, allerdings in Konkurrenz mit einer Baronesse von Wangenheim, die einen amerikanischen Sportwagen fuhr, während Marion sich gerade mal ein Opel-Cabrio leistete. Jedenfalls haben die vier Freunde wohl die Rhein- und Weindörfer in der Nähe unsicher gemacht und viel Zeit miteinander verbracht.

Die intensiven Gespräche, erinnerte sie sich aber auch, drehten sich meistens um Politik, «angeregt durch immer neue Schreckensmeldungen, die die Taten oder Pläne der Nazis auslösten». Auch Max Liebermann lernte sie kennen in diesem Kreis, Frau Riezler war eine Tochter des Malers. «Nur der Schein trügt nie», habe Liebermann es kommentiert, als die Universität immer stärker von Braunhemden überflutet wurde, er könne «gar nicht so viel essen, wie ich kotzen möchte». Sie hatte das Glück, in eine kleine Enklave jüdischer Professoren und Intellektueller geraten zu sein, wohl überwiegend konservativ, die allesamt Nazi-Gegner waren.

Nationalsozialisten und Kommunisten waren unter den Studenten etwa gleich stark, erinnerte sie sich, sie habe es zu den «Roten» gezogen, weil sie Opposition leisteten. Gelegentlich kam Eka mit, «wenn wir irgendeine berühmte Größe aus Russland oder auch aus der heimischen KP als Redner gewonnen hatten, aber natürlich nahm er sie oder ihre Ideologie nicht ernst.» Ihren Spitznamen, «rote Gräfin», bekam sie vermutlich damals weg. Aber was besagte das wirklich? «Rot» war ihr Begleiter, Eka, ganz gewiss nicht, vermutlich wollte er ihr und ihren wundersamen politischen Freunden eher gefallen.

Nach Frankfurt mit seinem liberalen Ruf lockte es auch ihren Jugendfreund Heinrich Lehndorff, von 1932 bis 1934 besuchte er jedenfalls hie und da juristische und betriebswirtschaftliche Vorlesungen, während seine Schwester Sissi sich zur Krankenpflegerin ausbilden ließ. Das war die Berufsausbildung, die normalerweise für Mädchen vorgesehen war, Frauen aus Marion Dönhoffs Welt arbeiteten freilich meist gar nicht im Beruf, sie heirateten und sollten tunlichst das Leben als Hausfrau und Mutter führen. Vielleicht hatte sie mit Sissi, immerhin ihrer engsten Jugendfreundin, einen

Lebensweg vor Augen, den sie sich für sich nicht wünschte? Die Universität öffnete den Blick auf eine andere Welt, auch wenn Frauen dort eine Seltenheit waren; obendrein unterrichteten hier namhafte Hochschullehrer – in Erinnerung blieben ihr Paul Tillich, Karl Mannheim, Max Horkheimer, Walter F. Otto und Adolph Löwe, der aus Kiel an den Main wechselte.

Reiten wie zu Hause konnte sie hier nicht, also kaufte sie sich mit Heini Lehndorff zusammen ihr erstes Auto, einen gebrauchten Opel, für ganze 200 Reichsmark. Einziger Kummer: Für den Geschmack Marions fuhr die Limousine zu langsam, sie liebte es rasant.[5]

«Seelenruhig» ging Eka in dieser polarisierten Zeit seines Weges, so behielt sie ihn jedenfalls vor Augen. Seine stoische Haltung, die ihr imponierte, suchte sie damit zu erklären «dass er oberhalb seines durchaus vorhandenen Realitätsgefühls in gewisser Weise in einer entrückten, oft geheimnisvollen Welt lebte». Wirklich klar abgegrenzt von dem nationalistischen Wahn hatte er sich öffentlich lange nicht. Bewahrte ihn nur seine jüdische Herkunft vor einer zweifelhaften Verbrüderung? Sein Biograph, Robert E. Lerner, stellt diese naheliegende Frage, zumal Kantorowicz eben auch von einem großen Germanien träumte. Er beschreibt ihn auch keineswegs als Heroen im Kampf gegen die Nationalsozialisten an der Johann-Wolfgang-Goethe-Universität. Unter dem Strich fällt sein Befund gleichwohl positiv aus.

Zu Beginn des Jahres 1933 wurden 90 Professoren oder Dozenten entlassen, weil sie links waren, jüdisch oder – noch schlimmer – beides zugleich. Kurt Riezler büßte nun für seine souveräne Berufungspolitik, er musste selbst die Universität verlassen, verbrachte einige Jahre als Privatgelehrter in Berlin und wanderte beizeiten in die USA aus. Einige Liebermann-Bilder konnte die Familie retten, sie lebten «von der Wand in den Mund», wie Riezler der Freundin aus Frankfurter Zeiten, Marion, einmal schrieb. Auch Albert Hahn emigrierte. «Eka» übernahm zunächst eine Gastprofessur in Oxford, kehrte dann aber zurück und führte ein Privatgelehrtenleben in Berlin, seinen üppigen Lebensstil allerdings musste er reduzieren. Nach den Novemberpogromen 1938 emigrierte er mit Hilfe von Freunden über England endgültig in die Vereinigten Staaten. Seit

1939 unterrichtete er in Berkeley, lange Jahre unter finanziell ungesicherten Verhältnissen. Gelegentlich trafen sich die Freunde aus Frankfurter Zeiten, Kantorowicz, Riezler und Hahn, auch in ihrer neuen Heimat.

In Berkeley hat Kantorowicz die hysterische Jagd McCarthys nach Kommunisten miterlebt. Sämtliche Professoren sollten den *loyalty oath* schwören, sich also ausdrücklich zur Verfassung bekennen, um sich von jedem Verdacht auf ideologische Nähe zum Kommunismus reinzuwaschen. Schon in Frankfurt hatte Kantorowicz argumentiert, er sei zwar ein national denkender Konservativer, es sei aber unter seiner Würde als Professor, sich darauf zu berufen – er käme sich sonst opportunistisch vor. Jetzt, in Berkeley, fühlte er sich an NS-Zeiten erinnert, denen er gerade glimpflich entronnen war. Auch wenn er sich noch immer als Konservativen ansah, er wollte sich nicht darauf berufen und weigerte sich konsequent, den Eid zu leisten. Erst der Ruf nach Princeton, 1951, rettete ihn und sein Seelenheil. «Hier ist es wunderbar», gestand er aufgeräumt seiner Freundin, «hier wird man für das Sein bezahlt und nicht für das Tun».[6]

Was entdeckten, was schätzten Marion Dönhoff und Eka aneinander? Einiges vom Kern dieser außergewöhnlichen Freundschaft wenigstens lässt sich rekonstruieren anhand der elf Briefe von Kantorowicz an seine Frankfurter Gefährtin, die erhalten geblieben sind. Er hatte gewünscht, dass seine gesamte Korrespondenz verbrannt werde. Die junge Verwalterin von Schloss Friedrichstein bewahrte die Post aus Berkeley und Princeton nicht nur auf, wohlweislich schickte sie Ende 1944 in einem Koffer Korrespondenz (samt zahlreichen Negativen) in den Westen, das Ende war ja absehbar, bevor sie selber die Flucht antrat. In einem wunderbaren Essay – «In vino dignitas. Der Chevalier und die Comtesse» – verfolgt Joachim Kersten diese Briefspur.[7]

Der erste der beiden Briefe aus Kriegszeiten – verfasst in Berkeley, adressiert an «Gräfin Marion Dönhoff, Schloß Friedrichstein, Kr.(eis) Löwenhagen bei Königsberg i. Pr. Germany!» – datiert vom 11. Dezember 1939, ein Weihnachts- und Neujahrsgruß. Geschliffen, geistreich und witzig wie immer, als sei er nicht gerade erst ins Exil gezwungen worden, schrieb Kantorowicz: «Von mir gäbe es nur Gutes zu melden, läge einem nicht auch in dieser Ferne Europa so schwer im Magen ... Weihnachten werde ich wohl in Los Angeles – Hollywood sein. Sollte ich dort Greta Garbo heiraten, so erfahren Sie es aus den Zeitungen. Aber drücken Sie den Daumen, daß nicht!» Freche Anspielungen folgten auf die Frau seines Freundes Kurt Riezler, gleichfalls im Exil, die er aufgekratzt nur die «Gelibbde» nannte. Oder auf «Trott, der meine Stelle als Ginflaschenlehrer angetreten hat». Gemeint war Adam von Trott zu Solz, der im Herbst 1939 von Ernst von Weizsäcker in die USA entsandt worden war, offiziell um an einem Kongress über die «Pacific Relations» teilzunehmen. Seinem «beloved Stüdchen» schilderte Eka, sein Leben widme er endgültig «dem Gesang», womit er auf sein geplantes Buch über «Laudes regiae» (königliche Lobgesänge) anspielte. Aber natürlich plauderte er auch über die hübschen Studentinnen, um die ihn Freund Riezler im fernen New York beneide, und wie er sogar Spaß entwickle am Collegeleben. Er sei angekommen und nicht resigniert, sollte komprimiert die Botschaft wohl lauten, die er nach Ostpreußen morste.

Erheblich bedrückter klang es bereits ein knappes halbes Jahr später, Kantorowicz' Brief stammt vom 17. Juni 1940.[8] Gemeinsame Abende am sommerlichen Kurfürstendamm gingen ihm durch den Kopf, auch der Zug, zu dem sie dann eilen musste, womit sie ihre Abende oft zerschnitten habe, und schließlich erinnerte er sich an seinen Wunsch, «Sie wieder auf dem Fensterbrett der Carmer-Veranda gefährlich balancieren zu sehen, wodurch Sie die Spannung ohnehin spannungsreichster Wochen noch um eine weitere Spannung bereicherten.» In der Carmerstraße hatte Kantorowicz gewohnt, bevor er 1938 auf Grund einer Warnung eilig aus Berlin flüchtete. Auch, dass er zu Gast war bei den Dönhoffs auf Friedrichstein, geht nebenbei aus dem Brief hervor: «Und wie gern bräche und sammelte ich wieder in Fr.'stein Schwämme von Weidenstümpfen, lieber denn je!» Die Zerschlagung Polens 1939 hatte ihm offenbar noch keine Sorgen bereitet. Zwischen dem ersten Brief – der den Stempel «geöffnet» des Oberkommandos der Wehrmacht trägt – und dem zweiten hatten sich neue Dramen ereignet, der Überfall auf Dänemark und Norwegen, Hitlers Feldzug gegen Frankreich, die Luftwaffenangriffe auf England; erst dieser Krieg im Westen traf ihn. Ein in der Tat «gespenstisches Kompliment» machte der 45-jährige Professor der Studentin von ehedem, wie Kersten schreibt – «es ist das und genau das, weshalb ich Sie so gern habe: daß Sie aus Ihrer Herkunft die Konsequenzen ziehen und im Gleichgewicht bleiben trotz Bekümmertheit, Schwierigkeit und mancher Sackgassigkeit Ihres Daseins.» Um dann hinzuzufügen: «Und Sie wären eine der wenigen, der dieses unforcierte Gleichgewicht (im Gegensatz zur sehr einfachen forcierten Gleichgültigkeit) bewahrte, wenn man Sie zum Galgen führte. Sie sind klarsichtig genug, um schicksalsfromm zu sein, und diesen ‹amor fati›, der allein jenes Gleichgewicht verleiht, hat man entweder aus religiösem Fühlen heraus oder aus klarem Sehen. Das erste allein als Glauben an eine wohlmeinende Providenz ist heute zu billig für unsereinen; aber das zweite, das klare und ruhige Sehen, verschwimmt schließlich mit Frommheit (nicht Frömmigkeit!) zusammen zu einem Ganzen. Doch wohin führt dieses Philosophieren, das mir bloß deswegen in die immer noch aktive ‹Erika› fliesst, weil eines unserer Kurfürstendamm-Vorgarten-Gespräche auch das Thema von Glauben und Kirche berührte.»[9]

Am Widerstandsgeist Marion Dönhoffs, merkt Kersten *en passant* an, «bestand für Ernst Kantorowicz also kein Zweifel». Aber etwas anderes schwang in seinem Brief mit: Stoizismus und eine Art Frömmigkeit, die Halt geben würden noch auf dem Weg zum Galgen? Er meinte damit ja nicht – Kälte. Das «unforcierte Gleichgewicht», das er sich mit Marions «Herkunft» erklärte – fast klingt es so, als habe Kantorowicz nicht nur das Flair des Aristokratischen mit ihr genossen, sondern als habe er sie auch beneidet um ihre innere Sicherheit. Ihn riss es noch hin und her zwischen seinen eigenen, Georgeschen Träumen von deutscher Größe und dem Abscheu vor den Hitlerbegeisterten, die Ähnliches beschworen – während sie längst schon eine rote Linie zog. Vielleicht versteht man so besser, dass er, der Ältere und Erfahrenere, Veteran aus dem Ersten Weltkrieg und aus Verdun, sich von «Stüdchen» hatte an die Hand nehmen und zu den Versammlungen ihrer linken Freunde mitnehmen lassen – damals in Frankfurt, 1932, Lichtjahre war es her. Sie sollte Recht behalten. Er hatte den klaren Trennstrich nachholen müssen.

Der Professor von der Europa-abgewandten Westküste, aus Berkeley, an «Stüdchen geliebtes» im Jahr 1940: «Sie kennen mich ja gut genug um zu wissen, daß ich lebensmässig und was mein Dasein anbetrifft alles andere eher bin als ein Pessimist … Was jedoch die Entwicklung Europas anbelangt, so hätte ich mich selbst belügen müssen, um nicht zu sehen, wohin die Faten diesen Erdteil und auch die westliche Hemisphäre hindrängten. Daß das Wort des ‹persönlichen Glücks›, auf das nach der Constitution dieses Landes hier der Mensch von Natur aus ein Anrecht habe, für nicht abzusehende Zeiten aus innerer Notwendigkeit ausgelöscht werden würde, ist mir seit Dezennien, seit 1920 vielleicht, klar gewesen. Zudem vergessen Sie nicht meinen Beruf, in dem ein ‹wishful thinking›, die schwerste Krankheit unserer Tage, seiner Natur nach keinen Platz haben kann.»[10]

Abgesehen davon, dass dies im Jahr 1940 kein ungefährlicher Brief war, gern würde man erfahren, wie Marion Dönhoff darauf reagierte. Besondere Brisanz gewinnt der Brief an der Stelle, an welcher er klar machte, wie entschieden sein Autor jede Art von Appeasement-Politik ablehnte. Kantorowicz: «Ein Mann wie Winston Churchill, der wenigstens den Begriff der MACHT kannte, witterte als einziger die Gefahr für England, weil er eine Gefährdung der Macht und seiner Heimat richtig herausspürte. Aber eben deswegen war er in seinem Lande so gefürchtet – wie ich immer sagte: Chamberlain fürchtete Churchill mehr als Stalin und den Führer zusammen. Und wie er dachten die meisten seiner Landsleute. Ach, und hinzu kamen unendliche andere Dinge! Ich wusste aus der Vergangenheit, dass die echte Revolution immer siegreich sein muss, weil nur sie die neuen Einfälle auf allen Gebieten haben kann. Revolution heisst doch die Hemmungen der anderen nicht zu haben, was immer diese Hemmungen jeweils seien …»

Einen revolutionären Geist bei den Nazis, der sie alle Hemmungen fallen lässt, «Defensivgeist» bei den Nachbarn, der sympathisch, aber verhängnisvoll sei, und 3000 Meilen «Ocean» zwischen Deutschland und den USA als vermeintlicher Schutz – der Blick von Kantorowicz verdüsterte sich rapide. In welche Stimmung sie sein Brief wohl versetzte? «Alles das und sehr vieles andere, Stüdchen, fasste ich zusammen unter dem Titel der deutschen ‹Sternstunde›; und dieses Sich-Schneiden aller Entwicklungslinien in Deutschland und in unserer Zeit vermochte ich nicht zu verkennen. Auch übersah ich die strategische Lage und die politische Geographie einigermaßen und glaubte niemals, dass wirtschaftliche Fragen entscheidend sein konnten, dass sie mehr als allenfalls ‹große Unbequemlichkeiten› herbeiführen könnten. Nationalökonomen sollten in Krisen und im Kriege eingesperrt werden; denn ihren falschen Statistiken und Kalkulationen sind alle modernen Niederlagen zu verdanken.»

An der Stelle machte Kantorowicz – unnachahmlich in seiner Ironie – ein Sternchen mit der Feder, um in den maschinengeschriebenen Brief handschriftlich am rechten Rand einzufügen: «Sie nehme ich aus! Sie haben *eine* Stunde bei mir gehört!»[11]

Kersten geht davon aus, die ironische Seitenbemerkung – «sie nehme ich aus!» – beziehe sich auf seine Vorlesung vom 14. November 1933, bei der sie im Hörsaal saß, während er erläuterte, was er mit dem «geheimen Deutschland» meine. Stefan Georges «Neues Reich» grenzte er in diesem Vortrag – höchste Zeit war es tatsächlich – vom «Dritten Reich» der Nationalsozialisten ab. Seine von George abgeleitete Idee habe er nicht nur zu retten versucht, so versteht ihn sein Biograph Janus Gudian, sondern er habe sie «zu einer Waffe geschmiedet, mit der er zum Angriff überging».[12]

Endgültig erklärte er sich nun solidarisch mit den jüdischen Kollegen, die von der Universitätsleitung relegiert wurden. Erleichtert, weil er endlich Klarheit geschaffen hatte, berichtete er Edgar Salin in Basel, er habe die Dinge «beim richtigen Namen genannt». In seinen Augen habe er sich alles «vom Herzen gebrüllt in ein totenstilles Auditorium, das erst braun war und dann rot anlief».[13] «Stüd» hat über diesen Auftritt in Frankfurt leider nichts berichtet. Es fand sich niemand, der die Rede veröffentlicht hätte. Der vorsichtige Edgar Salin riet davon dringend ab.

Seine «Antrittsvorlesung», mit der er sich zugleich auch verabschiedete, dürfte seiner jungen Zuhörerin jedoch besonders imponiert haben. Furchtlosigkeit in jeder Lebenslage schätzte sie, er kuschte nicht, so liebte sie das und so hielt sie es gerne selber. Mit dem «geheimen Deutschland», auch das hatte er klar gemacht, meinte er gerade nicht jenes «Reich», das am 30. Januar 1933 begann. Abgegrenzt aber hatte er sich damit zugleich auch von jenen Verehrern Georges, die ihr mythisches «Deutschland» ausgerechnet in Hitler verkörpert fanden.

Bei ihm hatte sie Albrecht Bernstorff[14] kennengelernt, er gehörte seitdem zum Netz gemeinsamer Freunde, so wie Moltke und Yorck.[15]

Über verwandtschaftliche Verbindungen waren Kantorowicz und Bernstorff in Berührung gekommen. Da Stintenburg nur wenige Fahrstunden von Berlin entfernt liegt, besuchten die Freunde häufiger Bernstorff in seinem eigentlichen Domizil. Im August 1936 hielt sich Kantorowicz gemeinsam mit seinem britischen Freund Cecil Maurice Bowra, einem reputierten Literaturwissenschaftler, für ein paar Tage als Gast in Stintenburg auf, sie schwammen gemeinsam im See, während Bernstorff zur Jagd ging. 1937 trafen sich dort auch Marion Dönhoff und EKa.[16] Die Fotos aus Stintenburg mit Bernstorff, Kantorowicz und Marion Dönhoff wirken heute wie die Momentaufnahmen einer Idylle im letzten Moment, als schwebe eine Ahnung des Kommenden über ihnen. Tatsächlich genossen sie ja auch das Leben unter erschwerten Bedingungen weiter. Wenn es je zutraf, dass Kantorowicz ernsthaft flirtete mit «Stüdchen» – eine platonische Liebe blieb es mit Sicherheit –, Kantorowicz und Bowra hingegen verbargen zumindest zwischen 1935 und 1938 nicht, dass sie ein Paar sind.[17] Die Freundschaft zu Marion tangierte es offenbar nicht.

Jeder kannte jeden in diesem Milieu, und jeder konnte sich auf jeden verlassen in der engmaschig verflochtenen Welt. Sie muss auch gewusst haben, dass Albrecht Bernstorff in der Pogromnacht im November 1938 Kantorowicz in seiner Wohnung in der Berliner Hildebrandtstraße versteckte (und Kantorowicz war keineswegs der einzige Jude, dem er half). Den Pass hatten die Nazis «Eka» bereits seit längerem entzogen. Einem Freund Bernstorffs gelang es in letzter Sekunde, ihm dennoch zu einem Visum für die USA zu verhelfen.

Edgar Salin übermittelte dann nach Kriegsende die Hamburger Adresse Marion Dönhoffs ins ferne Berkeley. Am 20. September 1946[18] nahm der Neu-Amerikaner mit Marion den Kontakt wieder auf. Natürlich ging er nicht darauf ein, welche Nachtgedanken ihn bald nach der Ankunft in Berkeley 1940 geplagt hatten. Einem seiner Studenten hatte er offen bekannt, dass ihn Rachegefühle heimsuchten. Was Deutschland angehe, schrieb er verbittert, dürfe getrost «ein Zelt über das ganze Land ausgebreitet und das Gas angestellt werden».[19] Nun, 1946, neigte er – nur allzu verständlich – zu einem pauschalen Verdikt, zu tief war Deutschland gefallen. Von diesem Standpunkt, vermutet sein Biograph Lerner, sei er auch später kaum abgewichen, um Deutschland machte er fortan möglichst einen Bogen bis zu seinem Tod.[20]

Marion Dönhoff muss eine der großen Ausnahmen für ihn gebildet haben, mit ihr traf er sich weiterhin gerne. «Stüd» war und blieb für ihn eine *andere* Deutsche. EKa: «Geliebtes Stüdchen, der letzte Brief, den ich von Ihnen erhielt, kam aus Teheran. Seither habe ich oft mit Sorgen an Sie gedacht … wie geht es Ihnen jetzt? Wie leben Sie, wovon, und mit oder bei wem? Können Sie etwas tun, und was? Es ist so schwer, sich ein Bild zu machen, wie in diesem Trümmerhaufen, der Hamburg ist, das Leben weitergeht und noch weniger, wie Sie dorthinein passen und dorthin verschlagen sind. Ich habe ja einmal, noch vor dem ersten Krieg, dort ein Jahr verbracht, in der Isestrasse, glaube ich, am Ende der Rothenbaumchaussee, in einem damals sehr reichen und glücklichen Hamburg, von dem wohl kaum Spuren noch vorhanden sind. Haben Sie mit irgendwelchen Bekannten von früher noch Kontakt? Ich fürchte, dass wie Bernstorff die meisten nicht mehr sind. Von Edgar Uexküll allerdings kam ein Brief an die Riezis. Ich habe gerade mit ihnen beiden ein paar Ferien-Sommerwochen oben in der Sierra verbracht, ich Forellen angelnd, der Riezi tief brütend über das Problem der ‹Sorglosigkeit› (genau so passend wie damals in Ronco, als er an dem schönsten Sommermorgen in den See starrte und über die ‹Verzweiflung› nachdachte: zu seltsam, wie sich seine Probleme der jeweiligen Lage unanpassen!), die Gelibbde sich der Sonne hingebend. Es war schön und friedlich, ausser wenn die Europa-Post ankam, die immer schlechte Nachrichten enthielt oder deprimierende ... Gestrandet bin ich natürlich auch wie ihr alle; aber es ist noch ein passabler Strand ... Schreiben Sie mir, Stüdchen, und sobald ich weiss, daß Post Sie erreicht, schicke ich Ihnen ein Paket. Man kann jetzt endlich in die englische Zone schicken. Leben Sie wohl und seien Sie herzlich umarmt. Ihr EKa.»[21]

Am 8. November 1946 erhielt Kantorowicz Post aus Hamburg, einen Bericht «über die vergangenen Jahre». Bereits am Tag darauf tippte er auf seiner ‹Erika›, endlich könnten sie beide wieder – über einen halben Kontinent hinweg – die «Fäden spinnen». «Ich las ihn, als ich am Spätnachmittag nach Hause kam, und las ihn noch einmal, und las ihn abends meiner Cousine Franchetti (früher Hambuechen, ehemals der ‹Boss› von Albrecht Bernstorff bei Wassermann), deren Mann und deren Mutter vor ... Ihr Bericht, voll Menschlichkeit, ohne Sentimentalität, klaglos, und von objektiver Sachlichkeit hat einen den Mächten des Schicksals im persönlichen, und noch viel mehr im überpersönlichen, Sinne gegenübergestellt, mit all jenem die Brust Beklemmenden und den Atem Verschlagenden, den die Konfrontation mit den Moiren, den Schicksalsgöttinnen, einem auferlegt. Sehen Sie, das ist das am schwersten zu Ertragende für unsereinen, dass man ohne eigene Schuld dazu verdammt war, am Schicksal der Seinen, und damit der Welt, keinen Anteil gehabt zu haben ... Hier ist man nun gewesen, wie gesagt: ohne eigene Schuld (Hähnchen meint: wir hätten uns ja das Land nicht ausgesucht!), während über Euch alle Dinge dahingingen, die in jeder Minute die Frage nach dem Absoluten und nach den letzten Gründen des Seins an Euch richteten. Wo man hingehört hätte, war einem klar: zu denen im Konzentrationslager, zu den Zügen derer die in die Gaskammern eingingen, zu der Mutter die in Theresienstadt starb, zu meiner Cousine Gertrud K. (der einzigen Frau, von der Gedichte in den Blättern für die Kunst Aufnahme fanden, unter dem Namen Gert Pauly), die auch in Theresienstadt umkam, zu den Vettern, die vor den Einmarschierenden aus Luxemburg und Frankreich hinweghetzten; aber ebenso zu den York und Moltke (die ich bei Bernstorff traf) und den Stauffenbergs und dem jungen Hassell (den Sie wohl bei mir – oder ich bei Ihnen? – trafen) oder zu Bernstorff, dem Unseligen, und alle denen, die den gleichfalls unseligen 20. Juli vorbereiteten, oder denen, die übers Eis und im Schneesturm aus Ostpreußen flohen, und damit – last not least – zu Ihnen. Dort ist es, wo man schicksalsmäßig hingehört hätte, wobei die Frage, ob das ‹Sinn› gehabt hätte, völlig belanglos ist; genau wie die Frage ob hier Geschichte zu unterrichten oder in Hamburg eine Zeitung zu edieren einen ‹Sinn› habe, unstellbar wie unbeantwortbar ist.»

«Sehen Sie, Stüdchen, das alles – Schicksal und Schicksalslosigkeit – hat Ihr Brief einem wieder mit größter Wucht zu Bewusstsein gebracht ... Wir hatten uns so oft, in der Carmerstrasse oder bei anderen oder in Ihrem weissen Wägelchen auf der Fahrt zu und von Stintenburg oder in Friedrichstein an jenem Brand-Tage, darüber unterhalten, dass ich alles damalige Geschehen in jener geschichtlichen Ferne ansah, während Sie bei aller Bereitwilligkeit des Mitgehens sehr berechtigterweise die Dinge doch auch, sagen wir, sub specie Friedrichstein betrachteten und erlebten. Und die Berechtigung dessen wurde mir bei jenem einzigen Besuch in Friedrichstein in den Nach-München-Wochen natürlich noch klarer, als ich Sie am Kamin damit neckte, wie später einmal die jüngeren Generationen Ihrer Familie von Ihnen als der ‹geistvollen Tante Marion› sprechen würden, die an dem gleichen Kamin, an dem jene dann sitzen würden, die ‹geistvollen Männer ihrer Zeit› um sich versammelte. Nun ist der Kamin tot und die Neffen erloschen und Friedrichstein dahin, und wir beide, Sie und ich, sitzen auf dem gleichen Generalnenner, unter dem ein ‹X› steht, das Fragezeichen, das uns beide auf die gleiche Ebene, den gleichen Strich gebracht hat» ... «Ich hatte es früher bedauert, dass Sie nicht geheiratet haben, und auf der Rückfahrt von Stintenburg, von jenem grossen Pfingstfest dort, hatte ich Sie darüber befragt. Heute finde ich es gut, dass Sie kein Kind haben; denn Kinder schliesst jenes ‹Später› in sich, und wir sind in keine Zeit geboren, in der man diese ‹offenen Konti› haben sollte. Dies auch der wesentliche Grund, warum George uns das Nicht-Heiraten angeraten hat. Er wusste, welcher Zeit wir entgegengehen würden.»

Das musste er sich vom Herzen schreiben. Weiß sie, wollte Kantorowicz gleich noch erfahren, weshalb Bernstorff ein zweites Mal verhaftet wurde? Was ist aus dem jungen Hassell geworden? Ihr Aufsatz über den 20. Juli – Salin hat ihn nach Berkeley geschickt – sehe von allen Schriften als einzige «die Dinge von ‹unserem› Geistigen her» an. «Glauben Sie nicht, dass mir dieses Datum ‹unbekannt› geblieben wäre oder nichts bedeutete. Es war, schon durch den Namen Stauffenberg, für mich ein Shock wie wenige in diesen Jahren. Leben Sie wohl, geliebtes Stüdchen, stets Ihr Eka.» PS: Neugierig sei er auf ihre Zeitung, ob sie nicht Proben schicken kann und Texte von ihr, die ihn interessieren könnten, Berichte über die Lage in Deutschland … Carepaket folgt![22]

Das «Früher» werde schon zu Lebzeiten mythisch, mit einer Heirat und Kindern aber denke man an ein «Später»: Nur nebenbei gesagt – hat Kantorowicz damit nicht die einfühlsamste Antwort auf die Frage gegeben, weshalb sie auf eine eigene Familie verzichtete? Keine Zeiten für «offene Konti»!

Am 29. Dezember 1950 dankte «Eka» ihr, dass sie hochherzig sein jahrelanges Schweigen durchbrochen habe. Er freute sich auf ihr erstes Wiedersehen, eine journalistische Visite in Washington wollte sie zu einem Treffen mit ihm nutzen. In fünf Minuten, schwärmte er, nach dem «ersten Schock des Wiedersehens» werde es genauso sein wie damals in Berlin. Sobald er in Washington eingetroffen sei, werde er Lammkeulen und Geflügel zum Abhängen in die Bibliothek verpflanzen, das komme ihr nun zugute – «leider habe ich das letzte Menu in der Carmerstrasse vergessen, so dass es passieren könnte, dass ich mich wiederhole.» Und, ach ja, in einen «großen Krach» sei er verwickelt, wollte er ihr rasch zurufen. Er weigere sich nämlich, über den Beamteneid hinaus einen speziellen *loyalty oath* zu leisten, «der lediglich rechtsrepublikanischer Parteipolitik (McCarthy, Hearst etc.) dienend die Prinzipien der Lehrfreiheit und akademischen Unverletzlichkeit zu untergraben geeignet war.»[23]

Bald würden sie sich sehen, ließ er sie fröhlich 1951 wissen, die Riezis kämen auch, nach nunmehr elf Jahren. Er habe einen Ruf nach Princeton erhalten, setzte er betont trocken und scherzhaft hinzu. Schön war das Treffen, schwärmte er hinterher, «und die

Tatsache, dass ich Ihnen auf den Kopf zusagen konnte, dass Sie Ihre Handschuhe verloren haben, bestärkt den Glauben an das Unveränderliche innerhalb der veränderlichen Welt.»[24]

«Ich lade Ihnen Kennan ein», lockte er 1955 in seinem Brief, «und einen sehr netten jüngeren Historiker, Gordon Craig, der mit Deutschland genau vertraut ist.» «Bitte rufen Sie mich doch an: Princeton I – 3250 (sehr leicht zu merken: Konzil von Nicäa 325 und die o dahinter bedeutet, daß nichts dabei herausgekommen ist; vielleicht merken Sie sich aber Nicäa leichter als meine Telefonnummer).»[25]

«Eka» melancholisch 1956: Sie sei «heute der einzige Mensch in Deutschland, mit dem ich noch ein Früher gemeinsam habe». Und weiter: «Missverstehen Sie mich nicht: ich beklage mich nicht, daß ich vereinsamt wäre. Das kann ich, glaube ich, nicht sein, solange ich an meinem Schreibtisch ‹spielen› kann; aber man wird ‹fossil›, wenn nur noch junge Leute da sind, die ‹bewundern› oder Kollegen, die sich nicht das Recht nehmen, einen zu korrigieren – ich meine lebensmässig. Und so ist es halt. Immerhin, ‹ich spiele mich›, wie Zille sagen würde (‹jeh runter in den Hof, Karlchen, und spiel dich›, hätte die Berliner Mutter gesagt) und ertrinke gerade in den Korrekturfahnen von ‹The King's Two Bodies›, was bei Ihrem letzten Besuch hier im MS fast fertig war. Zum Teil würde es Ihnen auch Spass machen, und jedenfalls werden Sie meine Stimme ganz deutlich daraus erklingen hören.»[26]

Offen gestand er der Freundin in einem Brief vom 16. Mai 1962, er sei schwer erkrankt. Mühsam kaschierte er die Nachtgedanken und lästerte, er plane eine Fahrt in die Karibik, wo er den Haifischen seinen «mit guten Dingen genährten Leib» nicht vorenthalten wolle.

Das wirkliche Vermächtnis dieser Beziehung aber enthält der letzte der Briefe an sie, der zwei Daten trägt, den 16. sowie den 23. Juni 1962. Nach ihrem jüngsten Besuch in Princeton erinnerte sich «Eka»: «Geliebtes Stüdchen, die zwei Aspirin haben Ihnen hoffentlich dazu verholfen, einen sich anbahnenden Kater erfolgreich ‹abzuschirmen›. Wein ist dicker als Wasser, aber auch die Zeit, die dreissig Jahre, die man sich kennt und gern hat, sind dicker als das meiste andere …» Eine Woche später setzte er den Brief fort: «Indessen kam Ihr reizender Abschiedsbrief aus New York an, der – gleichsam in Spiegelschrift – genau das zu mir sagt, was ich Ihnen sagen wollte: Es lebe die Unveränderlichkeit von Menschen und Beziehungen. Denn unverändert sind sie gewiss, vielleicht etwas geistiger geworden durch Ihr Schreiben, hinter dem dann – leider – die Jagd auf Wildgänse zurücktreten musste. Auch ich fand es unbeschreiblich nett und gemütlich und heimisch mit Ihnen, indem wir uns beide nichts vorzumachen hatten und noch weniger vormachen wollten. All das vereinfacht das Zusammensein so ungemein, und ich fragte mich wieder, ob wir nicht zu irgend einem Zeitpunkt hätten heiraten sollen. Praktisch wäre es vermutlich nicht viel anders als jetzt geworden, nur daß man sich etwas häufiger getroffen hätte – aber wie Sie das vorige Mal schon sagten: ich komme mit dieser Einsicht etwas spät. Es sollte auch nur etwas Nettes sein, das ich Ihnen sagen wollte, weil ich es doch sonst mit niemandem lange aushielte, während ich mir vorstellen könnte, daß Sie mich nie gestört hätten. Schon daß Sie mich immer noch zum Lachen bringen, sobald ich Sie sehe, was nicht ein Mangel am Ernstnehmen ist, sondern Ausdruck des schieren Vergnügens, ist solch ein Plus.»[27]

An die Rückkehr zu einem deutschen Katheder sei niemals zu denken, hatte er Freunden bekannt, «Belsen, Dachau, Theresienstadt (Mother? I had no mother!) würden immer zwischen mir und der Jugend stehen.»[28] Er hatte ja Marion, «Stüd», als Brücke zwischen den Zeiten und Welten.

Gesucht wurde Ende der 20er, Anfang der dreißiger Jahre eine wirksame «Antithese gegen den Staat von Weimar»,[29] wie Kurt Sontheimers berühmter Befund lautete. Ernst Kantorowiczs Stauferkaiser verkörperte eine – scheinbar unpolitische – Integrationsfigur, die ein Reich zusammenzuhalten fähig ist, also jene Alternative zum erodierenden Staat, nach der Stefan George suchte. Aber auch die politische Rechte, die mit der Niederlage von 1918 haderte, weil ihr ein Begriff von «Nation» abhanden gekommen war, träumte von einem neuen Reich, viele suchten danach.

Ja, man nickt unwillkürlich, wenn selbst Kantorowicz' wohl-

194

gesonnener Biograph Robert E. Lerner raisoniert, mit seinem heroischen Friedrich-Gemälde habe sich der Verfasser einem ästhetisch geadelten Faschismus angenähert. Eine unverhohlene «Feier des Autoritären» ist tatsächlich darin zu entdecken, und das Buch ist wirklich ein «Schatzkasten illiberalen Denkens». Kantorowicz selber stelle Friedrich als den intolerantesten Herrscher dar, den die Welt je sah. Im Bild des teutonischen Ritters fließe das alles zusammen.[30] Auch mit dem Urteil übertreibt Lerner keineswegs. Immerhin hatte Kantorowicz zum Ende seines Mammutwerks nicht nur geschwärmt von den feurigen Anfängen dieses neuen Herrn, «dem Verführer, Berücker, dem Strahlenden, Heiteren, dem Ewig-jungen, dem strengen kraftvollen Richter, dem Gelehrten und Weisen, dem im Helm den Musenreigen führenden Krieger, der nicht schläft, sondern sinnt, wie er ‹das Reich› erneuere». Hinzugesetzt hatte er auch, und damit endete seine Apotheose, der «größte Friedrich ist bis heut nicht erlöst, den sein Volk weder faßte noch füllte. ‹Er lebt und lebt nicht› …»[31] Das Buch, «zutiefst antirepublikanisch, antiaufklärerisch, revanchistisch», sei auch als «politische Waffe» in der Weimarer Republik benutzt worden. Gleichzeitig hält der Biograph aber fest, am Ende habe Kantorowicz auch viele andere Seiten von Friedrich dem Zweiten gezeigt, zweifelsfrei bleibe, dass der Autor selbst «nie ein Nazi war».[32]

Natürlich lässt sich nicht eine mentale Linie zwischen Kantorowicz, Friedrich dem Zweiten und Marion Dönhoff ziehen. Aber beide gehörten zu einem Milieu, in dem Deutschland groß gedacht wurde. Eine Reichsidee spukte herum, ein starker Gedanke gegen eine fragile Realität, eine Sehnsuchtsidee. Kantorowicz hatte zu spät erkannt, wie er instrumentalisiert werden konnte, weil er mit seinem Friedrich dem Zweiten dieser Idee Flügel verlieh, ohne sich an dem autoritären Beigeschmack zu stören oder hinreichend zu differenzieren. Im Gegenteil, er schwärmte über das Illiberale.

Gegen Ende seiner intellektuellen Biographie fragt Janus Gudian, was an Kantorowicz uns Heutige noch in den Bann ziehe. Die Antwort kann man nicht lesen, ohne zugleich auch an Marion Dönhoff zu denken. Gudian schreibt: «Es ist vor allem die Richtung des von ihm zurückgelegten geistigen Wegs: Kantorowicz hat sich in der Tat von einer anti-modernen, deutschnationalen und dem autoritären Denken verhafteten Gesinnung sowie von seinem ‹Meister›, dem Dichter Stefan George, distanziert, emanzipiert, und damit dem transnationalen und demokratischen Denken angenähert. Insofern können wir Heutige in ihm einen politischen ‹Konvertiten›, einen säkularen ‹Bußfertigen› sehen, jemanden, der sich auf Grund seiner Erfahrungen zu den heutigen Wertmaßstäben durchgerungen hat. Ein modernes Märchen also, jemand, der vom Saulus zum Paulus wurde und uns selbst, unsere heutige ‹Lebensform› erklärt und bestätigt.»[33]

«War das neue Deutschland», so George-Biograph Thomas Karlauf, «am Ende vielleicht doch die Erfüllung eines Traumes, an der der Meister wohl, er als Jude aber niemals würde teilhaben können?» Den ganzen Sommer über quälte sich Kantorowicz mit der Frage, ob das Reich, das da heraufdämmerte, wirklich das ersehnte Reich Georges sein konnte. Einige Anhänger beantworteten das eindeutig mit Ja. Er kam zu einem anderen Ergebnis.[34]

Aber auch Marion Dönhoff hatte einen weiten Weg zu gehen, antiliberal, antiaufklärerisch, revanchistisch dachte man in dem Milieu jedenfalls auch, dem sie entstammte. Sie träumte den Traum Georges oder den von Kantorowicz vermutlich vage mit: Die Idee eines Reiches, das zum Kern einer «neuen politischen Metaphysik, zum Inbegriff tief empfundener und aus der Tiefe kommender Sehnsüchte»[35] geworden war.

Bei seinem «heimlichen» und ihrem «anderen» Deutschland handelte es sich tatsächlich um «entfernte Verwandte», vermutete Fritz Stern, als er laut nachdachte über ihr Leben; er zweifelte nicht daran, dass es dieses «innere Band» zwischen Marion und «Eka» gab und sie sich dessen bewusst waren.

Etwas von ihrer eigenen Befindlichkeit erkannten sie – trotz unterschiedlichster Biographien – offensichtlich im jeweils Anderen. In mancher Hinsicht war dabei sie es, die Jüngere, «Stüd», die sich leichter einstellen konnte auf die Moderne als «Eka» – und die ihm, dem immerhin vierzehn Jahre älteren, Sicherheit oder Geleitschutz auf diesem «geistigen Weg» geboten hat. Ganz zu Hause fühlte er sich ja nirgend mehr, wie er einmal gestand.

39 Zeilen umfasste ihr melancholischer Nachruf vom 27. September 1963 auf den fernen Freund. Daraus ging hervor, dass ihre Verbindung damals nur noch locker gewesen sein kann. Vor zwei Wochen bereits, schrieb Marion Dönhoff, sei Kantorowicz in Amerika gestorben, erst in diesen Tagen habe sie die Kunde erreicht.[36] «Seine durch Stefan George beeinflusste Jugend», so Marion Dönhoff, «das Deutschland, das geistig so bewegt schien und das dann den Geist so rasch und so total verleugnete, unterdrückte, austrieb, all das lag für ihn hinter dem großen Wasser, das er hatte überqueren müssen.» Geblieben sei seine Freundschaft und Treue für ein paar Freunde, seine unnachahmliche Selbstironie, sein Vergnügen an gutem Wein. «‹Und vergessen Sie nicht›, so würde er gesagt haben, ‹meine Kochkunst zu erwähnen: Kochen ist das einzige, wovon ich wirklich etwas verstehe.›»[37]

Dass sie sich damit auch verabschiedete von einem der letzten Freunde, die aus dem frühen Leben hereinragten in die neue Welt, stand allenfalls zwischen den Zeilen. Nur Carl Jacob Burckhardt blieb noch. Ihrem Erinnerungsbuch über Ostpreußen aus dem Jahr 1962, «Namen, die keiner mehr nennt», stellte Marion Dönhoff diese Widmung voran: «Für Eka, der das alles besser versteht als alle Anderen.»[38]

«Mit dem Spürsinn des Jägers die Zeichen der Zeit verstanden»
Carl Jacob Burckhardt

Ein Hauch von Nostalgie, ja Trauer durchwehte den Glückwunschartikel, den sie anlässlich des 70. Geburtstages von Carl Jacob Burckhardt (1891 bis 1974) im September 1961 veröffentlichte. An Freunden fehle es ihm nicht, schrieb sie gleich zu Beginn, allesamt seien es Träger von Namen, die «irgendwo im alten Europa zu Hause sind, zwischen Paris und Basel, Rom, Warschau und Königsberg – in seiner Heimat also».[39]

Er sei ein «Konservativer» gewesen, charakterisierte sie ihn, dem der Begriff «modern» als Selbstzweck, als Positivum schlechthin,

Carl J. Burckhardt (1891 bis 1974): Den Schweizer Historiker und Diplomaten lernte sie Anfang der dreißiger Jahre kennen, mit ihm führte sie jahrzehntelang einen intensiven Briefwechsel, ihm vertraute sie mehr von ihrem Seelenleben an als irgend jemandem sonst, vom dem was sie unsicher machte oder auch antrieb. Sie erschien ihm in mancher Hinsicht zu zeitgeistig-liberal, ihr kam er gelegentlich als «zu konservativ» vor. Ihre Freundschaft überdauerte auch tiefe Differenzen.

immer albern vorkam.[40] Eine untergegangene Welt, die Welt von gestern muss dieser Freund für sie verkörpert haben. Allein das schon galt ihr viel. Fast Ehrfurcht mischte sich in ihr Urteil wohl aber auch, weil er – Großneffe des legendären Historikers Jacob Burckhardt – einen bedeutenden Namen trug, und weil er Freunde hatte wie Hugo von Hofmannsthal, der im Kanon ihrer Lieblingsschriftsteller einen Ehrenplatz innehatte.

Als Eigensinnigen und Grenzgänger stellte sie den 18 Jahre älteren Freund dar, der in kein Schema passte. Seinen Beruf als Hochschullehrer in Zürich gab er auf und wechselte zum Internationalen Roten Kreuz. Später ging er nach Danzig als Völkerbundkommissar (1937 bis 1939). Nach dem Krieg, 1946, führte ihn seine Karriere nach Paris, als Schweizer Missionschef. Kurzum, sechs Jahrzehnte lang habe er die Geschichte des 20. Jahrhunderts «schreibend und handelnd begleitet und mitgestaltet», schwärmte sie. Diese Mixtur, die er verkörperte, liebte sie; Burckhardt, ein Gesamtkunstwerk.

Damit nicht genug: Einen «Raconteur» nannte sie ihn respektvoll, von jener aussterbenden Gattung, «die als letzte noch über Muße verfügte und in ländlichen Schlössern und städtischen Salons auch das entsprechende Publikum fand». Besonders angezogen fühlte er sich von der Fin-de-siècle-Stimmung in Wien, verbrachte seine Wochenenden gern mit dem älteren Schriftstellerfreund, Hofmannsthal (1874 bis 1929), bei ihm lernte er auch Arthur Schnitzler, Rainer Maria Rilke oder Jakob Wassermann kennen. Alle Erfahrungen, die er so sammelte, bündelten sich zu einer beherrschenden Empfindung, Abschiede faszinierten ihn regelrecht. So schrieb Burckhardt 1923 an den Wiener Freund – fünf Jahre nach Ende des Ersten Weltkriegs – aus Venedig: «Alles in unserer Generation ist Abschied. Die nächsten werden es schon leichter haben, das Beste wird vergessen sein. Als das Römische Reich Deutscher Nation verschwand, war es schon so schattenhaft geworden, dass Goethe 1806 bloß notierte, es habe aufgehört, zu sein.»

Nur kurz kam sie in ihrem Portrait auf seine Rolle als Hoher Kommissar in Danzig zu sprechen. Die Unabhängigkeit der freien Stadt habe er überwachen sollen, die damals innenpolitisch bereits von den Nazis gleichgeschaltet gewesen sei – «eine hoffnungslose Aufgabe, der er sich im Gefühl, alles tun zu müssen, um den Krieg zu verhindern, unterzog.» Dieser Versuch endete abrupt, als am 1. September 1939 die ersten Granaten der «Schleswig-Holstein» auf der polnischen Westerplatte, dem Munitionshafen am Fahrwasser in Danzig, einschlugen.

Was sie nicht erwähnte: Es war Ernst von Weizsäcker, mit Burckhardt aus gemeinsamen Baseler Zeiten seit 1933 befreundet, der beim Völkerbund angeregt hatte, den vielseitigen und unorthodoxen Schweizer Geschichtsprofessor mit dieser *mission impossible* zu betrauen. Beiden wurde nach Kriegsende nicht nur die Naivität der Annahme zum Vorwurf gemacht, sie könnten Hitler in den Arm fallen und den Krieg verhindern; Kritiker hielten ihnen auch prinzipiell vor, in der Hoffnung, einen Fuß in der Tür behalten zu können, zu bereitwillig mit dem Regime kooperiert zu haben.

Knapp streifte sie die umstrittensten Etappen aus dem Leben Burckhardts, den Besuch bei dem todkranken Carl von Ossietzky im KZ Esterwegen (im Emsland), seine beiden legendenumrankten Gespräche mit Hitler, um das Schicksal der Danziger Juden abzuwenden, auch die Verhandlungen mit den SS-Größen Reinhard Heydrich und Ernst Kaltenbrunner. Burckhardt wurde im Rückblick vorgeworfen, die Lage der KZ-Häftlinge beschönigt und gar zu bereitwillig nach einem Arrangement mit dem Regime gesucht zu haben. Sie glaubte ihn besser zu kennen, jedenfalls erschien ihr eine andere Seite an ihm wichtiger. «Früher als alle anderen Zeitgenossen», attestierte sie ihm, «hatte Burckhardt mit dem Spürsinn des Jägers die Zeichen der Zeit verstanden.» Sein spezifischer Konservatismus, da war sie sich sicher, machte ihn unverführbar gegenüber dem Zeitgeist – und Schwarzhemden. So konnte sie auch später nicht verstehen, dass ausgerechnet einem sensiblen Zeitgenossen wie ihm zu große Affinität zum NS-Regime angekreidet werden sollte.

Der Gedanke liegt nahe, dass sie etwas projizierte in ihn, er umgekehrt aber auch in sie. Sie brauchte ihn vermutlich, gerade weil er in vielerlei politischen Fragen anders dachte. Großen Respekt hatte sie, aber «Meister» – wie Stefan George für andere – war er für sie nicht. Vielleicht vermittelte er jene Geborgenheit, die jemand sucht, dem der Boden unter den Füßen wankt? Sehr erwachsen, sehr selbständig hatte sie bald nach dem Tod ihres Vaters 1919 (sie war erst zehn), ohnehin seit dem Tod Heinrichs 1942 auftreten müssen – in Männerrollen in einer Männerwelt.

Im Rückblick nimmt es sich fast wie eine Metapher aus für ihr künftiges Leben und ihr Verhalten, wie sie sich permanent selbst behaupten musste. Nur bei Burckhardt, scheint mir, konnte sie die Fassade zumindest ein wenig vergessen, er schien ihr eine Art väterlichen Halts zu geben. Und umgekehrt, könnte man fragen, so wenig er auch von Selbstzweifeln angefochten war – versicherte er sich mit Hilfe der jungen modernen Frau, dass die Welt, die er noch im Untergang glorifizierte, nicht bloß ein Traum vom schönen Gestern sei?

Weltläufig war er, überall zu Hause, *Le Figaro* (später kam *Le Monde* hinzu), die großen englischen Zeitungen neben den schweizerischen, alle bedeutenden Gazetten lagen bei ihm auf dem Tisch – ähnlich wie beim Vater in Friedrichstein, im Zimmer jenseits des langen Flurs. Gelegentlich lud sie den Schweizer Freund nach Hause ein, gern kam er zu Stippvisiten aus Danzig herüber, denn in den Wäldern rund um das Schloss konnte er nicht nur jagen, in Friedrichstein traf sich auch die Elite der Republik und des Reiches. Ein «Doppelleben» habe er geführt, auch das bewunderte sie, einmal als Buchautor, der über Nacht mit seiner Biographie über Kardinal Richelieu berühmt geworden war, aber eben auch als Diplomat, poetisch und künstlerisch veranlagt, eine eigentümliche Mischung aus Politik, Wissenschaft und Literatur. Es verstand sich von selbst, dass er sich in teures Tuch kleidete, standesgemäß fuhr er in Friedrichstein in einer angemessenen Limousine vor. Er liebte den großen Auftritt. All das, einschließlich der Selbstinszenierung, beeindruckte sie offenkundig. Jedes Mal sei es ein «Staatsereignis» gewesen, erinnert Hermann Hatzfeldt sich, wenn die beiden sich trafen. Diesen älteren Freund, Carl Jacob Burckhardt, akzeptierte sie umstandslos sogar als ihren geheimen Erzieher, was nur für wenige galt.

George Kennan, der Freund aus Amerika, von dem noch die Rede sein wird, verkörperte eine ähnliche Mischung: Er war Historiker und Autor, auf dem diplomatischen Parkett war er ebenso zu Hause wie im intellektuellen Milieu, wie Burckhardt legte er Wert auf Formen, Kleidung und Stil. Er fuhr, gleichfalls nobel, einen britischen Rover, in ganz New Jersey das einzige Modell dieser Art. Unwichtig war die Sache mit den Limousinen auch für Marion nicht, so Hermann Hatzfeldt in Erinnerung, edle Autos ersetzten gute Pferde. Ihre große Liebe zum Porsche ließe sich so erklären. Aber das ist eine andere Geschichte.

Selbst Eingeweihte überraschte die Veröffentlichung eines Briefwechsels zwischen Marion Dönhoff und Carl Jacob Burckhardt im Jahr 2008. Liebevoll ediert hatte den Band – «Mehr als ich Dir jemals werde erzählen können» – ein junger Historiker, Ulrich Schlie. Ihre Korrespondenz nannte er zu Recht ein «literarisch glänzendes Beispiel großer Briefkultur des 20. Jahrhunderts»,[41] beim Lesen ertappt man sich bei dem Gedanken, dass sie sich brieflich sogar freier und unbefangener austauschten als im Gespräch. Nicht zufällig schrieb Marion fast alle Briefe an Carl mit der Hand – zu Hause, am Wochenende, wenn sie zur Ruhe kam. Sie wollte sich ihm ganz widmen, aber er ihr auch.

Zwar hatte sie gelegentlich über Burckhardt geschrieben, gelegentlich publizierte er auch auf ihr Drängen hin in der ZEIT; aber wie vertraut, geradezu innig ihre Beziehung wurde, beinahe über das ganze Leben hinweg, behielt sie für sich, den Briefschatz im Privatarchiv kannte nur sie. Einen guten Grund musste sie gehabt haben, ein solches Reservat für sich allein abzustecken. Sie stand zu Burckhardt öffentlich, sie bekundete dem Autor auch jede Menge Respekt. (Der erste Teil seines «Richelieu» erschien noch zu ihren Studienzeiten; den dritten, abschließenden Band stellte er nach jahrelangem Seufzen – auch in seinen Briefen an Marion – 1967 fertig.) Aber sie wollte ihn offenbar nicht teilen mit anderen, vermutlich auch nicht Auskunft geben über ihr Innerstes, von dem «Carl» mehr erfahren haben dürfte als jeder ihrer Freunde, vielleicht mehr sogar als die meisten in der Dönhoff-Familie. Erhalten sind bis auf wenige Ausnahmen nur die Briefe, die sie seit Kriegsende austauschten. Marion Dönhoff musste zahlreiche Unterlagen in Friedrichstein zurücklassen, als sie mit dem Treck in den Westen aufbrach.

Im Jahr 1937 begann vermutlich diese eigentümliche Korrespondenz, die eine vergangene Welt widerspiegelte – aber auch eine verflossene Kunst, sich auszusprechen, ohne sich ganz zu offenbaren, sich nahe zu kommen, ohne sich aufzudrängen. Respektvoll redete sie den renommierten Brieffreund anfangs noch mit «Herr Burckhardt» an. Bald duzte er sie, und auch sie zoomte ihn näher heran, er wurde «Carl» oder gar «Wönning». Leidenschaftlich beobachteten beide die Politik.

Wie offen konnten sie miteinander sprechen, wenn er aus Danzig zu Besuch nach Königsberg kam? Auch später berichteten sie darüber nichts. Er wusste, was sie von Hitler und seinem Regime hielt, auch wenn sie sich nach außen bedeckt hielt.

Zwischen Melancholie, Schwermut und Aufbruch muss Marion Dönhoff sich bewegt haben, als sie an Silvester 1946 zur Feder griff. Die Gedanken wanderten zu den verstreuten Freunden längst vergangener Zeiten, «die der große Orkan über den Globus verstreut hat». Schicksalsgefügig sei man geworden, gestand sie ihm elegisch weiter, «und das Passagère aller Dinge dieser Welt ist einem so nachdrücklich zum Bewußtsein gekommen, dass man mit einem gewissermaßen höheren Gleichmut und ‹heiliger Nüchternheit›, wie Hölderlin sagt, dem Ablauf der Geschichte zusieht – aber manchmal kann einem doch das Gruseln kommen.» Sie sei in Hamburg gestrandet, berichtete sie ihm, und helfe, «eine Zeitung fabrizieren, die wohl die einzig lesbare Zeitung Deutschlands ist, und finde daran viel Freude und Befriedigung – ich schicke Ihnen unsere Neujahrsnummer mit, weil ich denke, dass es Sie vielleicht interessiert. ... Auch schicke ich Ihnen ein kleines Heft mit, das ich den Freunden zum Gedächtnis schrieb.»[42]

Interna des Zeitungslebens behielt sie in aller Regel für sich. Nicht einmal die Familie in Crottorf bekam viel davon mit. Anders verhielt es sich mit Burckhardt: Er durfte Höhen und Tiefen miterleben, ihm legte sie Rechenschaft über ihre Redakteure, den Verleger, vor allem über den politischen Kurs ab, er avancierte zum großen Eingeweihten. Und er konnte sich es herausnehmen, ihr zu raten. Je liberaler die Republik wurde – und Marion Dönhoff mit ihr –, umso heftiger sträubte er sich dagegen. Sie wiederum wollte sich einlassen auf die neuen Zeiten, wenn auch mit Rückversicherung. Sie bemühe sich, die ZEIT abwechslungsreicher, ein wenig beständiger im Niveau zu machen, beteuerte sie ihm am 11. Juli 1953, ob er ihr nicht etwas schicken könne – «Thema gleichgültig, weil alles, was Du schreibst, für uns interessant ist». Gestern war Gulbransson hier, rapportierte sie, heute Chamberlin (ein Ökonom aus Harvard), morgen komme ein amerikanischer Journalist, alles ein bisschen viel, wenn auch schön. «Alles Liebe, Marion».[43]

So sollte das bleiben zwischen ihnen, sie teilten Erfahrungen, auch Alltägliches, sie überprüften ihre Differenzen, vor allem bestärkten sie sich. Die einzige Person innerhalb des Auswärtigen Amtes, mit der er während der Hitlerjahre habe zusammenarbeiten können, sei Ernst von Weizsäcker gewesen, versicherte Burckhardt ihr beispielsweise. Nur das eine Ziel habe er gehabt: Vermeidung des Kriegsausbruchs und der Katastrophe, «alles andere war völlig sekundär geworden».[44] Ihr gegenüber musste er nicht taktieren.

Sie habe gerade wieder einmal «einen Sturz ins Bodenlose getan, wie es mir manchmal geschieht», gestand sie ihm wiederum brieflich im November 1953. Nur ihm vertraute sie solche Seufzer an. Ein trauriger regen- und tränennasser Herbsttag sei es gewesen, der Gedächtnistag für die Gefallenen und zudem der elfte Todestag ihres Bruders Heinrich. Sie sei in eine kleine Kirche gegangen. Der Pfarrer sprach von seiner ostpreußischen Heimat – er war bis 1948 in Königsberg. Plötzlich wurde alles wieder lebendig: «Ich dachte an die vielen, die nicht mehr da sind, und hatte das Gefühl, 100 Jahre alt zu sein und zu einer längst vergessenen Generation zu gehören. So als sei man allein übriggeblieben als letzte irgendeines längst ausgestorbenen Indianerstammes von irgendeinem merkwürdigen Schicksal an eine ferne Küste verschlagen, wo man unter lauter Fremden lebe.»[45] Er hingegen berichtete ihr von der dramatischen Jagd auf einen Karpathenhirsch, an der er sie wenigstens teilhaben lassen wolle – «ich dachte an Dich und wie Du Dich freuen würdest», um dann noch hinzuzufügen: «Alles Liebe und Gute, bitte nie das traurige Gesicht. Carl.»[46]

Als sei das allein ihre Welt, zu der niemand sonst Zugang gewährt werde, so lesen sich diese Briefe noch heute. Tatsächlich ein *pas de deux* (Ulrich Raulff), das immer enger wurde, hinter zugezogenen Vorhängen. Seit 1952 – dem Jahr, in dem sie auch den Briefwechsel mit George F. Kennan begann – korrespondierten sie regelmäßig, mal aus New York, Versailles, Paris, Zürich, Vinzel (wo Burckhardt wohnte), oder aus Saigon, Irland, Crottorf, aus Indien und Pakistan (wo immer sie sich gerade aufhielt), für ein paar Zeilen nahmen sie sich fast immer und überall Zeit. Auf ihren Exkursionen quer durch die Kontinente exerzierte sie ihm freilich eine Unvoreingenommenheit vor, die er nur neidlos anerkennen konnte. Sie liebte es, Amerika querfeldein zu erkunden, sie fühlte sich inspiriert und beschwingt, er war schockiert von New York und dem *american way of life*.

Für Überraschungen war Carl – konservativ, aber ein autonomer Geist – immer gut. An Verachtung für alle, die sich mit «H.» brüsten, überbot er sogar seine Brieffreundin noch. Heideggers Bacchantinnen bewunderten ihn, spottete er, weil er angeblich «Nietzsche zerschmettert» habe. Die Welt höre dem «weihevollen Vorgang» zu, je dunkler, je schöner, «desto mehr geistige Macht wird einem verliehen, Zaubermacht!» Am Ende freilich merkte Burckhardt an, das alles sei nur strikt für sie beide gedacht. Er habe genug «am Groll der Georgianer zu tragen».[47]

«Mein Wönning», umarmte sie ihn erstmals in einem Brief vom 7. Januar, 1953, das weihnachtliche Familienfest lag hinter ihr, fünf kleine Biester hatte sie zu betreuen, es fühlte sich an, als wären es fünfzehn. Allenfalls am Rande tauchte gelegentlich Politik auf. Ratlos kam ihr die Regierung vor, auch Adenauer weiß nicht, wie es innenpolitisch weitergehen soll, die Saargeschichte «ein Reinfall», das deutsch-israelische Abkommen in der arabischen Welt hoch umstritten, dann auch noch die Pannen beim EVG-Vertrag.[48] «Wönning» tröstete prompt zurück: Wegen ihrer Artikel lesen die Menschen, die er kenne, die ZEIT. «Eine gesinnungsmäßige Einheit mit einer bestimmten menschlichen Gruppe erreicht man nie; das war mir völlig klar während all meiner so verschiedenen Tätigkeiten». «Consensus», spitzte er zu, sei unmöglich, weil politische Gesinnung Intelligenz voraussetze – «was heute kaum mehr, einzig in den historischen Klassen und eigentlich nie bei noch so begabten deutschen Bürgerlichen vorhanden ist». Ideale Volks- oder Standesgenossen, sattelte er noch drauf, mit denen man einen Staat aufbauen könne, gebe es vielleicht nur im Himmel. Die Wochenzeitung, für die sie schreibe, gelte als die beste in deutscher Sprache, «wichtig ist, dass *Du* dort schreibst».[49]

Auf ungewöhnliche Weise nah, näher sogar als Edgar Salin oder Walter F. Otto, rückte ihr im Laufe der Jahre dieser Schweizer –

vielleicht gerade, weil er an seiner untergegangenen Welt so festhielt, während sie sich auf moderne Zeiten einlassen musste und wollte? Ich denke, sie hat es eher geschätzt, wenn er kokett sich selbst als eine der letzten Gestalten des alten Europa beschrieb, die in dieser amerikanisierten, turbulenten, grellen Westwelt fremdelt. So nahm sie ihn ja auch selber wahr.

Sie musste wohl einen Notanker werfen, sie brauchte ihn. Geborgen fühlte sie sich bei ihm, weil sie beide «zu einer längst vergangenen Generation» gehörten, «hundert Jahre alt». Als «Hundertjährige», formulierte sie elegisch, konnte sie dem «Hundertjährigen» unbefangen berichten von ihren Erfahrungen am Redaktionstisch der ZEIT, oder fröhlich über Alltägliches, von dem Wettrennen beispielsweise, das sie sich mit ihrem Porsche auf der Autobahn – Tachonadel auf 150 – mit zwei jungen Männern lieferte, die sie aber bloß anhalten wollten, um sie auf den abgerissenen Ölstutzen hinzuweisen oder auch darauf, «Mädchen» sollten nicht so rasen.[50] Aber es gilt auch umgekehrt: Es gab wohl nicht viele, denen er zurufen konnte wie ihr, «ach Marion, es ist mir noch nicht ‹zerfetzerisch› zu Mut, aber ich brauche Zuspruch».[51] Von ihr erhielt er ihn, in allen Lebenslagen.

Sie litt mit dem Freund, als Vorwürfe ihn einholten, er habe zu eng mit dem NS-Regime kooperiert. Seinen ersten Besuch bei Hitler, hieß es, habe er als «den schönsten Tag meines Lebens» bezeichnet, und als Völkerbundkommissar habe er sich einseitig mit den Nationalsozialisten in Danzig arrangiert. Besonders der Schweizer Diplomat und Historiker Paul Stauffer stellte in seinem ersten Buch über Burckhardt – *Zwischen Hofmannsthal und Hitler* – dessen Glaubwürdigkeit in Frage. Die erste Begegnung mit Hitler fand am 20. September 1937 statt, das zweite Mal traf er ihn am 11. August 1939.[52] Ungerecht fand er solche Kritik, klagte er der Freundin, einen Fuß wollte er in der Tür behalten, ganz wie Ernst von Weizsäcker. Sie ließ keinen Zweifel, dass sie auf seiner Seite stand, und sie sorgte dafür, dass ihre Zeitung zu seinen Gunsten Partei ergriff. Loyalität zu Freunden blieb Gebot Nummer eins.

An Bord eines *Pan Am*-Flugzeugs Richtung Istanbul, datiert vom 6. März 1958, richtete sie einen der längsten Briefe seit Jahren an ihn, wie ihr selbst auffiel. In die Freundschaft mischten sich neue Töne. Von Adenauer hatte sie sich langsam losgesagt und sich auch nicht von Burckhardt aufhalten lassen dabei. Je liberaler die Republik wurde, umso breiter die Kluft zwischen ihnen. Sie wolle versuchen, kündigte sie ihm an, einmal darzulegen, «warum ich in den großen außenpolitischen Fragen, die uns alle beschäftigen, anderer Meinung bin als C. (Carl) B. (Burckhardt) und die NZZ, mir selbst zum Nutzen und Dir zu meiner Rechtfertigung, denn ich habe das Gefühl, dass Du mich für einen leichtfertigen appeaser hältst».

Ganz Unrecht hatte sie wohl nicht mit ihrer Vermutung. Aber erst die Ostpolitik Brandts, die er noch miterlebte, trennte sie inhaltlich tief. Sie wollte den Freund nicht verlieren, hatte aber einen Neuanfang gegenüber Moskau, Warschau und Prag zu ihrer Sache gemacht. Damit folgte sie George Kennans Spuren, dem anderen Freund. Burckhardt gegenüber erwähnte sie davon freilich nichts.

Im Geiste Kennans aber begann sie in diesem Brief nun ein langes Kolleg zur westlichen Außenpolitik seit 1949, ungewöhnlich aus ihrem Mund. Der Westen sei «keinen Schritt weitergekommen» bei seinem Versuch, den Status quo zu ändern. Entweder gehe Ostdeutschland für die freie Welt total verloren, oder es komme dort wieder zu Aufständen. Dann aber könne die Bundesrepublik sich nicht heraushalten, «und was dann geschieht …?» Mit Rüstung, lautete ihr Fazit, und das war O-Ton Kennan, sei dem nicht beizukommen, es gebe keine absolute Position der Stärke oder Überlegenheit – «sie ist eine Fata Morgana, die man nie erreicht». Also muss man auf «andere Mittel» sinnen. Dieser lange Brief sei sicher auch der «langweiligste», wenn sie bedenke, dass Politik ihn überhaupt nicht interessiere – «schade».[53]

Die Gegensätze der Auffassungen innerhalb einer freundschaftlichen Beziehung würden spürbarer, gestand er diplomatisch verpackt, «als wenn sie sich dort einstellten, wo der ‹Widerpart› einem menschlich gleichgültig ist». So angekündigt, setzte er hinzu: «Nun besteht die Tatsache: wir sind nicht gleicher Ansicht.» Gestolpert war er über einen Artikel von ihr vom 8. November 1968. Anders als sie, habe er sich die Russen nie «verwestlicht» vorgestellt, sondern als «asiatische Großmacht». Und Kennedy? «Du hast ihn geliebt». Ganz traurig habe er den Artikel aus der Hand gelegt – «sei nicht zornig!»[54]

Einem namenlosen Gesprächspartner legte er schließlich abschätzige Kommentare über sie in den Mund. Sie sei eine Dönhoff, zitierte er, sachlich, praktisch, geschäftstüchtig, «sie schreibt, was gefragt ist, was in der Zeit obenauf schwimmt, sie gebraucht die Sprache der Zeit – Reaktion, Fortschritt, links, rechts; über politische Figuren urteilt sie frühzeitig so, wie sie weiss, dass geurteilt werden wird.» Das Zwiegespräch – fingiert oder nicht – gab Burckhardt weiter im O-Ton wieder. «Ich widersprach dieser überraschenden Deutung, erklärte: ‹Zwischen 1933 und 45 hat sie diese konjunkturelle Sachlichkeit so weit getrieben, dass es sie bei einem Haar vor das Exekutionskommando geführt hätte!› Der Gegenspieler und advocatus diaboli rief: ‹Haha! Da wusste sie genau, dass es schiefgehen würde, dass die Unternehmung nicht im Winde war. Aber jetzt rühmt sie Chruschtschow mit seiner *kühnen* Entstalinisierung, Chruschtschow, diesen Bluthund …› Ich gebe die Aussprüche dieses Widersachers wieder, weil ich denke, sie werden Dir Spass machen.» Nach einigen Bemerkungen über Nixon und de Gaulle endete der Ausbruch, den er schickte, damit sie etwas «zum Lachen» habe, lakonisch mit: «24 Uhr und Schluss. Wegwerfen, nicht beantworten, und bitte, nochmals, nicht ärgern. Herzlichst Carl.»[55] Das war – durch die Blume gesprochen – ein freundschaftlicher Frontalangriff.

Nun ging es also darum, dennoch die Freundschaft zu retten. Solche Differenzen, das blieb ihre Maxime, dürfen lebenslang gewachsene Bindungen doch keinesfalls überschatten. Zu einem persönlichen Manifest über Freundschaft und Liberalität geriet ihr deshalb ein Brief, den sie inmitten des Jahres 1969 in die Schweiz sandte. Noch regierte der Christdemokrat Kurt Georg Kiesinger in Bonn, mit Außenminister Brandt an der Seite. Brandt merkte man an, dass er diese Kröte – ein Kanzler mit NS-Vergangenheit – nur höchst widerwillig geschluckt hatte. Er wünschte einen größeren Neuanfang.

Marion Dönhoffs Friedensangebot: Sie sei es gewöhnt, ständig Meinungsverschiedenheiten auszutragen und von früh bis spät zu diskutieren, um einen Standpunkt zu finden, zu verteidigen, gelegentlich auch anderes abzuwehren – «für mich wird dadurch kein Freund weniger liebens- oder achtenswert, ja nicht einmal die Feinde noch ärgerlicher». Übersetzt hieß das: Freunde stellten für sie den heimlichen, wahren Adel dar.

Ihre Sorge sei, erläuterte sie «Carl» einfühlsam, dass er es als mühsam und beeinträchtigend empfinde, «wenn man nicht auch in politischen Fragen harmoniert und dass darunter schließlich unsere Freundschaft leidet.» Für einen Konservativen seien politische Ansichten letzten Endes Fragen der Überzeugung oder der Dogmen, während der Liberale – sie meinte sich – im Grunde keine Standpunkte kenne. Er habe einen Standort, der sich mal nach rechts, mal nach links verschieben könne, ohne seinen Überzeugungen untreu zu werden. Ihre Schlussfolgerung: «Weswegen dann der Liberale dem Konservativen flatterhaft und unstet erscheint, während jener des anderen Beharrungsvermögen in sich wandelnden Zeiten schwer versteht.»[56] Sie musste sich emanzipieren. Aber verlieren wollte sie ihn darum nicht.

Auch ihm, das sollte sich zeigen, war letztlich die Freundschaft selbst dann mehr wert. Wehmütig gestand er im Jahr vor seinem Tod der Freundin, es bedauert zu haben, nach einem Ohnmachtsanfall in der Klinik wieder ins Leben zurückgerufen worden zu sein. Zu nichts sei er mehr zu gebrauchen. Aber er habe viel zurückgedacht – «an Dich». Liebevoll klang fast jedes Wort. «Wir sahen uns in Ostpreußen, kannten uns aber gut erst, als ich ein älterer Herr in den ‹Sechzigern› war. Nun wurde mir zurückblickend deutlich, dass ich eine bestimmte Lebensmöglichkeit in ihrer höchsten Steigerung durch Dich, Du geistiges Wesen –, in ihrer höchsten Erfüllung kennengelernt habe.»[57]

Eine bestimmte Lebensmöglichkeit? Was für ein ehrliches Wort! Am 10. November 1974 schickte sie ihm ihren letzten Gruß. Kurz zuvor hatte sie ihn noch einmal in der Klinik besucht. «Wir haben so viel zu reden».[58]

Was hat sie zeitlebens in ihn projiziert? Er befasse sich als Historiker mit dem «Wesentlichen», hatte sie gelegentlich geklagt, ihre journalistischen Texte landeten eine Woche später jeweils im Papierkorb. Träumte sie wirklich von etwas Größerem, Bedeutenderem, machte sie sich deshalb ihm gegenüber ungewohnt klein? «Carl» täuschte seinen tiefen Respekt ja nicht vor, er bewunderte sie tatsächlich, in jeder Zeile zu spüren. Für ihr «Eigentliches» hielt er, dass sie ostpreußische Gräfin war – und das blieb sie in seinen Augen für immer. Er, nur er konnte sich herausnehmen, sie offen als «Konvertit» zu bezeichnen, die in die neue Bürgerlichkeit hineinwuchs. Sie wusste, dass er ins Schwarze traf, ihm verübelte sie solche Bemerkungen nicht. Seine Freundschaft brauchte sie dringend, um diesen Schritt ins Neuland überhaupt guten Gewissens zu wagen. So wie er sie brauchte, um sich sagen zu können, seine untergehende Welt verdiene zu Recht Respekt.

Der Streit um Burckhardt sollte mit seinem Tod nicht enden, und Marion Dönhoff mischte sich jedes Mal ein. Beträchtlichen Wirbel unter Zeithistorikern löste er insbesondere mit einem Brief aus, der nicht datiert war, aber seinen Angaben zufolge circa Mitte Dezember 1938 (!) entstand. Obwohl für sie bestimmt, wusste sie davon nichts, bis Burckhardt einem Schreiben vom 7. Mai 1969 diesen «Lettre Conf.» («Pas par la post, sera expediée par porteur») beilegte. Jetzt erst sei er wieder darauf gestoßen, nachdem er von den Herausgebern einer geplanten Festschrift zu ihrem 60. Geburtstag darum gebeten worden sei, wie alle anderen Autoren auch einen Brief an Marion Dönhoff zu richten. Bei der Gelegenheit habe er sich des Briefentwurfs aus dem Jahr 1938 erinnert, den er «beim Aufräumen» kürzlich wiederentdeckte.

Im Jahr 1938 lag bereits Kriegsgefahr in der Luft, Diplomaten in Europa bemühten sich verzweifelt, mit Hitler noch ein Einvernehmen zu finden. In seinem Brief an Marion Dönhoff hieß es: «Auf einem bestimmten Gesicht, an das wir beide ungern denken, steht Grauenhaftes geschrieben … Die opferbereite, kühne Stellung, die Sie einnehmen, den Widerstand, der von Ihren Freunden ausgeht, bewundere ich. Hier bin ich einzig von Menschen umgeben, die im Netz einer unfassbaren Hypnose hängen … Die Frage, die mich täglich beschäftigt: Kann ein Gewaltregime, das nach einem verlorenen Krieg, einem schlechten Friedensschluss und einer unerfahrenen demokratischen Episode sich durchsetzt, durch andere Mittel überwunden werden, als durch eine erneute internationale Katastrophe?» Und zum Schluss: «Sollte es mir gelingen, diesen aus tiefster Besorgnis skizzierten Brief auf sicherem Weg zu Ihnen gelangen zu lassen, bitte verbrennen Sie ihn sofort. Er setzt unsere Gespräche fort. Und bitte, was auch geschehen möge, sehen Sie sich vor. Es gibt ein *Nachher*, und in diesem ‹Nachher› wird Ihnen eine große Aufgabe zufallen.»[59]

Zuerst gab Eckart Conze zu bedenken, der Brief könne nur vordatiert worden sein, an Widerstand sei in jener Frühphase des NS-Regimes nicht zu denken gewesen, von *résistance* sprachen die Franzosen erst nach dem Einfall Hitlers. Paul Stauffer, der schon erwähnt wurde, Autor zweier kritischer Monographien über seinen Landsmann, unterstellte Burckhardt unverblümt gezielte Fälschung mit der Bemerkung, es handele sich um ein «Beglaubigungsschreiben des Widerstands», das nachträglich – und auf Bestellung? – verfasst worden sei.

Für Burckhardt/Dönhoff ergriff in diesem Zwist Ulrich Schlie Partei, der Herausgeber ihres Briefwechsels. «Geradezu hellseherisch» habe der Verfasser des Briefes 1938 ins Schwarze getroffen, urteilte er versöhnlich. Aus den beiden Nachlässen von Burckhardt und Dönhoff lasse sich der Sachverhalt «zweifelsfrei rekonstruieren». Burckhardt habe ihn nach einer Jagdpartie auf Friedrichstein – «bei dessen Anlass ich eine Gans geschossen hatte» – verfasst, aber nicht abgeschickt, weil er beim Verfassen des Briefes bereits unentschlossen geworden sei. Denn er habe sich über Politik «zum mindesten in unvorsichtiger Weise ausgelassen». Hinzu kam, dass der potentielle Kurier, Gerhard «Gerty» von Kanitz, nicht erschien. Da der Brief ihm «irgendwie etwas bedeutete», habe Burckhardt ihn daraufhin «in einem geschlossenen Couvert» einem anderen Landsmann anvertraut, der ihn tatsächlich in Genf an den Burckhardt-Freund Louis Micheli übergeben habe. 1939, nach Ende der Danziger Mission, erhielt Burckhardt seine Unterlagen von Micheli zurück.[60]

Folgt man Schlies Darstellung und liest den Brief als authentisch, bleibt er für sich in der Tat ein verblüffend weitsichtiges Dokument. Wirklich klären lässt sich der Fall, wie mir scheint, heute nicht mehr.[61]

«Absurde Vorwürfe»: Eine zornige Marion Dönhoff reagierte damit auf eine historische Untersuchung, die zum 100. Geburtstag Burckhardts erschien. Ausgelöst hatte ihre geharnischte Replik wiederum Stauffer. Sein erstes Buch über Burckhardt (1991) veröffentlichte immerhin der renommierte Verlag *Neue Zürcher Zeitung*, ebenso wie sieben Jahre darauf einen zweiten Band mit dem Titel: «‹Sechs furchtbare Jahre …› Auf den Spuren Carl J. Burckhardts durch den Zweiten Weltkrieg».[62]

Die Vorwürfe wogen schwer, zumal sie sorgfältig mit Quellen belegt waren. Hermann Hatzfeld erinnert sich, wie stark Marion Dönhoff die Kritik Stauffers zusetzte. Besonders aber der verflixte «Brief nach 30 Jahren» machte, wie sie fürchtete, eine Verteidigung des Freundes fast aussichtslos. Zweifel, dass Burckhardt einen Fehler gemacht hätte, hegte sie nicht (so Hermann Hatzfeld). Alle Schutzinstinkte in ihr wurden wach. Ganz abgesehen davon – zu der Welt, zu der er sich unverändert bekannte, hatte sie selber gehört, nicht wahr, und das war doch auch nicht alles verkehrt?

Zu einem Generalangriff also setzte sie an. Manche Schweizer, brauste die Kritikerin schon im ersten Satz ihrer Besprechung des Stauffer-Buches auf, seien so puristische Lesebuch-Demokraten, dass sie es nicht ertragen können, wenn einer von ihnen über den Durchschnitt herausrage. Schon zu Lebzeiten sei Burckhardt vielen ein Dorn im Auge gewesen. Historiker, aber nicht nur Wissenschaftler, sondern auch glanzvoller Schriftsteller und amüsanter Erzähler, das werde in der Zunft nicht gern gesehen. Stauffers in «emsiger Kleinarbeit» kompiliertes kritisches Werk solle den Jubilar zu einem ruhmsüchtigen, eitlen Lügner stempeln, argwöhnte sie. Ihre erste Breitseite («miese Perspektive») feuerte sie bereits wegen des Titels ab. «Zwischen Hofmannsthal und Hitler»: Allein, um ein Buch so zu nennen, bedürfe es schon intensiver persönlicher Ranküne. «Hofmannsthal war ein lebenslanger, enger Freund von Burckhardt; Hitler, den er zweimal gesehen hat – das erste Mal währte die Audienz 20 Minuten, das zweite Mal etwas länger – Hitler war sein natürlicher Antipode.» Damit hatte sie gewiss einen Punkt. Seine Aufgabe in Danzig war es, fuhr sie fort, «das Funktionieren der Verfassung, die der Völkerbund 1920 konzipiert hatte, zu garantieren und zu verhindern, dass die Nazis, die schon bald nach der Machtergreifung ‹im Reich› die Mehrheit auch im Volkstag – dem Danziger Parlament – errungen hatten, die Stadt gleichschalten. Eine hoffnungslose Aufgabe.»

Burckhardts Lust am Fabulieren werde von Historikern mit Recht kritisiert, räumte seine Verteidigerin immerhin ein. Wenn es stimme, dass der Ausspruch Hitlers beim zweiten Besuch am 11. August 1939, also noch vor Abschluss des Hitler-Stalin-Paktes, in den Berichten an den Völkerbund nicht dokumentiert worden sei, «so ist dies in der Tat höchst merkwürdig». Recht hat sie mit dieser Bemerkung. Hitlers Erklärung war sensationell; so sensationell, dass sie – nach Meinung Dönhoffs – hätte berichtet werden müssen. Burckhardt zufolge hatte ihm Hitler nämlich gesagt: «Alles, was ich unternehme, ist gegen Rußland gerichtet; wenn der Westen zu dumm ist und zu blind, um dies zu begreifen, werde ich gezwungen sein, mich mit den Russen zu verständigen, den Westen zu schlagen und dann nach seiner Niederlage mich mit meinen versammelten Kräften gegen die Sowjetunion zu wenden.»

Das aber blieb die einzige Konzession, die Marion Dönhoff gegenüber Stauffer machte. Schon gar nicht akzeptieren wollte sie dessen zentrale Kritik, Burckhardt habe den Nationalsozialismus verharmlost.

Ja, sie wollte die «grossen Konservativen» retten. Ernst von Weizsäcker zählte dazu, aber eben auch Burckhardt. Dieser anständige Konservatismus hatte sich nicht kompromittiert, davon war sie überzeugt, er war pervertiert worden von den Nationalsozialisten, nicht von den Freunden. Nur darauf kam es ihr an.

«Sie war unsere Erzieherin»
Richard von Weizsäcker

Er kam im April 1920 zur Welt, war also gute zehn Jahre jünger. Sie entstammte einer Familie, die seit sechshundert Jahren in Livland (heute Lettland und Estland) und Ostpreußen siedelte, er war

Spross einer «bürgerlichen» württembergischen Familie, die Einfluss gewann und deren Mitglieder Anfang des 20. Jahrhunderts zu «Freiherrn» ernannt wurden. Er kam nicht aus Preußen, aber etwas Preußisches strahlte er aus. Wann immer ich die beiden gemeinsam erlebte, es sah ganz so aus, als entstammten sie einem Milieu, verkörperten eine Haltung, verehrten ein Vorbild (den Alten Fritz) und stimmten in ihren politischen Urteilen nahtlos überein. Sie waren ein Herz und eine Seele.

Bis 1945 kreuzten sich ihre Wege nicht. Dann, kurz nach dem Krieg, als sie glücklich in Brunkensen eingetroffen war, stellte ihr Axel von dem Bussche seinen Freund und Regimentskameraden vor, Richard von Weizsäcker.

Sein Name war ihr vertraut, Bussche hatte ihr oft erzählt von ihm, und den Vater Ernst von Weizsäcker, Diplomat, hatte sie bereits bei Carl Jacob Burckhardt in Basel 1933 kennengelernt. Einen Bonus hatte er damit von vornherein. Zudem gehörten Bussche und er zum legendären Infanterieregiment 9, dem «Stolz Preußens», wie sie gern sagte, jenem Regiment, das nach dem 20. Juli 1944 neunzehn Offiziere im Widerstand gegen Hitler verlor. Eine höhere Auszeichnung konnte es nicht geben, davon war sie fest überzeugt.

Liebevoll las sich das Portrait, das sie unter dem Titel «Autorität ohne Macht» 1990 über Richard von Weizsäcker zu Papier brachte. Alles an Respekt und Bewunderung packte sie hinein, was auf ein paar Schreibmaschinenseiten möglich war. Erinnerungen an zupackende Heldentaten als junger Offizier, an ihre Reise mit ihm und Bussche zum Nürnberger Tribunal 1946, an die kurze Etappe als Regierender Bürgermeister Berlins, an seine große Rede 1985, seine Fähigkeit, als Bundespräsident die Spannung zwischen Macht und Moral aufzuheben, seine überparteiliche Vernunft. Sie schwärmte.[63] Und doch, bei der Lektüre wird man das Gefühl nicht los, das sei alles richtig und stimmig, aber es sei nicht der ganze Richard von Weizsäcker, den sie auf diese Weise beschreibe. Standen sie sich zu nahe, wollte sie das, was sie hätte sagen müssen, nicht schriftlich ausbreiten? Immerhin war er spürbar ein *alter ego*.

«Sie war unsere Erzieherin», hat Richard von Weizsäcker im Gespräch einmal gestanden, «Axels und meine». Beide waren sie Offiziere, vier Jahre an der Ostfront. Vom ersten Tag an, seit Axel seinen Freund vorgestellt hatte, betrachteten sie Marion tatsächlich als ihre Autorität. Selbstverständlich war das keineswegs. Sie hatten schon einiges hinter sich. Bussche war 1942 Zeuge einer Massenerschießung durch die SS geworden und zu der Auffassung gelangt, Deutschland sei jemandem in die Hände gefallen, von dem man sich nur noch mit einem Attentat befreien könne. Seinen Kameraden, Richard von Weizsäcker, hatte er eingeweiht. Tatsächlich beteiligte Bussche sich an Attentatsplänen, die aber unglücklich scheiterten, er behielt die Nerven, reihte sich wieder ein an der Front und wurde glücklicherweise nicht enttarnt.

Gemeinsam chauffierte das Trio Bussche, Weizsäcker und Dönhoff quer durch das zerstörte Deutschland nach Nürnberg, um sich einen eigenen Eindruck vom Militärtribunal zu verschaffen. Marion Dönhoff hat oft erzählt, dass die beiden im Anblick amerikanischer Panzer vor dem Gerichtsgebäude spontan riefen, «die raus und wir rein» – gemeint war, dass diesen Prozess Deutsche selber führen müssten. Nur mühsam habe sie den Unmut der Freunde bremsen können. Wenig später beteiligte sich Richard an der Verteidigung des Vaters, die Carl Friedrich organisierte. Marion Dönhoff teilte im Wilhelmstraßenprozess nicht nur die Meinung der Söhne, der Vater habe «das Schlimmste verhindern» wollen, sie neigte dazu, den hohen Beamten – der sich selber als «Gescheiterten» ansah – ausdrücklich dem «Widerstand» zuzurechnen. Ulrich von Hassell hatte sie in dieser Ansicht bestärkt. Insofern gehörte er für sie zu jenem «anderen Deutschland», nach dem sie lebenslang suchte. Dieses wohlwollende Urteil über die wahre Rolle des Vaters festigte wohl endgültig das Band zwischen «Marion» und «Richard».

Wenn Weizsäcker, damals schon ein alter Herr, versonnen über den «Alten Fritz» raisonierte, kam beim Zuhören rasch Marion Dönhoff in den Sinn: Auch ihre Stimme klang ein wenig umflort, wenn sie auf den Preußenkönig zu sprechen kam. Fast zur mythischen Heldenfigur verklärten sie ihn in solchen Momenten. «Marion» und «Richard» träumten den gleichen Traum. Manche der

Artikel zur Erinnerung an den 20. Juli verfassten daher Marion Dönhoff und Richard von Weizsäcker gemeinsam.

Geradezu überschwänglich kommentierte sie es, als er nach drei Jahren an der Spitze der Opposition im Berliner Abgeordnetenhaus 1981 zum Regierenden Bürgermeister gewählt wurde. Sie zögerte dann aber auch nicht, ihn leidenschaftlich gegen Kritiker zu verteidigen, nachdem er sich 1984 entschied, vorzeitig auszuscheiden und für das Amt des Bundespräsidenten zu kandidieren. Für die Villa Hammerschmidt war er der Beste, fand sie schon lange. Als Kirchentagspräsident hatte Weizsäcker sich langsam der politischen Arena genähert und bewiesen, welche Maßstäbe er in der Politik anlegen würde. Zudem zählte sie ihn zu den diskursiven Köpfen der Republik, nicht zuletzt als Autor in ihrem Blatt hatte er das bewiesen.

Fest überzeugt war sie davon, dass Richard es war, der seinen Parteifreunden, den widerstrebenden Christdemokraten, Brandts Ostverträge schmackhaft zu machen suchte und am Ende sogar die Mehrheiten für sie rettete. Dass der Moskauer und besonders der Warschauer Vertrag, wie knapp auch immer, alle parlamentarischen Hürden passierten, sei ihm zu verdanken.

«Wir mussten die ja schubsen», hat Weizsäcker mir einmal beteuert, als wir über die Anfänge der Ostpolitik sprachen. Was er meinte: Nur langsam hätten sich die Sozialdemokraten von Adenauers Kurs abgewandt, der Mauerbau erschwerte das zusätzlich, Brandt und Bahr brauchten also dringend Unterstützung. Der CDU fehlte Kraft und Wille. Weizsäcker war sich sicher, dass die kleine Fraktion engagierter Protestanten eine Art intellektueller Vorhut bildete, die den Ostpolitikern den Weg ebnete. Marion Dönhoff sah das genauso: Tübinger Memorandum (1962) plus Richard von Weizsäcker, ohne diese Kombination wären die Ostverträge nicht über die Hürden gekommen.

Überzeichnete sie die Rolle des Freundes? Franz Josef Strauß hatte sich an die Spitze der Nein-Sager gestellt. Also konnte es nur noch darum gehen, ein Scheitern zu verhindern. Das sah Richard von Weizsäcker als seine Aufgabe an. Ein Begleitbrief zum Grundlagenvertrag, mit Moskau abgestimmt, sollte den zögernden Christdemokraten über die Hürden helfen – und eventuell sogar ein «Ja» ermöglichen. Hinter den Kulissen betätigte Weizsäcker sich als zäher, pragmatischer Unterhändler. Allerdings vermochten er und seine Freunde nicht einmal eine geschlossene Enthaltung durchzusetzen gegen die Polemik, es handele sich um «Verzicht» und «Verrat». Weizsäcker selbst zählte am Ende zu dem kleinen Kern der «Enthalter», nur dem Warschauer Vertrag speziell stimmte er wie angekündigt ausdrücklich zu. Aber immerhin, die Verträge passierten als Gesamtpaket knapp das Parlament, wie er es erhofft hatte.

Ihm sei es um das Schicksal der Ost- und Entspannungspolitik gegangen, erwiderte er selbst auf die Frage, ob er sie «gerettet» habe. Als identitätsstiftend für die Bundesrepublik habe er diesen Streit betrachtet. Gerettet jedoch, fügte er stets hinzu, habe den Warschauer Vertrag im Bundesrat Ernst Albrecht, der christdemokratische Ministerpräsident aus Hannover, mit seiner «Geradlinigkeit». Das Entscheidende schließlich aber sei «bereits durch die Unterschrift der Regierung Brandt/Scheel geleistet worden». «Die Welt nahm die Unterschriften für die Tat. Unterschrieben aber hatte der Kanzler.»[64] Und wie sah er Marion Dönhoffs Rolle in dieser Auseinandersetzung? Weizsäckers Antwort: Brandts Urteil, ohne die publizistische Unterstützung einiger Medien, voran Marion Dönhoffs, hätte es die Ostpolitik nicht gegeben, stimme er vorbehaltlos zu. Dass sie es nicht übers Herz brachte, den Kanzler zur Vertragsunterzeichnung zu begleiten, habe ihm «vollkommen eingeleuchtet», an ihrer Haltung zur Ostpolitik änderte es doch nichts.

Intensiv vor Augen hatte er noch eine Reise, bei der er nach dem Fall des Eisernen Vorhangs Marion in ihre Heimat begleitete. Sie hatte sich das schon lange gewünscht. Die Reise führte über Litauen nach Memel und zur Kurischen Nehrung, wo sie am Haus von Thomas Mann Station machten, schließlich in den inzwischen russischen Teil Ostpreußens bis nach Kaliningrad/Königsberg. Die Stadt hinterließ auf sie damals einen hoffnungslos traurigen Eindruck. Einen Abstecher zum nahegelegenen Friedrichstein machten sie allerdings nicht. Zwei Mal (1989 und 1992) hatte sie den Heimatort schon besucht, das erste Mal mit Hatzfeldt, dann mit dem Neffen.

Jedes Mal war es für sie eine seelische Herausforderung, keineswegs allein deshalb, weil vom Geburtshaus nichts geblieben war. Zwischen 1957 und 1959 hatten sowjetische Soldaten das Schloss restlos zerstört, die Trümmer sollen zum Aufbau eines ganzen Dorfes ausgereicht haben. Einer der beteiligten jungen Männer berichtete später, die Vorgesetzten hätten ihnen damals erzählt, dass es sich um die Sommerresidenz von Hermann Göring gehandelt habe – und sie hätten diese Lüge geglaubt.[65] Der Anblick evozierte bei ihr naturgemäß das ganze frühere Leben, ein Kapitel, das sie schließen wollte und das doch nicht zu schließen war.

Polen wurde zwar zu den Siegerstaaten des Zweiten Weltkrieges gezählt, musste aber akzeptieren, dass sich die Sowjetunion Ostpolen einverleibte (und Polen dafür bis zur Oder-Neiße-Linie in den Westen verschoben wurde), die Nachbarn standen fortan unter sowjetischer Kuratel. Für Marion wie für ihn sei das zwangsläufig die «zentrale Frage» geworden. Wie man mit dem Nachbarn Polen weiterkomme, der unter den Deutschen so unermesslich gelitten hatte, «das interessierte Marion auf ihre Weise, schon wegen ihrer Herkunft, und für mich war diese Frage das Motiv dafür, dass ich überhaupt zum ersten Mal für ein politisches Amt kandidiert habe.» In ihren Gesprächen bis zum Tod habe Polen eine Schlüsselrolle gespielt. «Sie konnte nichts revidieren», dachte er laut nach, «was die Nazizeit und der Zweite Weltkrieg mit sich gebracht hatten». «Aber sie konnte doch dafür sorgen, dass die Menschen als Menschen aufeinander zugehen und sich gegenseitig respektieren. Gerade an Orten, von denen sie meint, es seien Namen, die keiner mehr nennt. Niemanden kennen die dort lebenden Polen besser als ihren Namen.»[66]

Vermutlich kein anderer Brief spiegelte ihre Nähe, das oft wortlose Einverständnis zwischen ihnen so wie jener, den Marion Dönhoff vier Jahre vor ihrem Tod an den Freund adressierte. Sie habe eine fabelhafte Lösung «für die leere Wand hinter Deinem Schreibtisch», fiel sie mit der Tür ins Haus. Er möge bitte in Ruhe weiterlesen und nicht gleich protestieren. Kürzlich habe sie ihr Testament gemacht und sei dabei auf die Idee gekommen, einigen, denen ein Vermächtnis zugedacht ist, dieses zu Lebzeiten zu geben («weil ich

viel mehr Freude daran habe im lebenden als im toten Zustand»).
Einen «wunderschönen Leistikow» meinte sie, den sie erworben
hatte, eine Landschaft mit Kiefern im Brandenburgischen. Ihr sei
berichtet worden, dass er sich seinerzeit gleichfalls für dieses Gemälde interessiert habe, aber sie hatte es schon zuvor für sich ausge-
späht, und so habe er verzichtet. Viele Jahre, so Marion Dönhoff,
habe sie große Freude daran gehabt. Beim nächsten Besuch, schlage
sie vor, bringe sie das Bild mit nach Berlin, er soll es dann dort auf-
hängen, wo es wirklich hingehört, «in Deine unmittelbare Nähe».
Marion Dönhoff weiter: «Solltest Du zufällig, was höchst unwahr-
scheinlich ist, vor mir sterben, dann könntest Du es mir ja in Deinem Testament zurückvermachen: auf solche Weise hättest Du es
dann nur zur Miete für ein paar Jahre und es braucht Dir kein
Beschwer zu verursachen.»[67] Er überlebte sie um dreizehn Jahre.

«Fabelhaft» fand sie seine Rede zum 8. Mai 1985, vierzig Jahre
nach Kriegsende, über die befreiende Funktion des Erinnerns. Helmut Kohls mangelndes Fingerspitzengefühl Mitte der achtziger
Jahre erschien Marion Dönhoff geradezu unbegreiflich: Gorbatschow entsprach doch exakt dem Bild, das sie sich von einem Reformer des kommunistischen Systems machte – kein Revolutionär auf
Barrikaden, sondern ein eloquenter, moderater, aufgeklärter Reformer, den das florierende Westeuropa besonders beeindruckte. Zudem bewies er Mut. Zwischen Gorbatschow, seiner Frau Raissa
und Marion Dönhoff sollte sich daraus ein fast freundschaftliches
Verhältnis entwickeln, die Korrespondenz auch in den neunziger
Jahren konnte kaum herzlicher sein. Marion Dönhoff ließ es sich
nicht nehmen, die sterbenskranke Raissa noch im Krankenhaus in
Münster zu besuchen, ohne viel Aufhebens davon zu machen.

Aus der Sicht Helmut Kohls – nach dem Mauerfall – zählten
Marion Dönhoff, Weizsäcker und viele andere zu denen, die
Deutschland «verraten» hatten, weil sie die Einheit als Ziel aufge-
geben hätten. Wie weit das an der Wahrheit vorbeiging, wurde evident, als die Mauer fiel. Für sie ging wie für Richard von Weizsäcker
mit dem Mauerfall 1989 etwas in Erfüllung, was sie nicht mehr zu
hoffen gewagt hatte. Dass der dialektische Gedanke Brandts und
Bahrs aufging, nur die Anerkennung des zweiten deutschen Staates

werde die Wiederannäherung möglich machen, Wandel durch Annäherung, erfüllte sie spürbar mit Genugtuung. Kohl hingegen hatte die Zäsur von 1989 jeder Vorgeschichte entkleidet, es gab keine Deutschland- und Ostpolitik, keinen Kniefall, keine Helsinkikonferenz (1975) in seiner Version. Von Adenauer sollte eine direkte Brücke zu ihm führen. Für Marion Dönhoff erwies sich die Politik Brandts, die Anerkennung des zweiten deutschen Staates und sein Werben um Vertrauen im Osten, als wahre Erfolgsgeschichte.

Freundschaftlich, aber «nicht unstreng», so behielt Richard von Weizsäcker Gespräche mit ihr im Gedächtnis. Wir unterhielten uns in seinem Büro im Kupfergraben über sie (2014), nicht lange vor seinem Tod. Er nannte sie «Marion». Dass wir Redakteure stets von der «Gräfin» sprachen, irritierte ihn gewaltig.

In der Nachkriegszeit, so der alte Herr am Kupfergraben in seiner kleinen, privaten Laudatio, habe es keinen Journalisten gegeben, «dem jede Tür auf der Welt offen stand wie ihr». Niemals aber habe sie diese offenen Türen dazu benutzt, «um sich selber einen Zentimeter größer zu machen, sondern um in der Welt etwas konstruktiv beizutragen». Diese Kombination habe sie zur Persönlichkeit gemacht, für die es «kein zweites Beispiel gab».[68] Zwei Personen, bekannte er, hätten ihm schon in jungen Jahren imponiert, «Churchill und Marion». Der Brite habe seinen Landsleuten im Krieg gegen Hitler viel abverlangt, aber es ging nicht anders. Und dann, so Weizsäcker, erklärte er nach dem Krieg in Zürich die Vereinigten Staaten von Europa zum Ziel, das Klügste, was er machen konnte.

Auch diese Bewunderung für Churchill teilte er mit Marion Dönhoff, darauf wollte er hinaus. Wie wahr, in dieser «konzeptionslosen Zeit» habe noch einmal ein großer Staatsmann das Ruder ergriffen, huldigte sie ihm bald nach dem Krieg, trotz aller Vorbehalte, die sie wegen seiner Reserven gegenüber der Hitleropposition im Reich hatte. Sie schrieb, Churchill – «der alte Löwe» – habe früh die Irrtümer von Jalta und Potsdam durchschaut, schonungslos die Fiktion vom Fortbestehen der Kriegsallianz der Großen Drei zerstört und den europäischen Zusammenschluss gepredigt.[69]

Was wir brauchten in Westdeutschland, dachte Weizsäcker im Gespräch laut vor sich hin, haben wir nicht von de Gaulle gelernt. Wenn jemand anfing zu helfen, das Land wieder aufzubauen, dann die Engländer! «England war das Modell für Marion ebenso wie für mich, auch ich bin Engländer in diesem Grundverständnis, kein geborener Atlantiker». Vom französischen Parlament beispielsweise, fügte er hinzu, hätten sie in den ersten Jahren nach 1949 keine Ahnung gehabt, mit England verhielt sich das anders. Bewusst zählten sie sich zur «britischen Fraktion» in der jungen Bundesrepublik.

Marion zuzuhören, schwärmte er noch einmal, sei für ihn ein «einmaliges Privileg» gewesen. Reitet zu Pferd aus Ostpreußen in den Westen, kniet sich in eine vollkommen neue Aufgabe in Hamburg, vergisst aber ihre Abstammung nie – das «erste gesamtdeutsche» Leben habe sie geführt, raffte er eine lange Geschichte zusammen. Dann reist sie auch noch in die Welt, immer auf der Suche nach Studienstoff für die Deutschen, kommt zurück, und «wir lauschten begierig und lernten von ihr».

Verkörperte sie für ihn nicht doch jenes Preußen, das er offenkundig so schätzte wie sie selber? Nein, das nicht, lautete die Antwort des alten Herrn. Marion sei «ihre eigene Botschafterin geworden, sie sprach allein für Marion Dönhoff.» Die Bilanz des Mannes, den sie 1945 kennenlernte, den sie zunächst «nicht sonderlich beeindruckend» fand und der über fünfzig Jahre lang zum engen Weg- und Seelengefährten wurde: «Sie gab sich selbst die Richtlinien für das, was in Westdeutschland gemacht werden sollte.» Seine Augen leuchteten, als er noch einmal ein gutes halbes Jahrhundert Revue passieren ließ, das sie in Freundschaft verband.

«You are a superb woman»
David Astor

Der britische Lord (1912 bis 2001) zählte zu den Abkommen der New Yorker Astors (ursprünglich aus dem badischen Walldorf), die mit Pelzhandel und Immobilien sowie Hotels (Waldorf-Astoria in

New York) ein beispielloses Vermögen erworben hatten. Die Familie lebte später in Cliveden nahe London, zum Familienbesitz gehörte die liberale Sonntagszeitung «The Observer», die zunächst der Vater herausgab. Der zweite Sohn der Astors, David, begann 1942 als außenpolitischer Redakteur beim eigenen Blatt, 1948 rückte er zum Verleger und Chefredakteur auf. Die Zeitung, die zum britischen Establishment zählte, steuerte er in 27 Jahren besonnen auf einen unabhängigen, weltoffenen, liberalen Kurs. Sein Reichtum hinderte David Astor nicht an einem ausgesprochen sozialkritischen Blick und Empathie für die «kleinen Leute», diejenigen auf der untersten Stufe der britischen Klassengesellschaft. Von seinem Freund George Orwell, hieß es, habe er gelernt, linke und rechte Totalitarismen gleichermaßen zu verachten.

Das Gerücht wollte nie verstummen, vermutlich trifft es ja auch zu, Astor habe seine deutsche Freundin aus den masurischen Wäldern wirklich geliebt. Vielleicht hat Marion Dönhoff auch die Liebe erwidert, der Lord aus dem reichen Haus gehörte gewiss zu den *best and brightest*, auch wenn er jenem Männerbild nicht wirklich nahekam, dem so viele ihrer Freunde entsprachen. Mir scheint, jenseits des Privaten bleibt vor allem ein «intellektuelles» Rätsel, dem nachzugehen sich lohnt. Seine kommunistenfressende Mutter verhöhnte ihn als «bolshie» (Bolschewik), während des Weltkrieges unterstützte er die *résistance* in Frankreich. Bei Marion Dönhoff aber genoss er von vornherein einen Bonus, weil er als einsamer Rufer die deutsche Opposition unterstützte. Ich denke, das war für sie das einigende Band, jenseits der «Liebe».

1947, während einer außenpolitischen Konferenz in London, lernte sie Astor kennen. Zu der Zeit muss sie bereits auch Cliveden besucht haben, denn sie bedankte sich im Mai 1948 – verspätet – bei Davids Mutter, der legendären Lady Astor. Die stockkonservative, allseits gefürchtete Dame nahm als erste Frau einen Sitz im Londoner Unterhaus ein. Erheblich zu links erschien ihr das eigene Blatt, in dem der Sohn das journalistische Handwerk erlernte. Zudem zählte sie zur kleinen, einflussreichen und berüchtigten Fraktion der Hitlerfreunde in London – ein Ruf, unter dem David besonders litt. Resigniert räumte er einmal ein, dieses fatale Etikett sei nicht mehr abzuwaschen vom Namen der Familie. Seine Mutter empörte umso mehr, dass ausgerechnet regimekritische deutsche Emigranten, voran Richard Löwenthal und Sebastian Haffner, die Außenpolitik des eigenen Blattes beeinflussten. Gerade die beiden schätzte und förderte aber ihr Sohn ganz besonders. Ob Marion Dönhoff diese Fraktionierungen im Hause Astor klar waren, als sie ihren Brief an die Mutter schrieb? Anmerken ließ sie sich jedenfalls nichts. Höflich legte sie der Post ein Foto von Friedrichstein bei,[70] das sich als Schloss durchaus sehen lassen konnte, auch wenn es die Dimensionen von Cliveden längst nicht erreichte. Mindestens war es ein dezenter Hinweis darauf, dass man sich unter Seinesgleichen bewege.

Astor hatte Adam Trott und dessen Freunde, das Ehepaar Bielenberg, vor dem Krieg in Berlin besucht, einige Monate verbrachte er zudem in Heidelberg. Seitdem zeigte er sich fest überzeugt, Deutschland dürfe nicht pauschal gleichgesetzt werden mit Hitler. Besonders Trott, eine ungewöhnliche Verbindung aus Kultur, Literatur, Geschichte, personifizierte für ihn jenes andere Deutschland, das er kennengelernt hatte und liebte.

Etwas davon strahlte ganz offensichtlich aber auch Marion Dönhoff auf ihn aus. Sie müssen sich schnell näher gekommen sein. Erstaunlich offen schüttete David Astor – der zum leichten Stottern neigte – ihr bald sein Herz aus. Wie sehr ein Mutterkomplex ihn belaste und seine Beziehung zu Frauen beeinträchtige, weshalb er lange Jahre die Hilfe einer Psychoanalytikerin in Anspruch nahm – während sie von Seelenerforschung herzlich wenig hielt –, woran seine erste Ehe rasch scheiterte, über all das informierte er sie vorbehaltlos im intimen Plauderton. Nie hätte sie von sich aus über solche Seelenprobleme gesprochen.

Folgt man Jeremy Lewis, seinem Biographen, dann klagte Astor damals häufig über das eintönige Leben, er bewege sich nur zwischen dem «Observer», Wochenenden in Sutton, dem Auto und seinem Kind einerseits, dem er sich verpflichtet fühlte, sowie dem Vater andererseits. Von seiner ersten Frau, Melanie, hatte er sich mittlerweile getrennt. Marion Dönhoff besuchte ihn mehrmals in London, er reiste gern auch zu ihr nach Hamburg. Lewis weiter: «Damals wünschte er sich, die ZEIT würde Marion als Korrespondentin nach London schicken, damit sie wenigstens die Chance bekämen, sich ein wenig besser kennenzulernen.» Lewis zitiert dann aus einem Brief Astors an Marion, in dem er klagt, generell fühle er sich erschöpft, er misstraue – wie stets – Belastungsproben auf seine eigenen Gefühle. Der Briefeschreiber nach einem seiner Besuche in Hamburg weiter: «Das heißt nicht, dass ich an meiner Neigung für Dich zweifle, aber ich bezweifele meine eigene konstitutionelle Unfähigkeit, zu lachen, was aber, neben einem Sinn für Schönheit und Ehrlichkeit, sicher die wertvollste Eigenschaft ist, wenn es um persönliche Beziehungen geht». Ihre Beziehung sei zu kostbar, klagte er, sie dürfe nicht enden, trösten möchte er sie, wenn er sie mit seiner «Unvollkommenheit» verwundet hätte. «You are a superb woman and a very sweet one, and even if I can't make you very happy I hope that I will be able to add a little happiness to your life.»[71]

Etwas war schiefgelaufen zwischen den beiden. Wie sie auf sein Schreiben reagierte, ist nicht zu rekonstruieren. Liest man diese Briefe, bleibt allerdings die Frage, wie sich die schwermütige Seelenerforschung, zu der David offenbar neigte, überhaupt je mit der lebenszugewandten Haltung Marions hätte verbinden lassen.

Seine Trauer um den Freund Adam Trott, offenbarte er ihr im Jahr 1949 – zwei Jahre, nachdem sie sich kennengelernt hatten – freimütig, habe die Beziehungen zu seiner Frau, Melanie, noch erschwert. Sie habe ihm vorgeworfen, dass er «mit den Toten lebt». Primäre Ursache für die Unstimmigkeiten zwischen ihnen sei das aber nicht gewesen. Wie sie, Marion, habe auch er «ernsthafte Schwierigkeiten, mich selbst vorbehaltlos dem anderen Geschlecht ‹hinzugeben›, besonders wegen des unglücklichen Verhältnisses in seiner Kindheit zur eigenen Mutter und den Folgen, die das für mein Verhalten gegenüber Frauen grundsätzlich hatte».[72]

Drei Jahre später, im März 1952, heiratete der Lord aus Cliveden Bridget Wreford, die er erst kurz zuvor kennengelernt hatte. Mit ihr blieb er fast fünfzig Jahre, bis zum Lebensende, zusammen. Sie brachte fünf Kinder zur Welt. Seine Frau, die aus der britischen Mittelklasse stammte – wovor ihn seine Mutter stets dringend gewarnt hatte –, habe ihm jene Stabilität gegeben, nach welcher er in all seiner Unsicherheit lebenslang suchte, versucht Jeremy Lewis diese überraschende Wendung zu erklären. Erst mit dieser Ehe hatte er sich offenkundig von seiner Mutter emanzipiert.[73]

Zur Vertrauten machte er die deutsche Freundin, nicht aber zur Partnerin. Zur Zuhörerin, nicht zur Gefährtin. Ob ihm das bewusst war? Aber sie ließ nichts von Verletztheit erkennen, jedenfalls finden sich keinerlei Spuren, die darauf verweisen; ja, vermutlich war sie eher erleichtert, dass das Thema «Heirat» nun erledigt war. Sie wird geahnt haben, dass er sich ihr nicht wirklich gewachsen fühlte, zumal sie ihre Freiheit in Wahrheit nie einbüßen wollte.

Mehr noch: Liest man zwischen den Zeilen der Briefe Astors an seine Hamburger Freundin, kann man sich schwer des Eindrucks erwehren, diese ewig beherrschte deutsche Komtess habe er zwar bewundert, aber sie habe ihm auch Angst eingejagt. Angst, weil sie zu emanzipiert war. Angst, weil sie so viel Sicherheit ausstrahlte. Angst, weil sie so strikt nach vorne blickte ohne zu klagen. Nur in journalistischer Hinsicht war sie die Anfängerin, in Lebensfragen aber blieb er der ewig Suchende.

Entgangen ist ihr sicher auch nicht, dass sich der emanzipierte, liberale Astor ein überraschend enges Bild von Frauen machte: Mütter sollten sie sein, wenn auch anders als seine eigene, die furchtbar dominante Nancy, ihren Männern sollten sie zur Seite stehen, ihre klassische Rolle sollten sie spielen.

Hätte er ein Leben führen können mit Marion Dönhoff, wie er sich das vorstellte, sie mit David, wie das zu ihr passte? Unvorstellbar, und das muss sie beizeiten antizipiert haben. Unübersehbar waren die Frauen, die sie mochte, aus ihrem Holz: Chris Bielenberg, Christa von Tippelskirch (Armstrong), Margret Boveri, ihre Schwester Yvonne … Ja, sie lernte von ihrem Freund David Astor, aber sie war schon zu frei, um sich noch einmal Fesseln anlegen zu lassen. Als Zeitungsmann verkörperte er jene Liberalität, zu der er sich als Familienvater in Cliveden nicht durchringen konnte.

Mir scheint, das Rätselraten über die deutsch-britische «Liaison» hat einen anderen Aspekt in den Schatten gerückt, der Aufmerksamkeit verdiente: Die anspruchsvolle britische Wochenzeitung, die Astor durch stürmische Zeiten navigierte, stellte für sie ein Referenzblatt dar wie kein zweites. Mehr noch, der «Observer» hat das journalistische Selbstverständnis der ZEIT in den Lehr- und Wanderjahren vermutlich entscheidend geprägt. Unter Astors Regie wurde das Blatt liberal, bewies soziale Empathie und nahm die Welt ins Visier. Als Journalisten jedenfalls wurden Marion und David, wie sich bald zeigen sollte, ein Herz und eine Seele.

Zur Ethik des «Observer» gehörte, wie Astor es formulierte, «trying to do the opposite of what Hitler would have done». Was man bei Hitler erlebe, so seine Überzeugung, offenbare nur, was in allen normalen Menschen stecke. Militant sollte der «Observer» deshalb für «tolerance, freedom of expression, non-prejudice – all causes of moderation – here and abroad» eintreten. Der Einfluss Adam Trotts bewegte Astor sogar, eine «Europe Study Group» zu gründen, die frühzeitig Perspektiven für das künftige Europa formulieren sollte. Nicht zuletzt sollte sie aber auch den Deutschen helfen, Hitler und den Faschismus zu überwinden.

«Trying to do the opposite of what Hitler would have done» – möglichst das Gegenteil von dem machen, was Hitler gemacht hätte? Toleranz, freie Meinung, Vorurteilslosigkeit, eine Mittlerrolle zu Hause und in der Welt, hieß das für Astor. Halb bewusst, halb unbewusst schlüpfte er offenbar in eine Mentorenrolle hinein. Besonders überzeugend mag es für sie noch gewesen sein, dass es ja auffällige Parallelen in ihrem Leben gab – er entstammte demselben konservativen Establishment seines Landes wie sie, und beide mussten sich aus solchen Fesseln befreien. Eine weite Strecke allerdings musste sie noch zurücklegen, wenn sie mit ihrer ZEIT den «Observer» wirklich einholen wollte.

Dieses Vorbildhafte, meine ich, lässt sich in großen wie in kleinen Fragen aufspüren: Wenn sie sich in Hamburg jahrzehntelang für einen liberaleren Strafvollzug stark machte und Häftlinge mit privat gesammelten Spenden unterstützte, dann vermutlich doch auch, weil ihr David Astors Beispiel so sehr imponierte. Jahrelang focht er in seiner Zeitung für eine Gefängnis-Reform und gehörte später zu den Mitbegründern von *Amnesty International*.[74]

Vor allem aber: Wort für Wort hätte sie das journalistische Programm unterschreiben können, das ihr Freund im «Observer» verankerte. Ethik, propagierte er, zähle mehr als Politik. Zu seinen

Leitlinien gehörte: «Gegner mit Respekt behandeln; jenen widersprechen, die Hass säen, aber auch das ohne Gewalt; versuchen, die Menschen zu verstehen und sie einander zu erklären; Differenzen ernst nehmen; die eigene Sache nie übertreiben; Überdramatisierung oder die Lust am Sensationellen meiden; moralischen Mut zeigen, besonders, wenn etwas verächtlich gemacht wird, stattdessen Respekt vor anderen bekunden; nicht Moden oder dem Herdentrieb folgen, besonders jenen ‹auf unserer Seite›; pedantisch die Wahrheit beachten; Vernunft hochhalten und sie anwenden, um das Irrationale in allen von uns zu begreifen; Tabus und Legenden in Frage stellen, besonders jene, die unsere Leser gerne akzeptieren; das Billige meiden, und der Annahme widerstehen, es spiele keine Rolle, was wir sagen, und sei ohnehin bald vergessen; das Moderieren geradezu kultivieren; alle entmutigen, die nur in eigener Sache handeln, aber in Kauf nehmen, dass man in einer unpopulären Angelegenheit einsam bleibt; Destruktives meiden, auch wenn es als Unterhaltung einherkommt, als Reinigung oder Verjüngung; Zweifel und Skepsis, aber nicht Zynismus pflegen; Selbstkritik praktizieren – als Liberale, als Internationalisten, als Journalisten – und sie von allen anderen auch verlangen.»[75]

Astor: Weil die Leser ihre Neuigkeiten sowieso ständig im Radio zu hören bekommen, bleibe das Feld frei für den «scoop by interpretation», für die überraschende Deutung von Ereignissen.

Überraschter, neugieriger als andere Zeitungen blickte der «Observer» – in Astors Worten – auf Politik, Religion und Moral. Beide Seiten eines Konflikts müssen gründlich studiert werden, lautete eine Parole. Astor: «Etwas vom besten Journalismus, für den ich jemals sorgte, rührte aus der Entdeckung während einer Konferenz, dass es zwei sehr überzeugende Argumentationen waren, die man dafür und dagegen vorbringen konnte. Ich habe dann darauf bestanden, dass sie beide in unserer Zeitung stehen.» Mit Artikeln von Sebastian Haffner und Isaac Deutscher, die diametral entgegengesetzte Ansichten vom griechischen Bürgerkrieg 1944 vertraten und sie in der gleichen Ausgabe darlegten, illustrierte er das.[76]

Gerade diese Methode, «Pro» und «Contra», führte Marion Dönhoff auch in der ZEIT ein. Obwohl die eigenen Redakteure

Astor gelegentlich vorwarfen, er könne sich nie richtig entscheiden und warte gerne bis zur letzten Minute – spöttisch hieß es, «die Nicht-Entscheidung des Herausgebers ist endgültig»[77] – gewann das Blatt klares politisches Profil. Keineswegs schloss das Nebeneinander konträrer Positionen, am lohnenden Objekt und mit der nötigen Ernsthaftigkeit erläutert, eindeutige Positionierungen und scharfe Konturen aus. Dass diese kunstvolle Gratwanderung glücken kann, exerzierte der «Observer» ihr vor. Sie war Lehrling, Astor Lehrer. Er machte ein Blatt, «das anspruchsvoll ist *und* gelesen wird» (Theo Sommer). 1962 schickte sie den jungen Redakteur, den sie ausersehen hatte als Nachfolger, Sommer, folgerichtig nach London, in die Journalistenschule «Observer».

Ob er das «mentale Zentrum» (Klaus Harpprecht) ihrer Biographie war, bleibt Spekulation. Aber der Mann, der geplagt von einem Unsicherheitsgefühl sein Leben lang Anna Freud konsultierte, der aber überaus zielstrebig dem «Observer» Rückgrat einzog und Maßstäbe beibrachte, der den deutschen Widerstand unterstützte, der allen nationalistischen Anfechtungen Britanniens widersprach und nach Europa blickte, dieser Mann hat sie auf ihrem Weg zur liberalen Journalistin geleitet wie keiner – auch wenn es schließlich wohl keine Herzensangelegenheit wurde aus der Geschichte von Marion und David.

«Besser als jeder Amerikaner verstehe ich, wo Du in Deiner Jugend zu Hause warst»
George F. Kennan

George Kennan vereinte vieles in sich, er war ein Farmer, der gern Hand anlegte, aber auch ein Politiker, Diplomat und Historiker, Schriftsteller von Format und strategischer Kopf. Gelegentlich malte er, abends griff er gern zur Gitarre. Der Amerikaner, der in versunkenen Epochen lebte ebenso wie in der Jetztzeit, galt als eine Jahrhundertfigur. Auf viele wirkte er distanziert, ja entrückt. Marion Dönhoff liebte solche Mischungen, jenseits aller Schablonen.

Fünf Jahre vor ihr, am 16. Februar 1904, kam er im ländlichen Milwaukee (Wisconsin) zur Welt, ein gutes Jahrhundert später, am 17. März 2005, wurde er in Princeton (New Jersey) zu Grabe getragen. Er überlebte die deutsche Freundin also sogar noch um drei Jahre.

Wenn sie mit Kennan zusammensaß, zwischen Büchern, Bildern, Manuskripten in ihrem Arbeitszimmer im Pressehaus, im Hotel in New York oder bei ihm zu Hause in der Hodge Road in Princeton, am *Institute for Advanced Study* (IAS), im Elternhaus seiner Frau in Norwegen, auf Schloss Crottorf, erinnert Hermann Hatzfeldt sich, habe sie ihm vor allem «Fragen gestellt und zugehört». Tagelang, nächtelang. Und wie bei Burckhardt, drehte es sich nicht um Politik allein zwischen ihnen, Kennan war auch ein großartiger Plauderer, Anekdotenerzähler, Bücherwurm. Sie dachte ganz praktisch, was sie lernen und wie sie journalistisch profitieren könne, immer wollte sie «das Beste herausholen» (Hatzfeldt) in Gesprächen, nicht selber glänzen. Die Anderen sollten zum Zuge kommen, weil sie etwas zu sagen hatten. An Selbstbewusstsein fehlte es ihr nicht, aber als Frau musste sie sich nicht heimlich messen an Konkurrenten. Ernst genommen wurde sie auch, das hatte sie gelernt, wenn sie sich sparsam zurückhielt.

Anlässlich seines 90. Geburtstages am 15. Februar 1994 hielt Kennan vor dem *Council on Foreign Relations* in New York eine Rede, an die zu erinnern sich lohnt. Ohne Präliminarien kam der Jubilar dabei auf sein berühmtes Wort vom «containment» aus dem Jahr 1947 zu sprechen. Nach dem Marshall-Plan, als dessen Vater er galt, hatte dieses Konzept zur «Eindämmung» des Kommunismus seinen Namen weltweit bekannt gemacht.

Dahinter verbarg sich Kennans strategische Überlegung, wie der Westen mit dem sowjetischen Expansionsstreben umgehen solle. Er wehrte sich gegen das Missverständnis, damit habe er den Kalten Krieg intellektuell konzipiert. Vor allem habe er damit eine diplomatische und politische Herausforderung gemeint, rief Kennan in Erinnerung. Es sei ihm nicht darum gegangen, die Sowjetunion einzukreisen mit Waffenarsenalen. Sobald Moskau seine Expansion beende, begännen erst die Gespräche, auf die es ihm ankam.

*Dem amerikanischen Diplomaten und Historiker George F. Kennan
(1904 bis 2005) begegnete sie erstmals Anfang der fünfziger Jahre in
Princeton. Von der Freundschaft, die sich daraus entwickelte und die ein
halbes Jahrhundert andauerte, zehrte sie auch als Journalistin, nicht
zuletzt beim Versuch, sich von der Logik des Kalten Krieges zu befreien
und die Ost- und Entspannungspolitik zu realisieren.*

Seine Gegner, fuhr Kennan fort, würden seit dem Mauerfall von
1989 argumentieren, sie hätten am Ende Recht behalten, die Sowjetunion habe nach Jahrzehnten tatsächlich kapituliert, und siehe da,
der Westen habe nichts dafür bezahlt. Er sah das anders. Wir haben
viel bezahlt, davon war Kennan überzeugt, und zwar mit vierzig
Jahren enormer und unnötiger militärischer Ausgaben.

Nicht zuerst auf militärische Mittel vertrauen, auf Oppositio-
nelle gegen Hitler – kluge und weltläufige Köpfe wie Moltke –
hören, bedingungslose Kapitulation nicht zum Ziel machen, Druck
ausüben allein mit dem Ziel, ins Gespräch zu kommen – unschwer
sind dabei Motive herauszuhören, die im Leben der Journalistin
Marion Dönhoff eine Schlüsselrolle spielen sollten.

Sie formulierte es zwar nicht direkt, aber ich meine, dass sie zuerst zögernd, dann zunehmend überzeugter diesem amerikanischen Ideengeber Kennan in Ost-West-Fragen lauschte und folgte. Allein schon, wie er Deutschland einschätzte und was er seiner Regierung riet, oft als einsamer Rufer, erweckte all ihre Sympathien. Er lieferte ihr gute Argumente auch für die außenpolitische Debatte und für Kritik am Kurs von Adenauer, vor allem aber von Franz Josef Strauß.

Ernst Kantorowicz kannte Kennan aus dem kleinen Princeton, neben Panofsky, Einstein oder Oppenheimer zählte er zu den intellektuellen Leuchttürmen des Instituts. Schon bei ihrem ersten Besuch in Princeton Anfang der fünfziger Jahre arrangierte er ein Treffen mit Kennan.

Er konnte nicht ahnen, dass sich eine Freundschaft von ganz besonderer Intensität daraus entspann. Es war auch keineswegs selbstverständlich. Fritz Stern, erinnere ich mich, spottete freundschaftlich, aber auch ein wenig verwundert über den Unterschied zwischen dem «Pseudoaristokraten aus Princeton und der wirklich demokratischen Gräfin aus Friedrichstein».

Natürlich nahm sie George Kennan auf in ihre Portraitgalerie unter dem Titel «Menschen, die wissen worum es geht». Aus den Trümmern des Zweiten Weltkrieges, aus dem Schutt, der sich in Russland, Europa und besonders in Deutschland türmte, in der Stunde Null habe er – davon war sie überzeugt – mit seinen ganz eigenen Mitteln etwas grundstürzend Neues zu gestalten versucht. Ein «Planungschef beim Wiederaufbau der Welt»: Im Januar 1947, legte sie ihren Lesern dar, hatten Außenminister George Marshall und sein Unterstaatssekretär Dean Acheson Kennan, einem Russlandspezialisten und Botschaftsrat in Moskau, die Leitung eines neu eingerichteten Planungsstabes im *State Department* angetragen. In der Juni-Ausgabe von *Foreign Affairs* hatte er unorthodox nachgedacht über die «Sources of Soviet Conduct». Zwar wollte der Mr. X, wie der Autor sich nannte, unbekannt bleiben, aber die *New York Times* enthüllte rasch, der Chef des neuen Planungsstabes stecke dahinter. Die Wirkung war überwältigend. Zwei Jahre war der Zweite Weltkrieg gerade zu Ende, Deutschland besiegt, die

231

Supermächte hatten ihre Claims abgesteckt und entdeckten ihre unüberbrückbaren Differenzen, der Kalte Krieg zeichnete sich am Horizont ab. In den Kabinetten ganz Europas wurde der Text von «Mr. X» verschlungen, als hätte man endlich eine Analyse plus Handlungsanleitung aus Washington in Händen, aus der sich ableiten ließe, wie sich die Westpolitik gegenüber dem zweiten großen Sieger in diesem Krieg, Stalins Sowjetunion, verhalten solle. Durchaus zu Recht, fügte die Autorin hinzu, zwar habe Kennan zunächst nur seine persönliche Meinung niedergeschrieben, aber Truman und Acheson hätten bald seine hellsichtige Analyse ihrer Politik der Eindämmung des sowjetischen Imperialismus zugrunde gelegt.

Alle Vorfahren Kennans waren Farmer, schrieb sie, wie ihre Vorfahren zu Hause in Friedrichstein. Wie sehr er diesem Lebenskreis verhaftet war, habe sie erlebt als Besucherin auf seiner Farm in Pennsylvania oder bei Besuchen in Norwegen, der Heimat seiner Frau. Marion Dönhoff fast schwärmerisch: «Dort auf dem Lande, in Pennsylvania oder Norwegen, da lebt Kennan nicht wie ein Botschafter auf seinem Sommersitz, sondern wie ein Bauer, der alles selber bastelt, der gelernt hat, sich zu bescheiden. In derben Stiefeln und alter Joppe stapft er umher, legt eine neue Steintreppe an, zimmert ein Fenster, konstruiert eine Seilwinde. Seine Werkstatt, in der alles erdenkliche Handwerkszeug sauber der Größe nach aufgehängt ist, verrät eine gewisse Pedanterie. Sich abfinden und sich einschränken, diese Tugenden hat er dort auf dem Lande, wo nicht alles machbar, nicht alles für Geld zu haben ist, schätzengelernt.»[78] Er kenne seinen Rang, bleibe aber dennoch von äußerster Bescheidenheit. So liebte sie es.[79]

Gewissenhaft studierte sie, was er schrieb. Wenn man ihn als Historiker frage, ob sein eigenes Land auf lange Sicht wetteifern könne mit einer zweckbestimmten, disziplinierten Gesellschaftsordnung wie der sowjetischen, ein Land, das «übermäßiges Gewicht auf Komfort und Vergnügen legt, in seinem Bildungssystem Qualität durch Quantität ersetzt» und seine wichtigsten Industriezweige disziplinlos verfallen lasse, antworte er mit: Nein.

Ähnlich klang seine Antwort auf die Frage, warum der Marxismus trotz Prag 1968, trotz der Verbannung einer Geistesgröße wie Solschenizyn soviel Anziehungskraft auf die Jugend besitze: Er könne sich das nur «als eine sublimierte Form einer Aversion gegen die moderne Gesellschaft» erklären, gegen ihren Materialismus, den Mangel an Idealen, den Appell an egoistische Ziele «statt an die Bereitschaft, für das Ganze Opfer zu bringen.»[80] Sie referierte nicht nur, sie saugte seine Argumente auch auf, und er bestärkte sie im Zweifel darin. Es war Kennan, der sie ausdrücklich in einem seiner Briefe mahnte, «Oh Marion, beware of success!», und das nur, weil sie ihm einmal stolz vom zunehmenden Erfolg ihrer Zeitung berichtet hatte.

Es blieben unüberbrückbare Differenzen, die sie beide aber nicht weiter störten. George Kennan bekannte sich dazu, nichts von einer egalitären Gesellschaft zu halten, freimütig nannte er sich einen «Elitisten». Das wäre ihr so nicht über die Lippen gekommen (unabhängig davon, ob sie es grundsätzlich nicht ähnlich empfand wie er.) Manche seiner Auffassungen klangen geradezu reaktionär, räumte sie allerdings unumwunden ein, und dabei ging es ihr gewiss nicht einfach um das Gesichtwahren. Was er beispielsweise über die Rassentrennung in den USA, über die Dritte Welt oder Südafrika äußere, bringe auch sie in Harnisch, schrieb sie.[81] Aber – geschenkt.

Überall blieb er Außenseiter, vielleicht gerade wegen seines genialischen Rufs. Im *State Department* verloren sie das Interesse an dem eigensinnigen Russlandkenner. Sie habe nicht nachvollziehen können, kommentierte seine Hamburger Bewunderin, weshalb man ausgerechnet in diesem Hause auf einen derart brillanten Geist wie Kennan verzichtete. Wie sie einen Kopf wie diesen in der Bonner Politik vermisste!

Nichts in der Außenpolitik während der letzten 25 Jahre war so umstritten wie Stalins Note 1952, urteilte sie im Rückblick. Moskau lockte seinerzeit mit der Wiedervereinigung, falls die Bundesrepublik neutral werde und sich keinem Militärbündnis anschließe. Sogar eine eigene Armee sollte dieses «blockfreie» Deutschland aufbauen dürfen. War das ernst zu nehmen? Konrad Adenauer lehnte von vornherein jeden Gedanken daran ab, ganz im Sinne Washingtons. George Kennan verweigerte sich wie so häufig dem breiten

Konsens und plädierte dafür, die Offerte auszuloten. Marion Dönhoff – schwankte, weil sie nicht wisse, ob es sich um ein Trojanisches Pferd handele. Also wandte sie sich hilfesuchend an Kennan. So ging sie gern vor in solchen Fällen: Vorsichtig, ohne selbst gleich Position zu beziehen, aber doch begierig auf gedankliches Neuland. Von ihm wollte sie hören, warum die Siegermächte sich weigerten, die Chancen auch nur zu testen. Seine lakonische Antwort: Zu weit fortgeschritten sei bereits die Einbindung Westdeutschlands in die NATO, zu groß sei die Angst in Frankreich und England vor einem neutralen Deutschland, größer sogar als in Moskau. Der Westen hatte sich selber gefesselt, urteilte er.[82]

Wenig später, im Juni 1953, kam es zum Aufstand in Ostberlin, und Moskau demonstrierte, dass in seinem westlichsten Vorfeld auf keinen Fall auch nur eine Spur von Emanzipation geduldet werde.[83] Als die Vereinigten Staaten nichts unternahmen, um den Aufständischen in Ostberlin zu Hilfe zu eilen, wurde ihr klar, dass sie andere Prioritäten setzten als die Westdeutschen, wenn ihrer Wiedervereinigungs-Suada zu glauben war.[84]

Die Leitartiklerin mochte nicht mitfeiern, als Adenauer im September 1955 erfolgreich über die Freilassung der letzten 10 000 Kriegsgefangenen verhandelte: «Solange die Spannung besteht, werden die Russen zwangsläufig Ostdeutschland ebenso festhalten wie die Satellitenregime …» Wäre man dem Rezept einer «progressive education» gefolgt, fuhr sie fort, «so wäre nicht nur der größte Teil Europas, sondern es wären vermutlich auch weite Teile Asiens längst kommunistisch». Jeder im Westen müsse auf seinen eigenen Schutz bedacht sein, nur so könne man überleben. Entspannung sei Verzicht auf Gewalt, nicht Kapitulation,[85] lautete inzwischen ihre Formel. Die «Politik der Stärke» führte nicht weiter, und sie hatte sich ja auch – siehe 1953 – nur als leere Formel erwiesen. Darin näherte sie sich dem Denken Kennans weiter an, obwohl es noch immer recht ratlos klang, was sie schrieb.

1957 löste George Kennan mit einer Vortragsreihe in der BBC zum Verhältnis von Ost und West an sechs Sonntagabenden eine noch erregtere Resonanz aus als zehn Jahre zuvor mit seinem Aufsatz als «Mr. X». Millionen Hörer in Großbritannien und auf dem

Kontinent schalteten ihre Radios an, von den Fachleuten ganz zu schweigen. Kein Tabu scheute der amerikanische Autor, er dachte die Beziehungen neu, als könne er am Schachbrett der Weltpolitik die Figuren eigenhändig verschieben.

Konkret hieß das, der *Containment*-Stratege schlug jetzt ein *Disengagement* vor. Gemeint war damit, die östlichen und westlichen Besatzungstruppen in Europa sollten zurückgezogen werden. Keinesfalls dürften die kontinentaleuropäischen Mitglieder der NATO – sprich: Westdeutschland – mit taktischen Atomwaffen ausgerüstet werden, weil dadurch mögliche Abrüstungsverhandlungen erschwert würden. Nur wirtschaftlich gesunde, sozial ausbalancierte europäische Staaten könnten mit den expansiven politischen Ambitionen Moskaus umgehen, und nur so lasse sich verhindern, dass aus der Teilung Europas ein Dauerzustand würde.

Bis Mitte der fünfziger Jahre, bekannte sie rückblickend, sei ihr zweifelhaft erschienen, «ob Kennans Theorien den verängstigten Europäern psychologisch ausreichende Sicherheit gewähren könnten». Damit erklärte sie, weshalb sie auch selbst nicht wirklich Stellung bezog. «Höchst einleuchtend» habe sie aber sein Argument gefunden, der Osten sei «kein monolithischer Block». Jetzt aber öffnete sie auch die ZEIT für diese Debatte: 1957 lud die Politikchefin Carl Friedrich von Weizsäcker und die Kritiker einer atomaren Bewaffnung der Bundesrepublik ein, ihre Argumente zu erläutern – gegen Strauß und Adenauer.

Wie ihr Russlandbild in den dreißiger Jahren wohl wirklich aussah und ob es dem Kennans auch nur annähernd glich? Geschrieben hat sie dazu nichts. Die Brüder, weiß man, fürchteten wie die Landadligen in Ostpreußen generell die bolschewistische Expansion. Die Vermutung liegt nahe, dass sie es ähnlich sah. Wenn jemand ihr Bild später korrigierte, dann vermutlich der amerikanische Freund. Der aber war alles andere als ein Romantiker. Zum Verstehen der Sowjetunion gehöre auch, argumentierte er, dass trotz der Ost- und Entspannungspolitik keineswegs ein Zeitalter der *détente* anbreche, ein grundsätzlich neues Verhältnis zwischen Ost und West. Selbst die Schlussakte der KSZE von Helsinki aus dem Jahr 1975 enthielt für ihn vor allem – Phrasen und Phantasterei. (Er täuschte sich darin gewaltig, wie so viele, auch wie Henry Kissinger und Helmut Schmidt.)

Daraus resultierte auch seine verhaltene Reaktion auf Brandts Entspannungspolitik, für sie eine unangenehme Überraschung. Zum Kalten Krieg, so legte sich die Schülerin ihren Ost-West-Lehrer vorsichtig zurecht, sei er damit nicht zurückgekehrt, nur sei er eben «illusionslos».

Erinnern muss man hier daran: Ende der fünfziger Jahre begannen die protestantischen Freunde Marion Dönhoffs mit ihrer Suche nach einer Alternative zu Adenauers außenpolitischem Kurs. Sie stand seitdem unter dem Einfluss von beiden Seiten.

Wie sie es von David Astor gelernt hatte, lud Marion Dönhoff zunächst Gastautoren ein, Schützenhilfe zu leisten und das politische Neuland vorbehaltlos zu erkunden. Aber rasch sah Marion Dönhoff sich bemüßigt, in die anhaltende Erregung hinein eindeutiger Farbe zu bekennen. Ein paar Zeilen genügten ihr, sie liebte diese kurze Form. Seit Jahren seien der Öffentlichkeit keine so systematisch durchdachten und behutsam formulierten außenpolitischen Betrachtungen vorgelegt worden wie diese, schrieb sie. Der Vorteil des Außenstehens sei, für den Wandel offener zu sein als die Insider, die Wirklichkeit also genauer zu erkennen. Zu Kennans konkretem Konzept hatte sie sich damit zwar nicht geäußert. Prinzipiell jedoch wollte sie seine Frage an sich heranlassen, ob die Denkmuster von gestern – das Schema des Kalten Krieges – zur veränderten Realität überhaupt noch passten. Man schrieb das Jahr 1957. Die Bundesrepublik sortierte sich zu dem Zeitpunkt neu, Marion Dönhoff war von Anfang an dabei. Das blieb – bei aller Vorsicht – ihre Grundhaltung.

Wie stille Post aus einer längst vergangenen Epoche liest man die Korrespondenz heute – ohne Hast, kein Computer, SMS oder Twitter –, eine Kommunikation mit Zeit füreinander, Zeit zum Luftholen und Nachdenken. Mal handschriftlich, mal in die Maschine gehämmert. Meistens auf Deutsch, er beherrschte es blendend, nur in eiligen Fällen in Englisch. Sie nahmen sich in Ruhe ernst, ihre Worte legten sie auf die Goldwaage. Lichtjahre muss es her sein.

Bei einem abendlichen Aufenthalt zwischen zwei Zügen in Berlin griff Kennan, 1959, buchstäblich zum Füllfederhalter, um der Freundin – er verwendete im Deutschen jetzt vertrauensvoll das Du – zu sagen, dieses Mal werde er sie nicht mit einem Besuch in Hamburg behelligen. Er habe einen Brief Walter Lippmanns erhalten, weihte er sie in ein Geheimnis ein, den er seinen «früheren intellektuellen Widersacher» nannte. Amerikas zu jener Zeit renommiertester, liberaler Großjournalist hatte ebenso wie Kennan vor der antikommunistischen Hetzjagd der McCarthy-Ära gewarnt. In ihrer «Bruderschaft der Wortewelt» («brotherhood of letters») sei er, Kennan, der «vertrauenswürdigste, nicht zuletzt, weil Du der furchtloseste unserer Mitglieder bist». In Klammern fügte Kennan an: Ein Ausdruck seiner Empfindungen für sie, Marion, sei es, dass er das überhaupt berichte, denn er habe sich nicht in der Verfassung gesehen, das irgendjemandem «außerhalb der Familie» mitzuteilen. Zu leicht könne das danach klingen, als schmücke er sich damit. Wenn ein Körnchen Wahrheit an Lippmanns Diktum sei («which I should be the last to know»), wie könne man «Wahrheit und Mut» in diesen schwierigen Zeiten sinnvoll einsetzen? Den Brief aus Berlin schloss er mit einer kleinen Szene ab: Nun sei viel Zeit vergangen, seit er anfing, diese Zeilen an sie zu Papier zu bringen, die Menschenmengen hätten sich eine knappe Stunde lang hinein- und herausgeschoben aus dem Hauptbahnhof. Ein Straßensänger in seinem Café habe «amerikanische Volkslieder gesungen, in Englisch, offenkundig zur großen Zufriedenheit der Menge um ihn herum, nun muss ich aber zum Zug.»[86] Man spürte, zur «Bruderschaft der Wortewelt» zählte er die Freundin hinzu, das hatte er ihr noch vom Bahnhof aus zurufen wollen.

Sie verehrten dieselben Helden, zuerst John F. Kennedy, dann Willy Brandt. Nicht nur George Kennan hoffte 1960 auf einen Wahlerfolg Kennedys gegen Richard Nixon; Marion Dönhoff, längst endgültig engagierte Transatlantikerin und glänzend vernetzt in Washington, nahm das Präsidentschaftsrennen mindestens so ernst wie er. In den zentralen außenpolitischen Fragen hatte sie sich Kennan weitgehend angenähert.

Besser als sie sich vorstellen könne, ja «besser als jeder Amerikaner» verstehe er, schrieb Kennan 1963, welche Werte dort liegen, «wo Du in Deiner Jugend zu Hause warst, wie schrecklich der Schock der völligen Zerstörung dieser Umgebung gewesen sein muss, wie herzzerbrechend schwer es war, von all diesen Wurzeln getrennt zu werden». Einsam müsse sie sich gefühlt haben angesichts der «Ignoranz und Indifferenz» gegenüber all dem bei den Angelsachsen – «den einzigen, von denen Du, zu einer anderen Zeit, Verständnis oder Trost erwartet hast.» Derart einfühlsam gab er ihr Echo auf das kleine Buch «Namen, die keiner mehr nennt», das sie ihm ein paar Monate zuvor zugesandt hatte. Weit hinaus ging das über die anfangs noch professionelle, von Respekt getragene Brieffreundschaft, als sie noch politische Positionen abklopften und austauschten. Er dachte sich zunehmend hinein in ihr Leben. Nur kurz noch teilte er ihr bei der Gelegenheit mit, Edgar Salin – ihr Doktorvater – habe ihn besucht, und mit dem jungen Hermann Hatzfeldt, ihrem Neffen, hatte er Lunch. Auch weiterhin werde er ein Auge auf ihn haben.[87]

1976. Eine Art «billet doux» nannte George Kennan den langen Brief, den er während einer Reise durch Dänemark mit Datum vom 8. März 1976 verfasste. Handschriftlich diesmal, meist schrieb er auf der Maschine. Sie wird diesen Brief nie vergessen haben. Einiges lasse sich besser schreiben als aussprechen, eröffnete er Marion, was nun folge, zähle dazu. Gedanken wollte er festhalten, die ihn beim Lesen ihres Buches «Menschen, die wissen, worum es geht» – in welchem er selber eine Rolle spielte – umtrieben. Ein großer Teil ihres Lebens sei gänzlich verloren, versicherte er ihr darin wie ein strenger Analytiker, der ihr den Spiegel hinhält, der aber auch eine Diagnose wagt. Das sei so, nicht weil sie es hinter sich gelassen hat, sondern weil es «dich verlassen hat». Dieses Leben sei «einfach ausgelöscht» worden aus der heutigen Welt – getilgt nicht nur aus dem historischen Gedächtnis, sondern auch aus dem Bewusstsein der Generation, die heute lebt. Kennan: Er denke dabei natürlich an den «ost-preußischen Hintergrund», «in einem weiteren Sinne aber auch an das alte Deutschland, und besonders an seine feinen, herausragenden Fähigkeiten.»

Widergespiegelt fand er in «Marion» sein erträumtes, erhofftes, gewiss auch idealisiertes Deutschland. Zu den wenigen, die sich daran erinnern, zählte Kennan sich selbst. Kommende Generationen würden nicht in der Lage sein, fuhr er fort, auch nur Überreste zu entdecken, die ihnen bei ihrer Anstrengung helfen würden, sich ein Bild von dem Verlorenen zu machen.

Zum geographischen Verlust komme bei ihr hinzu, dass sie Teil jener Zivilisation des großen europäischen Gebildes im besten Sinne gewesen sei. Er selber habe etwas von diesem alten Europa – besonders Osteuropa – gesehen und erinnere sich lebhaft daran. Kennan elegisch: «Ich möchte sagen: Ich weiß, was es gekostet haben muss an Mut, an Willensstärke, an Liebe zum Leben, um solche Verluste zu akzeptieren, eine andere Epoche und eine andere Welt zu betreten, weiterzuleben, während man einmal in einer schöneren, hoffnungsvolleren, bedeutenderen, aber nun vergangenen Zeit lebte, als ob man sterben und wiedergeboren werden könne, diesmal als Erwachsener, aber in eine unterlegene Welt, deren Bewohner nicht ahnen, wie das frühere Leben war. Ich weiß, denke ich, was es kostet, dieses neue und weniger ermutigende Leben nicht nur zu akzeptieren, aber nach vorne zu blicken und sich ihm anzupassen, sich nicht anstecken zu lassen von der Ignoranz, der Oberflächlichkeit und der historischen Amnesie. Du musst das Gefühl haben, als Hüterin eines außergewöhnlichen privaten Geheimnisses durchs Leben zu gehen – ein Geheimnis, das Du anderen nicht enthüllen kannst, selbst wenn Du möchtest». Sie verkörpere für ihn – er scheute vor Pathos nicht zurück – die hohe moralische, intellektuelle, soziale Qualität, das Beste, das «das alte Deutschland – das jetzt verlorene und vergessene Deutschland – und besonders das verlorene und vergessene Preußen –, ja, und gerade seine Klasse der ‹Junker› anzubieten hatten». Manchmal müsse sie über ihre englischen und amerikanischen Freunde verzweifelt sein, die jene kulturellen Werte nicht recht schätzen, ja nicht einmal verstehen, die «dich zu der gemacht haben, die Du bist». «Glaube mir bitte, ich bin eine Ausnahme.»[88]

1981. Exemplarisch führten sie einen deutsch-amerikanischen Dialog – über Jahrzehnte. Anders als er, hielt sie die amerikanische Außenpolitik und das Verhalten gegenüber Moskau im ersten Jahrzehnt nach Kriegsende für durchaus vernünftig, anders sei dem sowjetischen Expansionismus nicht zu entgegnen. Ihr Grundkonsens jedoch, das exerzierten sie auf selbstverständliche Art vor, überstrahlte alle Differenzen. Von Europa selbst erwartete Kennan stärkeres Engagement, nicht von den Vereinigten Staaten, an denen er schier verzweifelte.[89] Wenigstens mit ihr wollte er den transatlantischen Dialog führen, den er in der Politik vermisste. Viele Sparringspartner wie Marion hatte er nicht mehr, mit denen er sich darüber einigermaßen offen austauschen konnte.

1984. Unabhängig von ihren Meinungsverschiedenheiten, ja vielleicht sogar noch vertieft dadurch, gaben sie sich zunehmend wechselseitig auch Halt. Kennan ließ durchblicken, dass er ihn nötiger brauche als sie. Auf Geburtstagsglückwünsche aus Hamburg vom 16. Februar 1984 erwiderte er mit einem Gedicht Hermann Hesses, das er vor 55 Jahren zum ersten Mal gelesen habe. Wort für Wort sei es ihm im Gedächtnis geblieben, plauderte er, um liebevoll, fast zärtlich hinzuzusetzen: «Aus irgendeinem Grund denke ich immer an Dich, wenn ich es lese»:

«Von langer Reise zurückgekommen
In kalter Stube finde ich wartende Post,
Setze mich, öffne die Briefe beklommen,
Schnaube Qualm in den dumpfen Frost.
 Ach, was schreibt ihr mir alle die Briefe,
Fremde Menschen, Pilger und Sucher wie ich?!
– Wenn hinter allem nicht Nacht und Geheimnis schliefe,
Wie wäre das Leben öde und schauerlich!
 Eure Briefe schicht ich im schwarzen Kamin zusammen,
Weiß keine Antwort auf das, was ihr alle fragt –
Wärmt euch mit mir an den grell aufzuckenden Flammen,
Freut euch mit mir, daß morgen ein Tag uns tagt!

Kalt ist die Welt und feindlich um uns gemauert,
Unser Herz allein ist Sonne und fähig der Lust –
O wie zittert der bange Funke in unserer Brust,
Der doch allein die Gespenster der Welt überdauert!»

Spätestens sein letzter Satz machte deutlich, wie es um seine Seelenverfassung bestellt war, aber auch, was er alles projizierte auf Marion: «Only through the affection and confidence of one's friends does this bange Funke keep glowing. Yours, George.» So viel Marion Dönhoff von ihm gelernt hatte, so klar wurde mit der Zeit auch, dass sie sich in ihrem eigenen Urteil im Zweifel nicht mehr beirren ließ. Die eiserne Konsequenz, mit der er seine Grundlinie verfocht, übernahm sie nicht. Für sie änderte das nichts an ihrer Vertrautheit, während Kennan sich sorgte, der «bange Funke» zwischen den Freunden könne verglühen. Nur seinen Tagebüchern vertraute er solche Nachtgedanken an.

Darin gab die Geschichte ihm Recht (ohnehin konnte er sich in seiner grundsätzlichen Haltung fast generell bestätigt sehen, aber Kennan neigte nicht zum triumphieren), Michail Gorbatschow läutete keine Expansion, sondern den Rückzug ein. Gerade deshalb, notierte Kennan in seinen grandiosen *Diaries*, dürfe die Nato sich nicht bis an die russische Grenze ausdehnen, das wäre «der größte Fehler der ganzen Post-Kalte-Kriegs-Epoche».[90] Die letzten 24 Stunden, klagte er unter dem Datum vom 31. Juli 1997, zählten zu den unglücklichsten aller vergleichbaren Perioden, an die er sich erinnern könne. Rapide verfalle er körperlich, geistig, emotional … Zu all diesem persönlichen Unglück komme eine Auseinandersetzung mit Marion, nur weil er am Telefon in der letzten Nacht beiläufig den «polnischen Hass auf die Russen» erwähnt habe. Noch um ein Uhr morgens sei er aufgewacht und habe sich daran erinnert, dass sie Verständnis für die Polen und deren Wunsch nach einer Ausdehnung der Nato bis an Russlands Grenzen gezeigt habe. Kennan notierte perplex: «Und so, umgekehrt, musste ich einsehen, dass ich völlig versagt habe beim Versuch, meine eigene Sicht der Dinge darüber durchzusetzen, die polnische Sicht triumphiert über die westliche Meinung, und wenn ich nicht einmal Marion (und meine eigene Frau) überzeugen kann wegen der nicht zu rechtfertigenden, schrecklichen Implikationen eines solchen Vorgehens, ist meine ganze Aktivität als Publizist irregeleitet und nutzlos gewesen.»⁹¹ Ihn machte das spürbar unglücklich, und sie wird es gewusst, mindestens geahnt haben. Aber sie war von Kopf bis Fuß Journalistin: Sie versetzte sich in die Lage der Polen, sie stellte sich vor, was sie an Stelle des Kanzlers machen würde, sie zeigte mehr Verständnis für Kompromisse als er.

Dass er sich mit Bill Clinton nicht recht anfreunden konnte, oder mit Henry Kissinger, den sie so verteidigte, dass er die ideologische Rolle der Nato zutiefst skeptisch sah, das alles durfte ihre Freundschaft nicht trüben. Ihr fiel das leichter als ihm, dem stringenten Denker.

Sie könne nicht übersehen haben, klagte er gegenüber der Freundin, die auch bereits 87 Jahre alt war, «what a Greis I have become», aber da waren sie natürlich längst schon untrennbar zusammengewachsen. Ihre Korrespondenz in den letzten Jahren ihres Lebens verrät, dass die politischen Streitfragen zunehmend Relevanz verloren für sie, stattdessen häuften sich die kulturpessimistischen Klagen über den Materialismus diesseits und jenseits des Atlantik, die Ökonomisierung des ganzen Lebens, die Erfolgssucht. Neunzig Jahre war Kennan, als er sie sanft fragte, weshalb sie nicht mehr Selbstvergewisserung und Beruhigung in der christlichen Kirche fand, für ihn sei es die Quelle europäischer Kultur. Zugleich fiel ihm auf, dass er der Fähigkeit der Leute weniger vertraue als sie, schon die richtige Richtung zu finden, wenn nicht eine «starke Führung», politisch und geistig stark, dafür sorge.⁹² Das «Fieber des Geldanhäufens», klagte George Kennan 1999 in einem, wie er ankündigte, letzten handschriftlichen Brief, weil ihn die Kräfte verließen, trete an Stelle des geistig-moralischen Substrats unseres Lebens.⁹³

Was den Kapitalismus angeht, der die Moral untergrabe, waren sie sich einig. Aber Hoffnung schöpfte sie, anders als er, aus einem «dialektischen Gesetz», dass die Leute nämlich eines Tages von sich aus sagen werden, *enough is enough*, der Ökonomisierung des Alltags abschwören und in eine andere Richtung drängen. In einem dicken Kuvert habe sie gerade 18 einzelne Briefe von Abiturienten aus Schweden erhalten, berichtete sie ihm froh nach Princeton, und jeder einzelne bat sie, ihre Schule zu besuchen und mit ihnen zu diskutieren. Ohne zu zögern setzte sie sich mit ihren 89 Jahren tatsächlich ins Flugzeug nach Stockholm, wie sie Kennan verriet. Natürlich wollte die alte Dame die jungen Schüler ermuntern, *enough is enough* – und sich ermuntern lassen. Was die christliche Einstellung angehe, beschwichtigte sie den Freund, stünden sie nah beieinander. Ohne metaphysische Bindungen oder einen ethischen Minimalkonsens komme eine Gesellschaft nicht aus, das glaube auch sie. Sie denke, «dass die Säkularisierung plus Kapitalismus zu den Zuständen geführt hat, in denen wir leben.»[94] Was sie ihm jedoch nicht anvertraute: Seine tiefen Zweifel an dem Fortschritt der liberalen Gesellschaft teilte sie so dennoch nicht. Und die moderne Demokratie, darin zumindest war sie sich sicher geworden, falle nicht so leicht hinter ihre eigenen einmal erworbenen Standards zurück.

Ihren neunzigsten Geburtstag nahm Kennan zum Anlass, all das zu komprimieren, was seine Verehrung begründete und weshalb er sie für eine «große Frau und eine der seltenen Persönlichkeiten unserer Zeit» hielt. Klar geworden war ihm natürlich, worin sie sich *nicht* glichen. Für Europa, so der Grandseigneur aus Princeton in seinem brieflichen Glückwunsch, war das Jahrhundert eines der grenzenlosen Brutalität und großer Tragödien. Kaum einer der Schicksalsschläge sei ihr erspart geblieben. Aber nie habe sie zugelassen, dass es ihr «den Glauben ans Leben raubt», oder ihren Mut und die Überzeugung, dass es trotz aller Verluste und Ungerechtigkeiten etwas gibt, um das zu kämpfen sich lohne, dass «die europäische Zivilisation bewahrt werden kann», dass es helfen würde, die Fehler der Vergangenheit zu erkennen, und dass eine Zukunft möglich ist, die ihre «großen historischen Traditionen wahrt». Ein «Liebesbrief» sei das, gestand er – aber ein «spiritueller und intellektueller», wie es seinem Alter und ihrer Beziehung anstehe. Zur «alten Oberklasse» zähle er sie, die dazu beitragen wollte, etwas wiederherzustellen von den besseren Elementen der deutschen Zivilisation des 19. Jahrhunderts. Auch Weizsäcker gehöre dazu. In ihr sah er den schönsten Beweis, dass es ein «anderes Deutschland» tatsächlich gab und gibt.[95]

Marion Dönhoff: Ein warmer Strom sei ihr durchs Herz geschossen, als sie diesen Glückwunsch erhielt. Sie habe zwar immer gefunden, Entfernungen könnten Freundschaften nichts anhaben, «aber jetzt, im Alter, denke ich doch oft, wie schön es wäre, wenn man in der Nähe seiner Freunde lebte, denn Freundschaft war für mich neben Freiheit (Freiheit von Vorurteilen, Wohlstand, Ideologien, Mode …) immer das Wichtigste.»[96]

Einen kurzen Gruß «von Bett zu Bett» schickte sie nach 146 Hodge Road, Princeton, die «Pleurisy», die ihn befiel, sei immerhin ein schönes Wort – «wie schauerlich hingegen ‹Rippenfellentzündung› (klingt wie ‹Bettvorleger›).» Der Krebs habe sie wieder gepackt, die Operation sei gut verlaufen, aber «heruntergekommen» fühle sie sich. «Yours as ever, forever and thereafter, Marion.»[97] Eine Redewendung am Ende eines Briefes, die sie wohl übernommen hatte von Axel von dem Bussche.

Überzeugend widersprach sein Biograph John Lukacs der verbreiteten These, es habe in Wahrheit «zwei Kennans» gegeben, den frühen und jenen, der seine Meinungen grundsätzlich änderte. Er entzog sich, so Lukacs, nur jedem Klischee. In Amerika habe der Antikommunismus – und damit eine Militarisierung der *Containment*-Politik – spätestens seit 1953 mehr Sorge bereiten müssen als der Kommunismus selbst, er habe einen vernünftigen amerikanischen Patriotismus ersetzt. Davor warnte Kennan.[98] Ein Konservativer, aber mit liberalen Zügen; ein «amerikanischer Realist», aber kein Falke und kein Kalter-Kriegs-Kämpfer; ein Mann aus der tiefsten Provinz, der Internationalist wurde:[99] Könnte man Ähnliches nicht auch von seiner deutschen Freundin sagen? Idealismus und Realismus verbanden sich auch in ihren Texten. Und wie Kennan war sie fest davon überzeugt, es komme in der Geschichte darauf an, «was Menschen denken und glauben», also welche Vorstellung sie sich von der Welt machen. Alles andere ergebe sich daraus. Solche Gemeinsamkeiten überstrahlten die Grunddifferenz.

Als junger Student notierte George Kennan am 20. Dezember 1927 in sein Tagebuch: «Während ich *Die Buddenbrooks* (Thomas

Mann) lese, diese *Forsyte Saga* aus dem alten Lübeck, kann ich nicht umhin zu bedauern, nicht fünfzig oder hundert Jahre früher gelebt zu haben ... Ich hätte es geliebt, in Zeiten zu leben, als man für einen Besuch noch Monate brauchte, als politische und soziale Probleme nach einfachen Gesichtspunkten wie ‹liberal› oder ‹konservativ› beurteilt wurden, als fremde Länder noch fremd waren, als ein großer Teil der Welt noch den Glanz des großen Unbekannten ausstrahlte, als es noch Kriege gab, die auszufechten und Götter, die anzubeten sich lohnte.»[100]

Auch Marion Dönhoff hätte manches von sich in diesem Gemälde des jungen Mannes wiedergefunden, das er von der vergangenen Welt malte, in dem Lob der Langsamkeit und der übersichtlichen Weltordnung. Für ihn war sie unwiederbringlich passé, aber etwas von dieser Welt bewahrte er mit seiner Melancholie doch auch auf. Er fand aus dieser Vergangenheit nicht ganz heraus, er wollte es wohl auch nicht. Ihr aber half er vermutlich gerade damit, sich zu befreien.

Welche Paradoxie! Spuren seines geliebten Amerikas, dem er nachtrauerte, entdeckte er ausgerechnet in der deutschen «Countess». «Marion» wiederum sah in ihm das beste Amerika, den Bauern und den Geistesaristokraten in einer Person. Über Störendes, Unzeitgemäßes sah sie hinweg, «George» war für sie einfach der Preuße aus Wisconsin. Sie hoffe doch, schrieb Marion im Juni 2001, ihn noch einmal in Crottorf zu sehen, wohin Hermann Hatzfeldt die spürbar Geschwächte inzwischen häufiger holte, «wenn das nicht möglich ist, würde ich in jedem Fall irgendwann Ende des Jahres herüberkommen, um Dich zu sehen».[101] Sie wusste, dass es dazu nicht mehr kommen würde.

Juli 2001: Schlecht gehe es ihm, ließ Kennan sie wissen, mit der Hand könne er nicht mehr schreiben. Wie gerne er sie noch einmal besuchen würde! Aber er erwarte, diesen Sommer nicht zu überleben, keiner sei ja «dazu bestimmt, ewig zu leben.»[102]

Forever and thereafter.

«Jetzt bekamen die Deutschen wieder Gesichter»
Fritz Stern

Ein Theaterstück wollten sie zusammen schreiben, geradezu verliebt waren sie in die Idee. Zurückblenden sollte es auf das Leben der Offiziere vom 20. Juli 1944, um endlich für deren überfällige Anerkennung zu sorgen. Die Verschwörer waren das Beste, was Deutschland hatte: Marion Dönhoff und Fritz Stern waren sich einig darin, dass man diesen «Aufstand des Gewissens» gegen Hitler gar nicht genug würdigen könne. Sogar bei Friedrich Dürrenmatt klopfte Marion Dönhoff an, dem Schweizer Dramatiker, ob er ihr nicht unter die Arme greifen könne bei dem Versuch, aus diesem gewaltigen Stoff ein Bühnenstück zu machen. Weder zu dem Gespräch mit Dürrenmatt kam es noch zu dem Stück.

Den Anstoß zu der schönen Idee gab Fritz Stern. Er erinnerte sich daran, im Gespräch mit «Marion» – lange Zeit nannte er sie beim Vornamen und sie duzten sich, nach ihrem Tod war sie wieder die «Gräfin» für ihn – moniert zu haben, es fehle ein Schiller, der aus dem Gewissenskonflikt vereidigter Offiziere über den «Tyrannenmord» ein Bühnenstück mache. Woraufhin Marion Dönhoff ihm spontan erwiderte, dann sollten sie beide es schreiben. So hatte sie es gelernt in Friedrichstein: Im Zweifel nicht fackeln und selber zupacken!

Seit 1954, erinnerte Stern sich, habe ihn die Einsicht gefesselt, wieviel Mut die kleine Opposition gegen Hitler wirklich habe aufbringen müssen. Bis dahin trug er ein pauschales Bild von dem Land mit sich, das ihn verjagte. Noch als alter Herr, im Ehrenhof der Gedenkstätte Deutscher Widerstand in der Stauffenbergstrasse, hielt er am 20. Juli 2010 eine Rede, die mit dem Satz begann: «Nur eines würde dem Sinn dieser Stunde entsprechen: schweigen in Ehrfurcht.»[103] Aber schweigen wäre, andererseits, nur möglich gewesen, wenn die Deutschen dieses historische Ereignis, den 20. Juli 1944, hinreichend würdigten. Einen Aufstand für Befreiung, für Recht und menschliche Würde, sagte er in seiner Mahnrede in Berlin, habe es nie zuvor in der deutschen Geschichte gegeben. Warum wurden die Widerständler lange verschwiegen? Das Beispiel der Unbeugsamkeit,

«Tagelang, nächtelang» konnte Fritz Stern mit ihr diskutieren – als dritter im Bunde kam gelegentlich Ralf Dahrendorf hinzu –, Besuche in ihrem Haus am Pumpenkamp waren *«ein Stück Heimat».* Der New Yorker Historiker, der einer deutsch-jüdischen Familie aus Breslau entstammte, hatte seine Heimat 1938 verlassen müssen. 1970 lernten sie sich kennen. Sie habe nicht *«zwei Leben»* geführt, in Friedrichstein und in Hamburg, meinte Fritz Stern, *«ihr erstes Leben führte sie heimlich weiter».*

die Entscheidung, nur dem eigenen Gewissen zu folgen, das passte weder jenen Deutschen, die im Dritten Reich der Begeisterung oder der Passivität oder der Resignation verfallen waren, noch den Kritikern, die sich überzeugt zeigten, alle Deutschen seien Nazis gewesen, ausnahmslos. Mit ihnen, gab er zu bedenken, bewundere man Menschen, *«deren Denken und Verhalten uns gelegentlich fremd vorkommt».*[104]

Erschüttert sei er gewesen, so Stern, als bei der ersten Gedenkstunde im Bendlerblock 1954 der ganze Schrecken der NS-Jahre wiederaufgetaucht sei. Hauptredner war damals ein Freund seiner Eltern, Hermann Lüdemann, der als Sozialdemokrat früh verschleppt und gequält wurde. Er habe in die Gesichter der Witwen gesehen, die Gesichter der Kinder, deren Väter wegen des 20. Juli umgebracht wurden. Das habe alles verändert, «der Hass war verflogen». Bis dahin lehnte er alles «Deutsche» ab, pauschal und kollektiv, «jetzt bekamen die Deutschen wieder Gesichter». Plötzlich sah er es vor sich stehen, das «andere Deutschland». Das gab es wirklich, obgleich die Ideale der Befreier nicht immer den eigenen Idealen entsprachen. Solche Differenzen «verblassten angesichts ihrer Tat».

Die meisten, das machte Fritz Stern klar, «waren keine Demokraten, Demokratie war ein Fremdwort, es gab keine demokratische Staatslehre, nur die falsch verstandene Erfahrung, Weimar habe zu Hitler geführt.» Solche Urteile allerdings wären seiner Freundin sicher zu weit gegangen, hätte sie noch gelebt und ihm zuhören können. Vielleicht hätte sie nicht einmal sein Fazit vorbehaltlos akzeptiert, dass die Männer und Frauen des 20. Juli «in ihrem Tiefsten unpolitische Menschen waren, die in moralischen Kategorien dachten und urteilten.» Aber unter dem Strich, da bin ich mir sicher, wären sie sich einig gewesen. Stern brachte das auf die Formel, hauptsächlich sei es den Offizieren um die Anerkennung menschlicher Würde, um die Herstellung von Recht und Freiheit gegangen. Und weiter: «Sie waren sich der Gefahr des Scheiterns bewusst, sie sprachen vom Fluch des längst ‹zu spät›, das auf dem Ganzen lastete. Aber zuletzt blieb doch der Glaube, ihr Versuch könnte der Ehre Deutschlands dienen.»[105]

Wie sie sich kennenlernten, schilderte er in seinen «Erinnerungen» folgendermaßen: «Alles ist Zufall – durch oftmals unbewusste Prädispositionen verwandelten sich zufällige Begegnungen in Ereignisse, die das Leben verändern und steigern sollten.» Beide nahmen sie im Januar 1970 in Bonn an einer deutsch-amerikanischen Konferenz teil. Stern hatte einen Aufsatz über die internationale Studentenbewegung verfasst, der wegen seiner scharfen Kritik an den unruhigen jungen Leuten auf den Straßen und den – wie er fürchtete – Parallelen zur Weimarer Republik Furore machte. Die Proteste, die 1968 begannen, hatten gerade ihren Höhepunkt erreicht. Neugierig folgte die Journalistin der auffallend skeptischen Analyse des Professors aus New York, der doch selber noch recht jung war, siebzehn Jahre jünger als sie. Seine Vita kannte sie nicht. Bloß sein differenzierter Blick auf die politischen Verhältnisse fiel ihr auf, seine Ernsthaftigkeit, sein autonomes Urteil und eben dieses harsche Verdikt über die außerparlamentarische Opposition.[106]

«Wollen wir heute zusammen Mittag essen, oder haben Sie etwas anderes vor? Marion Dönhoff» – mit Bleistift geschrieben stand das auf einem kleinen Notizzettel, der ihm in Königswinter auf den Tisch flatterte. Zeitlebens trug Stern ihn bei sich und kramte ihn gerne aus seiner Brieftasche, wenn er von der «Gräfin» erzählte. Sie fand den jungen amerikanischen Historiker exzellent, er dachte anders als sie, sie mussten sich kennenlernen. So entsprach das ihrer Logik. Sie setzten sich zusammen.

Für die Unruhegeister, die Apo, hatte sie tatsächlich mehr übrig als er, das gestand sie auch offen. Nur zu Gewalt durften die Studenten unter keinen Umständen greifen, lautete ihr Credo.

Von der ersten Sekunde an müssen sie sich blendend verstanden haben. Es dauerte nicht lange nach diesem Treffen in Königswinter, da erhielt er Post aus Hamburg, den Privatdruck aus dem Jahr 1945, den sie verfasst hatte: «In Memoriam. 20. Juli 1944. Den Freunden zum Gedächtnis.»

«Zu Hause in drei Welten», damit überschrieb Marion Dönhoff das Portrait Fritz Sterns, das sie in einen Sammelband über «Gestalten unserer Zeit» (1990) aufnahm.[107] In dem dichten Text beschränkte sie sich, wie sie das liebte, auf das, was sie für wesentlich hielt. Zuallererst also darauf, wie Fritz Stern seinen amerikanischen Landsleuten das Phänomen Hitler erklärte.

Auf eine sehr private Episode aus dem Leben des Freundes kam sie zu sprechen. Stern, der als Zwölfjähriger die Heimatstadt hatte verlassen müssen, schilderte nämlich bei einer deutsch-polnischen Tagung, wie er vierzig Jahre später – bei einer Stippvisite – mit schwerem Herzen die Villa seiner Großmutter in Breslau (Wrocław) betrat und den dort lebenden polnischen Offizier kennenlernte, Czesław Ostańkowicz. Im Wohnzimmer stand eine Büste des Franziskanerpaters Maximilian Kolbe, der «gute Geist von Auschwitz». Es stellte sich heraus, dass Ostańkowicz fünf Jahre in den KZs Auschwitz, Birkenau und Buchenwald durchlitten hatte. Sie verabschiedeten sich mit Handschlag, der Pole hatte das Schicksal erfahren, dem Sterns Familie entkommen war. Marion Dönhoff: Unvergleichlich sei es, dass Stern, der Verjagte und Enteignete, ohne Ressentiment mit leidenschaftlicher Objektivität dem Wesen der nationalsozialistischen Politik nachspürte, die mit einer «unwiderstehlichen Kombination von Erfolg und Terror» die Deutschen in Bann schlug. Er habe die Größe aufgebracht, differenziert zu urteilen und nicht pauschal den Stab zu brechen über die Deutschen.

Das war es, was ihr besonders imponierte. So hatte er es auch schon gehalten in seinem Buch über Hitler *Dreams and Delusion*, Traum und Täuschung. Bei der Gelegenheit erwähnte sie, dass die FAZ aus seiner Friedenspreisrede 1999 in der Paulskirche einen Absatz gestrichen hatte, ohne es auch nur kenntlich zu machen. Ausgerechnet um die Passage handelte es sich, in der Fritz Stern jene Deutschen pries, die sich in der Hitlerzeit menschlich richtig verhalten hätten. Ausdrücklich nannte er auch ihren Namen. Das war keine zufällige Kürzung, vermutete sie, den Frankfurter Blattmachern habe das nicht gepasst.[108] Was ja auch evident ist: Deutlicher hätten sie eventuelle Ressentiments kaum machen können.

Fritz Sterns Stimme war auf ihr Betreiben hin bald häufiger in der ZEIT zu lesen. Für sie handelte es sich nicht um Privatpolitik, wenn sie jemanden als Autor ans Blatt band, immer zählten sie zur «Bruderschaft der Wortewelt» (Lippmann), aber zugleich waren es oft auch Freunde, von denen sie meinte, dass man ihre Stimmen ernst nehmen müsse.

Ja, so Fritz Stern im Gespräch, manches habe er anders beurteilt als sie. Churchill bewunderte sie, aber sein Verhalten gegenüber den deutschen Hitlergegnern fand sie falsch und brüskierend. Obwohl er es «weiß Gott, besser wusste», habe er am 2. August 1944 im Unterhaus zum Attentatsversuch in der Wolfsschanze erklärt, es handele sich um «Ausrottungskämpfe unter den Würdenträgern des Dritten Reiches». Noch Jahrzehnte später machte es sie wütend, wenn sie daran dachte. Am 9. August kommentierte die *New York Times*, der Coup der Offiziere habe eher «an die Atmosphäre einer finsteren Verbrecherwelt erinnert als an ein Offizierscorps in einem Kulturstaat.» Dass das Oberhaupt des Staates, Hitler, der auch Oberkommandierender der Armee war, auch noch mit «einer Bombe, der typischen Waffe aus der Verbrecherwelt» getötet werden sollte, galt dem amerikanischen Leitartikler als ultimativer Beleg für sein verächtliches Urteil. Marion Dönhoff zitierte das – nachvollziehbar auch aus heutiger Sicht – immer wieder entrüstet.[109] Churchill, hielt Fritz Stern apodiktisch dagegen, hatte gar keine andere Wahl, sein Urteil war realistisch.

Das Theaterstück, von dem sie träumten, räumte Fritz Stern ein, als ich mit ihm darüber sprach, wäre über diesen Aspekt sicher «gestolpert». Bei einem ihrer ausgiebigen Spaziergänge in Sils Maria habe sie ihn – wegen des Verständnisses, das er für Winston Churchill bekundete – sogar einmal freundschaftlich als «Verräter» bezeichnet. Er blieb dabei: Wie erleichternd, so Stern, dass Churchill «nicht noch mal ein München machte, ein zweites München wäre eine Katastrophe gewesen».

Aber das blieben Differenzen am Rande einer Freundschaft, die nicht mehr zerreißen konnte. 1976 gestand er ihr in einem Brief nach einem seiner Besuche in Hamburg, die sich nun häuften: Immer, wenn sie mit einem Gespräch fertig seien, habe er das Gefühl, es gebe noch hundert Themen, die er besprechen wollte – «das geht mir sonst gar nicht so».[110] Wenn er bei ihr übernachtete, vergaß er nie, sich handschriftlich zu bedanken, «für Alles, auch für Rehrücken und Gewürztraminer». In Berlin, fügte er rasch noch an, habe er leider nicht Nahum Goldmann gesehen, stattdessen sei Gershom Scholem gekommen, «ein recht unsympathischer Geist».[111]

«Ohne blumige Verkleidungen» wolle sie ihm antworten auf ein Manuskript, so Marion Dönhoff, in dem er sich mit der «Versuchung des Nationalsozialismus» befasste. Von Kopf bis Fuß Redakteurin war sie in diesem Moment. Seine «generalistische» Bewertung des 20. Juli bekümmere sie, kam sie sofort zur Sache. Bei Stern hieß es zu den Widerständlern: «Sie waren illiberal. Antidemokratisch. Sie glaubten alle an den deutschen Sonderweg, der weder west- noch östlich war.» «Absolut unrichtig» sei das, was er da behaupte, protestierte sie. Verstehen könne sie, dass man heute die Denkschriften für antidemokratisch halte. Aber auch die Verfasser wussten, dass es kein Zurück zu Weimar gab, und deshalb – so ihr Argument – musste man darüber nachdenken, ob es nicht einen dritten Weg zwischen der Katastrophe von Weimar und der drohenden Katastrophe des totalitären Staates gab. Sie sagte es nicht ausdrücklich, aber spürbar bezog sie sich dabei mit ein. Es bekümmere sie sehr, vergaß sie nicht zu erwähnen, dass er «illiberal» schreibe, obwohl er doch der «Fachmann für Liberalismus» sei. Schlimm, Männer wie Moltke, Yorck, Schulenburg illiberal zu nennen! Ja, sie kamen aus einer konservativen Welt, korrigierte sie ihn, jetzt ganz Geschichtslehrerin *und* Zeitzeugin. Aber Schulenburg war befreundet mit dem «linken» Gregor Strasser, Moltke verfolgte ohnehin sozialistische Ideen. Zu Peter Yorck riet sie schließlich, ihren Essay nachzulesen. Sicher, das Gebot der Stunde auch unter Historikern laufe auf Entmythologisierung hinaus. Originell wolle jeder sein. An den Dirigenten fühle sie sich erinnert, der Bach nicht mehr nachdenklich, sondern im Tempo von Liszt spielen wollte. Oder – «Cäsar und Cleopatra in Frack und Abendkleidung». Für den Moment sei solche Verfremdung wirkungsvoll. Auf längere Sicht bleibe es grundverkehrt, sie als verstockte Reaktionäre zu diffamieren, die nie und nimmer hätten dazulernen wollen.

Dreißig Jahre dauerte das so an. Gespräche in Briefen, Gespräche im Pumpenkamp, Gespräche in Forio auf Ischia oder beim Tee im Waldhaus. Wunderbar fand er ihr Lob für sein «Gold und Eisen», das Opus Magnum über Bismarck und seinen Bankier Bleichröder, aber ob er wirklich wagen solle, Jochen Vogels Einladung zu folgen und zum 17. Juni 1987 eine Rede im Bundestag zu halten? Über sein Land verlor er in diesem Brief nur einen Satz, nämlich – Washingtons Politik sei «trostlos». Ronald Reagan war Präsident.[112] Ein bleibendes Vermächtnis sei ihr mit ihrem Buch «Um der Ehre willen» geglückt, rief er ihr rasch zu. Sie habe die Freunde in ihrem Geist und ihrer Zeit begriffen. «Sehen wir uns in Sils?»[113] Er wusste, wie sie es liebte, sich dort auf der Hochebene von St. Moritz kurz vor dem Maloja-Pass mit den engsten Freunden zu treffen, dort hatte sie sie ganz für sich. Sils Maria war für sie wie für ihn zugleich ein Synonym für Zeitlosigkeit – Friedrich Nietzsches Spuren begegnete man hier, wenn man wollte –, man konnte sich in diesem Elfenbeinturm die Welt neu erschaffen, ohne störende Nebengeräusche.

So nahe muss er sich bei ihr gefühlt haben, um ihr auch das Privateste aus dem familiären Leben anzuvertrauen. Diese Hürde überschritt sie nie (David Astor wusste das schon), Intimes behielt sie für sich. Aber für Stern war sie in dem Sinne nicht nur die Gefährtin, mit der man über Gott und die Welt parlierte, hie und da war sie wohl auch «Mutter». Einen solchen «Vater» suchte sie ihrerseits nicht, jedenfalls keinen, dem sie ihr Herz vorbehaltlos hätte ausschütten wollen.

Zugleich aber verstand er sie wie kaum jemand sonst. Keine andere Person kenne er, so Fritz Stern, «die so sehr, so intensiv in zwei Welten gelebt hat». Die Welt der Politik oder des Öffentlichen, meinte er damit, und jene Welt, in der Freundschaften und Familie einen Sonderplatz einnehmen. Und beides fügte sich nahtlos ineinander.

Schnell musste sie lernen nach 1945, sehr schnell. Von Herkunft, so Stern, war sie eine «preußische Patriotin», die Welt, in der sie sich wiederfand, war neu. Brauchte sie dabei Erzieher, mit denen sie über Jahrzehnte korrespondierte, Vorbilder, von denen sie lernen konnte, oder folgte sie ihrem eigenen Gesetz? Erzieher? Stern lässt das Wort auf der Zunge zergehen. Von Burckhardt könne er sich das vorstellen, von George Kennan nicht, «es täte mir sogar leid», bekannte Stern. Kennan sei auch kein Transatlantiker gewesen, anders als ihre Freunde Shepard Stone, Alan Bullock, George McCloy, Hamilton Armstrong, Henry Kissinger … Wenn jemand «Erzieher» war, dann eher sie, oder das Aspen-Institut selber. Mit ihr lernte mindestens eine deutsche Generation Amerika von der Pike auf kennen. Großbritannien war als Modell nun definitiv ersetzt.

Ich höre Fritz Stern zu. Jung wirkt er, wenn er erzählt von ihr. Manche Freunde teilten sie sich. Ewig dankbar ist er ihr, wie er sagt, dass sie ihn mit Lew Kopelew und Bronisław Geremek in Verbindung brachte. Sagen wir so: Etwas von jenem «anderen Deutschland», das er wiederentdeckte in den Augen der Witwen und Kinder der Offiziere des 20. Juli im Bendlerblock, 1954, erkannte er wohl auch in ihr. Mit Marion Dönhoff, Richard von Weizsäcker, Ralf Dahrendorf, Willy Brandt glich dieses Land, dessen Sprache er nie mehr hatte sprechen wollen, allmählich wieder mehr seinem Bild aus der Jugend in Breslau.

Was diese Zufallsbekanntschaft aus Königswinter bedeutete für Marion Dönhoff? Mit ihm, 17 Jahre jünger, konnte sie eine Art Dauergespräch führen über Amerika und Europa, West und Ost, über unruhige Studenten in Columbia oder Dissidenten in Warschau, über die Chronologie der laufenden Ereignisse. Er war der Freund für die Welt von heute, der im Grunde des Herzens – trotz ihrer unterschiedlichen Biographien, trotz abweichender Urteile über die Studenten oder über Solidarność in Warschau – dachte wie sie.

Zweierlei Amerika hatte sie mit Kennan und Stern vor Augen, ein «aristokratisches» und ein zutiefst liberales. Dass er sich versöhnen konnte mit Deutschland, daran hatte Marion Dönhoff ihren Anteil, und er vergaß ihr das nie.

Als ich ihn fragte nach dem Bild, das er in Erinnerung habe von ihr, erwiderte er: «Wo sonst schon gibt es eine solche Kombination? Sie hätte sagen können, ich bin von heute, aber ich bin außerdem auch von gestern.» «Die Stärke, mit der sie eigene Meinungen vertrat, aber die Konsequenz, mit der sie auch anderen Meinungen zuhörte.» «Die Selbstsicherheit, aber auch die Offenheit für alles.» Komprimierter und umfassender konnte ich mir ein Portrait von ihr nicht vorstellen.

Fritz Stern wusste, dass sie gern von ihrem ersten und zweiten Leben sprach, als seien die Welt von gestern und die von heute – nach 1945 – reinlich zu scheiden. Gab es zwei Dönhoffs? Bei der Gelegenheit gab er spontan zu bedenken, ob es nicht besser sei zu sagen, sie habe ihr erstes Leben weitergeführt, heimlich. Nur deshalb, fügte er seinerzeit hinzu, sei sie so ausgeglichen gewesen.

«Sicher schaust auch Du oft den Wolken nach,
die gen Osten ziehen»
Lew Kopelew

Auf einer kleinen Staffelei in ihrem Büro im sechsten Stock des Pressehauses, inmitten des ganz normalen Chaos, zwischen Bergen von Büchern, Manuskripten, Zeitschriften und Erinnerungsstücken aus Jahrzehnten, hatte Marion Dönhoff eine auffallend große Fotografie platziert. Auf den ersten Blick konnte man an Lew Tolstoi denken. Ins Auge sprang dieses Bild, weil eine seltsam suggestive Ausstrahlung von dem Gesicht ausging und von dieser Gestalt, mit weißer Mähne und einem weißgrauen Bart, mit freundlich strahlenden, warmen, lebhaften Augen.

Tatsächlich handelte es sich um Lew Kopelew (Kiew 1912 – Köln 1997). Sein Konterfei hatte sie täglich vor sich, freundschaftlich und warmherzig sprach sie über diese patriarchalische Erscheinung. Im Jahr 1980 war Kopelew aus der Sowjetunion gemeinsam mit seiner Frau ausgereist, er durfte dann nicht mehr zurückkehren, ein Schicksal, das er mit manchen Dissidenten teilte. Seitdem lebte er mit seiner Frau in Köln.

Später erinnerte Kopelew sich, vom ersten Gespräch an mit ihr habe er sein Urteil aus den Kriegsjahren bestätigt gefunden, dass man nicht alle Deutschen pauschal verurteilen dürfe. Zu Stalins Zeiten war es lebensgefährlich, sich so zu äußern – tatsächlich trug es ihm den Vorwurf des «Mitleids für den Feind» ein, schließlich Gefängnis und Lager.

Der Sohn eines jüdischen Agronomen aus Kiew, der als Arbeiter in einer Lokomotivfabrik begonnen hatte und sich vom Stalinisten zum Humanisten wandelte, die Comtesse, drei Jahre älter, Tochter einer ehemaligen Palastdame des Kaisers, das jüngste von acht Kindern – sie kamen scheinbar aus Welten, die nichts miteinander zu tun hatten.

Marion Dönhoff berichtete zwar nichts von ihrer ersten Begegnung in Bremen 1967, sie muss aber in ihm jenes mythische, alte, vorrevolutionäre Russland wiederentdeckt haben, das ihr aus ihrer ostpreußischen Kindheit vertraut war. Die Begegnung mit Kopelew

Marion Dönhoff an der Seite von Willy Brandt, Lew Kopelew, Herta Däubler-Gmelin und Walter Momper, 1989 während eines Parteitages der SPD in Berlin. Kopelew kam 1912 als Sohn einer jüdischen Familie in Kiew zur Welt, meldete sich 1941 freiwillig zur Armee, kam unter Stalin in ein Gefangenenlager und wurde neben Sacharow zu einem der prominentesten Dissidenten. Gemeinsam mit Heinrich Böll hatte sie das Ehepaar Kopelew-Orlowa in die Bundesrepublik eingeladen, die Rückkehr nach Moskau wurde beiden verwehrt. In seiner Kölner Küche verbrachten sie viele Stunden in Gesprächen, er verkörperte all das, was ihr den Osten, aber auch speziell Russland nahebrachte.

rief bei ihr offensichtlich jenes Bild wach, das sie aus den Augen verloren hatte.

Trost suchte Marion Dönhoff zu spenden in einem kurzen Brief, den sie ihrem Freund anlässlich seines siebzigsten Geburtstages Anfang April 1982 schrieb. «Lieber Lew, natürlich drängt sich mir an diesem Tage die Frage auf: Wärest Du glücklicher gewesen, wenn Du nach Jahresfrist in Deine Heimat hättest zurückreisen dürfen, wenn Du also Deinen siebzigsten Geburtstag mit den Kindern und Enkeln zusammen hättest verbringen können, freilich dann nur mit der Gewißheit, Rußland nie wieder verlassen zu dürfen? Was es bedeutet, seine Heimat zu verlieren, vermag nur der zu ermessen, der selbst ohne Heimat ist. Nur wer diesen tiefen existenziellen Schnitt erfahren hat, diese qualvolle Amputation, bei der das eigene Dasein von seinen Ursprüngen abgeschnitten wird, kann eine Vorstellung haben von dem Schmerz, der Dir und Raja zugefügt worden ist. Sicher schaust auch Du oft wehmütig den Wolken nach, die gen Osten ziehen, würdest gleich mir im Frühjahr am liebsten den Wildgänsen folgen. Aber ich weiß auch, daß der, der in der Welt des Geistes lebt, in mancher Weise überall zu Hause ist, jedenfalls überall dort, wo es keine Grenzen gibt – keine physische Eingrenzung und keine intellektuelle Begrenzung.»[114]

Kopelew hatte mit seiner Frau lange ausgehalten, viel Drangsalierungen auf sich genommen, das Schicksal mancher Freunde bestürzt verfolgt, bevor er sich entschloss, sich mit Hilfe von Marion Dönhoff um eine Ausreise für begrenzte Zeit zu bemühen. Zwar hatte er wohlweislich darauf bestanden, dass ihm die Rückkehr garantiert werde, andernfalls wollte er die Reise nicht antreten. Aber schon das lässt vermuten, dass er geahnt hat, er werde betrogen. Die Herren im Kreml schwankten nach der Helsinki-Konferenz von 1975, ob sie zurückkehren sollten zum Kalten Krieg oder Entspannungspolitik und innere Reformen fortsetzen.

Auf ihre Initiative geht zurück, dass Kopelew 1981 den Friedenspreis des Deutschen Buchhandels erhielt. In ihrem Schreiben an den Stiftungsrat, in dem sie ihn eindringlich empfahl für den Preis, hob sie besonders hervor, er sei zwar zwei Monate nach seiner Ausreise 1980 ausgebürgert worden, werde aber – sie sei ganz sicher – dennoch seine Aufgabe darin sehen, nicht in einen «fruchtlosen Antikommunismus» zu verfallen, sondern den Deutschen die großen russischen Dichter zu vermitteln. In dem Jahr, in dem sie das schrieb, waren sowjetische Truppen in Kabul einmarschiert, das Jahr endete mit dem Kriegsrecht in Polen, es drohte ein Rückfall in das Blockdenken der fünfziger Jahre. Kopelew, hieß das, könne man dennoch nicht als Kalten Krieger gegen sein eigenes Land in Stellung bringen. Viele deutsche Schriftsteller – von Goethe bis Böll – habe er als gelernter Germanist übersetzt. Anders als Alexan-

der Solschenizyn, mit dem er fünf Jahre seiner neunjährigen Straf-
lagerhaft verbrachte,[115] habe er ein ungebrochenes Verhältnis zur
russischen Kultur, ohne Hass.[116]

Marion Dönhoff, die auf Wunsch Kopelews die Laudatio hielt,
war zehn Jahre zuvor mit dem Friedenspreis ausgezeichnet worden.
Die Festrednerin schilderte den Geehrten als gläubigen Kommunisten, der noch 1942 als Soldat, Freiwilliger in der Roten Armee, an
Stalins Führung nicht zweifelte. Das war anders, als er sich 1945 mit
Alexander Solschenizyn und Dmitrij Panin in der Scharaschka unweit Moskaus traf. Qualifizierte Häftlinge wurden hier zusammen
mit Ingenieuren und Technikern mit Spezialaufgaben betraut. Kopelew hatte noch nicht abgeschworen, obwohl er schon drei Jahre lang
durch verschiedene Lager und Gefängnisse geschleppt worden war.
In seinem Buch «Tröste meine Trauer», so Marion Dönhoff in der
Paulskirche, sann Kopelew solchen Gesprächen unter den drei Freunden im Lager nach. Die letzten Dinge der Kunst, des Lebens, der
Geschichte verhandelten diese drei auf dem winzigen Raum zwischen
den zweistöckigen Eisenbetten oder im Hof unter den Augen der
Aufseher, «so als befänden sie sich auf dem Marktplatz in Athen
oder in dem Luxus-Sanatorium des Zauberbergs.»

Ihr Fazit, ganz in ihrem eigenen *sound*: Im Leben wird nicht
alles zurechtgerückt wie in einem «komfortablen Wohnzimmer».
Es lohnt sich, sich gegen die Mächtigen zu wehren, seht euch Kopelew an! Als Arbeiter verdiente er den Lebensunterhalt, jahrelang
lebte er in Moskau mit seiner fünfköpfigen Familie in einem Zimmer, vier Jahre leistete er Kriegsdienst, neun Jahre verbrachte er in
Gefängnissen und Straflagern. Zu Hause aber war er in der weiten
Welt, «in der großen Welt der unsterblichen Dichter». Lew glaubte
alles: «Wir waren Soldaten an einer unsichtbaren Front», zitierte sie
ihn aus einem seiner Bücher, «bekämpften die Sabotage der Kulaken, kämpften um Brot für Russland, für den Fünfjahresplan.» Zu
Tausenden verhungerten sie, zwei Millionen Kulaken wurden nach
Sibirien transportiert. Kopelew schrieb dazu später: «Ich wagte
nicht, schwach zu werden und Mitleid zu empfinden. Wir vollbrach-
ten doch eine historische Tat. Wir erfüllten eine revolutionäre
Pflicht.» Ihre Laudatio beendete Marion Dönhoff mit der Bemer-

kung, Lew und seine Frau möchten «ein Stück Heimat» finden in der Bundesrepublik, auch wenn es nie ein Ersatz sein werde für das, was sie verloren haben. Von Lew könne man lernen, dass Heimat ein «geistiger Begriff» sei.

Es dürfte der Laudatorin gefallen haben, dass Lew Kopelew in seiner Dankesrede keineswegs pauschal den Stab brach über sein eigenes Land. Vor vierzig Jahren um diese Zeit, bekannte er, habe er selber zu denen gehört, die überzeugt waren, «dass die Vernichtung der faschistischen Kriegsmächte einen breiten lichten Weg zum ewigen Weltfrieden ebnen müsse». Zu seinen Illusionen, auch seinem Utopismus bekannte er sich. Seine ganze Sympathie gelte der polnischen Solidarność. Zwei Monate später verhängte ein polnischer General, Jaruzelski, das Kriegsrecht, die Gewerkschaftsbewegung wurde verboten.

«Der höchste Grad der Freiheit», betitelte sie ihr Portrait von Lew Kopelew, das sie in die Sammlung über «Menschen, die wissen, worum es geht» aufnahm.[117] Warmherziger, einfühlsamer hat sie wohl selten jemanden geschildert. Mit einer Empathie sondergleichen empfand sie sich in das Leben «Lews» hinein. Sie eroberte sich etwas Verlorenes zurück. Mit seiner Hilfe.

Lew Kopelew zählte für sie – ähnlich wie Bronisław Geremek in Polen – zur kleinen internationalen Familie der Geistesverwandten, einer Vernunftelite über alle Grenzen hinweg, nach der sie ihr Leben lang Ausschau hielt. Aber auch zu jenen gehörte er, die an ein «anderes Deutschland» glaubten. Schon darum bedeutete ihr diese Freundschaft viel. Darüberhinaus jedoch brachte er einen besonderen Bonus mit in ihre Beziehung: Mit dieser Gestalt gewann jenes alte, ferne Nachbarland neue greifbarere Konturen, mit dem sie als kleines Mädchen aufgewachsen war, und das mit der Revolution, mit Stalin und Hitler entschwunden schien. Es hatte wieder ein Gesicht. Lew.

Sie würde ihm helfen dabei, wenn er in den Westen eingeladen werden möchte, ließ sie ihn 1973 wissen. Keine Mühe war ihr zu groß, um mit Hilfe der deutschen Botschaft in Moskau oder unter Einsatz von Journalistenkollegen Briefe auszutauschen, die sich der staatlichen Kontrolle entzogen. «Auf die in der Nazi-Zeit übliche Weise» habe sie mit Klaus Bednarz in Moskau telefoniert, berichtete sie gelegentlich denn auch Egon Bahr, immer noch gehe es um die «gesicherte» Ausreise, die geheime Kommandosache.[118] Ein kompliziertes diplomatisches Ringen hinter den Kulissen entwickelte sich daraus. Im Januar 1977 meldeten Agenturen, Lew Kopelew sei das Telefon abgestellt worden, die Drangsalierungen nahmen zu. Ob sie nicht einen Brief schreiben könne, riet Moskaus ZEIT-Korrespondent Christian Schmidt-Häuer Marion Dönhoff, in dem sie sich besorgt erkundige, was die Behörden mit dem alten Bücherwurm bloß machen, der sich so ernsthaft um die deutsche Literatur kümmere …[119] Ihr Name galt viel, auch in Moskau, vielleicht würde eine solche Intervention helfen.

Welche große Freude, schrieb sie Kopelew nach einem Besuch 1979 in Moskau, dass sie mit Heinrich Böll und ihm im Wohnzimmer habe zusammensitzen können. «Böll war ein bisschen schwach, aber das hast Du wettgemacht. Nur wurde mir manchmal ganz bange bei Deinen so offenherzigen Reden.» Es folgte ein Tadel, weil er zu üppig lebe – «Raja sollte zusehen, dass Du ein paar Pfund abnimmst, das würde sowohl Deiner Schönheit wie Deiner Gesundheit dienlich sein.»[120] In mütterlich-fürsorglicher Rolle betätigte sie sich auch als Agentin, die unermüdlich bei Fritz Pleitgen, bei Hoffmann & Campe, beim Fischer-Verlag, in Fernsehredaktionen antichambrierte, um ein paar Mark für den Freund einzutreiben, der sich ständig in Geldnot befand, im Zweifel spendete sie auch aus ihrer eigenen Schatulle.

Moskaus Kurs gegenüber Oppositionellen verhärtete sich nach dem Einmarsch in Afghanistan. Im Januar 1980 berichtete er ihr nach Hamburg, er stehe auf der Liste derjenigen, die «unschädlich» gemacht werden sollen, «es könnte Verhaftung, Verbannung, Ausweisung oder gar ein schlichter Unglücksfall sein». Der Umgang mit Andrej Sacharow war Warnung genug.[121] Schon zwei Monate darauf, am 12. Januar 1981, beschloss das Präsidium des Obersten Sowjets, Raja Orlowa und Lew Kopelew «für Handlungen, die den hohen Stand eines Sowjetbürgers verunehren», aus diesem Stand zu «entlassen». Das heißt, sie wurden ausgebürgert. Die Falken hatten sich in Moskau durchgesetzt, die auch schon den Einmarsch in Afghanistan wollten.

Sie sorgte dafür, dass ihre Freunde – George Kennan, Fritz Stern – auch seine Freunde wurden. Trotz aller Nähe, die ihre Korrespondenz verrät, Marion Dönhoff und Lew Kopelew bewegten sich auf zweierlei Umlaufbahnen. Wirklich vertraut, wesensnah fühlte er sich mit Heinrich Böll, den er bereits seit 1955 kannte. Marion Dönhoff und Lew Kopelew band etwas anderes aneinander. Klar wurde mir das erst beim Lesen des Buches von Raja Orlowa und Lew Kopelew, das 1987 erschien unter dem Titel: «Wir lebten in Moskau». Auch das Ehepaar Kopelew suchte «Menschen, die wissen, worum es geht», und es zog sie unwiderstehlich an. Stärker als Marion Dönhoff fanden sie diese Menschen in jener Welt des Geistes, der Literatur, des Wortes, in die sie hineingewachsen waren und in der sie ihre Freiheiten ausloteten.[122] Aber sie hatten gemeinsame Ahnen in der deutschen, europäischen, russischen Geistesgeschichte, von Brecht bis Tolstoi, von Goethe bis Dostojewski, von Heine und Rilke bis Pasternak, Solschenizyn oder Christa Wolf.

Ich denke, die Freundschaft zwischen Marion Dönhoff und Lew Kopelew hatte viel damit zu tun, dass diese kulturelle Verwandtschaft ihnen erlaubte, sich jeweils hineinzuversetzen in die Lage des anderen. Kopelew bereute, dass er sich «einen Götzen schuf»,[123] dem falschen Ideal huldigte und sich politisch verrannte.

Sie staune immer wieder über Lew, schrieb Marion Dönhoff, am meisten aber bewundere sie an ihm «die Freiheit, die er besitzt». «Vielleicht sollte man besser sagen: die Freiheit, die er sich nimmt, die er aus dem Nichts gezaubert hat: ‹Ich lebe *in spite of*›, schrieb er in einem seiner letzten Briefe.»[124]

Zum Adventskonzert trafen sie sich bei Hermann Hatzfeldt in Crottorf, einmal jährlich. Wenn sie nach Bonn oder Crottorf fuhr, rief sie kurz an, ob sie hereinschauen könne. Sie hockten sich dann in Lews Küche, wie er das liebte. Die Welt ende nicht an der Mauer, das war die gemeinsame Überzeugung, und sie führten vor, was das heißt.

Nach dem Tod ihres letzten Bruders richtete sie ein paar spärliche Zeilen an den Vertrauten in Köln: «Lew, jetzt ist Ostpreußen für mich wirklich gestorben, es ist nur noch Vergangenheit, ich habe niemanden mehr, mit dem ich darüber sprechen könnte. Mein Bruder ist gestorben.»[125] Warum sollte das gerade Kopelew hören? Ostpreußen, das Leben hatte es so gefügt, war zu ihrem gemeinsamen Schnittpunkt geworden. Vielleicht kreuzten sich einst einen Moment lang ihre Wege, ohne dass sie es wussten. Sie war von dort geflüchtet, als Kopelew mit der Roten Armee einmarschierte. In Ostpreußen kam er unmittelbar in Berührung mit jenem anderen Deutschland, das ihn in Bann schlug und dessen Schriftsteller ihn nie mehr loslassen sollten. Ähnlich nahe unter den Russen kamen ihr nur noch Valentin Falin, von 1971 bis 1978 sowjetischer Botschafter in Bonn, und Michail Gorbatschow sowie dessen Frau Raissa.

Mit seinem anderen Deutschlandbild eilte er seiner Zeit weit voraus. Marion Dönhoff verwandelte sich von der Antikommunistin der fünfziger Jahre zur Vorläuferin einer Politik des Ausgleichs mit dem Osten. Nichts von Bitterkeit haftete den Briefen oder den Gesprächen dieses deutsch-russischen Duos an, nicht einmal Melancholie klang heraus.

Was projizierten sie ineinander? Vielleicht kommt man dem Geheimnis dieser Nähe mit der Vermutung am nächsten, dass sie etwas Gemeinsames entdeckten: «Lew» blieb ein Mann des Ostens, der nach Westen blickte, Marion Dönhoff gehörte zum Westen, verlor aber das frühe Leben nie aus dem Sinn, in dem der Osten viel näher war.

Natürlich lässt sich nicht ausblenden: Eine heile Welt zwischen ihnen beiden hatte es in der Vorkriegszeit objektiv nicht gegeben, sie war undenkbar. Kopelew hatte während des großen Hungers in der Ukraine «Brot für Russland» eingetrieben und sich an der Kulakenverfolgung beteiligt. Stalin, von Kopelew bewundert, verbündete sich 1939 mit Hitler, gemeinsam wollten sie den Untergang des lästigen Staates zwischen den Großmächten, Polen, besiegeln. 1937 oder auch 1940 hätten Marion und Lew, die späten Freunde, vermutlich – selbst bei gemeinsamer Lektüre – keine gemeinsame Sprache gefunden. Auf Polen blickten sie damals wohl weitgehend anders.

Nostalgie ist ein großer Verführer. Sowohl die Ostpreußin als auch der Russe mussten gewiss viel ausblenden, um zueinander zu finden.

Im Abendlicht nahm sich diese frühe Etappe ihres Lebens fast wundersam anders aus. Die Geschichte, so ließ sich das Foto des bärtigen, weißhaarigen Russen in ihrem Büro im Pressehaus verstehen, hätte anders verlaufen können, der Überfall der Deutschen 1941 auf die Sowjetunion hat das zerstört; aber uns verbinden nicht nur Reminiszenzen an eine untergegangene Welt, wir Kinder einer verschütteten Chance sollten es noch einmal neu miteinander versuchen, wie damals in der Küche in Köln.

«Als ich Dich kennenlernte, warst Du für mich so etwas wie eine Ulrich-Hutten-Gestalt, in Katzenjacke statt Brustpanzer»
Tim Gidal

Auf seinem Schreibtisch – Stichwort: Marion – stapelten sich zahllose Artikel aus der ZEIT, Zeitungsausschnitte, zu denen er irgendwann einmal etwas anmerken wollte. In nahezu allen seinen Briefen an die Studienfreundin, die er 1933 bei Edgar Salin in Basel kennengelernt hatte, kam Tim Gidal darauf zurück. Der namhafte Fotojournalist (1909 in München als Ignatz Nachum Gidalewitsch geboren, 1996 in Jerusalem gestorben) lebte in Tel Aviv, Jerusalem, New York, mehr auf Reisen quer durch die Welt als zu Hause. Zeitlebens bezeichnete er sich stolz als Zionisten und Sozialisten. Nie raffte er sich auf zur geballten Erwiderung auf diese Stapel von Artikeln, die ihn besorgten. Um diese Chronik einer angekündigten Antwort geht es mir hier.

Sie wohnte im Rheinsprung, einer Gasse in Basel, mit Blick weit über die Stadt. Bekannt war die junge Frau «wie ein bunter Hund» in der Grenzstadt, erinnerte sich Brigitte Bernard-Salin; in Basel habe es «nicht so oft eine richtige Gräfin als Studentin» gegeben. Zudem kam sie aus Ostpreußen, und «natürlich fiel sie auch auf, weil sie eine der schönsten Frauen war». Wie schon in Frankfurt, habe sie bald viele Freunde um sich geschart, ältere und jüngere. Zu den engsten, so Brigitte Salin, gehörte «ein jüdischer Student meines Vaters, Tim Gidalewitsch, heute Gidal, der mit seiner Frau aus Deutschland geflohen war».[126] Viel Zeit verbrachten sie miteinander. Eine Passion für die Fotografie teilten sie, seit sie die erste Leica (zum Abitur 1928) geschenkt bekommen hatte.

Sie rettete den Apparat durch den Krieg und ließ ihn, wie Friedrich Dönhoff berichtet, 1946 in Hamburg in der Straßenbahn liegen. Ein paar Jahre später leistete sie sich ein neues Modell, erst 1963, nach einer Reise durch Masuren, ließ sie mit dem Argument, als Journalist müsse man sich zwischen Schreiben und Fotografieren entscheiden, ihre geliebte Leica fortan zuhause.[127]

Die Studienfreundin von einst muss gespürt haben, wie viel es ihm bedeutete, in Israel nicht von den Freunden vergessen zu werden. Er ließ den Faden nie abreißen. Seine Frau, Sonia, und ihn schmerze es, gestand er ihr 1953 brieflich, mit ihrer Freundin Christa seien sie ein paarmal «besonders nett» zusammengetroffen, aber dann «heiratete sie und vergaß uns».[128] Er war verletzt und wollte es zeigen.[129]

Sie waren sich fern, sie waren sich nah. Tim Gidal, ein begnadeter Briefkünstler, formulierte witzig, ironisch, poetisch. Sie erwiderte einfühlsam, aber lakonisch und direkt. Er versteckte viel zwischen den Zeilen, sie nichts. Einen «nachwirkenden seelischen Schmerz» verspürte er, so Gidal, als er die Nachricht vom Tode ihres gemeinsamen Lehrers und Doktorvaters Edgar Salin erhielt (1974). Schon ein solches Bekenntnis wäre ihr kaum über die Lippen gekommen, geschweige denn die Selbstbeobachtungen, die dem folgten. Bestürzt habe ihn diese Meldung, fuhr Gidal nämlich fort, seine Gefühle habe er sich zunächst gar nicht erklären können. Bei aller Ambivalenz, das Plus seiner Beziehung zu Salin sei immer viel stärker als das Minus gewesen. Das Minus «war wohl ein Bedauern, ja vielleicht ein wenig Übelnehmen, dass er nicht 1933 sich zum Judentum bekannt hat». Salin habe ihm gleich beim ersten Gespräch eine kleine Predigt über sein «Deutschtum» gehalten, und dass der Geist weht, wo er will, und wieso er nicht in solch schweren Zeiten in Deutschland bleibe. 1933 war auch das Jahr, in dem Marion Dönhoff zu Salin nach Basel auswich (ihr Bruder Dieter lebte dort bereits, was ein wichtiges Motiv für ihre Ortswahl gewesen sein dürfte).

Woraufhin der junge Student ihm schilderte, dass er aus einer russisch-jüdischen Familie stamme, von der es nur mehr drei Mitglieder dieses Namens gebe, weil die anderen umgebracht worden

Tim Gidal (1909 bis 1996), der als einer der Pioniere des modernen Fotojournalismus gilt. Befreundet hatten sie sich 1930 während ihrer gemeinsamen Studienzeit in Basel, für die Journalistin blieb er zeitlebens die politisch-moralische Stimme Israels.

waren. Seit seiner Kindheit sei er Zionist, setzte er noch hinzu. Er verkenne vielleicht die Situation: Was würde er sagen, wollte er von Salin wissen, wie würde er reagieren, wenn man seinen Kindern, wäre er in Deutschland, «Judenbankert» nachriefe? Tim Gidal weiter: «Salin erbleichte. Es gab einige Minuten Schweigen. Ich merkte, wie er mit sich kämpfte, ob er mich hinauswerfen solle. Dann sagte er: ‹Ich nehme Sie.› Das war grossartig, und ich habe es ihm nie vergessen.»[130]

Später, erinnerte Gidal sich, habe Salin sich allerdings zum begeisterten Zionisten entwickelt. Er hoffe, fügte er ironisch hinzu, Salin habe nicht allzuviel Ärger mit «meinen Israeli Juden gehabt, denn einfach sind wir ja nun gerade nicht.» Auch an den «George-Salin» erinnerte Gidal in diesem Brief an «Marion»: Für junge Zionisten wie ihn sei Georges «Wer immer die Flamme umschritt ...» das «zentrale Bekenntnis zu unserem Leben» gewesen.[131] Es waren die Verse, die auch Marion Dönhoff und Richard von Weizsäcker ein Leben lang gern zitierten.

Drei Semester lang teilten Marion Dönhoff und Tim Gidal die

Bank in Salins Hörsaal, im Seminar saßen sie gemeinsam bei dem berühmten Lehrer. Gidal promovierte über «Bildberichterstattung und Presse», während sie an der Dissertation über Friedrichstein saß und an Journalismus als Beruf sicher nie dachte. In einem Geleitwort zu Gidals historischem Bildband über die Juden in Deutschland erinnerte Marion Dönhoff daran, dass er wie viele andere Wissenschaftler und Künstler, Juden und Leute, die sich nicht fügen wollten, bei der Machtergreifung Hitlers außer Landes gegangen sei. Das Dissertationsthema des Freundes faszinierte auch sie: Die Geschichte des Bedürfnisses, besondere Ereignisse durch Bilder festzuhalten – Fotografien vor der Erfindung der Fotografie –, angefangen mit den Bildberichterstattern im Heer des späteren Kaisers Titus, die von Rom nach Palästina geschickt wurden, um die Belagerung und Erstürmung Jerusalems im Jahr 70 zu belegen. Schon sein Studium verdiente er sich als Fotoreporter, seine Leidenschaft machte ihn später international berühmt.

Gidal flüchtete vor Hitler. Als Fotoreporter diente er in der britischen Achten Armee während des Zweiten Weltkriegs, unterrichtete danach in New York an der *New School for Social Research* über die «Geschichte der visuellen Kommunikation». Nun also erschien sein voluminöses Standardwerk über die Juden, ein beeindruckendes Opus, 950 Abbildungen samt Text, um den Deutschen vor Augen zu führen, «wer denn diese Juden, die in Deutschland lebten, eigentlich gewesen sind».[132]

Im Jahr 1905 waren seine Eltern aus Russland und Russisch-Polen eingewandert. Tim, der im gleichen Jahr wie Marion zur Welt kam, wuchs in jüdisch-zionistischem Milieu auf. Helmut Käutner, Wolfgang Liebeneiner, Kurd Heyne gehörten zu den Studienfreunden, allesamt waren sie Hörer des Professors für Theatergeschichte in München, Arthur Kutscher; zum Freundeskreis zählten Karl Valentin und Joachim Ringelnatz. Ihr Vorwort beendete Marion Dönhoff folgendermaßen: «Damals, zu Beginn des Tausendjährigen Reiches, konnte ich gut verstehen, dass es ihm wichtig war, den eigenen Wurzeln nachzuspüren und dass dieser Wunsch ihn wie ein Leitstern weiter und weiter in die Vergangenheit zurückführte bis in die Zeit der Zerstörung des Tempels in Jerusalem – damals, als das tragische Schicksal der Diaspora, der Zerstreuung in alle Welt dieses vom Mythos gezeichneten Volkes, seinen Anfang nahm. Aber nach allem, was inzwischen geschehen ist – nach diesem Krieg – ein Lebenswerk zu beginnen, um ausgerechnet den Deutschen die Juden zu erklären, das ist wirklich überwältigend».[133]

Wie sehr er sich wünschte, sie möge einmal seine neue Heimat besuchen, Israel! Immer wieder in den Briefen die Frage: Wann kommst Du? Wann kann ich Dir zeigen, wie wir wirklich sind? Gidal: «Schreibst Du so leicht, wie Du ausgezeichnet schreibst?»[134]

Man spürt: Ihm lag viel an ihrer Meinung, nicht nur, weil sie Journalistin war, seit Basler Zeiten hing er an ihr. Wenn selbst eine so kluge und einflussreiche Journalistin nicht versteht, wie Israels Politiker agieren, was soll dann aus seinem Land werden? Die Frage quälte Gidal, sie stand häufig zwischen den Zeilen, wenn er ihr schrieb. Die Journalistin aber hielt sich in Sachen israelischer Politik zunehmend zurück. Seit Ende der fünfziger Jahre gewöhnte sie es sich ab, zum Nahostkonflikt, so sehr er sie bannte, überhaupt noch Stellung zu nehmen. Sie las dazu viel, verfolgte akribisch das Drama – und schwieg.

Im Jahr 1934, noch in Basel, schenkte sie Tim einen Band von Rainer Maria Rilke, «Die Aufzeichnungen des Malte Laurids Brigge», einen Roman in Tagebuchform. Als er viel später (1989) zufällig das kleine Präsent wieder in die Hand nahm, las er erstaunt, was ihm offenbar entfallen war:

«Herrn Gidal
Basel 1934
M. D.»

Eigentlich, schrieb er ihr melancholisch, hatte er nur Bücher ordnen wollen nach einer Operation am grauen Star … Sein Kommentar zu dieser knappen Widmung aus dem Jahr 1934 lautete: «Und nun käme Fontanes ‹aber das ist ein weites Feld …› – ein Feld für Gespräche.»

Aber wieder ließ er es bei dieser flüchtigen Andeutung bewenden. Wieder erinnerte er an den Stapel von Zeitungsausschnitten und kündigte den «langen Brief» an, den er bald schreiben werde. Vielleicht würde er ihr aber auch einen langen Brief unter dem Titel «Ich lebe in Jerusalem» schicken, der ein ZEIT-Dossier sein könnte, oder? Er hatte spürbar etwas auf dem Herzen, aber wusste nicht, wie er es sagen sollte. Weder diesen angekündigten Brief noch das große Dossier, über das er laut nachdachte, hackte Tim je in seine alte Remington.

En passant kam er immer wieder auf 1934 zu sprechen – «eines der mir lebendigsten Jahre meines Lebens». Bruder und Mutter Marions hatte er in seiner «Bude» am Kirchplatz 13 in Basel kennengelernt. Brav stellte sie den beiden Besuchern aus Friedrichstein, die sehen wollten, ob sie auch gut aufgehoben sei an ihrem Studienort, ihre Baseler Freunde vor. In «manchen Angelegenheiten» sei er «ebenso schweigsam» gewesen wie sie, erinnerte er sich fünfunddreißig Jahre danach. Was meinte er mit der apokryphen Bemerkung?[135] Später, viel später sahen sie sich gelegentlich wieder in Hamburg oder auf Ischia. 1963 reiste sie erstmals für zwei Wochen nach Israel, dann erst wieder 1978. Aber beide Male verpassten sie sich, sodass er ihr sein Israel nie zeigen konnte, wie er es sich so sehr gewünscht hatte.

Ob sie Lust habe, warf er wieder einen Köder, «in einer einstündigen Autofahrt Jerusalem so zu sehen, wie es nur meine besten Freunde kennen?» Eine «Gidalreise» versprach er ihr. Eine Freundin könnte sie abholen, am besten sehr früh, wenn es am schönsten sei. Es kam nicht dazu. Tim Gidal, unverdrossen: Sogar sein Unterbewusstes habe auf seinen Wunsch reagiert, ihr zu zeigen, was er an Israel liebe. «In der Nacht nahm es sich die Freiheit, von Dir zu träumen. Wir waren in Basel. Wir gingen von Deiner Rheingasse oder wie sie hiess, gegen den Münsterplatz zu. Es fiel mir auf, dass Dein Kostümkleid eine etwas hellere Farbe hatte als sonst. Es war wohl 1934, die Zeit von der ich träumte. Ich sagte: ‹Ich würde gerne mit Ihnen ein paar Tage verreisen.› ‹Ach ja, das ist eigentlich eine ganz famose Idee›, war Deine Antwort, mit Deinem amüsierten Lachen aus der Kehle. Aus der Traum».[136]

«Die Tomaten und Melonen sind dieses Jahr ganz wunderbar geraten», plauderte der israelische Freund am Ende eines langen

Briefes, «die Kartoffeln sind so groß wie noch nie … aber das weißt Du ja aus den politischen Nachrichten von hier.» Ganz beiläufig schob er den kleinen Satz nach – «obwohl alles garnicht so einfach ist, wie es sich manchmal in der ZEIT zu spiegeln scheint». Ein Spiegel, fügte er noch an, sei ja außerdem «von Natur aus etwas Seitenverkehrtes.» «Aber auf unserem Westbalkon steht seit einigen Wochen ein kleiner Zitronenbaum, den ich geschenkt bekam. Und siehe, unerwarteterweise fing er letzte Woche zu blühen an!»[137]

Endlich rang er sich dazu durch, auf ganzen acht Seiten, handschriftlich, wenigstens etwas näher zu skizzieren, was ihn bewegte. Den letzten Anstoß gab ein Interview, das Herlinde Koelbl mit Marcel Reich-Ranicki führte.[138] Kein innerlich erlebtes, selbstsicheres Judentum habe Ranicki geprägt, sondern erlebtes Leid als Jude, zugefügt vom Gegner. Diese Prägung, argumentierte Gidal, habe mit den Judenfeinden zu tun, nicht mit dem Judentum, wie Marcel Reich-Ranicki es darstellte. Stand er überhaupt zu seinem Judentum? Das war die Frage, die ihn umtrieb – und die stille Post, die er der Freundin zusandte.

So sah er sich, sie sollte das wissen. Sahen sich Börne, Heine und andere, auch Kafka, Döblin, Arnold Zweig, wirklich als «deutsche Schriftsteller, die zugleich Juden sind»? Walter Benjamin kam ihm dazu in den Sinn, der von sich sagte: «Ich bin ein jüdisches Pferd im deutschen Stall.» Kafka, Zweig, Wassermann, Heine, alle sahen es ähnlich, sie waren sich bewusst, dass ihr Judentum sie prägte. Immer wieder kreiste Gidal um diesen Punkt: Warum der Befragte, Ranicki, so wenig selbstbewusst argumentierte, sich derart zurückzog, behauptete nichts zu wissen von der in Deutschland entwickelten jüdischen Kultur. Es lenke auch ab von der Wahrheit, wenn er sage, im 18. Jahrhundert seien die Juden überall auf Erden verfolgt worden, während sie in manchen deutschen Staaten noch am ehesten die Möglichkeit zur intellektuellen Arbeit hatten. Nur in Deutschland wurden sie derart unbarmherzig verfolgt, vor allem die Armen, während sie in Amerika, England, Frankreich bereits gleichberechtigt waren. Friedrich II., Moses Mendelssohn, das Jiddische, der jüdische Selbsthass, nichts ließ Gidal unkommentiert, viel Aufgestautes brach aus ihm heraus. Walther Rathenau, Karl Marx, Kurt Tucholsky, Karl

Kraus, der Mangel an eigener selbstsicherer Identität (für ihn die zentrale Frage), jüdische Minderwertigkeitsgefühle, die sich «wohl meist aufstauen aus Unkenntnis der eigenen Werte des Judentums», all das knetete er durch. Nur in einer Frage stimme er Reich-Ranicki zu, als der nämlich bemerkte, ihn interessiere das Problem, weshalb «Auschwitz hier in diesem Land umgelogen wurde». Ja, erschütternde Worte zu Auschwitz habe Reich-Ranicki wirklich gefunden. Ausgerechnet an der Stelle aber, die ihm ewig unter den Nägeln brenne, klagte der Briefeschreiber, ging Herlinde Koelbl zur Tagesordnung über, es interessierte sie offenbar nicht. Das lasse ihm «keine Ruhe». Gidal hatte sich damit erkennbar etwas vom Herzen geredet, was er längst ihr unbedingt sagen wollte. Für einen Leserbrief sei es zu lang, was er geschrieben habe, ließ sie ihn lapidar wissen, und jetzt sei es zu spät, soll sie den Brief vielleicht an Reich-Ranicki weiterschicken? Nur, seinen Brief hatte er in Wahrheit nicht an Marcel Reich-Ranicki, sondern an Marion Dönhoff und ihre Zeitung gerichtet.

Sie trafen sich nicht in Israel; und sie antwortete nicht auf seine geheimsten, drängendsten Fragen.

Oft habe er sich in den letzten Jahren Gedanken darüber gemacht, schrieb er ihr 1963, wie es zu einem Frieden zwischen Ägypten und Israel kommen könne. Gidal: «Und immer wieder dachte ich dabei an Dich, und dachte, dass Du dabei eine wesentliche Rolle spielen könntest. Eine Deutsche, die den Frieden zwischen Israel und Ägypten vermittelt. Ich glaube manchmal, Du könntest es, und das ist mit der Grund, warum ich Dich einmal in Ruhe sehen und sprechen möchte.»

Noch einmal kam er auf seine Lieblingsidee zurück – ob sie sich nicht doch «aktiv für einen Frieden zwischen den beiden Ländern einsetzen» wolle? Sie könne «vielleicht sogar die wesentliche Rolle spielen» bei einem möglichen Frieden.[139] Ihr würde er zutrauen, den richtigen Weg zu finden, obwohl dieser Stapel mit Artikeln, über die er sich wunderte, anschwoll.

Etwas Unausgesprochenes zwischen ihnen blieb all die Jahre, in denen sie korrespondierten. Spürbar, dass er in ihr eine besondere Autorität sah, er verbarg das auch nicht, daher die Idee von der

Friedensmaklerin Dönhoff. Vor allem jedoch wünschte er sich gerade von ihr sehnlichst ein anderes Urteil über Israels Politik, auch wenn er das so offen nicht eingestehen wollte.

Jahrzehntelang gab er Echo, nicht regelmäßig, aber zuverlässig und wachsam. Die ferne Freundin sollte wissen, dass er genau hinsieht. Warum druckt ihr Robert Neumann ab, «der weder Religion noch Glauben hat»? Und was macht ihr mit dem ZEIT-Magazin, braucht ihr mich vielleicht als Berater?[140] Halb im Scherz, halb im Ernst wollte er das wissen, wie zwischen alten Freunden eben. Es folgte sein *ceterum censeo*: «Bei Ringelnatz heißt es mal irgendwo: ‹Reich willst Du sein? Warum bist Du es nicht?› Du willst mich 1971 wiedersehen? Warum tust Du es nicht?» Eine hübsche Wohnung baue er sich, plauderte er gleich weiter, «okay, okay, ich lasse sie mir bauen». Professor sei er geworden, ließ er einfließen. Und dann sein Werben: «Ich würde dich so gern wiedersehen. Ich würde Dich von Herzen gern wiedersehen.» Kann sie ihn nicht für den Spätsommer – er kommt nach Europa – eintragen in ihr «entsetzlich überfülltes Verabredungsbuch?»[141]

Sie konnte – und sie sahen sich, aber nicht in Israel. An den «schönen schönen Wein» erinnerte er sich später. An ein Bild von Hundertwasser mit gelben Häusern. An einen Gobelin, zart im letzten Tageslicht. An einen gemeinsamen Spaziergang («wenn uns vergönnt nur, dann noch ein Rundgang zu Zwei'n …»), und, dass sie ihn zum Bahnhof brachte, danke für alles![142]

Ein einziges Mal kam es beinahe zum Eklat. Anlass bot eine Bemerkung Gidals gegenüber dem gemeinsamen Bekannten Alexander Dohna. Sie lautete folgendermaßen: «Marion zum Beispiel war sehr böse darüber, dass ein dreijähriges Kind erschossen wurde. Sie war nicht böse darüber, dass arabische Mütter, Kinder haben sie ja im Überfluss, eines vor sich her halten, wenn sie und die jungen Leute hinter ihr Steinbrocken auf Soldaten werfen.» Diese Bemerkung Gidals war ihr zu Ohren gekommen. Wenn ein so gebildeter Mann wie er diese Sprache benutze, dann müsse er – und Israel – wohl wirklich vom «Ghetto-Geist» erfasst sein, schrieb sie ihm aufgebracht. Warum hat Israel immer nur an die Macht der Waffen geglaubt und nicht an die Möglichkeit eines Dialogs, wollte sie bei der Gelegenheit von ihm wissen. «Tim, man wird dieses komplizierte Problem nicht in einer sporadischen Korrespondenz klären können, aber ich wollte um der Ehrlichkeit willen doch den Schrecken deutlich machen, den es mir versetzt hat, dass jemand wie Du in solchem Geist denken und reden kannst. Sei nichtsdestotrotz ...»[143]

Nichtsdestotrotz. Die Freundschaft wurde getestet, aber sie hielt. Aber zur Sprache kam nun doch für einen Moment, was er eigentlich meinte und sich von der Seele schreiben wollte, wenn er wieder mal vor dem «Stapel» auf seinem Schreibtisch sinnierte und einen «sehr langen Brief» ankündigte. Zwei Schreibmaschinenseiten brachte er dieses eine Mal zu Papier, einzeilig geschrieben. Auch er nahm jetzt kein Blatt vor den Mund.

Nie sei er vom Ghetto-Geist erfasst gewesen, wehrte er sich, nicht im allergeringsten – «Humanität nur als Funktion der eigenen Existenzsorgen hatte und hat keine Gültigkeit für mich». Streng belehrte er sie: «Der Ghetto-Geist ist vom Christentum nicht nur den ostjüdischen Unterdrückten im Schtetl eingeimpft worden, sondern noch viel stärker den jüdischen Assimilanten und Super-Assimilanten mit der Folge nie ganz überwundener Unsicherheit. Nein, der Ghetto-Geist hat mich nie angeweht, sonst hätte ich wohl ja auch nicht echte Freunde unter Deutschen gefunden und sonst würde ich ja wohl nicht von Nicht-Juden als echter Freund (ohne ‹chips on his shoulders›) empfunden worden sein. Ich bin da ganz sicher in meiner inneren Freiheit, dabei immer mit dem ‹Holocaust› lebend – und jetzt auch mit der deutschen Gasfabrikation und Uran- und Atomerzeugung für Saddam.»[144]

Wie nie zuvor redete Tim ihr jetzt ins Gewissen. Wenn sie auf der Heimfahrt «täglich mit Steinbrocken beworfen» würde, «in der Absicht, Dich wenn möglich umzubringen, dann würdest Du (wie auch ich, der ich sogar in meinen Armee-Jahren abgelehnt habe, einen Revolver zu tragen) schießen, nehme ich an.» Er identifiziere sich mit den Söhnen seiner Nachbarn und Freunde in der Armee, die «zu ihrem Grauen» nun seit Jahren auf Steinwürfe antworten müssen oder nicht antworten dürfen. Falls sie in eine Falle geraten, auch das wissen sie, werden sie «bei lebendigem Leib in Stücke gehackt», wie es oft in arabischen Ländern, auch unter Arabern untereinander, vorkomme. Gidal: «Das macht nervös.» Nie habe er gesagt, alle anderen seien schuld. Nur, dass alleine eine Anerkennung Israels durch die Arabische Liga Frieden bringen kann, niemals Arafat. Neunzig Prozent der Israelis, schätzte er, würden Gaza weggeben, wenn sie dafür die Sicherheit bekämen, dass nicht eine Woche später Saddam von den Palästinensern «zu Hilfe gerufen» würde. Nein, er sei nicht der Gefreite Meier, der sage, alle anderen seien aus dem Tritt, nur er nicht – «aber ich möchte mir, ganz schlicht und einfach und normal, nicht die Gurgel durchschneiden lassen». Warum Israel «nicht an die Möglichkeit eines Dialogs» geglaubt habe? Nein, antwortete er, die «Israelis haben nicht, wie Du meinst, an die Macht der Waffe geglaubt», sie seien 1948 durch den Einfall von sechs arabischen Staaten an den Waffengebrauch gewöhnt worden. Und dann: «Hast Du, hat die ZEIT, je irgendetwas in der Richtung einer Gesprächsmöglichkeit zwischen Israel und der Arabischen Liga unternommen?» Mit Bitterkeit habe er oft festgestellt, wie ihre Zeitung bis 1989 «neutral für die Araber» war, nicht so neutral für Israel. Die Massen, so endete diese bittere Anklage, wählen heutzutage überall CDU, die Minderheit FDP, er habe bis zum letzten Jahr Shulamit Aloni gewählt, also links von der deutschen SPD. Zionist bleibe er, «gleichbedeutend mit Sozialist». Ein Linker sei er, wollte er ihr sagen, der sich nicht opportunistisch verbogen habe. Um dann versöhnlicher hinzuzufügen: Wie er sich wünschte, sich wieder einmal bei einigen Gläsern Weißwein über das alles ausführlich unterhalten zu können. Falls sie Zeit dazu hätte! Ein «PS» vergaß er nicht: «Es gibt nur eine Lösung: eine Konföderation von Ägypten, Israel, Palästina-Jordanien, Libanon, vielleicht Syrien. Es kann höchstens 100 Jahre dauern, bis sie Realität wird – falls es einige der Länder und die Welt dann noch gibt.» [145]

In nur zehn Zeilen antwortete sie auf dieses eher verzweifelte Schreiben einen Monat später. Sehr freundlich. Gerade komme sie zurück aus Los Angeles und New York. Dann folgte ein Satz, ein einziger Satz: «Ich denke oft an Dich und andere Freunde in Israel und kann mir vorstellen, mit welcher Sorge ihr das Pulverfass sozusagen vor Eurer Tür beobachtet. Herzlich grüßend Deine Marion.» [146]

Wollte sie nicht mehr sagen?

1992. Verletzt war er, aber er wollte es nicht zum Bruch kommen lassen. Wirkliche Freundschaften waren rar, und sie waren ihm heilig wie ihr. Aber sie dachte gar nicht an einen Eklat. Ihr jüngstes Buch («Ein Manifest – Weil das Land sich ändern muss») steckte sie ihm in die Weihnachtspost, obwohl es «keine rechte Weihnachtsgabe» sei.[147] Zum Jahreswechsel telefonierten sie miteinander, als hätte es nie auch nur einen Hauch von Unmut gegeben. Sechzig Jahre kannten sie sich nun bereits.

1994. Präsent war Gidal, dass seine Kommilitonin von einst bald ihren 85. Geburtstag begehen würde. Da er das genaue Datum nicht wisse, werde er, «fern und nah», nun täglich einen Wodka trinken auf ihr Wohl, ließ er sie wissen. Hoch soll sie leben! Danke für ihr Buch, das sie ihm zusandte, «Im Wartesaal der Geschichte». Lebt ihr im Wartesaal der Geschichte? Die Frage konnte Tim sich nicht verkneifen, um dann hinzuzusetzen: «Das Wort Warten, ob auf Godot oder auf etwas Besseres oder nur auf etwas Kommendes, war mir immer fremd, beinahe unangenehm fremd». «Ich hab' immer in den Tag gelebt, als wäre es mein erster und könnte mein letzter sein.» In dem Ton fuhr er fort: «Und Du packst ja auch jeden Tag neu an. Als ich Dich kennenlernte, warst Du in Deinem geistigen Habitus für mich so etwas wie eine Ulrich Hutten Gestalt, wie ihn Conrad Ferdinand Meyer darstellte. In Katzenjacke statt Brustpanzer, denn es war ja 1934 …» Sie dürfte sich – auch wenn sie nicht antwortete – gefreut haben über diese Parallele zu dem streibaren Humanisten, der sich anlegte mit dem Papst (auf Seiten Luthers), auch wenn wie immer bei Gidal Ironie und Ernsthaftigkeit Hand in Hand gingen.[148]

Auch ihr schmales Buch über die Freunde im Widerstand, «Um der Ehre willen», schickte sie ihm natürlich mit besten Grüßen und Wünschen nach Jerusalem. Zwischen ihnen hatte das schon Tradition. «Ich habe es geschafft, Dir zuvorzukommen», bedankte er sich fröhlich, «ich bin vor Dir 85 geworden!» «Mit Grausen und Bewunderung», so Tim, habe er ihr Buch gelesen. Beinahe nie lese er sonst etwas über die Shoa. Gidal: In Costers «Ulenspiegel» heißt es, «die Asche meines Vaters brennt auf meinem Herzen». «Ich weiß ja alles, und die Asche meines Volkes brennt auf meinem Herzen – ich brauch nichts darüber zu lesen.» Ihr Buch aber habe er gelesen, solle sie wissen. «Ich fühle Dir nach», rief er ihr zu, «wie schwer Dir der Übergang von der politisch aktiv Beteiligten am 20. Juli und auch sonst zur journalistischen Tagesarbeit wurde. Auf welchem Gebiet Du ja immerhin zur Erziehung und Ermunterung der Elite beigetragen hast. Aber es gibt ja immer wieder auch ein Tarada bumm tara in unserm Leben. Des sol tu gewiss sin. Bist es auch», griff er ein paar Zeilen aus dem Lied Walter von der Vogelweides auf. Eine kleine Skizze mit Notenschlüssel – «Tara-di-bumm ta-ra!» – fügte er an der Seite des Briefes ein.

Aus heiterem Himmel aber folgte schließlich seine Frage – «wieso hat die Gestapo im Lauf von Stunden die Namen aller Beteiligten gewusst?» Schon lange musste das in ihm rumort haben. Wer waren die Verräter? Bevor er auch nur selbst eine Antwort versuchte, ging er schon wieder zur Tagesordnung über: Danke für ihr Foto, das sie ihm geschickt hat, «der Wind an der Ostsee hat bei der Aufnahme kooperiert und in den flatternden Haaren etwas von deinem rebellischen Geist erfasst.» A propos: Freuen würde er sich, wenn sie sich «noch im Diesseits» sähen.[149]

Im Diesseits sahen sie sich nicht mehr. Seine Frage blieb unbeantwortet, weshalb die Gestapo so rasch alle Namen kannte. Es war sein letzter Brief, im Herbst 1996 starb Ignatz Nachum Gidalewitsch, genannt Tim. «Tims Freundschaft und langjährige Beziehung zu Ihnen», versicherte seine Witwe, Pia Gidal, im Brief mit der Todesnachricht der Hamburger Studienfreundin, war «ein wertvoller Schatz in seinem Leben und in seinem Herzen».[150] Ein wertvoller Schatz, ein dauerndes Korrektiv, ein stummer Mahner im Kopf, ein ernstzunehmender Weggefährte blieb dieser Freund aus Basler Zeiten für sie ein Leben lang auch.

VII
«Ein Kreuz auf Preußens Grab»
Die Journalistin im Sattel

Dezember 1947. Die Sterne müssen günstig stehen, schrieb sie, denn an einem der ersten Tage in London, mitten im spätnachmittäglichen Verkehrstrubel, begegnete die Redakteurin aus Hamburg rein zufällig Victor Gollancz, den sie ohnehin hatte besuchen wollen, am *Picadilly Circus*.[1] Gollancz war ein britischer, jüdischer Verleger, ein entschiedener Hitler-Gegner, aber galt auch als ein erklärter Freund der deutschen Opposition, der sich gegen eine Generalabrechnung mit «den Deutschen» wandte. Sie suchte Kontakt zu herausragenden Persönlichkeiten auf der Insel, die sich schon während des Krieges einer pauschalen Verurteilung Deutschlands verweigerten und die nun bereit sein könnten, sich gegenüber ihrer eigenen Regierung für die hungernde und frierende Bevölkerung stark zu machen. Wie sollten die Verlierer je auf die Beine kommen, je eine parlamentarische Demokratie werden, es sei denn, sie sollten auf ewig zum Agrarland gemacht werden?

Victor Gollancz träumte. Er träumte von einem «neuen Menschen». Er predigte, Hass sei durch Liebe zu überwinden, Gerechtigkeit müsse an Stelle von Vergeltung treten. Die Vertreibung der Deutschen aus dem Osten empfand er als Unrecht. Zudem war er überzeugter Sozialist. Das störte sie nicht, im Gegenteil, diese Mischung, Sozialismus als ethische Maxime, machte sie neugierig. Das englische Volk rief er daher auf, Deutschland gegenüber eine Politik der christlichen Versöhnung zu betreiben und die Demontagepolitik zu beenden. Mutig erschien ihr das, denn das Gros der Briten litt ja gleichfalls enorm, obwohl sie den Krieg gewonnen hatten.

Die andere Stimme, von der sie ähnlich schwärmte: Der Bischof von Chichester, der sich wie Gollancz schon früh dafür stark gemacht hatte, sorgfältig zwischen Deutschen und Nazis zu unterscheiden. Nach Kriegsende hatte er sich als erster gegen den Begriff der Kollektivschuld gewehrt. Und heute? Nicht auf nationale Zugehörigkeit komme es ihm an, schwärmte Marion Dönhoff, nicht in Sieger und Besiegte trenne er, sondern er wolle die Menschen guten Willens zusammenführen und mit ihnen «eine bessere Welt bauen».[2] Alle Menschen sind Brüder! Strafe, wem Strafe gebührt, aber lasst uns nicht lange zurückblicken oder an Rache denken!

Das, was sie «Bürgerlichkeit» nannte, rückte inzwischen bedrohlich näher. Anfangs war ihr der tiefe Fall Deutschlands noch als Chance erschienen: «Wer könnte auch nur den Wunsch haben, noch einmal eine Welt zu restaurieren, «die so vollkommen zu Bruch gegangen ist?» «Es stimmte ja nichts mehr – die Kategorien nicht, und die Wertung nicht und gar nichts. So dachte man damals, vor knapp fünf Jahren.» Die vage Idee einer «Stunde Null» war es, die sie im Herbst 1949 noch einmal heraufbeschwor. Gerade einen Monat zuvor war Konrad Adenauer zum Bundeskanzler gewählt worden. Die Bundesrepublik als Staat – geteilt allerdings – nahm Gestalt an. Vorgestellt hatte sie sich einen anderen, fundamentaleren Anfang. Aber wie genau? Und was meinte sie mit dem «Wesentlichen», dem Nicht-Bürgerlichen, welches Land wollte sie neu erfinden?[3]

Nicht ohne Genugtuung beteiligte sich Marion Dönhoff – 1951 bereits – an der aufkeimenden Debatte darüber, wie man die Deutschen dazu bewegen könne, wieder eine Armee aufzubauen. Immerhin hatten die Alliierten, die jetzt darauf drängten, noch 1946 ein Gesetz erlassen, mit dem die deutsche Wehrmacht für alle Zeiten «aufgelöst, völlig liquidiert und für ungesetzlich erklärt» worden war. Den «typisch deutschen Geist» wollten die Sieger ausrotten. Typisch deutsch hieß, wie sie pointierte, «die letzten 200 Jahre deutscher Historie». Von Friedrich dem Großen über Bismarck bis Hitler haben die «neuen Erzieher», wie Marion Dönhoff sie titulierte, die deutsche Geschichte als eine einzige Abfolge von Barbarentum, Terror, Blut und Eisen beschrieben. Grundfalsch fand sie das Vorgehen der Sieger. Sie war sich sicher, was sie vor Augen hatten, war lediglich eine einzige Gestalt: Hitler, nicht Deutschland als Ganzes. Seine Züge hätten sie daher in die Vergangenheit transponiert, bis hin zu Martin Luther. «Mit Hitler, dem Verfälscher», resümierte die Autorin, «wurden also auch die Großen der deutschen Geschichte in den Abgrund gestürzt.»[4] Ein gewisser Zynismus liege darin, wenn nun Argumente für die Wiederbewaffnung dieser Deutschen gesucht würden, die für alle Zeiten – «vielleicht dachte man an die nächsten tausend Jahre» – entwaffnet werden sollten. Wir selbst müssten uns klar werden über den «Geist» einer neuen Armee, darauf lief ihr Appell hinaus. Genug einzelne Vorbilder in der Geschichte gebe es, «auch wenn Nürnberg das Gegenteil hat beweisen sollen». Durch den «Nebel der reeducation» und die Verfälschung von Nazi-Demagogen müssten wir zurückfinden zur eigenen Geschichte.[5]

«Die Bundesrepublik in der Ära Adenauer»: Unter diesem Titel veröffentlichte sie 1963 ein Buch mit gesammelten Texten in der populären Taschenbuchreihe «Rowohlts deutsche Enzyklopädie». Aber anders als damit nahegelegt, eröffnete sie die Ausgabe nicht etwa mit der Wahl des ehemaligen Kölner Oberbürgermeisters zum Kanzler, sondern mit einem Beitrag aus dem Wahljahr 1957. Bewusst ließ sie ihren Rückblick in dem Moment einsetzen, mit dem eigentlich auch erst die liberale Ära der ZEIT beginnt.

Die Bundesrepublik, argumentierte Marion Dönhoff, hatte sich nach 1945 von der Mitte Europas an die Peripherie verschoben, und dort blieb ihr kein großer Spielraum. Eine «Politik der Mitte», zwischen Ost und West, habe sie nicht betreiben können, «denn es gibt keine Mitte zwischen Freiheit und Unfreiheit», die Republik konnte sich nur für den Westen entscheiden. Hätte man denen folgen sollen, die das Land nicht in die Nato oder EWG integrieren wollten, im Glauben, damit der Wiedervereinigung näher zu kommen? Undenk-

*Marion Dönhoff während einer Redaktionskonferenz der ZEIT Ende
der sechziger Jahre. Links neben ihr Haug von Kuenheim, der engste
Vertraute im Blatt, sowie Manfred Schüler, rechts Theo Sommer,
Diether Stolze und Jochen Steinmayr. Damals war sie Chefredakteurin.
Seele des Blattes, wie Sommer und Kuenheim sagen, blieb sie immer.*

bar. Adenauers Kurs habe sie so lange unterstützt, schrieb sie, «weil
es keine glaubhafte Alternative zu dieser Politik gab». Als dann aber
die Welt sich zu verändern begann, 1953 mit Stalins Tod, 1956 mit
dem 20. Parteitag in Moskau, der den Ostblock in seinen Grundfes-
ten erschütterte, dem blutigen Ende des Aufstands in Ungarn,
schließlich im November 1960 mit der Wahl John F. Kennedys zum
Präsidenten in den USA, während Bonn unbeweglich blieb und auf
seinen alten Prämissen beharrte – «da blieb gar nichts anders übrig,
als immer wieder Kritik zu üben».

Sie plädierte noch nicht offen für einen Machtwechsel, sie
wünschte sich aber eine starke Opposition. Ob die Zeitung davon
profitierte oder darunter litt, durfte keine Rolle spielen, Journalismus war ein seriöses Gewerbe, es ging um Existenzielles, um die
Grundlagen der immer noch jungen Republik.

Das war, wie sich später noch manchmal erweisen sollte, keine bloße Redeweise; diesen Grundsatz – die Unabhängigkeit der Redaktion – verteidigte sie regelmäßig und konsequent. Natürlich versuchte auch Gerd Bucerius auf die Redaktion Einfluss zu nehmen und übte scharfe Kritik, ebenso wie Helmut Schmidt als Herausgeber (und für kurze Zeit auch Verleger) in den achtziger und neunziger Jahren.[6] Aber Marion Dönhoff wie Theo Sommer verbaten sich entschieden solche Interventionen, allein die Redaktionsleitung selber sei zuständig für Kritik an einzelnen Journalisten.

Adenauer gewann die Wahlen von 1957 wie erwartet. Noch haftete den Sozialdemokraten mit Kurt Schumacher und Erich Ollenhauer das Odium einer Klassenpartei an. Zwar argumentierte auch sie, auf dem Weg zur «normalen» Partei müsse die SPD sich endlich auch zur Bundeswehr bekennen, aber sie reagierte empört, als Konrad Adenauer die Messlatte höherlegte und verlangte, die Opposition müsse der Bundeswehr auch die «notwendigen Waffen» zugestehen. Die notwendigen Waffen? Nur Atomwaffen konnten damit gemeint sein.

Damit rückte die Frage ins Zentrum, ob auf dem Boden der Bundesrepublik Nuklearwaffen gelagert werden sollen, über die die Deutschen zumindest ein Mitspracherecht erhalten. Nur wenn wir wirklich zu den Nuklearmächten aufschließen würden, argumentierte insbesondere Franz Josef Strauß (CSU), und sei es im Bunde mit Frankreich (ein Wunsch, der am Pariser Veto scheiterte), würden wir endlich wieder als gleichberechtigte Mitglieder der westlichen Völkergemeinschaft anerkannt. Aus Strauß' Sicht war die Vergangenheit nun hinreichend «bewältigt», die Bundesrepublik hatte lange genug gebüßt.

Das sah die ZEIT inzwischen glücklicherweise anders. Marion Dönhoff sorgte dafür, dass ihre Zeitung den Aufruf der Göttinger Atomphysiker gegen eine Ausstattung der Deutschen mit Nuklearwaffen veröffentlichte. Die Debatte kreiste keineswegs nur um strategische Fragen, verhandelt wurde auf halb verschlüsselte Weise das Selbstverständnis, die Identität der jungen Republik. Helmut Schmidt erlebte im Parlament seine erste Sternstunde: Weder sprachen sicherheitspolitische Überlegungen dafür, noch kam es für ihn in Frage, nach Atomwaffen zu rufen, um damit demonstrativ einen Strich unter die jüngste Vergangenheit zu ziehen. Damit deuteten sich Konfliktlinien an, die gut zehn Jahre später in die Kontroverse über die Ostpolitik münden sollten.

Sie suchte nach Wegen, die herausführten aus dem Kalten Krieg. Sämtliche Vorschläge, die unter dem Titel *disengagement* – Auseinanderrücken der Blöcke – diskutiert wurden, seien erwägenswert, fand sie. Nicht einmal das Wort «Neutralisierung» jagte ihr Angst ein. Und unübersehbar: Auch hierbei wandelte sie wieder in den Spuren George Kennans, ohne es ausdrücklich zu sagen. Den Weg nach Europa aber, so die Autorin, dürfe Deutschland nicht verlassen, und ein Friedensvertrag müsse allem vorausgehen. Könnte am Ende dann die Wiedervereinigung stehen?[7]

Wie ein einziger, großer Seufzer klingt der Brief, den sie zu Ostern 1959 aus Vinsebeck an «L. C» (Lieber Carl) richtete und in dem sie dem Schweizer Freund gestand, bis in ihre Träume beschäftige sie ein Problem, das unserer Ostgrenze. Öffentlich hatte sie davon noch nichts angedeutet – aber er konnte die Botschaft gar nicht anders verstehen, sie schwankte. Jahrelang sei das Problem verdrängt worden, die Leute seien dem gar nicht gewachsen. Einerseits missbehagten ihr diejenigen, die zu «Heimatabenden» gehen, mit dem ganzen Nachwuchs (!), pommersche Lieder singen und Fotos von Kolberg, Köslin oder Stettin austauschen, andererseits diejenigen, die gar nicht rasch genug alles abschreiben möchten. Ihnen predigte sie, es gebe «eine Verantwortung vor der Geschichte» – «wie kann eine einzelne Generation überhaupt für alle Zukunft auf etwas verzichten, das in 700 Jahren mit unendlich viel Blut, Schweiß und Tränen erworben und erhalten und verteidigt wurde?» Parlament und Regierung, beschwichtigte sie dann, hätten mehrfach erklärt, sie würden niemals den Versuch machen, sich diese Gebiete mit Gewalt wieder zu beschaffen. Aber worauf wollte sie hinaus? Marion Dönhoff im vertraulichen Brief an «Carl»: «Kann man mehr tun, muss man mehr tun?» Sie antwortete sich dann selber folgendermaßen: «Ich wäre bereit, mit den Polen, die das angeht, über die Grenze zu verhandeln, aber mit den Russen? Bitte, Carl, mir ist dies alles sehr wichtig, schreib mir Deine Ansicht. Was Du zu dem konkreten Problem denkst … Wie auf Verabredung hat die ganze deutsche Presse (oft schweren Herzens) zu diesen Fragen geschwiegen. Das geht nun nicht länger, und es ist wichtig, dass wenn es jetzt losgeht, die Weichen richtig gestellt werden. In gewisser Weise wäre es vielleicht an mir, den ersten Schritt zu tun. Und die meisten Leute (sogar die von der Konkurrenz) würden mir dieses ‹Recht› auch wohl einräumen. Bitte, lass mich doch möglichst umgehend Deine Meinung wissen. Alles Liebe, Marion.»[8]

Klar war ihr, dass dann die endgültige Regelung der Grenzfrage unausweichlich würde, und man ahnt – sie überlegte erstmals ernsthaft, ob nicht auch dieser höchste Preis bezahlt werden müsse. Gefordert war sie, das spürte sie, nicht einfach als Kommentatorin: Wenn sie den «ersten Schritt» wagen würde, würde das besonders viel wiegen, denn es ging um ihre Heimat. Dass sie sich eine andere Politik gegenüber Polen wünschte, war in dem Augenblick, in dem sie «Carl» um Rat fragte, bereits geklärt: Es war die Geburtsstunde ihrer Ostpolitik. In der Grenzfrage selber sollte sie noch weitere zehn Jahre zaudern, bis sie öffentlich Farbe bekannte.

In Bonn, klagte sie, interessiere man sich «für Kindergeld, Steuererleichterungen und das Ehescheidungs-Gesetz, aber nicht dafür, daß vielleicht demnächst Kraftproben am Eisernen Vorhang stattfinden werden.» Ihr platzte der Kragen: «Wenn man die Reden des Kanzlers hört, könnte man meinen, es gäbe nur einen Feind, und das sei die SPD.» Opfer, Kompromisse, Konzessionen an die Realität? Das interessiere keine Partei, so ihre Klage.[9] Zwei Politiker warteten ähnlich ungeduldig, ihre Überlegungen zielten in eine Richtung, die ihr behagte: Willy Brandt und Egon Bahr. Aber sie mussten Rücksicht nehmen auf ihre Wählerklientel und öffentliche Stimmungen, während sie als Journalistin sich freier fühlte, in mancher Hinsicht voranzugehen.

Konrad Adenauer, am 17. September 1961 wiedergewählt, kam ohne *brain trust* aus, zürnte sie, er habe schlicht niemanden, der «gelegentlich einmal eine Schaufel nimmt und den alten Argumentenhaufen hochhebt, um zu sehen, was eigentlich darunter ist».[10] Was sie hasste, waren Doktrinen, Adenauer pflegte sie. Einmal festgelegt, ewig gültig. Bonn bestand aus solchen Doktrinen, schimpfte sie. Je starrer die Politik sich daran festklammerte, zumal an die Hallstein-Doktrin, umso mehr Profil gewannen jene Medien, die sich dagegen aufbäumten, ZEIT und *Spiegel* voran. Augstein und sie trennte inhaltlich jetzt gar nicht mehr viel, nur im Tonfall blieb sie moderater.

Als die Hamburger Redaktion des Magazins von Polizisten besetzt und Kollegen verhaftet wurden, fanden *Spiegel*-Redakteure vorübergehend in den Büros der Nachbarn Unterschlupf. Hoffentlich werde man einmal sagen können, kommentierte Theo Sommer, wir hätten eine Regierung verloren, «aber ein mündiges Volk gewonnen». Die Affäre habe sich als «Epilog» zum Obrigkeitsstaat erwiesen und als Ouvertüre zu einer «modernen und freien Demokratie, die befreit ist vom Untertanengeist».[11]

Das sah auch Marion Dönhoff so, in Sachen Meinungs- und Pressefreiheit war sie eindeutig Partei. Einen leisen Vorbehalt allerdings gegenüber dem Nachrichtenmagazin ließ sie dennoch sogar noch während der *Spiegel*-Affäre anklingen: Für ihren Geschmack neigten die Magazinjournalisten zu stark dazu, «alles durch die Schlüssellochperspektive zu sehen». Wundern könne man sich allerdings nicht angesichts des Verhaltens der Regierung in Bonn, dass sie vom Volk «für Helden und Märtyrer der Freiheit» gehalten werden.[12]

Trotz solcher gemischten Gefühle gegenüber dem Magazin übrigens – Marion Dönhoff fand zu ihrem 80. Geburtstag 1989 morgens vor der Tür einen funkelnagelneuen Porsche vor, mit einer Girlande verziert und allen guten Wünschen von Rudolf Augstein. Obwohl leidenschaftliche Porschefahrerin, nahm sie das noble Präsent nicht an.

Schnell war man in der Hauptstadt immer nur dann, wenn es darum ging, Redeverbote zu verhängen. Von der Grenzfrage abgesehen, hatte sich ihre Zeitung inzwischen sichtlich auf Entspannungskurs zubewegt. Zumindest, meinte sie, muss man über die angeblichen Tabus einschließlich der staatlichen Anerkennung der DDR sprechen und nachdenken dürfen. Mehr Diskurs bitte! Wer Schweigen verlangt, will alle dumm halten. Das Volk schläft, er-

klärte sie ihren Lesern ins Gesicht, «wie einst die Jünger in Gethse-
mane». Die Tüchtigen, spottete sie, gelangten sehr weit, jedes Jahr
höhere Wachstumszahlen, die Zahl der Auslandsreisen verdrei-
fachte sich, die Summe der Bücher auf der Frankfurter Buchmesse
vervierfacht, der Bierkonsum auf dem Oktoberfest verfünffacht –
«aber das Sattsein lehrt nicht erkennen».[13] Die Angeklagten reagier-
ten nicht beleidigt, Marion Dönhoffs Reputation wuchs mit solchen
Brandreden wider den schläfrigen Zeitgeist.

Bei aller Lust an einer Neuorientierung, Amerika blieb der Fixstern
bei der Suche nach dem richtigen Weg zwischen West und Ost. Kritisch sah sie nach Washington, wenn auch liebevoll. Längst vergessen
war der Hader wegen der Besatzungspolitik und des Nürnberger Tribunals. Nach dem Zusammenbruch und den langen Jahren moralischer Pervertierung, Intoleranz und geistiger Öde, zog sie 1983
einen Strich,[14] sei die moderne, frei diskutierende, offene Gesellschaft
der Vereinigten Staaten mit ihrem Optimismus und ihrem Vertrauen
in die Zukunft für jemanden wie sie «geradezu eine Offenbarung»
gewesen.

Wurde sie so allmählich zur «Transatlantikerin»? Christoph
Bertram, Direktor des Strategischen Instituts in London, später Po-
litikchef der ZEIT und ein enger Gesprächspartner Marion Dön-
hoffs, lässt das Wort auf der Zunge zergehen. Für eine «nationale
Internationalistin» habe er sie gehalten, wägt er ab. Weltoffen sei sie
immer gewesen. Ihr Pragmatismus habe sie dann dazu geführt, das
Transatlantische als vernünftig und alternativlos zu akzeptieren.
Washington war die einzig verlässliche Schutzmacht, und Amerikas
Modernität und Optimismus steckten sie an.

Viel spricht für seine Deutung. Ihr war klar, politisch, moralisch,
wirtschaftlich, in nahezu jeder Hinsicht hing die Bundesrepublik ab
von den Vereinigten Staaten. Amerika hatte seine Kraft im Krieg
gegen Hitler-Deutschland bewiesen. Marion Dönhoff, schnörkellos:
«Wir waren damals wehrlos und standen immer noch unter dem
Schock des Zweiten Weltkrieges, darum setzten wir alle Hoffnungen darauf, daß die Amerikaner bereit sein würden, uns zu verteidigen. Wir bangten um diese Zusage und waren unglücklich, daß die

Amerikaner zunächst nur vier Divisionen zusätzlich nach Deutschland schicken und nicht mehr.»[15]

Schon als Studentin hatte sie erstmals Amerika besucht, es gehörte zum Erziehungsprogramm. Auch ihr Vater, Diplomat aus Leidenschaft, reiste quer durch die Staaten. Die Leser wollte sie vertraut machen mit den Gesprächspartnern (von John McCloy bis Henry Kissinger), von denen sie meinte, sie prägten das Land. Sie sah darin einen Beitrag zur Erziehung der Deutschen. Aber sie erzog sich zugleich auch selber. 1955 reiste sie als freie Journalistin quer durch Amerika, drei lange Reportagen aus New Orleans, Dallas und Princeton aus ihrer Feder brachte sie mit.[16] Adenauer hatte eine konsequente Politik der Westintegration betrieben, trotz der Wiedervereinigungsrhetorik schwanden die Chancen auf ein Ende der Teilung. Viele Trümmer waren noch wegzuräumen, auch wenn in den Großstädten rasch Mietskasernen hochgezogen wurden. Das Wirtschaftswunder bahnte sich an, Ludwig Erhards soziale Marktwirtschaft trug Früchte. Und dennoch, das boomende, temporeiche, zupackende Amerika faszinierte die Besucherin, der Kontrast überwältigte sie.

Diesem vibrierenden Land gehörte die Zukunft, sie war sich ganz sicher. Nicht die geringste Spur jener Kulturkritik findet sich bei ihr, mit der das konservative Bürgertum der Republik Mitte der fünfziger Jahre gern auf Amerika blickte; auch nichts vom Erschrecken Carl Jacob Burckhardts über diese fremde Moderne.

Von einem gewaltigen Bonus profitierten die USA, so Marion Dönhoff, gäbe es bloß nicht die «Negerfrage». Es überraschte sie, wie tief die saß. Nicht einmal ein «schwarzes» Taxi durfte sie besteigen. Wenn man im «weißen» Amerika wenigstens ein patriarchalisches Verantwortungsgefühl spüren würde für alle ...[17] An ihrem überwältigend positiven Gesamtbild änderte die offene Rassenfrage letztlich aber nichts.

Sieht man genauer hin: Spuren von Deutschland waren es nicht zuletzt, die sie jenseits des Atlantik entdeckte und die sie derart beschwingten. Wahrscheinlich sei Amerika das einzige Land, schrieb sie, das indirekt und gewiss unbeabsichtigt aus Hitlers Existenz einen gewissen Nutzen gezogen habe. Fast an jeder Universität, selbst in der tiefsten Provinz, treffe man deutsche Professoren, Lektoren,

Krebsforscher, Juristen, Atomphysiker, Historiker, Museumsdirektoren, Theaterleute, Schriftsteller, Künstler. Nein, sie behauptete nicht, Albert Einstein, Max Reinhardt, Thomas Mann, Max Beckmann hätten nach Amerika die wahre «Kultur» importiert, sie wollte nur erinnern daran, was Deutschland zwischen 1933 und 1939 verloren hat und weshalb sie sich derart zu Hause fühlte auf dieser Seite des Atlantiks. Ja, den Aderlass für Deutschland bedauerte die Besucherin; dass aber dieser deutsche und europäische Keim in der Geisteswelt Amerikas derart respektiert wurde, empfand sie als großartig; so werde eine verlässliche Brücke über den Atlantik gebildet.

Ernst Kantorowicz in Princeton steht als Chiffre dafür: Sie dachte an Oxford, wenn sie «Eka» gegenübersaß. Dieses europäisch orientierte Amerika an der Ostküste jedenfalls und das alte Europa, das waren für sie nahe Verwandte, und deshalb empfand sie das Land als «eine Offenbarung». Trotz aller Zweifel an der amerikanischen Politik in den Jahrzehnten danach, über die sie noch viele kritische Reportagen schrieb, sollte das ihre Grundhaltung bleiben.

Nichts bedrohte dieses frühe Amerikabild derart grundsätzlich wie die McCarthy-Ära, es war davon schon die Rede, nicht einmal den Vietnamkrieg sollte sie als solchen Rückschlag empfinden. Außenpolitische Differenzen mussten die Partner aushalten, fand sie. Aber diese Hexenjagd?

Erst mit der Wahl John F. Kennedys im November 1960 war dieser Spuk endgültig vorbei. Endlich. Sie atmete auf. Fünfzehn Monate zuvor hatte sie bei einer ihrer transatlantischen Visiten noch nichts von Aufbruch verspürt. Jetzt, nach seinem Wahlerfolg, schien alles wie umgewandelt.[18]

Allerdings: Mit dem Vietnam-Krieg stellte dieser Partner, auf den sie baute, erneut sein Verhältnis zu Menschenrechten und moralischen Werten in Frage. Sie ging noch weiter – die USA verhielten sich nicht viel besser als die Sowjetunion, nur «Tod und Zerstörung» hätten sie über ihre «Schützlinge» gebracht. Nie, so hatten sie geglaubt, «würden die Menschen des auserwählten Kontinents jener Verbrechen fähig sein, die in der Alten Welt an der Tagesordnung waren – aber dann kam der Schock von My Lai, das Entsetzen über die toten Studenten der Universität Kent ...» Dieses Land, bilanzierte sie fast erschrocken nach einer dreiwöchigen Reise (1971), befinde sich «in einer tiefen moralischen Krise».[19] Unvermittelt schien der amerikanische Exzeptionalismus beschädigt. Vietnam, My Lai, Korruption in der New Yorker Polizei, Rassenkämpfe, Drogensucht – das Modell wankte. Könnte Amerika scheitern? Europa müsse sich dringend zu einem «gemeinsamen Konzept» zusammenfinden und die transatlantischen Leitungen reparieren, lautete prompt ihr Rat.[20] Die «amerikanischen Wechselbäder», wie sie ihr Amerikabuch nannte, durchlitt sie selber. Aber der Gedanke, sich in den Gaullismus zu flüchten, kam ihr dennoch nie.

Unbestreitbar hatte sie ein Faible für Männer mit Macht. Was «Henry» besonders interessant für sie machte, war wieder die eigentümliche Kombination vieler Talente: Ein Autor strategischer Bücher, über die alle Welt redete, ein Intellektueller, zudem ein Emigrant aus Hitler-Deutschland, ein Europäer, der in Amerika rasch Karriere machte, ein harter «Realpolitiker», eher ein Falke, und dennoch entschieden auf *détente* zwischen Ost und West bedacht, ein Zeithistoriker und ein Politiker. Es störte sie nicht einmal, dass Richard Nixons Ruf auch seinen Namen in Misskredit zog – wichtiger war ihr, dass er klug, wie sie fand, die Geschichte der «amerikanischen Wechselbäder» in der Außenpolitik durchschaute; auch er stolperte über das Unstete, und er versuchte doch, dem ein Ende zu setzen. Bei ihm meinte sie ein langfristiges Konzept, eine klare Linie zu erkennen, wie sie der Politik in Washington meistens fehle – und das allein zählte für sie. Er führte keine Feldzüge im Namen der «Moral». Kritik an seiner kalten «Realpolitik», an seiner Haltung zum Vietnamkrieg oder an der Unterstützung südamerikanischer Diktaturen wollte sie lieber erst gar nicht hören. Vielleicht hätte sie sich gern auch als «Realpolitikerin» gesehen wie er, vielleicht bewunderte sie sogar solche Fähigkeit zu (preußischer) Härte? Sie hatte – wie mir scheint – ein idealisiertes Kissinger-Bild.[21] Und wie so oft bei ihren Freunden, nichts konnte sie von ihrem einmal gefassten Urteil abbringen.

Marion Dönhoff, Ralf Dahrendorf, Vicco von Bülow und Henry Kissinger (v. l. n. r.), 1989

Freund «Henry» blieb weit zurückhaltender: Er wusste sehr wohl, welche einflussreiche publizistische Fürsprecherin er mit ihr in der Bundesrepublik hatte, noch dazu mit dem Ruf einer großen Liberalen und ganz gewiss einer moralischen Autorität, aber dennoch vermied er sorgfältig den Eindruck, sie seien ein Herz und eine Seele. George Kennan und Walter Lippmann habe sie bewundert, gab Henry Kissinger seinem Interviewer Dieter Buhl im Rückblick auf die deutsche Freundin geradezu akademisch penibel zu bedenken, aber sie sei «völlig anders» gewesen. Mehr noch, «sie verstand die Vereinigten Staaten nicht wirklich.» «Bekannt war sie in liberalen Kreisen, sie dachten, sie sei eine von ihnen, aber das war sie nicht. Sie gehörte auch nicht zu meinen Kreisen. Marion ging allein, ganz unabhängig.» Auf die Frage, was mit ihrem Namen künftig verbunden werde, erwiderte er freundlich, aber fast apokryph: «Schwer zu beurteilen, denn wir bewegen uns auf eine Welt zu, die niemals Marion begreifen wird.»[22] Was genau meinte er? Bei diesem überraschenden Nachruf ihres Freundes Henry war Marion allerdings schon zwei Jahre tot.

Hat Kissinger möglicherweise Recht, verstand sie Amerika nicht wirklich? Auch Fritz Stern, den ich danach gefragt habe, hat es – in aller Freundschaft – ähnlich gesehen. Ja, das Amerika, das sie schätzte, hatte unübersehbar einen zutiefst europäischen Kern. Viele ihrer amerikanischen Gesprächspartner – gerade Stern, Kantorowicz oder Kissinger – hatten deutsche Wurzeln. Andere waren Deutschland schon aus Weimarer Zeiten besonders verbunden, voran George Kennan, Shepard Stone, Hamilton Armstrong (mit seiner deutschen Frau, ihrer Freundin Christa Tippelskirch), John McCloy, Nahum Goldman, Gordon Craig. Dieses spezifische Amerika bewahrte etwas von dem auf, was Deutschland verspielt hatte. Umgekehrt verhielt es sich wohl bei den Freunden – Marion Dönhoff stellte für Stern, Kissinger, Kennan oder Stone etwas dar, was sie an Deutschland bewunderten und im eigenen Land zunehmend entbehrten.

Ob ihr Amerika «nicht Herzenssache» war? Die Antwort ist kompliziert. Die frühe Begeisterung spricht eine andere Sprache. Selbst in der Kritik, die sie später oft an Washingtons Politik übte, hallte stets etwas von Enttäuschung über die große Liebe nach. Ja, sie hatte die zivilisatorische Kraft bewundert und Amerikas Rolle als Erzieher in Sachen Demokratie anerkannt. In den Freunden widergespiegelt, für viele von ihnen letzter rettender Hafen, hatte es einen außergewöhnlichen Stellenwert. Und nicht zuletzt: Die Realpolitikerin, die in ihr steckte, blieb durch alle Wechselbäder hindurch davon überzeugt, dass nichts diese Vormacht des Westens ersetzen und die Interessengemeinschaft zwischen USA und Bundesrepublik auseinanderbringen dürfe. All das floss zusammen bei ihr.

Eine Differenz allerdings ließ sich nicht spurlos aufheben, die in der Vergangenheit gründete – die Westbindung blieb letztlich Verstandessache. Insofern kann man sie wohl eine Vernunfttransatlantikerin nennen, so wie sie auch eine «Verstandesdemokratin» (Theo Sommer) war; für die Ostpreußin Dönhoff blieb «Herzenssache» der Osten im weitesten Sinne.

Bei Henry Kissinger bewunderte sie nicht zuletzt den historischen Blick, mit dem er sich gewiss auch ihre Ostbindung erklärte. Schon deshalb fühlte sie sich verstanden von ihm. Er wusste, was sie meinte mit dem Satz, die europäische Geschichte reiche mehr als 2000 Jahre zurück, das Geschichtsbewusstsein der Amerikaner erstrecke sich über gut zweihundert Jahre. Kissinger blieb für sie daher der deutsche Amerikaner, der selbstbewusst die Interessen seines Landes wahrnahm, der aber auch Europas Geschichte verstand und damit den «Westen» mehr als die meisten nach ihrem Geschmack definierte. Nicht zuletzt aber: Gerade der Mann aus Fürth, der allen Anlass gehabt hätte, für immer mit Deutschland zu brechen, suchte die Nähe und hütete sich vor jedem kollektiven Verdikt. Daran gemessen, fand sie, relativiere sich alle Kritik.

Vieles von ihrem Amerikabild ging auf Shepard Stone zurück, den Gründer des Berliner Aspen-Insituts (1974), der zum engsten Kreis der amerikanischen Freunde zählte. Er führte ein Leben zwischen Diplomatie und Wissenschaftsmanagement. Nach Kriegsende war er die rechte Hand von John McCloy, dem Hohen Kommissar der Siegermächte, beim Wiederaufbau Deutschlands, seit 1952 im Stab der Ford Foundation als Leiter der internationalen Abteilung. Stone, Jahrgang 1908, also fast gleichaltrig, hatte russisch-jüdische Eltern, wuchs in New Hampshire auf und promovierte 1929 in Berlin über deutsche Außenpolitik. Er war dabei, als das Konzentrationslager Buchenwald nahe Weimar befreit wurde. Nicht einmal die Tatsache, dass die Nazis viele seiner Verwandten ermordeten, konnte ihn von seinem Glauben an ein anderes, anständiges Deutschland abbringen.
Den Kalten Krieg betrachtete sie damals wie Freund «Shep» (und Kennan) vor allem als einen Kulturkrieg. Shepard Stones Traum: Ein kulturelles transatlantisches Bündnis,[23] das auf gemeinsamen Werten und unbedingter Priorität für die freie Meinung beruht. In den sechziger Jahren wurde gerade das Herzstück dieses Bündnisses bedroht, wenn es nicht gar zur Disposition gestellt wurde. Besonders Europas Konservativen blieb, wie sich herausstellte, die amerikanische Kultur und Mentalität weithin fremd. Bei Europas Linken wiederum stieß das Amerika, das in Vietnam einen erbitterten Krieg gegen eine Befreiungsbewegung führte, auf wachsenden Widerstand. Aber der

Wunsch nach Emanzipation und individueller Selbstbestimmung, auch bei den Jungen in der Bundesrepublik, hat dennoch – wie Volker Berghahn argumentiert – die Amerikanisierung Europas insgeheim eher weitergetrieben, die amerikanische Kultur wurde von Europas Jugend selbst noch in der kritischen Auseinandersetzung adaptiert. Marion Dönhoff stand – wie Shephard Stone selbst – zwischen den Fronten, weder teilte sie die kulturellen Ressentiments der Konservativen, noch folgte sie den enttäuschten Linken. Aber Amerika hatte sie gelehrt, dass man frei Kritik üben könne und solle. Sie verschwieg also ihre Meinung zum Vietnamkrieg so wenig, wie sie zu McCarthys Hexenjagd geschwiegen hatte.

Willy Brandts Ostpolitik verfolgte Washington höchst misstrauisch, zumal der Kanzler selbstbewusst angekündigt hatte, die amerikanischen Partner zwar informieren, nicht aber konsultieren zu wollen – ein unerhörtes Stück Emanzipation. Aber es ging nicht anders. Schon deshalb musste ihr der Gedanke einleuchten, ein Institut einzurichten, das zugleich diejenigen zusammenhält, die unbedingt zusammengehören.[24] In der Sonne am Pool von Aspen/Colorado, mit Blick auf die Berge, 1973 – die Ostverträge waren unter Dach und Fach – begeisterten sich Shepard Stone, Richard von Weizsäcker und Marion Dönhoff daher an dem Gedanken, eine Dependance in Berlin einzurichten. Spontan erklärte sie sich bereit, Stone dabei zu unterstützen, Willy Brandt griff die Anregung auf, den versierten amerikanischen Diplomaten an die Spitze eines neu zu gründenden Aspen-Instituts in Berlin zu berufen.

Der Oxforder Historiker Alan Bullock, dessen grundlegende Studie über Hitler 1952 erschienen war, und Marion Dönhoff wurden zu stellvertretenden Vorsitzenden berufen, die Leitung des Instituts übernahm Stone. Zum Vorstand hinzu stieß schließlich noch Hellmut Becker, ein weiterer Freund Marion Dönhoffs. In diesem deutsch-amerikanischen Freundeskreis unter dem Dach «Aspen», der sich blendend verstand, liefen fortan die Fäden zusammen. Zur kulturellen «Amerikanisierung» im Sinne Volker Berghahns (und wohl auch George Kennans) trug das Institut unter dieser Freundesregie in seinen stärksten Jahren hinter den Kulissen Entscheidendes bei.

*Shepard Stone, Richard Löwenthal, Willy Brandt, Marion Dönhoff und
der Regierende Bürgermeister Klaus Schütz im Gespräch im Aspen-Institut. Idee war, im kleinen Elfenbeinturm den Dialog zwischen Ost und
West zu befördern. Die Berliner Dependance der amerikanischen Denkfabrik wurde lange Jahre von dem Deutschland-Kenner «Shep» Stone geleitet, mit ihm verstand die Journalistin sich blendend. Aber sie liebte
auch die elitäre Gesprächsrunde in der Idylle von Aspen/Colorado.*

Wenn es einen Amerikaner gebe, der mit Recht von sich sagen
könne, «ich bin ein Berliner», dann sei es Shephard Stone, rief sie
ihm 1988 nach, als er sich in die Heimat verabschiedete. Der Satz,
auf den es ihr ankam: «Er blieb immer sich selber treu und seiner
Überzeugung, dass es solche Deutsche gibt und andere Deutsche.»

Dialog war das Wort, dem die ZEIT sich politisch seit Ende der
fünfziger Jahre verschrieb, und das sollte ein Grundmuster bleiben
für Marion Dönhoff. Den risikoreichsten Schritt auf diesem Weg
wagten – noch stand Josef Müller-Marein als Chefredakteur an der
Spitze – Marion Dönhoff, Rudolf Walter Leonhardt und Theo Sommer: Im März 1964 reisten sie zwei Wochen lang durch die DDR.

Drei Jahre zuvor war die Mauer gebaut worden. Bewusst setzten sich die Hamburger Journalisten damit in Widerspruch zum Bonner Grundkonsens, und sie antizipierten den Grundgedanken der Ostpolitik: Gespräche, ein Diskurs über alles Trennende hinweg, so lautete das praktische Gegenprogramm.

Gegen seine erregten westdeutschen Kritiker verteidigte Josef Müller-Marein in einem Vorwort zur Buch-Edition diesen außergewöhnlichen Reisebericht mit dem Argument, sie alle drei hätten demonstrieren wollen, dass sie Begegnungen im «kommunistisch regierten Gebiet Deutschlands» nicht scheuten.[25] Nicht nur an einem DDR-Dogma rüttelten die Reisenden, sie durchbrachen damit auch gezielt das Diskursverbot im Westen. George Kennan müsste sein Wohlgefallen daran gefunden haben.

Einer Bundesrepublik, wie sie aussah vor etwa dreißig Jahren, glaubten die Reisenden hinter der Mauer zu begegnen. Vierzehn Jahre hätten die Kommunisten in der DDR gebraucht, so Marion Dönhoff kühl in ihrem Bericht, um festzustellen, was bei uns «jeder Student im ersten Semester begreift», wie Angebot und Nachfrage den Preis bestimmen, wie der Marktmechanismus funktioniert, also das Modell der kapitalistischen Wirtschaft. Jetzt hätten die Kommunisten es erkannt und daher das «Neue Ökonomische System» erfunden. Und nun sprächen sie auch von «Rentabilität» der Betriebe, was bislang als kapitalistisch verpönt war. Das marxistisch-leninistische Denkschema habe dem Regime «den Blick auf die Wirklichkeit verstellt».[26]

Staunend betrachtete die Reporterin dieses hermetische Denkgebäude, in dem die meisten Gesprächspartner sich verschanzten. Das «verschiedene Wesen beider Deutschland» wurde ihr klarer. Von ihrem «anderen Deutschland» fand die Besucherin im Osten herzlich wenig. Bemüht um Fairness blieb sie allerdings. Weit entfernt hatte sich Marion Dönhoff damit allein schon von der üblichen Lesart Adenauers und seiner Anhänger: Sie glaubte nicht – oder nicht mehr? – an die gängige Vorstellung, Kommunisten seien «bar jeder Moral», ein Satz, in dem das Verdikt des Westens über den Osten gipfelte. So fremd und fern ihr diese Denkwelt erschien – sie konzedierte, dass auch das SED-Regime sich an ethischen Maßstäben orientiere, ja, gelegentlich meint man sogar heute noch einen Schuss von Bewunderung herauszulesen aus ihrem Bericht, weil sie dort einen Idealismus entdeckte, den sie in der Westrepublik vermisste.

Erschöpft nach einem anstrengenden Tag und stundenlangen Diskussionen fragte Marion Dönhoff abends im Hotel ihre beiden Funktionärsbegleiter, wie sie zu fragen liebte, «was, meinen Sie eigentlich, ist der Sinn des Lebens». Seufzend hätten sich Sommer und Leonhardt zurückgelehnt, bekannte sie ungeniert. Aber der junge, kommunistische Geschichtsdozent zögerte nicht: «Der Sinn unseres Lebens liegt in der Leistung für die Gesellschaft». Und worin liegt für ihn ganz persönlich der Sinn?, insistierte sie. Antwort: «Ja, ich meine doch darin, mithelfen zu können bei dem Versuch, Not, Elend und Ausbeutung zu beseitigen.» Sie versagte sich jeden Spott und notierte trocken, die Antwort sei typisch für eine Gesellschaftsform, «bei der offenbar die Sorge für die Gemeinschaft an erster Stelle steht».[27]

Man solle die DDR nicht anerkennen, aber müsse auch die geradezu hysterische Angst vor ihrer Aufwertung vergessen, lautete ihr Rat nach der Reise. Mehr Kontakte, mehr Zeitungsaustausch, mehr Passierscheine, «und immer wieder Diskussionen». Dann folgte der bezeichnende Satz, dass Diskussionen «übrigens auch uns ganz gut tun» würden.[28] Sich in den Rahmen der «amerikanischen Ostpolitik» einzufügen, werde auf längere Sicht größere Erfolgschancen bieten als die «gegenwärtige Defensiv-Haltung». Alles spreche zu unseren Gunsten, «wir sitzen am längeren Hebel».[29] Beide gemeinsam, Dönhoff und Sommer, knüpften damit an Egon Bahrs Tutzinger Rede vom Jahr zuvor, 1963, an, also an seinen Gedanken vom «Wandel durch Annäherung».[30]

Polen war und blieb Teil ihres Lebens. An Polen grenzte ihre Heimat. Ein Teil der Vorfahren waren Polen, sie hießen Denhoff, ein Denhoff war sogar Piłsudskis Adjutant. Darüber, «wie aus deutschen Dönhoffs polnische wurden», hat sie am ausführlichsten in ihrem Erinnerungsbuch über die «Kindheit in Ostpreußen» Rechenschaft abgelegt. Zu Hause, in einem verstaubten Koffer stieß sie zuerst bei der Suche nach Unterlagen für ihre Doktorarbeit auf Dokumente mit hunderten von Zetteln und Archivnotizen, nicht zuletzt auch über den polnischen Zweig der Dönhoffs. Danach sind die letzten beiden Frauen Dönhoffscher Abstammung im Jahre 1791 in Polen gestorben. Das umfassende Archiv über diese Seite der Familiengeschichte, das sie suchte, fand sie nicht, es ist 1945 verbrannt.

Schon als Kind, erinnerte sie sich, habe sie neugierig die Portraits betrachtet und die seltsamen Namen buchstabiert, die in einem großen goldenen Rahmen zu sehen waren, auf einem Tisch im Gartensaal in Friedrichstein. Unter den Miniaturen konnte man hinter den Namen der Dönhoffs zahlreiche fremdländische Titel lesen: Woiwode, Starost, Kastellan ... sogar ein Heerführer tauchte auf, der im polnischen Heer gegen die Türken kämpfte. Ein anderer übernahm den Namen von seinem Paten, König Johann Kasimir, dem letzten Wasa auf dem polnischen Thron. Er wählte den geistlichen Stand und brachte es zum Kardinal. Ein Kasper Dönhoff, 1587 geboren, erwarb sich die Gunst des Hofes und wurde zum Fürsten ernannt. Seine drei Söhne heirateten in die großen Familien des Landes: Die Radziwills, Leszczyńskis, Ossolińskis. Sein jüngerer Bruder wurde zum Kastellan von Danzig und dem einzigen polnischen Admiral vor 1918 – allerdings ohne Flotte.[31] Was zwar ganz so genau nicht stimmte, für sie aber auch nicht so wichtig war.

Marion Dönhoff hat nie den Versuch gemacht, ihr Interesse an Polen allein mit dieser Familiengeschichte zu begründen. Worauf es ihr ankam, war etwas anderes: Wo immer die Familie lebte, sie empfand es ausdrücklich als ihre Heimat. Vor diesem altmodischen Wort, Heimat, scheute sie nicht zurück. Für zweitrangig hingegen hielt sie es, in wessen Diensten sich die Dönhoffs jeweils befanden.

Wenige Jahre nach Stalins Tod begann sie mit ihren Exkursionen nach Warschau. Geradezu liebevoll registrierte sie bald jeden kleinen Emanzipationsversuch. Nie schlug sie diesen eigensinnigen, rebellischen Nachbarn mit dem «Ostblock» über einen Leisten. Die westdeutschen Medien zeigten kaum Interesse an den östlichen Nachbarn jenseits von Oder und Neiße. Für sie aber wurde Polen zur großen Liebe. Am 26. Juni 1956, registrierte sie besorgt, traten die Arbeiter der großen Metallfabrik in Posen in Streik. Nach den blutig niedergeschlagenen Massenprotesten geriet das ganze Land in Aufruhr, was dann zum «polnischen Oktober» 1956 führte. Die Protestierenden stritten aber nicht nur um höhere Löhne, offen handelte der Konflikt auch davon, ob das kriegszerstörte und in seinen Grenzen nach Westen verschobene Land von der Sowjetunion wirtschaftlich bis zur Erschöpfung ausgebeutet werde – eine ketzerische, ja todesmutige Frage im Moskauer Imperium. Sie überraschte es nicht, wohl aber bewunderte sie die streikenden Polen, die sich die Freiheit nahmen, darüber selber entscheiden zu wollen, was der «wahre Sozialismus» sei.

Richard von Weizsäcker hat sich, wie ich mich erinnere, einmal die ironische Frage erlaubt, «was kannte ‹Marion› denn schon von Polen?» Aufgewachsen war sie im vornehmen Friedrichstein, ihre Mutter wurde in einem Maybach vom Chauffeur zu den anderen Gütern oder nach Königsberg gefahren, zum Reiten fuhr Marion ihre Freundinnen im weißen Cabriolet aufs Gehöft. Auch die Mädchen trugen auf Geheiß der Mutter weiße Handschuhe zu den festlichen Abendessen mit den Gästen aus Königsberg, aus den benachbarten Schlössern oder aus Berlin, die Familien und Freunde besuchten sich untereinander, betrieben ihre Güter, jagten, folgten ihren eignen Lebensregeln, nur mit dem Alltag, den Menschen, kamen sie nicht wirklich in Berührung. Sie habe sich in ihrer Welt bewegt, wollte Weizsäcker sagen, er hingegen, auch das schwang in dem Satz mit, musste als junger Soldat am 1. September 1939 in Polen einmarschieren, er lernte ein Polen kennen, das ihr unvertraut war.

Was kannte sie von Polen? Das erste Mal nahm sie als Journalistin zu Polen in einer Glosse Stellung, als sie noch «im Antikommunismus befangen» war, wie sie sich erinnerte. Damals zielte ihre Kritik auf die Kommunisten, die zwölf Millionen Menschen vertrieben hatten. Polen nahm sie noch, wie es üblich war, als Teil des «Blocks» wahr. Sie suchte nicht lange nach Entschuldigungen: Misstrauisch sei sie gewesen, der Kalte Krieg erfasste auch sie. Offiziell beharrte die Bonner Politik auf der Formel von Deutschland in den Grenzen von 1937, im Prinzip stimmte sie damit überein. Als de Gaulle wagte, über eine Grenzanerkennung laut nachzudenken, hatte er endgültig verspielt bei ihr. Die Abgeordneten aller Fraktionen hätten sich verpflichtet, eine Entscheidung über die Grenze einem Friedensvertrag vorzubehalten, das sei «nicht revisionsbedürftig».[32]

1962, bei ihrem ersten längeren Polenbesuch als Journalistin, erinnerte sie sich, habe keiner ihrer Gesprächspartner die «alten Themen» ansprechen wollen, sie hatte sich umsonst gewappnet gegen Vorwürfe wegen Globke, Oberländer, diverser Nazi-Generale, die ungerührt in der Bundeswehr ihren alten Beruf wiederaufnahmen, oder wegen der umstrittenen Ostgrenze. Das «gastlichste, ritterlichste Volk der Welt» präsentierte sich, so Marion Dönhoff, die Polen interessierte brennend, was sie von der Atomkriegsgefahr halte – die Kuba-Krise war gerade glimpflich beendet worden – oder wohin bloß der deutsch-französische Schulterschluss mit de Gaulle führen solle. Dem erstaunlichen Pragmatismus und der politischen Klugheit zollte sie großen Respekt, womit das Land der Gefahr trotze, zwischen den östlichen und westlichen Nachbarn zerrieben zu werden. Mit ähnlicher Empathie hat Marion Dönhoff wohl über kein Land berichtet, nicht einmal über das geliebte Südafrika. Ja, Polen war Herzenssache, jedenfalls rasch Herzenssache geworden. Wenn sie das Land als junge Frau nicht wirklich kannte, dann holte sie das Kennenlernen jetzt gründlich nach.

1962, das Datum ist entscheidend, wollte sie von ihren Warschauer Gesprächspartnern erfahren, was wichtiger für die Normalisierung der Beziehungen zwischen Bonn und Warschau sei, «die Grenzanerkennung oder der Atomverzicht». Die Antwort ihrer Gesprächspartner ganz im Sinne des Rapacki-Planes lautete nämlich zu ihrer stillen Zufriedenheit: Verzicht auf Atomwaffen.

Ganz ohne Kommentar beendete sie ihren Bericht aus dem polnischen Innenleben mit den Worten eines Gesprächspartners, der bedauerte, dass Westdeutschland nicht neutralisiert worden sei nach dem Krieg. Nur so hätte das geteilte Land wiedervereinigt werden können, zusammen mit Polen und einigen Nachbarstaaten hätte es dann eine «Pufferzone» gebildet.[33] Es kam nicht dazu, aber unsympathisch, das war zu spüren, erschien ihr der Gedanke nicht.

Vierzehn Tage reiste sie quer durch das Land, beobachtete, hörte zu, stellte gern ihre einfachen Fragen, als betrete sie einen fremden Planeten. Sie wollte verstehen. Zu Hause fühlte sie sich und doch in einer anderen Welt.[34] Aber das «System», registrierte sie dann, trägt auch bei zur Differenz. Im Westen kreise alles um die Zeit, alles muss in kürzester Frist erledigt sein, selbst die menschlichen Beziehungen werden deshalb versachlicht, *public relations* werde als «zwischenmenschliches Hilfsmittel unter Konsumenten» betrachtet. In Polen hingegen, so die Reporterin, sei Zeit «keine Kostbarkeit, die in Viertelstunden-Scheibchen vom Terminkalender abgeschnitten und verteilt wird.» Man fällt nicht mit der Tür ins Haus, spricht miteinander, philosophische Exkursionen sind möglich, das war die andere Seite. Dieses Östliche, wie sie es empfand, war ihr eindeutig näher.[35] Sie entdeckte damals etwas von sich selber.

Am 5. Oktober raffte sie ihre Erfahrungen zusammen und verlangte von Konrad Adenauer unverblümt «eine neue Ostpolitik». 1953 – in dem Jahr, in dem es zum Aufstand der Arbeiter in Ostberlin kam – sei ihr klar geworden, «man muss mit dem Osten reden, man muss einen Weg finden». Im Zentrum einer «neuen Ostpolitik» aber stand Polen – das Herz Europas, wie Norman Davies gesagt hat – bei aller Empathie für sie nicht. Polen war Teil des früheren Lebens.

Bewunderswert widerspenstig und eigensinnig blieben die Polen für sie. Nur mit Russland aber konnte die überwölbende politische Frage zur Zukunft des Kontinents verhandelt werden. Zwar schrieb sie nicht ausdrücklich, der «Schlüssel liegt in Moskau», wie Bahr es formulierte (und was auch Brandt glaubte), aber sie beurteilte es ähnlich. Allerdings: Polen bildete für jede künftige Ostpolitik aus ihrer Sicht die größte Hürde, weil sie für den Streit um die Oder-Neiße-Grenze ohne polnisches Einlenken keine Lösung sah. Noch zwei Jahre nach ihrem ersten Warschau-Besuch, 1964, hielt sie in einem Leitartikel fest, «niemand, der aus dem Osten kommt, wird auf Land verzichten». Das wäre so, fügte sie noch hinzu, «als verlangte man von ihnen, ihre Toten zu verraten».[36]

Ähnlich dramatisch formulierte sie im November 1965 in einem Brief an Ludwig Raiser, einen der einflussreichen protestantischen Freunde: «Ohne Übertreibung und ganz kühl überlegt: Wenn man mir heute sagte, ich würde in drei Tagen tödlich verunglücken, würde ich damit wesentlich leichter fertig werden als mit dem Verlust meiner ostpreußischen Heimat.»[37]

Zuerst sondierte Willy Brandt telefonisch bei ihr, ob sie ihn zur Unterzeichnung des Warschauer Vertrages am 7. Dezember 1970 begleiten würde, dann sandte er ihr jedoch eine offizielle Einladung. «Begeistert» sagte sie zu, berichtete sie später einmal Alice Schwarzer. Günter Grass, Siegfried Lenz und Henri Nannen sollten gleichfalls zu den Begleitern gehören. Aber die Anfrage Brandts stellte sie auf eine härtere Probe, als ihr zunächst klar war. In letzter Sekunde, zwei Tage vor dem Abflug, sagte sie dem Kanzler ab: «Es tut mir wahnsinnig leid, aber ich glaube, ich kann das nicht.» «Zwar hatte ich mich damit abgefunden, dass meine Heimat Ostpreußen endgültig verlorengegangen ist, aber selber zu assistieren, während Brief und Siegel darunter gesetzt werden, und dann, wie es nun einmal unvermeidlich ist, ein Glas auf den Abschluss des Vertrages zu trinken, das erschien mir plötzlich mehr, als man ertragen kann.» Ihr sei zum Heulen. Sie fürchte, fügte sie noch hinzu, er werde ihr nie verzeihen.[38]

Gut könne er sie verstehen und er respektiere ihren Entschluss, erwiderte Brandt ihr nobel, er habe es bedauert, dass sie nicht mit in Warschau war, aber sie solle sicher sein, dass er sie gut habe verstehen können. Brandt weiter: «Was das ‹Heulen› angeht: Mich überkam es an meinem Schreibtisch, als ich die Texte für Warschau zurechtmachte. Was ich dort und von dort nach hier sagte, ist wohl auch verstanden worden. Ich darf jedenfalls hoffen, dass Sie es verstanden haben und wissen: ich habe es mir nicht leicht gemacht. Es ist ein Jammer, dass man über einen solchen ‹Vorgang› nicht in Ruhe miteinander sprechen kann … Lassen Sie mich bei dieser Gelegenheit einmal sagen, wie groß mein Respekt vor Ihrer publizistischen und erzieherischen Leistung ist!»[39]

Besonders diesen kleinen Briefwechsel zwischen Brandt und ihr über die Vertragsunterzeichnung, erinnerte sich Adam Krzemiński, habe man in Polen nicht ohne Bewegung gelesen. Sein Fazit: «Zurück bleibt im Grunde Achtung sowohl für die Abwesenheit der

Gräfin als auch für die Anwesenheit von Grass und Lenz damals in Warschau.» Und weiter: «Wer etwas von sich gibt, bekommt es in irgendeiner Form zurück – als Erinnerung, als Mythos der Vergangenheit, aber auch als Freundschaft der Menschen, die in seiner alten Heimat leben. Auch wir kennen diese Maxime, wenn wir heute das frühere Ostpolen wiederentdecken, wenn wir die polnischen Kirchen und Denkmäler in Wilna und Lemberg besuchen, wo heute andere Menschen leben.»[40]

Gute zwei Wochen vor der Vertragsunterzeichnung in Warschau hatte sie bereits ihr persönliches Schlusswort unter 600 Jahre Familiengeschichte zu Papier gebracht. In der Ausgabe vom 20. September 1970 erschien ein Text unter der Überschrift: «Ein Kreuz auf Preußens Grab».

Wer diese Lektüre ernst nahm, konnte unmöglich glauben, sie trage die Brandt'sche Politik nicht mit oder werfe ihm wie die Vertriebenenverbände (in deren Augen sie eine «Verräterin» war) «Verzicht» vor. Verspielt hatten Ostpreußen andere. Dönhoff: «Nun ist der Vertrag über die Oder-Neiße-Grenze fertig ausgehandelt. Bald werden die Vertreter Bonns und Warschaus ihn unterzeichnen. Und dann wird es hier und da heißen, die Regierung habe deutsches Land verschenkt – dabei wurde das Kreuz schon vor 25 Jahren errichtet. Es war Adolf Hitler, dessen Brutalität und Größenwahn 700 Jahre deutscher Geschichte auslöschten. Nur brachte es bisher niemand übers Herz, die Todeserklärung zu beantragen oder ihr auch nur zuzustimmen.» Dahinter konnte sie nicht mehr zurück.

Wenig später sollte Brandt es in Warschau ähnlich formulieren: Nichts werde verschenkt, was nicht schon verloren war.

Heimat, so Marion Dönhoff in ihrem Aufsatz, sei für die meisten Menschen etwas, was vor aller Vernunft liege und nicht beschreibbar ist. Als spreche sie zu sich selber, suchte sie Worte: «Etwas, das mit dem Leben und Sein jedes Heranwachsenden so eng verbunden ist, dass dort die Maßstäbe fürs Leben gesetzt werden. Für den Menschen aus dem Osten gilt das besonders. Wer dort geboren wurde, in jener großen einsamen Landschaft endloser Wälder, blauer Seen und weiter Flussniederungen, für den ist Heimat wahrscheinlich doch

noch mehr als für diejenigen, die im Industriegebiet oder in Großstädten aufwuchsen. Die Bundesrepublik mit ihrer offenen Gesellschaft und der Möglichkeit, in ihr menschlich und ziemlich frei zu
leben, ist ein Staat, an dem mitzuarbeiten und den mitzugestalten
sich lohnt – aber Heimat? Heimat kann sie dem, der aus dem Osten
kam, nicht sein.»[41] Nichts von der Vergangenheit vergeht, nicht jedenfalls für «Menschen aus dem Osten». Heimat ist immer.

Beschämende, unfassbare Sätze Hans Franks zitierte sie dann,
Hitlers Generalgouverneur: «Kein Pole soll über den Rang eines
Werkmeisters hinauskommen … Was wir jetzt als Führungsschicht
in Polen festgestellt haben, das ist zu liquidieren … Wir brauchen
diese Elemente nicht erst in die Konzentrationslager des Reiches ab-
zuschleppen, … sondern wir liquidieren die Dinge im Lande.»
Schließlich erinnerte sie an den «Führerbefehl» nach dem Warschauer Aufstand im Herbst 1944, die Stadt dem Erdboden gleich-
zumachen. Es blieb nichts anderes, als die «Realität der Grenzen»
anzuerkennen. Ihr Fazit lautete: «Niemand kann heute mehr hoffen, dass die verlorenen Gebiete je wieder deutsch sein werden. Wer
anders denkt, der müsste schon davon träumen, sie mit Gewalt
zurückzuerobern. Das würde heißen, wieder Millionen Menschen
zu vertreiben – was nun wirklich keiner will.»

Einen «polnischen Rumpfstaat» wollte Moskau verhindern, das
sei seit Jahrhunderten, seit den Zaren, die alle Polen «als europäischen Faktor eliminieren» wollten, stets der Wunsch der Beherr-
scher Russlands gewesen. So entschloss sich Katharina 1772 und
1793 zur ersten und zweiten polnischen Teilung, bei der dritten,
1795, haben Preußen und Russland Polen dann gemeinsam ausgelöscht, rekapitulierte sie.[42] Schon fünfundzwanzig Jahre zuvor war
das Kreuz geschlagen worden auf dem Grab. Das «geistige Preußen» aber blieb, für sie jedenfalls. Beides, Heimat und Preußen,
zwei Seiten einer Medaille, wollte sie bewahren – wenn auch nur als
Idee. Ihr Leben lang blieb sie dem treu.

«Tränen um Polen» stand über ihrem Leitartikel vom 18. Dezember
1981, fünf Tage, nachdem der General mit der dunklen Sonnen-
brille das Kriegsrecht verhängt hat. Fast auf den Tag genau vor

einem Jahr hatten die Arbeiter auf der Danziger Werft mit ihrem Streik begonnen. Der Traum von Liberalität und Selbstbestimmung sei erst einmal ausgeträumt, befürchtete sie, aber zehn Millionen organisierter, freiheitsliebender Menschen ließen sich nicht für alle Zeiten mundtot machen. Es folgte der Satz, der ihr viel Ärger bescherte, gerade bei liberalen Freunden wie Fritz Stern und Ralf Dahrendorf: «Das, was im Moment wie ein vernichtender Schlag wirkt, ist vielleicht die Rettung für jene Errungenschaften, die gerade noch als Konzession an die polnische Eigenart im Warschauer Pakt zu verkraften sind.»[43]

Ihre Hoffnung auf «Reformen von oben» im Ostblock – und etwas anderes konnte sie sich nicht vorstellen – schloss für sie dennoch nicht aus, zu helfen, wo sie nur konnte. Als die polnische Opposition im Frühjahr 1989 die Regierung erfolgreich zu einem Kompromiss am Runden Tisch zwang, zögerte Marion Dönhoff nicht, das auch anzuerkennen. Nach acht Jahren zähen Widerstandes, konstatierte sie erleichtert, hätten Lech Wałęsa und die Solidarność «jetzt, wenn auch nicht gesiegt, so doch mehr erreicht, als sie sich damals erträumt hatten».

Von Adam Krzemiński später einmal danach gefragt, was Östliches an ihr geblieben sei, erwiderte sie: «Vor allem die große Zuneigung zum Osten, und zwar nicht nur zur Landschaft, die immer noch in mir ist, sondern auch zu den Menschen. Ich werde mit Menschen aus dem Osten viel schneller warm, als mit denen aus dem Westen, zu denen ich jetzt gehöre.» Herzlich und offen, ließ sie ihre Erinnerung schweifen, sei man auch in Ostpreußen gewesen. Allein schon, dass alles mit «chen» verkleinert wurde… Wenn die Leute mit ihrer Mutter oder dem Vater sprachen, sagten sie «Exzellenzchen», sie war stets das «Komteßchen». Oder «Onkelchen», wie im Russischen … Im Westen, das fiel ihr auf, interessierten sich vor allem Menschen für den Osten, die aus dem Osten kommen, also Dedecius, Grass, Lenz; die Westler hingegen schauten in aller Regel nicht gern in diese Richtung.

Wollten ihre Freunde, die Männer vom 20. Juli, nicht doch nur die deutschen Eroberungen im Osten retten und die Alliierten in zwei Lager spalten, wie man in Polen argwöhnt? Im Westen wollten sie Frieden schließen und die Kommunisten stoppen, erwiderte Marion Dönhoff ihrem Gesprächspartner. Natürlich sei das auch eine «Angstvorstellung» gewesen, nach allem, was die Deutschen in Russland angerichtet hatten. Aber sie seien «nicht nur konservativ» eingestellt gewesen, verteidigte sie die Offiziere dann doch. Adam von Trott, Moltke und Yorck hatten «ganz bestimmte Vorstellungen von einem vollkommen neuen Europa, die sich mit dem treffen, was auch heute diskutiert wird – ‹Mitteleuropa›, ein loser Bund europäischer Staaten, oder wie es heute heißt, das ‹gemeinsame europäische Haus›.» Mehr in europäischen als in nationalen Kategorien wurde gedacht – «aber das war keine Diplomatie, es war eine Gesinnung als Politik, außerdem war es nur eine dünne Schicht, die so dachte.» Sah sie die Katastrophe kommen? Marion Dönhoff: «Ich persönlich wusste es 1938. Ich habe mich damals entschieden, nicht an die Universität zu gehen – ich habe 1935 in der Schweiz meinen Doktor gemacht – sondern nach Hause, nach Friedrichstein, um mich in die Verwaltung einzuarbeiten. Ich spürte, dass es zum Krieg kommt und meine Brüder eingezogen werden. Und ich hatte das sichere Gefühl, dass Ostpreußen verloren ist.» War es preußisches Ethos, das sie dazu anleitete, trotz aller Endzeitstimmung? Mit der Staatsraison hänge es zusammen, erläuterte sie, «wir hatten nie das Gefühl, das ist ausschließlich unser Besitz, das gehört nur mir, und ich kann ihn verkaufen, sondern wir verstanden uns als Treuhänder in einer langen Kette.»[44]

Der neugierige Frager, Adam Krzemiński, ließ es dabei nicht bewenden. Er zitierte Stefan Kisielewski, einen Kolumnisten der katholischen Wochenzeitung *Tygodnik Powszechny*, der gespottet hatte, die Potentaten der Weltpresse wie Marion Dönhoff, Theo Sommer oder André Fontaine von *Le Monde* hätten zwar freien Zugang zu allen Informationen aus der ganzen Welt, aber ein durchschnittlicher Warschauer Taxifahrer verstünde mehr von der Weltpolitik, da er wisse, dass die Geschichte nicht nach Plan verläuft, sondern Walzer tanzt. Was sagt sie zum Sinn der Geschichte, was dazu, dass ihre Reportagen nach Verhängung des Kriegszustandes von vielen Polen mit großer Enttäuschung aufgenommen wurden? Hat sie sich nicht getäuscht darüber, was auch im Osten von den Menschen selbst, von unten, in Gang gesetzt werden kann?

Ob nicht ein Stück Resignation und eine Ausrede darin stecke, hielt sie dem ruhig entgegen, «auch wenn die Weltgeschichte Walzer tanzt, ist ein denkender Mensch nicht von der Verpflichtung befreit, den Sinn darin zu suchen.» Viel Hin und Her, das räumte sie ein, habe es zwischen Polen und Deutschland gegeben. Ja, als 1980 Solidarność entstand, sei sie viel skeptischer als 1968 während des «Prager Frühlings» gewesen. Eine gerade Linie in Polens Entwicklung erkenne sie nicht, aber nach einem Walzer sehe es auch nicht aus, vieles hänge von der Großwetterlage ab und davon, ob zwischen den Supermächten Kalter Krieg herrscht oder nicht. Könnte man die Allianzen nicht wegdenken und über Abrüstung verhandeln?, dachte sie laut vor sich hin. Plädierte sie damit für Neutralität? Sie gab sich gleich selbst die Antwort: «Ja, ja, ich kenne das. Man sagt: Ach diese Deutschen, diese ‹Zeit›, diese Dönhoff. Aber für uns alle in diesem Europa gibt es keinen anderen Weg, als gegenseitiges Vertrauen aufzubauen, dann brauchen wir auch keine Wiedervereinigung – mehr Pluralismus in Europa, weniger Angst, weniger Zensur und Gängelung der Andersdenkenden wird dann nicht zum Umsturz führen.»[45]

Sich selbst hatten die Polen also in einer riesigen Kraftanstrengung aus den Fesseln ihres Systems befreit. Sie hatte es so nicht erwartet, jetzt räumte sie unverblümt ein, dass die Geschichte anders verlaufen sei. Er habe recht behalten, gratulierte sie Bronisław Geremek, dem polnischen Freund, sie habe an die Kraft der zivilen Gesellschaft nicht wirklich geglaubt. Umso besser, folgerte sie, jetzt muss der Westen helfen! Die Banken sollen ihre Kredite vergessen und nicht länger Zinsen verlangen, Schulden müssen gestrichen werden. Rasch bitte, es drängt![46]

Seit 1995 ein kleines, halb staatliches, halb privates Gymnasium im masurischen Mikolajki (Nikolaiken) ihren Namen erhielt, ließ sie es sich nicht nehmen, wenigstens zu den jährlichen Abiturfeiern zu reisen. Anfangs gab es noch Widerstände gegen diese Idee, die von polnischer Seite kam – eine deutsche Adlige aus Ostpreußen stiftet den Namen? Es war auch nicht selbstverständlich. Aber in Polen hatte sich herumgesprochen, welche Rolle sie nun schon seit fast vier Jahrzehnten im Dialog zwischen den Nachbarn spielte. Die Schule trägt seitdem ihren Namen. So, in kleinen praktischen Schritten, fand sie, müsse der «Wandel durch Annäherung» eingeübt werden. Kaum hundert Kilometer entfernt von der kleinen Stadt am Spirdingssee, Mikolajki, kam sie zur Welt.

Was heißt das unter dem Strich? Ja, Weizsäcker hatte mit seiner kleinen Randbemerkung wohl Recht, Polen hatte sie vermutlich nicht näher gekannt. Wenn sie – vor dem Krieg – mit der Eisenbahn von Königsberg nach Berlin durch den Korridor fuhr, mussten die Vorhänge zugezogen bleiben, wie sie sich erinnerte. Jetzt lag ihre frühere Heimat in Polen, Friedrichstein selber auf russischem Territorium. Trotz aller Sehnsucht nach Heimat verweigerte sie sich jedem Revisionismus. Vom Verlorenen holte sie sich auf andere Weise etwas zurück. Das Nachbarland eignete sie sich als Journalistin an, es hatte nun viele Namen und Gesichter von Freunden, Geremek, Rakowski, Reiter, Krzemiński, Stomma, Michnik, wohl auch General Jaruzelski, in dem sie etwas ‹Preußisches› erkannte. Und, nicht zu vergessen, Karl Dedecius, der Übersetzer, der den verkannten Nachbarn hoffähig machte. Sie reihte ihn ein unter die ‹Menschen, die wissen, worum es geht›, ihm ermöglichte sie den Friedenspreis, er wiederum durch seine Übersetzungen die Nobelpreise für Czesław Miłosz und Wisława Szymborska. In Polen, man spürte es, wenn man mit ihr über die Nachbarn sprach, erkannte sie vor allem den Osten in sich selber. Der Vorhang war weggezogen.

VIII
«Sie gehörte schon in die Welt des 20. Juli, aber geistig»
Ralf Dahrendorf, die Protestantische Mafia und der
dritte Kreis der Freunde

Sie sei eben «keine wirkliche Liberale» gewesen, kam Ralf Dahrendorf (1929 bis 2009) ein wenig zögerlich über die Lippen, als wir
darüber sprachen, weshalb sie in ihrer Zeitung die Entscheidung
des polnischen Generals mit der dunklen Brille, Jaruzelski, so dezidiert verteidigt habe, das Kriegsrecht über Polen zu verhängen. Ungleich stärker als er, grübelte er ihrer jahrzehntelangen Freundschaft nach, sei sie eben doch in erster Linie eine «Realpolitikerin»
gewesen. Er respektierte das gewiss. Nur wollte er sie genau beschreiben – liebevoll, aber zugleich doch auch mit gewohnter soziologischer Neugier und, wie mir schien, durchaus mit einem Hauch
von bewusster Distanz. Anerkennend fügte er noch hinzu, keine
Schablone habe so ganz auf sie gepasst.

Sie stritten nicht nur über den Versuch des Militärs, den Protest
von Solidarność in Danzig, der sich lawinenhaft ausbreitete, mit
Macht zu unterdrücken. Häufig waren sie verschiedener Meinung,
wie er sich erinnerte, ob es um England, Amerika, die Ostpolitik
oder die Menschenrechte ging, und darüber haben sie sich dann
eben «gekabbelt». Sie war «eine Verfechterin des guten, gerechten,
moralischen Staates, ich nicht, ich habe da wenig Vertrauen.»

Dahrendorf: «Sie wollte den Kapitalismus so organisieren, dass er gerecht ist. Sie war der Inbegriff dessen, was gerecht sein muss, und was auch Gerechtigkeit ausstrahlt. Und das ist nicht meine Welt. Insofern war sie auch nicht angelsächsisch.» Wer waren wirklich ihre Freunde? Warum war sie so grenzenlos loyal, und wann? Auf viele Fragen habe er sich einfach keinen Reim machen können. Dahrendorf rätselte weiter: «Sie gehörte schon in die Welt des 20. Juli, was immer ihre eigene Rolle gewesen sein mag, aber geistig. Und davon ist manches vielleicht abgeschliffen worden durch ihre am Ende ziemlich lebenswichtige Kenntnis englischer und amerikanischer Personen von Gewicht, die sie ja auch alle auf irgendeine Weise schätzten. Ich nehme an, dass noch nicht einmal Kennan, geschweige denn Kissinger mit ihr übereinstimmten in wesentlichen Dingen, aber trotzdem gab es da eine Verehrung.»[1]

Dahrendorfs frischer Blick auf die Ermüdungserscheinungen der obrigkeitlichen Demokratie und sein Plädoyer für mehr Mitsprache von unten machten die Journalistin neugierig. Nur zu gern ließ sie sich auf Gespräche ein mit diesem autonomen Geist, vielleicht sogar gerade, weil sie nicht immer nahtlos übereinstimmten. Fritz Stern stieß bald, nachdem sie ihn kennenlernte – übrigens auch, weil sie über seine Ansichten stolperte – als Partner hinzu. Wenn irgend möglich, trafen sie sich fortan zu dritt.

Sie sei am Wochenende noch in New York gewesen und habe «einen besonders netten Tag mit Fritz Stern» gehabt, ließ sie Dahrendorf gelegentlich wissen, «wir haben von mittags 12.00 Uhr bis abends 10.00 Uhr geredet, ohne uns, wie auch er bestätigt, einen Moment gelangweilt zu haben.»[2] Drei Geistesverwandte hatten sich gefunden. So radikal sich ihre Lebensgeschichten unterschieden, jeder stammte aus einem anderen Milieu, jeder hatte seinen sehr persönlich gefärbten Blick auf die Opposition gegen Hitler, die Journalistin, der Soziologe und der Historiker, aber unangestrengt verkörperten alle drei eine spezifische deutsche Bürgerlichkeit, die als gemeinsamer Nenner auch über Divergenzen hinwegtrug. Im Gegenteil, das machte sie neugierig aufeinander.

Sie sei die «Mutter Courage» in dieser Runde gewesen, so hat es Hermann Hatzfeldt noch heute vor Augen, die beiden, Fritz Stern und Ralf Dahrendorf, hätten ihre Bewunderung gar nicht verborgen. Sie schauten auf zu ihr. Die besondere Autorität, die sie auch für sie ausstrahlte, hing nicht zuletzt damit zusammen, wie er vermutet, dass sie als erwachsene Frau in unmittelbarer Verbindung mit einigen der Männer vom 20. Juli stand. Wenn auch auf ganz andere Weise, wurde das Leben der beiden Jüngeren, Dahrendorf und Stern, gleichfalls stark von dieser Erfahrung geprägt.

Ralf Dahrendorf hatte als Jugendlicher erlebt, dass sein Vater, ein Genossenschaftler, der als sozialdemokratischer Reichstagsabgeordneter gegen das Ermächtigungsgesetz stimmte, nach dem 20. Juli 1944 inhaftiert worden war, die Haft glücklich überlebte, als Gegner der Zwangsvereinigung von SPD und KPD aber erneut Repressalien ausgesetzt war. Fritz Sterns Familie in Breslau wiederum war mit der Familie Bonhoeffer befreundet, und der Respekt vor dem Widerstand hatte, wie schon geschildert, seine Wiederannäherung an Deutschland überhaupt erst ermöglicht.

Vermutlich begründete dieses Band – ein gemeinsames Interesse am Schicksal der deutschen Opposition gegen Hitler – die ganz besondere Freundschaft. Was sie aufeinander neugierig machte, ergab sich, sehr zufällig, ganz ungeplant und normal. Es war kein «Kreis» à la Stefan George mit Sinnstiftungsabsicht, wie gemutmaßt wurde. Obwohl alle drei die moralische Größe der Widerständler bewunderten, schloss das Differenzen keineswegs aus, wie sie im Gespräch lernten. Dahrendorf glaubte, Stern verkläre den adligen Widerstand und ignoriere zu stark, wie konservativ oder gar reaktionär die Grundhaltung vieler der Offiziere gewesen sei; zu kurz komme dafür die Opposition aus der Arbeiterbewegung, den Kirchen oder dem sozialdemokratischen und kommunistischen Milieu. Aus Marion Dönhoffs Sicht wiederum ging schon Stern zu weit mit seinem Vorbehalt, die Offiziere hätten nicht wirklich demokratisch gedacht – und seien auch «nicht notwendigerweise Freunde der Juden gewesen», wie Stern es vorsichtig formulierte.[3] Ob Dahrendorf sein gemischtes Fazit, bei allem Respekt vor ihrer Größe und ihrer Tat seien die Verschwörer «kein Schritt auf dem Weg der deutschen Gesellschaft zur Verfassung der Freiheit» gewesen – es war davon schon die Rede –, ihr je so ins Gesicht gesagt hat? Unterschrieben hätte sie dieses Urteil jedenfalls nie. Die Briefe der drei, die sie untereinander austauschten, verraten darüber nichts.

Uneingeschränkt stimmten die Freunde Stern und Dahrendorf darin überein, dass der Westen den Streik der Gewerkschaftler in Danzig 1980 und generell das mutige Exempel Solidarność unbedingt unterstützen müsse. Sie beide verurteilten empört das Kriegsrecht 1981. Den Unruhegeistern von Solidarność hatte sie ohnehin nie recht getraut, während die Freunde Stern & Dahrendorf vorbehaltlos schon den Werftaufstand, vor allem aber die folgende, breite Opposition von unten unterstützten. Sie schrieb Stabilität groß, die beiden Freunde sprachen lieber von Freiheit. Sie vertraute den ‹preußischen Reformern von oben›, sagen wir Jaruzelski also als Yorck und Rakowski als Freiherr vom Stein, Bismarck traute sie mehr als den Märzgefallenen. Daher die Verehrung für den 20. Juli, nicht aber (oder spät) für Solidarność.

Ihr Kommentar, in dem sie – wie schon erwähnt – Jaruzelski verteidigte, irritierte Stern nicht minder als Dahrendorf. Der Konflikt, der sich dahinter verbarg, ging nicht nur das Trio an – es war eine der Schlüsselfragen jener Jahre. Dönhoff versus Dahrendorf/Stern hieß ja nicht, dass sich eine «Taube» mit zwei «Falken» stritt. Alle drei hatten die Ostpolitik entschieden unterstützt, sie alle plädierten für einen klaren entspannungspolitischen Kurs, gemeinsam zogen sie Dialog und Diskurs der Konfrontation vor. Sie wollten keine Fortsetzung des Kalten Krieges, keine «Politik der Stärke» in alle Ewigkeit. Insofern trug sie ein Grundkonsens. Aber das erst, diese prinzipielle Nähe, gab dieser Kontroverse ihre Bedeutung: Wer hatte recht in diesem Dilemma unter Freunden?

Er fürchte, der Bruch zwischen Marion und ihm sei nie mehr ganz behoben worden, meinte Ralf Dahrendorf, als wir darüber sprachen, Fritz hingegen habe sich bald wieder mit ihr versöhnt. Dramatisierte er diese Kontroverse in der Erinnerung? Nicht unbedingt, die Differenzen betrafen Grundsätzliches, darin war er sich sicher; allerdings dürfte auch eine Rolle gespielt haben, dass Marion Dönhoff sich nicht nur in Sachen Kriegsrecht, sondern in vielerlei Hinsicht – bei aller Freundschaft – jedem Versuch entzog, ihr Denken und Handeln zu beeinflussen. Sie achtete auf Distanz. Vielleicht spielte das mit hinein, als Dahrendorf ausdrücklich davon sprach, er habe einen «tiefen, kompromisslosen Drang nach Freiheit» bei ihr vermisst? Dennoch fand er, darüber dürfe die Freundschaft nicht scheitern.

Sie scheiterte auch nicht. Entweder hatte er es vergessen oder er wollte sich nicht mehr daran erinnern – in einem kurzen, handschriftlichen Geburtstagsbrief erinnerte Dahrendorf im Dezember 1995 überschwänglich an schöne, gemeinsame Tage auf der italienischen Insel, «in denen sich fast schon ein Regelmaß der Gemeinsamkeit einstellte». Dieser Besuch sei für ihn «bisheriger Höhepunkt einer Freundschaft (wenn ich so sagen darf), die mir sehr, sehr wichtig ist». Dahrendorf weiter: «Da schwingt so vieles mit, preußische Ahnungen (bei mir – denn bei Dir sind es tiefe Erfahrungen), Salin und Basel, der Weg nach Hamburg, die alte ZEIT, das ‹protestantische› moralische Rückgrat der alten Bundesrepublik, die stillen Taten für andere.»[4] Bis zuletzt ließ auch sie ihm gegenüber keinen Zweifel aufkommen, dass ihre Freundschaft sie verlässlich über Differenzen hinwegtrage.

Im Jahr 1976, Helmut Schmidt amtierte seit gerade zwei Jahren als Kanzler, richtete Marion Dönhoff an Ralf Dahrendorf eine ihrer gefährlich einfachen Fragen. Gerade in den letzten Jahren habe sich gezeigt, «dass nicht so sehr die Pläne von oben als der pressure von unten Veränderungen herbeigeführt hätten». Oder kommen die Anregungen meistens von Intellektuellen? Kurzum, sie wolle also wissen, wie «sozialer Wandel» überhaupt möglich sei. («Auch Literaturhinweise wären mir schon sehr willkommen.»)[5]

Spürbar wurde sie unruhig, so sehr sie den Nachfolger Brandts auch schätzte, sie kannte Helmut Schmidt schließlich seit zwanzig Jahren. Aber jetzt brodelte es im Land, mächtige Bürgerinitiativen machten mobil gegen die Kernkraftwerke, eine breite Frauenbewegung formierte sich erstmals, die Rote Armee Fraktion (RAF) hielt die Republik mit ihrem Terror in Atem (mindestens bis zum «deutschen Herbst» 1977), die regierende SPD wirkte zerrissen zwischen rechtem und linkem Flügel. Die Weltwirtschaftskrise war noch nicht gebannt, die Zahl der Arbeitslosen wuchs, die Politik kam nicht recht von der Stelle.

Ralf Dahrendorf gestand ihr, geseufzt zu haben, als er ihren Brief las, aber er kannte sie, sie stellte nun mal solche Fragen. Also führte er in seiner Antwort höchst professoral die Klassiker von Alexis de Tocqueville und Karl Marx über Max Weber bis Talcott Parsons an, ihn selbst, flocht er beiläufig ein, hätten Marx und Weber beeinflusst, um dann sehr grundsätzlich zu werden: Herrschaft werde innerhalb bestimmter «Spielräume des Möglichen» ausgeübt. Sie auszunutzen sei Hauptaufgabe der Politik. Aber die Spielräume verändern sich, dozierte er weiter, mal sei also die Anerkennung der Oder-Neiße-Linie unmöglich, mal möglich, und das kompliziere die Analyse. Aber wie kann dann sozialer Wandel geplant werden? Nicht jeden Frager hätte er ernst genommen, auf diese Fragerin aber ließ er sich ernsthaft ein. Politiker dächten zwangsläufig an Herrschaft und Widerstand, Intellektuelle nicht, «sie schreiben auf der *op-ed page* der *Times* und wundern sich anschließend, dass weder Minister noch das Volk die Wahrheit zu sehen vermögen.» Aber er räume auch ein, obwohl das nebulös klinge, Einstellungen könnten sich ändern, Einstellungen zum Wachstum beispielsweise. Intellektuelle seien zugleich Seismographen und Agenten, «Menschen, die durch Darstellen das Dargestellte verändern». Ein Projekt ergebe sich daraus nicht, zuckte er am Ende verlegen die Achseln – aber sie möge wieder fragen, bitte sehr.[6]

So wie diesen nachdenklichen, tastenden Dahrendorf wünschte sie sich ihre Freunde, jedenfalls im Berufsalltag: Sie verbarg gar nicht, weder bei ihm noch bei anderen, dass sie journalistisch gern profitieren wollte, sie wollte lernen, wie er die Welt sah – und warum er sie anders sah als sie selber.

Für ihn aber hatte die Freundschaft – und Dahrendorf war nicht der einzige Fall – eine andere Funktion. Natürlich war auch ihr Urteil, ihre Weltsicht von Interesse für ihn, zumal sie auf ein Netzwerk zurückgreifen konnte, das verzweigt war wie bei wenigen sonst. Sie hatte einen Namen, ihre Stimme hörte man heraus, sie besaß Einfluss, und die ZEIT war ein eigenes Forum, als die Zeiten noch danach waren. Ihr konnte er aber auch sein Herz ausschütten, Privates und Berufliches flossen bunt durcheinander, sie vermittelte offenkundig ein beruhigendes Nähegefühl, das kam als Bonus hinzu.

Im Dezember 1979, ein gutes Jahr nach dem wilden Herausgeberstreit, bei dem es um Köpfe und Kurs ging,[7] warnte er vorweg, es falle ihm gar nicht leicht, sein Dankeschön an ihre Adresse zu vermitteln ohne die großen Worte, «die Ihnen so sehr widerstreben». Dahrendorf fuhr fort: «Auf Ihre stille Art haben Sie das von Max Weber bis zur Selbstzerstörung dramatisierte Problem von Gesinnungsethik und Verantwortungsethik gelöst: Das Nötige anständig tun. Kein schlechtes Rezept. (Wenn ich das am Rande bemerken darf: manchmal verlockt es ja, über die Rolle der ‹protestantischen Mafia› in der Bundesrepublik zu witzeln. Dennoch haben Sie alle – Sie und Bismarck und Raiser und Becker und die Weizsäckers und viele andere jeder auf seine Weise – für die moralische Hygiene der Bundesrepublik viel getan.) Das andere, was mir in den Sinn kommt, erfüllt mich mit einschränkungsloser Bewunderung. Es war ja nicht leicht, den Weg von der einen offenkundigen ‹Reformpolitik› der sechziger Jahre zu den neuen Themen der achtziger Jahre zu finden. Die meisten sind dabei irgendwo auf halbem Wege steckengeblieben. Sie nicht.»[8]

In diesem Ton zwischen Bewunderung und Ironie fuhr er fort, so ganz wisse man allerdings augenblicklich nicht, wohin die Reise gehe. Er spielte offenbar darauf an, dass ihre Zeitung einerseits mit Friedensbewegung, Frauenbewegung, Ökologiebewegung sympathisierte, andererseits aber auch mit Helmut Schmidt. Es sehe so aus, mutmaßte der Briefeschreiber, als kämen «bestimmte Tugenden» wieder zu ihrem Recht, für die sie ein Leben lang Muster war: «Selbstdisziplin, Genügsamkeit, Unbestechlichkeit, eine Balance zwischen den angenehmen und den guten Dingen des Lebens.» Spürbar war das mehr als bloße Courteoisie. Er hoffe, dass ihre Haltung obsiege, wünschte er noch. Und dann der Kniefall: Zu selten habe er die Chance gehabt, in direktem Kontakt «von Ihnen zu lernen».[9]

Die Liaison des Soziologen mit der Zeitung, sein Liebäugeln mit einer herausragenden Rolle darin, war damit noch nicht beendet. Immerhin ging es darum, ob er an ihre Seite wechseln, ja in ihre Fußstapfen treten könne. Sie muss registriert haben, wie sehr sein

Herz daran hing. Aber die Sache schleppte sich hin. Dass konservative Herausgeber an die Spitze der Zeitung gepflanzt würden, hatte sie erfolgreich verhindern können; dass hingegen ein ausgeprägt Liberaler berufen wird, das überstieg ihre Kräfte. Wenn sie es denn überhaupt versuchte, wer weiß.

Drei Jahre darauf, im März 1983, entschied sich jedenfalls Gerd Bucerius endgültig, nicht Dahrendorf, sondern Helmut Schmidt fest an die Zeitung zu binden, was die Mehrheit der Redaktion anfänglich mit großer Skepsis sah. Wenn die Redaktion die Wahl gehabt hätte, hätte sie sich mit breiter Mehrheit für Dahrendorf entschieden, ihm traute das Kollegium ein liberales Kurshalten am ehesten zu.

Auf die Idee, Schmidt mit seinem glänzenden Ruf könne dem Prestige der Zeitung nur nutzen, war der Verleger bereits im Sommer 1982 gekommen. Als sich das Ende der sozialliberalen Koalition sichtlich abzeichnete, ließ er erstmals beim Kanzler sondieren, ob er sich eine Zukunft im Pressehaus vorstellen könne. Wann genau er Marion Dönhoff darüber in Kenntnis setzte, ist nicht zu eruieren. Mit Sicherheit aber sträubte sie sich nicht nur nicht, dazu hegte sie zu viel Respekt vor dem Politiker Schmidt und seiner zupackenden Intelligenz. Im Gegenteil: Als Bucerius wankte, ob er den Gedanken weiterverfolgen solle, weil Schmidt von seiner Partei zu einer neuerlichen Kandidatur bedrängt wurde (und auch öffentliche Auftritte für die SPD in Zukunft nicht ausschloss), war es die Herausgeberin, die gemeinsam mit dem Chefredakteur den Verleger drängte, an seiner Idee festzuhalten. So geschah es dann auch. Viel spricht zudem für die Annahme, dass sie sich Dahrendorf in einer führenden Rolle beim Blatt, sei es als Chefredakteur oder Herausgeber, nicht recht vorstellen konnte. Immerhin würde er sich dann sehr zurücknehmen müssen, viel Autorität hätte er darauf zu verwenden, eine große und heterogene Schar journalistischer Egos zu integrieren.

Marion Dönhoff erwärmte sich sicher an dem Gedanken, mit Schmidt werde ein sachkundiger, versierter Politiker an ihre Seite rücken, der zur nationalen Elite im besten Sinne gehört, internationale Erfahrungen mitbringt und nicht provinziell denkt. Das würde der Zeitung nur nutzen können. Für seine «Liberalität» dürfte sie sich weniger interessiert haben, das war nicht das Etikett, das zu ihm unmittelbar einfiel. Im Vordergrund der kühnen Idee, Schmidt zu berufen, dürfte bei Bucerius hingegen gar nicht die Frage gestanden haben, ob er zum liberalen Image der Zeitung passe. Mit dem Namen des Kanzlers verband sich Solidität, Wirtschaftskompetenz und ein strikt marktwirtschaftlicher Kurs. Schmidt sollte also, aus der Sicht des Verlegers, eher bei Wirtschaft und Industrie für Vertrauen werben, und damit auch für Anzeigen.

Für diesen unternehmerischen Hintergrund spricht, dass er anfangs – für eineinhalb Jahre – nicht nur als Herausgeber, sondern auch als Verleger fungierte. Dass Schmidt später, besonders nach dem Tod Marion Dönhoffs, einen nationalen Ikonenstatus erhalten sollte, dies alles war damals nicht abzusehen.

Von dieser Vorgeschichte freilich gab sie Dahrendorf selbstredend nichts zu erkennen, die Sache war gar zu heikel. Eilig setzte sie ihn also von dem Angebot des Verlegers an Schmidt in Kenntnis, um den Schaden zu begrenzen. Sie bedauere sehr, ließ sie ihn wissen, dass das «Arrangement mit Schmidt so plötzlich über uns hereingebrochen» ist. Vorab und in aller Ruhe hätte man es mit ihm besprechen müssen. Auf keinen Fall dürfe und solle es etwas an der Zusammenarbeit mit ihm ändern, «denn das könnte dieser neue Gewinn gewiss nicht kompensieren», sein Mitwirken habe ungewöhnliche Tradition und bleibe unentbehrlich. Helmut Schmidt, tröstete sie weiter, werde nur ganz selten hier sein «und die Zusammenarbeit mit ihm vermutlich kursorisch bleiben».[10]

Der Ex-Kanzler als Herausgeber? Unverhohlen bitter klang seine Erwiderung auf ihren Entschuldigungsbrief; bitter nicht ihretwegen, sondern weil ausgerechnet sein Lieblingsblatt sich mit Helmut Schmidt für einen Weg entscheide, den er nicht als «liberal» empfinden könne (worum es zumindest Bucerius, wie gesagt, gar nicht ging). Mit Schmidt habe er zusammen studiert, rief Dahrendorf in Erinnerung. Damals gab es zwei Generationen an der Universität Hamburg, «die Offiziere» und uns, die frisch von der Schule kamen. Er schloss sich dem SDS an. Dort aber herrschten «die Offiziere», Schmidt, Berkhan, Schmelz. Zum ersten Mal haben sie sich damals gestritten, erinnerte er sich nun – was zwischen den Zeilen hieß: ich kenne ihn lange und gut. Zündstoff bot seinerzeit die Idee, 200 Arbeiter ohne Abitur an der Universität zuzulassen. Die Jungrevoluzzer wollten den Charakter der Hochschule verändern, er plädierte dafür, Schmidt hingegen wollte nachweisen, dass das unmöglich gehe. «Das Realitätsprinzip gegen die Hoffnung. Das ist er immer gewesen.»

Allein das schon klang vernichtend, aber Ralf Dahrendorf holte noch weiter aus. Geradezu böse habe Schmidt sich später verhalten. Hier werde «nicht gedahrendorft», rief er der SPD-Fraktion während einer hitzigen Debatte zu. Noch immer habe er nicht kapiert, so Dahrendorf, was Schmidt damit meinte; aber eine Ahnung wollte er wenigstens andeuten, denn er fuhr fort, «schließlich saß er als Zuschauer dabei, als mein Vater vor dem Volksgerichtshof stand». Das war ein gewaltiger Schuss vor den Bug. Dahrendorf: «Feiglinge gibt es bei den Dahrendorfs nicht.» Ja, sie habe Recht, auch er könne niemanden nennen, der mehr getan habe, um die zerbröselnde Welt zusammenzuhalten, als Schmidt in seinen Kanzlerjahren. Auch «Fritz» (Stern) wolle ihn «begöschen» wegen Schmidt. «Aber keiner kann mir die Erfahrung ausreden», holte er dann aus, «dass Schmidt ein Fundamental-Illiberaler ist».

Sie möge Schmidt kennen, er kenne ihn besser, hieß das. Das beschäftige ihn, wenn sein Name «mit meiner liberalen Freundin ‹Zeit›» verbunden werde, fügte er noch an. Seine Frau (Ellen) und ihr Trostbrief hätten ihn abgehalten, rasch zu reagieren. Aber auch so ließ er keinen Zweifel an seiner Gemütsverfassung: «Wenn ich allerdings im Laufe dieses Jahres Entscheidungen über mein künftiges Leben treffe, dann wird es mir doch schwerfallen, ganz zu vergessen, wie der Verleger sein (aus Versehen?) liberales Blatt sieht.»[11] Als liberal schätzte er seine «liberale Freundin ZEIT» mit Helmut Schmidt an der Spitze nun nicht mehr ein.

Was Marion Dönhoffs Prognose von der wohl kursorischen Zusammenarbeit mit Schmidt angeht, muss man sagen – sie hätte sich gar nicht mehr irren können. Die Zusammenarbeit entwickelte sich rasch intensiv, Schmidt nahm seine neue Rolle überaus ernst. Und er blieb bis zum Tod. Allmählich entwickelte er sogar Verständnis für die «Wegelagerer», uns Journalisten.

Dahrendorf aber hatte richtig antizipiert, dass seine Zeit bei der ZEIT sich mit Helmut Schmidts Einzug ins Pressehaus dem Ende nähere. Der Kanzler a. D., das bedeutete tatsächlich ein anderes Programm. Wenn er schon seine Freundin Marion nicht wirklich für eine Liberale hielt, so galt das in weit höherem Maße für Schmidt. Zuviel der Realpolitik bedeutete das für ihn.

Ohne, dass es je so gesagt wurde, hatte er Eschenburg ersetzt. Nun aber, Ende des Jahrzehnts, im Januar 1989, zog er von sich aus Bilanz. Das Blatt schotte sich gegenüber Außenstehenden ab, klagte er in einem Abschiedsbrief an den Chefredakteur, «mit Kopie an Marion Dönhoff». «Unbegrenzte Verehrung» empfinde er weiterhin für ihn, Ted, wie für Marion, ließ er wissen, aber sonst? Seit dreißig Jahren habe er geschrieben für ihre Zeitung, aber er sei offensichtlich längst kein «Autor» mehr. Zeit also, einen Strich zu ziehen, so Ralf Dahrendorf verbittert, man möge das Vertragsverhältnis lösen.[12] So geschah es.

An ihrem Verhältnis zu Dahrendorf änderte das alles nichts. Nicht zufällig war es Marion Dönhoff, die in den neunziger Jahren Ralf Dahrendorf als Autor einer geplanten Bucerius-Biographie vorschlug. Die meisten Mitglieder der ZEIT-Stiftung, die das Projekt finanzierte, plädierten für Hermann Schreiber, ehemals *Spiegel*-Reporter und ein populärer Talkshow-Moderator. Sie war empört, dass er den Zuschlag erhielt – und insistierte am Ende erfolgreich darauf, den Vertrag zu annullieren. Dahrendorfs Bucerius-Biographie, die sie gewünscht hatte, erschien fünf Jahre nach seinem Tod, im Jahr 2000.

In seiner Biographie über Gerd Bucerius spürte Dahrendorf der Frage nach, wie sich die publizistische Haltung – nach dem «siebenjährigen Krieg» von 1949 bis 1956 – herauskristallisiert habe. Die ZEIT hatte nicht nur den Zeitgeist widergespiegelt, also «Adenauerkritik plus Blumenkinder-Romantik plus mehr Demokratie». Wie der *Spiegel*, bezog die Zeitung eine geistig-politische Position, die Dahrendorf luzide folgendermaßen beschrieb: «Es handelte sich auch um eine moralische Position, wie sie vor allem von führenden Protestanten in der Bundesrepublik vertreten wurde. Diese ‹protestantische Mafia› (wie man sie mit ironischer Irreführung nennen könnte, da es sich doch um ganz und gar aufrechte, unbestechliche Leute handelte) stand schon früh im Widerspruch zu Konrad Adenauer. Sie hatte keine Partei. Gustav Heinemann, den man zu dieser Gruppe rechnen kann, war Minister in der ersten Regierung Adenauer gewesen, hatte dann die CDU verlassen und seine eigene Partei, die Gesamtdeutsche Volkspartei, gegründet und wurde am Ende des Jahrzehnts, von dem die Rede ist, zum ersten SPD-Bundespräsidenten gewählt».[13]

Gerne hätte er einmal ein Buch von Marion über die Vertreter der «preußisch-protestantischen Grundhaltung» gelesen, so Dahrendorf, sie seien «nie beherrschend und trotzdem einflussreich» für die Bundesrepublik geworden. Sie standen für etwas, «was eigentlich nicht Bundesrepublik war», sondern eher Bezug zur preußisch-deutschen Geschichte hatte. Der «moralische Maßstab» dieses Kreises kam bei der Ostpolitik klar zum Ausdruck. Aus Dahrendorfs Sicht handelte es sich um eine «Generationsposition», die damals einflussreich war und Sinn ergab. Es sei aber schwer zu sehen, wie ein heute Vierzigjähriger in diese Position hineinkommen solle. «Und insoweit existiert es nur noch», zog er einen Strich unter ein fast abgeschlossenes Kapitel, «solange noch ein paar davon leben ... Die ‹protestantische Mafia› geht, glaube ich, mit der Generation zu Ende.»[14]

Im Jahr 1959, pünktlich zur Frankfurter Buchmesse, erschienen zugleich Günter Grass' «Blechtrommel», Heinrich Bölls «Billard um halbzehn» sowie Uwe Johnsons «Mutmaßungen über Jakob». Atemberaubend, mit welchem Aplomb sich ein neuer Zeitgeist ankündigte. Zwar galt Adenauers katholisch grundierte Kanzlerschaft als fest betoniert, aber über Nacht machten Schriftsteller deutlich, dass sich die Republik unter der glatten Oberfläche im Umbruch befand. Wegzudenken war zwar der Kanzler noch nicht, aber auf mentaler Ebene formierten sich Gegenkräfte. Die ZEIT selber befand sich seit etwa drei Jahren auf liberalerem Kurs, ohne dass schon eindeutig klar gewesen wäre, was das bedeutete. Vor allem die Autoren des «Tübinger Memorandums» (1961), die über Alternativen zu Adenauers deutschlandpolitischem Kurs und zum Bildungssystem nachdachten, bildeten den Kristallisationskern dieser Gegenbewegung zum rheinischen Status quo.

318

Marion Dönhoff gehörte zwar auch zu diesem Freundeskreis, aber vor allem war sie Journalistin: Ihr und dem damaligen Feuilletonchef Rudolf Walter Leonhardt kam es wie gerufen, dass unabhängige Intellektuelle nicht bloß «theoretisierten», sondern sich einmischen wollten. Nach den Nachkriegsjahren mit ihrem hohen Bedarf an politischer Stabilität waren solche Unruhegeister plötzlich dringend gesucht.

Richard von Weizsäcker nannte den Kreis «das Nest, aus dem ich geschlüpft bin».[15] Stark staatsorientiert sei er gewesen und «sehr östlich», nicht zuletzt dank Marion Dönhoff, die er bei der Gelegenheit eine «reine Kantianerin» nannte.

Ralf Dahrendorf: So sei sie auch eine «Vertrauensperson des adligen Widerstandes gegen Hitler» geworden, der sich zum Großteil aus Soldaten rekrutierte, die im Osten aufwuchsen. Seine Sicht auf ihre genaue Rolle im Jahr 1944 formulierte er folgendermaßen: «Sicher ist für mich, dass sie in ihren letzten Jahren, auch in ihren eigenen Äußerungen, viel weiter gegangen ist, als ihre tatsächliche Lebensgeschichte rechtfertigt. Sie hat sich das aufschwätzen lassen, dass sie eine wichtige Teilnehmerin des 20. Juli war. Das wusste sie im Grunde, dass sie das nicht war und in früheren Jahren hat sie das auch nicht behauptet. Kämpferin gegen den Nationalsozialismus: es war natürlich nicht ihre Welt, aber kämpfen dagegen ist ja noch etwas anderes.»[16]

An der Stelle spätestens freilich schießt Dahrendorf über das Ziel hinaus: Ohnehin war Marion Dönhoff nicht aus dem Stoff, um sich etwas «aufschwätzen» zu lassen, und schon gar nicht hat sie sich zur «wichtigen Teilnehmerin» aufgespielt. Bei Dahrendorf war damit – allerdings erst nach ihrem Tod – die Legende angekommen, die von einigen Historikern oder Medien gepflegt worden ist. Was wohl richtig ist – irgendwann wurde Marion Dönhoff müde, wie mir scheint, die eigene Rolle nicht nur erläutern zu sollen, sondern sich dafür geradezu rechtfertigen zu müssen. Sie ließ es geschehen.

Das Wort von der «protestantischen Mafia» verwendete Dahrendorf zwar mit einem hörbar ironischen Unterton, aber doch auch mit Respekt vor dem intellektuellen Anspruch, das «Gewebe der

Bundesrepublik» zu prägen. Wenn nicht eine «gewisse moralische Großzügigkeit» geherrscht hätte, die die Aufschwünge kapitalistischer Wirtschaft fast immer begleite, wäre dieses Land, so Dahrendorf, wirtschaftlich wohl nicht so erfolgreich gewesen. Die Protestanten mit ihrem moralischen Anspruch bildeten ein Gegengewicht, das für Balance sorgte und laut «Halt!» rief gegen die sogenannte Restauration.[17]

Diesem kleinen Freundeskreis stellte Marion Dönhoff, die politisch Regie führte, gern ihr Blatt für Interventionen zur Verfügung. Prägte er bald sogar die Linie? Unisono antworten darauf Theo Sommer und Haug von Kuenheim: Bei aller Bedeutung einzelner Autoren, es habe gar keine «Linie» gegeben. Die Redaktion habe sich «an Ereignissen orientiert, ausgiebig diskutiert und versucht, eine vernünftige Haltung zu dem Geschehen zu entwickeln».[18] Oft trafen sie sich dazu spontan im Zimmer der «Gräfin». Allerdings, so Sommer, das Urteil einer «bestimmten Kategorie von Menschen» habe für sie stets eine besondere Rolle gespielt, Menschen, denen sie vertraute. «Aber sie arbeiteten nicht im Untergrund, wie das Wort von der Mafia vielleicht suggeriert», sagt Sommer, «sondern bei vollem Tageslicht».

Über beträchtlichen Einfluss verfügten sie schon. Das «stille Seufzen» in der Redaktion über die evangelischen Einflüsterer habe nie aufgehört, berichtete Janßen gewissenhaft.[19] Davon unbeeindruckt, ließ Marion Dönhoff den Freunden am liebsten freie Hand. Wem sie vertraute, dem vertraute sie vorbehaltlos. Nur eine eigene, autonome Stimme musste er haben. Sie war Stimmensammlerin. Zur mentalen Klimaveränderung in der Bundesrepublik, auch zur allmählichen Ablösung von Adenauer und dem alles überschattenden Katholizismus trugen sie damit erheblich bei. Politik gehört nicht nur den Politikern, lautete durchaus erfolgreich ihr Credo.

Ralf Dahrendorfs häufiger Spott über die «protestantische Mafia» hat den Blick darauf verstellt, dass er selbst wohl ganz gerne dazu gehört hätte. Auch er wollte von einem Standort außerhalb der Politik, zunächst jedenfalls, durchaus Einfluss auf die politischen Verhältnisse nehmen. Aber er passte offenbar nicht ganz zu dem Kreis. Als Berater und Brückenbauer zwischen den Welten verstanden die protestantischen Freunde sich, die, wenn auch «mit hohem moralischen Überschuss» (Gangolf Hübinger), nach Maßstäben wissenschaftlicher Vernunft konkrete, alternative Wege für die Politik aufzeigen wollten. Musterhaft exerzierte das Georg Picht vor, als er 1964 die «Bildungskatastrophe» ausrief. Es fehlte ein großer Plan von staatlicher Seite, um einer viel breiteren Schicht eine höhere Schulbildung zu ermöglichen – voila!, hier war er.

Marion Dönhoff machte sich weder Pichts Position direkt zu eigen noch die Gegenposition Dahrendorfs, der vor einem alles planenden Staat zurückschreckte (obwohl sich seine Diagnose von den sozial ungleich verteilten Bildungschancen deckte mit Pichts Befund). Zunächst beschränkte sie sich darauf, pauschal die «offene liberale Geisteshaltung» der Autoren zu loben, als «Lobbyisten der Vernunft» machten sie sich zum Anwalt der Gesamtheit.[20] So, als Moderatorin, sah sie ihre Rolle bei der Suche nach den Alternativen zur Konzeptionslosigkeit in Bonn. Ihre Zeitung machte sich zum Forum dieser liberalen Debatte. Ohne selber an der Spitze stehen zu müssen, hatte sie damit doch etwas bewegt.

Wie stark sie und ihre Freunde zunehmend als publizistische Gegenmacht wahrgenommen wurden, macht eine Bemerkung von Friedrich Sieburg (FAZ) deutlich, selber ein einflussreicher Journalist im Adenauer-Staat: «Es geht von der Bande, die sich in der ZEIT zusammengerottet hat (…), ein Terror aus, dem sich sogar einige große Sortimenter beugen».[21]

Zwei der herausragenden Köpfe unter den Reformern, Hellmut Becker und Hartmut von Hentig, zählten zu ihren ältesten und engsten Wegbegleitern. Becker war sie erstmals bereits 1947 in Nürnberg beim Militärgerichtshof begegnet. Als einen «liberalen Feuerkopf» rühmte sie in ihrem Nachruf am 24. Dezember 1993 den Mann, dem sie bereitwillig solchen Einfluss auf ihre Zeitung gewährt hatte. Gestorben sei er, «wie man in früheren Zeiten starb: In seinem Haus in Berlin-Dahlem, im Kreise der Großfamilie, alle fünf Söhne, auch der aus Südamerika, und die einzige Tochter sowie sämtliche Enkel anwesend.» Früher sei so das Oberhaupt einer Sippe auf dem Lande gestorben, nur sei er nicht der Besitzer großer Ländereien gewesen, «sein Reich war der Bereich des Geistes, und

Hellmut Becker. Den Juristen und Bildungsforscher lernte sie bereits kennen, als er vor dem Nürnberger Militärtribunal Ernst von Weizsäcker verteidigte. Dort entstand dieses Foto (1948/1949). Er gehörte zu ihrem Freundeskreis («protestantische Mafia»), der das «Tübinger Memorandum» (1961) gegen eine nukleare Aufrüstung und für die Anerkennung der Oder-Neiße-Grenze verfasste. Den bildungspolitischen Reformvorstellungen von Becker und seinen Freunden öffnete sie ihr Blatt.

dementsprechend weitgespannt war der Bogen seiner Interessen und Aktivitäten.»

Hochgebildet war Becker, wie sie ihm bescheinigte, von unbeirrbarer Liberalität, musisch interessiert, mit Vergnügen provokant. Ein universeller Geist, Anreger, unermüdlicher Kämpfer gegen bürokratische Hemmnisse oder veraltete Vorstellungen. Der Gepriesene, Becker, hatte das Max-Planck-Institut für Bildungsforschung gegründet und fast zwanzig Jahre geleitet. Er wollte das Bildungswesen für alle öffnen, würdigte Marion Dönhoff ihn, Schulen sollten zur Entfaltung der Persönlichkeit beitragen, aber nicht um ihrer selbst willen, sondern «um die Befähigung zum Handeln in dieser Welt vorzubereiten». Erziehung zur Mündigkeit! Endgültig hatte sie ihn als eine Art Geistesaristokraten in ihre eigene Welt adoptiert.

Sehr viel Ehre in wenigen Zeilen – umso erstaunlicher, dass sie Becker in ihrem Kanon derjenigen, «die wissen, worum es geht», keinen Platz einräumte. Später beförderte das die Spekulation, sie habe bewusst den Einfluss des «Kreises» und die moralische Hohepriesterrolle verbergen wollen, die sich diese protestantische Freundesgruppe in den Gründerjahrzehnten angemaßt habe.

Die Rekonstruktion ergibt ein komplizierteres Bild. Für Marion Dönhoff muss Becker, Jahrgang 1913, vier Jahre jünger als sie, auf nahezu perfekte Weise die Lieblingsidee verkörpert haben, wie man selber verantwortlich handelt, ohne sich direkt in die Politik zu begeben. Was er als Bildungspolitiker forderte, exerzierte er selber vor, Erziehung zur Eigenverantwortlichkeit und gegen «die verwaltete Schule», wie eine Schrift von ihm hieß.

Hellmut Becker stammte aus einem weltoffenen Haus. Nach 1945 schwieg er strikt darüber, dass er 1937 der NSDAP beigetreten war. Er verzichtete darauf, Memoiren zu schreiben, in die tatsächlich neben seinen «Weimarer» Lehrjahren auch seine Erfahrungen an der Ostfront (er wurde im Herbst 1941 schwer verwundet), seine Arbeit bei dem nationalsozialistischen Staatsrechtler Ernst Rudolf Huber an der Reichsuniversität im besetzten Straßburg, überhaupt seine intellektuelle Selbstverortung während der Nazijahre eine Rolle hätte spielen müssen. Den Juristen und Verteidiger sollten später pikanterweise besonders jene Grenzfälle wie der Ernst von Weizsäckers interessieren – zwischen Verweigerung und Anpassung ans Regime. Eine umfassende Biographie über ihn gibt es bislang nicht. Becker bekannte von sich, er habe sich «durchgewurschtelt». «Ich war weder ein Held noch ein Sklave des Regimes.»[22]

Brillant habe Becker die «außerprozessuale Klaviatur» beherrscht, bescheinigen ihm zwei Historikerinnen.[23] «Er bediente sich der gewogenen Presse, indem er sie – allen voran DIE ZEIT von Marion Dönhoff und Chefredakteur Richard Tüngel – mit Material belieferte oder flankierende Berichterstattung anforderte.» Obwohl

Weizsäcker «kein Mächtiger der offiziellen Politik» gewesen sei, habe er – so der Verteidiger – eine Situation schaffen wollen, in der «die Mächtigen in dem von ihm gewünschten Sinne handeln würden».[24]

Kein Mächtiger der offiziellen Politik, aber – im Vorraum der Macht – die Mächtigen beeinflussen? Spontan meint man, damit habe Hellmut Becker auch seine eigene Methode beschrieben. Wenn sie wirksam werden sollte, brauchte er ein Forum – und das fand er dank Marion Dönhoff.

Für sie stand anderes im Vordergrund: Die Freunde plädierten für eine demokratische Bürgergesellschaft, kaum verklausuliert ein Votum gegen den Geist der frühen sechziger Jahre. Man mischte sich ein in der Republik – nach Adenauer. Nur zu gern ließ sie sich davon mittragen.

Ausgerechnet in ihrer eigenen Zeitung konnte Erwin K. Scheuch, erklärtermaßen ein konservativer Soziologe, 1967 aber auch einen Angriff auf diesen Zirkel starten. So weit musste die Liberalität gehen, das hatte sie von David Astor gelernt. Überschrieben war Scheuchs Philippika: «Sichtbare und unsichtbare Macht. Establishment in der Bundesrepublik». 48 graue Eminenzen rechnete er – nicht ohne spürbaren Neid – zur «Powerelite», die in der Republik die Fäden ziehe, allein fünf Unterzeichner des Tübinger Memorandums befanden sich darunter. Wohlweislich hatte er Marion Dönhoffs Namen nicht auf seine *wanted*-Liste gesetzt.

Hellmut Becker galt als Mächtigster unter den Mächtigen. Er beeinflusste die Öffentlichkeit, führte einen Salon in der Dahlemer Thielallee, seine Hauskonzerte waren berühmt, wer etwas auf sich hielt, wollte dabei sein. Selbstredend zählte Richard von Weizsäcker zu den Gästen des «père noble» (Peter Wapnewski). Ihr gefiel, wie er über ein immenses persönliches Netzwerk Einfluss ausübte und mitredete. Sie pflegte es ähnlich, und ganz so wie in Nürnberg, als sie sich kennenlernten, arbeiteten sie seitdem Hand in Hand. Er hatte sie nicht einfach instrumentalisiert, sie selbst war ja von Weizsäckers Unschuld zutiefst überzeugt, mehr vermutlich als der trickreiche Anwalt Becker.

Ob Marion Dönhoff seine Vita genauer kannte? Sein Eintritt in die NSDAP hätte sie gewiss nicht gestört, auch nicht, dass er darüber schwieg. Die Parteizugehörigkeit verriet gar nichts, glaubte sie. Geschwiegen hatten darüber auch ihre Brüder. «Anstand» bemaß sie anders. Und so wie bei Eschenburg – das bleibt Vermutung – hätte sie bei Becker wohl auch in Kenntnis seiner Biographie während der Hitler-Jahre kaum bereut, ihn als Ratgeber im eigenen Blatt sehr nah herangezogen zu haben.

Die Freundschaft zu dem anderen großen Reformpädagogen, Hartmut von Hentig, lag noch länger zurück, er ragte aus Friedrichstein in ihre Hamburger Jahre hinein. Schon der Vater Hentigs war gerngesehener Dauergast in der Heimat, die Kinder liebten es, wenn er aus seinem wilden Leben erzählte, mit dem Sohn jagte sie im Pferdesattel durch Masurens Wälder. Als liberaler Intellektueller, Bildungsbürger und Kosmopolit, aber auch als engagierter Promoter «politischer Bildung» in der Bundesrepublik seit den sechziger Jahren ragte der Sohn aus diesem Kreis heraus. Hartmut von Hentig, 1925 in Posen geboren, sechzehn Jahre jünger als Marion, wuchs nach eigenen Worten auf als ein «deutscher Jüngling» («Ja, ein solcher war ich – und ich wusste es auch.»), der sich vom Leben und der Schule zugleich erziehen ließ. Jeunesse dorée, wie aus dem Bilderbuch. In den Ferien nahm sein Vater den «deutschen Jüngling», dem alles zuflog, erstmals mit zu Besuch auf das Dönhoffsche Anwesen. Hermann Hatzfeldts Vater, Heinrich, war sein Pate.

Als Kind aus den «gehobenen und gebildeten Schichten» dachte er über den Vorsprung nach, der aus solcher luxuriösen Wohlbehütetheit erwächst: Schon am Mittagstisch beim Vater in Berlin, an dem er als «Repräsentant der Jugend» teilnehmen durfte, saßen Gäste wie sein Patenonkel Ulrich von Hassell, der Botschafter Rudolf Nadolny, die Journalistin Margret Boveri, Klaus Mehnert, Carl Heinrich Becker (Hellmuts Vater, der preußische Kultusminister) und – die junge Gräfin Dönhoff.[25] Bald gehörte Hartmut zur Familie, mit ihm ritt sie Pferde ein, das höchste aller Vergnügen. Auch diese Jugendfreundschaft hielt ein Leben lang, so gern, wie er schon Friedrichstein besucht hatte, reiste er später auch nach Schloss Crottorf. Dort, bei Hermann Hatzfeldt, traf sich gelegentlich die Familie der Gleichgesinnten, jeder hatte sein eigenes Zim-

Hartmut von Hentig (1925 in Posen geboren) zählt zu den einflussreichsten liberalen Pädagogen der Bundesrepublik. Schon als Jugendlicher war er mit seinem Vater oft Gast auf Schloss Friedrichstein, die Journalistin schätzte seine Leitidee einer emanzipierten Bürgergesellschaft und gab dem liberalen Autor gern Raum.

mer, Hentig liebte besonders die ausgedehnten Spaziergänge und den Passions- oder Kreuzweg mit den «Fußfällen», denen er ein kleines, gelehrtes Büchlein widmete. Marion Dönhoff war dort nicht Hausherrin, wohl aber der gute Geist, um den sich alle scharten. Ralf Dahrendorf übrigens – à propos «protestantische Mafia» – reihte sich selbstredend darunter, ebenso wie Fritz Stern.

Hartmut von Hentig diente während der Kriegsjahre im Insterburger Reiterregiment, Richard von Weizsäcker und Axel von dem Bussche (Infanterieregiment 9) zählten zu seinen frühen Bekannten und Freunden. Im Sommer 1944 verbrachte er als Rekonvaleszent einen zweimonatigen Genesungsurlaub auf Quittainen, dem Fideikommiss-Gut der Dönhoffs, das Marion betreute. Er genoss das Leben am Rande, eine Idylle inmitten des Krieges. In diesen Wochen bat sie ihn, ihr Lieblingspferd, den Fuchs Alarich, von Friedrichstein im Osten Ostpreußens nach Quittainen im Westen zu reiten. Als Gutsverwalterin musste sie vorsichtig sein, Absatzbewegungen wurden als «Verrat am Endsieg» geahndet, aber sie wollte vorbereitet sein, sobald der Treck westwärts genehmigt würde. Hentig brachte das Pferd nach Quittainen, drei Tagesetappen von dreißig Kilometern, vier Übernachtungen «auf Ostpreußens schönsten Gütern», wie er notierte.[26]

Ihrem Freund Hartmut gab sie später zum Studium in New York Adressen mit, bei denen er sich melden sollte, Eric Warburg und Christa von Tippelskirch. Hans Rothfels sollte er gleichfalls Grüße bestellen, dem emigrierten Historiker, den sie aus Ostpreußen kannte.[27] Kurzum, Hentig war damit eingebettet in ihr großes Netz.

Wieder muss man fragen: Ob sie Hartmut von Hentig auch noch verteidigt hätte, als ruchbar wurde, dass dessen Lebensgefährte Gerold Becker – auch er einer der protestantischen Autoren in ihrer Zeitung – als einer der Hauptverantwortlichen für den Missbrauchsskandal an der Odenwaldschule belastet wurde? Erlebt hat sie diese Debatte nicht mehr, mit der die ganze Reformpädagogik der siebziger Jahre, ein Markenzeichen der ZEIT, in Misskredit geriet. Wieder kann man nur mutmaßen. Aber ich glaube, wie im Falle Eschenburgs oder Beckers dürfte auch für Hentig zutreffen, dass ihr die Loyalität gegenüber Freunden über alles ging. Hinzu kam, dass Hentig selbst sich nichts hatte zu Schulden kommen lassen, nur wollte er sich, loyal bis zuletzt, von seiner Freundschaft zu Gerold Becker nicht öffentlich lossagen.

Von diesen Freunden, der «protestantischen Mafia», von Ralf Dahrendorf und all jenen, deren Stimme sie schätzten, lernte die Republik auf der Suche nach sich selbst, und sie lernte mit. Daran gemessen wäre ihr die Kritik an Eschenburg, an Becker oder an Hentig vermutlich als lästige Quisquilie erschienen. Ein paar Flecken auf der Biographie machen eine Lebensleistung nicht wett.

Ins Pantheon der «Menschen, die wissen, worum es geht», nahm sie als einzigen Reformpädagogen Ivan Illich auf. Sie liebte solche unorthodoxen Gestalten, die in kein Schema passten und nur ihrer inneren Stimme folgten. Auch in ihre Galerie der «Weggefährten» schaffte es nicht Hartmut, wohl aber Otto von Hentig, der Vater. Das hatte seine Gründe.

«Partisanen der Freiheit», betitelte Marion Dönhoff dieses Kapitel in ihrem Buch, in dem sie ihre Heldinnen und Helden präsentierte: Helen Suzman, Andrej Sacharow, Nelson Mandela, Robert Havemann, Satyanarayan Sinha, und aus dem ersten Leben Albrecht Graf von Bernstorff, Peter Graf Yorck von Wartenburg, Gerhard Graf Schwerin. Ohne dieses liebevolle Portrait des «Partisanen» und Exzentrikers wird man Marion Dönhoff kaum ganz verstehen, scheint mir.

Als Kind, erinnerte sie sich amüsiert, hatte sie ein seltsames Wortgebilde im Ohr, «Ottohentig». Erst später habe sie entdeckt, dass es sich um Vor- und Nachnamen eines außergewöhnlichen Mannes handelte. Wie ein Schlachtruf klang es, wenn die großen Geschwister geheimnisvoll von diesem «Ottohentig» sprachen, alles schwang mit, Verheißung, Abenteuer, Sieg, Hingabe, Opferbereitschaft, es musste aufregend gewesen sein, mit ihm am Kamin zu sitzen und zuzuhören. Militärdienst hatte der Junge aus universell gebildetem Hause bei den Dritten Kürassieren in Königsberg geleistet. Ihr Vater, das beobachtete sie, unterhielt sich gern mit ihm über Weltpolitik – und sämtliche Geschwister hingen an seinen Lippen. Kein Pferd war ihm zu wild, keine Strapaze groß genug.

Otto kannte Friedrichstein bereits aus der Zeit vor dem Ersten Weltkrieg. An das Ambiente im Jahr 1902 erinnerte er sich nicht ohne nostalgische Gefühle: «In Königsberg holte uns ein Rappen-Viererzug und ein Gepäckwagen ab. Die Eltern bezogen regelmäßig die ‹Königsstuben›, die Räume also, in denen seit Friedrich Wilhelm I., mit Ausnahme des Alten Fritz, alle preußischen Könige gewohnt hatten. Uns Kindern waren die dahinter gelegenen Räume angewiesen. Unmittelbar nachdem Graf August die Morgenandacht mit etwa 21 zum Teil sehr anziehenden, jungen, sämtlich rosa uniformierten Stuben- und Küchenmädchen, dem ersten, zweiten und dritten Diener abgehalten hatte, kam auf einer riesigen Silberplatte das exzellente Frühstück. Mittags ein förmliches Frühstück, dann ein high tea und jeden Abend Dinner mit Gästen aus der Umgebung und der Stadt Königsberg – außerdem mindestens zwanzig ständige Besucher aus Diplomatie, Hoch und Geistesadel.»

Gar nicht genug konnte sie wiedergeben von seiner eigentümlichen Lebensgeschichte. Wie sie das liebte, das Leben als einziges großes Abenteuer. Nie ordnete er sich unter, und dabei war er zugleich ein pflichtgetreuer Beamter, der seinem Land dienen wollte – hinreißender konnte die Kombination für Marion Dönhoff kaum sein. Soviel Phantasie, diese unbegrenzte Arbeitskraft! «Mein Leben eine Dienstreise» betitelte er seine Autobiographie, die damals Aufsehen erregte. In knappen Worten schilderte er darin seine abenteuerliche Mission nach Afghanistan im Ersten Weltkrieg, die ihn über die Wüste Gobi und die USA erst nach Kriegsende nach Berlin zurückbrachte. Der schwedische Entdeckungsreisende und Reiseschriftsteller Sven Hedin betrachtete ihn als Seinesgleichen – aus diesem Mund ein Ritterschlag.

Kompromisslos wandte er sich gegen das Dritte Reich, rettete Juden das Leben, im Amt hing ein Bild von August Bebel – «er hatte eine gewisse Neigung, immer dagegen zu sein». Später dann war er gegen den Kalten Krieg, gegen die einseitige Option für den Westen, gegen das Einreihen in ein Blocksystem, für die Wiedervereinigung und darum für Neutralisierung.

Etwas von ihrem eigenen Lebenstraum realisierte zweifellos dieser seltsame Heilige «Ottohentig». So wohlgeordnet ihre Karriere und ihr Alltag erschienen und so wenig Exzentrisches – vom Zweisitzer aus Zuffenhausen abgesehen – sie sich in ihrem Leben erlaubte, es stand etwas von Sehnsucht nach dem ganz Anderen, Ungeordneten, nach grenzenloser Freiheit zwischen den Zeilen bei ihr. Er blieb eine schöne Reminiszenz an ihre Heimat und Chiffre für ein unorthodoxes Leben, wie sie es vielleicht für sich selbst erträumt hätte.

Ihre begeisterte Zustimmung zu Carl Friedrich Weizsäcker habe ihn immer geärgert, gestand er ihr offen. Umso mehr freue ihn ihre Kritik wegen seines Verhaltens bei der Suche nach einem neuen Bundespräsidenten. Schon, dass er «mit der Bombe», nicht gegen sie leben wollte, habe ihn gegen Weizsäcker aufgebracht. Ingrimmig fuhr der alte Hentig fort: «Schließlich war er sich seiner eigenen widerspruchsvollen Hohlheit im tiefsten Herzen bewusst». Seine «flache Philosophie, die kritiklos geschätzt wurde, wäre unrettbar zutagegekommen» im Präsidentenamt, davor aber habe er sich gefürchtet. Einzige Entschuldigung sei «eine vom Vater geerbte Feigheit. (Jener lieferte Hassell und Kameraden an Hitler aus.)» Seinen Brief beschloss er mit der Bemerkung, ihre Wahl in die Villa Hammerschmidt wäre «der Tag der Frauen geworden und hätte so eine wirkliche Wende bringen können, denn jetzt haben wir einen Verehrer Adenauers, von F. J. S. protegiert, an der Spitze.»[28]

Ein Lob mit Widerhaken war das natürlich. «Ottohentig» konnte nicht anders. Ihre Freundschaft hielt das aus.

IX

«Sehr geehrter Herr Wehler, Ihren Artikel über die
preußischen Junker, die Sie als Steigbügelhalter Hitlers
bezeichnen, fand ich schon überraschend»
Das Lebensleitmotiv

Unerwarteten Besuch erhielten Clarita von Trott zu Solz und ihre
kleinen Töchter im Sommer 1945. Marion Dönhoff fuhr in Imshausen vor, der alten Trottschen Familienheimat in Waldhessen nahe
Kassel, im offenen Cabriolet, ein ihr unbekannter Amerikaner am
Steuer. Ein knappes Jahr zuvor war ihr Mann, Adam von Trott, als
Mittäter des 20. Juli von Roland Freisler vor dem Volksgerichtshof
verurteilt und in Plötzensee gehenkt worden. Die Besucherin kam
herüber aus dem niedersächsischen Brunkensen. Sie wollte sich ein
Bild von der Situation der hinterbliebenen Familien machen, wie sie
sagte. Die Witwe Trotts (1917 in Hamburg als Clarita Tiefenbacher
geboren), die nach dem Krieg als Psychoanalytikerin arbeitete,
kannte bis dahin Marion Dönhoff nur dem Namen nach. Es waren
nicht die einzigen Angehörigen der Ermordeten, die sie besuchte,
und ihr Interesse an der Entwicklung der Trott-Töchter beschränkte
sich auch nicht nur auf diesen Tag, wie Clarita ausdrücklich festhielt.

Selbstverständlich war das zum damaligen Zeitpunkt keineswegs. Den Widerstand überschattete immer noch ein seltsames
Zwielicht, als hätten sich nicht die NS-Machthaber, die den Krieg

und das Morden auslösten, sondern die Attentäter moralisch diskreditiert.

Im Rückblick, sechzig Jahre nach dem Attentat, hob Clarita
Trott in einem Interview aber gar nicht so sehr diesen Überra-
schungsbesuch hervor, vor allem wollte sie Marion Dönhoff Respekt wegen ihrer Bemühungen zu diesem frühen Zeitpunkt und
gegen die verbreiteten Ressentiments bekunden, die Männer des
20. Juli angemessen zu würdigen. Gefragt, ob sie sich nicht «gewundert» habe darüber, wie wenig das Attentat im Bewusstsein der
Öffentlichkeit verankert sei, konstatierte sie nüchtern, es sei leider
unausweichlich, «dass Leute, die sich kompromittiert haben, nur
schwer umdenken können». «Warum soll man sich wundern», so
Clarita, «wenn Menschen, die in Scharen Hitler gewählt hatten,
dann ihrem Glauben weiter anhängen müssen.» Und weiter: «Sie
würden ja sonst ins Nichts fallen. Natürlich wollten sie hinterher
nichts davon hören, dass es Mitbürger gab, für die Menschenwürde
und Mitmenschlichkeit den höchsten Wert hatten.» Ausdrücklich
wollte sie Marion Dönhoff bescheinigen, «die schwer erträgliche
Mauer der stummen Ablehnung, die wir in der Öffentlichkeit fast
überall um uns herum spürten», ganz gezielt angegriffen zu haben.

In den Sinn kam ihr bei der Gelegenheit eine kleine, eher beiläu-
fige Bemerkung ihres Mannes kurz vor dem Attentat aus scheinbar
heiterem Himmel, die sie so in Erinnerung behalten hatte: In den
Ferien Ende Juli 1944, so Adam, sollten sie gemeinsam «Marion» in
Ostpreußen besuchen. «Schleierhaft» sei ihr noch bis heute, was er
sich dabei vorgestellt habe.

Selbst wenn Adam Trott nur laut nachdachte und das Notwen-
digste andeuten wollte, ohne es auszusprechen – seine Bemerkung
über «Marion» erscheint umso überraschender, als sie sich nicht
persönlich kannten. Imshausen lag fern im Westen. Dennoch musste
ihm der Name der Ostpreußin bestens vertraut sein. Claritas Bericht war damit aber noch nicht zu Ende. Sie selbst habe bereits
damals «für die mir persönlich Unbekannte eine große Hochach-
tung und Bewunderung» empfunden. Zu diesem Ruf, den Marion
Dönhoff schon in ihrer Familie genoss, könne es nur durch Berichte
gekommen sein, «die ich im Umkreis meines Mannes gehört haben

muss». Sie erinnerte sich dann an einen Besuch in Berlin, von Imshausen aus, wahrscheinlich im Frühsommer 1944. Ihr Mann brachte Hans von Haeften mit nach Hause in ihr Dahlemer Domizil. Er wohnte in der Nähe, und auch er war involviert in den Attentatsplan. Zu dritt gingen sie spazieren. Clarita weiter: «Die beiden Männer diskutierten über die Besetzung der höchsten Staatsämter nach dem Tage X – es ging, meine ich, um ‹Landesverweser›. Dabei streiften sie die Möglichkeit einer konstitutionellen Monarchie. Ich ging hinter den beiden, weil der Weg so schmal war, und versuchte gleichzeitig, jedes Wort mitzubekommen. Einer von ihnen – wahrscheinlich war es mein Mann – sagte: ‹Die Männer haben doch abgewirtschaftet, warum sollte es nicht einmal eine Frau sein?› Der Gedanke elektrisierte mich. Ich überlegte. Und ich erinnere, wie ich plötzlich glaubte, mir wäre die Non-plus-ultra-Lösung eingefallen, und wie ich – ein wenig als Stimme aus dem Hintergrund – die Frage stellte: ‹Königin Marion?!›»

Auch die Frage, wie weit nach ihrer Ansicht Marion Dönhoff in die Pläne der Männer vom 20. Juli eingeweiht war, beantwortete Clarita von Trott lakonisch und plausibel: «Soweit wie die Männer selbst. Das heißt, jeder wusste immer das, was für ihn selbst notwendig war. Und Marion war gewiss eine der wichtigsten Vertrauenspersonen in Ostpreußen».[1]

Eingebunden in konkrete Pläne war sie vermutlich nur so weit, wie Clarita Trott es vermutete: Sie wusste das, was für sie notwendig war. Trotts Frau war jedenfalls nicht entgangen, welchen Respekt Marion in diesem Kreis genoss. Daraus resultierte ganz offenkundig die innere Verpflichtung, sich um die Lebenden zu kümmern wie um die Toten.

Ähnliche Lebenserfahrungen müssen es gewesen sein, die Marion Dönhoff und Christabel Bielenberg zusammenschweißten. Widerständler gehörten zu ihren engsten Freunden, und beide ließ deren Schicksal nicht los. Christabel war zwar nicht aufgewachsen mit Spielgefährten wie Lehndorff, aber auch sie, eine Engländerin, hatte einige der Männer vom 20. Juli kennengelernt, und sie machte es sich zur Lebensaufgabe, sich praktisch vom Tag danach an fürsorg-

Christabel Bielenberg, im gleichen Jahr geboren wie Marion Dönhoff, hatte einen deutschen Anwalt geheiratet und die deutsche Staatsbürgerschaft angenommen. Ihr Mann, Peter Bielenberg, war eng befreundet mit Adam Trott. In ihren Memoiren («Als ich Deutsche war») erinnerte sie daran. Die Freundinnen Marion und Christabel zweifelten nie an Trotts Integrität – und an der Ernsthaftigkeit der deutschen Opposition, die sich vergebens um Unterstützung in London gegen Hitler bemühte. Nach dem Krieg bauten die Bielenbergs sich in Irland (Munny House) eine neue Existenz auf und widmeten sich insbesondere den Hinterbliebenen der Widerständler vom 20. Juli 1944. Zeitweise überlegte Marion Dönhoff, sich gleichfalls an der Seite ihrer Freundin in Irland eine neue Existenz aufzubauen.

lich um die Hinterbliebenen zu kümmern. Ein größerer Gleichklang als der zwischen den beiden Frauen nach Kriegsende, moralisch, intellektuell, menschlich, scheint mir kaum vorstellbar.[2]

Anfang der dreißiger Jahre hatte die junge Frau aus britisch-irischem Haus in Hamburg den Deutschen Peter Bielenberg kennengelernt und 1934 geheiratet. Während seines Jurastudiums befreundete Peter sich eng mit Adam Trott. Erschrocken über die anhaltende Hitler-Begeisterung während der folgenden Jahre, die doch mit ihrem martialischen Auftreten, dem Terror nach innen und den Drohgebärden nach außen den Deutschen hätten die Augen öffnen müssen, wollten die Bielenbergs 1938 nach Großbritannien übersiedeln. Ihr Mann Peter, ein junger Anwalt, so schilderte es Christabel Bielenberg in ihrer bewegenden Lebensgeschichte,[3] besuchte seinen Kommilitonen Adam Trott, der gerade von einer zweijährigen Auslandsreise (China) zurückgekehrt war, in seiner hessischen Heimat. Trott setzte alles daran, seinen Freund Bielenberg von seinem geplanten Umzug nach England abzubringen. Er dürfe nicht «der ‹deutschen Frage› den Rücken zuwenden», beschwor er ihn. Peter entschloss sich, auf Trotts Drängen hin, sich um eine Stelle im Berliner Wirtschaftsministerium zu bewerben.[4] Christabel gab ihren britischen Paß zurück. Trott wiederum, dem die Welt offenzustehen schien, trat eine Stelle im Außenministerium an. Voraussetzung war – zu dem Zeitpunkt jedenfalls –, dass er in die NSDAP eintrat.

In Dahlem, wo sie seit 1939 wohnten, traf sich die Opposition. Hier im Nobelviertel Berlins lernten sich auch Marion Dönhoff und Christabel Bielenberg kennen. Bald nach dem gescheiterten Attentat, am 6. August 1944, wurde Peter Bielenberg wegen seiner Kontakte zu Widerständlern verhaftet und ins KZ Ravensbrück deportiert. Dass sein Freund Adam hingerichtet wurde (am 28. August), erfuhr er zunächst nicht. Christabel kämpfte unermüdlich darum, ihren Mann aus den Händen der Gestapo zu befreien. Peter Bielenberg überlebte glücklich in einem Strafbataillon.

Drei Jahre nach Kriegsende, 1948, gaben beide auf: Nachkriegsdeutschland, zog Christabel resigniert einen Strich, erscheine ihr zu larmoyant. Vollends zermürbte sie beide, dass die Widerständler als «Landesverräter» diffamiert wurden. Die Bielenbergs richteten sich in einer verfallenen Farm im irischen Munny House ein und betrieben seitdem eine Landwirtschaft, allerdings stand ihr Haus auch Freunden stets offen – Marion Dönhoff gehörte schon bald zu den häufigen Gästen. Dankbar war sie der britischen Freundin besonders dafür, dass sie für die Hinterbliebenen der Widerstandskämpfer eine Stiftung ins Leben gerufen hatte. Auch David Astor gewannen sie für ihr Hilfsprojekt. Vor allem Kinder und Witwen der Widerständler konnten sich seitdem auf ihrer Farm erholen. Für Marion Dönhoff und David Astor wurde Munny House rasch auch «eine Art psychischer Stützpunkt» (Christabel Bielenberg).

Derart verführerisch muss Marion Dönhoff dieses freie Leben in Munny House erschienen sein, dass sie zeitweise verlockt war, den Journalismus gleich wieder an den Nagel zu hängen. Einsam fühlte sich die Freundin, erinnert sich Christabel Bielenberg, sie träumte von unbegrenzten Landstrichen, von den verlorenen Besitztümern in Ostpreußen. Wenn man Visa bekommen könne für Irland oder Kanada für ihre verstreute Familie und zwei gute Freunde, die auch Erfahrungen hatten als Gutsverwalter, warum könne man dann nicht alle Kräfte bündeln und eine «Kooperative» gründen, wieder aufs Land zurückkehren und ein neues Leben beginnen?[5]

Marion Dönhoff folgte ihrem Gefühl und blieb Journalistin. Genauer hat sie nie begründet, weshalb. Bewusst oder unbewusst wollte sie einen tieferen Schnitt machen. Ein Landsitz in Irland wie Munny House, wäre das nicht ein Ersatz für Friedrichstein? Friedrichstein aber, das wusste sie im gleichen Augenblick, ließ sich nicht ersetzen. Sie wollte nichts kompensieren. Sie glaubte, das Verlorene nur bewahren zu können, wenn sie etwas wirklich Neues beginnt.

Ihr Bruder Dieter allerdings, der nach Kriegsende sein Glück mit einem Renngestüt versucht hatte, baute sich wenig später mit Hilfe von Peter und Chris eine Existenz als Landwirt und Pferdezüchter in Irland auf.

Mit Chris zusammen zu sein, bedeutete ihr mehr Vergnügen als mit irgendjemanden sonst, erinnert sich Hermann Hatzfeldt. Kaum hatten sie sich zum gemeinsamen Urlaub getroffen, hörte man ihr dröhnendes Lachen hinter den dünnen Wänden von Forio. Chris war auf ansteckende Weise lebenslustig, ironisch, vergnügt – aber

das konnte auch Marion sein. Politisch stimmten sie nahtlos überein. Beide liebten gemeinsame Reisen. Beide vertrauten sie ihrem
Instinkt. Formale Kriterien verachteten sie. Sie liebten das Unorthodoxe. Chris und Marion: Lebensläufe dürfen Sprünge aufweisen
und verlaufen nicht immer geradlinig, auch darin stimmten sie
überein. Es gibt im wirklichen Leben nicht nur schwarz oder weiß,
böse oder gut, falsch oder richtig.

Ihre Freundschaft ähnelte am ehesten jener zwischen Marion
und ihrer älteren Schwester Yvonne, der abenteuerlustigen Reisege-
fährtin über lange Jahre, Hausherrin in Forio, dem zweiten Zentrum der Familie. Hier genossen die Schwestern das Leben – auf
Ischia ließ sich auch «contessa» Marion gern bewundern von jungen Italienern –, hierhin lud sie Freunde ein wie Haug von Kuenheim, Ralf Dahrendorf, Fritz Stern. Auf der illustren Gästeliste
fanden sich auch Namen wie Werner Heisenberg oder Nahum
Goldmann. Eine solche Einladung auf die Insel blieb allerdings ein
Orden, den sie nur sorgsam verlieh.

Ähnlich vertraut wie zwischen Marion und Christabel nehmen sich
nur noch die Bande zu Christa Armstrong aus. Kennengelernt hatten
sie sich im Sommer 1937, Christa (geborene Tippelskirch), Jahrgang
1917, im westpreußischen Marienwerder getauft, sollte bei Marions
Mutter (in Barthen, das gleichfalls zu den Gütern gehörte) das Kochen erlernen. Marion, acht Jahre älter, verwaltete damals schon
Quittainen. Verwandt waren sie auch untereinander, irgendwie jedenfalls, erzählte Christa belustigt, denn wenn man mit den Kanitzens
oder Dohnas verwandt gewesen sei wie sie, «war man mit allen verwandt».[6] Ähnlich wie Marion war sie auf ihrer Schule in Potsdam das
einzige Mädchen in der Klasse. Durchbeißen mussten sie sich gegen
die Jungen, und das setzte sich später ja fort – an der Universität, in
der ZEIT, wo Christa als Volontärin begann, während Marion bereits als Redakteurin einstieg, die sich gegen Männer behaupten
musste … Allein schon wegen solcher ähnlichen Erfahrungen, erinnerte Christa sich, habe sie sich so gut mit Marion verstanden, «wir
wussten immer, wo es langgeht». Marions Grundhaltung beschrieb
die Freundin, eine hervorragende Beobachterin, lapidar folgender-

maßen: «I am one of the boys». Verwunderlich sei das nicht, fügte sie noch hinzu, wenn man mit Jungen aufwachse wie sie, auf Frauen war sie «nicht gut zu sprechen». Bei ihr habe sich das verloren, schwelgte die Freundin vergnügt weiter in der Erinnerung, bei Marion nicht.

Bald nach dem Krieg trafen sich die beiden wieder. Nur der engen Freundin mochte Marion anvertrauen, in der Nacht habe eine Frau an ihrem Bett gesessen und sie traurig betrachtet, jeden Abend erlebe sie das inzwischen. Hungerphantasien, vermutete Christa, tagsüber plagten sie solche Erscheinungen nicht. Für einige Zeit zog die Freundin daher in das Haus der Blumenfelds mit ein, Tür an Tür neben dem Zimmer Marions, um sie nicht alleine ihren Ängsten zu überlassen.

Marion Dönhoff erholte sich bald, sie war «wahnsinnig diszipliniert». Christa zog zu Bekannten in die Schweiz, um sich zu regenerieren – zu Theodora von der Mühll, einer Schwester Carl Jacob Burckhardts, damals Schweizer Gesandter in Paris ... Man liest es und wird das Gefühl nicht los, dass man sich in einer einzigen Großfamilie bewege, die sich quer durch Europa verzweigte.[7]

Ihre Wege trennten sich, wenn auch nicht lange, seit Christa sich 1948 entschlossen hatte, ihren Lebensunterhalt in den USA zu verdienen. Als «Haudegen» beschrieb Christa – erfrischend klischeefrei und ähnlich ironisch wie Christabel – die Freundin, nie zimperlich, eine Journalistin, die wusste, was sie wollte. Privates und Berufliches vermischte sich bei ihr, wie so oft: Die beiden Frauen liebten gemeinsame Reisen und verstanden sich blendend, eine bessere Washingtoner Kontaktperson als Hamilton Armstrong konnte sie sich wiederum nicht wünschen. Armstrong war in der Hauptstadt die «Spinne im Netz» (Hermann Hatzfeldt) und öffnete ihr viele Türen.

Zu Recht fiel es ihrer Freundin auf, dass es fast ausschließlich Männer waren, deren Urteil Marion Dönhoff als Journalistin suchte. Frauen kamen ihr einfach «unnütz» vor, lästerte Christa amüsiert. Die Frau Carl Jacob Burckhardts – «Luft». Henry Kissingers Gattin – «ein Kleiderständer», so Christa. Bildete Yvonne eine Ausnahme? Christa beim lauten Nachdenken: Als Schwestern liebten sie sich, aber vielleicht hatte Marion gegenüber der «schönen

Weiblichkeit von Yvonne», «unwiderstehlich, unglaublich schön», einen Inferioritätskomplex? Ihr fiel das deshalb besonders auf, weil Marion doch eigentlich «immer ein bisschen superior» gewesen sei, nicht wahr? Beste Freundinnen dürfen das voneinander sagen.

Wie immer ihr Verhältnis zu Frauen war – eine bekennende Feministin wollte sie ausdrücklich nicht sein, weil sie das Gefühl hatte, sich ihre Eigenständigkeit in der Männerwelt schon erfolgreich erkämpft zu haben, lange bevor es den Begriff gab. Allerdings entschloss sie sich nicht zufällig, sich Alice Schwarzer zu Gesprächen über eine Biographie zur Verfügung zu stellen. Das war als Anerkennung für die öffentliche Rolle von Alice Schwarzer gemeint.

Den drei Frauen aus ihrer Generation jedenfalls, Christabel, Yvonne und Christa, fühlte sie sich besonders nahe. Mit Chris vom Landleben unter irischem Himmel träumen, mit Yvonne im offenen Cabriolet Südeuropa erobern, mit Christa auf Ischia in Erinnerungen an Quittainen schwelgen und das mediterrane Dolce Vita genießen – es gab nichts Schöneres.

Die Freundschaft zu Chris Bielenberg, das bleibt unter dem Strich, ragte wohl auf besondere Weise heraus. Der Grund liegt auf der Hand. Die beiden Frauen genossen nicht nur gerne das Leben, sie standen sich nicht nur politisch nahe; die Erinnerung an den Kreis außergewöhnlicher Männer band sie aneinander, mit dem sich ihre Lebenswege gekreuzt hatten. Sie mussten es sich gar nicht vornehmen, es war einfach ein unumstößliches Faktum, der Widerstand blieb das wahre «mentale Zentrum ihrer Biographie», bei beiden, ihr Leben lang.

Einigen Stationen auf dieser Spur, der Marion Dönhoff von 1945 bis zu ihrem Tod treu blieb, möchte ich hier noch einmal genauer nachgehen, weil sie erst klarmachen, in welcher Intensität und Konsequenz sie die wechselnden Konjunkturen im Verhältnis zum Widerstand durchlebte.

Angefangen hat diese Geschichte mit den nationalkonservativ grundierten Vorbehalten gegenüber den Attentätern vom 20. Juli, die Rede war vom «neuen Dolchstoß» und «Landesverrat». Richtig ist sicher, wie schon gesagt, dass Marion Dönhoff vorrangig auf den Teil des Widerstands blickte, den sie kannte, zumal sie nur ihm zutraute, erfolgreich dem Hitler-Regime in den Arm fallen zu können. Gewünscht hätte auch ich mir, um es so zu sagen, dass sie auch geworben hätte für die nachträgliche Anerkennung mutiger Hitler-Gegner wie Georg Elser, der Weißen Rose, der Roten Kapelle, einiger Priester, vieler Sozialdemokraten und Kommunisten, all der Namenlosen, aber das kam bei ihr alles kaum vor. Ja, verhaftet blieb sie der Welt, die sie kannte, was auch nicht weiter verwunderlich ist. Das heißt aber alles nicht, sie habe die Opposition gegen Hitler insgesamt relativiert. Vor der inneren Haltung hatte sie großen Respekt. Nur meinte sie, und so ist es auch nachvollziehbar, mit «Haltung» allein könne man den Diktator nicht besiegen. Gestürzt konnte er nur von innen heraus werden, da war sie sich sicher. Und dieses Ziel schien ihr wichtiger als vielen Oppositionellen, denen es darum ging, dem Widerstand eine breitere Plattform zu geben, Widerstandszellen zu bilden (Weiße Rose, Rote Kapelle), jedenfalls der Anhängerschaft die Augen über das NS-Regime zu öffnen. Dem galten ihre Sympathien, ihr Lebensthema wurde es nicht.

1945. In den letzten Kriegswirren, als die Rote Armee sich schon näherte, am 14. Januar 1945 nahm sich Marion Dönhoff die Zeit, einen ausführlichen Brief an Professor Walter F. Otto zu schreiben, mit dem sie ein freundschaftliches, vertrauensvolles Verhältnis verband. Kennengelernt hatte sie ihn als Studentin in Frankfurt in dem Professorenkreis, der sich so gerne mit der jungen Adligen aus Ostpreußen dekorierte. Später besuchte sie der namhafte Gräzist gelegentlich in Friedrichstein, und sie liebte es, als Gasthörerin in Königsberg seinen Vorlesungen zu folgen. Inmitten des Jahres 1944 war er allerdings in den Westen geflüchtet. Kaum einer ihrer Briefe klingt schöner und zugleich trauriger als dieser, in ungewohnter Offenherzigkeit schilderte sie dem älteren Freund ihre Seelenlage: «Seit heute früh hören wir nun wieder den festen Donner der Geschütze und harren der Dinge, die da kommen, und man tut das eigentlich völlig wunsch- und leidenschaftslos und mit dem Gefühl dessen, der einer Feuersbrunst zusieht und genau weiß, dass die Flammen alles vernichten, und sich nur noch fragt, ob es zwei oder drei Stunden dauert, bis es soweit ist. Es sind und geschehen weiter so ungeheuerliche Dinge, dass dies alles nicht mehr so wichtig erscheint – ‹was ich besitze, seh ich in Weiten und was verschwand, wird mir zu Wirklichkeiten.› Das ist eigentlich im Letzten das Lebensgefühl, das einen vorwiegend beherrscht. Oft, wenn ich im Walde bin oder in den Ställen oder durch die Räume in Friedrichstein gehe und darüber nachdenke, was man eines Tages zurücklassen wird, scheint es mir gar nicht so viel, weil ich das Gefühl habe, dass die einzige Realität dieser Welt in den paar Bänden beschlossen liegt, die auf meinem Regal stehen, und noch einigen, die dort fehlen … Ich habe all meine Freunde verloren, manche von ihnen haben mein Leben seit zwei Jahrzehnten begleitet und erfüllt, und sie waren mir wichtiger als alles andere. Ich vermag nicht mehr um sie zu trauern und wünsche die Toten nicht zurück in diese dumpfe Welt – nur eines wünsche ich mir, dass sie uns nah blieben und dass ich nie einen Tag lang vergesse, woran sie geglaubt und wofür sie gekämpft haben. Ich bin dankbar zu wissen, dass das Gefühl des Getrenntseins eines Tages nicht mehr sein wird».[8] Es sollte ihr letzter Brief aus Friedrichstein sein, sie ahnte es wohl schon beim Schreiben.

Es war die Stunde der wahren Empfindung. Die engsten Freunde tot, ein «Zurück» wünschte sie ihnen nicht, aber «nie einen Tag lang» wollte sie deren Erbe vergessen. Man muss dem existenziellen Tonfall ihres Briefes nur nachlauschen, um zu ermessen, was es bedeutet, wenn ihr später vorgehalten wurde, sie habe sich in das Widerstandsnarrativ «hineingeschrieben». Das Leben, so las sich das, hatte ihr eine Aufgabe gestellt.

1946. «In Memoriam. 20. Juli 1944»: Zum zweiten Gedenktag des Attentats legte sie, wie schon erwähnt, die erste deutsche Fassung ihrer Erinnerung an die Toten vor. Carl-Hans Graf Hardenberg, der selbst inhaftiert worden war, hatte Freunde und Angehörige angeregt, ihre Erinnerungen daran schriftlich festzuhalten. Auf Seite zwei war zu lesen: «Gedruckt in Maack's Buchdruckerei, Winsen (Luhe), in 160 nicht für den Handel bestimmten

Exemplaren.» Seite drei: «Marion Gräfin Dönhoff. Den Freunden zum Gedächtnis.»

Erst nach langem Zögern ließ Marion sich dazu überreden. Ohne viel Sinn für solche Zurückhaltung hatte sich ihre Biographin Alice Schwarzer ausdrücklich vorgenommen, die «hochmütige Bescheidenheit zu durchbrechen und Marion Dönhoffs Rolle im Widerstand endlich genau zu schildern». Sie brachte offenbar ihre Vorstellungen von der kombattiven Haltung der jungen Ostpreußin von vornherein zu den Gesprächen nach Hamburg mit.[9] Marion Dönhoff ließ sich darauf ein. Auf diese Darstellung ihrer eigenen Rolle aber sollten manche Irritationen zurückgehen.

«Man» habe sich ständig die Hetzreden und Jubelmeldungen von «Hitler und Goebbels und all diesen Verbrechern» anhören müssen, zwischen Erfolg und Terror, so gab Alice Schwarzer ihre Gespräche wieder, die das Gefühl auslösten, «es kann nicht so weitergehen, man muss ihn ausschalten – es geht gar nicht anders». Wer war «man», wollte die Autorin erfahren. Marion Dönhoff: «Das ist schwer zu vermitteln. Das war ja keine Organisation, der man beitrat. Das funktionierte ganz anders. Man kannte Leute, die dieselbe Geisteshaltung hatten wie man selbst … Es war alles sehr geheim, das war das Schwierige. Wir konnten noch nicht einmal untereinander telefonieren, geschweige denn schreiben. Wenn ich zum Beispiel nach Berlin kam, durfte ich niemanden anrufen, weil man mit Recht annahm, dass alle überwacht werden, eben alle, die nicht von morgens bis abends ‹Heil Hitler› schrieen».[10] So ritt sie mit Sissi Lehndorff im Spätsommer 1944 fünf Tage lang durch die nahen Wälder, kein Wort über Anschlagspläne fiel zwischen ihnen, trotz ihrer herzlichen Freundschaft. «Wir mussten ein Doppelleben führen, von Anfang an. Das mussten die Kinder schon. Im Schulaufsatz wurde Hitler gepriesen, und zu Hause hörten sie die Eltern schimpfen. Man musste diese zwei Leben, die gar nicht ineinanderpassten, säuberlich trennen. Auch meinen Leuten konnte ich nicht sagen, was ich wirklich dachte. Das hätte die furchtbar verletzt, sie hielten Hitler ja für die Rettung …»[11] In Friedrichstein sei sie als die «zwar nicht ergebene, aber doch regimetreue» Gutsherrin aufgetreten, gleichzeitig aber durch Ostpreußen gereist, «um die Fäden des Widerstandes zu knüpfen».

Also innere Emigration und engagierte Opposition zugleich? So liest es sich in der Wiedergabe, pointierter als in allen früheren Schilderungen – und durchaus plausibel, wie mir scheint. Die «Hauptaufgabe» von ihr sei die Verbindung zwischen Ostpreußen und Berlin gewesen, wo sie alle sechs Wochen Peter Yorck traf. Dazu wörtlich: «Ich musste zum Beispiel ergründen, wer in der Provinz – man sprach ja von Ostpreußen immer als ‹Provinz› im Gegensatz zum ‹Reich› – sofort nach dem Coup eliminiert werden müsste, weil er gefährlich ist; denn jeder Gauleiter hätte in dem Chaos nach Hitlers Tod ja den Bürgerkrieg ausrufen können, der Coup musste also schlagkräftig und flächendeckend sein. Gleichzeitig musste ich rausfinden, wer danach für den Aufbau eines freien Deutschlands brauchbar wäre. Das war ein verhältnismäßig gefährliches Geschäft, weil jeder, den man ansprach, einen auch hätte denunzieren können ...» In diesem Gespräch mit Alice Schwarzer fiel auch ihre Bemerkung, gewusst habe sie zwar von den Gräueltaten an der Front und in den besetzten Ländern, den Namen Auschwitz aber habe sie erstmals nach dem Krieg gehört.[12]

Weiter als 1996 in diesem Gespräch ist Marion Dönhoff davor und danach nicht gegangen, um ihre damalige Rolle im Gefüge des Widerstands zu beschreiben. Die Familien der Widerständler hätten sie nicht zu ihren Jahrestreffen eingeladen, weil sie schließlich «nicht dazu gehört» habe, wurde später eingewandt, um ihren Anteil zu relativieren. Zu den Hinterbliebenen des inneren Kreises der Offiziere hat sie natürlich nicht gezählt, das hat sie aber so auch nicht gegenüber Schwarzer behauptet. Sie war mit einigen der Männer befreundet, aber sie gehörte nun einmal nicht zu den Witwen. Anders als die Frauen der Ermordeten wurde sie daher auch nicht öffentlich geschnitten, im Gegenteil, sie wurde respektiert wie schon vor dem Krieg und hatte beruflich Erfolg. Warum sollte sie eingeladen werden zu solchen Familientreffen?

Von «Kampf» könne in ihrem Fall ohnehin nicht die Rede sein, hat dazu – wie schon erwähnt – Ralf Dahrendorf richtig angemerkt, der Widerstand im engen Sinne sei Männersache gewesen. Anders stellte sie es auch nicht dar. So hat sie, wie sie es formulierte, Heinrich Dohna «zur Mitwirkung geworben». Sie fügte allerdings noch den Satz hinzu, er sei hingerichtet worden, «obwohl er doch viel weniger beteiligt war als ich und auch weniger wusste».[13] Tatsächlich wurde Dohnas Name entdeckt auf einer Liste für Schlüssel-Positionen, die nach dem Tag X, dem Ende Hitlers, besetzt werden sollten. Sie selbst sei für kein Amt verwendbar, soll Marion Dönhoff damals gesagt haben, weil sie sich im Ernstfall um das Schicksal ihrer Leute – mehrere hundert Menschen – kümmern müsse.

Verübelt wurde ihr von Kritikern diese Bemerkung, Dohna sei «weniger beteiligt» gewesen, während sie sich gleichzeitig herausgehalten habe. Aber warum sollte sie nicht wirklich glauben, enger einbezogen gewesen zu sein, mehr gewusst zu haben als Dohna? Hermann Hatzfeldt erklärt es so: Sie schilderte schlicht einen Sachverhalt, aus ihrer Sicht. Da dieser Freund, der nicht einmal sonderlich tief eingeweiht war, trotzdem sterben musste, fühlte sie sich schuldig an seinem Tod – denn sie war es doch, die ihn angesprochen und seinen Namen weitergegeben hatte.

Die gravierendere Frage bleibt, weshalb in so ungewöhnlicher Weise – wie schon im Januar 1945 in ihrem Brief an Walter F. Otto vorausgeahnt – die Erinnerung an den Widerstand der *basso continuo* ihres Lebens geworden ist, der bis zuletzt durchklang. Ich möchte deshalb noch einmal auf das Manifest aus dem Jahr 1946 zurückkommen, das den Ausgangspunkt für sie bildete.

Schon die gestanzten Worte zu Beginn des Textes verrieten, dass es sich für sie um eine existenzielle Erfahrung handelte, die sie aufschreiben und weitergeben wollte: «Zum wiederholten Mal jährt sich der Tag, an dem Deutschland mit einem Schlage seine besten, seine letzten wirklichen Patrioten verloren hat. Mitten in dem jahrzehntelangen nicht enden wollenden Sterben an den Fronten und in dem wachsenden Chaos daheim hatten sich noch einmal die Besten des Landes in einer letzten großen Kraftanstrengung erhoben ... Alle Schichten des deutschen Volkes, die Arbeiter und Gewerkschaften, die Wissenschaft, der Generalstab und das Heer, der landangesessene Adel und die Beamtenschaft bis hinauf in die Ministerien, jeder hatte das Beste, was in seinen Reihen stand, zur Verfügung gestellt, wissend, dass nur das schwerste Opfer Gnade finden kann als Sühne für Vergangenes und als Saat für die Zukunft. Ein einziger Tag, der 20. Juli 1944, hat alle Hoffnungen zunichte gemacht und alle Menschen, aus deren Sein und Handeln, aus deren Wesen und Erkennen die geistige Erneuerung und der Wiederaufbau des Landes Gestalt gewinnen sollte, mit einem tödlichen Schlag ausgelöscht.»

Bemerkenswert ist der Passus deshalb, weil er klarmacht: Wie es da steht, hat sie durchaus gesehen, dass die Opposition sich nicht nur auf den 20. Juli und die Offiziere sowie den Attentatsversuch beschränkte. Für sie überwog aber unzweifelhaft der symbolische Wert des Attentats, in Stauffenbergs Akt kulminierten alle verschiedenen Anläufe, dem Regime ein Ende zu setzen. Deshalb war es auch nicht wirklich gescheitert. Die Tat gab es. Sie suchte nur nach dem gemeinsamen Nenner für alle, die sich beteiligten. Sich selbst hat sie nicht verkleidet und zur Demokratin der ersten Stunde erklärt, sie hat die Offiziere auch nicht als linke Rebellen illuminiert. Stauffenberg war nicht Che Guevara. Man kann auch argumentieren, sie leugnete nicht ihre Herkunft; sie gehörte tatsächlich zur konservativen Adelsrepublik, einer Welt für sich, verstand sich als Erbwalterin einer Jahrhunderttradition, und als solche verteidigte sie tatsächlich etwas, was sie ewige Prinzipien nannte. Der Kampf der Männer vom 20. Juli richtete sich gegen das «Böse». Sie konnte sich gut in sie hineinversetzen, wahrscheinlich erging es ihr ebenso. Sie war damals noch keine fertige politische Person. Ja, die Kritik am Regime hatte «metaphysische Wurzeln». Für sie schloss diese Formel ein klares politisches Urteil über die neuen Machthaber keineswegs aus. Unpolitisch erscheint tatsächlich auch die Studentin Marion Dönhoff nicht: Ich stelle mir vor, dass sie damals beides zugleich war, «rote Gräfin» und konservativ, getreu ihrer ewigen Formel, leidenschaftlich an Vergangenem festzuhalten, vor allem an Maßstäben und einer inneren Haltung, aber sich begierig einzulassen auf alles Neue, wenn es nicht die eigene Welt pervertiert.

Ja, sie hatte äußerst konservative Freunde (ebenso wie revolutionäre, linke), die sich schon 1932/33 begeistert in die Arme der NSDAP stürzten, die antisemitisch dachten und blind das neue Zeitalter herbeitrommelten – und auch zu denen stand sie, wenn sie sich aus diesen Fesseln irgendwann befreiten. Nach politischen Kriterien sortierte sie die Freundeswelt nicht. Schon deshalb, weil sie selbst der Melange jener Zeit und jenes Milieus entstammte. Sie sagte sich nicht davon los, so schrecklich sie die «braunen Horden» auch fand. Sie machte kein Hehl daraus, dass sie sich aus dem Dickicht der Provinz, der Großgrundbesitzer, des alten Adels – der sich um seine Besitztümer ängstigte und vom Bolschewismus bedroht sah – mit seiner konservativen oder reaktionären, oft sicher auch unpolitischen Weltsicht erst selber befreien musste. «In Memoriam», 1946, wäre missverstanden als politische Wortmeldung.

1947. «Hände weg!» Damit reagierte sie auf einen Essay Erik Regers im Berliner *Tagesspiegel* unter der Überschrift «Improvisierter Widerstand», den sie als «Angriff auf die Männer des 20. Juli» empfand. Zum ersten Mal machte sie klar, dass in Hamburg jemand aufmerksam mitliest. Jeder, der sich mit dem Widerstand befasst, würde fortan mit ihrem Einspruch rechnen müssen, wann immer sie es für angezeigt hielt. Bei diesem «Hände weg!» blieb sie über Jahrzehnte.

Er schreibe aus der Sorge heraus, so der Autor, die «legendäre Deutung des 20. Juli» könne überhandnehmen und damit den Deutschen Gelegenheit geben, «sich in selbstzufriedener Weise von Schuld und Verantwortung zu entlasten». Offenbar sei ihm der Gedanke noch nicht gekommen, erwiderte sie spürbar bebend, die Tatsache der Existenz einer Widerstandsbewegung beweise, dass sich der Begriff Kollektivschuld ad absurdum führe, zudem wachse im Grunde das Schuldmaß derjenigen, die nicht Widerstand leisteten. Nichts da von Entlastung!, lautete ihr Einwand.

Besonders empörte sie, dass mit einem einzigen Satz Carl Friedrich Goerdelers an General Olbricht bewiesen werden solle, die führenden Widerständler hätten gar nicht ein Zeitalter der Entartung in seinen Grundwurzeln treffen wollen, wie sie es formulierte, «sondern lediglich zu retten versucht, was nach ihrer Meinung noch zu retten war». Der Staat habe doch nur wiederaufgebaut werden können, hielt sie dem entgegen, wenn von seiner Substanz noch ein Rest bewahrt werde. Goerdelers Gedankenwelt sei «vielleicht romantisch» oder «in ihrer streng christlichen Gesinnung utopisch» gewesen, aber man könne doch nicht den Eindruck gewinnen, hier spreche ein ehrgeiziger Militarist lediglich im Eigeninteresse zum deutschen Volk.[14]

1951. Anfangs kamen die Ressentiments gegen die Offiziere des 20. Juli von nationalkonservativer Seite, solche Kritik war seit Kriegsende überaus populär. In der Bundesrepublik herrschte, vorsichtig gesagt, eine Art moralischer Indifferenz. Zehntausende Mitglieder der NSDAP saßen seit kurzem wieder in ihren vertrauten Beamtenstuben, darunter auch schwerbelastete Gestapo-Angehörige, alle Parteien hatten dem entsprechenden Gesetz im April 1951 (Artikel 131 Grundgesetz) zugestimmt. Eine gewisse Schlussstrich-Mentalität überwog ohnehin in dem Augenblick, in dem die Bundesrepublik gegründet wurde, 1949. Prominente Politiker und Kirchenleute machten sich stark für eine Freilassung aller NS-Täter, die von den Alliierten verurteilt worden waren, selbst Theodor Heuss oder Carlo Schmid verwandten sich gemeinsam mit Kirchenleuten für die Begnadigung von SS-Führern, die in ihren Einsatzgebieten Judenmorde zu verantworten hatten. Das übliche Argument: Sie hatten doch nur Befehlen gehorcht! Die Annahme liegt auf der Hand, dass sich hinter so viel Amnestiebedürfnis nichts anderes als das verdrängte Eingeständnis verbarg, die Gesamtgesellschaft sei für die zwölf Jahre verantwortlich.[15]

Gegen solche Entlastungssehnsüchte verstießen diejenigen aber eklatant, die den Widerstand rechtfertigen oder gar ausdrücklich würdigen wollten. Die Verfassungsväter hatten bewusst davon Abstand genommen, das Grundgesetz in die Widerstandstradition zu stellen. Zur Erinnerung an das Attentat veröffentlichte die ZEIT einen Aufsatz, der im Tenor eindeutiger nicht hätte sein können. Verfasst hatte ihn einer der jungen Redakteure, Claus Jacobi (später beim *Spiegel*, danach einflussreicher Journalist bei Springer), von dem Marion Dönhoff große Stücke hielt. Jacobi in heiligem Zorn: «Sieben Jahre – und die ‹Verräter› von damals gelten beinahe schon wieder als ‹Verräter›. Vergessen sind die Zeiten,

da das Leben und der Tod dieser Männer vereinsamt in der Ak-
tiva-Spalte des Hauptbuches deutscher Geschichte standen, einem
unermesslichen Schuldkonto gegenüber. In Deutschland geht es
wieder aufwärts. Der Neo-Nazismus marschiert. Generäle, die
1944 in jenem ‹Ehrengericht› saßen, das die Kämpfer gegen den
Tyrannen mit Schimpf und Schande aus der deutschen Armee
stieß, führen wieder das große Wort … Wenn diese Entwicklung
weitergeht, werden die Überlebenden des 20. Juli spätestens den
zehnten Jahrestag ihres Aufstandes gegen die Diktatur als Emigranten im Ausland erleben.»[16]

Auch ihre Zeitung schlug in den frühen Jahren der Republik einen
nationalkonservativen Kurs ein. Aber es meldeten sich auch Gegen-
stimmen wie Jacobi (der ein guter Freund von Christa Tippelskirch
war). Ihn plagte nicht, ob die Offiziere selbst Konservative oder Antidemokraten waren, er stellte sich ausdrücklich in ihre Tradition – gegen die Ressentiments von rechts. Ob sie den Text inspiriert hatte,
kann man nicht mehr verifizieren. Aber aus dem Herzen gesprochen
war er ihr gewiss.

1952.   «Auflehnung gegen den Helden»: Damit überschrieb sie einen
Gedenkartikel aus ihrer Feder zum Attentat, der am 17. Juli
1952 erschien. Nichts stimme an der Rezeption, monierte sie, es
werde so getan, als habe es sich damals allein um eine Angelegenheit
von Berufsoffizieren gehandelt oder «um eine Art Gesinnungsprobe
auf den Treue-Eid». Unter völlig falschen Voraussetzungen, argumentierte sie, hätten die Alliierten in Nürnberg über die Deutschen
zu Gericht gesessen, «sie stellten nämlich ganz einfach die Forderung
auf, jeder Deutsche hätte zum Märtyrer werden müssen». «Herois-
mus aber ist nun einmal nicht die Lebensform des Durchschnittsbür-
gers … Anstatt jene echten Helden vom 20. Juli zu ehren, hat man
damals alle diejenigen, die nicht ebenso gehandelt hatten, als Feiglinge und Schuldige verunglimpft. Kein Wunder, dass die, die weder
feige noch schuldig, aber im Sinne des 20. Juli auch keine Helden
waren, zunächst Unwillen und allmählich ein wachsendes Ressentiment gegen diejenigen empfanden, die ihnen unberechtigterweise

zum Maßstab gesetzt wurden.» Aber wann setzt die Pflicht des Bürgers ein, den Staat gegen den Usurpator zu schützen? Es sei nicht Verrat, argumentierte sie, wenn jemand sich entschloss, dieser Pflicht zu folgen, auch wenn er juristisch wegen Hochverrats zur Rechenschaft gezogen würde. Sie bezog sich damit auf eine heftige Kontroverse, die – 1952 – der ehemalige Generalmajor Otto Ernst Remer, Mitbegründer der Sozialistischen Reichspartei (SRP), mit seiner Diffamierung der Attentäter als vom Ausland gedungene «Landesverräter» entfacht hatte. Remer, von seinen unbelehrbaren Anhängern zum Nationalhelden stilisiert, weil er einen Bruch mit dem Dritten Reich nicht für nötig hielt, musste sich deswegen vor Gericht in Braunschweig verantworten (er wurde zu drei Monaten Gefängnis verurteilt). Zu solchen Auswüchsen kam es, wie sie fand, weil man sich im Nachkriegsdeutschland nicht um die größte denkbare Zäsur bemühte, nämlich die junge Bundesrepublik ganz ausdrücklich in die Tradition der Verschwörer zu stellen. In der Hinsicht war sie sich einig mit Axel von dem Bussche, dem Freund, der misstrauisch die Regsamkeit der «alten Kameraden» verfolgte und sie genau darüber in Kenntnis setzte, wen er schon in den Hitlerjahren als überzeugten Regimeanhänger und wen er als anständigen Soldaten kennengelernt habe. Dönhoff: «Merkwürdig, oder vielleicht bezeichnend, bleibt nur dies, dass keiner von denen, die dem Gewissen gehorchten und den Eid preisgaben, den Stab bricht über die, die zu ihrem Eid standen; dass man aber umgekehrt immer wieder Agitatoren findet, die jene anderen verdammen, – vielleicht weil sie ihnen im Innersten ihre souveräne Unabhängigkeit und Größe neiden.»[17]

1954. Kein Geringerer als Theodor Heuss hielt die Rede, auf die sie lange gewartet hatte. Unter der programmatischen Überschrift «Dank und Bekenntnis» zerpflückte der erste Bundespräsident am 19. Juli im Auditorium Maximum der Freien Universität Berlin zum zehnten Jahrestag des Attentats Punkt für Punkt die herrschenden Vorbehalte gegenüber den Männern des 20. Juli. Natürlich spielte eine Rolle dabei, dass auch leuchtende Vorbilder und Heldenfiguren gesucht wurden, die man den kommunistischen Hel-

denlegenden in Ostberlin entgegensetzen konnte. Aber Heuss dürfte
es nicht allein um diese deutsch-deutsche Rivalität gegangen sein, er
wusste ja, in welches Wespennest er sich setzte, und er war kein
Liebediener, der bestellte Reden für Adenauer hielt. Der richtige
Umgang mit der jüngsten Vergangenheit beschäftigte ihn ernsthaft,
auch er musste sich bohrende Fragen nach seinem Verhalten stellen
lassen. Vor allem wollte er im Namen der Republik endlich vorbehaltlos den Widerstand anerkennen und dem Geraune vom zweiten
Dolchstoß ein Ende setzen. Nicht nur zu den inneren Motiven der
Akteure wollte er sich bekennen, wie er sagte, sondern auch «zum
geschichtlichen Recht zu ihrem Denken und Handeln». Die Erfolg-
losigkeit des Unternehmens raube dem «Symbolcharakter des Op-
ferganges nichts von seiner Würde». Die Verpflichtung, die aus ihrem
Vermächtnis erwachse, sei «noch nicht eingelöst», formulierte er
wohlbedacht. Damit wollte er die deutsche Politik nicht minder in
die Pflicht nehmen als Richard von Weizsäcker am 8. Mai 1985, mit
seiner Rede zum vierzigsten Jahrestag der Befreiung. Das geschicht-
liche Recht zum Handeln, das symbolische Vermächtnis des Opfer-
gangs – ihr war das aus der Seele gesprochen.

1957. Marion Dönhoff reiste aus Hamburg an, als zur Erinnerung
an die in zwei Weltkriegen gefallenen Söhne, insbesondere an
die Grafen Claus und Berthold Stauffenberg, am 20. Juli ein Ehren-
mal im schwäbischen Lautlingen eingeweiht werden sollte. Immerhin
hatte sich auch der baden-württembergische Landesvater, Gebhard
Müller, in das kleine süddeutsche Nest bemüht, seit vielen Jahrhunderten Sitz der Familie, der die Brüder entstammten. «Der Name
Stauffenberg», lautete die Überschrift über ihrem knappen Bericht
auf der Seite 3 der ZEIT. Ich möchte nur einige Sätze zitieren:

«Dicht drängte sich die Gemeinde zwischen Gotteshaus und
Kirchhofsmauer. Ein paar Stühle standen unter einer herabhängen-
den Weide für die Stauffenbergsche Familie, den Ministerpräsidenten, den Rektor der Tübinger Universität, den Oberbürgermeister
von Ulm; man sah einige prächtige Köpfe: Gerhard Marcks, Professor Rothfels, Eduard Spranger, Erich Böhringer ... Hier in dieser

ländlichen, konservativen Umgebung mit dem schlichten großen Herrenhaus sind die beiden Brüder aufgewachsen, deren Name – wie Graf Paul Yorck von Wartenburg in seiner Rede sagte – nun in aller Zukunft überall dort genannt werden wird, wo man von Freiheit spricht. Über die Schwäbische Alb jagten grau und eilend die regenschweren Wolken. Ein großer Raubvogel zog langsam seine Kreise über dem Tal, als Paul Yorck, Bruder des nach dem 20. Juli hingerichteten Graf Peter Yorck, seine Rede begann ...» Sie referierte dann einige Absätze aus Yorcks Rede: «Bismarck sprach einmal den abgründigen Satz: ‹Wenn ich nicht gelebt hätte, wären vielleicht einige Hunderttausend Menschen nicht gefallen – aber das habe ich mit Gott ausgemacht› ... Er, dessen Andenken wir hier begehen, der Graf Schenk von Stauffenberg, er tat es. Tat es für uns, bewusst und groß – nicht um des Reiches Macht willen wie der Fürst Bismarck – nein, um der Schmach des verirrten Volkes Einhalt zu gebieten. Auch er hat es mit Gott ausgemacht.»[18]

1964.   «Hat irgendein Volk größere Helden als diese?» Mit dieser provokativen Überschrift erinnerte die Politikchefin der ZEIT zwanzig Jahre nach dem Attentat an die Verschwörer. Drei Jahre lag die Erhebung gegen Hitler zurück, berichtete sie, die bedingungslose Kapitulation zwei Jahre, als sie 1947 erstmals nach dem Zusammenbruch wieder nach Großbritannien gereist sei. Die Nachbarn auf der Insel standen noch ganz unter dem Eindruck der Gräuel des Dritten Reiches, «sodass die Identifizierung der Nazis, die jene Verbrechen verübt, mit den Deutschen, die sie nicht verhindert hatten, ganz unvermeidlich erschien». Einige Male aber sei ihr ein anderes Bild begegnet, und stets seien es zwei Menschen gewesen, die es prägten: Graf Helmuth Moltke und Adam von Trott.

Damit kam sie auf Dokumente von Adam Trott zu sprechen, die erstmals in ihrer Zeitung veröffentlicht wurden und die «in aufregender Weise deutlich machen, wie sehr die außenpolitischen Vorstellungen der Leute vom 20. Juli 1944 sich mit dem decken, was wir heute zwanzig Jahre später für aktuell und notwendig halten».

Damit war sie angelangt bei der zweiten Botschaft, die ihr noch bedeutsamer schien: Man müsse die «Köpfe» des 20. Juli, den Kreisauer Moltke und den «Außenminister» Trott, nur ernst nehmen und ihre Gedanken in die Zukunft verlängern, dann werde sich zeigen, dass es sich nicht um reaktionäre Antidemokraten, sondern um europäische Weltbürger handelte, die fähig gewesen wären, sich auf veränderte Zeiten einzustellen. Zuweilen höre man, es sei nichts geblieben, worauf wir stolz sein könnten, fuhr Marion Dönhoff fort: «Wieso eigentlich? Wenn es in diesem seltsamen zwanzigsten Jahrhundert überhaupt noch Helden gibt, dann waren es jene Männer, die nicht nationale Symbole entwickelt, sondern in einer technisch perfektionierten, eiskalten Welt ein Denkmal der Menschlichkeit gesetzt haben.»[19]

1966. In die Schranken gefordert fühlte sie sich inzwischen nicht mehr von Nationalisten, sondern vor allem von einer neuen Generation junger Historiker, die sich «in der Sekurität und Sattheit der sechziger Jahre ausmalten, wieviel gescheiter sie es sicherlich angefangen hätten», wären sie an Stelle der Offiziere gewesen, die sich gegen Hitler erhoben. Als «Do-it-yourself-Helden» apostrophierte sie solche Kritiker geringschätzig. Zudem hielt sie ihnen vor, den Geist des Widerstandes «mit der Elle staatsrechtlicher Pädagogik und demokratischer Mustergültigkeit» zu messen. Nach wie vor machte sie das zornig: «Jene Zensoren vergessen, dass die Kraft, die erforderlich war, um Tod, Folter, Ehrverlust und jene barbarische Mithaftung unmündiger Kinder zu ertragen, kaum aus der Begeisterung für politische Demokratie erwachsen konnte, sondern alles aus ethischer oder religiöser Argumentation.» Den Kritikern, deren Urteil politisch gefärbt war, konnte sie gar nicht deutlich genug entgegenhalten, es sei ja keine politische Revolution gewesen, «es war eine moralische Revolution.» Und dann der Seufzer, der sich anhörte, als sei ihr jahrelanges Mühen fruchtlos gewesen: «Jedes Volk hat seine Helden, seine Revolution, die es als Symbol empfindet: England die ‹Glorious Revolution›, Frankreich den ‹Quatorze Juillet›, die Sowjetunion den 25. Oktober. Ob der 20. Juli je zu unserem Symbol werden wird?»[20]

Gut drei Monate später, im November 1966, erhielt sie eine unerwartete Antwort auf diese Frage: Kurt Georg Kiesinger wurde zum Nachfolger Ludwig Erhards als Kanzler einer Großen Koalition gewählt. In der Bundesrepublik schien die Entwicklung rückwärts zu verlaufen. Kiesinger gehörte immerhin von Anfang an, seit 1933, der NSDAP an und arbeitete als Rundfunkpropagandist ab 1940 im Auswärtigen Amt in der Wilhelmstraße. Früher störte sie das noch nicht bei ZEIT-Redakteuren, die ja teilweise auch in Ribbentrops Propagandaabteilung gearbeitet hatten, jetzt auf der politischen Bühne der Republik aber schon.

1968. Allenfalls revolutionäre Einzelgänger wie Georg Elser, Carl von Ossietzky, Sozialisten wie Rosa Luxemburg, die Sympathisanten der «Roten Kapelle», Spanienkämpfer wie George Orwell und Gustav Regler oder Kommunisten wie Herbert Wehner fanden Gnade vor dem Urteil junger Historiker, die nun stark die Debatte beherrschten. Nur sie galten als «legitime» Hitler-Gegner. Selbst Willy Brandts frühe Opposition gegen Hitler und die Flucht 1933 nach Norwegen ersparten ihm nicht Kritik – schließlich saß er als Vizekanzler neben Kiesinger! In diesem Geist störten im Jahr 1968 Studenten in München eine Gedenkfeier für die Weiße Rose mit dem bitterbösen Slogan «Die Mörder feiern ihre Opfer». Nur die «Richtigen» durften sich auf den Widerstand berufen, und nur der Widerstand von links verdiente überhaupt Anerkennung. Im Gegenzug begannen konservative Intellektuelle wie Johannes Gross oder Joachim Fest nachdrücklicher, den Widerstand vom 20. Juli für sich zu reklamieren, zumal er genuin «konservativ» gewesen sei. Im November dieses Jahres ohrfeigte Beate Klarsfeld Kanzler Kiesinger beim CDU-Parteitag in Berlin. Die Fotos vom Ohrfeigenanschlag – wobei sie «Nazi! Nazi!» rief – gingen um die Welt.

1970. Am 7. Dezember 1970 kniete Willy Brandt wortlos nieder vor dem Denkmal in Warschau zur Erinnerung an den Aufstand im Ghetto. In ihren Augen verkörperte er viel von jener liberalen Republik, an der sie mitgewirkt hatte mit ihren protestantischen Freunden. Brandt zollte freimütig jeder Art Gegnerschaft gegen Hitler großen Respekt, Sozialdemokraten, Kommunisten, Priestern, selbstverständlich auch den preußischen Offizieren.

1974. Ihren Leitartikel zum dreißigsten Jahrestag des Attentats überschrieb sie: «Die Botschaft des Gewissens». Die vergangene Epoche mit ihrem Kastengeist und ihren privilegierten Schichten sei der Demokratie nicht vorzuziehen, argumentierte sie, die Demokratie sei die beste aller Lebensformen, weil sie die meiste Freiheit gewähre. Aber sie müsse an etwas gekoppelt bleiben, verteidigte sie dann wiederum ihre Welt – jeder müsse sich Selbstbeschränkungen auferlegen, «damit das System nicht zwangsläufig in einem catch-as-catch-can endet.» «Leider beginnt sich bei uns eine Demoralisierung der Demokratie abzuzeichnen, die jede Rücksicht auf das Ganze vermissen lässt und Opfer für die Gemeinschaft fast ausschließt. Der Kampf organisierter Einzelgruppen gegen den Staat wird immer bedenkenloser geführt ... In einer solchen Gesellschaft ist für die ritterliche Gesinnung des 20. Juli kein Lebensraum ... Leider ist es nicht möglich, die positiven Seiten verschiedener historischer Phasen zu kombinieren und die jeweiligen negativen Begleiterscheinungen zu eliminieren ... »[21]

1980. Zufällig blätterte sie in einem Buch von Heinrich Böll, als Helmut Schmidt ein Gespräch mit ihr im neuen Bonner Kanzleramt kurz hatte unterbrechen müssen. Während sie wartete, stolperte sie beim Lesen über eine Bemerkung Bölls zum 20. Juli, so jedenfalls schilderte sie den Hergang in einem Brief. Sie fiel gleich mit der Tür ins Haus: «Es macht mich immer traurig, wenn Freunde – ja, selbst jemand wie Sie – die alte Nazi-Lüge übernehmen: Die Leute vom 20. Juli hätten erst in letzter Stunde und quasi als Rückversicherung gehandelt. Ich habe damals alle meine Freunde verloren, blieb selber durch einen merkwürdigen Zufall übrig und fühlte mich zu jener Zeit verpflichtet, das, was ich wusste, für die meist nicht eingeweihten Hinterbliebenen aufzuschreiben. Jetzt hat irgend jemand diese Schrift wieder ausgegraben, die ich gar nicht mehr besaß. Sie gibt natürlich nur den Ausschnitt wieder, den ich kannte, denn damals war noch nichts Schriftliches von unseren Leuten erschienen.» Konnte das sein, dass sie tatsächlich «In Memoriam» gar nicht mehr besaß, dieses frühe Manifest, das für sie immer Geltung behielt? Musste sie von außen darauf gestoßen werden? Man stolpert für einen Moment. Aber es entsprach so wohl eher ihrer Art, sich nicht zu spreizen und zu brüsten. Ihre kleine Broschüre aus dem Jahr 1946 legte sie dem Brief an Böll bei. Mehr schrieb sie dazu nicht. Er wird schon verstehen![22]

Das war noch mit Respekt formuliert, Respekt vor dem verehrten Schriftsteller. Wehe, im eigenen Blatt wagten jüngere Redakteure, sich solcher Klischees über die Attentäter zu bedienen! Hatten sie keine Maßstäbe, war wirklich all ihre Mühe seit so vielen Jahren umsonst? Ob Heinrich Böll ihr antwortete, ist nicht bekannt. Ich denke, er wird – wie man ihn kennt – höflich und versöhnlich erwidert haben.

1982. Ihre Kritik an der reservierten Haltung der Vereinigten Staaten und Englands gegenüber der deutschen Opposition fiel dezidierter aus als die Klemens von Klemperers, aber im Tenor stimmten sie durchaus überein. Der deutsch-amerikanische Historiker, 1916 in Berlin geboren, war als rassisch Verfolgter nach den Novemberpogromen 1938 in die USA geflüchtet. Von 1942 bis 1946 diente er als Soldat in der US-Army, später dann machte er Karriere als Historiker am Smith College in Northampton (Massachusetts). Sich selbst ordnete er als «halbwegs konservativ» ein. Nicht zuletzt aus biographischen Gründen richtete sich sein Forschungsinteresse auf die deutsche Opposition gegen Hitler, insbesondere Dietrich Bonhoeffer. Besonders seine große Untersuchung über die verzweifelte Suche der Widerständler nach Bündnisgenossen im Ausland[23] hatte sie neugierig gemacht. Auch Klemperer wurde zum Freund.

Nicht nur, dass sie um ihn warb, spürbar war auch er um Anerkennung von ihrer Seite bemüht. Es war etwas wert, diese renommierte Publizistin in einer heiklen Materie an der Seite zu wissen. «Endlich nimmt man doch den Widerstand auch in England ernst – und David Astors Bemühungen sind rührend», rief er ihr aufmun-

ternd 1982 in dem ersten Brief zu, den er an sie richtete.²⁴ Über die
Bemerkung zu David Astor dürfte sie sich kaum gewundert haben,
sie wusste ja, wie konsequent er sich in dieser Streitfrage schon
während des Krieges mit der eigenen Regierung in London ausein-
andergesetzt hatte.

Wie sie warb auch Klemperer um Anerkennung für die Offiziere,
breitete in seinen Studien allerdings auch die gravierenden Vorbehalte Londons und Washingtons gegenüber dem Hilfeersuchen der
deutschen Opposition während des Krieges aus. Vor allem erinnerte
er daran, dass manche der Deutschen mit ihren Territorialansprü-
chen sogar über die Ziele des Hitler-Regimes hinausschossen. Auch
der revisionistische Standpunkt der Verschwörer zum Polnischen
Korridor und Danzig, gab er zu bedenken, habe potentielle Bündnisgenossen abgeschreckt. Denn der Krieg hatte als Auseinandersetzung um Polen begonnen, gerade Großbritannien aber hielt sich
für verpflichtet, die polnischen Interessen zu vertreten. Auf der
Basis konnten sie offen streiten.

Klemperer in einem Brief an Marion Dönhoff: «Sicher sind Fehler
auf allen Seiten begangen worden, und das Foreign Office hat einiges
versäumt, dem deutschen Widerstand gerecht zu werden, ihm Verständnis entgegenzubringen und ihn auch zu unterstützen. Doch
waren andere Faktoren im Spiel, also die weltweiten Interessen des
Empire, das russische Bündnis, das verständliche Misstrauen gegenüber den oft (zu) weitgehenden Bedingungen der Widerständler, die
ein Bündnis mit diesen verhinderten. Dresden war, so wie ich die
Dinge sehe, ein ganz anderes Kapitel und ein Verbrechen gegen die
Menschlichkeit. Sonst aber zögere ich, einseitige Anklage zu erheben … Dies also musste ich Ihnen schreiben, gerade weil ich Sie
verehre.»²⁵

So viel er ihr bedeutete, keinen Millimeter lenkte Marion Dönhoff ein, wenn es um Substantielles ging. Sie erwiderte: «Was nun
den Gegenstand unserer Meinungsverschiedenheit angeht, so
möchte ich doch auf meinem Standpunkt beharren. Es wurden damals so viel Emissäre und Niederschriften zu Eden geschickt und zu
Chamberlain, dass es für mich unbegreiflich ist, wieso Churchill

nach dem 4.8., also 14 Tage nach dem Ereignis, von Verbrechern sprechen konnte, die Verbrecher töten.»[26] Sein Lebensthema entsprach ganz und gar auch ihrem: Dieser Grundkonsens trug. Beide laborierten zudem lebenslang an der Frage herum, wieso «weite Kreise aus ganz verständlichen Gründen bereit waren, Hitler als Retter zu begrüßen». Bei allen naheliegenden Erklärungen, für sie blieb ein unbeantworteter Rest. Ihr gegenüber hatte Klemperer genügend Vertrauen, um ihr einzugestehen: Man sehe ja jetzt sogar in den krisenfesten Vereinigten Staaten, «dass höchst respektable ‹main stream Americans› sich ganz gerne dem ‹simplificateur› im Stabe des Weißen Hauses überlassen wollen». Der Faschismus, fügte er hinzu, fange bei der Respektabilität an. Ob sie das wohl ähnlich sieht?[27] Sicher sah sie es ebenso. Marion Dönhoff: «Seit ich weiß, dass der von mir so verehrte Hugo von Hofmannsthal ein Verwandter von Dir ist, bist Du mir noch näher gerückt.»[28]

1983. «Widerstand» und Widerstand ist zweierlei, lautete ihre Botschaft, der Protest der Friedensbewegung gegen die Stationierung atomarer Mittelstreckenraketen hatte gerade seinen Höhepunkt erreicht. Wer passiven Widerstand leiste gegen die Raketen, argumentierte sie weiter, müsse in Kauf nehmen, die Folgen zu tragen. Das heißt: Sie zeigte Verständnis für den Staat. Aber das war nicht alles: Der Friedensbewegung wünschte sie im gleichen Atemzug Erfolg.[29]

1984. Fast resignativ klang ihre Bilanz nach vierzig Jahren: «Es ist tragisch, dass sie alle noch in letzter Stunde ausgelöscht worden sind. Vielleicht ebenso schmerzlich aber ist es, dass sie im Bewusstsein der Deutschen – deren Geschichte wahrlich nicht reich an Höhepunkten ist – so wenig präsent sind. Fast scheint es, als sei ihr Sterben im doppelten Sinne umsonst gewesen; sowohl gegen die Damaligen wie auch für die Heutigen».[30] Am gleichen Tag, an dem ihr resignierender Kommentar erschien, sandte sie den Brief an Friedrich Dürrenmatt, in dem sie ihn um Hilfe für ein Theaterstück bat, in dem «der heutigen Generation etwas von dem Geist und den Wertvorstellungen dieser Menschen» vermittelt werden sollte. Zeithistoriker seien am allerwenigsten in der Lage, das Exemplarische zu erkennen, «denn sie neigen dazu, jene absurde Zeit mit der heutigen Elle zu messen.»[31]

Nichts habe ihr während der letzten sechs Monate soviel Freude gemacht wie seine Glosse in der FAZ unter dem Titel «Es gibt Helden», beteuerte Marion Dönhoff in einem kleinen Brief an Dolf Sternberger. Der Heidelberger Publizist und Politikwissenschaftler, Jahrgang 1907, hatte in seiner Glosse kritisch auf den Kommentar eines deutschen Historikers im Fernsehen zum 40. Gedenktag reagiert, wonach es der jüngeren Generation mit Recht um eine «Entmystifizierung und Entheroisierung» des 20. Juli gehe. Er wisse nicht, so Sternberger, wer Verschwörung, Attentat, Gerichtsverhandlungen, Hinrichtungen in mystisches Licht gerückt hätte. Aber jüngere Generationen von Historikern seien vielleicht nicht imstande, den seelischen Druck des totalen Krieges, die Anspannung des Gewissens nachzuvollziehen, welche Stauffenberg, Beck, Witzleben, Stülpnagel, Goerdeler, Haubach, Moltke, Reichwein, Leuschner, Leber oder Harnack erfuhren. Sternberger: «Im äußersten Wagnis haben sie die ganze Existenz eingesetzt. Wer die Last und die Größe der moralischen Entscheidungen nicht wahrzunehmen vermag, die diese Männer zu treffen hatten, der sollte sich lieber bequemeren Themen zuwenden. Ohnehin haben wir genug jener wissenschaftlichen Insekten, die blind und fühllos auf dem Kadaver der Geschichte herumkriechen ...» Dönhoff: Sein Satz von den «wissenschaftlichen Insekten, die blind und fühllos auf dem Kadaver der Geschichte herumkriechen», sei ihr wirklich aus dem Herzen gesprochen, solle er wissen. Allen Kollegen der politischen Redaktion habe sie ihn einzeln vorgelesen.[32]

1985. Eine Gedenkrede in Oxford zum 20. Juli nutzte sie, um den Deutschen und den Briten gleichermaßen ins Gewissen zu reden – fast wurde eine Standpauke daraus. Eine Standpauke über Anmaßung und Unterschätzung, in der Bundesrepublik wie in England. Als Beispiel diente ihr Ulrike Meinhof, die Anfang 1970 die

Schreibmaschine gegen eine Maschinenpistole eingetauscht und mit Freunden der RAF («Rote Armee Fraktion») der Republik den Krieg erklärt hatte. Auf ein Widerstandsrecht, darauf insistierte die Rednerin vor allem, haben sich *diese* deutschen Revoluzzer nicht berufen können, Welten lagen zwischen den Morden der RAF und der Tat der Offiziere des 20. Juli.

Der Rednerin lag spürbar noch eine andere Botschaft am Herzen: «Es ist nicht so sehr der politische Kampf gegen eine verbrecherische Regierung, der sie inspiriert – es ist mehr das moralische Ringen mit dem Bösen schlechthin, gegen das man, wie sie sagen, ohne Gott wehrlos ist … Dies ist wohl das Wesen des echten Widerstandes: die Erkenntnis nämlich, dass man sich nicht auf Institutionen verlassen kann, nicht auf die Kirche, nicht auf die Universitäten, nicht auf Parteien. Es kommt einzig auf den Freiheitswillen des Bürgers an, auf seinen geschärften Humanitätssinn. Man kann sich in solchen Zeiten nur schützen, indem man sich immer wieder auf das Recht des Einzelnen besinnt und auf die überlieferten moralischen Grundsätze metaphysischen Ursprungs.» Man könne sich kaum vorstellen, räumte sie ein, dass die Untaten «in irgendeinem anderen Land hätten geschehen können». Einmalig, stellte sie allerdings im gleichen Atemzug zur Debatte, sei vielleicht auch die Komplementärgröße, oder in ihren Worten, «typisch deutsch: dieses Hingegebensein mit ganzer Seele an den Widerstand, jenes bedingungslose, opferbereite Festhalten an den höchsten moralischen Maßstäben auch in der äußersten Grenzsituation des Lebens.»

Die Unbedingtheit der Verbrechen und das Unbedingte des Widerstandes in einem Atemzug? Man stolpert noch heute beim Lesen über solche Passagen. Wollte sie wirklich sagen, es sei etwas singulär Deutsches, dem grundsätzlich Bösen auch grundsätzlich Gutes entgegenzustellen? Dem Mehrheits-Deutschland, das Hitler hervorgebracht hatte (die «vom Wahn umstrickten Vielen», formulierte sie), stellte sie in Oxford ein anderes Deutschland gegenüber, das am 20. Juli seine wahre Gestalt gewann.

Da das nie wirklich anerkannt wurde, musste das Bild makellos leuchten. Für ihre Heroen machte sie daher geltend, sich zum «unbedingt Richtigen» durchgerungen zu haben. Vor diesem Hintergrund allerdings musste alle Kritik als kleinliche Rechthaberei der Spätgeborenen oder Mäkelei von «Historikern» erscheinen. Soviel vor allem an die Adresse der Briten.[33]

1986. Es war das Jahr des Historikerstreits. In einem Leitartikel über die gesamte erste Seite («Von der Schwäche starker Politik») – die Sache war ihr ausnehmend wichtig – verglich Marion Dönhoff die aktuelle politische Lage mit jener vor dreißig Jahren. Sie wollte die Amerikaner mahnen, «nicht immer nur auf militärische Stärke zu setzen und darüber politische Verhandlungen zu vernachlässigen». Ihr Beispiel: die Stalin-Note von 1952. Washington hatte kategorisch verlangt, dass sie nicht einmal geprüft werde, so wie Ronald Reagan jetzt wieder davor warnte, den neuen Mann in Moskau, Gorbatschow, mit seinen Reformversprechen erst einmal beim Wort zu nehmen. Adenauer setzte auf eine Politik, die Russland zur Kapitulation zwingen wolle. Zudem treibe ihn «Preußenhaß» um.

Wie so oft kam es darüber zu einer Kontroverse mit dem Verleger: Bucerius sah sich bemüßigt, Adenauer in Schutz zu nehmen, Preußen seine barbarische Vergangenheit in zwei Jahrhunderten vorzuhalten (und die Skeptiker wie Helmut Kohl gegenüber dem neuen Mann im Kreml zu unterstützen). Ärgerlich genug fand sie die Vorbehalte gegenüber Gorbatschow, das Fass zum Überlaufen aber brachten die abfälligen Anmerkungen über Preußen: «Unter den angeblich so barbarischen Preußen gab es keinen einzigen, der zu der obersten Gruppe der Nazis gehörte (bekanntlich war Hitler Österreicher, Goebbels Rheinländer, Göring Auslandsdeutscher, Himmler Bayer). Aber von den 200 höchsten Beamten, Ministern, Botschaftern, hohen Offizieren, die ihr Leben im Widerstand gegen den Verbrecher Hitler jahrelang aufs Spiel setzten und dann am Galgen endeten, waren 80 Prozent Preußen. Im 17. und 18. Jahrhundert waren alle Staaten ‹Raubstaaten›. Wie sonst wären wohl das britische Weltreich, das zaristische Imperium und letzten Endes auch die Vereinigten Staaten von Amerika zusammengekommen: Je größer der Raub, desto größer damals der Ruhm. Aber bleiben wir in unserem Jahrhundert und bei Deutschland: Von der protzsüchtigen Monarchie über die chaotischen Weimarer Jahre und die verbrecherische Nazizeit bis in unsere zweite Republik – hat es nur einen moralischen Lichtblick gegeben, den 20. Juli 1944. Darum bin ich stolz darauf, Preußin zu sein.»[34]

1987. Vierzig Jahre nach Beginn der Nürnberger Prozesse, 1987, löste der Historiker Hans-Jürgen Döscher mit seiner gut recherchierten Doktorarbeit über «Das Auswärtige Amt im Dritten Reich. Diplomatie im Schatten der ‹Endlösung›» eine hitzige Debatte aus, die ganze Wilhelmstrassen-Frage kam noch einmal auf den Tisch. Döscher konnte erstmals nachweisen, wie weit Ribbentrops Haus entgegen einer verbreiteten Schutzbehauptung durchaus aktiv die Rassenpolitik der Nationalsozialisten mitverfolgt hatte.

Alte Wunden bei Marion Dönhoff riss das schon deshalb auf, weil Döscher gerade auch Ernst von Weizsäckers Rolle damit erneut ins Zwielicht rückte. Zudem amtierte der Sohn, Richard von Weizsäcker, inzwischen in der Villa Hammerschmidt.[35] Auf ihre Veranlassung reagierte die ZEIT mit einer ungewöhnlich ausführlichen, harschen und herablassenden Rezension aus der Feder Theodor Eschenburgs auf Döschers Studie. Unter Verweis auf Döschers Geburtsjahr, 1943, urteilte er kategorisch, der Verfasser könne «aus eigenem Erleben das damalige ‹Ambiente› nicht kennen und hat es historisch nicht erfasst».

Im Zentrum der schriftlichen Abmahnung aus dem Mund des prominenten Professors stand aber die Person Ernst von Weizsäckers. Viel Mühe verwandte Eschenburg darauf, ihn als Diplomaten darzustellen, der «Hochverrat gegen eine totalitäre Diktatur» betrieben habe. Es war ein Freispruch für Weizsäcker, ein Schuldspruch für Döscher.[36]

Einen Beigeschmack hatte sein Verriss schon deshalb, weil Eschenburg die Vorgeschichte, insbesondere Richard Tüngels und Marion Dönhoffs Haltung zu Nürnberg und speziell zu Weizsäcker, nicht einmal erwähnte. Die ZEIT hatte zudem Ernst von Weizsäckers Tagebücher abgedruckt und den Aktenfunden des amerikanischen Historikers Leonidas Hill erstaunlich viel Platz eingeräumt. Hills Untersuchung wurde nahezu übereinstimmend unter Historikern als

Versuch gedeutet, Ernst von Weizsäcker weißzuwaschen. Kurzum, die Zeitung war Partei und verbarg es auch nicht.

Provoziert von Eschenburgs Belehrung fühlte sich vor allem Robert Kempner, der in seiner Replik dem Autor und auch dem Blatt nichts ersparte. Der stellvertretende Chefankläger aus Nürnberg, inzwischen ein betagter, hochrespektierter Herr, wandte sich am 5. Juni 1987 in einem Leserbrief direkt an die «Gräfin». Sie wisse, schrieb er ihr, dass er seit 1947 mit diesem Problem, der Endlösung der Judenfrage in Ribbentrops AA, beschäftigt sei, dafür sei er «noch zur Zeit des Herrn Tüngel und gewissen Lobbyisten ungerecht gescholten worden». Jetzt sehe er sich vollauf bestätigt: Die prominente Rolle des Auswärtigen Amtes bei der «Endlösung der Judenfrage» wurde «völlig unterschätzt». Nur ein einziger Beamter, der Gauleiter der Auslandsorganisation der NSDAP, Bohle, habe sofort erklärt, er wisse «noch nicht die Hälfte von der Beteiligung des Auswärtigen Amtes an der Endlösung». Die Tatsachen, so Kempner, würden inzwischen von den Akten aus den Geheimarchiven des Amtes bewiesen. «Die Tatsachen sprechen jedoch für sich. Glauben Sie mir: Die Tatsachen sind noch viel schlimmer; aber ich bin mit fast 88 Jahren zurückhaltend und nenne keine Personen». Kempner fügte eine Auflistung der «Opfer von sogenannten Schreibtischtätern» hinzu. Die Diplomaten, beendete er sein Schreiben, solle man besser Mit-Organisatoren der Endlösung nennen, «die moralisch schon infolge ihrer Vorbildung weit verwerflicher gehandelt haben, als der letzte SS-Mann bei der Vergasung». Unterschrift: «Dr. jur. Robert M. W. Kempner, Prof. h. c. fr. US-Hauptankläger im Nürnberger Wilhelmstrassenprozess.»

Eschenburg ließ es sich nicht nehmen, in einem Anhang an diesen Brief gegen Kempner Stellung zu beziehen: Er habe reiche staatsanwaltliche Erkenntnisse, die vielleicht der Historie «Anhaltspunkte» bieten, «sie aber nicht bestimmen». Zum Beleg führte er das Mehrheitsvotum im Urteil für den Freispruch Weizsäckers an. Bohles Aussage erklärte er damit, Angeklagte, die mit harter Strafe rechnen müssten, neigten zu «übertriebenen Geständnissen», um eine milde Verurteilung zu erreichen, und zum Fall Weizsäckers verrate das ohnehin nichts.[37]

Carl Friedrich von Weizsäcker muss lange schwanger gegangen sein mit einem Aufsatz über den Vater. Er sollte das letzte Wort der Familie und die ultimative Antwort auf die immer wieder anschwellende Kritik sein, eine «Erklärung im Namen der Familie», an deren Formulierung auch Richard beteiligt war. Der Autor sandte sie Marion Dönhoff.

«Der Vater und das Jahrhundert»: Ausdrücklich bezog Carl Friedrich sich darin auf die Rede seines Bruders sowie den Historikerstreit, auch auf die «ungelösten seelischen Probleme», die sich offenbart hätten. Auffallend nahe kam sein Text einem Bekenntnis, der Sache nicht gewachsen gewesen zu sein. Das jahrzehntelange Schweigen sei kein Vergessen gewesen, sondern die «Last dessen, was wir nicht vergessen und nicht bewältigen können». «Verdrängung im Alltag, Qual in Stunden der Besinnung.» Was den Vater angehe, wolle er eine spezielle «Ungenauigkeit der Schuldzuweisungen» zurechtrücken, argumentierte er. Ernst von Weizsäcker, Jahrgang 1882, sei die radikale Dynamik des 20. Jahrhunderts fremd geblieben, fremd im Herzen. Seinem Urteil – so der Sohn – waren Grenzen gezogen. Klugheit und Durchtriebenheit habe er beurteilen können, «die Rauschhaftigkeit des großen Verbrechertums blieb ihm uneinfühlbar». Die französische Politik nach 1919 habe dem Weimarer Staat keine Erfolgschance gegönnt und habe damals die Deutschnationalen, die ihm unerträglich waren, und dann Hitler groß gemacht. «Über Hitler hat er im Familienkreis zuerst im Ton der Verachtung, dann des Zornes geredet.» Ein Narr! Ein Verbrecher! Er fand, der Vater habe damit Hitler unterschätzt. Er selbst habe 1933 «die Kraft der Bewegung» entdeckt. Partiell hätten sie beide Recht und Unrecht gehabt. «Er sah das Absurd-Verbrecherische, aber nicht das Format. Ich sah das Format. Die Bewegung blieb mir in Verhaltensweisen und Ansichten fremd, aber ich geriet in Versuchung, Einfluss auf ihre Führung zu suchen – naive Selbstüberschätzung. Das Schicksal hat mir die Probe erspart, und meines Vaters Warnung war wesentlich dafür.»

Pflegte er nationale Ressentiments? Weizsäcker: «Ich leugne nicht, dass mein Vater die im Bismarck-Deutschland übliche Abneigung gegen die slawischen Völker in einigen Fällen auch empfand.

.

Aber Friede war das Ziel, nicht Großdeutschland.» Eine intelligente Kritik seines Handelns – urteilte auch der Autor – enthielt ein Brief von Carl J. Burckhardt an Werner Heisenberg vom 25. August 1969. Sie lautete: «Ernst Weizsäcker. Von Robert Boehringer stammt das Wort: ‹In Derartigem war er nicht gescheit.› Er meinte die Annahme der Stellung als Staatssekretär im Auswärtigen Amt. Ich bin damals auch erschrocken, als ich von seiner Entscheidung erfuhr. Was musste er geschehen lassen, unterschreiben … Ich bin gewiss, dass er bei Annahme des Staatssekretariats aus tief sittlichem Antrieb, aus Pflichtgefühl handelte, er hoffte, vieles retten zu können. Aber hier liegt der Denkfehler vor, es war nichts zu retten …»[38] Unter dem Mikroskop konnte man in dem Text doch mehr an Distanzierung (und Selbstkritik) entdecken, als man zuvor aus der Familie zu hören bekommen hatte. Auch Richard von Weizsäcker ging in den Gesprächen über den Vater, an die ich mich entsinne, darüber nicht hinaus.

1989. Im Januar 1989 begegneten sich Marion Dönhoff und Freya von Moltke anlässlich der Edition von Briefen Helmuth von Moltkes an seine Frau aus den Jahren 1939 bis 1944. Wohl die dringlichste Frage an Moltkes Witwe, die sie auf den Lippen hatte, war, ob das, was aus Deutschland geworden sei, «in etwa» dem entspreche, was die Kreisauer sich vorgestellt hätten als Zukunft des eigenen Landes. Sie erhielt eine andere Antwort, als sie erwartet haben dürfte. Ganz anders sei es gewesen, erwiderte Freya von Moltke souverän, «diese Andersartgkeit wird heute häufig für reaktionär gehalten». Nicht als rückwärtsgewandt, eher als «urdemokratisch» erschienen Freya die damaligen Vorstellungen ihres Mannes und seiner Freunde.

Auf den spontanen Einwurf Marion Dönhoffs, darauf sei es so sehr auch nicht angekommen, Hauptsache man war «für oder gegen Hitler», ließ sich ihre Gesprächspartnerin nicht näher ein. Sie blickte anders, sehr differenziert zurück, und sie hatte nichts dagegen, die politische Orientierung ihres Mannes genauer zu benennen. Im Osten Deutschlands, argumentierte Freya von Moltke, sei sicher nichts von den Vorstellungen realisiert worden, obwohl ihr Mann «sozialistische Neigungen» hatte. Aber von der Demokratie generell hätten sich die Männer des 20. Juli eher eine utopische Vorstellung gemacht. Wie in Weimar sollte sie jedenfalls nicht aussehen, soviel war klar.

Zwei sehr unterschiedliche Erbwalterinnen der Widerständler saßen sich gegenüber. Im Parlamentarischen Rat, verfolgte Marion Dönhoff ihre Lieblingsidee weiter, hätten sie ihre Pläne sicher «modifiziert»: «Mein Gott, wenn man sich einmal die Diskussionen vorstellt, die mit Carlo Schmid, Fritz Erler, mit Thomas Dehler und Adolf Arndt stattgefunden hätten …»

Das war die Quintessenz für sie: Auch wenn die Freunde ihre festen Vorstellungen vom künftigen Deutschland mitgebracht haben mögen, vor allem hätten sie sich dieses Land neu erstritten, jenseits von Hitler, aber auch jenseits von Weimar. Sie hielt sie einfach für lernfähig und offen.

An widerspenstigem Geist herrsche kein Mangel, befanden sie unisono. Freya von Moltke: «Die Grünen sind ein Segen.» Marion Dönhoff: «Ja, die Grünen sind ein Segen.» Als die beiden alten Damen sich darüber locker verständigten, regierte in Bonn so mächtig wie biedermeierlich Helmut Kohl.

Auf Freya von Moltkes Bemerkung, schlimm sei für ihren Mann in jener Zeit oft das Gefühl gewesen, allein zu sein, warf Marion Dönhoff seufzend ein: «Das ging mir auch so. Die Brüder und Freunde waren alle weg, die Leute, mit denen ich auf dem Lande zu tun hatte, waren begeistert über jede Sondermeldung: Schon wieder soundsoviel Tonnen versenkt. Dann konnte man nie sagen, was man eigentlich wirklich dachte, und lebte darum sehr allein in Opposition zur engsten Umgebung. Das war sehr zermürbend.» Selten hat sie darüber so offen gesprochen wie im Austausch mit der Witwe aus Kreisau.[39]

«Lieber Herr Kempner, fast ein halbes Jahrhundert ist vergangen, seit wir uns in Nürnberg kennenlernten …» Man kann sich leicht ausmalen, wie überrascht von dem Brief der alte Herr gewesen sein mag, der seit dem Tribunal in Frankfurt lebte. In Erinnerung rief Marion Dönhoff in ihrem freundlichen Geburtstagsbrief noch einmal, wie Axel von dem Bussche und Richard von Weizsäcker vor dem panzerbewachten *Palais de Justice* in Nürnberg spontan «die raus, wir rein!» gerufen hatten. Diese Episode hatte sie oft in ihrem Leben erzählt, so symbolisch erschien sie ihr. Kempner wollte sie ausdrücklich noch einmal erläutern, was das genau bedeutete. Sie alle drei hätten «seit Jahren das Ende des Verbrechersystems herbeigesehnt oder versucht, auf die dem Einzelnen mögliche Weise an dessen Beendigung mitzuwirken», weshalb sie nun wünschten, die Deutschen müssten doch mit am Richtertisch sitzen. Marion Dönhoff: «Ich habe später als Journalist, der über die Nürnberger Prozesse berichten musste, noch oft an diesen spontanen Ausbruch gedacht, denn für mich stellte sich mit der Zeit immer deutlicher heraus, dass der erzieherische Erfolg des Gerichtsverfahrens, auf den es doch ankam, durch zwei Dinge sehr wesentlich eingeschränkt worden ist. Einmal, weil die nur im Krieg – nicht auch die vor dem Krieg – begangenen Verbrechen abgeurteilt wurden. Das heißt, das Wüten der Gestapo und der Polizei, der Gauleiter und der Nazi-Hierarchie, das die Deutschen selbst erlebt hatten und das ihnen vor Augen stand, wurde nicht beachtet. Zum anderen verstanden viele von uns nicht, warum die Alliierten das Recht speziell für Nürnberg neu geschaffen hatten, es also zur Zeit, da die Verbrechen begangen wurden, noch nicht bestanden hatte.» «Wir haben uns damals über die Akteure informiert und hörten mit bewunderndem Staunen, dass Robert Kempner 1931 verlangt hatte, Hitler solle wegen Vorbereitung zum Hochverrat und wegen Meineids unter Anklage gestellt und als lästiger Ausländer ausgewiesen werden; wir erfuhren, dass ihn schon im Februar 1933 die Rache dafür erreichte, er aus dem preussischen Innenministerium entlassen und später von der Gestapo verhaftet worden ist. ‹Wenigstens einer, der Bescheid weiß›, dachten wir.» «Lieber Herr Kempner, Sie wurden vor 90 Jahren geboren, am Vorabend dieses von Katastrophen gejagten Jahrhunderts: zwei Weltkriege, der Holocaust, Stalin, Hitler … Sie haben alles miterlebt, und Sie haben in jeder Phase das Mögliche getan. Sie haben als Anwalt Juden- und Naziverfolgte beraten und verteidigt, auch, nachdem Sie selbst schon der Rache anheim gefallen waren, und Sie haben immer wieder versucht – zum Teil leider vergeblich – die schuldigen Richter des Volksgerichtshofes und andere ihresgleichen dem gerechten Urteilsspruch zuzuführen. Sie haben auf Ihre Weise am Wiedererstehen eines freiheitlichen Rechtsstaates mitgewirkt. Ich gedenke Ihrer mit allen guten Wünschen».[40]

Ein generöser Brief war das, in dem sie sich nicht revidierte, aber doch um Verständnis warb – und in dem sie dem Mann Anerkennung für seine Lebensleistung bekunden wollte, mit dem sie sich so oft befehdet hatte.

Der Weizsäcker-Ankläger und die Verteidigerin: Durch die Blume ließ sie ihn wissen, zu ihrem Urteil von damals stehe sie zwar, an dem, was sie grundsätzlich verbinde, dürfe es jedoch keinen Zweifel geben: Beide hatten sie einen gemeinsamen Widersacher, und beide wollte sie auf ihre Weise gerecht, fair und angemessen umgehen mit der Erbschaft dieser zwölf Jahre. Nach fast fünfzig Jahren versank der Disput, bei Lichte besehen zählten sie sich zu einer Fraktion.

1990. Im Januar 1990 ließ sie in Crottorf (auf dem Anwesen Hermann Hatzfeldts) eine kleine Skulptur aufstellen, die der amerikanische Künstler Alexander Liberman geschaffen hatte. Auf einer Tafel aus dunkler Bronze sind hell die Namen zu lesen: Peter Yorck von Wartenburg, Adam Trott zu Solz, Fritz von der Schulenburg, Heini Lehndorff, Kurt Plettenberg, Max Uexküll. Darunter, etwas kleiner: «Den Freunden vom 20. Juli zum Gedächtnis. Marion Dönhoff». Ihnen fühlte sie sich am engsten verbunden. Ein Herzensanliegen war ihr, diese Tafel Helmut Schmidt und Henry Kissinger gemeinsam zu zeigen. Das geschah auch ein paar Jahre später. Es war klar, dass sie in Crottorf beerdigt werden wollte. Sie war jetzt 81 Jahre alt.

1994. Der 50. Jahrestag des 20. Juli näherte sich. 83 Jahre war sie geworden, als sie sich einverstanden erklärte, ihre Erinnerungen an den Widerstand in einem kleinen Buch zusammenzufassen. Zu Hause am Pumpenkamp bereitete sie sich vor und machte sich handschriftlich Notizen, kapitelweise diktierte sie dann ihrer loyalen Mitarbeiterin, Irene Brauer, den Text im Pressehaus. (Auch «Um der Ehre willen» diktierte sie, wie alle ihre Bücher, Artikel und Vorträge «gleich in die Maschine», oben im sechsten Stock des Pressehauses.) Hinterher überarbeitete sie nicht mehr viel. Ohnehin wollte sie keine geschichtswissenschaftliche Studie verfassen, sie wollte an Freunde erinnern, ihre Sicht auf sie, nichts sonst. Um ihre Gesundheit war es nicht zum Besten bestellt, sie sollte sich einer Krebsoperation unterziehen. Aber sie entschied sich, zunächst die Fahnen zu dem Buch durchzusehen (mit Hilfe ihres Neffen Friedrich), es sollte in jedem Fall gedruckt werden können, auch wenn sie die Operation nicht überleben würde. Das Buch – «Um der Ehre willen» – erschien pünktlich zum 20. Juli, der nun ein halbes Jahrhundert zurücklag.

Das Land war geeint, die DDR untergegangen. Zur Gelöbnisformel für junge Bundeswehrsoldaten gehörte die Berufung auf die Tradition der Männer vom 20. Juli mittlerweile, als sei das immer so gewesen. Jetzt ging es für sie nicht darum, Historikern in den Arm zu fallen, sie schrieb als Zeitzeugin, Freundin, Weggefährtin. Auch dieses Buch fand breite Resonanz, die Leser liebten es, Fachhistoriker maulten – wenn auch verhalten. Besseres Gespür als die Akademikerzunft für das, worum es ihr ging, bewies Helmut Schmidt. Er bedankte sich für das Exemplar, das sie ihm geschenkt hatte, und notierte spontan nach dem Lesen, am meisten habe ihn ihr allerletzter Satz gepackt, wonach nichts hätte schlimmer sein können, «als alle Freunde zu verlieren und allein übrigzubleiben.» Schmidt souverän: «Vielleicht darf ich den Neid erwähnen, der mich bei der Lektüre ein wenig gepackt hat – nämlich Neid auf Ihre damalige Verbindung zu Menschen, die Bescheid wussten und Urteil hatten. Dagegen war ich ein unwissender Nobody aus dem Volk der kleinen Leute. Ihr Helmut.»[41]

1995. Machte die Wehrmachtsausstellung, die ausgerechnet im Hamburger Rathaus eröffnet wurde, nicht alles zunichte, worum sie sich im Laufe von Jahrzehnten bemüht hatte, nämlich ein angemessenes Bild vom Widerstand? Die Behauptung, es sei ein

«Vernichtungskrieg» geführt worden, und bei der Wehrmacht habe es sich um eine «verbrecherische Organisation» gehandelt, traf ja auch die Männer vom 20. Juli. Alle Soldaten sind Mörder!? Das rührte nicht zuletzt an die Ehre der Opposition gegen Hitler. Helmut Schmidt, erklärtermaßen kein Widerständler, empörte sich, dass die Ausstellung in seiner Heimatstadt eröffnet wurde, und er empörte sich über die Zeitung, deren Herausgeber er war – sie hatte die Wehrmachtsausstellung als überfällig und notwendig begrüßt. Er sah seine Ehre als Soldat von einem pauschalen Verdikt tangiert. Tagsüber seien sie marschiert, und nachts habe sie das Gewissen gequält, auf diese Formel hatte er sich mit sich verständigt und es häufig so wiederholt. Seine Herausgeber-Kollegin machte zunächst nicht offen Front gegen die Ausstellungsplaner, aber sie beteiligte sich wie Schmidt an einem Forum der ZEIT mit Fachleuten, das den Streit kanalisieren sollte.[42] Grundsätzlich, so Marion Dönhoff, halte sie es für ein «vollkommen unmögliches Beginnen», zu erfahren, was wirklich gewesen sei. Als «ältester Zeitzeuge» in dieser Runde wollte sie zur Debatte stellen, was die Attraktion Hitlers ausmachte, sodass das Volk der Dichter und Denker auf diesen «Narren und Verbrecher» hereinfallen konnte. Es sei die «phantastische Kombination von Terror einerseits und Erfolg andererseits» gewesen. Dönhoff: «Leute wie ich, die schon sehr früh als Student, eigentlich noch vor 1933, die Gefahr dieser Bewegung und dieses Mannes sahen, wussten von den Verbrechen natürlich auch nichts, obwohl ich so gute Verbindung zu so vielen Leuten hatte, die in Schlüsselstellung standen. Die Notwendigkeit zur Geheimhaltung aber war unheimlich groß. Insofern habe ich den Namen Auschwitz zum ersten Mal nach dem Krieg gehört.»

Danach meldete Helmut Schmidt sich mit dem Einwand zu Wort, Leute seines Alters hätten nur Diktatur erlebt, «von Demokratie habe ich das erste Mal im Kriegsgefangenenlager gehört … Und es ist ein ganz großer Unterschied: Bismarck und Sie, Gräfin, und andere, ihr habt in Gesellschaftsschichten gelebt …»

Dönhoff: «Das stimmt ja nicht.»

Schmidt: «Natürlich, Sie haben im Ausland studiert, machen Sie sich doch nichts vor, Sie haben Maßstäbe bekommen.»

Dönhoff: «Die habe ich von zu Hause, wegen dieser Maßstäbe bin ich ja ins Ausland gegangen.»

Schmidt: «Na gut, von zu Hause, jedenfalls haben Sie Maßstäbe gehabt. Meine Generation und die nachfolgenden, die jüngeren Leute, hatten überhaupt keine Maßstäbe, wir waren doch völlig hoffnungslos ausgeliefert».[43]

Keine Ruhe ließ ihr die umstrittene Ausstellung, die inzwischen (nach einigen Nachbesserungen) durch die Großstädte wanderte. Sie drängte Richard von Weizsäcker, mit ihr gemeinsam etwas zu unternehmen gegen Hannes Heer – «im Grunde ein liebenswerter und netter Mensch» –, «der durch ganz Deutschland mit seiner die Wehrmacht verunglimpfenden Ausstellung zieht».[44]

Ein gemeinsamer Text entstand daraus, dessen Überschrift nach Manifest klang: «Wider die Selbstgerechtigkeit der Nachgeborenen.» Wenn alle Verbrecher waren, kam das Duo schnörkellos zum Punkt, «dann dürfen die, die im Widerstand gegen Hitler ihr Leben verloren haben, nicht ausgenommen werden, denn auch sie trugen ja Uniformen.» In seinem Regiment beispielsweise, so Weizsäcker, sei der Kommissarbefehl kein einziges Mal ausgeführt worden. Gewusst hätten sie, dass es Führungen und Einheiten gab, die sich an barbarischen Gewalttaten gegen wehrlose Menschen beteiligten, von einer «integren Wehrmacht» könne man nicht einfach sprechen. Schließlich gab Weizsäcker zu bedenken: Erst die Erfahrungen mit dem Unrecht hätten beispielsweise unter den Offizieren seines Regiments «die Einsicht von der Notwendigkeit des Widerstandes» reifen lassen.[45] Das war ein wohlüberlegter, vorsichtiger Satz, der an sein Bekenntnis aus den Memoiren erinnerte: «Wir glaubten viel und wussten wenig».

«Sehr geehrter Herr Wehler, Ihren Artikel über die preußischen Junker, die Sie als ‹Steigbügelhalter Hitlers› bezeichnen und von denen Sie behaupten, keine soziale Klasse habe 70 Jahre lang (welche 70 Jahre?) so versagt wie der preußische Adel, ohne dafür Beweise anzutreten, fand ich sehr überraschend. Dass von den 10 ersten Nationalsozialisten der obersten Führung kein einziger aus

Preußen kam, aber 75 Prozent der am Attentat gegen Hitler Beteiligten und Hingerichteten Preußen waren, scheint mir keine Bestätigung für Ihre Theorie.»

Überaus freundlich bedankte sich der renommierte Bielefelder Historiker, ein linksliberaler Kopf und Habermas-Freund, für diesen Brief aus ihrer Feder. Seit 1950 lese er die ZEIT, keine Nummer sei ihm entgangen. Er teile Gordon Craigs Meinung, charmierte er sie mit einem Hinweis auf den amerikanischen Deutschlandkenner (der mit Marion Dönhoff befreundet war), «dass die ‹ZEIT› über Jahrzehnte hinweg ein ‹Dönhoff-Paper› gewesen ist.» Nach den Präliminarien kam aber auch er ungeschminkt zur Sache: «Ich habe mich nach bestem Wissen und Gewissen mit der Geschichte des Adels beschäftigt, insbesondere mit der Geschichte des preußischen Adels.» «Es wird immer Streit geben, wenn man global angreift, denn stets fallen einem hervorragende Ausnahmen ein. Ich kenne einige davon persönlich. So sind wir z. B. seit 1960 mit Freya v. Moltke befreundet ... Dennoch sehe ich nicht, wie ich bei einem zusammenfassenden Urteil über den preußischen Adel als soziale Klasse anders urteilen könnte: Die Reformblockade bis zum Herbst 1918, die niederschmetternde Rolle während der Weimarer Republik und die Mitwirkung bei dem Intrigenspiel im Winter 1932/33 scheinen mir genug Grund dafür zu sein».[46]

Sie habe den dringenden Wunsch, ihn persönlich kennenzulernen, ließ sie ihn wenig später wissen, tausend Dank. Dann konziliant: «Ja, die Sache mit der Reformblockade ist natürlich einleuchtend, nur denke ich die ganze Zeit – das Klima der wilhelminischen Periode – war einfach grauenhaft. Auch die Professoren und die hohen Beamten, vom Offizierscorps ganz zu schweigen, waren im allgemeinen reaktionär, kriecherisch und ohne jede Souveränität. Das Sprichwort ‹Wie der Herr, so das Geschärr› hat sich damals voll bewahrheitet: Als der Kaiser 1912 gegen den ausdrücklichen Wunsch des Reichskanzlers und des AA den Fürsten Lichnowski zum Botschafter in London ernannte, schrieb er: ‹Ich schicke nur einen Botschafter nach London, der mein Vertrauen hat, meinem Willen pariert, meine Befehle ausführt.›» Beschämt habe sie der Anblick der drei dicken Bände von ihm zur deutschen Strukturgeschichte, welche Chuzpe von ihr, dem Autor dieses geballten Wissens in die Parade fahren zu wollen.[47]

1996. Bestürzt, betrübt und ärgerlich sei sie über das, was er mit Daniel Goldhagen und seinem Buch über die «gewöhnlichen Deutschen» im Dritten Reich veranstalte, schrieb Marion Dönhoff in einem förmlichen Brief am 5. August 1996 dem Chefredakteur der ZEIT, Robert Leicht. Nie sei einem Autor im Blatt so viel Reverenz erwiesen worden, 1500 Zeilen, und dann noch große Anzeigen in den Tageszeitungen. Sie fürchte, die ganze Veranstaltung sei «eine Art Einschaltquoten-Exerzitium, das die Auflage steigern soll». Das Gegenteil dürfte der Fall sein, prophezeite sie, die Leute, die sich schon über die Ausstellung «Alle Soldaten sind Mörder» geärgert hatten, würden von Goldhagen bestimmt nicht angeregt, gierig nach der ZEIT zu greifen. Ihr Bedenken gab sie auch hier schon zu Protokoll, was den Antisemitismus angehe, sei das Ganze sicher «counter-productive». Dann das Forum, dünn besetzt, nicht repräsentativ, ein gestandener Historiker wie Hans Mommsen fehlte! Sie könne es nicht verstehen – «Sie tun gerade so, als gehöre die ZEIT Ihnen und kein anderer habe da etwas mitzureden» – mit keinem Herausgeber habe er gesprochen vor dieser Aktion. «In den vergangenen 50 Jahren wäre dies undenkbar gewesen: niemand hätte sich herausgenommen, etwas, was das Image der ZEIT angeht, ohne eingehende Diskussion einfach aus dem Blauen zu entscheiden.» Ein «verschworener Haufen» sei die ZEIT gewesen, beendete Marion Dönhoff ihren Beschwerdebrief, «in dem niemand Autorität herauskehrte, aber alle zusammenhielten». Heute falle alles auseinander.[48]

Damit nicht genug, sogar in der Zeitung machte sie offen Front gegen Goldhagen und seine Unterstützer. Fragwürdig fand sie schon die Methode des jungen amerikanischen Historikers, weil er – vom Holocaust ausgehend – beweisen wolle, dass die «ganze deutsche Gesellschaft von jeher den virulenten Ausrottungs-Antisemitismus Hitlers teilte». Fragwürdig nannte sie auch seine Hauptthese vom Holocaust als deutschem nationalem Projekt, einem «eliminatorischen Anti-Semitismus». Die Befürchtung, dass das Goldhagen-Buch den mehr oder weniger verstummten Antisemitismus wieder beleben könnte, sei «leider nicht ganz von der Hand zu weisen.»[49]

Absurd sei es, sie als Antisemitin zu bezeichnen, reagierte Ignatz Bubis am 16. August 1997 mit einiger Verspätung auf Marion Dönhoffs Goldhagen-Kommentar. Gleichwohl wollte er noch einmal zurückkommen auf ihr Urteil über die «ordinary Germans». Überrascht sei er von ihrer Befürchtung, schrieb der Präsident des Zentralrats der Juden, Goldhagen könne den mehr oder weniger verstummten Antisemitismus wiederbeleben. Wenn ein Jude ein schlechtes Buch über die Deutschen oder Deutschland schreibe, könne dies doch nicht ausreichen, um Antisemitismus zu befördern. Das schlechte Buch eines Katholiken über Deutsche fördere auch nicht den Antikatholizismus. Gestört hätten ihn ihre Verallgemeinerungen, es gebe weder *die* Deutschen noch *die* Juden.[50]

Diesen Autor, Bubis, nahm sie ernst. Postwendend erwiderte sie, sie habe Goldhagen nicht wegen eines schlechtes Buches kritisiert, sondern weil er falsche Behauptungen aufstellte, zum Beispiel, alle Deutschen hätten bloß darauf gewartet, die Juden umzubringen, oder ähnliche Verallgemeinerungen.[51]

2000.   1946 hatte sie damit begonnen, 1998 erschien ihr letzter Text für die ZEIT zur Erinnerung an den 20. Juli 1944. Zwei Jahre vor ihrem Tod erhielt Adam Krzemiński einen Anruf von Marion. Die beiden waren per Du. Weil sie vergessen habe, eine Würdigung der Freunde vom 20. Juli vorzubereiten, gestand sie ihm am Telefon, wolle sie ihn bitten, kurzfristig für sie einzuspringen. Das war ein kleiner, großer Schritt: Er wusste, dass es um ihr Heiligstes ging, über das sie ihn zu schreiben bat. Ein Pole sollte das Aufbegehren der Offiziere würdigen – es war, als übergebe sie symbolisch eine Stafette. Mehr Anerkennung konnte nicht sein. Der so Geehrte nutzte die Gelegenheit, um den Aufstand des Gewissens vom 20. Juli mit dem Warschauer Aufstand zu vergleichen, der zehn Tage später, am 1. August 1944 unter Leitung der Polnischen Heimatarmee (*Armia Krajowa*) begann, 63 Tage danach aber mit der fast vollständigen Zerstörung der Stadt endete. 15 000 polnische Soldaten hatten ihr Leben lassen müssen, an die 200 000 erbarmungslos Niedergemetzelte unter der Zivilbevölkerung waren zu beklagen.

Dass ein polnischer Autor beides, den Aufstand in Warschau wie das Attentat in der «Wolfsschanze», nebeneinander stellte und beiden «moralischen» Erfolg zusprach trotz ihres Scheiterns, war keinesfalls selbstverständlich. Denn während es sich in Deutschland um eine verschwindend kleine Minorität handelte, die Opposition leistete, konnte sich die Erhebung in Polen auf eine breite Unterstützung in der Bevölkerung und auf die Exilregierung in London stützen. Zudem befanden sich Deutsche und Polen, worauf der Gastautor auch hinwies, im Zweiten Weltkrieg «politisch und mental auf völlig unterschiedlichen Planeten». Nicht nur, weil der Krieg mit dem Überfall auf Polen und der grausamen Okkupation begann, sondern vor allem, weil es in der deutschen politischen Tradition des 19. und 20. Jahrhunderts keine Akzeptanz für Polen als einen selbständigen, souveränen und gleichberechtigten Staat gab. Die deutsch-polnischen Beziehungen seien vielmehr, wie er schrieb, als Faktor entweder des deutsch-russischen Verhältnisses oder der europäischen Machtlage betrachtet worden.

Die Gemeinsamkeit aber entdeckte Adam Krzemiński vor allem darin, dass sie beide der Außenwelt etwas zeigen wollten: Uns – das demokratische Deutschland und das eigenständige Polen – gibt es noch! Und nicht zufällig werde heute an den Ruinen der «Wolfsschanze» auf einer Gedenktafel in polnischer und deutscher Sprache die Tat Stauffenbergs gewürdigt. Obwohl der Attentäter scheiterte und obwohl Polen nach der Niederlage der Aufständischen endgültig den Plänen Stalins ausgeliefert war – der 20. Juli und der 1. August blieben für Deutsche wie Polen sinnstiftende Daten. Insbesondere Helmuth James von Moltke schrieb er es zu, zum Schutzpatron einer Einbettung Deutschlands und Polens in Europa geworden zu sein.[52]

Man kann sich leicht ausmalen, wie erfreut über den Tenor dieser Würdigung Marion Dönhoff gewesen sein mag: So, wie sie Polen auf Augenhöhe anerkannte, so honorierte, ja adelte nun auch der jüngere polnische Kollege und Freund die Anstrengung der kleinen deutschen Opposition, wie sie sich das erträumte.

X
«Die Frau, die emsig wie leise am Schleier
der Selbstmythisierung wob»
Fritz J. Raddatz

Postum schickte ihr Fritz J. Raddatz böse Abschiedsworte nach in
seinen Erinnerungen («Unruhestifter»), die ohne die Vorgeschichte
nicht zu verstehen sind. 1976, zur Kanzlerzeit Helmut Schmidts, war
er als Feuilletonchef zur ZEIT gekommen, 1985 musste er den Stuhl
räumen. In einem Leitartikel hatte er Goethe einen Satz in den Mund
gelegt, wonach es zur Zeit des Dichters einen Frankfurter Bahnhof
wohl auch mit alten Schreberhäuslein dahinter gegeben haben sollte
(an den Bahnhof war nur leider zu jener Zeit noch nicht zu denken).
Raddatz handelte sich damit viele bissige Kommentare ein – Verleger
Gerd Bucerius aber erkannte eine lange gesuchte Gelegenheit, von
der Chefredaktion zu verlangen, sie solle sich unverzüglich von ihm
trennen. Marion Dönhoff, die den Starautor lange (wie auch Helmut
Schmidt) durch viele Kontroversen hindurch verteidigt hatte, plädierte nun gleichfalls für einen klaren Schnitt. Raddatz fühlte sich
extrem ungerecht behandelt wegen dieser «Lappalie» und um seine
Verdienste betrogen, musste aber den Stuhl als Ressortchef räumen;
er blieb allerdings weiterhin Kulturkorrespondent für das Blatt.
  Als eine «Instanz der Bundesrepublik» werde Marion Dönhoff
gelobt, holte er weit aus in seinen Memoiren, die er zur Abrechnung
mit vielen nutzte, denen er in seinem Intellektuellenleben begegnet

war. Gerühmt werde, wie bravourös sie sich für die Ostpolitik einsetzte, ja sie «beeinflusst und geprägt» habe, von Alice Schwarzer bis Rudolf Augstein hätten viele ihr hohes Lied gesungen. Zu Unrecht! All das stimme, schlug er zurück, was – zumeist hinter vorgehaltener Hand – über die *grande dame* des Journalismus gemunkelt worden sei, «dass sie eine kalte, die Macht kalkulierende und liebende Frau war, die so emsig wie leise am Schleier der Selbstmythisierung wob». Die Deutschen, haderte er mit sich und der Welt, liebten Mythen. «Mit der Inbrunst, mit der sie von ‹Papa Heuss› sprechen – ein Politiker, der immerhin für das Ermächtigungsgesetz gestimmt hatte –, mit derselben Verklärungswonne raunen und staunen sie vom ‹Umkreis des antifaschistischen Widerstands›, dem Frau Dönhoff angehört habe.» Dieser Umkreis, höhnte Raddatz, müsse so riesig gewesen sein wie der Kontinent. Er berief sich darauf, dass man beispielsweise ihren Namen vergeblich suche in der Studie des renommierten Forschers Peter Hoffmann «Widerstand gegen Hitler und das Attentat vom 20. Juli 1944». Zu Ende ihres Lebens, setzte er seine Philippika fort, habe sie dann nach ihrer eigenen Auskunft gar «zu den Männern und Frauen des 20. Juli» gehört.

War Raddatz nicht klar, wie sehr Peter Hoffmann sie schätzte, gerade weil sie den Akteuren vom 20. Juli derart verbunden war und ihr Vermächtnis so hoch hielt? Fragte er sich nicht, warum der reputierte Historiker nie solche Vorwürfe auch nur andeutete? Wollte er wirklich behaupten, sie habe – seit ihrer ersten Einlassung gegenüber dem britischen «agent» Hatcliff im Jahr 1945 – klammheimlich ein einziges Programm verfolgt, nämlich, sich selbst als Widerstandsheldin zu drapieren? Als sie das Memorandum verfasste, war sie noch eine einsame Ruferin in der Wüste. Einen Namen hatte sie sich seit 1946 rasch erschrieben, sie hatte «Selbstverklärung» solcher Art nicht nötig. Ganz abgesehen von der Frage, wie das hätte gelingen sollen mit einer Apologie der Verschwörer, die als Verräter galten.

Besonders demütigend, so gestand er ein, habe er seine Entlassung wegen einer Lächerlichkeit deshalb empfunden, weil die, «die das taten, keine Probleme damit hatten, bei sich wesentlich gravierendere Fehler zu übersehen». Solche «gravierenderen Fehler» wollte er nun unbedingt bei Widersachern und Kritikern wie Rudolf Augstein oder Gerd Bucerius, vor allem aber bei Marion Dönhoff nachweisen. In ihrem Fall musste das unbedingt der Nachweis sein, ihre Freundschaft mit den Offizieren des 20. Juli habe es einfach nicht gegeben. Peanuts war die Sache mit dem Frankfurter Bahnhof zur Goethe-Zeit, gemessen an der Legende, sie habe zum Widerstand gehört, nicht wahr?

Ernsthaft wollte Raddatz daher gar nicht der Frage nachgehen, weshalb sie diese lebenslange Anstrengung unternahm, die Erinnerung an die Attentäter wachzuhalten, ihn interessierten die Fakten nicht. Er ignorierte, dass sie wirklich mit einigen der Männer des 20. Juli aufgewachsen war. Raddatz huschte darüber hinweg, dass sie schon als junge Frau, anders als ihre Brüder, anders als selbst der Steinorter Spielkamerad Heinrich Lehndorff und viele der Gäste in Friedrichstein, sich von Hitler und seiner Gefolgschaft abgestoßen fühlte. Stattdessen fuhr er schweres Geschütz auf: «So gewiss Adlige sich untereinander kannten, so gewiss sie also den Grafen Stauffenberg – bei ketzerischen Gesprächen – auf ihrem Besitz bewirtet hat, so gewiss hat sie 1934/35 umstandslos in der Schweiz studiert – zu einem Zeitpunkt also, da Erich Mühsam im KZ Oranienburg viehisch ermordet wurde, Carl von Ossietzky im KZ Sonnenburg eingesperrt war und Kurt Tucholsky sich im schwedischen Exil das Leben nahm. Nicht nur Thomas Mann lebte da bereits in Zürich – die Elite der deutschen Kultur hatte das Land verlassen. Marion Dönhoff kehrte nach Deutschland zurück.»

Als Kronzeugen führte er Haug von Kuenheim und seine Monographie über Marion Dönhoff aus dem Jahr 1999 an. Er persönlich habe ihm am Telefon bestätigt, nichts an ihrer Version von der Rolle beim Widerstand treffe zu. Mit keinem einzigen Satz habe Kuenheim Beweise für ihren «Widerstand» erbracht, obgleich er doch ihr langjähriger Freund und journalistischer Adept im Hause gewesen sei. Marion Dönhoff sei mit vielen zentralen Figuren des militärischen Widerstands «befreundet» gewesen, aber nicht eingeweiht in «detaillierte Aktionen», sodass ihr Name auf keiner der Listen für zukünftige Schlüsselpositionen stand, die die Gestapo gefunden hat. Sie habe ihren Freunden stets erklärt, dass sie sich in erster Linie um die ihr anvertrauten Gutsleute kümmern müsse. Raddatz sarkastisch: Ehrbar sei das gewiss, habe aber mit «Widerstand» rein gar nichts zu tun.[1]

Dass sie bedauerte, nicht auf einer Liste gestanden und deshalb überlebt zu haben – warum überhörte Raddatz solche Worte? Warum erwähnte er nicht, dass sie in Frankfurt mit den kommunistischen Kommilitonen gegen die «Braunen» protestierte? War moralisch akzeptabel für ihn nur, wer spätestens 1935 außer Landes ging? Waren die jahrzehntelangen Bemühungen um ein faires Urteil über die Motive der Offiziere – von 1946 bis zum Tod – Resultat einer Selbststilisierung? Hätte man sich nicht lieber bei mehr Angehörigen der Aristokratie derart frühe Einsichten gewünscht wie bei ihr? 24 Jahre alt war sie, als sie Frankfurt verließ, während Ernst Kantorowicz unter Protest wegen der Entlassung seiner jüdischen Kollegen von sich aus seinen Lehrstuhl preisgab. Kreidete Raddatz ihr an, dass sie lieber in der Schweiz studieren wollte, bei Edgar Salin? Genierte er sich nicht zu schreiben, sie studierte «umstandslos», während andere erschlagen wurden oder emigrierten? Wer solchen Maßstäben nicht genügte, und das waren einige, hatte der generell versagt?

Am 16. September 1982 notierte er in sein Tagebuch, er habe nun endlich die Bepflanzung seines Grabes in Keitum erledigt. Zur Identifikation mit der ZEIT habe er keinen Grund, ging ihm durch den Kopf. Für das Haus sei er wohl nicht «passend», denn er sei nicht «immer gestern mit Golo Mann spazieren gegangen und morgen mit Speer zum Tee.» Letztlich habe er «doch den falschen Geruch – denn in Wahrheit bin ich nicht nur zu bunt und zu ‹outwayish› –, sondern ist ihnen Speer doch lieber als Grass, und die Gräfin ging halt immer mit Jünger zur Schule …» Das Gefühl, das Wissen «eigentlich nirgendwohin zu gehören, von niemandem getragen zu werden», heißt es schon im nächsten Satz, säge ganz hübsch an seinen Nerven.[2] Raddatz, man spürt es, schwankte zwischen Verzweiflung und wildem Niedermachen, um sich darüber hinwegzuretten oder wenigstens für den Augenblick hinwegzuhelfen. Einwendungen und Kommentare, das war klar, würden ihn nicht mehr erreichen, er immunisierte sich mit seiner Schrillheit und Schroffheit dagegen.

Auf der Liste der Vorhaltungen, die Raddatz in dieser Seelenverfassung der Herausgeberin machte, stand schließlich auch, sie habe nie eine «klare Meinung» gehabt und für alles und jeden «immer nur Verständnis gezeigt», für Südafrikas Präsident Botha mit seinem Apartheidskurs genauso wie für Polens General Jaruzelski, der das Kriegsrecht verhängte. Seine schwarze Liste – mit Botha und Jaruzelski – hätte Raddatz leicht verlängern können. Verbogen hatten sich viele, idealistisch verrannt, dogmatisch verhärtet, mehrfach gehäutet oder geläutert. Was Raddatz ihr insgeheim zum Vorwurf machte, verteidigte sie allerdings aus Prinzip: Sie war sich darin sicher, dass es eine «Vernunft der Mitte» gebe – ein schwer erträglicher Gedanke für ihren Kritiker. Durchlavieren konnte man sich in schwierigen Zeiten, ohne sich moralisch zu kompromittieren. Vielleicht sah sie sogar so auf ihr eigenes Leben in jüngeren Jahren: Sie hatte gelernt, sich mit vielem zu arrangieren. Nur über einen inneren Kompass mussten diejenigen verfügen, die sie respektierte, ein unabhängiges Urteil, *common sense*, «anständig» und «vernünftig» sollten sie sein, «unbestechlich» und «redlich». Wo die Grenze des Akzeptablen verlief, mit wem sie sich befreunden wollte und wen sie keinesfalls anerkannte, das entschied sie für sich ganz allein.

Zurück zu Raddatz: Für die ZEIT bedeutete sein Ausscheiden als Feuilletonchef zweifellos einen enormen Verlust. Eine kleine, prominente Schar intellektueller Fürsprecher, von Hans Magnus Enzensberger bis Jürgen Habermas, bestürmte seinerzeit die Herausgeberin in Briefen, seine Verdienste nicht zu vergessen, Raddatz' Stimme werde in Anbetracht des herrschenden Zeitgeistes dringender gebraucht denn je. Dass er mit seiner intellektuellen Radikalität für frische Luft gesorgt und ihrer Zeitung Profil gegeben hatte, bewunderte sie, darin stimmte sie mit seinen Verteidigern ohnehin überein. Exzentrisches, Buntes, Radikalität im Urteil schreckten sie nicht, sie war wahrlich keine Mimose. Zu einer Revision aber war es längst zu spät. Freundlich und bestimmt antwortete sie allen Petenten, Fritz Raddatz habe lange auf einem sehr hohen Ross gesessen, da müsse er nun selbst die Konsequenzen tragen. Punkt.

Was Raddatz' Vorbehalt angeht, sie habe «nie eine klare Meinung» gehabt, möchte ich nur an jene sechzehn Zeilen erinnern, mit denen sie sich in einem «Zeitspiegel» – am rechten Rand der Seite 2, beiläufiger ging es nicht – von ihm 1985 in der Zeitung trennte. Unter der Überschrift «In eigener Sache» schrieb sie: «Jemand, der am Sonntag in der Heide spazierenging, griff einen Gesprächsfetzen auf. In einer vorbeikommenden Gruppe junger Leute sagte einer: ‹Dass das nicht von Goethe ist, das hätte er wirklich wissen können.› Also: Die Spatzen pfeifen es von den Dächern, die Leser lachen Hohn und die Konkurrenz hat ein willkommenes Thema für ihre Glossenspalten. Was ist geschehen? Der Feuilletonchef der ZEIT hatte als Schlusspointe zu einem Artikel über die Buchmesse den Altmeister Goethe zitiert. Dieser habe bedauert, dass in Frankfurt die ‹Schreberhäuslein hinter dem Bahnhof› den Verlegern mit ihren Bücherständen hätten weichen müssen. So stand es auf Seite 1 der ZEIT.

Goethe und Bahnhof – wie denn das? Und Schrebergärten, wo doch die Idee dazu erst 1864 geboren wurde? Fritz Raddatz hatte dieses ‹Zitat› der *Neuen Zürcher Zeitung* entnommen, dabei aber nicht bemerkt, dass es sich um eine Satire handelt. Ein Feuilletonchef, der nicht richtig lesen kann … die Zeitung ist blamiert, die Redaktion zornig. Man kann nur hoffen, dass dieser Sturz in die Tiefe dem Autor für alle Zeiten vor Augen führen wird, dass die Kehrseite seiner oft zu bewundernden Schnelligkeit – Schludrigkeit – eben doch sehr schwer wiegt.» Darunter der volle Name, während an dieser Stelle ansonsten die Verfasser der kurzen Texte gar nicht angegeben wurden: Marion Gräfin Dönhoff.[3] Gut möglich, dass es exakt dieser Kommentar – in dieser Form – war, der bei Raddatz den Ausschlag gab, sich in seinen Memoiren auf seine Weise zu revanchieren. Er schoss ja nicht nur in Rage über's Ziel hinaus – wie er das ohnehin gerne hielt –, nur wenn er sie besiegen könnte, so klang es, wäre die Schmach aus der Welt. Zu ihren Lebzeiten riskierte er das nicht.

Auf paradoxe Weise hatte er gewiss Recht: Sie vor allem galt als Garant der Liberalität des Blattes. An sie richtete die Hälfte der intellektuellen Republik die drängende Bitte, das Blatt möge sich auf keinen Fall von Raddatz trennen. Hinzu kam, ein offenes Geheimnis, dass sie Raddatz über Jahre verteidigt hatte, nicht etwa, weil sie stets seine Meinung teilte, sondern weil sie spürte, welchen Gewinn seine exzentrische Stimme der Zeitung brachte. Gern ließ sie sich davon verführen. Semprun, Neruda, Octavio Paz, um solche Namen hatte Raddatz die Familienbande erweitert. Als sie sich lossagte von ihm, hatte er wohl das Gefühl, das alles werde annulliert. Ihr Votum stand für's Grundsätzliche. Wonach er sich wirklich sehnte und woran er litt, ist hier nicht zu erörtern – man kann nur sagen, dass auch sie auf Distanz ging, hieß für ihn offenbar, all die Jahre seien umsonst gewesen. Recht hatte er nur in einer Hinsicht: Mit ihrem Kommentar zur Trennung hatte sie ihm zu verstehen gegeben, dass er sich nicht den Platz eines Freundschaftsfreundes erobert hatte. Also von jemandem, dem gegenüber sie loyal bleiben wollte, soviel sie in der Sache auch trennte.

Die Fragen, die man an Raddatz hätte, kann man ihm nicht mehr stellen. Er hat den Freitod gewählt, weil er sich leer fühle und nichts mehr zu sagen habe, wie er zuallerletzt schrieb. Was ihn besonders aggressiv stimmte gegenüber Marion Dönhoff (und gegen Helmut Schmidt), war, wie mir scheint, ihre spezifische Autorität. Sie war nun mal die moralische Referenzgröße, auch für ihn. Dass ausgerechnet sie es guthieß, sich von ihm zu trennen, das verletzte besonders. Als «große Gegnerin» – und das brauchte er – blieb ihm nur sie, die Gräfin.

Ganz oder gar nicht, rundumradikal, so verlangte es Raddatz. Wenn sie wirklich zum Widerstand gehörte, wo war dann der rauchende Colt? Ich denke, es lag nicht am falschen Goethe-Zitat, dass sie ihn am Ende kühl fallen ließ.

Kunstvoll und feinziseliert hat Ulrich Raulff in seiner Untersuchung über die intellektuellen Nachwirkungen Georges in der Bundesrepublik – *Kreis ohne Meister* – die Spur verfolgt, wie weit sie in das Umfeld des Dichters gehörte und ob sie das prägte. Eindeutig rechnete er sie in der intellektuellen Landschaft der frühen Bundesrepublik zu den «Georginen». (Das war einigermaßen kühn, wenn man bedenkt, dass es ausschließlich Männer waren, aus denen sich der

George-Kreis rekrutierte.) Rasch landet man damit bei der Hypothese, das lebenslange Engagement für die toten Freunde, das hagiographische Verhältnis zum Widerstand, dies alles leite sich ab aus ihrer Nähe zum Denken Stefan Georges. Schon die Widerständler habe sie als Inbegriff des «anderen» Deutschland verehrt. Gerade auch ihre Freundschaft zu Ernst Kantorowicz wäre dann daraus zu erklären, dass er – getreuer Zögling des Meisters – im Mittelalter Friedrichs des Zweiten das erträumte «mythische Reich» entdeckte. Aber, so die Mutmaßung, das habe sich auch ganz konkret ausgewirkt: Der «Kreis ohne Meister» versammelte sich nun in Gestalt der «protestantischen Mafia», die dann – mit der ZEIT als publizistischer Bühne – die Moral predigte und die Republik nach ihrer Façon selig machen wollte. Die ganze Wahrheit ist das nicht.

Die Distanz zu George, trotz dieser Fülle Georgianischer Freunde, beschreibt sie vermutlich besser als ihre angebliche Nähe; aber die Frage taucht bei Raulff nicht auf, was sie letztlich vor dem Virus immunisierte? Ihre innere Unabhängigkeit wollte sie ganz offenkundig für nichts und niemanden preisgeben.

Erhalten ist der Brief eines Schulfreundes aus Potsdam, in dem er ihr gesteht, mit Stefan George gehe es ihm wie ihr, er finde keine «innere Beziehung» zu dem Dichter. Bald nach der Gymnasialzeit im flirrenden Berlin geriet sie ja tatsächlich in ein Umfeld, in dem sich viele George-Anhänger tummelten. «Eka» ebenso wie ihr Doktorvater Edgar Salin in Basel, der Königsberger Walter F. Otto, Carl Jacob Burckhardt, Hugo von Hofmannsthal, der Basler Unternehmer Robert Boehringer, Albrecht Graf Bernstorff, Max Kommerell, später dann Michael Thomas … Sie alle gehörten mehr oder minder nah zu dem feingesponnenen Netzwerk um George, zu Lebzeiten und *post mortem*, und dies ist nur ein unvollständiger Auszug aus der Liste.

Erstaunlich viele von ihnen tauchten gelegentlich als Gäste auf Schloss Friedrichstein auf. Die Bande unter den Jüngern hielten in aller Regel über Georges Tod hinaus. Edgar Salin besuchte nach dem Krieg Ernst Kantorowicz in Amerika, worüber «Eka» dann spottlustig wie immer seiner Freundin Marion berichtete: «Vater Salin war im Frühjahr hier, mir gegenüber weniger pontifikal als sonst, aber doch nicht weniger als der Heilige Vater selbst».[4] Zu Recht fiel Raulff auch auf, dass sich in den «Kulissen» des Nürnberger Prozesses «eine alte ‹Georgine› nach der anderen» zeigte, wozu er neben Robert Kempner, dem Ankläger im Weizsäcker-Verfahren, auch den Verteidiger Carl Friedrich von Weizsäcker zählte, abgesehen von Salin und Dönhoff.

Als «junge Amazone der konservativen Publizistik» stellte Raulff sie mithin dar, die sich «geschmeidig durch die Minenfelder juristischer und politischer Vergangenheitsbewältigung bewegte». Mit Kempner sprach sie auf Augenhöhe, den Klimawandel des Kalten Krieges, der vor den Toren des Gerichts nicht halt machte, registrierte sie politisch sensibel.[5] «Treiben» müsse man Kempner jetzt von allen Seiten, beschwor sie Salin. Das einzige Interesse des Anklägers an dem Gerichtsverfahren sei, ein Buch darüber zu schreiben. Um sich die *publicity* nicht zu verderben, zitiert Raulff sie weiter, «muss er darum auf seinen Ruf bedacht sein und das ist wenigstens eine weiche Stelle».[6]

Solcher «jagdlichen Leidenschaften» zum Trotz, räumte Raulff ein, habe sich Marion Dönhoff diesseits der Linie zu halten gewusst, «die eine Polemik gegen die Rechtsgrundlagen des Tribunals vom expliziten Antiamerikanismus und das Verlangen nach einem Schlussstrich vom offenen Revisionismus trennte».[7]

Schon das läuft alles auf das Bild einer höchst raffinierten Selbstinszenierung hinaus. Nicht ganz so wilderregt und argumentlos wie bei Raddatz, aber überspitzt doch sicher auch. Denn immerhin steuerte er umstandlos auf die These von der «Erfindung des 20. Juli als Geschichtszeichen aus dem Geist Stefan Georges» zu. Frühzeitig und mit schlafwandlerischer Sicherheit, so Raulff, habe das Duo Dönhoff und Salin die nötigen Signale gesetzt. Wie in einem gut geübten Pas de deux seien sie «über das Terrain einer eben erst erwachenden Geschichtspolitik» hinweggeflogen. Alles sei ungeheuer schnell gegangen, mal habe sie, mal er geführt, «und nach drei Jahren war eigentlich das Wesentliche gesagt».

Seine Beweisstücke: Natürlich ihre Bekanntschaft mit Kantorowicz, in dessen letzter Vorlesung im November 1933 über das «geheime Deutschland» sie saß. Max Kommerell besuchte sie 1934 zu

Hause in Ostpreußen. Auch die Brüder Claus und Berthold Stauffenberg zählten zu ihren Bekannten. Da diese wiederum George verehrten und Claus vor der Hinrichtung «Es lebe das geheime Deutschland!» gerufen haben soll, schloss sich der Kreis.[8]

Wenn es nur um die Beobachtung ginge, dass sie – ganz gegen die zurückhaltende Anmutung – eine auffallend kombattive Frau sein konnte, muss man nicht lange streiten. Aber, dass sich hinter der Fassade nur taktisches Manövrieren und kalte Berechnung, ja in Wahrheit die Mission einer «Georgine» verbarg? Liefert die «metaphysische» Verortung des Widerstands der Offiziere den Beweis?[9]

Aber musste sie sich dazu mit Salin verschwören, lebenslang im Auftrag Georges? Die Antwort sollte eher lauten: So war sie aufgewachsen. In einer ihrer Tagebucheintragungen vom 30. Dezember 1931 bereits warf sie sich vor, stumpf zu werden gegenüber allen Gedanken an «Gerechtigkeit, Weltordnung und Wahrheit». Sie fürchte sich davor, die Waffen zu senken, die «seelische Unabhängigkeit und rastlose Entschlossenheit» der jungen Jahre nicht länger durchzuhalten, «mich dieser Welt zu assimilieren, mich ihrer Ungerechtigkeit zu beugen», ohne die Begeisterung von früher, mit der sie Berge hätte versetzen können. Das mündete in der Bemerkung, sie glaube, es sei eine Zeitenwende, eine Geisteswende erreicht – «denn was ist Wirtschaftskrise, Geldkrise, Währungskrise, gemessen an der Krise der Menschen?»[10]

Wenn man von einer inneren Beziehung zu Dichtern bei ihr sprechen will, dann trifft das am ehesten zu auf Rainer Maria Rilke[11] und ganz gewiss auf Friedrich Hölderlin. Mit dem kultisch Gespreizten, dem Ego im Mantel des Dichterfürsten konnte sie herzlich wenig anfangen. Ritterliche Gestalten, gar Heldenfiguren imponierten ihr sicher. Ihr Männerbild hatte aber vor allem der Vater geprägt, der starb, als sie zehn war: Selbstbewusst, weltläufig und, nicht zu vergessen, uneitel.

Formulierungen jedoch, über die man heute stolpert, finden sich häufig genug. Was meinte es, der «deutsche Raum» in der Mitte Europas sei vielleicht dazu ausersehen, als Weltbühne zu fungieren, «um hier ein Stück aufzuführen, das alle angeht»? Was hieß es, dieses Stück sei weniger durch Schuld und Sühne, durch Recht und

Rechtfertigung charakterisiert, vielmehr komme darin «das Schicksalhafte der Zeiten» zum Ausdruck?[12] Nicht nur konservative Denkfiguren waren das, sie neigte als junge Frau zu einer seltsamen Mystifizierung, mit welcher sich die Zeitverhältnisse einer rationalen Analyse entzogen. In einem Moment, in dem andere dröhnend das «Tausendjährige Reich» verkündeten und auch gewaltsam wahrmachen wollten, lud das zu Missverständnissen zweifellos ein.

Ein triftiges Argument für Ulrich Raulffs Mutmaßungen lieferte gewiss Edgar Salin. 1947 schrieb er, Stauffenberg sei mit den Worten «es lebe das geheime Deutschland» in den Tod gegangen. Sechs Jahre später, in einer Fußnote zu seinen Erinnerungen an den George-Kreis, habe er sich als Beleg «auf einen mündlichen Bericht von Gräfin Marion Dönhoff» gestützt. Unter dem Einfluss Stauffenbergs sei im Kreis der Widerstandskämpfer die Bewegung stets als geheimes oder heimliches Deutschland bezeichnet worden. Salin folgerte daraufhin, es werde angenommen, «dass der Augenzeuge der Erschießung, der ihn mit den Worten ‹Es lebe unser heiliges Deutschland› sterben lässt, in Unkenntnis jener geistig bedeutsamen Tatsache die wirklich gesprochenen Worte missverstand». Gewissheit, räumte Salin ein, werde sich nie gewinnen lassen.[13]

Marion Dönhoff kannte zwar, anders als Salin, einige der Offiziere persönlich. Aber woher sie ihr Wissen über Stauffenbergs letzte Worte genommen haben sollte, bleibt offen. Vertraut war ihr die Formel vom «geheimen» Deutschland – zumindest Ernst Kantorowicz pflegte sie so zu benutzen. Nur, dass sie einen Plan abgewickelt hätte nach dem Tod des Dichterfürsten, ist kaum anzunehmen. Nicht das Erbe Georges, das Erbe des Widerstands wollte sie vertreten, das verhielt sich anders bei Salin.

Vorstellen darf man sich wohl auch nicht Marion Dönhoff als junge Frau, die von Kopf bis Fuß eingestellt gewesen wäre auf Politik. Visionen von einem künftigen «Reich» bei der jungen Gräfin? Der Alltag war anstrengend, aber auch unterhaltsam und fröhlich genug. Ihre frühen Tagebucheintragungen und die erhaltene Korrespondenz aus Kriegszeiten – mit Hassell, Schulenburg, Plettenberg, Hentig oder Kommerell, um nur einige Namen zu nennen – verraten von alledem nichts. Politisches kommt kaum vor.

Zu dem «rauschhaften Höhenflug» des Geistes, von dem Karlauf im Blick auf George sprach,[14] schwang Marion Dönhoff sich gewiss nicht auf – auch wenn sie wusste, dass auffallend viele ihrer Freunde durchaus anders empfanden. Wohl aber assoziierte sie mit Stefan George «alte Werte». Solche Werte, argumentierte sie gewohnt pragmatisch im Gespräch mit Theo Sommer und Haug von Kuenheim beim Rückblick auf ihr Leben, könnten auch in einem Team wie dem der ZEIT heute durchaus noch eine Rolle spielen. Sie hätte nichts dagegen, woher denn! Grundlage des Konsenses in einem solchen Kreis könne nur «etwas Metaphysisches» sein. Zur Illustration führte sie nicht zum ersten Mal das Gedicht Georges an, das sie schon als junge Frau beeindruckte. Zum Beleg repetierte sie aus dem Kopf, gleich ins Mikrophon:

«Wer je die flamme umschritt
Bleibe der flamme trabant
Wie er auch wandert und kreist
Wo noch ihr schein ihn erreicht
Irrt er zu weit nie vom ziel
Nur wenn sein blick sie verlor
Eigener schimmer ihn trügt
Fehlt ihm der mitte gesetz
Treibt er zerstiebend ins all»

Unbeeindruckt erwiderte Theo Sommer ihr: Ein schönes Gedicht, das sie rezitiert habe, aber – er hasse es. Ausgerechnet diese Verse habe ihm ein Jungbannführer der Adolf-Hitler-Schule (Napola) als Widmung in einen Band mit lauter nazistischen Gedichten geschrieben. Die Botschaft der Verse Georges laute für ihn unmissverständlich: Kinder, ihr müsst dem Führer stets treu ergeben bleiben, wer je die Flamme umschritt, bleibe der Flamme Trabant …

Der kleine Dialog, der sich daran enzündete, ging folgendermaßen weiter:

Marion Dönhoff: «Nee, ich sehe das nicht so. Was ist, wenn es keine Flamme mehr gibt? Dann ist natürlich Catch-as-catch-can die Parole.»

Sommer: «Also, ich lese das Gedicht ganz anders. Die Flamme, auf die ich als Jugendlicher eingeschworen wurde, war eben die von Adolf Nazi und nicht die Flamme des lieben Gottes oder Immanuel Kants.»

Dönhoff: «Aber Adolf Nazi galt soviel wie der liebe Gott.»

Sommer: «Deswegen möchte ich eigentlich gar keiner Flamme Trabant mehr sein …»

Dönhoff: «Ich möchte die Flamme anständig definiert haben …»[15]

Ja, bemerkenswert viele Männer zählten zu ihrem Freundeskreis, die Stefan George zutiefst verehrten. Aber eine geschichtspolitische Verschwörung? Dazu neigte sie nicht. Vor allem existenzielle Erfahrungen waren es, die sie anleiteten, das lässt sich schwerlich übersehen. Man kann es auch eine gewachsene Lebenshaltung nennen. Nein, Marion Dönhoff hat nicht seit 1946 Georgesche Konterbande einschleppen wollen, sein mythisch schillerndes «Reich»; zur «Georgine» umbiegen kann man sie nicht.

XI

«Die verlogene Moralität der FAZ wird immer unerträglicher»

Joachim Fest versus Marion Dönhoff

Joachim Fest zeichnete verantwortlich für das Frankfurter Feuilleton (von 1973 bis 1993) in den Jahren, in denen Fritz J. Raddatz das Hamburger Feuilleton leitete. Der eine begeisterte sich für Albert Speer, der andere für Ossietzky und Pablo Neruda.

Dass viele Aristokraten gerade in Ostelbien und Ostpreußen – darunter auch spätere Widerständler – anfangs Hitlers Aufstieg begeistert begrüßten oder zumindest ein ambivalentes Verhältnis zum NS-Regime pflegten, blieb keineswegs nur eine These der Linken; auch die FAZ beispielsweise widmete sich diesem Aspekt häufig gewissenhaft, oft auch genüsslich. Unter Hinweis auf das Attentat vom 20. Juli, monierte Rainer Blasius,[1] konnten die Adligen dem Vorwurf begegnen, zu den Totengräbern der ersten deutschen Republik und zu den Steigbügelhaltern Hitlers gezählt zu haben. Dieses «identitätsstiftende Selbstbildnis» habe sich im Laufe der Jahrzehnte verdunkelt. Viele Adlige, hieß es, hätten zu den «Sympathisanten des Kompromisses vom 30. Januar 1933» gehört. Adlige Widerstandskämpfer hätten zudem nur eine «winzige Minderheit» dargestellt, denen eine erdrückende Mehrheit auch im Adel gegenüberstand, bei der «die Arrangements mit dem NS-Staat unerschüttert blieben». Allerdings, entschlossene und mutige «Ausnahmeerscheinungen» wie Ulrich von Hassell, Helmuth James Graf von Moltke, Adam von Trott zu Solz, Henning von Tresckow und Claus Schenk Graf von Stauffenberg strahlten «aus den finsteren Zeiten noch heller in die Gegenwart hinein».[2] Die These, dass sich manche hinter dem Widerstand versteckten oder dass es in Wahrheit Einzeltäter waren, eher die Ausnahme als die Regel, auf die Malinowskis Studie hinauslief, war durchaus einleuchtend. Die Frankfurter Zeitung machte es sich zweifellos nicht leicht.

Dass Westdeutschland 1949 auf dieses Vermächtnis aufbauen solle, daran ließ Marion Dönhoff nie Zweifel. Das allerdings sah der FAZ-Historiker Rainer Blasius anders, er warf ihr unverhohlen Beihilfe zu einer großen Vertuschung in geschichtspolitischer Absicht vor: «Auch in der Hamburger Journalistin steckte beim Blick zurück auf den Widerstand eine Dichterin, die stets dafür sorgte, dass auf dem von ihr blitzblank geputzten Schild des preußischen Adels wenigstens zu ihren Lebzeiten keine braunen Flecken aus dem ‹Dritten Reich› durchschimmerten». Einer seiner wichtigen Kronzeugen: Fritz J. Raddatz.[3]

Gleichfalls in der FAZ erschien ein Nachruf Thomas Karlaufs zum Tode Richard von Weizsäckers, in dem es hieß, mit Marion Dönhoff habe ihn nicht nur die Begeisterung für Preußen, sondern auch die Überzeugung von der Rechtschaffenheit der alten Funktionseliten verbunden. Also hätte er sich, da er doch einmal Claus Stauffenberg begegnet sei, seinerseits wie Marion Dönhoff gleichfalls zum Eingeweihten stilisieren und «auf diese Weise wie nebenbei in die Annalen des Widerstandes hineinschreiben lassen können».[4] Weizsäcker war anständiger, hieß das. Der doppelte Topos von Raddatz, Marion Dönhoff habe ihre Freundesrolle ausgebeutet zur Selbstillumination, und die «Funktionseliten» seien pauschal reingewaschen worden, war damit endgültig in der Feuilletonwelt angekommen.

Marion Dönhoff vergaß es so wenig wie Fritz Stern: 1999 hatte die FAZ die Dankesrede des Historikers zum Friedenspreis im Wortlaut abgedruckt, aber ausgerechnet – es wurde schon daran erinnert – die Passage über Marion Dönhoff herausgekürzt.[5] Wörtlich formulierte Stern: «Der Aufbau Nachkriegsdeutschlands kam nicht ex nihilo; mit Recht hat man sich auf alte, wenn auch schwache Traditionen berufen. Ich habe mich in den letzten Jahrzehnten immer mehr mit deutschen Dingen beschäftigt, aber auch Distanz gehalten – um Gefahren klarer zu sehen und gelegentlich vor ihnen zu warnen. Deutsche Freunde haben mir diese Art geistigen Miterlebens ermöglicht, und so konnte ich den enttäuschten Träumen meiner Eltern treu bleiben. Und wenn ich hier einen Namen nennen darf, dann wäre es der von Marion Gräfin Dönhoff, deren Geschenk der Freundschaft für mich befreiend und lebensbestimmend ist; sie hat uns gezeigt, wie man persönlichen Verlust in einen unschätzbaren Gewinn für andere verwandeln kann, sie vermittelte Versöhnung mit.» Diese letzten Zeilen fehlten in der Wiedergabe. Fritz Stern empfand es als Nadelstich – gegen Marion Dönhoff, und damit auch gegen sich, wie ich aus Gesprächen mit ihm weiß.

Bemerkenswert auch, dass im Jahr 2002 die FAZ den Abdruck einer Todesanzeige der ZEIT-Herausgeber zum Gedenken an Marion Dönhoff verweigerte. Das Argument: Weil das Logo der Wochenzeitung auf der Anzeige abgebildet werde, sehe man sich dazu nicht imstande, es handele sich um Reklame. In anderen Fällen, entgegnete der Hamburger Verlag damals, beispielsweise bei Todesanzeigen von ehemaligen Bankern, habe das keine Rolle gespielt, verzichtete aber auf die Anzeige. *Süddeutsche Zeitung* und *Tagesspiegel* druckten den Text ohne Rückfrage.

Wie eine Art stummen Ringens mutet im Rückblick der Umgang von Marion Dönhoff und Joachim Fest untereinander an, als konkurrierten sie um das Gleiche. Beide laborierten lebenslang an der deutschen Vergangenheit, an Hitler oder Speer, am Widerstand, an der Rolle der bürgerlichen und adligen Eliten. Beide wollten etwas rehabilitieren.[6] Im selben Jahr, 1994, als ihre schmalen persönlichen Erinnerungen an die Freunde erschienen, veröffentlichte er seine weit ausholende, gründliche Untersuchung über das Attentat unter dem Titel «Staatsstreich. Der lange Weg zum 20. Juli». Auch sein Buch betreute Wolf Jobst Siedler verlegerisch.

Joachim Fest sprach zwar respektvoll vom «Lohn der Vergeblichkeit» und dem Widerstand als «ewigem und leidenschaftlichem Selbstgespräch»,[7] betrachtete die Offiziere aber rundum als Gescheiterte. Marion Dönhoff verfolgte emphatisch weiterhin ihre Auffassung, der sie jetzt schon ein halbes Jahrhundert treu blieb, deren Opfer sei nicht umsonst gewesen. Er erklärte sorgsam die Chronologie des Attentatsversuchs, die Hürden, Widersprüche, Motive, sie zeichnete liebevoll Portraits der Verschwörer. Er zählte die Widerständler zu den Konservativen, eigentlich zu seiner Geisteswelt, sie verweigerte jede politische Einordnung. Sie wollte ihr Erbe lebendig halten, es sollte einfließen ins Selbstverständnis der Republik, er resümierte, der Sinn des Attentats habe einzig «in der Tat selber» gelegen, die nie hätte gelingen können.[8]

Joachim Fest begründete seinen Entschluss, eine Monographie über den 20. Juli zu schreiben, mit der langen Vorgeschichte der Widerstandsforschung. Der Strom der Interpretation sei so breit geworden, dass der Fisch dabei sei, in seinen Wassern zu ertrinken. «Jedenfalls entschwindet, was der Widerstand in den Jahren des Dritten Reiches war und bedeutete, zunehmend dem öffentlichen Bewusstsein».[9]

Fest: «Das Widerstehen war ausschließlich eine Sache der Charaktere, im Bürgertum, in der Arbeiterschaft, im Militär … Die überaus persönliche, von charakterlichem Eigensinn geprägte Farbe ist aber zugleich zu einer der Ursachen der äußeren Erfolgosigkeit des Widerstandes geworden.» Über dem Gruppenbild erkannte er daher einen «Ausdruck tiefer Melancholie».[10]

Wahrscheinlich hätte er Marion Dönhoffs Widerstandsbild der «verklärenden Phase» zugerechnet, wodurch die Akteure «aus der anfangs häufig bestehenden Nähe zu Hitler oder doch zu manchen seiner Zielsetzungen sowie überhaupt aus dem Geist der Epoche gelöst und in die Regionen zeitlosen Heldentums entrückt» worden seien – was ja nicht ganz von der Hand zu weisen war. Vielleicht meinte er sogar sie, ohne ihren Namen zu erwähnen.[11] Das «Elend der Vergeblichkeit» habe sich daher über das Ende hinaus verlängert. Sein Buch ließ er mit einer Bemerkung von Justus Delbrück ausklingen, der sich – bei Aufräumarbeiten in der Ruine eines Berliner Hauses – gegenüber seiner Schwester Emmi Bonhoeffer folgendermaßen äußerte: «Ich glaube, es war gut, dass es gemacht wurde, und vielleicht auch gut, dass es misslang».¹² Die Grundmelodie des ganzen Buches enthielt dieser einzige Satz.

Misslingen war nicht der Tenor bei ihr. Noch vor das Vorwort hatte Marion Dönhoff ein Foto des Denkmals für die Freunde aus Crottorf einrücken lassen. Mit dem Wort, sie empfinde sich als «Übriggebliebene», schloss sie ihre Erinnerungen.¹³ Es war keine Erwiderung auf den Forschungsstand und keine Quellenstudie, sie war die Quelle persönlich.

Ja, sie hatten eine Vorstellung vom neuen Deutschland, ein besonderes Verlangen nach «Restaurierung der Demokratie von Weimar» bestand sicherlich nicht. Es war doch gerade die Demokratie jener Jahre, die Hitler an die Macht gebracht hatte.¹⁴ Die Widerständler wollten nicht mehr den Obrigkeitsstaat. Christlich sollten die Schulen sein, der Unterricht nicht zu «modern», die Grundstoffindustrie würde verstaatlicht. «Wenn ich die damalige Einstellung der Freunde charakterisieren sollte, würden meine Stichworte lauten: Skepsis gegenüber dem technischen Fortschritt, Vorbehalte gegen den Kapitalismus, Verschmelzung von konservativen und sozialistischen Werten, asketische Lebensweise, Verantwortung für das Gemeinwesen und große Hoffnung auf den europäischen Zusammenschluss. Alle waren religiös, auch die, von denen man dies vielleicht nicht erwartet hätte; christlich nicht im formalen Sinn, aber betont religiös in ihrer Geisteshaltung und ihren Lebensauffassungen. Vielleicht war diese bewusste Einstellung auf das Metaphysische auch herausgefordert worden durch die anti-christliche Agitation der Nazis und ihren Kreuzzug gegen die Bekennende Kirche».¹⁵ Eine bessere Begründung für ihre Deutung der Widerstandsmotive konnte es kaum geben.

Buch gegen Leben. Joachim Fests «Staatsstreich» machte international Furore, er hatte der militärischen Opposition ein Denkmal gesetzt und auf reflektierte Weise – bewusst unakademisch – einen Schlussstrich gezogen. Vorbei, missglückt, und es konnte nicht anders sein. Marion Dönhoff hingegen verstand ihre Erinnerungen – gleichfalls ein Bestseller, ohne wissenschaftliche Absicherung – eher als einen der letzten Versuche, das Leben zwischen 1939 und 1944 im kleinen Kreis ostpreußischer Aristokraten und Freunde aus der eigenen Erinnerung zu protokollieren. Klarmachen wollte sie freilich auch, warum sie wen ernst nahm – damals schon, aber auch später. Nicht vom Scheitern wollte sie deshalb sprechen, sondern vom Vermächtnis, auf das sich ein «anderes Deutschland» gründen lasse.

Beglückt atmete sie auf, als Richard von Weizsäcker sich 1984 endlich das Amt des Bundespräsidenten erkämpfte. Hingegen schoss die FAZ eine wahre Breitseite ab: Unter einem Pseudonym veröffentlichte das Feuilleton ein vehementes Plädoyer, weshalb der «Regierende» die Stadt Berlin nicht nach kaum drei Jahren im Amt im Stich lassen dürfe, um in die Villa Hammerschmidt einzuziehen. Insider ahnten bald, der Autor sei Wolf Jobst Siedler. Seit seiner Wahl in die Villa Hammerschmidt hat dann die ZEIT, Marion Dönhoff voran, mit großer Sympathie Weizsäckers Präsidentschaft begleitet, die FAZ hingegen blieb recht kühl gegenüber dem jüngsten Sohn Ernst von Weizsäckers, der nun die Republik repräsentierte. Zudem wurde die Zeitung nicht müde, an die Vergangenheit des Vaters in der Wilhelmstrasse zu erinnern. Jetzt will uns der Sohn Moral lehren, zumal am 8. Mai 1985, mit *dieser* Familiengeschichte?

Nach Fest reklamierte im FAZ-Magazin auch Johannes Gross – der mit Fest und Siedler befreundet war – den «moralisch begründeten Widerstand» für sich, er sei nämlich von konservativer Seite gekommen, und nur diesen Männern sei es um universelle Werte gegangen. Linker Widerstand hingegen habe nur der «Abwehr von Verfolgung» gedient, stand im Interesse einer Partei, so Gross weiter, und sei unter dem Gesichtspunkt geleistet worden, dass die «falsche Diktatur» sich etablieren konnte, «die von der Geschichtsphilosophie nicht vorgesehen war».[16] Der Widerstand gehört uns!, dem konservativen Milieu, ließ sich diese Wortmeldung eines Carl-Schmitt-Schülers übersetzen.

Was das Verhältnis zwischen ZEIT und FAZ angeht, darf man auch nicht vergessen: Ein Jahr nach Weizsäckers Rede vom 8. Mai

1985, am 6. Juni 1986, veröffentlichte der angesehene Historiker Ernst Nolte unter der Überschrift «Vergangenheit, die nicht vergehen will» den Aufsatz, in dem er die «Singularität» der NS-Verbrechen bestritt, das Aufkommen des Nationalsozialismus als Antwort auf den ursächlichen Bolschewismus beschrieb («Kausalnexus»), also als «asiatische Tat». Man konnte, ja musste das als verdeckte Antwort auf Weizsäcker lesen. Am 11. Juli erwiderte Jürgen Habermas in der ZEIT mit einer Kritik an revisionistischen Tendenzen unter einigen deutschen Historikern, voran Nolte, unter der Überschrift «Eine Art Schadensabwicklung». Er warf Nolte und seinen geistigen Weggefährten vor, die Vergangenheit zu «entsorgen». Die Zeitung präsentierte seinen Text so, wie er ihn verstand, nämlich als «Kampfansage».

Es war der Beginn des «Historikerstreits», der letzten großen Selbstverständnisdebatte der Bundesrepublik vor dem Mauerfall, von der schon die Rede war. Die ZEIT bot sich als Forum für diese Debatte an, Antipode war wiederum die FAZ mit Joachim Fest als einem der Herausgeber, der Nolte als Hausautor schätzte und pflegte. Robert Leicht stand als Chefredakteur an der Spitze, Marion Dönhoff und Theo Sommer firmierten als Herausgeber. Wo die ZEIT sich in dieser Kontroverse verortete, war intern unumstritten, und es hatte Tradition. In der Kontroverse über Fritz Fischers Thesen zur Kriegsschuld 1914 «Griff nach der Weltmacht», mit ihrer Berichterstattung über die Auschwitzprozesse und in den immer wieder aufflammenden Verjährungsdebatten hatte die Zeitung sich inzwischen im Großen und Ganzen zumindest ein klares Profil in Sachen Vergangenheitspolitik erworben. Wohltuend hob sich das schon lange ab von den frühen Jahren, als die ZEIT vor allem «deutsch» sein wollte. Marion Dönhoffs Name verband sich seit dem Carl-Schmitt-Konflikt, also seit 1954, mit dem strikten Wunsch, für Trennschärfe in den Vergangenheitsfragen zu sorgen. Das kulminierte in der Kontroverse um den Warschauer Vertrag und ihrer entschiedenen Zustimmung dazu, so sehr der Verlust der Heimat auch schmerzte. Im Historikerstreit selbst hielt sie sich zwar zurück, aber erleichtert und enthusiastisch hatte sie auf Weizsäckers Rede von 1985 reagiert.

Die FAZ machte zwar eine andere Rechnung auf, wegen ihrer Verteidigung Ernst von Weizsäckers und weil sie den preußischen Adel in den zwölf Hitler-Jahren reinwasche. Abgesehen davon, dass das keineswegs zutraf – es überwog ein anderes Bild. Vor allem die jahrzehntelangen Anstrengungen Marion Dönhoffs, seit 1946, die Erinnerung an die Freunde des 20. Juli wachzuhalten, hatten zwangsläufig auch dazu beigetragen, die Erinnerung an das NS-Regime und die historische deutsche Verantwortung wachzuhalten. Und dann sollte man glauben, sie habe eine Art fünfzigjähriger Imagepflege betrieben, sei es zu ihren Gunsten oder zur Verklärung des preußischen Adels allgemein?

Die Fehde zwischen ZEIT und FAZ – es gab sie tendenziell dennoch, auch wenn es nur ein grobmaschiges Bild sein mag – hat Peter Bender einmal damit erklärt, in Frankfurt seien sie neidisch darauf gewesen, dass Marion Dönhoff mit ihrer seltenen Mischung aus Pragmatismus und moralischer Autorität nicht zu ihrer Zeitung gehört habe, «die an sich die Spitze der Weltentwicklung, der journalistischen jedenfalls, in Deutschland darstellte». Dies sei der wahre Grund der Differenzen zwischen den Blättern.[17]

Meist hielten sich Joachim Fest sowie Marion Dönhoff im Urteil übereinander bedeckt. Vielleicht waren die Spannungen zwischen ihnen sogar größer, als sie selber wahrhaben wollten, aber unter sich federten sie das noch einigermaßen ab. In einem Brief an Jürgen Habermas allerdings – und da ging es nicht um Fest – wählte sie Worte, die man selten von ihr zu hören bekam, viel Aufgestautes machte sich nun Luft: Die «verlogene Moralität der FAZ», brach es unvermittelt aus ihr heraus, werde «immer unerträglicher».[18] Ihrer Freundin Chris Bielenberg erläuterte sie allerdings konzilianter, sie finde Fest «zu konservativ in seiner Sichtweise und zu überzeugt von seiner eigenen Bedeutung». Aber er sei «ein sehr bemerkenswerter Historiker».[19]

Um eine Ehrenrettung der deutschen Bürgerlichkeit bemühten sich Fest und Siedler gemeinsam mit dem Publizisten Frank A. Meyer in einem kleinen Gesprächsbuch, das im Jahr 2005 erschien. Trotz seines parlierenden Tonfalls trug «Der lange Abschied vom Bürgertum» Manifestcharakter.[20] So wie Marion Dönhoff sich regelmäßig auf den Geist des Widerstands berief, so wünschten sich Fest und Siedler explizit den Geist eines (unverführbaren) Bürgertums zurück. Als einen solchen integren Bürger – innerlich immun – hatten sie schon den Häftling in Spandau, Albert Speer, darstellen wollen, sie suchten dringend nach vorzeigbaren Kronzeugen.[21] Aber es war ein Pakt mit dem Teufel, wie sich zeigen sollte – Speer durfte sich in seinen Gesprächen mit Fest[22] von seiner wahren Rolle in den zwölf Jahren distanzieren. Die Rechnung – im beiderseitigen Interesse – war aufgegangen. Der apologetischen Schrift der älteren Herren über die wahre Bürgerlichkeit haftete ein melancholischer Beigeschmack an, weil sie als letzte Vertreter einer aussterbenden Spezies auftraten mit dem Gestus, sich zugleich damit auch endgültig zu verabschieden. Seinen Erinnerungen an die Jugend in Hitler-Deutschland, die 2006 erschienen (er starb noch im selben Jahr), gab Fest den vielsagenden Titel «Ich nicht».[23] Er entstamme selbst jenem spezifischen Bürgertum, hieß das demonstrativ, das sich als unverführbar erwiesen habe. Aber warum musste das so hinausposaunt werden? Unter einem solchen Etikett hätte man sich die Jugenderinnerungen Marion Dönhoffs an Ostpreußen nicht vorstellen können.

Ähnlich wie Joachim Fest, zeigte Marion Dönhoff durchaus Interesse für diesen prominenten Häftling in Spandau, Albert Speer, sie hielt ihn für satisfaktionsfähig, auch wenn sie ihn nicht so emphatisch verteidigte, wie sie Ende der vierziger Jahre Ernst von Weizsäcker verteidigt hatte. Ganz im Unterschied zu Fest ging es ihr in der Regel – nicht nur im Falle Speer – um ein Urteil über die historische Person und deren wahre Rolle, sie betrachtete sie nicht als Repräsentanten einer Schicht, einer Elite, oder des Adels, die sie pauschal hätte freisprechen oder abstrafen wollen.

Immerhin scheint sie in der causa Speer auch unsicher gewesen zu sein, denn wie häufig in Zweifelsfällen, zog sie sich auf eine neutrale Position zurück und bot die Zeitung als Forum an. Erst spät, im Jahr 1979 – Speer war längst der Durchbruch als internationale Zelebrität und Aufklärer in eigener Sache geglückt – lud sie ihn zu einem gemeinsamen Gespräch mit Alan Bullock ein.

Nach der Unterredung (an der ingesamt fünf bis sechs Personen teilnahmen, wie sie sich erinnerte) habe Speer wissen wollen, ob noch Fragen blieben. Daraufhin habe sie sich gemeldet und wissen wollen, wann eigentlich Hitler zwischen seiner Zeit als Postkarten-verkäufer in München und seinem Aufstieg klargeworden sei, dass er zu höchsten Ämtern berufen sei. Speers Antwort referierte sie folgendermaßen: «Da haben Sie eine ganz falsche Vorstellung von ihm, er hat es immer gewusst. Er hat mir zum 30. Geburtstag (der war, wie ich nachgeschlagen habe, 1929) eine von ihm selbst gefer-tigte Zeichnung geschenkt. Darauf sieht man seine Via Triumpha-lis, die hinaufführt auf einen Berg, wo ein grosser Palast steht, des Führers Residenz und dann, das fand ich wirklich unbeschreiblich: rechts und links zwei große Gebäude, die nach seiner Lesart zum Gedenken an die 600 Generäle errichtet werden, die im nächsten Krieg fallen. – Man muss sich das einmal vorstellen angesichts der gerade überwundenen Inflation, angesichts sechs Millionen Ar-beitsloser und allgemeinem Elend … diese Vision».[24]

Offenbar schrillten auch bei ihr keine Alarmglocken – Brecht-ken erzählt die Rezeptionsgeschichte gründlich, der Kreis der Be-wunderer war unfassbar groß aus heutiger Sicht –, immerhin war es kein Geheimnis, dass keiner sonst aus der ganzen Entourage Hitler näher stand als Speer. Weltweit wurde er rehabilitiert; die Sehn-sucht in der Bundesrepublik war übergroß nach einem moralischen Freibrief für die Mehrheit, die das System trug, dafür bot sich ein «distanzierter Mittäter» Speer offenbar als leibhaftige Projektions-fläche wunderbar an. Sie aber hatte zumindest einige der wirklichen Opponenten doch persönlich gekannt. Schon dieser spezifischen Lebensgeschichte wegen hätte man erwarten können, dass sie be-sonders genau und trennscharf hinsieht. Im Falle Carl Schmitts hatte sie geradezu auf exemplarische Weise klargemacht, sie werde Gut und Böse, Spreu und Weizen, Unschuldige und Mitverantwort-liche streng auseinanderhalten.

Magnus Brechtken bescheinigte Fest, «im Dienste Speers die Distanzierungsfabel gepflegt» zu haben, wissenschaftliche Erkennt-nisse habe er nicht an sich herankommen lassen und er sei «überhol-ten Legenden, bisweilen sogar originärer Nazi-Propaganda aufgesessen». Fest und Siedler hatten mit ihm – der Paladin und Edel-Nazi, der tätige Reue zeigt! – das ersehnte Paradebeispiel für eine «anständige Bürgerlichkeit» gefunden, die bis in die obersten Ränge des Regimes hineinreichte. Das war ihr Lebensthema geworden. Und an diesem Strang arbeiteten sie in ihrem Gesprächsbuch über den «langen Abschied vom Bürgertum» weiter.[25]

Marion Dönhoff mit ihrem Faible für biographische Grenzfälle scheint mindestens übersehen zu haben, dass Albert Speer keinesfalls ein solcher Grenzfall war. Anders als Joachim Fest oder besonders Siedler, mit dem sie sich gut verstand,[26] ging es ihr schon gar nicht um eine Exkulpierung des Bürgertums anhand der «Ausnahmeerscheinung» Speer. Die Ehre, symbolisch für das «andere Deutschland» zu stehen, hatten bei ihr nicht Albert Speer, nicht einmal Ernst von Weizsäcker, nur die Offiziersfreunde.

Mir scheint, die renommierte Tageszeitung aus Frankfurt mit katholischem Anklang und die protestantisch gefärbte Wochenzeitung aus Hamburg wetteiferten beide – beide auf intelligente Weise – um das Gleiche, um einen «anständigen» Konservatismus. Daher der Streit darum, wem der Widerstand wirklich gehöre. Daher auch die wechselnden Fronten. In einer seltsamen Rollenverkehrung war es – wie schon erwähnt – ausgerechnet die ZEIT, nicht die FAZ, die Ernst von Weizsäcker vehement verteidigte. Das Frankfurter Blatt achtete hingegen in aller Regel auf kritische Distanz, was auch der Sohn Richard zu spüren bekam.

Gute Karten hatte Marion Dönhoff in dieser Kontroverse hinter den Kulissen, das muss Joachim Fest bewusst gewesen sein. Einen Hauch von Kulturkrieg zwischen den Zeitungen und ihren einflussreichen Autoren meint man manchmal im Rückblick zu erkennen. Das schloss nicht aus, dass aus Warte der ZEIT die FAZ mit großem Respekt betrachtet wurde; für Bucerius blieb sie ohnehin fast durchweg die Musterzeitung, journalistisch herausragend und politisch sympathisch, die er dem Redaktionskollegium als Maßstab bei Bedarf jederzeit vor Augen hielt. Am Beispiel Speers wollte Fest nicht zuletzt demonstrieren, dass es den «anderen Nazi» gab, man konnte an höchster Stelle dem Regime gedient haben und dennoch integer bleiben. Das beschäftigte aber Marion Dönhoff nicht brennend, mit dem Wort vom «anderen Deutschland» verteidigte sie generell einen unversehrten Kern.

Fest war, zugespitzt gesagt, fasziniert von den Tätern an der NS-Spitze, Dönhoff von den Attentätern jener Zeit. Joachim Fest reklamierte für die FAZ, die «bürgerliche» Republik und den intelligenten Konservatismus zu vertreten, das machte Marion Dönhoff zur heimlichen Rivalin. Denn ausgerechnet ihr war das Kunststück geglückt, ihr Blatt – mittlerweile liberal – mit diesem «konservativen» Milieu, dem «anständigen Konservativismus» zu verkoppeln. So wie sie aufgewachsen war, mit den Freunden, die zu Widerständlern wurden, mit Lehndorff, Schulenburg, Bussche, aber auch mit in der Wolle gefärbten «Konservativen» wie Ernst Kantorowicz, Edgar Salin, Walter F. Otto, Carl Jacob Burckhardt, George Kennan, von Richard von Weizsäcker gar nicht zu reden, gehörten das Konservative und das Liberale für sie ganz selbstverständlich zusammen, zu ihr.

XII
«Zivilisiert den Kapitalismus» – seit 1230
Die Dissertation 1935 und das Zeitalter der
Globalisierung

Den Ausschlag gab der 30. Januar 1933 in Frankfurt am Main. Genagelte Stiefel hörte sie, stieg vom Rad und sah, wie eine braune Kolonne an ihr vorübermarschierte, «steinerne Gesichter, zu allem entschlossen». «In diesem Augenblick stand das Kommende plötzlich vor mir: diese Stiefel würden alles, was ich liebte und achtete, zertreten. Ich beschloss, sobald wie möglich Deutschland zu verlassen und in der Schweiz weiterzustudieren».[1]

Natürlich führte sie ein privilegiertes Leben, sie hatte die Wahl. Aber sie blieb sich dieser Umstände auch bewusst, wie sich zeigte. Sie entschied sich, zu Edgar Salin nach Basel zu gehen, dem Nationalökonomen und Universalgelehrten, von dem sie wohl auch über ihre Professorenfreunde einiges gehört hatte. Auch Basel war ihr schon vertraut, der Gedanke lag also nahe. Zudem seien dort alle diejenigen zusammengeströmt, schrieb sie in ihrem Ostpreußenbuch, die bei sich zu Hause «nicht sein mochten oder nicht sein durften: Aus Deutschland kamen die Kommunisten, aus Österreich die Nationalsozialisten, aus Italien die Oppositionellen». Edgar Salin, der über ihnen allen «schwebte», sei «Mentor und Schirmherr» dieser politisch spannungsreichen Gemeinde gewesen. Eine Doktorarbeit über den Marxismus ging ihr durch den Kopf, «denn das war es, was mich damals am meisten interessierte». Salin war kein Marxist und kein Linker, danach teilte sie die Welt auch nicht ein, er war ein «großer Zauberer», ein «Verzauberer», gelegentlich auch ein «Entzauberer», folgt man ihr. Er stammte aus einer anderen Zeit. Er wusste, wie sie ihm nachrief, «um die Macht der Ideen». Zudem dachte er «ganzheitlich», was ihr entgegenkam. Allerdings hielt sie ihn auch nicht für einen traditionellen Konservativen, sie zählte ihn immerhin zu den ersten, «der die Gefahr eines dialektischen Umschlags der Marktwirtschaft zur Konzentration wahrnahm, und eindringlich vor der Ansicht warnte, Wettbewerb sei ein automatischer Schutz, auf den man sich jederzeit verlassen könne».[2] Das war die Melodie, die man bei ihr noch oft zu hören bekommen sollte.

Über was genau sie ursprünglich hatte promovieren wollen, erläuterte sie nicht. Etwas mit Marxismus, hört man bei ihr heraus. Marxismus erschien ihr wohl als geistige Alternative zur Welt, in der sie aufgewachsen war, und schon gar als Antwort auf die Horden, die sie auf Frankfurts Straßen erschrocken beobachtet hatte und die nun zunehmend die Hörsäle überfluteten. Großer Anstrengungen Salins hat es offenbar nicht bedurft, sie umzustimmen und ihr ein naheliegenderes Thema ans Herz zu legen.

Eines Tages, so Marion Dönhoff, habe sie in der Hardtstraße 110 in Basel geklingelt und das Studierzimmer betreten, in dem sie später viele anregende Abende verbrachte – Bücher bis zur Wölbung der Decke, ein Dante-Portrait, Goethes Totenmaske, Postkarten mit griechischen Köpfen und italienischen Mosaiken, die scheinbar zufällig an Bücherrücken lehnten. Sie schildert die Episode folgendermaßen: «Ob der Professor bereit sei, mich als potentiellen Doktoranden anzunehmen? Gegenfrage: Worüber ich denn arbeiten wolle? Ich erklärte ihm, dass ich mich in Frankfurt am Main viel mit Marxismus beschäftigt hätte und dieses Thema gern vertiefen würde. Der Professor überlegte kurz: Marxismus? Dann stellte er messerscharf fest: ‹Darüber wissen andere sicher mehr als Sie. Von Ihnen möchte ich lieber eine Untersuchung darüber haben, wie der Großgrundbesitz Ihrer Familie in Ostpreußen eigentlich zusammengekommen ist und wie er in den verschiedenen Jahrhunderten bewirtschaftet wurde.› Ostpreußische Wirtschaftsgeschichte? Auch ich dachte kurz nach: Es war Frühling, daheim stand mein Pferd im Stall. Bald würden die Wildgänse das Pregeltal heraufziehen und die Störche ihre Nester auf den Ställen und Scheunen neu herrichten … So schloss ich messerscharf: Der Professor hat vollkommen recht. Warum soll ich in Basel sitzen, wenn ich zu Hause sein, reiten und nebenher ein bißchen in alten Akten blättern kann».[3]

Sechs Monate später türmten sich in einem riesigen, leeren Saal ihres Elternhauses die Akten kubikmeterweise, vergilbte Kontrakte, Bilanzen, Abrechnungsbücher, Verträge, Stammbäume, alle Urkunden, Akten und Papiere waren in Kisten und Truhen auf dem Boden oder in unbenutzten Räumen des Schlosses verstaut, jahrzehntelang unberührt. «Tag für Tag stand ich nun dort, vom frühen Morgen bis zur Dämmerung, und noch war nicht abzusehen, wann ich mit der eigentlichen Arbeit, meiner Dissertation, würde beginnen können». Immer wieder habe sie neue Kisten ausgepackt. «Mein Pferd kam längst nicht mehr zu seinem Recht, mit meiner Mutter, die befürchtete, der immerwährende Aktenstaub werde meine Gesundheit ruinieren, hatte ich große Auseinandersetzungen …»[4]

Neun Monate später war alles etikettiert und geordnet, die Briefe der preußischen Könige sowie die Kolleghefte ihrer Vorfahren. Darunter eines: «Vorlesung des Herrn Professor Em. Kant über die phys. Geographie», die Ehekontrakte der Besitzer von Friedrichstein, in denen ihre Habe und die Mitgift ihrer Frauen von Generation zu Generation verzeichnet waren, ferner Wappen-Stammbäume, «gemalt in jener Zeit, da man sich illustrer Verwandtschaften mit Vergnügen bewusst war. Sie zeigten höchst augenfällig und einprägsam, dass beispielsweise die Großmutter des Polnischen Königs Stanislaus Lecz'inski eine Dönhoff war …»[5]

Nach zwölf Monaten, so erinnerte sie sich, habe sie dann angefangen mit ihrer Dissertation. Die früheste Urkunde, die sie entdeckte, stammte aus dem Jahre 1379 und war unterzeichnet vom Hochmeister Winrich von Kniprode, der den Besitz zu culmischem Recht verlieh «gegen einen ‹Schweren Ritterdienst mit Pferd und Waffen nach des Landes Gewohnheit zu allen Heerfahrten, wenn, wie dick und wohin sie von uns oder von unseren Brüdern geheißen werden.› Das Gesetz, nach dem der Orden dort im Osten angetreten war, hieß: ‹Allzeit zur Verteidigung bereit sein›, darum war der Besitz von Grund und Boden auch verknüpft mit der Verpflichtung zum Ritterdienst. Und darum war eine Klasse geschaffen worden, die über große Ländereien verfügte und die dafür bereit war, jederzeit alles im Stich zu lassen und dem Orden Gefolgschaft zu leisten, wenn dieser in Bedrängnis geriet».[6] Marxismus hin oder her – noch im Rückblick, man spürt es, glühte sie vor Vergnügen an dieser Exkursion in die Familiengeschichte, die auch die Geschichte Preußens war.

Sie schrieb immer gerne. In ihren frühen Briefen und Tagebüchern schlug sie einen reflektierten Ton an, ein wenig elegisch, stets eine genaue Beobachterin, aber nie kunstvoll oder manieriert. Daran gemessen, liest sich diese Doktorarbeit heute in weiten Teilen stocknüchtern, akademisch leidenschaftslos, aber so war es ja sicher gewünscht. Um die Zahl der Pflüge und Eggen ging es nicht zuletzt, mit denen die Vorfahren der Landwirtschaft nachgingen, um die Arten des Getreides, um die Schar der Kämmerer, Schützen, Viehhirten, Knechte, Hofmägde oder Gärtner. Brav stand über dem Opus «Entstehung und Bewirtschaftung eines ostdeutschen Großbetriebes». Untertitel: «Die Friedrichsteiner Güter von der Ordenszeit bis zur Bauernbefreiung.» Als Buch gebunden, erschien die Dissertation von «Dr. Marion Gräfin Dönhoff» im «Verlag Gräfe und Unzer, Königsberg Pr.».

In der kurzen Vita am Ende der Arbeit heißt es: «Ich, Marion Gräfin Dönhoff, wurde am 2. Dezember 1909 als jüngste Tochter des verstorbenen Grafen August Dönhoff und seiner Ehefrau Maria geb. von Lepel in Friedrichstein Kr. Königsberg (Ostpreußen) geboren. Ich bin deutsche Staatsangehörige.» Bis zum 15. Lebensjahr erhielt sie, so die Verfasserin knapp und trocken, den ersten Schulunterricht «privatim». Danach besuchte sie das Willigmannsche Lyzeum in Berlin, darauf (kurz) das Hufen-Oberlyzeum in Königsberg, endlich die Oberrealschule in Potsdam, in der sie im Frühjahr 1929 das Reifezeugnis erwarb. Das nächste Jahr verbrachte sie im Ausland, unter anderem in den USA. In Königsberg, Basel, Frankfurt a. M. (1931 bis 1933) studierte sie Volkswirtschaft, mit Diplom, 1934 begann sie in Basel mit dieser Dissertation, betreut von Salin.

Im Geschwindschritt ging das offenbar alles, schon am 1. Februar 1935 bestand sie das mündliche Examen. Seit zwei Jahren befand Hitler sich mit seinen Gefolgsleuten an der Macht und rüstete auf. Die Zukunft schien ungewiss.

Von der Ordenszeit bis zur Bauernbefreiung: Die Dissertation vor Augen, ertappt man sich unwillkürlich bei dem Gedanken, Edgar Salin könnte ihr nicht nur einen pragmatischen Rat erteilt haben, sich mit dem Naheliegenden zu befassen; in einer Vorahnung hat er sie wohl dazu bewegt, quasi in letzter Sekunde festzuhalten, was schon dem Untergang geweiht war (tatsächlich wurde ja auch das gesamte Archiv vernichtet). Wenige Jahre darauf sah Europa ganz anders aus. In der Wolfsschanze nahe Rastenburg quartierte sich Hitler ein. Von dort aus dirigierte er den Feldzug gegen Russland. Im nahen Steinort bezog sein Außenminister einen Seitenflügel des Schlosses. Ribbentrop und Lehndorff saßen seitdem Tür an Tür. Friedrichstein lag nicht weit entfernt. In diesem entlegensten Winkel des Reiches traf alles unmittelbar zusammen: Eine Verflechtung, die man nicht hätte erfinden können und die suggerierte, beides – Hitlers Hauptquartier und Lehndorffs Refugium, der «Führer» und die Attentäter – sei einem gemeinsamen Boden entsprungen.

Noch etwas später war auch das vorbei: Entsprechend der Beschlüsse der Alliierten von Teheran und Jalta zur Nachkriegsordnung wurde die polnische Westgrenze an die Oder verlagert. Ostpreußen wurde Polen zugeschlagen, Steinort war seitdem polnisch, während Friedrichstein (ebenso wie das nahegelegene Königsberg/Kaliningrad) fortan auf russischem Territorium lag. Eine tragische Idylle hat man heute in Steinort vor Augen: Das Schloss, nur zum Teil renoviert, die masurische Seenlandschaft, die Wälder, der gestirnte Himmel, die Stille. – Man versteht, dass Marion Dönhoff selbst noch in Massachusetts (zu Gast bei Guido Goldmann), als sie morgens den Schrei vorüberziehender kanadischer Gänse hörte, in Erinnerung an ihre Jugend in diesem Ambiente in Tränen ausbrach. – Architekturstudenten machten vor einigen Jahren Friedrichstein in einer virtuelle Computersimulation begehbar. In einem spät entdeckten Kellergewölbe sollen einige staubüberzogene Weinflaschen gefunden worden sein. Geblieben ist, dank Edgar Salin, ihre Dissertation, eine penible Schilderung der jahrhundertelangen Siedlungsgeschichte, wie sie sonst schwerlich zu finden ist.

Man muss sich einlassen auf Marion Dönhoffs Diktion, um zu begreifen, worauf ihre Wertordnung, ihre Weltvorstellung, vor allem aber ihre stupende Selbstsicherheit gründete. Diese Geschichte von Jahrhunderten, die komprimiert in der Doktorarbeit steckt, trug sie im Gepäck mit, als sie sich im Januar 1945 von ihrem Treck trennte und weiterritt.

Die Autorin: «Seit im Jahre 1230 die ersten Ritter vom Orden des Hospitals St. Marien in Jerusalem die Weichsel überschritten und sich in den riesigen Wäldern und Sümpfen des Preußenlandes angesiedelt hatten, lag für den Orden das wichtigste Problem darin, ständig eine streitbare Macht zur Verfügung zu haben, um seine kolonisatorische Arbeit vor den immerwährenden Einfällen und Angriffen der Einheimischen zu schützen. Ein stehendes Heer im modernen Sinne konnte der Orden sich nicht leisten, auch kam es ja nicht so sehr auf die Bereitschaft für große Kämpfe und Kriegszüge an, als vielmehr auf ein allmähliches Vordringen, die Abwehr lokaler Überfälle und den Kampf um die Scholle in des Wortes eigentlicher Bedeutung. So knüpfte man an den Besitz von Grund und Boden die Verpflichtung zum Ritterdienst und schuf damit eine Klasse, die über großes Areal verfügen musste, um dafür auf der anderen Seite zur ständigen Kampfbereitschaft und Gefolgschaft verpflichtet zu sein.»

Erst im Verlauf des 17. und 18. Jahrhunderts wurden die verschiedenen Güter zu dem Friedrichsteiner Gesamtkomplex zusammengefügt. «Der damalige (1760) Besitzer von Friedrichstein, Otto Magnus Dönhoff, war ein Mann, dessen Interessen ausschließlich dem Staat und der Politik galten. Er stand dem preußischen Königshause persönlich sehr nahe – wie eine Reihe von Briefen, vor allem Friedrich Wilhelms I., zeigen –, und es ist darum nicht verwunderlich, daß gerade er es ist, der unter der Regierung Friedrichs I. 1709/14 das Schloß Friedrichstein erbaut. Es ist die Zeit, in der fast alle großen Schlösser Ostpreußens (Finkenstein, Schlobitten, Schlodien, Dönhoffstädt usw.) entstanden sind; denn der erste preußische König, den die Geschichte als den ‹Prachtliebenden› kennt, war allenthalben der Protektor und Förderer der Kunst, und der Osten, der in diesen Bestrebungen noch weiter hinter dem übrigen Land zurückstand, lag ihm besonders am Herzen.» «Ein großer Besitz war in jener Zeit eigentlich nur der Rahmen, in den eine Persönlichkeit hineinwuchs, und sein Zweck lag nicht in der Erzeugung einer Rente, sondern in der kraft- und maßerzeugenden Tradition seiner Geschichte, und nicht zuletzt in der vorbereitenden Schulung für spätere Aufgaben des Staats- und Verwaltungsdienstes.»[7]

Verkleidet in spröde Worte, schildert sie einen jahrhundertelangen, überaus harten Existenzkampf. Mit Pfandübertragungen versuchten die Landbesitzer ihre Kredite zu fundieren, der Schuldner übergab dem Gläubiger als Sicherung für geliehenes Geld meist auf zehn bis dreißig Jahre seinen Besitz in natura. Da er oft das Kapital nach Ablauf der Frist nicht rückerstatten konnte, verblieb das Land häufig im Eigentum des Gläubigers. Das hatte zur Folge, dass zur damaligen Zeit die Güter häufig den Besitzer wechselten. In Friedrichstein sah es nicht besser aus: Nur wer hohe Stellungen im Staat bekleidete und damit über ein festes Einkommen verfügte, konnte es sich leisten, Grundbesitz zu erwerben und zu unterhalten. Die Einnahmen aus der Landwirtschaft waren minimal und das Risiko groß. Aus einer Aufstellung von 1695 ergibt sich, so Marion Dönhoff, dass im Jahresdurchschnitt Graf Friedrich Dönhoff in seiner Stellung als Amtshauptmann und Gouverneur der Festung Memel etwa doppelt so viel Einnahmen bezog als aus dem damals rund 15 000 Morgen großen Besitz Friedrichstein. Die Erträge waren gering, und zudem wurde bis zum 19. Jahrhundert kaum je mehr als «das zweite oder dritte Korn geerntet (also die doppelte oder dreifache Menge der Aussaat)», von den ständigen Kriegen abgesehen, wie sie hinzufügte, die immer neue Katastrophen brachten. Es war alles andere als ein idyllisches Bild, das sie damit von jener Zeit zeichnete.[8] Man kann auch sagen: Sie schrieb eine Geschichte jahrhundertelanger Armut.

Und so, mühsam, setzte sich das fort: «Von einschneidender Bedeutung für die ostpreußische Landwirtschaft wurde in den nächsten Jahren die restlose Aufteilung Polens 1793 und 1795. Für die Landwirtschaft als solche bedeutete es zunächst eine Erschütterung der Getreidepreise; denn die bisher polnischen Gebiete arbeiteten unter wesentlich günstigeren Produktionsbedingungen und so wurde das billige polnische Getreide, vor dem man sich bisher durch Einfuhrverbote und Zölle geschützt hatte, jetzt im eigenen Land produziert.»

1859 wurden die Friedrichsteiner Güter zum Fideikommiss, einer Regelung des Erbrechts: Danach übernimmt der älteste Sohn die Verwaltung der Güter, die nicht aufgeteilt werden unter den Geschwistern, um zu verhindern, dass die Familienbesitze aufgespalten werden, sich überschulden und schließlich verkauft werden müssen. Auch Friedrichstein drohte dieses Schicksal mehrfach und konnte nur unter großer Kraftanstrengung abgewandt werden.[9]

Die eigentliche «Scheide dieser Welten», so die Verfasserin, lag an der Wende vom 18. zum 19. Jahrhundert. Eine «grundsätzlich neuartige Epoche», für die «die veränderte Geisteshaltung des ‹modernen Menschen›» entscheidend wird. Die Wissenschaft machte sich selbständig und wurde Selbstzweck, «weil auch der Mensch sich freigemacht hat von allen Bindungen staatlicher, geistiger und metaphysischer Natur». Weiter im Originaltext: «Der Mensch steht nicht mehr in einem festen, umspannenden Gefüge, aus dem heraus er handelt, denkt und nach dem Wesen der Dinge fragt, sondern er lebt als Kaufmann, als Wissenschaftler, als Landwirt. Die Welt ist nicht mehr rund, sondern zerfällt in eine Unzahl einzelner Spezialgebiete und Sphären, deren jede ihre eigenen mechanischen Kausalgesetze hat, die zu entdecken und auszuwerten Ziel und Sinn des ‹produktiv› arbeitenden und forschenden Menschen geworden ist. Ökonomisch gesprochen bedeutet dieses, daß aus einer Bedarfsdeckungswirtschaft eine Erzeugungswirtschaft geworden ist».[10]

«Die preußische Niederlage des Jahres 1806 hatte unter ihren Trümmern das ruhmreiche 18. Jahrhundert begraben, und die Reformen der Jahrhundertwende legten darauf den Grundstein zu der neuen Ära einer bürgerlich-liberalen Wirtschaftsepoche.» Der Adel verlor seine privilegierten Funktionen.

«Sollte der Adel die Grundlage des Staates bilden und sich in ihm die Idee des Preußentums verwirklichen, so genügte es nicht, daß er auf der Kriegsakademie und in der Armee bewußt in diesem Geiste erzogen wurde, sondern es mußte der Stand als solcher neben den besonderen Funktionen auch gesonderte Lebensbedingungen haben. Es mußte ein Stand geschaffen bzw. erhalten werden, der außerhalb der Sphäre bürgerlicher Ökonomie lebte und der unabhängig war von der Spekulation händlerischen Geistes.»

«Es waren jedoch keine unbegrenzten Bevorzugungen, die dem Adel zuteil wurden, vielmehr stellte man an ihn auch die höchsten Anforderungen der Moral, Pflichterfüllung und Disziplin. Denn der Ehrbegriff des Offiziers und die Unbestechlichkeit des preußischen Beamten waren die Säulen, auf denen der Staat ruhte. Der Bauer aber genoß den besonderen Schutz der königlichen Regierung, und zahlreiche soziale Reformen und Gesetze überwachten den Grundbesitzer in seinem Verhältnis zum Bauern, so daß etwaige Willkürakte von seiten des Grundherrn jederzeit verhindert werden konnten».[11]

Bis dahin blieb die junge Autorin im Ton spürbar um Neutralität bemüht. Ganz anders liest sich ihr Fazit. Mit Friedrich dem Großen, eröffnete sie furios die letzten zwei Seiten, sei auch «das eigentliche Wesen des friderizianischen Staates zu Grabe getragen» worden. Nur das äußere Gefüge, die «geist- und blutlose Form», haben seine Nachfolger konserviert, ohne dass sie es je vermocht hätten, die innere Idee des Preußentums ganz zu erfassen. So habe es ihnen auch nicht gelingen können, die politischen und geistigen Voraussetzungen jenes lebendigen Organismus aufrecht zu erhalten, «und damit war das aristokratisch-monarchische Prinzip bald zu einem absolutistisch-bürokratischem Mechanismus erstarrt.»

Ihr Befund, nachdem sie ein Jahr in den alten Folianten in Friedrichstein gewühlt hatte: «Erst jetzt mit der Auflösung aller Bindungen und aller Tradition beginnt die eigentliche Epoche des landwirtschaftlichen Großbetriebes und der ‹kapitalistische Erwerbssinn des Junkers› erwacht … Es galt für ihn jetzt, sich zu bewähren in dem allgemeinen Existenzkampf, ohne Privileg, ohne Rücksicht, aber auch ohne eine besondere Aufgabe im Dienste der Allgemeinheit. – So wurde der Junker und mit ihm der landwirtschaftliche Betrieb hineingestellt in die beginnende Konkurrenzwirtschaft, in der es nur noch einen Maßstab gab: die Verzinsung, und nur noch eine Gewähr für Erfolg: die Rentabilität».[12]

Und dafür diese jahrhundertelange Mühsal, all die Kriege, die Ostpreußens Geschichte wie der Rhythmus der Jahreszeiten begleiteten, diese Abfolge von Katastrophen, unter denen das Land ächzte und wovon es sich immer aufs Neue erholen musste?[13] Ja, dennoch war es aller Entbehrungen, aller Anstrengungen wert, lautet ihre Botschaft eher zwischen den Zeilen. Man beendet die Lektüre ihrer Doktorarbeit mit dem Gefühl, vieles von dem, was sich in dieser Geschichte Friedrichsteins seit 600 Jahren als verteidigenswert herauskristallisierte – eine preußische Ordnung und Hierarchie, Verantwortung derer «oben» für die Allgemeinheit, eine Verankerung in Religion oder «Metaphysik», Gewinnmaximierung nicht als Selbstzweck –, seien Leitplanken für all das geblieben, was sie als Journalistin antrieb und schrieb.

Überwältigender konnte das Echo kaum ausfallen als jenes, das sie im August 1996 mit einem Beitrag in der ZEIT auslöste unter der Überschrift: «Zivilisiert den Kapitalismus». Der Verleger, Siedler, wollte ihr den Titel ausreden, er klinge zu negativ, sie ließ am Ende nicht mit sich darüber diskutieren. Sie war sich ihrer Diagnose sicher. Eine Flut zustimmender Leserbriefe schwappte ihr auf den Schreibtisch, im Jahr darauf publizierte sie unter diesem Titel ein kleines Buch, das zu einem der größten Bestseller in der Verlagsgeschichte avancierte. Es war, als hätte sie einem verbreiteten Zeitgefühl Ausdruck gegeben – in einem Moment freilich, in dem der Westen mit seinem spezifischen «Kapitalismus» übriggeblieben war. Diese populäre These, das «Ende der Geschichte» (Francis Fukuyama) sei glücklich erreicht, hielt sie für absurd. Alle Stacheln stellten sich bei ihr auf. Es gibt keinen Grund zum lauten Triumph, so Marion Dönhoff entschieden, nirgends. Glauben wir bloß nicht, es habe einfach die eine Seite gesiegt, die andere verloren!

Obwohl die Gewaltenteilung, der Pluralismus, der Rechtsstaat gewährleistet sind, obwohl es den meisten so gut geht wie nie zuvor, fuhr sie damals mahnend fort, liege etwas Unwägbares, ganz und gar Unkonkretes in der Luft, was die Menschen bedrücke. Sie meine nicht allein die Zeitenwende mit Globalisierung und Computertechnologie, auch nicht nur die Ungewissheiten, die Angst machen, wenn die Arbeitslosigkeit wachse, oder die quälende Frage, was aus Russland werde. Wirklich bedrückend sei, griff sie auf eines ihrer Lieblingsmotive zurück, dass «alles Metaphysische, jeder transzendente Bezug ausgeblendet» werde, das Interesse gelte «ausschließlich dem wirtschaftlichen Bereich: Produzieren, Konsumieren, Geldverdienen.» Eine Zeitlang sei das ganz schön gewesen, «aber dann spüren plötzlich viele: Dies kann doch nicht der Sinn des Lebens sein.»

Allen großen Umbrüchen in der Geschichte, fuhr sie in diesem Ton fort, seien neue philosophische Erkenntnisse vorausgegangen. Ohne Montesquieus Idee sei die Französische Revolution undenkbar, ebenso wie die amerikanische Unabhängigkeitserklärung. Unser Zeitalter dagegen habe «keine geistigen Voraussetzungen». Nur Ideologien gebe es noch, und die seien pervertiert worden: Die konservative durch Hitler, der alle Wertvorstellungen der Rechten ad absurdum geführt hat, und die der Linken durch Stalins Brutalisierung des Sozialismus. «Was übrigblieb, ist die Marktwirtschaft.» Das war für sie der springende Punkt.

«Was fehlt denn? Worauf haben wir all die Zeit gewartet? Antwort: Auf die *civil society*, eine zivile Gesellschaft also. Aber was wir bekamen, ist eine reine Konsumgesellschaft, manche sagen, eine Raff-Gesellschaft.»

«Ich glaube, wir müssen uns über eins klar sein: Liberalismus und Toleranz, die Vorbedingungen der *civil society*, sind dem Menschen nicht von Natur aus angeboren, er muss erst dazu erzogen werden, durch Elternhaus, Schule und Gesellschaft … Erst die Aufklärung, der Ausbruch aus der, wie Kant sagt, ‹selbstverschuldeten Unmündigkeit›, hat die Voraussetzung für die Bürgergesellschaft geschaffen.»

«*Rule of law*, Gewaltenteilung, Pluralismus und Offenheit sind zwar Voraussetzungen, aber sie allein genügen nicht. Es kommt darauf an, was die Bürger daraus machen, auf ihre Gesinnung kommt es an, auf ihr Verhalten und darauf, wie sie ihre Prioritäten setzen. Also: Nicht nur die Regierungen tragen die Verantwortung, jeder einzelne Bürger ist für das Ganze mitverantwortlich.»

«Damals war Deutschland das geistige Laboratorium Europas, hier war die Heimat von Albert Einstein und Karl Marx, jenen Männern, die die Welt veränderten. In der zweiten Hälfte des 19. Jahrhunderts stehen dann Wissenschaft, Technik und große Erfindungen im Vordergrund. Und nun, in unserer Zeit, nach den beiden Weltkriegen, die so viel zerstört haben, sind es wirtschaftliche Interessen, auf die der Ehrgeiz gerichtet ist: Bruttonationaleinkommen, Produktion, Handel und vor allem Geld. Deutschland ist von einer Kulturnation zu einer Konsumnation geworden.»

«Als Wirtschaftssystem ist die Marktwirtschaft unübertroffen. Für eine Sinngebung hingegen reicht sie nicht wirklich aus. Sie ist sehr possessiv. Die Marktwirtschaft beansprucht den Menschen ganz und duldet keine Götter neben sich. Ihr Wesen ist der Wettstreit und ihr Motor der Egoismus: Ich muss besser sein, mehr produzieren, mehr verdienen als die anderen, sonst kann ich nicht überleben.»

Rückgängig machen, lautete ihre Schlussfolgerung, könne man die Säkularisierung unserer Welt nicht. Kapitalismus und Marktwirtschaft müssten «nur sozusagen zivilisiert werden». «Das normale Rechtsempfinden, das Gefühl für das, was man tut und nicht tut, ist durch das Fehlen ethischer Grundsätze und moralischer Barrieren so verkümmert, dass man sich fragen muss: Kann eine Gesellschaft unter solchen Umständen überhaupt leben?» Mit diesem Fragezeichen endete ihre Predigt.

Natürlich kritisierte sie nicht als erste einen ungefilterten Kapitalismus und rein ökonomistisches Denken. Woher also rührte die überwältigende Resonanz auf ihren Essay? Diese Anstiftung zum Widerspruch – «Empört euch!» – im Grundsätzlichen nahm man der Autorin mit ihren 87 Jahren offenkundig ab; ihren kritischen Blick aufs eigene System, das Plädoyer für ein Ende der Säkularisierung, aber auch ihre optimistische Grundhaltung, man könne an den Verhältnissen grundsätzlich etwas ändern, wenn man nur wolle.[14]

Es war nicht wirklich der «Kapitalismus», den sie geißelte, sondern die Neigung zum egoistischen Denken, zum Materialismus pur. Dass diese alte Dame die Mentalität hinter dem ökonomischen

System derart radikal attackierte, ausgerechnet in dem Moment, in dem der Westen seinen Sieg feierte, damit beging sie den wahren Tabubruch. Sie blieb sich freilich nur treu.

Beim Lesen ihrer moralischen Standpauke, einer Kritik am Tanz um das Goldene Kalb, meint man, diesem Denken in ähnlichen Worten bereits begegnet zu sein: Ja, in ihrer nüchternen Dissertation, in der es scheinbar nur um gute und schlechte Getreideernten ging, um die Zahl der Schafe, Pferde und Kühe, Soll und Haben, die richtigen Fruchtfolgen, das Erbrecht, um Kriege und Untergänge und Hoffnungsschimmer, war im Kern bereits angelegt, was sie gut sechzig Jahre später zu dem dringenden Rat veranlasste, den Kapitalismus zu fesseln.

Vom Echo sah sie sich bestätigt darin, dass vieles von dem Gültigkeit behalten hatte, was sie schon in ihrer Dissertation – im Geiste Edgar Salins – beschworen hatte. So viel sie auch dazulernen und umdenken musste in ihrem Leben, was die Kritik am Materialismus der Zeit und der Raffgier der Ökonomie angeht, musste sie sich nicht revidieren.

XIII
«Ich habe nie gedacht, dass es so etwas gibt»
Das Unfassbare, das Unerreichbare

Wir sprechen über seinen Vater, in einem Kreuzberger Kaffee. Er
war Marions Bruder, zehn Jahre älter als sie. Zur Welt kam mein
Gesprächspartner Hermann Hatzfeldt 1941 in Königsberg, als
(zweitgeborener) Sohn von Heinrich Botho Graf Dönhoff. Seine
Mutter, Dorothea, die früh starb, war eine geborene Gräfin von
Hatzfeldt-Wildenburg. Adoptiert wurden Hermann und seine beiden Geschwister von der Schwester ihrer Mutter im Jahr 1956; bis
dahin war Marion Dönhoff alleiniger Vormund. Die Mutter der
drei Kinder, Heinrichs Frau, hatte das vor ihrem Tod 1945 so bestimmt. Hermann stand ihr näher als jedermann sonst. Er weiß,
wie überaus lebenslustig, vergnügt und gesellig sie sein konnte. Die
Seele konnte sie baumeln lassen, um es mit Kurt Tucholsky zu sagen.
Als junge Frau reiste sie auch schon mal rasch mit dem Zug von
Königsberg am Wochenende zu einer Party nach Berlin.

Am dunklen Tag in der deutschen Geschichte, dem 1. September
1939, wurde Heinrich (geboren 1899) zum Militär eingezogen. Mit
neunzehn Jahren fiel als erster aus dem Verwandten- und Freundeskreis der einzige Sohn ihrer Schwester Yvonne. Ebenso jung starb
Karl August Dellingshausen, einer der beiden Söhne der ältesten
Schwester, Christa. Deren anderer Sohn, ihr Neffe Christoph,

wurde 1944 verwundet und überlebte nur noch wenige Monate im Lazarett. Ungeöffnet kam ein Feldpostbrief der Tante, Marion, vom 19. Dezember 1944 – in dem sie davon sprach, wohl zum letzten Mal Heiligabend in Friedrichstein verbringen zu können – an sie zurück.[1] Es sei schwer erträglich, klagte sie, das Leben mit den alltäglichen Sorgen weiterzuleben, «während sich da draußen das Schicksal Europas entscheidet und Ströme von Blut fließen».[2] Gleichwohl, sie führte ihr Leben als junge Gutsherrin weiter, jagte, oder ritt sogar noch im Herbst 1944 mit Sissi Lehndorff tagelang durch Masuren, als wolle sie alles noch ein letztes Mal genießen. In Briefen voller poetischer Bilder schwelgte sie gegenüber Carl Jacob Burckhardt von dieser scheinbar sorglosen Zeit, in der nichts mehr wirklich Bestand hatte.

Heinrich Dönhoff – der an verschiedenen Frontabschnitten eingesetzt wurde, unter anderem auch in Frankreich – erlebte in der Nähe des kleinen lettischen Fleckens Bauske mit eigenen Augen, wie ein SS-Offizier Juden zur «Liquidierung» abtransportieren wollte. An der Front und gerade im Baltikum geschah das tausendfach. Spontan stellte Heinrich sich vor diese Gruppe «tödlich verängstigter Juden», offenbar nicht ohne Erfolg. Der SS-Offizier habe daraufhin «Grauenhaftes» von seinem Auftrag berichtet.[3]

Was immer sie vom Geschehen in Hitlers Deutschland wusste oder vom Mord an den Juden, gern kleidete sie es in abstrakte Worte. Düstere Ahnungen von einer herannahenden «Krise des Menschen» holten die junge Frau hie und da ein.[4] Im November 1942 ging die Welt zu Ende für sie, ganz konkret: Die schlimmste denkbare Nachricht holte sie ein, Heinrich war mit 42 Jahren bei einem Flugzeugabsturz ums Leben gekommen. Edgar Salin schüttete sie als erstem ihr Herz aus. «Lieber Professor», schrieb sie ihm am 20. Dezember 1942, es sei nun der fünfte Sonntag, seit die «nicht zu fassende Nachricht» kam. Noch am Abend zuvor habe sie den Bruder bis Steinort begleitet, am Morgen brach er auf, um eine Kuriermaschine zu erreichen, am selben Abend kam ein Anruf aus Smolensk, das kleine Flugzeug sei zwischen Kowno und Wilna bei einer Notlandung verunglückt, Heinrich tot. «Auch ich wußte, daß er eines Tages nicht wiederkommen würde, über jedem Abschied stand zitternd die Frage: wird dies der letzte sein? – und dann das lange Warten auf Nachricht, das Hoffen und Fürchten – und doch war auch die Sorge schön, die doch irgendwie noch ein Besitztum ist. Und wenn es dann eingetreten ist, dieses Unvorstellbare, dann ist doch wieder alles ganz anders – nicht so wie bei den anderen, die dort draußen unter fremdem Himmel ruhen und deren Tod wie eine dunkle Nacht alles Gewesene und Gemeinsame zudeckt, sodaß nichts zurückbleibt als Hoffnungslosigkeit, Armut, Verlassenheit und Verzweiflung». Bei Heinrich hingegen – «diese große Gelassenheit und die Sicherheit, die er im Leben hatte, dieses wunderbare Vertrauen und die Gewißheit – dies alles ist so stark gewesen, daß er es uns wie ein Vermächtnis zurückgelassen hat. Ich habe nie gedacht, daß es so etwas gibt, eine so unverlierbare Zusammengehörigkeit, ein so unzerreißbares Verbundensein auch über die Grenzen dieser Erscheinungswelt hinaus».

Aus diesem Brief möchte ich noch einige Sätze zitieren, weil er doch wie kein anderer einen Moment lang das Innerste offenbart, etwas von dem, was der Anker im Leben Marion Dönhoffs war. Heinrich, fuhr sie fort, gehörte «zu den wenigen, die diese Zeit nicht unstet und fahrig gemacht hat – von Mal zu Mal erschien er mir geschlossener und konzentrierter, bei diesem letzten Zu-Haus-Sein war er eigentlich schon ganz entrückt und ohne Schwere und weit hinaus über die Dinge dieser Welt – nur Friedrichstein, das war noch seine Welt, wie hat er an allem hier gehangen und jeden Baum geliebt und jedes Tier und all die Menschen, die sich immer stärker um ihn als ihr Haupt und ihre Mitte vertrauensvoll zusammenschlossen.»

«Wie gleicht ein solcher Besitz dem Ton in der Töpferhand – alles war auf ihn zugeschnitten, hatte durch ihn erst seine Prägung bekommen. Die äußere Schicht und auch die innere Ordnung und Ausgewogenheit: das Schloß, der Park, die Wirtschaft.»

«Noch ist alles ganz unwirklich, und ich habe das Gefühl, als ob das, was vorgeht, nur ein Stück ist, das abläuft, mit lauter fremden Rollen. Wirklichkeit scheint nur das zu sein, was nicht mehr ist. Aber was ist überhaupt Realität, was Sein und Schein? Oft weiß ich nicht, ob er tot ist oder ich – wie fern ist das Leben. Sehr von Herzen M.»[5]

Lehrjahre: Über dem Rhein in Basel, 1934.

Dazu Hermann Hatzfeldt: «Um Marion zu verstehen, muss man um ihre Beziehung zu den Geschwistern, und insbesondere zu ihrem Bruder Heinrich, meinem Vater, wissen. Zehn Jahre älter als sie, ersetzte er ihr den Vater. Ihn hatte sie bewundert, mehr als alle anderen. Die beiden hatten ein ganz enges Verhältnis. Auch nach seinem Tod blieb er für sie das Idealbild eines Mannes, an dem später vermutlich kein anderer vorbeikommen konnte.»

Rainer Maria Rilke und Friedrich Hölderlin, erinnert er sich, haben auch in der Beziehung zu ihrem Vater eine große Rolle gespielt, das Sentimentalische habe die Geschwister «angeweht.» Nach Romantik und Tragik klingt seine Schilderung. Ich höre zu. Zuerst der Tod Heinrichs, dann der Verlust der Heimat, «die Nationalsozialisten haben mit ihrem Krieg alles zerstört, ihre Motivation, sich einzumischen, kommt aus diesem Verlust», fährt Hermann Hatzfeldt fort. Ihr Impuls war, etwas zu retten. In ihrem Portemonnaie bewahrte sie unter anderem auch einen kleinen Zettel mit einigen Verszeilen eines Unbekannten auf: «Mich wundert, dass ich so fröhlich bin.» Geheilt sei diese Wunde zwar, resümiert er, «aber Trauer blieb».

Späte Jahre: Unermüdlich am Schreibtisch in ihrem Haus in Hamburg-Blankenese, 1996.

Heinrichs drei Kinder wohnten zunächst bei der Großmutter. Trotz ihres Konkurrenzverhältnisses, so Hermann Hatzfeldt, bestimmte seine Mutter Marion beizeiten zum Vormund, nach ihrem Tod 1945 trug sie Verantwortung für die drei Waisen. Sie hätte sich künftig ganz um ihre Erziehung kümmern wollen, versicherte sie Hermann später. Aber – bald schon brachte sie «in Memoriam» zu Papier, die Denkschrift zum Widerstand folgte, hineingesogen wurde sie in die aufwühlenden Debatten nach Kriegsende über das Geschehene, die Zukunft und in den Journalismus. Sie habe gewusst, so erklärt er sich ihren Weg seit Kriegsende, «dass sie eine Rolle spielen muss und kann». Marion blieb Vormund, mit ihr verbrachten sie die Ferien, sie kümmerte sich um die Kinder, «aber klar war bald, dass sie nicht Familienmutter wird» (Hermann Hatzfeldt).

Was sie machte, machte sie, wie er es empfand, allerdings auch für die Familie. Als ihr Bruder Dieter starb, trauerte sie nicht allein jemandem nach, der die privaten Erinnerungen mit ihr teilte. Regelmäßig hatte sie ihm auch ihre Artikel geschickt, sie wollte ihre

419

öffentliche Rolle in die Familie hineinspiegeln. Die Geschwister sollten einfach wissen, womit sie befasst ist. In den Augen der Familie war sie, die Jüngste, so Hermann Hatzfeldt, zugleich auch die Tüchtigste, auf die alle stolz waren, auch Yvonne, die älteste Schwester und enge Freundin. Sie fand ihre Rolle in der jungen Bundesrepublik rasch, «fast war es ein Glück für sie, in schweren Zeiten aufwachsen zu müssen, in denen sie instinktiv wusste, wo sie zu stehen hat».

In ihrer Handschrift (die bis ins hohe Alter unverändert blieb) spiegelte sich etwas davon wider, dezente, ausgeglichene Züge, zuverlässig, fern allem Imponiergehabe. Hermann Hatzfeldt: Mit dieser Haltung – «eine *selfmade*-Frau aus dem Jahrhundert zuvor» – setzte sie fort, was ihr vermittelt wurde, als «Glied einer langen Kette». So habe sie das schon von ihrem Vater gelernt, bloß keine Umstände, nur weil der Kronprinz oder die Kaiserin sich angemeldet haben zum Besuch …

Weit weg sind wir inzwischen im Gespräch über die Liebe zwischen den Geschwistern, die ihren privaten Lebensweg entscheidend geprägt hat. Das Unfassbare wurde Ereignis. Heinrich war tot.

Ihr Leben lang suchte sie etwas. 1942, 1944, 1945 – jedes Jahr überraschte mit dramatisch tiefen Zäsuren. Sie musste lernen, sich zu verabschieden, von Heinrich, von den Freunden vom 20. Juli, von der Heimat. Am Horizont leuchtete etwas, was ihr Auftrieb gab oder ein Ziel zu sein schien. Dem gab sie verschiedene Namen – das andere, das bessere, das heilige oder das heimliche Deutschland.

Wenigstens eine Ahnung von dem, was ihr vorschwebte, blitzte gelegentlich auf. So konnte sie sich gar nicht genug wundern über die «Arche Noah aller politischen Systeme und Epochen», als sie im November 1947 erstmals wieder die Schweiz besuchte. Auf ein «oft erträumtes Paradies» sei sie getroffen, in dem Zigaretten und Kaffee, elegante Frauen und zuweilen sogar elegante Männer, schwere Limousinen, saubere Straßen und leere Eisenbahnzüge zu finden seien. Für unsereins – sie meinte auch sich – sei das Normale etwas Abenteuerliches geworden, zuweilen sehne man sich nach der «normalen Ruinenrealität». Hier traf sie zwar auf Splitter der jüngsten Geschichte, auf die Witwen hingerichteter italienischer Faschisten, Angehörige der Résistance, zaristische Russen, deutsche Kommunisten, denen Amerika verleidet wurde – und sie alle fügten sich ein «in die unumstößliche und wohlgeordnete Systematik einer bürgerlichen Welt, die ein seltsames, scheinbar unangefochtenes Dasein am Rande des großen Chaos fristet». Dort, in diesem vergessenen Paradies, in Basel, wo sie erkunden wollte, welches Schicksal die Studienfreunde und Lehrer erlitten hätten, staunte sie vor den Kunstschätzen im Kunstverein, den Werken von Dürer, Altdorfer, Holbein, der «Verkündigung» und der «Madonna mit der Wickenblüte» – «und man konnte nicht anders, als daran denken, wie merkwürdig es doch ist, dass ‹tausendjährige› Reiche vergehen und dass Macht und Ruhm wie Gras verdorren, aber eine ‹Madonna im Rosenhag› vor 400 Jahren der Muttergottes zum Lobe gemalt, noch heute und in aller Zukunft von einem besseren Deutschland zeugt».[6]

Auf diesen letzten Satz lief dieser Bericht aus dem unversehrten Basel hinaus, eine Selbstauskunft über ihre Seelenverfassung. In den zwölf Hitler-Jahren, erfuhr sie in Basel beim Nachforschen, waren zwei der Studienfreunde emigriert, einer kam im KZ ums Leben, drei fielen als Soldaten. Aber etwas war nicht zerstört worden. An dieses Unzerstörbare klammerte sie sich.

Verbindlich ausformuliert hat Marion Dönhoff nicht, was sie mit dem «besseren Deutschland» wirklich meinte. Vielleicht schwebte ihr anfangs noch vage die Idee eines «Reiches» vor wie manchen Jüngern Stefan Georges, ein Reich, dessen Spuren im Mittelalter lagen? Ihr Freund Ernst Kantorowicz – im amerikanischen Exil – wollte sein legendäres Buch über den Mittelalterkaiser Friedrich den Zweiten am liebsten beschweigen und nicht mehr neu auflegen lassen, so sehr hatte es ihn getroffen, dass Hitler und seine Gefolgsleute ihr «deutsches Reich» in seinem mythischen Kaiserreich zu erkennen glaubten. Vielleicht dachte sie, wenn sie vom «besseren Deutschland» sprach, an ein Zukunftsland, das inspiriert wird vom Alten Fritz und dem Preußen, das sich in der Erinnerung zu einem unerfüllten Versprechen verklärte? Vielleicht benutzte sie diese vage Formel wie manche Freunde vom 20. Juli einfach als Alternative zu allem, was das NS-Regime verkörperte? Eine Alternative im Gestern? Was suchte sie?

Im Vorgespräch für einen Film über die «Gräfin»[7] machte Ralf Dahrendorf klar, dass er das «Nationale», den Wunsch nach einem starken Deutschland für das entscheidende Merkmal des protestantischen Freundeskreises hielt, zu dem er sie zählte – nach dem Debakel mit der fragilen Weimarer Republik. Aber ein «starkes Deutschland» konnte nach 1945, nach dieser Vorgeschichte nur ein Land meinen, das sich neu erschaffen musste und dabei auf tradierte moralische Maßstäbe zurückgreift. Damit näherte er sich einem heiklen, kaum je explizierten Punkt. «Ich denke mir schon», so Dahrendorf, «dass sie in der Nazi-Zeit zum Teil ganz zufrieden war, dass Deutschland wieder stark wurde, und das auch gedanklich begleitet und unterstützt hat.» Zugleich gab es in den adligen Zirkeln einen verbreiteten Widerwillen gegen die SA, diese Welt der neuen Emporkömmlinge blieb auch ihr fremd. Dahrendorf folgerte, es sei «eine Kombination von Zustimmung zu einem starken Deutschland und Fremdheit des organisierten Parteinationalsozialismus» gewesen, die «alle Schwierigkeiten erklärt, die es bei ihr, bei ihren Freunden und bei ihrer Familie gegeben hat». «Die einen sind dann in diese, die anderen in jene Richtung gekippt und manche in beide, denn ich meine, Stauffenberg hat, wenn man so will, als Nazi begonnen und als Attentäter auf Hitler geendet. Aber das heilige Deutschland, das spielte schon eine Rolle, und das darf man nicht unterschätzen.»

Mit einem «klaren Ja» erwiderte er auf die Frage, ob die aristokratische, gefühlte Abscheu eine größere Rolle spielte als politische Weitsicht. Allerdings schränkte er ein, zu der gefühlsmäßigen Abneigung habe natürlich auch der tiefe Abscheu gegenüber den Verbrechen gehört, «SA war gleichbedeutend mit Straßengewalt, und das hieß Staatsgewalt und Missbrauch der Macht».

Auf die richtige Seite «gekippt» bei einer komplizierten Gratwanderung? Diese Deutung von Dahrendorf erscheint mir bedeutsam, weil sich sein soziologischer Blick für Brüche und Kontinuitäten in Deutschland vor 1945 und danach mit der Anstrengung des Freundes verband, nach Widerspiegelungen davon in ihrer Biographie zu suchen. Er wollte begreifen, inwiefern sie «ein Kind ihrer Zeit» blieb oder wie weit sie sich davon zu emanzipieren vermochte. Etwas an ihr blieb ihm fremd (vielleicht spürte er auch, dass sie auf eine gewisse Distanz hielt). Freunde wie er waren nahe, Familie war ungleich näher.

Ralf Dahrendorf: «Ich denke mir, dass Marion insofern innerlich mindestens gespalten war – ich meine, die große Frage, wie eigentlich die Leute vom 20. Juli das Kriegsende sahen, ist nicht leicht zu beantworten. Mein Vater und seine Freunde hätten sicher auch die bedingungslose Kapitulation akzeptiert, die Stauffenbergs, Trescows, Trotts und Moltkes nicht, und ich denke, dass Marion auf der letzteren Seite war».[8]

«Gekippt» in die falsche Richtung allerdings war sie gewiss nicht. Und auch das war kein Zufall. Bei Hassell, Plettenberg, Schulenburg, die sie kennenlernte zu Hause und auf die sie sich gern berief, handelte es sich durchaus um politische Köpfe. Besonders Hassell, fast dreißig Jahre älter, war die Referenzgröße ihrer jungen Jahre, wie schon geschildert: Konservativ gewiss, aber was Haltung, Gesinnung, moralische Maßstäblichkeit betrifft, war er wirklich nicht der schlechteste Bürge. Roland Freisler hatte Hassell den Prozess gemacht, verurteilt und in Plötzensee 1944 hinrichten lassen.

In der Weimarer Republik hatte Hassell sich der Deutschnationalen Volkspartei angeschlossen, gehörte zum nationalen und rückwärtsgewandten «Deutschen Herrenclub» und bevorzugte eine ständisch-konservative Staatsorganisation. Bereits 1933 trat der Diplomat der NSDAP bei. Aber er lag nicht auf Ribbentrop-Linie, zählte seit 1938 zur Opposition und suchte zwischen den konservativen Widerstandsgruppen der Älteren, Goerdeler und Beck, sowie den Jüngeren im Kreisauer Kreis zu vermitteln. Auf die Judenmorde, von denen er zumindest 1943 gehört haben muss, reagierte er fassungslos. Zeitweise galt er intern als prospektiver Außenminister einer Übergangsregierung, seit 1943 allerdings verlor er die engen Kontakte zu den Offizieren um Stauffenberg.

Vielleicht waren solche Freundschaftserfahrungen auch der Grund dafür, dass sie oft und vehement davor warnte, politische Etikettierungen an den Widerständlern vorzunehmen – «wir sind doch keine Botaniker, die Stempelblüten zählen» –, vermutlich bezog sie das sogar ein klein wenig auch auf sich selber. Sich gegen Hitler zu stellen, war für sie eine Frage des Grundsatzes, eine Frage der Ritterlichkeit. Dahinter verblassten sämtliche politischen Zuordnungen. Ein solcher «Ritter» war Hassell auch. Dass sie zu Hause war in einer anderen Denkwelt, liegt offen zutage. Ihren langen Weg von der ostpreußischen Komtess zur liberalen «Marion Dönhoff» der Bundesrepublik – vor 1989 und auch danach – macht gerade das so bemerkenswert.

Ihr Ehrgeiz war nicht, das Bild eines anderen Deutschlands zu entwerfen. Lieber stützte sie sich auf Freunde, denen sie solche «Konzepte» zutraute. Sie machte sich nicht größer als sie war. Umso freier konnte sie die Leerstelle allmählich füllen, bis am Ende ihr «geistiges Preußen» und das liberale Deutschland ineinander aufgehen würden.

In der Bundesrepublik, stellte sie sich vor, könne eine Elite – «die Menschen, auf die es ankommt» – eine Art ideeller Gesamtverantwortung im Staat übernehmen. Die Frage, wie sich das verknüpfen ließe mit der parlamentarischen Demokratie, hat ihr kein großes Kopfzerbrechen bereitet. Ihre Elite beanspruchte keine Vormundschaftsrolle.

«Ich hätte nicht leben wollen in dem Kreis Ihrer preußischen Freunde», hat Theo Sommer ihr einmal offenherzig gestanden. Er erinnert sich, sie habe über seine kesse Bemerkung fröhlich gelacht. Sie wollte sich kein Leben vorstellen ohne sie.

Anknüpfen kann man daran auch die Frage, ob sie Recht hatte mit ihrem Wunsch, auf die Tradition der Freunde vom 20. Juli – als Inkarnation dieses geistigen Preußen – die Bundesrepublik zu gründen. Wäre man mit diesem Lebensleitmotiv, an dem sie sich orientierte, dem «anderen Deutschland» näher gekommen? Man darf jedenfalls nicht vergessen: Sie sah in den Widerständlern lernfähige Systeme, lernfähig wie sie selber.[9]

Gelassen, ja heiter klang es, als sie 1999 in ihrer Dankesrede zur Verleihung der Ehrenbürgerschaft der Stadt Hamburg auf ihr Leben zurückblickte und sich selbst befragte, weshalb es so einigermaßen geradlinig verlaufen sei. Nie habe sie irgendetwas geplant, sinnierte sie im Rathaus der Stadt vor den geladenen Gästen, sie habe «immer auf den Zufall gewartet». Den habe sie dann «gepackt und versucht, etwas Vernünftiges daraus zu machen». «Wenn man also Vertrauen in den Zufall hat und sich gewiss ist, dass es eine höhere Macht gibt, die das Leben ordnet, das des Einzelnen und das der Gemeinschaft und der Völker, dann braucht man sich nicht so furchtbar aufzuregen». Eigentlich sei sie ganz zufrieden mit dem, was ihr zugefallen sei, obwohl «ziemlich viel Trauriges dabei war»; aber wenn ihr das so zugemutet wurde, «dann musste es so sein».

Selten hatte sie sich bis dahin so offen als gläubig bekannt. Im hohen Alter sah das anders aus. Auf die Frage ihres Neffen, Friedrich, ob sie sich als einen «religiösen Menschen» bezeichne, erwiderte sie geradeheraus: «Ja, doch. Könnte ohne das nicht leben, glaube ich.»[10]

Nie mehr hatte sie die Heimat besuchen wollen, 45 Jahre blieb sie ihrem Vorsatz treu. Im Kopf existierte das Schloss ja ohnehin weiter. Im August 1989 brach sie zu ihrer legendären Reise nach Kaliningrad auf, in die versiegelte Stadt. Im Gepäck hatte sie eine kleine Gips-Statue von Immanuel Kant – aus der Hand David Rauchs, praktisch identisch mit jener, die zunächst im Zentrum der Stadt stand, während der letzten Kriegswirren nach Friedrichstein in Sicherheit gebracht und versteckt worden war, dort aber spurlos verschwand.

Als sie sich neben Hermann Hatzfeldt in die «Ente» zwängte, Kant auf dem Rücksitz, um die beschwerliche Reise über Polen, Weißrussland und Litauen nach Kaliningrad anzutreten, konnte sie nicht ahnen, zu welcher Zäsur in Europa es bald, am 9. November, kommen würde. (Obwohl immerhin in Polen, wo sie Station machte, Anfang Juni die halbfreien Wahlen stattfanden und am 24. August 1989 Tadeusz Mazowiecki zum Ministerpräsidenten gewählt wurde.) Aber dennoch, es erwies sich als der perfekte Moment für die kleine Geste. Kant zurück nach Königsberg, wenn auch klein und in Gips, hieß: Er gehört allen, und die Geschichte beginnt neu. Ursprünglich, erinnerte sie sich,[11] wollte sie nur wegen der Büste die lange Reise antreten. Ihren Geburtsort zwanzig Kilometer östlich der Stadt wollte sie weiterhin meiden. Plötzlich geriet sie ins Wanken. Eine halbe Stunde würde es mit dem Wagen brauchen, ein Katzensprung nach Hause. Schließlich sei die Anziehungskraft stärker als der Wunsch gewesen, den Ort lieber so im Herzen zu bewahren, «wie er für mich zum Inbegriff von Heimat geworden ist». Viel Schindluder sei mit dem Heimatbegriff betrieben worden, so Marion Dönhoff, ihr Heimatgefühl habe sich auf Ostpreußen reduziert, ja, es war «zusammengeschrumpft auf meine engste Heimat Friedrichstein». Sie warf ihr Herz über die Hürden.

Hermann Hatzfeldt steuerte den Wagen. Sie fuhren über die schmalen Straßen nach Löwenhagen und bogen links nach Friedrichstein ein. Sie hielt den Atem an. Ob die Allee noch stand? Schließlich das Wiedersehen, an das sie sich folgendermaßen erinnerte: «Der erste Blick fällt auf den verträumten See, schön wie eh und je, zumal jetzt, da die Baumkulissen, die ihn einrahmen, vom ersten herbstlichen Glanz verklärt sind. Aber was man dann sieht oder vielmehr nicht sieht, ist unfasslich: Das riesige Schloss ist wie vom Erdboden verschluckt, nichts ist davon geblieben, nicht einmal ein Trümmerhaufen. Wir müssen eine Weile suchen, ehe wir finden, wo genau es gestanden hat. Vom Rasenplatz, den Hecken, den Wegen ist nichts mehr zu sehen. Die alte Mühle – einfach weg, der lange Pferdestall – weg auch er. Alles ist überwuchert von Sträuchern, Brennnesseln, heranwachsenden Bäumen. Ein Urwald hat die Zivilisation verschlungen».[12]

Endgültig wurde Friedrichstein damit zu einem Mosaikstein in jenem mythischen Bild, in das sie schon Preußen, den Alten Fritz, den Vater am anderen Ende des langen Flurs, ihren Bruder Heinrich, die Jagden mit Heini Lehndorff, den Himmel über Masuren eingeschmolzen und sicher aufbewahrt hatte.

Im gleichen Jahr noch, am 9. Novemver 1989, fiel die Mauer. Erwartet hatte auch sie das nicht. Allein Gorbatschow hatte das Unmögliche möglich gemacht, urteilte sie. Sie bewunderte ihn dafür. Vielleicht hatte Marion Dönhoff wirklich einmal vor langer Zeit von deutscher Größe geträumt, wie Dahrendorf mutmaßte – auch wenn sie nichts dergleichen je schrieb. Sie wuchs in eine Zeitung hinein, die ausdrücklich «deutsch sein wollte», und sie akkomodierte sich. Sie unterstützte Konrad Adenauer, weil er an der Einheit festhielt, aber rückte ab von ihm, als sie merkte, dass sich die Spaltung vertiefte.

In den sechziger Jahren hoffte sie, Willy Brandt und Egon Bahr würden den «Wandel durch Annäherung» wahrmachen können, die Ostpolitik sollte auf dialektische Weise eine Wiederannäherung erlauben. Ihr Bekenntnis zu diesem neuen Denken hatte neben dem politischen auch einen ganz persönlichen Aspekt. Sie hatte sich zu der Ansicht durchgerungen, nur mit einem ausdrücklichen Verzicht auf die Heimat sei von dieser Heimat etwas zu retten. So war es ja auch. Überwältigt war sie vom 9. November, dem Mauerfall 1989, damit kam tatsächlich etwas von diesem Osten zurück, von ihrem Osten, vom alten Mitteleuropa. Wie der Freund in der Villa Hammerschmidt, Weizsäcker, hätte sie gerne einen Moment des Innehaltens erlebt, damit sich die Westhälfte der deutschen Halbnationen die Osthälfte nicht einfach einverleibe. So, mag sie gehofft haben, könnte man vielleicht dem «anderen Deutschland» noch ein Stück näher kommen.

Am 26. Januar 1966 richtete Carl Jacob Burckhardt aus seinem Wohnort, La Bâtie, Vinzel, einen ungewöhnlich grantigen Brief an die Freundin, in dem er das Sakrileg beging, laut über sie nachzudenken. Anlass war, dass sie den Theodor-Heuss-Preis zugesprochen erhalten hatte.

Dieser Preis für sie, das komme der «Investitur als Muster-Demokrat» gleich, hofierte er sie zunächst. Ein befreundeter Professor habe sie gerade wieder als wunderbare Person bezeichnet, schlagfertig, mutig, gesinnungstreu. Nach dieser überschwänglichen Ouvertüre rückte er aber mit der Sprache heraus: «Ja, Heuss war der beste Typus des echten Demokraten. Du bist ein Konvertit, das ist eigentlich schwierig. Du musst bekennen, Heuss hatte das nicht nötig, seinerzeit hat er sogar für das Ermächtigungsgesetz gestimmt, und selbst das hat er, seines unverwechselbar echten Typs wegen, ertragen. Bei Dir ist es eigentümlich, dass Du, wenn wir schon von Typus reden, eine sehr seltene Abart in reinster Weise, nolens mehr als volens, inkarnierst. Diese Abart braucht, um zu entstehen, Jahrhunderte ungeschmälerter Ausnahmestellung, und gerade diese Voraussetzung schaltet die Demokratie aus. Die ‹Abart› wird eines Tages verschwinden; sie wird in verderblichem Masse fehlen. Mir sagt, unter all den relativen Spielarten u. Rezepten des menschlichen Zusammenlebens, doch immer noch die Optimalforderung des Thomas von Aquin am meisten zu, die lautet: ‹Eine demokratische Monarchie, unter aristokratischer Kontrolle.› Monarchie ist vorbei, sie wird nicht wiederkehren …» Noch ein paar nostalgische Bemerkungen über vergangene Zeiten und den subalternen Wettlauf in der Moderne ließ er folgen, der «rocher de bronze» hatte doch viel für sich, so Burckhardt in elegischer Gemütsverfassung, das «aristokratische Korrektiv» vermisse er, «man denke an den deutschen Widerstand».[13]

Eine gewollte Herausforderung war das, fast eine Provokation. Freund Carl erinnerte sie nicht nur an die jahrhundertealte Tradition, zu der sie gehöre und die Demokratie eigentlich ausschließe, sondern maß sie ausgerechnet an ihren Freunden, die als «aristokratisches Korrektiv» wirkten – und die, anders als sie, nicht konvertierten. Eleganter hätte er sein Verständnis, aber auch sein Bedauern über ihre Mutation zur «Muster-Demokratin» kaum ausdrücken können. Ihm stand die Welt näher, die untergegangen war. Er sei sich treu geblieben, stand zwischen den Zeilen, sie leider nicht.

Marion antwortete ihm nicht direkt auf das Wort vom «Konvertiten». In ihrem nächsten, eiligen Brief vom 2. Februar 1966 kurz vor dem Aufbruch zu einer aufregenden Reise nach Saigon nahm sie sich aber die Zeit, ihm den ersten Aufsatz ihres Lebens zuzusenden, «Ritt gen Westen», zwanzig Jahre zuvor verfasst, 1946. «Beim Aufräumen» habe sie den Artikel entdeckt und so interessant gefunden, «die schon ganz vergessene Atmosphäre wieder vor Augen geführt zu bekommen, dass ich ihn Dir schicke». Den nächsten Brief, vom 5. April 1966, sandte sie bereits aus Vietnam in die Schweiz. Den Mund machte sie ihm darin wässrig mit der Bemerkung, ob er «Hongkong bei Nacht kenne oder Angkor Wat, mit das Eindrucksvollste, was ich je in meinem Leben gesehen habe.»[14]

Kaum zu glauben, ihr hätte sein Wort «Konvertit» nicht in den Ohren geklungen. Warum erwähnte sie es nicht? Die Reminiszenz an den «Ritt gen Westen» und die Impressionen aus Angkor Wat, darin verbarg sich ihre wirkliche Antwort. Sie war in eine andere Welt geritten, bedeutete sie «Carl», sie war dort angekommen, und sie wollte sich darauf einlassen, ohne zu hadern.

Illegitim ist die Frage natürlich nicht, die auch manche ihrer Bewunderer gelegentlich leise stellen, ob sie denn je eine Demokratin geworden sei. Hatte Burckhardt überhaupt Recht mit seinem Verdacht, sie sei konvertiert? Ja, Marion Dönhoff erhielt den Preis, der den Namen Theodor Heuss' trägt, aus gutem Grund, an der Antwort darauf kann es gar keinen Zweifel geben. Anfangs zählte sie gewiss zu den Konsensdemokraten, die einen Rückfall in die Kämpfe der Weimarer Zeit fürchteten; weder störte sie sich sonderlich am Autoritär-Patriarchalischen des ersten Kanzlers noch an seiner kalt berechnenden Einbeziehung alter Eliten (Hans Globke) in den Staatsapparat.

Aber sie blieb nicht stecken im Obrigkeitsstaat. Sie lernte den Wert der Konfliktdemokratie langsam schätzen. Als Journalistin erwarb sie sich tatsächlich den Ruf einer «Muster-Demokratin», wie Burckhardt ihr pikiert vorhielt. Nur irrte er gewaltig – sie hatte deswegen nicht verraten, was sie einer über Jahrhunderte «ungeschmälerten Ausnahmestellung» verdankte. Diese Herkunft vergaß sie nicht. Die neue deutsche Demokratie musste sich damit einfach in Einklang bringen lassen, das wurde ihr Credo.

Es leuchtete mir daher ein, wie sie Rudolf von Thadden vor Augen behalten hatte: Weder als «rote Gräfin» noch als eine «Demokratin der ersten Stunde» habe er sie betrachtet, sagte er mir, obwohl sie – in der Männerwelt von damals – bereits zu den wenigen Frauen gehörte, «die politisch ernst genommen werden wollten und mussten». Sie sei «keine Prinzessin auf der Erbse gewesen, das konnte sie gar nicht sein in Friedrichstein». Mental jedoch stammte sie aus einer anderen Epoche. Einloggen musste sie sich in die Jetztzeit. Thadden fuhr fort: «Wenn sie, einmal jährlich, zu einem Adelstreffen eingeladen war in der Nähe, besuchte sie mich vorher gern hier in Göttingen, stand vor der großen Wandtafel meines Vaters mit Wappen zahlreicher Adelsgeschlechter (und dem Stammbaum der eigenen Familie), in meinem Arbeitszimmer, und wollte wissen, wer mit wem zusammenhing. Dann fühlte sie sich dieser Welt ganz zugehörig. Eine Welt, in der man nicht aus der Reihe springt – und sie sprang auch nicht aus der Reihe. Standesfragen bedeuteten ihr viel, bloß ließ sie es nach außen kaum erkennen. Wie oft hat sie mich gefragt, warum ich eine ‹Bürgerliche› geheiratet habe. Kam sie dann nach Adelebsen zu ihren Aristokratenfamilien, befand sie sich wieder mittendrin in der alten Welt – im Schloss der Metternichs. Dort kam das Bürgertum gar nicht vor.» Eine Bürgerin wurde sie dennoch, Bürgerin Marion Dönhoff.

So lebte sie in zwei Welten. Fritz Stern hatte Recht, als er ironisch anmerkte, seine Freundin Marion, die «Gräfin», habe ihr erstes Leben heimlich weitergeführt. Sie bewies, dass das möglich ist.

Vom 8. Januar 2002 datiert ein Brief, den ihr kurz vor dem Tod Christa Armstrong aus Washington zusandte – eine kleine Geste, ein bisschen Trost. Wieviel vergnügte Tage hatte sie in ihrem Leben seit den Jugendzeiten in Ostpreußen mit der Freundin verbracht, in Forio, als Gast bei ihr zu Hause in Washington, West 10th Street, New York und in Wainscott auf Long Island, manchmal gemeinsam mit George Kennan oder anderen amerikanischen Freunden. So unterschiedliche Temperamente sie waren, sie verstanden einander wie wenige. Liebevoll legte Christa ihrem Abschiedsbrief, der es ja war, den Ausdruck eines Gedichts bei. Die erste Strophe:

«Und im Kamin verglimmt die letzte Glut.
Des Meeres Rauschen dringt zur Tür herein.
In einer Stunde haben Haus und Gut,
Kindheit und Heimat aufgehört zu sein.
Der Park, in dem die alten Eichen stehn,
Den Fliederbusch mit Nachtigallenschlag,
Das Riff im Meer, den Deich, den Lindenhag
Das alles werd ich niemals wiedersehn …»

Die letzte Strophe:

«Doch will ich nehmen, was mir Gott verleiht:
Ein Wissen um die letzten schweren Dinge.

Und bitten Ihn, dass doch noch Früchte bringe
Ein wurzelloser Baum in Einsamkeit.»

Handschriftlich stand daneben: «Liebchen, dachte dieses Gedicht von Thure Uexküll aus dem Jahr 1940 würde Dir gefallen. Sei umarmt – Christa.»

Die Kraft Marions reichte gerade noch, um der fernen Freundin knapp zu antworten: «Liebe Christa, heute traf Dein Brief mit dem schönen Gedicht hier ein. Komischerweise genau an dem Tag, an dem ich mich an ein Gedicht von Stefan George erinnerte, das mir sehr gefallen hat. Ich weiß nicht mehr, wo es steht, ich habe es auswendig im Kopf seit meiner Studienzeit und finde, es gibt die Quintessenz von allem wider. Umarmung Marion». Das Lieblingsgedicht, das sie meinte, war natürlich Stefan Georges «Wer je die flamme umschritt …» Erstmals veröffentlicht hatte der Dichter es in seiner Sammlung «Der Stern des Bundes», die 1914 erschien, in dem Jahr, in dem der Erste Weltkrieg und das «Zeitalter der Extreme» (Eric Hobsbawm) begann. Fünf Jahre war Marion Dönhoff damals alt, glücklich in Friedrichstein.

Dem Kommentar Boris Birgers, sie sei eine Frau aus dem 19. Jahrhundert, hatte sie deshalb so kategorisch widersprochen, weil sie sich entschloss, dem Verlust nicht nachzutrauern. Sie wollte einfach eine andere Frau sein, aus der Jetztzeit, sie zwang sich hart, nach vorne zu blicken. Die Fotos, die sie über Jahrzehnte hinweg in ihrer Brieftasche aufbewahrte (und sorgsam immer wieder in der jeweils neuen Brieftasche versteckte, wenn die alte abgenutzt war), erzählen freilich eine etwas andere Geschichte: Eine kleine Schwarz-weiß-Aufnahme zeigt ihr Pferd Alarich, mit dem sie von Ostpreußen ins Westfälische ritt; ein Konterfei Peter Yorcks vor dem Volksgerichtshof; Carl Jacob Burckhardt, dessen Portrait sie aus einer Zeitung herausgeschnitten hatte; Bruder Heinrich und sie, beide im Profil, strahlend und jung vor dem Schloss; und schließlich ein Foto vom Neffen Hermann, der darauf dem Vater ungemein ähnelt, gemeinsam mit seiner Frau.

Hart sei es, übrigzubleiben, hatte sie 1954 ihrem Freund Carl geklagt. Solche Seufzer waren nicht für fremde Ohren bestimmt. Es entsprach ihrer wahren Empfindung. Etwas vom früheren Leben konnte sie nur bewahren, wenn sie die Namen der Freunde in Granit meißelte: Die unbedingt Guten gegen das unbedingt Böse; die Besten einer untergegangenen Welt, aber auch als Avantgardisten eines neuen Deutschlands.

Gegen Hitler sträubte sich alles in ihr. Darin war sie kompromisslos, kompromissloser als ihr Freund Burckhardt, der in diplomatischer Mission unterwegs war. Aber richtig, auch die «rote» Gräfin kam nicht als Linke zur Welt, sie war keine geborene Liberale 1949, so wie sie keine Grüne der ersten Stunde (1980) wurde. Sie ging einen weiten, eigenen Weg. Allerdings liebte sie es, sich auszutauschen, zu disputieren, zuzuhören. In der jungen Bundesrepublik zählte sie daher von Anfang an zur «diskursiven» Fraktion.

Ich stelle mir vor, dass sie mental (neben Ulrich von Hassell) Ernst Kantorowicz besonders nahe stand, näher vermutlich sogar als ihrem Freund Carl. «Eka» hatte sich vom streng deutschnationalen Ritter wider die Spartakisten gegen Ende des Ersten Weltkrieges in den fünfziger Jahren in Berkely zum liberalen und kritischen, hellwachen Kritiker des konservativen und paranoiden amerikanischen Zeitgeistes unter dem Diktat McCarthys verwandelt. Allerdings: Der Bonvivant, elegant und witzig – oft verzweifelt witzig – in allen Lebenslagen, konnte sich treiben lassen. Sie hingegen wurde disziplinierte Journalistin mit Leib und Seele.

Auf ein Klagelied Walther Killys – Literaturwissenschaftler in Göttingen, auch er ein Freund – über den Sittenverfall an seiner Universität, wo gerade ein anonymer «Mescalero» die Ermordung von Generalbundesanwalt Buback durch die RAF verteidigt hatte, erwiderte sie: «Lieber Herr Killy, ja, die Juden und die Junker, sie fehlen uns – besonders die Juden! Aber nein, auch die Junker. Ich finde, den Mangel an Ehrgefühl und Stolz, der sich allenthalben in der verschiedensten Weise äußert, nicht nur beklagenswert, sondern auch wirklich gefährlich. Ich füge eine Reportage über Vorgänge an der Göttinger Universität bei, die Ihnen entgangen sein mag und bei deren Lektüre man sich fragt: Was ist eigentlich noch der Unterschied zwischen diesen Leuten und den SS-Rabauken».[15] Öffentlich hätte sie es vielleicht vorsichtiger formuliert, aber mit

Mit Richard von Weizsäcker und Helmut Schmidt. Einen besseren Bun-
despräsidenten als ihren Freund Richard konnte sie sich nicht vorstellen.
Besonders er, davon war sie überzeugt, hatte Brandts Ostverträge im
Parlament gerettet. Den Hamburger Sozialdemokraten Schmidt hatte sie
bereits in den fünfziger Jahren kennengelernt, seinen Pragmatismus
schätzte sie, auch wenn sie dem Kanzler Brandt nach dessen Rücktritt
unverhohlen nachtrauerte; als Herausgeber der ZEIT saß Schmidt fast
zwanzig Jahre lang an ihrer Seite, sie hörten aufeinander.

solchen Parallelen zu den NS-Jahren ging sie nicht sparsam um. Das
hinderte sie aber keineswegs, sich mit Protagonisten der Protest-
generation zu befreunden. Daniel Cohn-Bendit und Joschka Fischer
verteidigte sie mit Sympathie. Helmut Schmidt auf dem Stuhl neben
ihr hörte mit finsterer Miene dabei zu.

Sie konnte harsch urteilen, sicher auch manchmal ungerecht.
Aber wenn sie sich nicht ganz sattelfest fühlte, sollten andere sich
vorantasten, geschätzte Redakteure wie Hans Schüler, Benedikt
Erenz, Rolf Zundel, Karl-Heinz Janßen, Andreas Kohlschütter,
natürlich Theo Sommer. Oder Ralf Dahrendorf, Ivan Illich, Jür-

gen Habermas, Rudolf von Thadden, Hartmut Hentig, wer halt was Vernünftiges beizutragen hatte zur Sache. Mit ihrer Hilfe verlegte sie sich – und ihrer Zeitung – dann gerne den Rückweg. Dieser Weg der Selbstliberalisierung hatte bei ihr Methode. Marion Dönhoff war es nicht zufällig, die in den großen Konflikten um den richtigen Kurs ihrer Zeitung, um den richtigen Kurs der Republik, flaue Kompromisse oder nationalkonservative und illiberale Anfechtungen blockierte. 1980 beispielsweise, als Franz Josef Strauß gegen den Amtsinhaber Schmidt antrat: Der Richtungskampf in der Republik schlug sich auch nieder in der ZEIT, wie bereits angedeutet. Strauß-Freund Diether Stolze – vom Verleger favorisiert – sammelte Bündnispartner für einen Kurswechsel gegen Theo Sommer und das Gros der Redakteure. Er verlor. Sommer beharrte zwar darauf, dass im Zweifel seine Richtlinienkompetenz gelte und im Konfliktfall ein Widersacher (Stolte) dann seinen Stuhl räumen müsse. Aber Chefredakteur und Redaktion hätten es womöglich nicht geschafft, das durchzusetzen. Verlassen konnten sie sich auf diese stille Autorität, die aus dem Hintergrund heraus steuerte, im Zweifel mit freundlichem Lächeln. Nur sie bildete eine solche Vetomacht, das war ihr auch klar.

Woher rührte, ein letztes Mal, ihre Autorität? Sicher hing das mit ihrem Leben zusammen und dem Mythos, der sich um das sechshundert Jahre alte Friedrichstein rankte, um ihre Fähigkeit, aus Verlusten Kraft zu schöpfen. Ihre kulturpessimistische Neigung wurde von ihrem Geschichtsoptimismus in den Hintergrund gedrängt. Fritz Stern siegte letztlich über George Kennan und Carl Jacob Burckhardt.

Immer ging es ihr um ein Urteil über Individuen, um den konkreten Namen. Sie traute sich zu, Spreu und Weizen, böse und gut auseinanderzuhalten. Wirklich Respekt hatte sie nur vor autonomen Einzelstimmen. Daher dieser bunte, ja wilde Freundschaftsstrauß, der von Fritz-Dietlof Schulenburg über Axel Bussche, Egon Bahr, Chris Bielenberg, Ivan Illich, Henry Kissinger, Bischof Tutu oder Mieczysław Rakowski bis zu Bronisław Geremek reichte. Unterschiedlicher konnten die Helden kaum aussehen, die sie unter ihrem Dach sammelte. Nach 1945 traten allmählich neue Freunde an Stelle der Toten, die sie dann aber genauso in Schutz nahm: Eine Löwin in

Sachen Loyalität. Kein Haar durfte ihnen gekrümmt werden. Denn irgendetwas von dem «Anderen», das sie lebenslang suchte, verkörperten sie alle.

Über manche in ihrem Kanon der Auserwählten mochte man staunen. Die einen Freunde wunderten sich gelegentlich über die anderen Freunde, die sie hatte. Ralf Dahrendorf fragte sich nach den Gründen der Eintracht zwischen ihr und Helmut Schmidt, den er für alles andere als einen Liberalen hielt. Ein wenig irritiert zeigte sich sogar Fritz Stern über die besondere Verbundenheit der liberalen Freundin zu George Kennan, ein großer Geist, der aber in der modernen Demokratie nie angekommen sei.[16] Wie passte das Bild von der «liberalen Journalistin» mit Moltke, Lehndorff, Schulenburg zusammen? Oder auch nur mit Gerd Bucerius? Herzlich egal war ihr das. Sie sah darin keinen Spagat. Eric Warburg, Michael Thomas oder Haug von Kuenheim erzählte sie dann einfach nichts voneinander, wenn sie mit ihnen reihum an der Elbe spazieren ging. Marion Dönhoff, Journalistin über mehr als ein halbes Jahrhundert: Das war ein Fall von unerhörter Autonomie.

Am eigenen Beispiel illustrierte sie, vielleicht sogar ohne Absicht, wie man «liberal», «kapitalismuskritisch», im Zweifel «links» werden kann, ohne die eigene Herkunft oder die «anständigen Konservativen» zu verraten. Wen sie dazu zählte, auch das entschied sie für sich ganz allein. Sie selbst machte doch beispielhaft vor, dass die These von den rückwärtsgewandten Junkern einfach ein Vorurteil war, nicht wahr? Sie war doch auch wirklich nicht stehen geblieben.

Sie scheute sich nicht, ihr Wunschbild – manchmal «geistiges Preußen» genannt – den Verhältnissen anzupassen. Aber sie brauchte dringend Lebensfreunde wie Kantorowicz, Astor, Burckhardt, Kennan, Weizsäcker, Stern oder Gidal auf dem Weg nach Neuland. Fast ausnahmslos hatten auch sie, kein Zufall, in ihrem Leben Verlusterfahrungen gesammelt oder lebten in der Vergangenheit.

Ob sie je darüber sprachen, dass sie beide die Erfahrung des Heimatverlustes teilten, habe ich Fritz Stern einmal gefragt. Nein, gesprochen jedenfalls haben sie darüber nicht, erwiderte er, zusammengeführt habe sie beide gefühlsmäßig eher die Suche nach dem «anderen Deutschland». Bewusst oder nicht, sollten Freunde wie er mitdefinieren, was dieses «Andere» ist.

Etwas aber blieb unerreichbar in ihrem Leben, auch das gehört zum Bild. Heinrich war gestorben, ein Leben neben ihm gab es nicht länger. Vielleicht galt für ihn, was sie auch für die Heimat insgesamt gesagt hatte – zu lieben, ohne besitzen zu wollen? Einiges von der Lücke, die sein Tod riss, füllten die Freunde von einst, auch die Männer vom 20. Juli, und die Freunde danach, die an deren Stelle ihr künftiges Leben prägten. Etwas von der Liebe zum Bruder, kann man nur mutmaßen, übertrug sie auf diesen Kreis. Sie brauchte das, als Fangnetz unter sich und als Leitplanke neben sich.

Vorstellen muss man sich Marion Dönhoff als eine Frau, die mit sich im Reinen war. Sie haderte nicht, sie war nicht verbittert, obwohl sie «ziemlich viel Trauriges» erlebt hatte. Sie hat viel verloren. Mit eiserner Disziplin hielt sie sich daran, nicht im Gestern zu leben. Für den treuen Alarich hatte sie im Januar 1945 einen Stall gesucht. Auf den Rücken eines Pferdes stieg sie seitdem nicht mehr. Vorbei ist vorbei.

Charakter als «eigene Schöpfung» im Kantschen Sinn hatte Katharina Focke ihr bescheinigt, die «Entfaltung» einer Persönlichkeit. Sie formte sich selber zur liberalen Journalistin in einer Republik, die Liberalität auch erst erlernen musste.

Weit sei das vereinte Land gekommen, im Westen verankert, eingebettet in Europa, bilanzierte sie zuletzt, wie gewohnt zuversichtlich. Sie blickte auf eine Erfolgsgeschichte zurück: Der gewachsene Rechtstaat, eine parlamentarische Demokratie, offener Diskurs und eine leidlich zuverlässige Bürgerlichkeit. Die Deutschen hatten ihre «zweite Chance» (Fritz Stern) genutzt; obwohl sie sich mehr Veränderungswillen und Offenheit des Westens für den Osten gewünscht hätte, Weizsäcker hatte Recht!

Nur das andere, bessere, heimliche Deutschland, das sie suchte, fand sie nicht, es war auch nicht neu zu erschaffen, außer in immer neuen Annäherungen. Insgeheim wusste sie es, schließlich hatte sie selbst ein «Kreuz auf Preußens Grab» geschlagen.

Anhang

Anmerkungen

«Mit Kant war man sich einig, dass es unsere Pflicht ist, nicht Bücher, sondern einen Charakter zu entwerfen, und nicht Schlachten und Provinzen, sondern Ordnung und Ruhe in unserem Verhalten zu gewinnen»

1 Gustav Seibt: «Wir hören ja auch russische Musik». FAZ vom 21. Dezember 1990.

2 Dieter Buhl im Gespräch mit Ralf Dahrendorf 15. März 2005, Marion Dönhoff Archiv (MDA).

3 Marion Dönhoff: *Macht und Moral*, Köln 2000, Seite 93.

4 Friedrich Dönhoff: *Die Welt ist so, wie man sie sieht*, Hamburg 2009, Seite 16.

5 Dieter Buhl im Gespräch mit Karl Schlögel 30. 6. 2004, MDA.

6 So seine Tochter Mascha im Gespräch.

7 Dieter Buhl: *Marion Gräfin Dönhoff: Wie Freunde und Weggefährten sie erlebten*, Hamburg 2006, darin: «*Man konnte sie nicht vereinnahmen*»: Egon Bahr im Gespräch mit Dieter Buhl, Seite 183 ff.

8 Ebd.: «*Ein Meisterwerk als Persönlichkeit*»: Katharina Focke im Gespräch mit Dieter Buhl, Seite 56 ff.

9 Marion Dönhoff an Edgar Salin 24. Juni 1936 in: Jan Müller: «*Wie ein nicht zu Ende gesprochener Satz*». Die Briefe Marion Dönhoffs an Edgar Salin 1931–1946, Seminararbeit Historisches Seminar der Universität Basel, 16. Oktober 2010.

10 Marion Dönhoff an Edgar Salin 1946, genaueres Datum fehlt, in: Ebd., Seite 43.

I «Und dann begann der Auszug aus dem gelobten Land»

1 Dazu siehe auch unten Seite 206.
2 FAZ vom 24. September 2008.
3 Marion Dönhoff: *Namen, die keiner mehr nennt*, Düsseldorf 1962, Seite 131.
4 Marion Dönhoff: Ebd., Seite 132 f.
5 Marion Dönhoff: Ebd., Seite 7 f.
6 Das Kapitel hieß jetzt: «Nach Osten fuhr keiner mehr».
7 Marion Dönhoff: *Namen, die keiner mehr nennt*, Seite 12.
8 Ebd., 1962, Seite 87.
9 Marion Dönhoff: Ebd., Seite 85 f.
10 Marion Dönhoff: *Kindheit in Ostpreußen*, München 1998, Seite 12.
11 Ebd., Seite 24.
12 Ebd., Seite 28.
13 Ebd., Seite 35.
14 Ebd., Seite 48
15 Ebd., Seite 38.
16 Ebd., Seite 120 f.
17 Ebd., Seite 161 ff.
18 Ebd., Seite 165 f.
19 Ebd., Seite 86.
20 Ebd., Seite 142.
21 Ebd., Seite 146.
22 Ebd., Seite 154.
23 Ebd., Seite 158.
24 Ebd., Seite 160.

II «Der Versuch, das 19. Jahrhundert geistig zu überwinden»

1 Das Wort vom «geheimen Deutschland» hat Karl Wolfskehl geprägt, der Dichter, der zum engen Umfeld Stefan Georges gehörte.

III «Auf den Barrikaden sehen wir uns wieder»

1 Marion Dönhoff: *Um der Ehre willen*, Berlin 194, Seite 13.
2 Ebd., Seite 186 f.
3 So Eckart Conze: *Gräfin Dönhoff und das Bild des Widerstands gegen den Nationalsozialismus nach 1945*, Vierteljahresheft für Zeitge-

schichte, Heft 4 Oktober 2003, Seite 483 ff. Freilich schickte Conze fünf Jahre darauf einen Aufsatz hinterher, in dem er erheblich mehr Verständnis für ihre Sicht aufbrachte und sie einfühlsam in einen größeren Kontext stellte: *Marion Gräfin Dönhoff, die Westbindung und die transatlantische Rezeption des Widerstands*, in: *DIE ZEIT und die Bonner Republik*, herausgegeben von Christian Haase und Axel Schildt, Göttingen 2008, Seite 173 ff.

4 Ralf Dahrendorf: *Gesellschaft und Demokratie in Deutschland*, München 1965, Seite 442.

5 Ebd., Seite 444.

6 Conze in: *DIE ZEIT und die Bonner Republik*, Seite 177.

7 Ebd., Seite 184.

8 *Das ‹alte Preußen› gegen die Moderne: Otto Weber-Krohse und Marion Gräfin Dönhoff*, München 2004, Seite 301 ff.

9 In der Nacht vom 30. Juni zum 1. Juli 1934 ließ Hitler die gesamte Führungsebene der SA unter Ernst Röhm verhaften und zum Teil sofort, zum Teil in den nächsten Tagen liquidieren, angeblich, so die Version der NSDAP, um einem Putsch Röhms vorwegzukommen.

10 Marion Dönhoff: *Um der Ehre willen*, Seite 64.

11 Ebd., Seite 68.

12 Ebd., Seite 61 f.

13 Ebd., Seite 78 f.

14 Bussche an Marion Dönhoff 21. Mai 1951 sowie 6. Oktober 1949, MDA 1505.

15 Ein einflussreicher Industrieller und CDU-Politiker, der 1933 der NSDAP beigetreten war, nahe Familienangehörige wurden jedoch von den Nazis ermordet; sie kannte ihn aus der Atlantik-Brücke und der Deutschen Gesellschaft für Auswärtige Politik als liberal-konservativen, welterfahrenen und transatlantischen Kollegen.

16 Bussche handschriftlich an Marion Dönhoff aus Mount Victoria Md. 13. April 1979, MDA 1505.

17 Marion Dönhoff: *Um der Ehre willen*, Seite 80 ff.

18 Sylke Tempel: *Freya von Moltke*, Berlin 2011, Seite 79 f.

19 Ebd., Seite 108: Den Impetus habe die Suche nach engagierten Menschen erst mit dem Krieg Hitlers gegen Frankreich im Mai 1940 bekommen, über den die Deutschen jubelten. Dazu Freya von Moltke: «Es war damals wirklich ein Glaubensakt, sich mit dem Danach zu beschäftigen, und sicher auch ein Akt der Selbsterhaltung der eigenen Integrität.»

20 John Lukacs: *George Kennan. A Study of Character*, New Haven 2007, Seite 48.

21 Marion Dönhoff: *Um der Ehre willen*, Seite 127.

22 Ebd., Seite 136 f.

23 Ebd., Seite 140 ff.

24 Seit Mai 1933 herrschte ein Aufnahmestopp, am 1. Mai 1937 wurden gleichzeitig Hunderttausende in die NSDAP integriert.

25 So wurde das beispielsweise Marions Bruder, Dieter Dönhoff, unterstellt: Ohne große Begeisterung soll er 1933 in die Partei eingetreten sein, weil es ihm für die Zukunft der Betriebe, die in der Weltwirtschaftskrise in wirtschaftliche Turbulenzen geraten waren, nützlich und opportun erschien. Dazu Antje Vollmer: *Doppelleben. Heinrich und Gottliebe von Lehndorff im Widerstand gegen Hitler und von Ribbentrop*, Frankfurt/Main 2010, Seite 137 ff.

26 Brigitte Bernard-Salin bei Dieter Buhl: *Marion Gräfin Dönhoff: Wie Freunde und Weggefährten sie erlebten*, Hamburg 2006, Seite 24 f.

27 Antje Vollmer: *Doppelleben*.

28 Vera Lehndorff: *Veruschka. Mein Leben*, München 2011, Seite 292.

29 Ebd., Seite 46.

30 Ein «Riesenkonflikt» müsse es für sie gewesen sein, vermutet Vera Lehndorff zudem nebenbei, durchaus verständnisvoll, dass ihr eigener Bruder politisch auf der anderen Seite stand. Nur hätten die Dönhoffs immer sehr enge Beziehungen untereinander gehabt. «Das war Familie, also verlor man kein Wort darüber. Es ist auch sehr schwierig, die eigenen Geschwister, an denen man sehr hängt, zu verurteilen.» Vera Lehndorff: *Veruschka*, Seite 45.

31 Das erste ausführliche Portrait über Lehndorff unter der Überschrift «Leben und Sterben eines ostpreußischen Edelmannes» veröffentlichte sie 1962, 18 Jahre nach seinem Tod, in ihrem Buch «Namen, die keiner mehr nennt». Es war das einzige Portrait, das sie in diese Erinnerungen aufnahm.

32 Marion Dönhoff: *Um der Ehre willen*, Seite 154 ff.

33 Dazu auch Jeremy Lewis: *David Astor. A Life in Print*, London 2016 Seite 81 ff.

34 Ebd., Seite 75.

35 Marion Dönhoff an Arianne von Plettenberg 22. September 1976, zitiert nach: Marion Gräfin Dönhoff/Kurt Freiherr von Plettenberg: *Briefe 1928–1945*, Privatdruck für Verwandte und Freunde von Hermann Graf Hatzfeldt und Dorothea-Marion Freifrau von Plettenberg, Seite 10. «Ihr Buch» meint Marion Dönhoffs «Menschen, die wissen worum es geht».

36 Zitiert nach: Marion Dönhoff/Kurt Freiherr von Plettenberg: *Briefe*

1928–1945, Copyright Hermann Graf Hatzfeldt und Dorothea-Marion Freifrau von Plettenberg, 2009, Seite 41.

37 Zitiert nach: Ebd.: *Briefe*, Seite 50 f.

38 Ebd., Seite 55.

39 Zitiert nach Fabian von Schlabrendorff: *Offiziere gegen Hitler*, Zürich 1946, Seite 183 und Seite 173.

40 Marion Dönhoff/Plettenberg: *Briefe*, Seite 59.

41 Marion Dönhoff: *Um der Ehre willen*, Seite 181.

42 Ebd., Seite 185.

43 Dazu auch Antje Vollmer: *Doppelleben*, Seite 129. Ihr zufolge hatten Marion Dönhoff und vermutlich auch Heinrich von Lehndorffs Eltern Mitgliedsausweise der Bekennenden Kirche. Marions Ausweis datiert vom 9. September 1935. Martin Niemöller, einer der führenden Köpfe aus diesem Kreis des Protestantismus, traute Gottliebe und Heinrich Lehndorff in Graditz. Dazu auch Harpprecht: *Die Gräfin*, Seite 195, von dem Antje Vollmer den Hinweis wohl übernommen hat.

44 Dazu auch: Rudolf von Thadden: *Trieglaff. Eine pommersche Lebenswelt zwischen Kirche und Politik 1807–1948*, Göttingen 2010.

45 Marion Dönhoff: *Um der Ehre willen*, Seite 191.

IV «Ich habe einen Sack Carotten mitgebracht, und an denen nage ich zwischendurch»

1 Marion Dönhoff: *Im Wartesaal der Geschichte. Vom Kalten Krieg zur Wiedervereinigung*, Stuttgart 1993. Darin: *Als die Republik zertreten wurde*, Januar 1983, Seite 262 ff.

2 Dieter Buhl: *Marion Gräfin Dönhoff. Wie Freunde und Weggefährten sie erlebten*, Hamburg 2006, Seite 15 ff.

3 Marion Dönhoff: *Ein Brief aus Ostpreußen*, DIE ZEIT Nr. 24, 12. Juni 1947.

4 Rudel war verheiratet mit einer Tochter von Bogislav Dönhoff, mit dem Marion Dönhoff sich während des Krieges heftig auseinandersetzte, weil sie ihn für einen Verräter hielt.

5 Michael Naumann: *Glück gehabt*, Hamburg 2017, Seite 150 f.

6 Karl-Heinz Janßen: *DIE ZEIT. Geschichte einer Wochenzeitung 1946 bis heute*, München 1996, Seite 26.

7 Dazu Ralf Dahrendorf: *Liberal und unabhängig. Gerd Bucerius und seine Zeit*, München 2000, Seite 102.

8 «Vom Wesen des Friedens», «Germany after Hitler».

9 Zitiert nach: Norbert Frei, Franziska Friedlaender: *Ernst Friedlaender: Klärung für Deutschland*, München 1982, Seite 15. Eine Sammlung von 44 Leitartikeln sowie Gesprächen Friedlaenders mit Adenauer.

10 Marion Dönhoff an Edgar Salin, in: Jan Müller: *Die Briefe Marion Dönhoffs an Edgar Salin 1931–1946*, Seminararbeit, Historisches Seminar der Universität Basel, 16. Oktober 2010, Brief aus dem Jahr 1946.

11 Marion Dönhoff: *Menschen im Abteil*, DIE ZEIT Nr. 38, 18. September 1947.

12 Dazu: Lutz Hachmeister und Peter Merseburger über die Anfänge des *Spiegel* in: *Rudolf Augstein*, München 2007, besonders Seite 81 ff. Auch: Knut von Harbou: *Als Deutschland seine Seele retten wollte. Die ‹Süddeutsche Zeitung› in den Gründerjahren nach 1945*, München 2015.

13 Richard Tüngel in: DIE ZEIT Nr. 3/1946.

14 Marion Dönhoff in: DIE ZEIT Nr. 6/1946: *Gesteuerte Landwirtschaft*.

15 DIE ZEIT Nr. 7/1946.

16 DIE ZEIT Nr. 4/1948.

17 Zitiert nach: Lutz Hachmeister: *Heideggers Testament. Der Philosoph, der Spiegel und die SS*, Berlin 2014, Seite 59.

18 Johann Albrecht von Rantzau: ‹Marmorklippen› und das Zeitgeschehen. Der umstrittene Ernst Jünger, in: DIE ZEIT Nr. 51/1947.

19 Emphatischer als die ZEIT verteidigte in späteren Jahren die FAZ leidenschaftlich Ernst Jünger. Insbesondere ihr Herausgeber Frank Schirrmacher – Helmut Kohl nahm ihn gern zu Besuchen in Wilfingen mit – suchte ehrfürchtig die Nähe. Dagegen machte besonders Fritz J. Raddatz als Feuilletonchef in Hamburg unmissverständlich klar, mit dem Nationalkonservativen Jünger werde die falsche deutsche Tradition verteidigt. Ernst Jünger avancierte zu einer jener Schlüsselfiguren, an denen die intellektuelle Öffentlichkeit ihr Vermögen zur Trennschärfe übte und ihre Konflikte austrug.

20 DIE ZEIT Nr. 15/1948.

21 Thomas Karlauf: *Stefan George. Die Entdeckung des Charisma*, München 2007, Seite 635 f.

22 Alex Natan, Worcester, in: DIE ZEIT Nr. 14, 1. April 1948.

23 Thomas Karlauf: *Stefan George*, Seite 527.

24 Ebd., Seite 638 f.

25 «HGST», Hans Georg von Studnitz in: DIE ZEIT Nr. 5/1948.

26 Janßen: *Geschichte einer Wochenzeitung*, Seite 57.

27 Dazu: Peter Merseburger: *Rudolf Augstein*, Seite 153.

28 *Um die weiße Weste. Vor dem Urteil im Weizsäcker-Prozeß*, in: DIE ZEIT Nr. 1/1949.

29 Marion Gräfin Dönhoff: *Lebendige Zeugen – totes Papier*, in: DIE ZEIT Nr. 24/1948.

30 Marion Dönhoff: *Von Gestern nach Übermorgen: Zur Geschichte der Bundesrepublik Deutschland*, München 1981, Text vom 19. Februar 1954, Seite 249 ff.

31 Janßen: *Geschichte einer Wochenzeitung*, Seite 65.

32 Ebd., Seite 66.

33 DIE ZEIT Nr. 20/1947.

34 DIE ZEIT Nr. 10/1946.

35 DIE ZEIT Nr. 10/1946.

36 DIE ZEIT Nr. 20/1947.

37 Marion Dönhoff: *Erziehung zum Menschen* in: DIE ZEIT Nr. 9/1946.

38 Richard Tüngel in: DIE ZEIT Nr. 11/1946.

39 Michael Thomas: *Deutschland, England über alles*, Berlin 1984, Seite 192 ff.

40 Ebd., Seite 34.

41 Ebd., Seite 14.

42 Dazu Marion Dönhoffs Vorwort in: Ebd., Seite 7 ff.

43 Michael Thomas: *Deutschland, England über alles*, Seite 251.

44 Ebd., Seite 252.

45 Ebd., Seite 188.

46 Marion Dönhoff: *Vier Jahrzehnte politischer Begegnungen*, München 2001, Seite 204.

47 Karl-Heinz Janßen: *Und morgen die ganze Welt. Deutsche Geschichte 1871–1945*, Bremen 2003, Seite 334.

48 Auch auf andere Weise hatte er Zweifel an seiner wirklichen Rolle genährt. Nach 1933 machte der Berufsoffizier im Zuge der Aufrüstungspolitik rasch Karriere im Generalstab des Heeres. Über Verwandte, schrieb sein Biograph Peter M. Quadflieg, geriet er in einen Freundeskreis zumeist adliger Familien, zum Teil auch aus Ostpreußen, in dem Hitler und die NSDAP kritisch gesehen wurden. So Peter M. Quadflieg: *Gerhard Graf Schwerin. Wehrmachtsgeneral, Kanzlerberater, Lobbyist. ‹1899–1980›*, Paderborn 2016, Seite 47 f. Dazu auch Eckart Conze in: *Aachens Retter und Dönhoffs Held*, in: FAZ vom 24. Mai 2016.

49 Michael Thomas: *Deutschland, England über alles*, Seite 262 f.

50 Quadflieg: *Schwerin*, Seite 161.

51 Ebd., Seite 127.

52 Ebd., Seite 127 und MDA 26. Juni 1979, IfZ ED 337/52.
53 DIE ZEIT Nr. 29/1969, Seite 3.
54 Quadflieg in: DIE ZEIT Nr. 29/1969.
55 Marion Dönhoff: *Vier Jahrzehnte politischer Begegnungen*, Seite 203 ff. Ihr Artikel trägt die Überschrift: *Ein deutscher Generalstäbler warnt die Engländer.*
56 Quadflieg: *Schwerin*, Seite 134.
57 Zitiert nach Janßen: *Geschichte einer Wochenzeitung*, Seite 88.
58 Marion Dönhoff in: DIE ZEIT Nr. 34, 23. August 1951. Dazu auch: Christian Haase: ‹*Das deutsche Weltblatt*›, in: *DIE ZEIT und die Bonner Republik*, hrsg. von Christian Haase und Axel Schildt, Göttingen 2008, Seite 36 f.
59 Dazu Christian Haase in: *DIE ZEIT und die Bonner Republik*, Seite 36 f.
60 Karl-Heinz Janßen monierte in seiner ZEIT-Geschichte: «Die Zehntausende junger Deutscher, die der Parole ‹Ohne mich› folgten, fanden in der ZEIT weder Forum noch Verständnis.» Janßen: *Geschichte einer Wochenzeitung*, Seite 89.
61 Michael Thomas an Marion Dönhoff 7. Dezember 1983, MDA F 1432.
62 Philipp Gassert: *Blick über den Atlantik*, in: *DIE ZEIT und die Bonner Republik*, Seite 74 und 93.
63 Auch Alexander von Falkenhausen, der Militärbefehlshaber aus Belgien, der schon erwähnt wurde, zählte nach ihren Kategorien zu den «Guten». Marion Dönhoff: *Die Bundesrepublik in der Ära Adenauer*, Reinbek 1963. Darin Artikel von Marion Dönhoff vom 8. Dezember 1949, *Nach Hitlers Rechtsbeugung der Alliierten Rechtswirrwarr*, Seite 235 ff.; sowie: *Der Fluch der Kategorie*, 18. Januar 1951, Seite 242 ff.
64 Dieter Buhl im Gespräch mit Theo Sommer 2004; MDA, ungekürzte Fassung des Gesprächs für *Marion Gräfin Dönhoff: Wie Freunde und Weggefährten sie erlebten.*

V «Wenn Carl Schmitt jemals in der ZEIT schreibt, bin ich nicht länger da»

1 Marion Dönhoff an Carl Jacob Burckhardt 12. Dezember 1952, MDA und in: Marion Gräfin Dönhoff und Carl Jacob Burckhardt: ‹*Mehr als ich Dir jemals werde erzählen können*›, *Ein Briefwechsel*, hrsg. v. Ulrich Schlie, Hamburg 2008, Seite 47 ff.
2 Marion Dönhoff an Carl Jacob Burckhardt 3. Januar 1953, MDA.

3 Einen Sammelband mit Portraits von Widerständlern unter diesem Titel edierte Annedore Leber.

4 Herausgegeben von Helmut Gollwitzer und Reinhold Schneider.

5 Marion Dönhoff an Carl Jacob Burckhardt 11. Juli 1954, MDA, Briefwechsel Seite 76.

6 *Mehr als ich Dir jemals werde erzählen können.* Marion Dönhoff und Carl Jacob Burckhardt: Briefwechsel Seite 78. Den Brief an Bucerius, in dem sie ihr Ausscheiden begründete, legte sie bei.

7 Karl-Heinz Janßen: *DIE ZEIT. Geschichte einer Wochenzeitung 1946 bis heute*, München 1996, Seite 103.

8 Siehe dazu: Axel Schildt: *Immer mit der Zeit*, in: *DIE ZEIT und die Bonner Republik*, hrsg. von Christian Haase und Axel Schildt, Göttingen 2008, Seite 21.

9 Marion Dönhoff 4. September 1954, NL Bucerius 530, zitiert nach Christian Haase: *DIE ZEIT und die Bonner Republik*, Seite 38.

10 Zitiert nach: Peter Merseburger: *Rudolf Augstein*, München 2007, Seite 153.

11 Karl-Heinz Janßen: *Geschichte einer Wochenzeitung*, Seite 107.

12 Marion Dönhoff an Gerd Bucerius November 1954. Zitiert nach: *Marion Gräfin Dönhoff – Gerd Bucerius. Ein wenig betrübt, Ihre Marion. Ein Briefwechsel aus fünf Jahrzehnten*, München 2003, Seite 27.

13 Marion Dönhoff/Bucerius: *Ein wenig betrübt, Ihre Marion*, Seite 27.

14 So Axel Schildt: *Immer mit der Zeit*, in: *«DIE ZEIT» und die Bonner Republik*, Seite 20. Schildts Aufsatz sind auch die Zitate entnommen.

15 Marion Dönhoff an Petvaidic 6. August 1954, MDA.

16 Tüngel an Marion Dönhoff 6. August 1954, MDA.

17 Zitiert nach: Marion Dönhoff/Bucerius: *Ein wenig betrübt, Ihre Marion*, Seite 24.

18 Peter Merseburger: *Rudolf Augstein*, Seite 309. Demzufolge endete der erste Machtkampf auch deshalb zugunsten von Bucerius, weil John Jahr als Mitinhaber des *Spiegel* Augstein aus finanziellen Gründen vor einer kompletten Übernahme der ZEIT warnte, es übersteige schlicht die Kräfte, so hoch schätzte er den Millionen-Marktwert des Blattes ein.

19 Marion Dönhoff/Bucerius: *Ein wenig betrübt, Ihre Marion*. Carl Jacob Burckhardt an Marion Dönhoff 13. September 1954, Briefwechsel, Seite 79.

20 Ralf Dahrendorf: *Gerd Bucerius und seine Zeit*, München 2000, Seite 99. Dieser siebenjährige Krieg, wie er ihn nennt, habe drei «Kriegsziele» gehabt: «Erstens – wie kann die ‹Zeit› auf eine sichere

wirtschaftliche Grundlage gestellt werden? Zweitens – welchen im weiten Sinne politischen Kurs soll die ‹Zeit› steuern? Drittens – wer hat bei der ‹Zeit› in letzter Instanz das Sagen?»

21 Eric Warburg in einem Brief an Richard Tüngel, ohne Datum, MDA.

22 Marion Dönhoff/Bucerius: *Ein wenig betrübt, Ihre Marion*. Marion Dönhoff an Carl Jacob Burckhardt 10. November 1954, Briefwechsel, Seite 91.

23 Joseph Müller-Marein hatte in zweiter Ehe die Tochter ihrer Schwester Yvonne, Alexandra von Kuenheim, geheiratet. Dazu Marion Dönhoff am 10. November 1954 an Carl Jacob Burckhardt, MDA.

24 Edition «Theodor Heuss». *Theodor Heuss: Der Bundespräsident, Briefe 1954–1959*, hrsg. und bearbeitet von Ernst Wolfgang Becker, Martin Vogt und Wolfram Werner, Berlin 2013, Seite 110–113. Dazu Marion Dönhoff an Carl Jacob Burckhardt 9. Oktober 1954, Briefwechsel, Seite 83 ff.

25 Marion Dönhoff an Carl Jacob Burckhardt 9. Oktober 1954, Briefwechsel, Seite 83 f.

26 Marion Dönhoff an Carl Jacob Burckhardt 10. November 1954, Briefwechsel, Seite 91.

27 Carl Jacob Burckhardt an Marion Dönhoff, 14. Januar 1955, Briefwechsel, Seite 98 ff.

28 Marion Dönhoff an Carl Jacob Burckhardt 12. Februar 1955, Briefwechsel, Seite 101 f.

29 *Carl Schmitt – Briefwechsel mit einem seiner Schüler*, hrsg. von Armin Mohler, Oldenburg 1995, Seite 186.

30 Ebd., Seite 190 f.

31 Ebd., Seite 272.

32 Ebd., Seite 272.

33 Ebd., Seite 241.

34 Ebd., Seite 369.

35 Ebd., Seite 287.

36 Ebd., Seite 319.

37 Dazu auch: Dirk Blasius: *Carl Schmitt. Preußischer Staatsrat in Hitlers Reich*, Göttingen 2001, Seite 40 ff. und 214 ff.

38 Marion Dönhoff in: DIE ZEIT Nr. 27, 2. Juli 1953.

39 Ebd.

40 Schildt: *Immer mit der Zeit*, in: *DIE ZEIT und die Bonner Republik*, Seite 21.

41 Theo Sommer im Vorwort zu einer Edition der Leitartikel: *Die erste Seite*. Faksimile, Hamburg 2014, Seite 6.

42 Selbst Helmut Schmidt übrigens, der seit 1983 als Herausgeber neben ihr saß, antwortete auf meine Frage, ob sie für ihn ein Geheimnis bewahrt habe, an dem er herumrätsele: Ja, gerne würde er wissen, welches Verhältnis zu Männern sie wirklich gehabt habe. Und dann, fuhr Schmidt fort, weshalb sie nie wirklich *das* große Buch schrieb. Ich war überrascht. Hatte er sie das je gefragt?

43 Hans-Peter Schwarz: *Ein Leitfossil der frühen Bundesrepublik – Theodor Eschenburg*, 1904 bis 1999. In: Bastian Hein, Manfred Kittel, Horst Möller. (Hrsg.): *Gesichter der Demokratie*, München 2012, Seite 175 ff.

44 Ebd., Seite 178.

45 Nina Grunenberg, zitiert nach *Gesichter der Demokratie*, Seite 180.

46 Marion Dönhoff an Theodor Eschenburg 18. April 1957, MDA F 1583.

47 Theo Sommer an Marion Dönhoff 11. Juli 1957, MDA F 1583.

48 Marion Dönhoff an Theodor Eschenburg Februar 1958, MDA F 1583.

49 Thedor Eschenburg: *Letzten Endes meine ich doch. Erinnerungen 1933–1999*, Berlin 2000, Seite 209 ff.

50 Marion Dönhoff: *Vier Jahrzehnte politischer Begegnungen*, München 2001, Seite 303 ff.

51 Zitiert nach Ralf Dahrendorf: *Gerd Bucerius und seine Zeit*, Seite 122.

52 Dazu: Ebd., Seite 200 ff.

53 Ebd., Seite 201.

54 Ebd., Seite 202.

55 Marion Dönhoff an Bucerius 27. Mai 1965, Forio, handschriftlich: In: Marion Dönhoff/Bucerius: *Ein wenig betrübt, ihre Marion*, Seite 72 f.

56 Bucerius an Marion Dönhoff in: Ebd., Seite 74.

57 Kuenheim/Sommer in: Ebd., Seite 86 f.

58 Bucerius am 2. Juni 1968, in: Ebd., Seite 87.

59 Am 7. Dezember 1972 wurde er in der ZEIT abgedruckt.

60 Bucerius an Marion Dönhoff 7. Dezember 1972, in: Marion Dönhoff/Bucerius: *Ein wenig betrübt, Ihre Marion*, Seite 140 ff.

61 Hausmitteilung Dr. Bucerius an Gräfin Dönhoff 7. Februar 1977, MDA.

62 Bucerius an Marion Dönhoff 6. Juli 1978, in: Marion Dönhoff/Bucerius: *Ein wenig betrübt, Ihre Marion*, Seite 190.

63 Dazu Kuenheim/Sommer in: Ebd., Seite 185.

64 In der Ära nach Bucerius erwarb der Stuttgarter Holtzbrinck-Verlag 1996 die ZEIT. Trotz ihres Widerstands avancierte Josef Joffe zum Herausgeber, Michael Naumann stieß später als liberales Gegen-

gewicht hinzu. Versöhnt war sie damit dennoch nicht wirklich, ihre Vorstellung von Liberalität verlangte mehr Klarheit, ein Kräftegleichgewicht an der Spitze der Zeitung genügte ihren Ansprüchen nicht wirklich.

65 Marion Dönhoff an Bucerius 22. Mai 1981, Forio, in: Marion Dönhoff/Bucerius: *Ein wenig betrübt, Ihre Marion*, Seite 236 f.

VI «Wer je die Flamme umschritt»

1 Er habe damit auf ihre Herkunft anspielen wollen, erinnerte sie sich später, nämlich das nahegelegene Trakehnen mit seiner berühmten Pferdezüchtung. Zudem aber ist «Stüdchen» gewiss auch eine ostpreußische chen-Version von Stud., also Student.

2 So bei Robert E. Lerner: *Ernst Kantorowicz. A Life*, Princeton 2017, Seite 156 f. Dazu auch: Christian Tilitzki: *Das Alte Preußen gegen die Moderne*, Jahrbuch für die Geschichte Mittel- und Osteuropas 49, 2003, sowie Klaus Harpprecht: *Die Gräfin*, Hamburg 2008, Seite 136 ff.

3 Er holte das später in einem fulminanten, scheinbar locker aus dem Ärmel geschüttelten «Ergänzungsband» nach.

4 Marion Dönhoff in einem Vortrag während einer Konferenz in Princeton über Kantorowicz, MDA.

5 Antje Vollmer: *Doppelleben. Heinrich und Gottliebe von Lehndorff im Widerstand gegen Hitler und von Ribbentrop*, Frankfurt/Main 2010, Seite 79.

6 Marion Dönhoff an Ernst Kantorowicz, in: *Ernst Kantorowicz. Erträge der Doppeltagung Institute for Advanced Study, Princeton, Johann Wolfgang Goethe-Universität*, hrsg. von Robert L. Benson und Johannes Fried, Frankfurt/Main, Stuttgart 1997, Seite 11 ff.

7 Abgedruckt in: *Mythen, Körper, Bilder. Ernst Kantorowicz zwischen Historismus, Emigration und Erneuerung der Geisteswissenschaften*, hrsg. von Lucas Burkhart, Joachim Kersten, Ulrich Raulff, Hartwig von Bernstorff und Achatz von Müller, Göttingen 2015, Seite 103 ff.

8 Ernst Kantorowicz an Marion Dönhoff 17. Juni 1940, zitiert nach MDA.

9 Ernst Kantorowicz an Marion Dönhoff 17. Juni 1940, zitiert nach MDA.

10 Zitiert nach MDA, Joachim Kersten: *In vino dignitas*, Seite 108.

11 Zitiert nach MDA, teilweise auch bei: Joachim Kersten: *In vino dignitas*, Seite 109.

12 Janus Gudian: *Ernst Kantorowicz. Der ‹ganze Mensch› und die Ge-schichtsschreibung*, Frankfurt/Main 2014, Seite 102.

13 Zitiert nach ebd., Seite 102 ff.

14 Er wurde 1943 verhaftet und am 23. oder 24. April 1945, unmittelbar vor Kriegsende, von der SS in Berlin ermordet.

15 Seine Verehrung für George hatte ihn auch mit Claus von Stauffen-berg und dessen Bruder Berthold in Verbindung gebracht. Mit Edgar Salin, gleichfalls ein Jünger, stand er in engstem Kontakt. Dazu Ro-bert E. Lerner: *Ernst Kantorowicz*, Seite 187.

16 Marion Dönhoff: *De Nobilitate*, Seite 50 f.

17 So Robert E. Lerner: *Ernst Kantorowicz*, Seite 188 f.

18 Briefkopf: University of California, Department of History, Berkeley 4. Elf Briefe insgesamt sind erhalten.

19 Dazu: Robert E. Lerner: *Ernst Kantorowicz*, Seite 284 f.

20 Ebd., Seite 292 f.

21 Zitiert nach MDA 20. September 1946.

22 Ernst Kantorowicz an Marion Dönhoff 9. November 1946, MDA.

23 Ernst Kantorowicz an Marion Dönhoff 29. Dezember 1950, MDA. Den nächsten Brief zitiert Joachim Kersten: *In vino dignitas*, nicht im MDA, datiert erst vom 8. Februar 1955.

24 Ernst Kantorowicz an Marion Dönhoff 20. Mai 1951, MDA.

25 Joachim Kersten: *In vino dignitas*, Seite 115.

26 Brief an Marion Dönhoff vom 22. Oktober 1956, zitiert nach Janus Gudian: *Ernst Kantorowicz*, Seite 190 f.

27 Joachim Kersten: *In vino dignitas*, Seite 121.

28 Janus Gudian: *Ernst Kantorowicz*, Seite 184.

29 Kurt Sontheimer, zitiert nach Thomas Karlauf, *Stefan George*, Seite 579.

30 Robert E. Lerner: *Ernst Kantorowicz*, Seite 104.

31 Ernst Kantorowicz: *Kaiser Friedrich der Zweite*. Hauptband. Mit einem biographischen Nachwort von Eckhart Grünewald, Erste Auf-lage dieser Ausgabe Stuttgart 1998, Seite 528.

32 Robert E. Lerner: *Ernst Kantorowicz*, Seite 115.

33 Janus Gudian: *Ernst Kantorowicz*, Seite 198.

34 Thomas Karlauf: *Stefan George*, Seite 625 f.

35 Kurt Sontheimer: *Antidemokratisches Denken in der Weimarer Re-publik*, München 1962, Seite 304.

36 «Ich glaube, ihm wäre es am liebsten gewesen, er hätte es nie ge-schrieben», mutmaßte sie gegenüber dem Historikerfreund Peter Hoffmann, zitiert nach Harpprecht: *Die Gräfin*, Seite 188.

37 Marion Dönhoff in: DIE ZEIT Nr. 39, 27. September 1963.

38 Diese Widmung schrieb sie in das persönliche Exemplar des Erinnerungsbuches für den Freund in Princeton. So versandte Marion Dönhoff häufig ihre Bücher an Vertraute, mit einem freundlich-privaten Wort. Der Hinweis auf die Widmung ist dem Kantorowicz-Biographen Robert E. Lerner zu danken, in: Ernst Kantorowicz, Erträge der Doppeltagung, Institute for Advanced Study, Princeton – Johann Wolfgang Goethe-Universität, hg. von Robert L. Benson und Johannes Fried, Frankfurt 1997. Darin: Robert E. Lerner: Kantorowicz and Continuity, Seite 104. Dazu auch: Joachim Kersten, a. a. O.: Seite 123.

39 Marion Dönhoff: *Historiker, Diplomat, Europäer. Zum 70. Geburtstag von Carl J. Burckhardt*, in: DIE ZEIT Nr. 37, 8. September 1961.

40 Marion Dönhoff: *Menschen, die wissen, worum es geht*, Hamburg 1976, Seite 95 ff. Auch dieses Portrait ist «Historiker, Diplomat, Europäer» überschrieben, zum Teil überlappt es sich mit ihrem Geburtstagsartikel, in weiten Passagen ist es aber neu geschrieben und legt mehr Wert darauf, die unbekannte, menschliche, ironische Seite Burckhardts hervorzukehren.

41 So Ulrich Schlie in seinem Vorwort zur Edition *Mehr als ich Dir jemals werde erzählen können. Ein Briefwechsel*, hrsg. von Ulrich Schlie, Hamburg 2008, Seite 7.

42 Marion Dönhoff an Carl Jacob Burckhardt 31. Dezember 1946 in: *Ein Leben in Briefen*, Seite 98 f.

43 Marion Dönhoff an Carl Jacob Burckhardt 11. Juli 1953 in: *Mehr als ich Dir jemals werde erzählen können*, Seite 58 f.

44 Carl Jacob Burckhardt an Marion Dönhoff 7. September 1953 in: Ebd., Seite 59.

45 Marion Dönhoff an Carl Jacob Burckhardt 18. November 1953 in: Ebd., Seite 66.

46 Carl Jacob Burckhardt an Marion Dönhoff 16. Oktober 1953 in: Ebd., Seite 65 f.

47 Carl Jacob Burckhardt an Marion Dönhoff 14. Juli 1952 in: Ebd., Seite 37 f.

48 Marion Dönhoff an Carl Jacob Burckhardt 3. Januar 1953 in: Ebd., Seite 49 ff.

49 Carl Jacob Burckhardt an Marion Dönhoff 7. Januar 1953 in: Ebd., Seite 49 ff.

50 Marion Dönhoff an Carl Jacob Burckhardt 2. Oktober 1954 in: Ebd., Seite 110.

51 Carl Jacob Burckhardt an Marion Dönhoff 7. September 1953 in: Ebd., Seite 59 ff.

52 Dazu Carl Jacob Burckhardt an Marion Dönhoff 13. August 1956 in: Ebd., Seite 111.

53 Marion Dönhoff an Carl Jacob Burckhardt 6. März 1958 in: Ebd., Seite 147 ff.

54 Carl Jacob Burckhardt an Marion Dönhoff 20. November 1968 in: Ebd., Seite 245 f.

55 Carl Jacob Burckhardt an Marion Dönhoff 20. November 1968 in: Ebd., Seite 246 f.

56 Marion Dönhoff ab Carl Jacob Burckhardt 15. Juni 1969 in: Ebd., Seite 256.

57 Carl Jacob Burckhardt an Marion Dönhoff 28. Dezember 1973 in: Ebd., Seite 292.

58 Marion Dönhoff an Carl Jacob Burckhardt 10. Februar 1974 in: Ebd., Seite 293.

59 Carl Jacob Burckhardt an Marion Dönhoff, *Brief nach 30 Jahren* in: *Mehr als ich Dir jemals werde erzählen können*, Seite 253 f. Der Brief, der damit endete, war als Fotokopie dem Brief von Carl Jacob Burckhardt an Marion Dönhoff vom 7. Mai 1969 attachiert.

60 So Ulrich Schlie (Hrsg.): *Mehr als ich Dir jemals werde erzählen können*, Seite 14 f.

61 Die Zweifel an der Datierung beziehen sich lediglich auf Burckhardt. Dass Marion Dönhoff sich als Widerständlerin habe darstellen wollen, wie Kritiker unterstellten, kommt Schlie ohnehin nicht in den Sinn.

62 DIE ZEIT Nr. 45, 1. November 1991.

63 Marion Dönhoff: *Vier Jahrzehnte politischer Begegnungen*, München 2001, Seite 11 ff.

64 Gunter Hofmann: *Richard von Weizsäcker*, München 2010, Seite 135 ff.

65 So der langjährige Warschauer Korrespondent Reinhold Vetter: *Kant statt Kalinin*, in der *Neuen Zürcher Zeitung* vom 19. Februar 2001.

66 Richard von Weizsäcker im Gespräch für ein TV-Projekt des NDR im Jahr 2009 mit Ingo Helm und Friedrich Dönhoff.

67 Marion Dönhoff an Richard von Weizsäcker 13. Oktober 1998, MDA F 4912.

68 Die persönliche Beziehung sei letzten Endes «das Schönste» gewesen, bekannte er sogar einmal schwärmerisch, wie er sonst nur vom Alten Fritz schwärmen mochte. Richard von Weizsäcker im Gespräch mit Dieter Buhl am 14. Dezember 2004.

69 Marion Dönhoff in: DIE ZEIT Nr. 44, 1. November 1951 aus London: *Der alte Löwe erhebt sein Haupt*.

70 Harpprecht, *Die Gräfin*, Seite 395.

71 Jeremy Lewis: *David Astor. A Life in Print*, London 2016, Seite 180.

72 Sämtliche Briefzitate aus dem Nachlass David Astors: Jeremy Lewis: Ebd., Seite 151.

73 Ebd., Seite 180.

74 Die Zitate der letzten Absätze sämtlich aus: *The Telegraph* 8. Dezember 2001, zum Tode David Astors.

75 Jeremy Lewis: *David Astor*, Seite 153.

76 Ebd., Seite 163 f.

77 Ebd., Seite 153.

78 Marion Dönhoff: *Menschen, die wissen, worum es geht*, Hamburg 1976, Seite 56.

79 Ebd., Seite 59.

80 Ebd., Seite 56.

81 Ebd., Seite 61.

82 Ebd., Seite 73.

83 Marion Dönhoff: *Im Wartesaal der Geschichte. Vom Kalten Krieg zur Wiedervereinigung*, Stuttgart 1993. Darin: *Die Flammenzeichen rauchen*, Juni 1953, Seite 79 ff.

84 Später, nach dem Mauerfall, wurde ihr dann von Kohl und anderen Christdemokraten vorgehalten, die «Einheit» als Ziel verraten zu haben; dass die Ursache dafür in Washington zu suchen war, wie sie meinte, erwähnten die Kritiker nicht.

85 Marion Dönhoff: *Im Wartesaal der Geschichte*, darin: *Politik der Stärke oder Entspannung?*, Oktober 1955, Seite 83 ff.

86 George Kennan an Marion Dönhoff 17. September 1959, MDA.

87 George Kennan an Marion Dönhoff 3. Oktober 1963, MDA.

88 George Kennan an Marion Dönhoff 8. März 1976, MDA.

89 George Kennan an Marion Dönhoff 13. Juni 1981, MDA.

90 *The Kennan Diaries*: Edited by Frank Costigliola, New York 2014, 28. Januar 1997, Seite 656.

91 *The Kennan Diaries*, 31. Juli 1997, Seite 658.

92 George Kennan an Marion Dönhoff 16. Juli 1998, MDA.

93 George Kennan an Marion Dönhoff 15. Februar 1999, Pumpenkamp MDA.

94 Marion Dönhoff an George Kennan 28. Juli 1998, MDA.

95 George Kennan an Marion Dönhoff 1999 (ohne Datum), MDA.

96 Marion Dönhoff an George Kennan 3. Januar 2000, MDA.

97 Marion Dönhoff an George Kennan 31. Oktober 2000, MDA.

98 John Lukacs: *George Kennan. A Study of Character*, New York 2007, Seite 128.

99 Dazu auch die schöne Biographie von Richard L. Russel: *The making of an American Realist*, Westport 1999.

100 *The Kennan Diaries*, Seite 46 f.

101 Marion Dönhoff an George Kennan 11. Juni 2001, MDA. Im Januar 2002 ging sie dann ganz nach Crottorf.

102 George Kennan an Marion Dönhoff 10. Juli 2001, MDA.

103 Fritz Stern: *Zu Hause in der Ferne. Historische Essays*, München 2015, darin die Rede: «Der 20. Juli», (München 2011), Seite 39 ff.

104 Fritz Stern: Ebd., Seite 40.

105 Fritz Stern: Ebd., Seite 50 f.

106 Fritz Stern: *Fünf Deutschland und ein Leben. Erinnerungen*, München 2007, Seite 332.

107 Hier zitiert nach: Marion Dönhoff: *Vier Jahrzehnte politischer Begegnungen*, München 2001, Seite 254 ff.

108 Marion Dönhoff: Ebd., Seite 256 ff.

109 So Marion Dönhoff in: DIE ZEIT Nr. 30, 18. Juli 1997, Seite 4, *Fragen nach dem 20. Juli*, in einem Bericht über ihr Gespräch mit Schülern im polnischen Mikolajki, wo ein Gymnasium nach ihr benannt ist. Marion Dönhoff war zur Abiturfeier nach Masuren gereist.

110 Fritz Stern an Marion Dönhoff 15. Oktober 1976.

111 Fritz Stern an Marion Dönhoff 17. Oktober 1981, MDA.

112 Fritz Stern an Marion Dönhoff 22. Februar 1987, MDA.

113 Fritz Stern an Marion Dönhoff 10. Juli 1994, MDA.

114 Marion Dönhoff an Lew Kopelew 1. April 1982, MDA 1588.

115 Solschenyzin portraitierte ihn als Lew Rubin in seinem Roman *Der erste Kreis der Hölle*.

116 Marion Dönhoff an den Stiftungsrat für den Friedenspreis 27. Februar 1981, MDA 1588.

117 Marion Gräfin Dönhoff: *Menschen, die wissen, worum es geht*, Seite 79 ff.

118 Marion Dönhoff an Egon Bahr 29. Januar 1980, MDA 1588.

119 Christian Schmidt-Häuer an Marion Dönhoff 21. Januar 1977, MDA 1588.

120 Marion Dönhoff an Lew Kopelew 20. September 1979, MDA 1588.

121 Lew Kopelew an Marion Dönhoff 25. Januar 1980, MDA 1588.

122 Orlowa/Kopelew: *Wir lebten in Moskau*, München 1987, Seite 181 ff.

123 *Und schuf mir einen Götzen. Lehrjahre eines Kommunisten*, nannte Lew Kopelew seine – letzte – Autobiographie, die 1996 erschien.

124 Marion Dönhoff: *Menschen, die wissen worum es geht*, Seite 94.

125 Karl-Heinz Korn im Gespräch mit Dieter Buhl 2004, MDA.

126 Zitiert nach: *Bad in der Entengrütze: Ein Gespräch mit Brigitte Bernard-Salin*, in: *Marion Gräfin Dönhoff. Wie Freunde und Weggefährten sie erlebten*, hrsg. von Dieter Buhl, Hamburg 2006, Seite 16 ff.

127 In: *Reisebilder*, hrsg. von Friedrich Dönhoff, Hamburg 2004, Seite 15 ff.

128 Gemeint ist Christa Tippelskirch/Armstrong.

129 Tim Gidal an Marion Dönhoff 28. Mai 1953, aus Harpprecht, MDA 6022/VI.

130 Erst beim Lesen dieser Briefe Gidals kommt in den Sinn: Dass Salin Jude war und wie er umging mit seiner Religion, kam in ihren Schilderungen der Studienjahre nicht weiter vor.

131 Tim Gidal an Marion Dönhoff 23. Juni 1974, MDA F 0043.

132 Tim Gidal: *Die Juden in Deutschland von der Römerzeit bis zur Weimarer Republik*, Bertelsmann Lexikon Verlag 1988.

133 Marion Dönhoff, MDA 1252.

134 Tim Gidal an Marion Dönhoff 28. Mai 1953, MDA.

135 Tim Gidal an Marion Dönhoff 9. Mai 1989, MDA 1271.

136 Tim Gidal an Marion Dönhoff 20. Februar 1978, MDA 1503.

137 Tim Gidal an Marion Dönhoff 20. August 1984, MDA 1416.

138 DIE ZEIT Nr. 38, 15. September 1989.

139 Tim Gidal an Marion Dönhoff 3. April 1963, Harpprecht-Unterlagen, MDA 6022/VI.

140 Tim Gidal an Marion Dönhoff 24. September 1970, MDA 6022/VI.

141 Tim Gidal an Marion Dönhoff 7. Februar 1971, MDA 2066/VI.

142 Tim Gidal an Marion Dönhoff 17. August, MDA 1972.

143 Marion Dönhoff an Tim Gidal 30. August 1990, MDA 17381/II.

144 Unter der Schlagzeile «Auschwitz in the Sand» hatte der Kolumnist William Safire in der *New York Times* vom 2. Januar 1989 über Erkenntnisse amerikanischer Nachrichtendienste berichtet, wonach mindestens zwei westdeutsche Firmen am Bau einer geheimen Giftgasfabrik für Muammar Gaddafi in Libyen beteiligt seien. Die Nachricht löste weltweites Echo aus, Safire hatte die Deutschen als Wiederholungstäter beschrieben, die schon einmal mit Gas ihre vermeintlichen Feinde umbrachten.

145 Tim Gidal an Marion Dönhoff 17. Oktober 1990, München, MDA F0043.

146 Marion Dönhoff 19. November 1990, MDA 1216.

147 Marion Dönhoff 18. Dezember 1992, MDA 1313.

148 Tim Gidal an Marion Dönhoff 14. Januar 1994, MDA 1149.

149 Tim Gidal an Marion Dönhoff 18. August 1994, MDA F 0043.

150 Pia Gidal an Marion Dönhoff 29. Oktober 1996, MDA 1079/I.

VII «Ein Kreuz auf Preußens Grab»

1 Ihr anderer Gesprächspartner, zu dem es sie zog, war der Bischof von Chichester, George Bell.
2 Marion Dönhoff: *Die guten Willens sind. Gespräch mit Victor Gollancz und dem Bischof von Chichester*, in: *Im Wartesaal der Geschichte. Vom Kalten Krieg zur Wiedervereinigung*, Stuttgart 1993, Seite 20 ff.
3 Marion Dönhoff: *Brief aus dem Nichts*, in: Ebd., Seite 36 ff.
4 Marion Dönhoff: *Kasernen, die der Freiheit dienen …* in: Ebd., August 1951, Seite 57 ff.
5 Marion Dönhoff: *Im Wartesaal der Geschichte*, Seite 60.
6 Dazu Erhellendes aus dem Nähkästchen bei Thomas Karlauf: *Helmut Schmidt. Die späten Jahre*, München 2016.
7 Marion Dönhoff: *Erst Friedensvertrag*, in: *Im Wartesaal der Geschichte*, Im März 1958, Seite 105 ff.
8 Marion Dönhoff an Carl Jacob Burckhardt 29. März 1965, in: Dies.: Ein Leben in Briefen, Seite 130 f.
9 Marion Dönhoff: *Warum der Westen eine Friedenskonferenz einberufen sollte*, in: *Im Wartesaal der Geschichte*, Im Juli 1961, Seite 115 ff.
10 Marion Dönhoff: *Die Bundesrepublik in der Ära Adenauer*, Reinbek 1963, 9. Februar 1962, Seite 55.
11 Theo Sommer: *Ein Abgrund von Landesverrat?*, in: DIE ZEIT Nr. 21, 24. Mai 1963 sowie in: DIE ZEIT Online, 24. Oktober 2002.
12 Marion Dönhoff: *Die Bundesrepublik in der Ära Adenauer*, 16. November 1962, Seite 60.
13 Marion Dönhoff: *Die Bundesrepublik in der Ära Adenauer*, 4. August 1961, Seite 51 ff.
14 In einem Vorwort zu der Sammlung ihrer Artikel über die USA unter dem Titel *Amerikanische Wechselbäder*, Stuttgart 1983.
15 Marion Dönhoff: Ebd., Seite 15.
16 Sie erschienen in der *Welt*, als sie sich von der ZEIT getrennt hatte. Die Hamburger Tageszeitung – seit 1993 mit Sitz in Berlin – genoss damals noch einen liberalen Ruf.
17 Marion Dönhoff: *Von Intellektuellen, historischen Vorbildern und Schwarzen*, in: *Amerikanische Wechselbäder*, Princeton im Juli 1955, Seite 73 ff.
18 Marion Dönhoff: *Die Bundesrepublik in der Ära Adenauer*, 5. April 1963, Seite 200 ff.
19 Marion Dönhoff: *Eine Weltmacht wird müde*, in: *Amerikanische Wechselbäder*, Seite 149 ff.

20 Marion Dönhoff: *Amerikanische Wechselbäder*, Seite 152.

21 Marion Dönhoff: Ebd., Seite 14.

22 Interview Dieter Buhl mit Henry Kissinger 28. 4. 2004 in New York, MDA.

23 Dazu Volker Berghahn: *America and the intellectual Cold Wars in Europe*, Princeton 2002.

24 Volker Berghahn: Ebd., Seite 278 ff.

25 Marion Gräfin Dönhoff, Rudolf Walter Leonhardt, Theo Sommer: *Reise in ein fernes Land*, Hamburg 1964, Seite 7 f.

26 Marion Dönhoff: Ebd., Seite 26 f.

27 Marion Dönhoff: Ebd., Seite 46.

28 Marion Dönhoff: Ebd., Seite 136.

29 Theo Sommer: Ebd., Seite 143.

30 Als einige ZEIT-Journalisten – Marion Dönhoff gehörte nicht mehr dazu – 1987 die Reise wiederholten und der DDR insgesamt das Zeugnis ausstellten, sie könne durchaus überleben, handelten sie sich viel Gelächter in der Medienzunft ein. Allerdings – erst nach dem Mauerfall im November 1989. Nun wusste ja jeder, dass die Einheit vorprogrammiert war. Sie war es aber nicht. Nicht nur Sommer hatte gespottet, das «Gespenst der Wiedervereinigung» klappere im Schrank – fast die gesamte politische Klasse glaubte es noch im Jahr 1988, die Einheit kam unverhofft. Das selbstbewusste Land allerdings, das die Ostberliner den Besuchern aus Hamburg 1987 präsentierten, gab es zu dem Zeitpunkt gewiss nicht mehr.

31 Marion Dönhoff: *Kindheit in Ostpreußen*, München 1998, Seite 140 f.

32 *Das ist kein Walzer*: Adam Krzemiński im Gespräch mit Marion Dönhoff, *Polityka*, Nr. 43, 25. Oktober 1986.

33 Marion Dönhoff: *Polen und Deutsche. Die schwierige Versöhnung*, Hamburg 1991, 21. September 1962, Seite 34 f.

34 Marion Dönhoff: Ebd., Seite 36.

35 Marion Dönhoff: Ebd., Seite 36.

36 Zitiert nach Kuenheim: *Marion Dönhoff*, Reinbek 1999, Seite 97, DIE ZEIT Nr. 36, 4. September 1964.

37 Zitiert nach Kuenheim: *Marion Dönhoff*, Seite 97, Brief vom 6. November 1965 an Ludwig Raiser, MDA.

38 Marion Dönhoff: *Von Gestern nach Übermorgen. Zur Geschichte der Bundesrepublik Deutschland*, München 1981, Seite 209.

39 Brief von Bundeskanzler Willy Brandt an Marion Dönhoff vom 13. Dezember 1970, kurz nach seiner Rückkehr aus Warschau, handschriftlich, MDA F2027.

40 *Das ist kein Walzer,* Adam Krzemiński im Gespräch mit Marion Dönhoff, *Polityka* Nr. 43, 25. Oktober 1986.
41 Marion Dönhoff: *Polen und Deutsche,* Seite 54.
42 Marion Dönhoff: Ebd., Seite 58.
43 Marion Dönhoff: Ebd., Seite 115, 18. Dezember 1981.
44 Bei den Freunden in Großbritannien galt Trott als «zutiefst deutsch», sowohl in seinen Prioritäten als auch in seiner Denkweise. Sehr international orientiert, und zugleich sehr «Deutschland-zentriert» sei er gewesen, während er von einem Vereinigten Europa träumte, das am Heiligen Römischen Reich deutscher Nation orientiert war. Zu dieser Wahrnehmung in Großbritannien Jeremy Lewis: *David Astor,* Seite 46.
45 «Das ist kein Walzer»: Adam Krzeminski im Gespräch mit Marion Dönhoff, *Polityka* Nr. 43, 25. 10. 1986
46 Marion Dönhoff: *Die Fesseln des Systems sind gesprengt,* in: *Polen und Deutsche,* 5. Mai 1989, Seite 194 ff.

VIII «Sie gehörte schon in die Welt des 20. Juli, aber geistig»

1 Ralf Dahrendorf im Gespräch mit Dieter Buhl 7. März 2005, MDA.
2 Marion Dönhoff an Ralf Dahrendorf 16. Juli 1980, MDA.
3 Elisabeth Sifton, Fritz Stern: *Keine gewöhnlichen Männer,* München 2013, Seite 11.
4 Rt. Hon. Lord Dahrendorf KBE FBA an Marion Dönhoff 1. Dezember 1995 aus London, MDA F 0043.
5 Marion Dönhoff an Ralf Dahrendorf 9. August 1976, MDA F 1500.
6 Ralf Dahrendorf an Marion Dönhoff 12. August 1976, MDA F 43.
7 Siehe oben Seite 171 ff.
8 Ralf Dahrendorf an Marion Dönhoff 1. Dezember 1979, MDA.
9 Ralf Dahrendorf an Marion Dönhoff 1. Dezember 1979, MDA F 0043.
10 Marion Dönhoff an Ralf Dahrendorf 28. März 1983, MDA F 0043.
11 Ralf Dahrendorf an Marion Dönhoff 7. April 1983, MDA F 0043.
12 Ralf Dahrendorf an Theo Sommer 8. Januar 1989, MDA 1266. Mit Kopie an Marion Dönhoff.
13 Ralf Dahrendorf: *Gerd Bucerius und seine Zeit,* München 2000, Seite 161 f.
14 Dieter Buhl im Gespräch mit Ralf Dahrendorf, Dönhoff-Projekt, 7. März 2005, MDA.
15 So im Gespräch, Gunter Hofmann: *Richard von Weizsäcker,* München 2010, Seite 180.
16 Dieter Buhl im Gespräch mit Ralf Dahrendorf, 2005, MDA.

17 So Ralf Dahrendorf im Gespräch mit Dieter Buhl, 2005, MDA. Zu denen, die «Halt!» riefen, zählte er sich auch selber, die also dagegen protestierten, «dass man sich eigentlich nicht abgewendet hatte von der Nazi-Vergangenheit – dafür stehen Globke oder Oberländer –, und gegen das Gefühl, dass das Neue nicht direkt angegangen wurde.»

18 Dazu auch: Dahrendorf: *Gerd Bucerius und seine Zeit*, Seite 160 f.

19 Karl-Heinz Janßen: *DIE ZEIT. Geschichte einer Wochenzeitung 1946 bis heute*, München 1996, Seite 139.

20 Marion Dönhoff: *Lobbyisten der Vernunft. Das Memorandum der Acht*, in: DIE ZEIT Nr. 9, 2. März 1962.

21 Zitiert nach: Gangolf Hübinger: *Georg Picht und Ralf Dahrendorf. Zur intellektuellen Gründung der Bundesrepublik.* Die Tagung, vor der er sein Referat hielt: *Curtius und Picht. Zwei Familien, vier Generationen*, DLA Marbach, 18./19. September 2014, Seite 13. Brief an Armin Mohler, zitiert nach Klaus Deinet: *Friedrich Sieburg. Ein Leben zwischen Frankreich und Deutschland*, Berlin 2014, Seite 598.

22 Die Verehrung für Stefan George, die Nähe zu Robert Boehringer, der ein glühender Jünger und Erbwalter des «Meisters» war, dies alles würde man gerne genauer erfahren. Becker selbst, bei Hitlers Machtübernahme 20 Jahre alt, habe nicht von vornherein alles Faschistische «abgelehnt und verdammt», erklärte kunstvoll Hartmut von Hentig in einer Rezension vom 27. Oktober 1992 über ein Gespräch mit dem Soziologen Fritjof Hager und Hellmut Becker über sein Leben.

23 Kerstin Singer und Ute Frevert: *100 Jahre Hellmut Becker.* Dokumentation zu Leben und Werk im Max-Planck-Institut für Bildungsforschung, Oktober 2014 – Ausstellungseröffnung 2013.

24 Ebd., Seite 29.

25 Hartmut von Hentig: *Mein Leben – bedacht und bejaht. Kindheit und Jugend*, Band I, München 2007, Seite 131.

26 Hartmut von Hentig: Ebd., Seite 187 f.

27 Hartmut von Hentig: Ebd., Seite 217.

28 Werner-Otto von Hentig an Marion Dönhoff 12. Mai 1976, MDA 44/6.

IX «Sehr geehrter Herr Wehler, Ihren Artikel über die preußischen Junker, die Sie als Steigbügelhalter Hitlers bezeichnen, fand ich schon überraschend»

1 «Königin Marion?» In: *Marion Gräfin Dönhoff: Wie Freunde und Weggefährten sie erlebten*, Gespräch mit Dieter Buhl, Seite 48 ff.

2 Christabel Bielenberg: *Es war ein weiter Weg nach Munny House*,

München 1993, Seite 132 (Titel der englischen Originalausgabe: *The Road Ahead*).

3 Christabel Bielenberg: *Als ich Deutsche war. 1934–1945. Eine Engländerin erzählt*, München 1969, Seite 38; im Original: *The past is myself.*

4 Christabel Bielenberg: Ebd., Seite 38.

5 Christabel Bielenberg: *Es war ein weiter Weg nach Munny House*, Seite 132.

6 Christa Armstrong im Gespräch mit Dieter Buhl. In: *Marion Gräfin Dönhoff: Wie Freunde und Weggefährten sie erlebten*, Hamburg 2006, ‹*Ganz wach und immer voller Fragen*›, Seite 29 ff.

7 Zum Beziehungsgeflecht aus Familien und Freunden gehört unter anderem auch: Yvonne Dönhoffs Tochter Alexandra heiratete den langjährigen ZEIT-Chefredakteur Müller-Marein.

8 Marion Dönhoff: *Ein Leben in Briefen*, hrsg. von Irene Brauer und Friedrich Dönhoff, Hamburg 2009, Seite 88 f.

9 Alice Schwarzer: Marion Dönhoff. *Ein widerständiges Leben*, Köln 1996, Ebd., Seite 131.

10 Alice Schwarzer: Ebd., Seite 132.

11 Alice Schwarzer: Ebd., Seite 133.

12 Alice Schwarzer: Ebd., Seite 134.

13 Zitiert nach ebd., Seite 139.

14 *Hände weg!* Marion Dönhoff in: DIE ZEIT Nr. 3, 16. Januar 1947.

15 Aufsatz von Clemens Vollnhals, in: *Kriegsende und Neubeginn – von der Technischen Hochschule zur Technischen Universität Berlin*, hrsg. von Carina Baganz, Berlin 2017.

16 Claus Jacobi: *Vor sieben Jahren*, in: DIE ZEIT Nr. 29, 19. Juli 1951.

17 Marion Dönhoff in: DIE ZEIT Nr. 29, 17. Juli 1952, Seite 1.

18 Marion Dönhoff: *Der Name Stauffenberg*, in: DIE ZEIT Nr. 30, 25. Juli 1957.

19 Marion Dönhoff: *Es fehlt nicht an Vorbildern*, in: DIE ZEIT Nr. 29, 17. Juli 1964.

20 Marion Dönhoff in: DIE ZEIT Nr. 30, 22. Juli 1966, Seite 1.

21 Marion Dönhoff: *Die Botschaft des Gewissens*, in: DIE ZEIT Nr. 30, 19. Juli 1974, Seite 1.

22 Marion Dönhoff an Heinrich Böll 22. August 1980, MDA 1738/I.

23 Klemens von Klemperer: *German Resistance against Hitler. The Search for Allies Abroad, 1938–1945*, Oxford 1992. Deutsche Ausgabe: *Die verlassenen Verschwörer*, Berlin 1994.

24 Klemperer an Marion Dönhoff 5. November 1982, MDA 1437.

25 *Neue Dokumente*, in: DIE ZEIT Nr. 31, 28. Juli 1995.

26 Marion Dönhoff an Klemperer vom 30. August 1995, MDA.

27 Marion Dönhoff an Klemperer 13. Juli 1987, MDA 1291.

28 Marion Dönhoff an Klemperer 26. Januar 1999, MDA 1641.

29 Marion Dönhoff: *Ein Recht auf Widerstand. Gedanken zum 20. Juli 1944 und zur Friedensbewegung*, in: DIE ZEIT Nr. 30, 22. Juli 1983.

30 Marion Dönhoff: *Verschwörer gegen das Unrecht*, in: DIE ZEIT Nr. 30, 20. Juli 1984.

31 Marion Dönhoff an Friedrich Dürrenmatt 20. Juli 1984, MDA F 0043.

32 Marion Dönhoff an Dolf Sternberger 6. August 1984, MDA F 49/1.

33 Marion Dönhoff: *Vom Ethos des Widerstands*, Rede in Oxford 1985, abgedruckt in: Marion Dönhoff: *Zeichen ihrer Zeit. Ein Lesebuch*, hrsg. von Irene Brauer und Friedrich Dönhoff, Zürich 2012, Seite 441 ff.

34 Marion Dönhoff: *... stolz darauf, Preußin zu sein*, in: DIE ZEIT Nr. 16, 11. April 1986; Gerd Bucerius: *Adenauer, Preußen und der Kreml*, in: DIE ZEIT Nr. 14, 28. März 1986; Marion Dönhoff: *Von der Schwäche starker Politik*, in: DIE ZEIT Nr. 13, 21. März 1986.

35 Eine weitere Untersuchung zur Sache – *Das Amt und die Vergangenheit. Deutsche Diplomaten im Dritten Reich und in der Bundesrepublik* (Eckart Conze, Norbert Frei, Peter Hayes, Moshe Zimmermann) – erschien erst im Jahr 2010. Angestoßen hatte sie Joschka Fischer. Auch sie rückte wieder Ernst von Weizsäcker ins Zentrum. Nicht zufällig rankte sich die Debatte über die Mitverantwortung der Diplomaten gerade um seine Person. Die neuerliche Kontroverse fiel noch heftiger aus als jene um Döscher, zumal viele der älteren Diplomaten im Auswärtigen Amt geglaubt hatten, aus historischer Distanz werde die Kritik milder ausfallen. Aber zu dem Zeitpunkt lebte Marion Dönhoff nicht mehr.

36 Theodor Eschenburg: *Diplomaten unter Hitler*, in: DIE ZEIT Nr. 24, 5. Juni 1985.

37 Der Leserbrief erschien in stark gekürzter Fassung. Robert Kempner an Marion Dönhoff 9. Juni 1987, MDA F 1291.

38 Carl Friedrich von Weizsäcker: *Der Vater und das Jahrhundert*, in: DIE ZEIT Nr. 24, 5. Juni 1987.

39 DIE ZEIT Nr. 4, 20. Januar 1989: Gespräch Freya von Moltke und Marion Dönhoff anlässlich der neu erschienenen Ausgabe der Briefe Helmuth von Moltkes an seine Frau Freya aus den Jahren 1939 bis 1944.

40 Marion Dönhoff an Robert Kempner 26. Juni 1989, MDA.

41 Helmut Schmidt an Marion Dönhoff 20. Mai 1994, MDA F 1745/I.

42 Nachdruck in ZEIT-Punkte, Nr. 3, 1995, Seite 74.

43 Ebd., Seite 80.

44 Marion Dönhoff an Richard von Weizsäcker 19. Februar 1996, MDA F 1033.

45 Marion Dönhoff und Richard von Weizsäcker: *Wider die Selbstgerechtigkeit der Nachgeborenen*, in: DIE ZEIT Nr. 11, 8. März 1996.

46 Hans-Ulrich Wehler an Marion Dönhoff 17. November 1995, MDA F 0060.

47 Marion Dönhoff an Wehler 24. November 1995, MDA F 0060.

48 Marion Dönhoff an Robert Leicht 5. August 1996, MDA F 0060.

49 Marion Dönhoff, *Mit fragwürdiger Methode*, in: DIE ZEIT Nr. 37, 6. September 1996.

50 Ignatz Bubis an Marion Dönhoff 16. August 1997, MDA F 573.

51 Marion Dönhoff an Ignatz Bubis 19. August 1997, MDA F 573.

52 Adam Krzemiński: *Zweierlei Widerstand*, in: DIE ZEIT Nr. 30, 20. Juli 2000.

X «Die Frau, die emsig wie leise am Schleier der Selbstmythisierung wob»

1 Fritz J. Raddatz: *Unruhestifter*, Berlin 2005, Seite 355 ff.

2 Fritz J. Raddatz: *Tagebücher 1982–2001*, Reinbek 2010, Seite 21 f.

3 Marion Dönhoff: *In eigener Sache*, in: DIE ZEIT Nr. 43, 18. Oktober 1985, Seite 2.

4 Ernst Kantorowicz an Marion Dönhoff 22. Oktober 1956 MDA; Ulrich Raulff: *Kreis ohne Meister. Stefan Georges Nachleben*, München 2009, Seite 319.

5 Ebd., Seite 390, der Brief an Salin stammt vom 27. Februar 1948, UB Basel Nachlass Salin Fa 2063.

6 Ulrich Raulff: Ebd., Seite 390, Fußnote 93.

7 Ulrich Raulff: Ebd., Seite 391, Fußnote 94; Marion Dönhoff: *Der Henker von Ostpreußen*, in: DIE ZEIT Nr. 11, 17. November 1949, Seite 1.

8 Auch auf die vorsichtige Erwägung Klaus Harpprechts ging er nicht ein, Marion Dönhoff habe ihre erste Berührung und spätere Kontakte zu den Stauffenberg-Brüdern nie genauer geschildert. Andeuten wollte er damit, dass sie sich möglicherweise kaum kannten – wenn überhaupt. Dazu: Klaus Harpprecht: *Die Gräfin*, Seite 421.

9 Ulrich Raulff schreibt: «An dieser scheinbar tieferen Interpretation, einer verbreiteten konservativen Denkfigur, wird sie festhalten und sie auch nach Jahrzehnten noch mobilisieren, wann immer sie meint, politischen oder materialistischen Deutungen ihre moralische Sicht,

Ehre und Werte, entgegenhalten zu müssen». *Kreis ohne Meister*, Seite 423 f.

10 Marion Dönhoff: *Ein Leben in Briefen*, hrsg. von Irene Brauer und Friedrich Dönhoff, Hamburg 2009, Eintragung vom 30. Dezember 1931, Seite 51 f.

11 Dazu Klaus Harpprecht: *Die Gräfin*, Hamburg 2008, Seite 103.

12 *In memoriam 20. Juli 1944*, Seite 7 f.

13 Zitiert nach Ulrich Raulff: *Kreis ohne Meister*, Seite 425.

14 Siehe oben Seite 113.

15 Marion Dönhoff: *Was mir wichtig war. Letzte Aufzeichnungen und Gespräche*, hrsg. von Haug von Kuenheim und Theo Sommer, Berlin 2002, Seite 78 f.

XI «Die verlogene Moralität der FAZ wird immer unerträglicher»

1 Rainer Blasius: *Nehmen Sie doch Platz, Durchlaucht!*, FAZ vom 18. Dezember 2003, in einer Rezension über Stephan Malinowskis Buch: *Vom König zum Führer. Sozialer Niedergang und politische Radikalisierung im deutschen Adel zwischen Kaiserreich und NS-Staat*, Berlin 2003.

2 Ebd., FAZ vom 18. Dezember 2003.

3 Rainer Blasius: *Nur für große Geister. Marion Dönhoff, der preußische Adel und der 20. Juli*, FAZ vom 15. Oktober 2003. Was das «blitzblanke Schild» betrifft, lohnt es sich doch auch, einen Blick auf einen ihrer Briefe vom Dezember 1939 «An die Deutsche Adels-Genossenschaft» in Berlin zu werfen. Scharf wie selten verwahrt sie sich darin gegen den Versuch, die moralische Berechtigung des deutschen Adels statistisch zu beweisen. Unter anderem ging es um einen Vorschlag der Genossenschaft, mit Anzeigen der Gefallenen aus Adelskreisen in großen Zeitungen der Auffassung entgegenzutreten, «daß nur Männer aus den sogenannten einfacheren Schichten ihr Leben einsetzen.» Mit solchen billigen Tendenzen, Propaganda zu treiben, wollte sie nichts zu tun haben. Es gehe nur um die Vorbildfunktion. «In unübersehbarer Folge haben die Geschlechter unserer Vorfahren seit den Tagen des Deutschen Ritterordens für den Ruhm der preußischen Krone ihr Leben eingesetzt – das war das Gesetz, wonach sie angetreten sind. Und wenn heute unsere Brüder auf dem Felde der Ehre fallen, so folgen sie damit einer jahrhundertealten Tradition unserer Familien und nicht dem Wunsch nach Popularität ... Es gibt in dieser Zeit der Entzauberung des Wortes und der Entwertung aller Begriffe nur eins, was

wirksam geblieben ist: das Beispiel … Angesichts der erschütternden Verluste, die jeder im deutschen Adel in seinem Freundes- und Verwandtenkreis zu beklagen hat, ist der Gedanke, den Tod so vieler hoffnungsvoller Söhne propagandistisch auszuwerten, nicht nur beschämend, sondern zugleich auch kränkend, und die Vermutung liegt nahe, dass die sogenannte Führung des deutschen Adels sich der Grundlage ihrer eigenen Existenz nicht ganz bewußt ist.» Auszugsweise abgedruckt in: Marion Dönhoff: *Ein Leben in Briefen*, hrsg. von Irene Brauer und Friedrich Dönhoff, Hamburg 2009, Seite 73 ff. Danach – 1939! – konnte man kaum noch sagen, sie betreibe Propaganda zugunsten des Adels. Nur so entsprach es dem Auftrag: Wer kein Vorbild war, wurde der Tradition nicht gerecht.

4 Thomas Karlauf in der FAZ vom 2. Februar 2015.

5 Siehe auch oben Seite 250.

6 In einem Brief gestand sie Fest, wie wenig sie von der Zunft der Historiker halte. Jetzt würden die Widerständler gerade wieder zu Antisemiten und Antidemokraten gestempelt, wofür sie gekämpft hätten, werde sträflich ignoriert. Marion Dönhoff an Joachim Fest 15. August 1984, MDA 1416. Sie wusste, wem sie das schreibt: In ihren tiefen Vorbehalten gegenüber Fachhistorikern stimmten sie überein. Fest glaubte ohnehin, dass er der Zunft vorexerziere, wie zeitgemäße und anspruchsvolle Geschichtsschreibung aussehen müsse.

7 Joachim Fest: *Staatsstreich. Der lange Weg zum 20. Juli*, Berlin 1994, Seite 325.

8 Ebd., Seite 343.

9 Ebd., Seite 7.

10 Ebd., Seite 339 f.

11 Ebd., Seite 344.

12 Ebd., Seite 346.

13 Marion Dönhoff: *Um der Ehre willen*, Berlin 1994, Seite 191.

14 Ebd., Seite 182.

15 Ebd., Seite 185.

16 Siehe Kristina Meyer: *Die SPD und die NS-Vergangenheit 1945– 1990*, Göttingen 2015, Seite 426 f., FAZ-Magazin vom 16. Juli 1982.

17 Peter Bender im Gespräch mit Dieter Buhl am 22. Januar 2004 für ein geplantes Dönhoff-TV-Projekt.

18 Marion Dönhoff an Jürgen Habermas 16. Oktober 1985, MDA 44/17, und Marion Dönhoff an Habermas 1. November 1985, MDA 44/18.

19 «Dear Chris, you asked me about Joachim Fest. This is a very good short – résumée of his Lebenswerk, which might interest you. I find him too conservative in his outlook and also too much convinced of

his own importance. But otherwise he is a very remarkable historian. Love and all the best for 1997, yours Marion.» Marion Dönhoff an Chris Bielenberg 10. Dezember 1996, MDA.

20 Joachim Fest und Wolf Jobst Siedler im Gespräch mit Frank A. Meyer: *Der lange Abschied vom Bürgertum*, Berlin 2005. Welches «good short – résumée» sie meinte, lässt sich nicht mehr rekonstruieren.

21 «Speer war fast der einzige Repräsentant des Bürgertums in diesem Kreis von Mordgesellen, und das machte ihn schon zu einer exzeptionellen Figur», hat Wolf Jobst Siedler ausgerechnet gegenüber Heinrich Breloer behauptet, der mit seinem im Mai 2005 ausgestrahlten Dokumentarfilm «Speer und Er» die Speer-Legende als erster überzeugend demontierte.

22 Sie fanden ihren Niederschlag in den *Erinnerungen* sowie den *Spandauer Tagebüchern*.

23 Joachim Fest: *Ich nicht. Erinnerungen an eine Kindheit und Jugend*, Reinbek 2006.

24 Marion Dönhoff an George Kennan 3. September 1979 – Jahreszahl fehlt im Brief, MDA.

25 Magnus Brechtken: *Albert Speer. Eine deutsche Karriere*, München 2017, Seite 10.

26 Und der sie als Verleger freundlichst umwarb, ihre Bücher bei ihm erreichten schwindelerregende Auflagen.

XII «Zivilisiert den Kapitalismus» – seit 1230

1 Marion Dönhoff: *Menschen, die wissen worum es geht*, Hamburg 1976, Seite 184.

2 Ebd., Seite 189.

3 Marion Dönhoff: *Namen, die keiner mehr nennt*, Düsseldorf 1962, Seite 71.

4 Ebd., Seite 72.

5 Ebd., Seite 72.

6 Ebd., Seite 73.

7 Ebd., Seite 33.

8 Dazu auch: Ebd., Seite 79 f. Sie nimmt darin Bezug auf ihre Dissertation.

9 Ebd., Seite 111.

10 Ebd., Seite 114.

11 Ebd., Seite 115.

12 Ebd., Seite 117 f.

13 Ebd., Seite 80 f.

14 Später, während der großen Bankenkrise, sollte Frank Schirrmacher in der FAZ Ähnliches wagen. Als «Konservativer» wolle er fragen, ob die Linke mit ihrer Systemkritik nicht doch recht habe: Ein Jahrzehnt enthemmter Finanzmarktökonomie entpuppe sich «als das erfolgreichste Resozialisierungsprogramm linker Gesellschaftskritik». Mit dieser Aufforderung zum Tanz – tatsächlich lud er auch «linke» Kritiker ein, sich an der Debatte zu beteiligen – löste der FAZ-Herausgeber geradezu ein Beben aus, da die Linke selber zerrissen war und den Glauben an sich verloren hatte. Der Rollenwechsel machte die Resonanz aus. Siehe FAZ vom 15.8.2011.

XIII «Ich habe nie gedacht, dass es so etwas gibt»

1 Marion Dönhoff: *Ein Leben in Briefen*, hrsg. von Irene Brauer und Friedrich Dönhoff, Hamburg 2009, Seite 86 f.

2 Ebd., Seite 76.

3 Zeuge dieses Vorfalls war der junge Otto Weber-Krohse, ein Historiker, der mit Marion Dönhoff in Verbindung gekommen war, weil er ein Buch über ihren Großvater und den Familienbesitz der Dönhoffs vorbereitete. Dazu Harpprecht: *Die Gräfin*, Seite 257 f. Ursprünglich geht diese Darstellung zurück auf Christian Tilitzki: *Das ‹alte Preußen› gegen die Moderne: Otto Weber-Krohse und Marion Gräfin Dönhoff*, in: Jahrbuch für die Geschichte Mittel- und Ostdeutschlands, Band 49, 2003, Seite 301 ff.

4 Marion Dönhoff: *Ein Leben in Briefen*, Seite 73.

5 Marion Dönhoff, Post Loewenhagen Ostpr. Tel. Loewenhagen Nr. 76, 20. Dezember 1942, in: *Die Briefe Marion Dönhoffs an Edgar Salin*. Abgedruckt auch in: Marion Dönhoff: *Ein Leben in Briefen*, Seite 78 ff.

6 Marion Dönhoff: *Das Schweizer Panorama*, in: DIE ZEIT Nr. 49, 4. Dezember 1947.

7 Filmprojekt über Marion Dönhoff, NDR 2009, mit Friedrich Dönhoff und Ingo Helm, der Film wurde nicht realisiert.

8 Ralf Dahrendorf für das Filmprojekt über Marion Dönhoff, NDR 2009.

9 Es ärgerte sie zeitlebens, wenn die Freunde als unverbesserlich «Konservative» abgetan wurden. Aber noch im Traditionsstreit der Bundeswehr während der jüngst vergangenen Jahre beriefen sich beide Seiten auf Stauffenbergs Beispiel. Nichts war, nichts ist endgültig ge-

klärt. Nur die Taten des Widerstands seien wahrhaft erinnerungs-
würdig, verteidigte Ursula von der Leyen die Position, die inzwischen
jeder Bundespräsident in feierlichen Reden zum 20. Juli beschwor.
Das sei «absurd», erwiderte ihr Generalmajor a. D. Christian Trull
ausgerechnet im Feuilleton der FAZ: «In der Wehrmacht haben von
1939 bis 1945 mehr als 18 Millionen Männer und Frauen gedient.
Der Kämpfer von morgen braucht den Kämpfer von gestern ... Der
Soldat muss sich an Werte halten, die von der Zivilgesellschaft überwiegend zurückgewiesen werden ... Diese Konsenskultur ist verhee-
rend ...» Fast einem Aufruf zum Widerstand kam das gleich. Ausdrücklich appellierte Trull dabei an das Vermächtnis Henning von
Treckows, der in einem der letzten Briefe an seine Frau schrieb: «Wer
seinen Kindertraum sich rein bewahrt in einer nackten, unbewehrten
Brust und gegen das Gelächter einer Welt, wie er als Kind geträumt,
zu leben wagt bis auf den letzten Tag: Der ist ein Mann.» So in der
FAZ vom 27. Juni 2017, Seite 9: *Eigentlich kann sie so nicht weiter
führen. Ein Gespräch mit Generalmajor a. D. Christian Trull.*

10 Friedrich Dönhoff: ‹*Die Welt ist so wie man sie sieht*›, Hamburg
    2009, Seite 161.

11 Marion Dönhoff: *Reise ins verschlossene Land*, in: *Zeichen ihrer
    Zeit. Ein Lesebuch*, hrsg. von Irene Brauer und Friedrich Dönhoff,
    Zürich 2012, Seite 300 ff.

12 Ebd., Seite 308.

13 Briefwechsel: *Mehr als ich Dir jemals werde erzählen können. Ein
    Briefwechsel*, hrsg. von Ulrich Schlie, Hamburg 2008, Seite 201 f.

14 Ebd., 2. Februar 1966, Seite 202 f.

15 Marion Dönhoff an Walther Killy 9. Mai 1977, MDA 1738/II.

16 Auch Hermann Hatzfeldt erinnert sich, er habe sich gewundert über
    ihre hohe Meinung von Henry Kissinger, auch nach Vietnam und
    Kambodscha und trotz Chile; auch über ihre mangelnde Kritik am
    Schah von Persien.

Dank

Mein besonderer Dank für Urteil, Rat und Hilfe gilt Irene Brauer, Margrit Gerste, Haug von Kuenheim sowie Axel Schuster (Marion Dönhoff Archiv) und Mirjam Zimmer (ZEIT-Dokumentation und -Archiv).

Bildnachweis

Personenregister